U0894654

珍藏本
纪念版

汉译世界学术名著丛书

人类的由来

上册

〔英〕达尔文 著

潘光旦 胡寿文 译

2017年·北京

CHARLES DARWIN

M. A. ,F. R. S.

THE DESCENT OF MAN,

AND

SELECTION IN RELATION TO SEX

London 1887

据伦敦 1887 年版译出

汉译世界学术名著丛书
（120年纪念版·珍藏本）
出版说明

2017年2月11日，商务印书馆迎来120岁的生日。120年前，商务印书馆前贤怀揣文化救国的理想，抱持“昌明教育，开启民智”的使命，立足本土，放眼寰宇，以出版为津梁，沟通中西，为中国、为世界提供最富智慧的思想文化成果。无论世事白云苍狗，潮流左右激荡，甚至战火硝烟弥漫，始终践行学术报国之志，无改初心。

逐译世界各国学术名著，即其一端。早在20世纪初年便出版《原富》《天演论》等影响至今的代表性著作，1950年代后更致力于外国哲学和社会科学经典的译介，及至1980年代，辑为“汉译世界学术名著丛书”，汇涓为流，蔚为大观。丛书自1981年开始出版，历时三十余年，迄今已推出七百种，是我国现代出版史上规模最大、最为重要的学术翻译工程。

丛书所选之书，立场观点不囿于一派，学科领域不限于一门，皆为文明开启以来，各时代、各国家、各民族的思想与文化精粹，代表着人类已经到达过的精神境界。丛书系统译介世界学术经典，引领时代思想，为本土原创学术的发展提供丰富的文化滋养，为推动中国现代学术和现代化进程做出了突出的贡献。

为纪念商务印书馆成立120周年，我们整体推出“汉译世界学术名著丛书”120年纪念版的珍藏本，寄望既利于文化积累，又便于研读查考，同时向长期支持丛书出版的译者、编者和读者致以敬意。

两甲子后的今天，商务印书馆又站在了一个新的历史时间节点上。我们不仅要铭记先辈的身影和足迹，更须让我们的步伐充满新的时代精神。这是商务人代代相传的事业，更是与国家和民族的命运始终紧密相连的事业。我们责无旁贷，必须做好我们这代人的传承与创造，让我们的努力和成果不仅凝聚成民族文化的记忆，还能成为后来人可以接续的事业。唯此，才能不负前贤，无愧来者。

商务印书馆编辑部

2017年10月

目　　次

第二版序言……………………………………………………………… 1

引论……………………………………………………………………… 1

第一篇　人类的由来或起源

第一章　人类从某些低级类型诞降而来的证据………………… 7

有关人类起源的证据的性质——人和低等动物的一些同原的(homologous)结构——其他各色各样在结构上的相应之点——发育——一些残留的结构、肌肉、感官、毛发、骨骼、生殖器官等等——上面这三大类事实同人类起源问题的关系。

第二章　关于人类是怎样从某种低级类型发展而来的 ……… 38

人类在身心两方面的变异性——遗传——变异性的起因——无论人类或低等动物,变异的法则是一样的——生活条件的直接作用——对身体各部分使用得越多或越少的影响——发育中止——返祖遗传——相关的变异——增殖率——对增殖的限制——自然选择——人是世界上最占优势的动物——人体结构的重要性——人所以能变得直立的原因——直立姿势所引起的结构上的改变——犬齿的由大变小——颅骨的加大与其形状的改变——身体光秃无毛——无尾的状态——人没有爪牙以自卫之利。

第三章　人类和低等动物在心理能力方面的比较 …………… 97

在心理能力上，最高等的猿类与最低等的野蛮人之间的差别异常巨大——两者之间某些共同的本能——各种情绪——好奇心——模仿力——注意力——记忆力——想象力——推理力——逐渐的进步——动物所使用的工具和武器——抽象能力、自我意识——语言——审美的感觉——对上帝、鬼神与其它神秘力量的信仰。

第四章　人类和低等动物在心理能力方面的比较——续…… 148

道德感——基本的命题——社会性动物的一些品质——社会性的起源——相对立的一些本能之间的斗争——人是一种社会性动物——比较坚韧的一些社会性本能战胜了其它不那么坚韧的一些本能——野蛮人只对一些社会德操有所尊重——一些个人德操的取得是进化过程中一个较晚阶段里的事实——同一社群的成员的判断，对人的行为有重大关系——道德倾向的遗传——三、四两章总述。

第五章　经历原始与文明诸时代，种种理智与道德能力的发展…… 197

理智能力通过自然选择而得到进展——模仿的重要——社会的与道德的种种能力——这些能力在同一个部落的界限以内的发展——自然选择对一些文明民族国家的影响——一些文明民族国家曾经一度经历过半开化阶段的证据。

第六章　关于人类的亲缘关系和谱系…… 228

人类在整个动物系列中的地位——自然系统有谱系性——一些适应性的性状价值不大——人类与四手类动物之间种种细微的相似之点——人类在自然系统中的级位——人类出生的地点及其历史的古老——表示连系环节的化石的缺乏——第一根据人类的亲缘关系，第二根据人体结构，推断人类谱系中的一些低级阶段——早期脊椎动物中雌雄两性难辨的状态——结论。

第七章　论人的种族…… 260

标明种别的一些性状的性质和价值——这一点对人的种族研究的应用——赞成与反对把人的一些所谓种族列为不同人种的一些论点——亚种——人种一元论者与多元论者——性格的殊途同归——明显不同的各个种族之间在身心两方面的相似之点很多——人类最初向全球散布的状态——每一个种族并不是只从一对祖宗传下来的——一些种族的灭绝——种族的形成——种族与种族交婚的影响——生活条件直接作用的影响不大——自然选择的影响很小,或不发生影响——性选择。

附录——皇家学会会员赫胥黎教授著:论人与猿猴的脑在结构与发育上的异同。

第二篇　性选择

第八章　性选择的若干原理…………………………………… 325

第二性征——性选择——发生作用的方式——雄性个体在数量上超过雌性——一性多偶或一夫多妻的现象——一般只是雄性通过性选择而发生变化——雄性急于求偶的心情——雄性的变异性——雌性所施展的挑选作用——性选择与自然选择相比较——几种遗传形式:世代之间表现于同一生命阶段的遗传、表现于一年中同一季节的遗传、受性别限制的遗传——这几种遗传形式之间的一些关系——两性之一和幼小动物所以不由于性选择而发生变化的一些原因——附论整个动物界中两性数量的比例——性比例与自然选择的关系。

第九章　动物界较低级的几个纲的第二性征…………………… 410

最低级的各纲中没有第二性征——鲜艳的颜色——软体动物——环节动物——甲壳类有很发达的第二性征;一性两型或双型现象;颜色;性征的取得不在成熟之前——蜘蛛类的雌雄异色;雄蜘蛛能唧唧作声——多足类。

第十章　昆虫类的第二性征…………………………………… 432

雄性所具有的供抓住雌性之用的各式各样的结构——两性之间某些意义不明的差别——两性在体型大小上的差别——缨尾类——双翅类——半翅类——同翅类，只是雄性具有音乐能力——直翅类，雄性的音乐器官在结构上的多种多样；好斗性；颜色不一——脉翅类，两性在颜色上的差别——膜翅类，好斗性与颜色——鞘翅类，颜色；备有显然是为了装饰之用的大角；战斗；发声的器官一般为两性所同样具有。

第十一章　昆虫类的第二性征——续：鳞翅目（蝶类与蛾类）……………………………………………… 479

蝶类的求爱——战斗——嘀嗒作声——颜色，有两性相同的，也有雄蝶比雌蝶为艳丽的——一些例子——这与生活条件的直接影响无关——适应于自卫的一些颜色——蛾类的颜色——色相的显示——鳞翅类的感觉能力——变异性——两性在颜色上所以有差别的一些原因——拟态，雌蝶比雄蝶更为艳丽的一些例子——颜色艳丽的幼虫——关于昆虫类的第二性征的总述与结束语——鸟类与昆虫类的比较。

第十二章　鱼类、两栖类与爬行类的第二性征 ……………… 516

鱼类：求爱与雄性之间的战斗——雌性体型较大——雄性鲜艳的颜色与装饰性的附器；其他奇异的特征——限于繁育季节的雄性所获得的一些颜色和附器——两性颜色都鲜艳的鱼类——保护色——雌性颜色不如雄性鲜明不能用保护的原则来解释——有些鱼种的雄鱼能营巢、能保护和照料鱼卵及幼鱼。两栖类：两性在结构和颜色上的差别——发声器官。爬行类：龟类——鳄鱼类——蛇类，有些例子的颜色有保护性——蜥蜴类的战斗——爬行类的装饰性的附器——两性在结构上的一些奇特的差别——颜色——两性差别之大几乎不亚于鸟类。

第二版序言

本书第一版印行于1871年，在屡次重版的时候，[1] 我已经有机会提出若干点重要的改正。到现在更多的时间过去了，在这段时间里，本书经历了烈火一般的考验；[2] 我也曾经尽力吸取这番考验的教训，并且把所有我认为合理的一些批评加以利用。对那些和我通信而把数量大得惊人的种种新事实、新见解告诉我的大群人士，我也大为感激。这些事实与见解实在是太多了，我所能利用的只是其中比较更为重要的一部分罢了。关于这些用到了的新东西，以及上面所曾说到的一些比较重要的改正，我准备在本版里附加一张清单，[3] 以示前后两版所以不同的原委。在这第二版里，有几幅插图是新添的，另有四幅旧的是换上了新而更好的，都是沃德（甲716）先生根据活标本的写生手笔。我必须特别提请读者注意，关于人脑和高等猿猴的脑的差别是属于什么性质的一些观察，也是新的，是赫胥黎（甲344）教授[4] 推爱而提供给我的（今作为一个"附录"编在本书第一篇之末）[5]，我要在此向他表示我的谢意。我特别高兴地把这些观察提供出来，因为在最近几年之内，欧洲大陆上出现了关于这题目的好几本专题论著，它们的重要性，被某些通俗作家过分地夸大了，理应加以纠正。

我不妨利用这个机会说明一点，外界对我的批评时常假定，我把身体结构与心理能力的一切变化全都归因于自然选择对时常被称为自发变异(spontaneous variation)的那一类变异所起的作用,这是不对的。因为,早在《物种起源》一书的第一版里,我已经清清楚楚地说到,无论是身体方面的变化,或心理方面的变化,我们都必须把很大的分量归之于用进废退的遗传影响。我也曾把一部分数量的变化的原因归之于生活条件的改变所产生的直接而长期持续的作用。我也曾说到,我们还必须留一些余地给间或发生的结构上的返祖遗传。我们也不能忘记我称之为"相关"的生长("correlated"growth)这一现象,那就是说,由于生物有机体的各个部分在组织上有着我们现在还理解不到的某种方式的联系,只要一个部分发生变异,其他某些部分也牵连着发生变异;而如果一个部分所发生的变异通过选择而得到积累,其他部分也就会随之经历一些变化。再者,有若干批评我的意见说,当我发现人身上许多结构方面的细节无法用自然选择作出解释的时候,我就发明了性选择(sexual selection)。不过,我认为,我在《物种起源》的第一版里,已经对性选择的原理作出了相当清楚的一个素描,并且我也曾在那里说到,这原理也未尝不适用于人。性选择这一题目之所以到本书第二版才得到充分的处理,占有足够的篇幅,那只是因为到此我才取得机会罢了。有许多对性选择的批评是表示了相当程度的同意或同情的,它们和自然选择在初期里所受到的批评颇为相像,这一相像之点曾经很引起我的注意。例如,有人说,这一原理要说明某些少数几个琐碎的事实是可以的,但肯定不能像我那样地拿来漫无边际地加以应用。尽管如此,我对性选择的力量的信念至今一直没有动摇。但我也承认,我作的许多结论中,今后将发现有若干点大概会是，乃至几乎可以肯定会是错了的。一个题目第一次有人承当下来，加以处理，这样的前途也是难以避免的了。我相信，等到自然学家对性选择的观念变得熟悉的时候，他们一定会在比现在大得多的程度上接受它的。即使在今天，好几位有能力的、善于作出判断的学者也已经充分同意地把它接受下来了。

于肯特、柏根汉、草坪，[6]

1874年9月。

译　注

1. 根据伦敦约翰·墨尔瑞(John Murray)书店所经销的历次印刷出版的版本，本书第一版于1871年2月第一次印刷出版后，曾于同年3月、4月、12月重印三次。第二版，亦即本版，于1874年11月初印出版，截至1913年11月，前后曾重印二十三次。1913年以后和别处所印销的次数不详。

2. 本书内容和西方自犹太教以来宗教传统中上帝造人的教条根本冲突，所以出版之后曾备受顽固派的肆意攻击，其中包括许多笃信基督教教义的自然学家。序言中所说的"烈火一般的考验"就是指的这种情况。

3. 清单作表格状，题为"本版内容主要增改表"。表分三栏：第一栏列出第一版书中页数；第二栏列出本版书中页数，均注明内容所在是正文，还是注文；第三栏列出增改内容。这份增改表只见于较早的版面与页数相同的几次重版中，例如1887年1月的一次重版；较晚的重版则删去了，如1913年11月的一版；但究竟从哪一次重版起删去，则不详。本译本亦删去未译，因为除了意义不大而外，前后版本的版面既然不同，页数也已经改动，即使读者想不厌烦琐地加以核对，也难于下手；较晚的几次重版根本不列，其原因恐怕也就在此。

4. 赫胥黎(1825—1895)，英国生物学家与进化论者，对达尔文学说的传播有特别的贡献。曾任英国皇家矿工学校古生物学专家与自然史讲师达三十一年。著作很多。1893年所著的《进化论与伦理学》曾由严复于1895年译成中文，名《天演论》，可以说是进化论的学说在我国比较有系统的传播的开始。1971年，又由科学出版社出版了一种新的译本。

5. 查原书目录第一篇第七章下并没有列入，译本已按达尔文原意照补。

6. 原文是"Down，Beckenham，Kent"。肯特，柏根汉，离伦敦很近，实际上构成了伦敦东南郊区的一部分。

引　论

为了使读者易于了解本书的性质，我最好把本书所由写成的经过简单地先叙述一下。多年以来，我一直在搜集关于人类起源或由来的种种资料，起初我完全没有在这个题目上发表任何东西的意向，甚至可以说适得其反，我倒是有不发表任何东西的决心，因为我想到发表的结果无非是火上添油似地增加外界对我的成见罢了。我在我的《物种起源》的初版里已经说到通过那本书“人类的起源，人类历史的开端，就会得到一线光明，”我那时以为这样点一下也就够了，因为这意味着，任何一个关系到人如何在地球上出现的概括性的结论，都不可能不把他和其他生物种类一起包括进去的。如今情况完全改观了。如果像福赫特(甲 671)这样一位自然学家敢于以日内瓦国家学会会长的身份在会议上致辞时(1869年)说到“人们，至少是在欧洲的人们，现在已不再敢坚持物种的各自独立而逐个逐个创造的特创论了，”则显而易见的是，整个自然学界里一定已经有为数不少的学者承认各个物种都是其他一些物种的经历了变化的子孙。对于比较年轻而正在兴起中的自然学者这话尤其适用。自然学家中总有半数以上把自然选择作为一种手段接受下来了，认识到它是一股力量，尽管其中有些人说我太过于夸大了它的重要性，实际是不是如此，也只有未来才能断定了。可

惜的是，自然科学的富有经验和受人尊敬的首脑人物中间，至今还有不少的人反对任何形式的进化学说。

如今大多数的自然学者既然采纳了这方面的一些见解，而这些见解，像其他的科学原理一样，最后也将为其他不从事科学研究的人所认识，所以我终于改变了我的想法，着手把我的资料札记收拾在一起，整理了一番，为的是要看一看，我以前在其他著述里所已达成的一些一般性的结论究竟能不能适用于人，能适用到何种地步。这样试一下似乎特别值得，因为，在以前，我一直没有存心把一个物种特地挑出来，作为这些见解的适用的对象而加以研究。当我们把注意力集中到任何一种生物类型身上，我们当然要吃些亏，因为这样一来，我们将无法利用从联系大类群的生物种类的亲缘关系的性质方面所取得的一些很有分量的论据——大类群的生物种类在古代和今天的地理分布状态，和它们在地质上的前后承接关系。我们有可能注意到的一个物种，人也好，任何其他动物也好，都有它的同原结构，它的胚胎发育，和它的一些残留器官，这些都留待我们去加以考虑，而在我看来，这几个方面的大量事实也可以提供足够的和结论性的证明，有利于这个逐步进化的原理。至于上面所说的那些大有分量的论据所能提供的强有力的支持，则无论如何应当随时记在心上，以供参考。

本书的唯一目的是要考虑，首先，人是不是像每一个其他物种一样地从先于他出世的某一种生物类型传下来的；其次，人出现以后，又是怎样发展成为今天的状态的；第三，人类中有所谓种族之分，而种族与种族之间的一些差别究竟有什么意义。既然有此三点需要我集中精力加以讨论，对于各个族类或所谓种族之间的种

种差别，我就没有必要去作过细的叙述——这本身就是一个庞大的题目，并且已经有好多有价值的著作加以充分的讨论过了。人类的高度古老性，近年以来，通过以布舍德贝尔特（甲 89）先生为前驱的许多杰出的作家的劳动，已经得到了指证，而为了理解人类的起源，这是一个必不可少的基础。因此，我将直截了当地接受这个现成的结论，而可以让我的读者去参阅一下赖伊耳（甲 417）爵士、勒博克（甲 413）爵士以及其他作家所作的值得赞赏的专题论著。即便是人与各种类人猿之间的差别，我也只能大概地提到一些，而不可能有机会更加深入。据多数有权威有眼光的学者的判断，赫胥黎教授在这方面已经作出了无可置疑的结论性的证明，指出在每一个看得见的性状上，人与各种高等猿猴之间的差别，比起这些猿猴与同属于灵长类（乙 803）这一目的各个低级的成员之间的差别，是更少而不是更多。

关于人类，本书几乎拿不出任何第一手而未经发表过的事实来。不过，草草的初稿整理出来之后，我发现我所达成的一些结论也还是有点意思，想到读者之中也许有一些同样感兴趣的人，因而值得把它们公开出来。时常有人毫不迟疑地断言，人的起源是永远无法知道的。但无知比知识往往更容易产生自信之心，那些断言宣称科学将永远不能解决这一问题或那一问题的人大都是一知半解之辈，而不是富有知识之人。人类和其他物种同是某一种古老、低级而早已灭绝了的生物类型的同时并存的子孙这一结论，其实在任何程度上都不算新鲜。很久以前，拉马克（甲 379）就得出了这个结论，而近年以来，好几位杰出的自然学家和哲学家也一直主张这一点；例如，沃勒斯（甲 681）、赫胥黎、赖伊耳、福赫特、勒博克、比迁希奈尔(甲 113)、饶勒(甲 558)等等,① 而尤其是海克耳(甲 289)。这最后一位自然学家,除了早先的那本巨著《普通形态学》(1866 年出版)之外,不久以前又发表了(1868 年初版,1870 年再版)他的《自然创生史》,书中对人类的谱系作了充分的讨论。如果他这本书早在我写完本书之前出来,我想我就会中途搁笔,再也不写下去了。我在本书所得出的种种结论,我发现几乎全部都得到了这位自然学家的证实,而在好些地方,他的知识要比我的丰富得多。我曾从他的著作里采用了一些事实和看法,补进我的原稿,凡是这种地方我都在正文中说明了这是来自海克耳教授的。但也有些他的话是我的原稿中早就用了的,对于这些,我没有再加以改动,只是为了进一步证实某些比较可疑或有趣味之点,间或在注文中说明参考他的某一种著作而已。

多年以来,我一直有个看法,认为在人类分化成为若干所谓种族的过程之中,性选择似乎曾经发挥过重要的作用,不过在我的《物种起源》(初版,页 199)里,我只满足于把这个信念提了一下。现在专把这个观点应用到人类身上,却发现非得把整个题目充分细致地处理一下不可。② 结果是,本书中专门处理性选择的那一部分,即第二篇,就引申得非常之长,比起第一篇来,像是有些过分,但这是不能避免的。

我本来打算于本书已有的篇幅之外,加上有关人和低于他的各类动物如何表达它们的各种情绪的问题的一篇文章。好多年以前,在读过贝耳(甲 47)爵士的那本值得称赞的著作之后[1],我就注意到这个题目。这位声誉卓著的解剖学家主张,我们人为了表达他的情绪,是单独赋有某几条肌肉的。这样一个看法显然是和我们的信念，即，人是从某种别的低级类型传代而来的，正相抵触，因此我感觉到有必要在这里加以考虑。本来我还想肯定一下，人的各个不同族类或所谓种族，在表情的时候，所用的方式是否相同，相同到何种程度。但由于本书的篇幅已经够多，我想我还是把这篇文章保留起来，另外发表，更为恰当一些。[2]

原　　注

① 因为读者对这些作家中的前面几位的著作已经十分熟悉，所以我就用不着再提这些著作的书名了，但后面几位，在英格兰大家不那么熟悉，因此我要提一提：——比迁希奈尔所著有《达尔文学说六讲》(《Sechs Vorlesungun über die Darwin'sche Theorie》)，第二版，1868 年；其法文译本，称《达尔文学说讨论集》(《Conférences sur la Théorie Darwinienne》)，1869 年版。饶勒博士则著有《在达尔文学说的启发下看人》(《Der Mensch, im Lichte der Darwin'sche Lehre》)，1865 年版。我不准备把所有对于这个问题采取同样立场的作家的著述一一列举。只再提一提意大利方面的一两位。卡奈斯特里尼(甲 135)曾经发表过一篇很奇特的文章，专论与人类起源问题有关的一些残留的性状，载莫迪那城(Modena——位于意大利北部——译者)《自然学人协会年报》(丙 19)，1867 年，页 81。另一种发表了的著述是巴腊荀(甲 33)博士用意大利文写成而题为《按照上帝的形象所造成的人也曾按照了猿猴的形象》(《Man made in the image of God, was also made in the image of the ape.》)，1869 年版。

② 自《物种起源》发表之后，当本书第一版问世之初，对性选择已经作过讨论而充分看到了它的重要性的唯一作家是海克耳教授；而他在他的几种著作中对于这个问题的一些议论也谈得很出色。

译　　注

1. 见下文第二章原注㊻。

2. 后来另成一书，《人与动物的感情的表达》，于 1872 年出版，比本书初版的时间晚一年多。

第一篇　人类的由来或起源

第一章　人类从某些低级类型诞降[1]而来的证据

有关人类起源的证据的性质——人和低等动物的一些同原的(homologous)结构——其他各色各样在结构上的相应之点——发育——一些残留的结构、肌肉、感官、毛发、骨骼、生殖器官等等——上面这三大类事实同人类起源问题的关系。

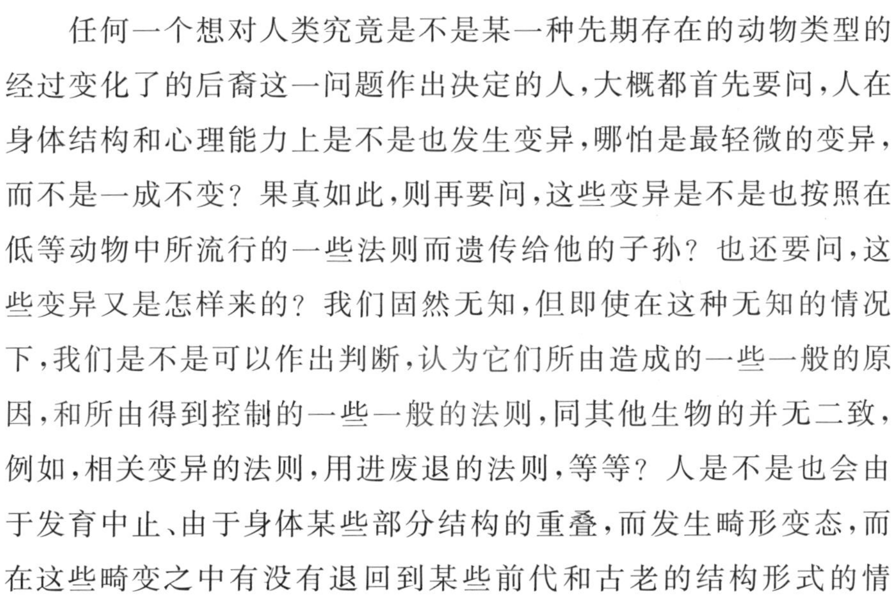

任何一个想对人类究竟是不是某一种先期存在的动物类型的经过变化了的后裔这一问题作出决定的人，大概都首先要问，人在身体结构和心理能力上是不是也发生变异，哪怕是最轻微的变异，而不是一成不变？果真如此，则再要问，这些变异是不是也按照在低等动物中所流行的一些法则而遗传给他的子孙？也还要问，这些变异又是怎样来的？我们固然无知，但即使在这种无知的情况下，我们是不是可以作出判断，认为它们所由造成的一些一般的原因，和所由得到控制的一些一般的法则，同其他生物的并无二致，例如，相关变异的法则，用进废退的法则，等等？人是不是也会由于发育中止、由于身体某些部分结构的重叠，而发生畸形变态，而在这些畸变之中有没有退回到某些前代和古老的结构形式的情况？自然也可以问到，人是不是像其他许多动物一样，也会产生一些彼此之间差别很小的变种和亚种，或者，产生一些差别大到足以列为可以称作人种或种族的可疑物种？这些人种或种族在全世界的分布又如何？人种与人种交配，在第一代和后来世代的子女身上它们会不会互相影响？还可以同样提出诸如此类的其他许多问题。

提问题的人其次大概会提到这样一个重要的问题，就是，人在数量上会不会倾向于增加得很快，快到足以随时引起严酷的生存竞争的地步，而这种竞争的结果是否足以导致身心两方面的一些有利的变异得到保持，而有害的变异受到淘汰？有的人种[2]是不是由于数量扩大而侵犯到别的人种，甚至于取代了别的人种，使后者趋于灭绝？我们将要看到，所有这些问题，实际上都会得到肯定的回答，说实在话，其中的大多数也是不言而喻的会得到这种回答的，而这也和在低等动物中间所得到的回答一样。不过我们不妨把这一类的考虑暂时搁置一下，留待将来讨论，这样似乎有它便利的地方。我们现在首先要看一下，人在身体结构上所表现的种种迹象，清楚的也好，不那么清楚的也好，究竟能在何种程度上说明他是从某种低级类型传下来的。至于人的种种心理能力同一些低等动物的心理能力的比较，则留到后面的若干章里去考虑。

人的身体结构。——众所周知而颇有人引为遗憾的一事是，人在构造上是和其他哺乳动物按照着同样的模式或样板的。人身骨骼系统中所有的骨头可以拿来一根根地和猴子、蝙蝠或海豹身上相应的骨头相比。就他的肌肉、神经、血管和内脏来说，情况也是一样。根据赫胥黎和其他解剖学者的证明，在重要性上大于一切器官的脑，在结构上所遵循的是同一个法则。比肖福（甲 62），①作为一个敌对方面的证人，也承认，人的脑子中的每一个主要的裂（fissure）和襞（fold）都可以在普通猩猩（orang）的脑子里找到它的对比；但他又添上一句话说，在双方脑子的发育过程中，没有任何一个阶段是完全符合一致的；我们当然也不能指望它们完全一致，因为，如果一致，双方的心理能力也就不会有什么差别了。伏耳比安（甲 672）说，②"人的脑子和高等猿猴的脑子之间的真正的差别是很小很小的。在这方面抱任何幻想都是不行的。人在他的脑子的解剖学方面的一些特征和各种类人猿的极为接近，不但比一般其他哺乳动物为近，并且比某些四手类动物，如普通的猴类，如猕猴，也近。"但人与高等哺乳动物之间，在脑和身体的其他一切部分的结构方面，彼此互相呼应，处处可以提供类比，这是最为明显的事，在这里似乎没有必要列举比此更多的细节。

但也还值得在这里具体地提出和结构不直接有关或不明显相连的少数几点事实，来更好地说明这种相应和类比的关系。

有某几种疾病，如狂犬病、天花、马鼻疽、梅毒、霍乱、水泡疹等等，③人容易从低于他的动物身上传染到，也容易传染给它们；这一事实足以证明，人和这些动物的细胞组织和血液，在细微的结构上和在内容的组分上，都有密切的相似之处，④而这一证明方法，要比在最良好的显微镜下面作比较的观察，和用最好的化验方法来作化学分析，都更加能够说明问题得多。猴子容易患我们人所患的各种非传染性疾病中的好多种；仑格尔（甲 548）⑤对土生土长的阿查腊氏泣猴（乙 185）作过长期仔细的观察，发现它容易感染鼻黏膜炎，表现着同人一样的一些症候，而如果再三感染，屡发不已，也会引起肺痨症。这一个种的猴子也吃脑溢血、肠炎、眼球上白内障诸病的苦头。幼猴在换牙齿的年龄里，往往因有所感染，发热而死。药物在它们身上所产生的效果也是同我们人一样的。好多种的猿猴对茶、咖啡和各种烧酒表示强烈的爱好，而我自己亲眼看到过，它们也会从抽烟中得到乐趣。[⑥] 勃瑞姆（甲 98）说到，东北非洲的土著居民把装着烈性啤酒的容器放在外边，用此来捕捉喝醉了的野狒狒（baboon）；他自己也在笼里饲养过几只，看到过它们的醉态；他又曾把它们醉中的行径和各种奇怪的鬼脸写成一篇报告，读之令人不禁大笑。酒后的第二天早上，它们脾气很不好，怏怏不乐，两手支着大概是正在作痛的脑袋，露出一副十足的可怜相；再给它们酒喝时，它们掉头不顾，并且表现出厌恶神情，但对柠檬汁却很欢迎，可以喝上不少。[⑦] 一只美洲产的，蛛猴属（乙 102）的猴子，在一次喝白兰地醉酒之后，对它从此不再沾唇，看来倒比许多人要聪明一些。这些事实虽属琐碎，却足以说明猿猴和人的涉及一些嗜好的神经一定是多么的相似，而在嗜好一度满足之后，双方的全部神经系统所受到的影响又是多么的相仿了。

人受到体内种种寄生动物的骚扰，有时候可以闹到送命的地步；也受到体外寄生动物的捣乱；而这些寄生动物和骚扰着其他哺乳动物的那些寄生动物在分类上都隶属于同一些属或同一些科，至于造成疥癣的寄生动物，则更隶属于同一些种。[⑧]。人像其他哺乳动物、鸟类，乃至昆虫一样，[⑨] 也受制于那一条我们还不甚了解而显得神秘的法则，就是，某些正常的生理功能过程，如妊孕，以及各种疾病的发展成熟和持续的期限，是同月亮的周期运行有着密切联系的。人的创伤的修补完整所经历的愈合过程，也是和其他许多低于人的动物一样的；而人的肢体的切断，尤其是如果发生在胚胎时期的一个较早的阶段，有时候也一样的会表现一些再生的能力，和最低等的动物没有分别。[10]

就那一桩最为重要的功能，即种族所由繁衍的生殖功能而言，整个的过程，从雄性方面进行求爱的第一步动作开始，[11]到年青一代的出生和养育为止，在所有的各类哺乳动物里，是如出一辙得令人惊奇的。初生下来的小猿猴，其微弱不能自存的状态，和我们的婴儿几乎一模一样，而在某些属的猿猴里，幼年猿猴和成年猿猴之间在外表形态上的差别之大，也和我们的孩子们和壮年的父母之间的差别完全可以相比。[12]有些作家认为不然，他们着重地提出了这样一个差别，就是，就人来说，到达成熟的年龄比任何其他动物都要晚得多。但这也不是没有问题的，如果我们看一下生活在热带地区的一些人的种族，就可以知道这方面的差别实际上并不大，而普通的猩猩据信也要到十岁与十五岁之间才进入成年。[13]男人和女人之间，在身材、体力、毛发，等等方面，以及在心理上，都有差别，而许多哺乳类动物的两性之间也未尝没有同样的情况。总之，人与高等动物之间，尤其是人与各种类人猿之间，无论在总体的结构上、在细胞组织的细微构造上、在身体的化学组分上、在一般体质上，都表现着十分密切的相应的性质。

胚胎期的发育。——人是从直径约为一英寸的一百二十五分之一的一颗受精卵发育而成的，这颗受精卵看来和其他动物的受精卵没有任何方面的差别。受精卵发展而成为胚胎，在很早的一个阶段里，人的胚胎和脊椎动物界里其他成员的胚胎也几乎是无法分辨的。在这个阶段里，动脉作一种弓形分支的状态，像是要把血液分送到两鳃似的，而在各种高等的脊椎动物，尽管在这阶段里脖子两侧各保有一系列狭长的裂口（图 1，f、g）标明着鳃的原来的部位，但却是不长鳃的。在比这稍后的一个阶段里，四肢开始发育出来，这时，正如声誉卓著的拜尔（甲 25）所说的那样，“蜥蜴类和哺乳类的脚，鸟类的翅膀和脚，同人的手脚一样，全都是从同样的一个基本形态长起来的。”而赫胥黎教授说，⑭要到“胚胎发育的很晚的一个阶段里，胎期的小人才呈现出不同于胎期的小猿的一些显著的差别，而后者，即胎期的小猿，和胎期的小狗相比，也是如此，至于人狗之间，也是到了后期才表现了同样多的差距。后面这句话也许有些骇人听闻，但这是可以证明的真理”。

想到我书的读者之中大概总有几个从来没有看到过胚胎的模样，我在这里提供了一张插图，共两幅，一幅是人的，一幅是狗的，代表着一个大致相同的初期发育阶段；它们是分别根据在精确程度上无可置疑的两种作品中的原图仔细复制而成的。⑮

经过了这一番对如此几个很有权威的作家的议论的介绍之后，我就没有画蛇添足的必要再列举种种引借的详细事例，来说明人的胚胎与其他哺乳动物的胚胎是多么的相似了。但我不妨补充如下的一些事实，它们所涉及到的各方面的结构都是以人的胚胎为一方，而低于人的某些动物的成年形态为又一方，这其间也不乏相应而可以类比的地方。例如，人胎的心脏原本是一根简单而能跳动的血管；人胎里的排泄物是从一条单孔的腔道（cloacal passage）排除到体外的；人胎的尾骨向后伸展得像一条真的尾巴那样，并且“伸展得相当远，超出到未成熟的后肢之外；”⑯而在某些动物里，这些却是正常的成年状态。在所有呼吸空气的脊椎动物的胚胎里都存在着某一种腺体，称为吴夫氏体或中肾（corpora Wolffiana），而这些腺体是和鱼类中成熟的鱼的肾脏相应的，两者具有相同的功能。⑰即使在一个比较后来的胚胎发育阶段里，在人和低于他的动物之间也还可以观察到一些突出的相似之处。比肖福说，满七个月的胎儿的脑的脑回所达到的发展程度大致相当于一只狒狒在成年时所达到的程度。⑱据欧文（甲508）教授说，⑲脚上的大拇趾，“作为直立和迈步的支点，也许是人体结构中最能表明人的性质的一大特点”。但

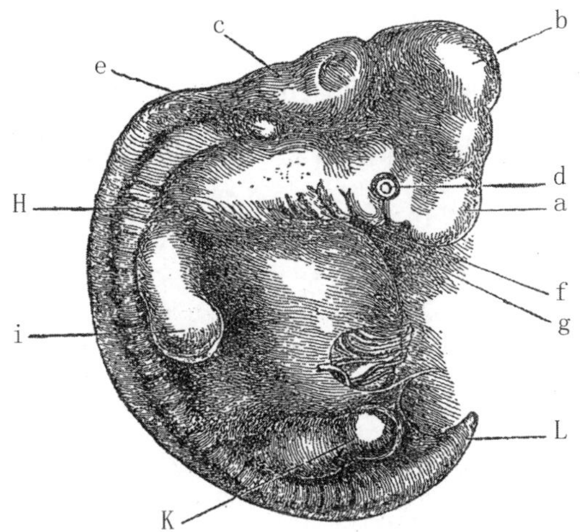

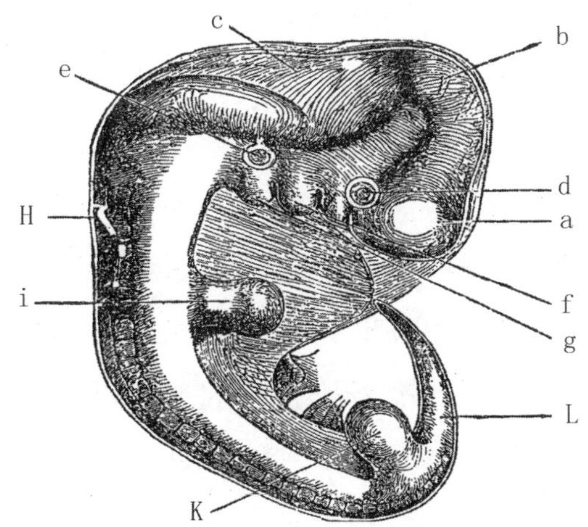

图 1　上幅——人的胚胎，采自埃克尔（甲 213）
　　　下幅——狗的胚胎，采自比肖福

a. 前脑，大脑的半球，等等。
b. 中脑，小髓结节体。
c. 后脑，小脑，延髓。
d. 眼。
e. 耳。
f. 第一内脏拱。
g. 第二内脏拱。
h. 正在发育中的脊椎柱和肌肉。
i. 前肢。
k. 后肢。
l. 尾或尾间骨。

在长约一英寸的一个胎儿的脚上，瓦伊曼（甲 723）教授发现，[20]“大拇趾要比其他的脚趾反而短些，长得也不和其他的各趾并行，而是横出在脚板之外，和它成一个角度，而这样一来，倒和四手类动物这部分的正常而贯彻终身的情况恰好相应了”。我将引赫胥黎教授的一段话[21]来结束这一部分的讨论。他先摆出这样一个问题：人的起源所经过的途径或所遵循的方式是不是和狗的、鸟的、蛙的或鱼的有所不同？之后，他说，“对这问题的答案是直截了当、丝毫不用迟疑的。没有问题，人的起源的方式，以及他的发育过程中起初的一些阶段，是和在进化阶梯上直接低于他的一些动物的相一致的。而丝毫也不容怀疑的是，在这些方面，他和猿猴的距离，比起猿猴和狗的距离来，要远为接近得多。”

种种残留结构。——这个题目在实质上虽并不比上面两个题目，即相应性的结构和胚胎发育，更为重要，但由于其他的若干理由，我们却准备比较详细地加以处理。[22]高等动物的一切物种都有某些结构表现着一些残留的状态，不在身体的这一部分，就在身体的那一部分，例外是没有的，人也不在这条通例之外。残留的器官必须同初生而未发达的器官区别开来，尽管在有些情况下，区分并不是容易的事。前者，即残留的器官，有的是绝对的没有什么用处的，例如雄性四足类动物的乳房，又如反刍类动物中从来不发展到穿破牙龈的门牙；有的则对当前持有它们的动物用处极少，少到使我们很难设想它们是今天的情况所引起而发展出来的东西。这些用处极少的器官，严格说来，还不是残留性的，但它们正朝着这个方向前进。至于新生而未发达的器官，则与此相反，它们虽还没有充分发展出来，却对持有它们的动物已经很有用处，并且还会继续发展下去。残留的器官有高度的变异性，而这是不难理解的，其中一部分的理由就是因为它们没有用处，或几乎等于废物，因此而不再成为自然选择作用的对象。它们也往往会完全受到抑制，而不发展出来。但抑制并不等于消失，它们会通过所谓返祖遗传（reversion）的情况而不时地再度出现——这一种情况也是很值得注意的。

促使一些器官变为残留的主要力量似乎是，对某一个有关器官，在原该使用得最多的生命阶段（而这一般说来总是成熟的那一阶段）里，搁过一边，不加使用，以及，通过遗传，这种废而不用的影响，又在后一代的相应的生命阶段里，重复一番。“废而不用”这一个词的含义不仅仅牵涉到某些肌肉的活动的减少，并且，由于压力的增加和张弛的更迭愈来愈稀疏，或者由于某种原因而不经常活动，身体某一部分或某一器官从血液循环中所接受到的流量日见削弱。但在有些情形下，两性之中，一性的某些部分或器官变为残留，而在另一性，这些部分或器官却正常存在。这一类的残留，我们将在下文看到，往往是另有来源的，与上面所说的残留有所不同。在有些例子里，一些器官，由于生活习惯的改变而变得不利于种的生存，则通过自然选择的作用而变得愈来愈缩减。缩减的过程之所以得到推进，似乎往往通过两条原理的作用，一条是代偿，一条是生长所要求的经济或节约。但要理解缩减过程的一些后来的阶段是困难的，因为这些阶段的发生在时间上是在“不用则废”已经尽量发挥了它的作用之后，而一到这个时候，由于经济原理所

要节约的东西或分量也就没有多少了。[23]身体的某一部分，既已废而不用，或已经缩减得很小，使代偿和节约的两条原理都不再能对它有所作为，则我们对它的最后而完全的抑制也许就要借助于泛生论的假设（hypothesis of pangenesis）才能有所理解了。不过对残留器官这一问题，我在我以前的几种著作中[24]已作过一番通盘的讨论，并举例加以说明，在这里就无须说得太多了。

人们曾经在人体上的许多部分观察到过各种肌肉的残留。[25]有不少条的肌肉，在某些低于人的动物身上是常备的，在人身上也间或可以找到，只是要瘦小得多罢了。每一个人一定都注意到过，许多动物，尤其是马，具有一种抽动它们的皮肤的能力，而这是通过一大片叫做稀肉膜或薄肌（panniculus carnosus）的肌肉来进行的。在我们人身上，这片肌肉的某些残余部分也还保持着一些效用，它们分散在不止一处，额角上用来伸展双眉的那条肌肉就是残余之一。我们脖子上很发达的那条颈阔肌（platysma myoides）也属于这个系统。爱丁堡大学的特尔奈尔（甲 661）教授告诉我，他曾经在五个不同的场合，腋下、肩胛骨附近，等等，发现一些肌肉纤维束，全都得划归这个稀薄肌的系统。他又指出，[26]在性质上不是腹直肌（rectus abdominalis）的一个引申而是和稀薄肌有着密切联系的胸骨肌（musculus sternalis，亦称 sternalis brutorum）的出现，在六百多个检验过的人体里，约占百分之三。他又加以补充的说明，说这条肌肉提供了“一个出色的例证，证明如下的一句话是对的，就是，间或出现而属于残留性质的种种结构，在布置上是特别不稳定而容易发生变异的。”

有很少数的一些人会抽缩头皮下面的一些肌肉，而这些肌肉

正处于变异不定并趋于局部残留的一个状态。德坎多耳（甲 183）先生写信给我，说到这方面的一个奇特的例子，奇就奇在这一特点维持得特别久，那就是说，已经遗传了好几个世代，并且抽缩的能力异常强大。他认识一家人家，其中的一个成员，即这家的家长，在年轻的时候，光是通过头皮的抽动，就能把顶在头上的好几册很笨重的书抛落下来，并且用这技艺来和别人打赌，赢了不止一次的赌注。这人的父亲、叔叔（或伯伯）、祖父，和他自己的三个孩子都有这套本领，并且都是同样的高强。这个家族有两个支派，是八个世代以前开始分开的，刚才说到的那个人是其中一支之长，他和另一支的家长是七从的族弟兄关系。这个远房的族弟兄住在法国的另一部分。有一次彼此相遇，刚才的那一支的家长就问起他是不是也有这份本领，他就立刻表演了一下。这一个实例提供了一个良好的证据，说明来源甚远、有可能远到我们的半人半猿的祖先、而到现在早已变得绝对没有什么用处的一种性能，在遗传上会表现得何等的顽强了。我们说来源悠久，因为今天许多种的猿猴都有这种广大地上下抽动头皮的性能，并且还时常用到它。[27]

用来挥动耳朵的一些身体表面的肌肉，以及用来蠕动不同部分的一些体内的肌肉，就人来说，都已进入一种残留的状态，也全都属于稀薄肌这一系统，它们在发育上也很变异不定，至少在功能上是如此。就耳朵来说，我曾经看到过一个人会把整个外耳向前挥动，另几个人则会向上伸展，而另一个人则会向后摇晃。[28]而据其中的一个人对我说，我们中间多数的人，只要时常摩弄自己的耳朵，从而把注意力调动到这方面来，再不断地加以尝试，这种抽动的力量有可能得到几分恢复。就许多动物来说，能够把外耳挺得很直，用它来转向罗盘的任何一方，无疑是极有用处的一种力量，因为只有这样，它们才能发现危险来自何方，而得以及时走避。至于人，在这方面有确凿证据的例子我还一个都没有听到过，尽管这种能力对他来说也未尝没有几分用处。整个的外耳壳不妨作为一个残留看待，其间所包括的一些折叠和一些隆起（耳轮与对耳轮，耳屏与对耳屏，等等），在低于人的动物，是用来加强和支撑挺直时的耳朵的，同时对耳朵也不增加太多的分量。但有些作家认为，外耳的软骨是用来把音波的颤动传达给听觉神经的；但托恩比（甲657）先生，㉙在把这方面所已知的证据收集在一起之后，得出结论，认为外耳并没有什么说得清楚的用途。黑猩猩（chimpanzee）和猩猩（orang）的耳朵和人的耳朵相像得出奇，它们耳朵上的一些正常的肌肉也是发展得很差的。㉚动物园的管理人员也确凿地向我谈到，这些猿类的耳朵从来不会动，也不会竖起来，因此可知，至少就功能而论，它们也是处于一种残留状态，完全与人的耳朵一样。这些动物，以及人的老祖先，为什么会把竖起耳朵的本领丢掉，我们说不上来。也许是这样，由于它们的树居的习惯，力气又大，它们所要应付的危险局面并不多，因此，在很长的一个时期以内，它们挥动耳朵的机会太少了，不用则退，于是就把这方面的能力丢失了。但对这一看法，我是不满意的。因为果真如此，那就等于说，许多身材高，体重大的海鸟，由于居住在远洋岛屿之上，受不到猛兽的袭击，因而终于把用翅膀来飞行的本领都丢失了。事例虽然不同，道理是一样的。但人和若干猿种不能挥动耳朵这一笔损失是部分得到了补偿的，就是，由于整个的头部能在一个横的平面上左右转动，他们还是可以收听各个方面发来的声响。有人指出，只有人的耳朵才有个小叶，即有个耳垂，但“在大猩猩（gorilla）的外耳上这只是一个残留”；[31]而据我从普赖厄尔（甲 536）教授那里听说，在黑人的外耳上，这片小叶不存在的情况，也不算太少。

负有盛名的雕塑家，乌耳奈尔（甲 717）先生向我说到外耳上的一个小小的特点，他在男子和女子耳朵上都时常观察到这一特点，并且充分地看出了它的意义所在。当他为“促狭鬼”（“Puck”）[3]造像而进行工作的时候，他第一次注意到这个题目，他为“促狭鬼”雕出了一双有尖头的耳朵。由此他就进行检视各种猿猴的耳朵，更进而尤为仔细地注意到人的耳朵。这特点究竟是什么呢？外耳有向里边卷的一条边缘，即上文所称的耳轮，这特点就是从耳轮向里突出的一个小小的钝角。凡有此特点的人，总是一生出来就已经长好了的，而据勒·迈尔（甲 460）教授说，有此特点的男子要比女子为多。乌尔奈尔先生曾就有此特点的一个例子塑成一个逼真的模型，又绘制成图，赠送给我，即附图（图 2）。这特点或钝角不但向里突出而对着耳朵的中心，并且也往往从它自己的平面略微向外转侧，因此，无论我们对面正视有此特点的人，或从背后看这人，都可以看到它。在大小上它是有变异的，即因人而有些不同，部位也似乎不完全一样，可以高一些，或低一些，在有的例子里，一只耳朵有，而另一只没有。表现这特点的也不限于人，在我们的动物园里我就在一种蛛猴（spider-monkey），毵蛛猴（乙 103）的耳朵

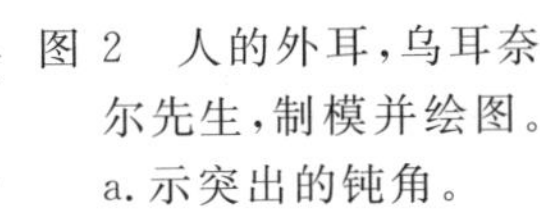

图 2　人的外耳，乌耳奈尔先生，制模并绘图。a. 示突出的钝角。

上观察到这一情况；而兰凯斯特尔（甲 384）先生告诉我，在德国汉堡的动物园里，有一只黑猩猩也有这情况，那就是又一个例子了。耳轮显然是由向里卷的耳朵的边缘构成的，而这一番卷折看来和整个外耳受到向后压抑的经久的趋势总有某些联系。就许多种在本目里地位并不高的猴类，如各种狒狒和几种猕猴来说，[32]耳朵的上部是有些尖的，耳边则全无向里卷折的迹象，但若这部分的耳边真要向里卷折的话，在卷边之上，势必会有一个小小的尖端或钝角，一面指向耳朵的中心，而一面也可能略略超出耳朵的平面之上，并且有些向外。依我看来，这个特点，就许多例子说，就是这样来的了。但也有不同的意见：勒·迈尔教授，在不久以前发表的写得很聪明的一篇论文里，[33]主张整个问题不过是一个变异性的问题，认为那尖端或钝角并不是一个真正的突出，而是由于皮下的软骨发育得不完整，恰恰在尖端所在之点的上下两边有些缺陷，于是造成了尖端的假相。就许多的例子说，我很有心理准备来承认这未尝不是准确的解释，即如在勒·迈尔教授文中所绘出的一些例子里，有的表现着不止一个小尖端，有的则整个耳边呈波折状。由于道乌恩（甲 204）博士惠予的方便，我自己也看到过一个头小型白痴（microcephalous idiot）的耳朵上的尖角是在耳轮之外，而不在向里卷折的边缘之上，由此可知这种尖端就未必和原先的耳朵的尖端有什么关系了。尽管如此，就另外一些例子来说，我认为我原先的看法，即，这尖端或钝角是早期直竖而尖长的耳朵的顶尖的残存，似乎还是接近事实而站得住的。我所以这样想的根据是，一则这方面的例子实在不少，经常可以碰到，再则这特点的部位和原先尖耳朵的尖顶的部位，一般说来，总是相符的。在我所看到的有一个例子，而这是有一幅别人赠给的相片为证的，这尖端或钝角特别发达，如果按照勒·迈尔教授的看法，认为完整的耳朵边缘需要有完整的软骨发育来做衬托的话，那么，在这个例子里，软骨的发育就得占有和掩盖外耳的全部面积的三分之一，而事实并不如此，尖端尽管大，衬托的软骨却并不一般大。有人用通信方法寄给我两个例子，一个是北美洲的，一个是英格兰的，在这两个例子里，外耳上部的边缘完全不向里卷折而是平直的，而平直之中却也有一个尖端或向上指的钝角，所以，在轮廓上，看上去就和一只寻常的四足类动物的直长而有顶尖的耳朵很相像。这两个例子中的一个是个幼年的孩子，它的父亲把它的耳朵和我所提供的㉞一幅插图中所示的一种猿猴，黑犬猿（乙 322）的耳朵，两相比较以后，写信对我说，两者在轮廓上确实十分相像。如果，在这两个例子里，耳朵的边缘，像正常的情况那样，也向里卷折的话，则向上的这个突出的尖端势必转而向里了。我不妨再补充另外两个例子，在这两个例子里，耳朵在轮廓上照样有一个向上的相当钝的尖角，而外耳上部的边缘则已正常地向里卷折——尽管其中一例的卷折还不厉害，只是窄窄的一条而已。下面的木刻图（图 3）是根据尼策（甲 502）博士所惠赠的一帧猩猩胎儿的照相精确复制而成的，从这里我们可以看到，在胚胎期之内的带有尖端的耳朵的轮廓是和成年的形态有着何等的不同了。一般说来，猩猩

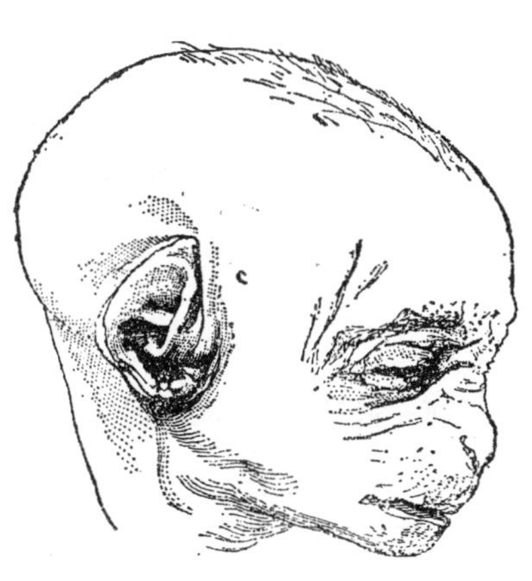
图 3　一只猩猩的胎儿的头。据一幅照相精摹制成，示早在胚胎期以内的耳朵的形态

耳朵的成年的形态是和人的耳朵十分近似的。根据这木刻看来，除非在进一步的发育中发生巨大的变化，这样一只边上带尖角的耳朵逐渐向里面卷折的结果，便势必会导致产生一个向里突出的尖端或钝角。总起来说，尽管有不同的意见，我还是认为，这个尖端，在有些例子里，人的也罢，猿类的也罢，似乎都有可能是一种早先的状态的遗迹。[4]

眼睛里的瞬膜（nictitating membrane），亦称第三眼睑，加上它的一些附属的肌肉和其他结构，在鸟类是特别发达的，而由于可以很快地把它拉开，遮住整个的眼球，它显然对鸟类有着很重要的功用。在有些爬行类和两栖类，以及某些鱼类里，例如几种鲨鱼，我们也可以找到这个结构。在哺乳动物中间，在两个较低的部门里，即在单孔类（乙 629）和有袋类（乙 600），它也相当的发达，而在少数几种高等的哺乳动物，如海象（walrus），也是如此。至于人、各种四手类动物，以及大多数的其他哺乳动物，则所有的解剖学家全都承认，它只是以一种残留的形态出现的，即所谓的半月折（semilunar fold）。㉟

嗅觉，对更大数量的哺乳动物来说，有着比视觉更大的重要性——对有些动物，例如反刍类，它可以警觉它们及时躲避危险；对另一些动物，例如食肉类，可以用于寻找所要捕食的动物；而对又一些动物，例如野猪，则兼备上面所说的两种趋利避害的作用。就人来说，皮肤颜色比较深暗的一些种族的嗅觉比肤色白皙而文明的一些种族要发达得多，㊱但即使在前者，嗅觉的用处，如果有一点的话，也是微不足道的。它既不能提出警告，使人避开危险，也不能把人导向食物所在的地方，它也没有能教爱斯基摩人不在最臭恶的空气里睡觉，也没有能教许多野蛮人不吃半已腐烂的肉。据一位本人嗅觉很发达、对这题目又作过研究的著名的自然学家告诉我，在欧洲人中间，嗅觉的强弱在不同的人身上差异是很大的。凡是相信渐进的演化原理的人不会轻易承认，人身上目前所存在的那种嗅觉，究其由来，是由目前存在的那样的人自己取得的。不是这样，他不是自己取得的，而是从早期的某一个祖先那里遗传而来的，并且所传到的只是一种减弱而残留的状态，而它减弱的程度也就是残留的程度。至于对当初的远祖来说，这种能力原是大有用处，并且不断地被用来为他自己服务的。嗅觉高度发达的那些动物，如狗和马，对人、对地点的记忆辨认是同有关的人和地所散发的气味有着强烈而不可分的联系的。而因此我们也许可以理解，为什么，真有像毛兹雷（甲 448）博士所肯定说过的那样[37]，人的嗅觉，“在我们生动地回忆过去了的一些思想，或早已遗忘了的一些景色和境地的形象的时候，会有奇特的作用”。

人在毛发上和其他所有的灵长类的动物有鲜明的不同，人几乎是赤裸无毛的。不过也不是完全光秃，男子在身体的多半的表面上有着疏疏落落的几根短毛，而在女子身上则有很细密的茸毛。毛发的情况因种族而大有不同；在同一种族的个人与个人之间，变异的程度也很高，在分量的多少上如此，在分布的部位上也如此。例如，在有些欧罗巴人，肩膀上是很光秃的，而在另一些，则浓密得成撮成丛。[38]可以认为无疑的是，这样分得很散的体毛状态是低于人的动物的那个通体有毛而分布得很均匀的状态的一个残留。我们知道，四肢和人体其他部分的又细又短而颜色浅淡的毛，有时候会“由于靠近发炎过久的一带皮肤的关系以致营养失常，”而变得发达起来,“成为又浓又长而又粗糙的大量黑毛”。[39]这一类的事实使上面所说的残留的看法越发见得合乎事理了。

佩吉特(甲 509)爵士告诉我,有这样的事情:一家之中,往往有好几个成员在他们的眉毛里长出几根比眉毛要长得多的毛来。由此可知,即便这样一个细微的特点似乎也可以遗传。而这些眉中长毛似乎也并不孤立,而在别的方面有它们的代表,例如,在黑猩猩和某几种的猕猴(乙 581),眼眶上方的光皮肤上也有一些分散而相当长的毛,可以和我们的眉毛相应,在有几种狒狒(乙 311),眉梁上是满盖着毛的,而从这里面也总有几根特长的毛挺拔出来,和上面所说的情况一样。

人类的胎儿,长到第六个月时,会长出一身又细又密的羊毛般的所谓“初生毛”或“胎毛”(lanugo)来,这种毛所提供的情况就更为奇特了。在第五个月里,胎毛在眉毛的部位上,在脸上,尤其是在嘴的周围,首先发展出来,而在嘴边的长得很长,比同时的头顶上的毛要长得多。埃希里希特(甲 225)[40]观察到过一个上唇长着这种髭毛的女胎儿。这事初看像是很奇怪,其实不然,因为在早期的生长过程里,两性在一切外表的特征上,除非有什么特殊的情况,一般总是彼此相像的。胎儿身上各部分的胎毛的走向和安排是和成年人的毛一样的,不过它们的变异性很大。胎毛密密地长满了全身,连额上和耳朵上都不免。但值得深思的一个事实是,两只手掌和两只脚底却是很光秃的,而这一点又是和大多数的低于人的哺乳动物的四肢肢端表面的情况一样的。这大概绝不是一个偶然的巧合,既然不是,则可知胎儿的一身软绵绵的羊毛般的装束也许就代表着生下来就有毛的那些哺乳动物的第一套永久性的毛衣了。文献上记录着三四个生下来全身和满脸都长满了毵毵的细长毛的人的例子，而这一奇异的情况有强烈的遗传倾向，同时又和牙齿的一种畸形状态相关联。[41] 勃朗特（甲 94）教授告诉我，他曾经把有此特点的一个人的脸上的毛取下来和胎儿的胎毛相比，发现彼此在构造上是很相同的；胎儿是没有生出来的，而这人已三十五岁了，因此，他说，这个例子不妨用体毛发育中止的道理来解释，胎毛的发育虽然中途停止了，但他们的生长却还在继续。据一个儿童医院的外科医师肯定地对我谈到，许多经常瘦弱的儿童背上长满了相当长的细丝一般的毛；这一类的例子大概也得归纳到这个题目之内。

在文明比较发达的一些人的种族里，看来尽头的那儿只臼齿，或称智齿，长期以来，已趋向于变成一种残留。这些臼齿似乎总要比其他的臼齿小一些，在人如此，其在黑猩猩和猩猩也是如此，每只智齿也只有两个分得出来的根。大约一个人要到十七岁的时候，它们才穿破龈肉而出，而有人肯定地告诉我，它们也容易腐蛀，比其他牙齿容易得多，也比它们掉落得早；但有些著名的牙科医师是不承认这一点的。它们也比别的牙齿更加容易发生变异，在结构上如此，在发育的时期上也是这样。[42] 但在另一方面，在黑皮肤的一些种族里，智齿通常具有三个分得开的牙根，而一般是正常无病的，它们也和其他的臼齿在大小上有些差别，但差别的程度比高加索诸种族的为小。[43] 夏弗哈乌森（甲 575）教授对这一点种族之间的差别作过一个解释，他指出，在文明的种族中间，“颚骨后面长牙齿的部分总是比较短窄”[44]，而颚骨后部之所以短窄，依我的愚见，可能是由于文明人习惯于吃软的和煮熟的东西，而使劲用牙床

的机会减少了的缘故。勃瑞斯(甲 91)先生告诉我,在美国,越来越通行而相习成风的一种做法是把儿童的某几只臼齿预先拔掉,因为牙床都长得不够大,不能应付正常数目的臼齿的完整的发展。㊺

关于消化道,我所接触到的有关的叙述只限于一种残留,就是盲肠的阑尾。盲肠是肠的分支,是一头不通的死胡同,在低于人的许多草食的哺乳动物身上是很长很长的。在考阿拉(Koala,乙 752),它的长度确乎是达到身长的三倍以上。㊻在有些动物里,它不但延伸得很长,并且越到后面越是尖削,而有的则一路有些收缩的地方,像是分了几节的样子。由于食物或其他生活习惯的改变,在各种不同的动物里,盲肠像是变得短了许多,那缩短了的部分保存了下来,作为一种残留,就是所谓的阑尾了。我们说这阑尾是个残留,这当然是推论得来的。推论的根据,一是它的体积小,二是卡奈斯特里尼教授就人的阑尾的变异性所收集的种种例证。㊼由于变异性大,间或有人几乎不长这个阑尾,也间或有人长得很大。阑尾中间的管道,通塞也各有不同,有的只通一半,甚或只通全长的三分之一,末梢成为扁扁的、实心的那么一片。在猩猩,这阑尾是长而打转的,在人,它却很短,从短短的盲肠的尽处伸出来;一般有四英寸到五英寸长,直径大约只有一英寸的三分之一。它不但没有用处,并且有时候可以成为致命的原因,不久以前我就听说过两个这样的例子:由于小而硬的东西,如带壳的种籽之类,掉进了管道,引起了发炎。㊽

在有几种较低等的四手类动物(乙 816)、在各种狐猴(乙 542)和肉食类动物,以及许多种有袋类动物,肱骨靠近下端有个小孔和

过道，称为髁上孔(supra-condyloid foramen)，上肢或前肢的主要神经就从这里穿过，而大动脉往往也走这个过道。如今在人的肱骨上一般也还可以找到这小孔和过道的痕迹，并且有时候还相当发达，其所由构成的部分包括一个下垂的钩状骨质隆起和一根韧带。斯特茹瑟斯(甲 634)医师[49]一向密切注意过这个题目，他新近指出这个特点有时候是可以遗传的，因为在有一个例子里，父亲和七个子女中的至少四个，都表现有此特点。在有这特点的例子里，上肢的大神经一定从它里面穿过，没有例外，而这就表明它是低于人的动物的髁上孔的一个同原的结构，也是一个残留的结构了。特尔奈尔博士作过估计，据他告诉我，在所看到的近时人的骨骼里，有着这种残留的例子大约占百分之一。但如果认为这个残留结构在人身上的偶一出现是一个返祖遗传的现象，而看来大概是这个现象，这就倒退得很远而回到很古的一套了，因为在比较高等的四手类动物里，它是不存在的。

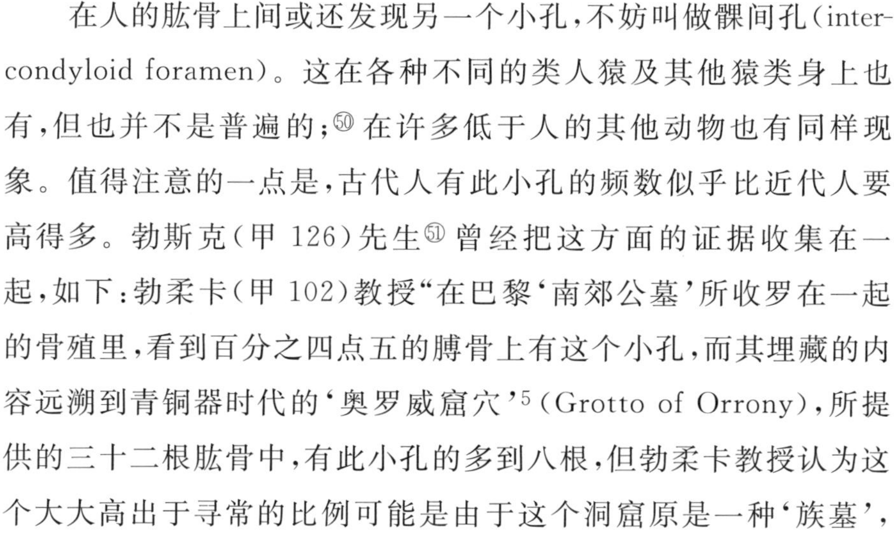

在人的肱骨上间或还发现另一个小孔，不妨叫做髁间孔(inter-condyloid foramen)。这在各种不同的类人猿及其他猿类身上也有，但也并不是普遍的；[50]在许多低于人的其他动物也有同样现象。值得注意的一点是，古代人有此小孔的频数似乎比近代人要高得多。勃斯克(甲 126)先生[51]曾经把这方面的证据收集在一起，如下：勃柔卡(甲 102)教授“在巴黎‘南郊公墓’所收罗在一起的骨殖里，看到百分之四点五的膊骨上有这个小孔，而其埋藏的内容远溯到青铜器时代的‘奥罗威窟穴’[5](Grotto of Orrony)，所提供的三十二根肱骨中，有此小孔的多到八根，但勃柔卡教授认为这个大大高出于寻常的比例可能是由于这个洞窟原是一种‘族墓’，所埋葬的大都是血缘相近的人的缘故。再如，德迂邦（甲 209）先生在勒瑟河（Lesse，在比利时——译者）岸的洞穴里发现这小孔的比例是百分之三十，而这些是属于驯鹿时代的；而勒圭（甲 394）先生在阿商丢尔（Argenteuil，法国北部市镇，近巴黎——译者）的一种‘自然巨石架构’（dolmen）周围所观察到的这种小孔占百分之二十五；而卜吕奈尔贝（甲 538）先生从浮瑞阿尔（Vauréal，未详，应是法国地名——译者）掘出的骨殖里所找到的是百分之二十六。我们也不应该不理会，卜吕奈尔贝先生也曾说过，在古安歇人（Guanche）[6] 的骨骼里，这一情况是不稀奇的”。古代的族类，在这里和其他若干例子里，所表现的一些结构，常常要比近代的族类更为接近于低于人的动物的一些相应的结构，这也是一件有趣的事实。这里面的一个主要原因似乎是，古代的族类，在长长的世代传递的过程中，总要比近代人更加靠拢荒远而接近于兽类的老祖先。

在人，尾骨（oscoccyx），以及下面还要叙到的另外几节脊椎，虽不再发挥什么尾巴的作用，却清清楚楚地代表着其他脊椎动物的尾巴的部分。在胚胎发育的初期，这一部分原是自由地伸展在身体下端之外的，恰如我们在人的胚胎图（图 1）上所看到的那样。我们知道，即便在出生之后，在某些极少数异常的例子里，[52] 它构成一根露在体外的尾巴的残留。正常的尾骨是不长的，寻常由四节脊椎构成，虽是四节，却是胶着在一起的。而这些脊椎也已进入残留的状态，因为，除了最底下的一节而外，其余都只剩下一个光光的椎体（centrum）。[53] 它们也配备有几条小肌肉；据特尔奈尔教授告诉我，其中的一条是泰伊勒（甲 649）[7] 曾经把它作为伸肌（extensor）的一个残留性的再现而特地加以描叙过的。而这条伸肌，在许多哺乳动物里，是很发达的。

在人，脊髓或脊神经索只向下伸展到脊柱的最后一个背脊椎或第一个腰脊椎，但自此以下还有一段线状组织，即所谓的脊髓终丝(filum terminale)，继续循着脊柱管道的骶骨部分的轴线下行，甚至走上诸尾骨的另一面。这条脊髓终丝的上部，据特尔奈尔教授告诉我，和脊髓无疑是同原的，不过它的下部却显然只是由软脑脊膜(pia mater)或布满着血管的薄膜所构成，没有别的东西。尽管这样，即使下降至尾骨，我们还可以说它仍具备着脊髓这样一种重要的结构，哪怕它只是脊髓的一点点残迹，也哪怕它已经是暴露在外，而下再包藏在一段骨质的管道之内。下面这一件也是承特尔奈尔教授惠予提供的事实说明人的尾骨和低等动物的真正的尾巴的彼此的相应关系是何等的密切：路希卡(甲 416)不久以前曾经在人的诸尾骨的尽头发现一个奇特的结构，这结构作回旋状卷曲，并与骶中动脉相连，而这一发现又曾诱使克饶乌塞(甲 375)和迈尔(甲 458)进而把一只猴子(猕猴)和一只猫的尾巴检验一番，结果，他们在这两种动物身上都找出了这个回旋状的物体，所不同的只是不在尾骨的尽头罢了。

生殖系统也提供了若干不同的残留结构，但这些和上面所列举的例子比起来，有一个重要的不同之点。在上面的例子里，我们所注意的是对有关的物种现在已经不发生效用的某一身体部门的残迹，而在这里，我们所注意的是，一样是身体的某一个部门，在一性的身上只剩下一个残留，而在另一性身上，却发展得很正常而有其效用。尽管如此，如果我们相信物种在当初是一个一个地被创造出来的话，要解释这一类残留的发生就和解释上文的种种残留同样的困难。不过我在下文还要回到这些残留上来，到那时候我将指出，残留之所以存在，一般要凭借遗传，那就是说，凭借一性所取得的一些部分或结构，通过遗传，被局部的，或在较差的程度上，分移到了另一性的身上。现在，在这里，我准备只列举几个这方面的残留的例子。谁都知道，在一切哺乳动物的雄性，包括人在内，都存在有乳房的残留。在若干例子里，这种雄性的乳房居然变得很发达，并且流出丰富的乳汁来。两性的乳房基本上是相同的这一点从另一方面也可以得到证明，就是，在受到麻疹侵袭的时候，两性的乳房有时候都会发生交感性的膨胀现象。在许多种哺乳类的雄性动物身上都曾经观察到过的摄护囊或前列腺（vesicula prostatica），如今已普遍地被认为相当于雌性动物的子宫，彼此所连属的管道也是一样。劳伊卡特（甲 400）曾对此腺体作出一番练达的叙述，并提出理论上的看法，我们读到之后，要想不承认他的结论，是不可能的。就某些哺乳动物来说，这一点尤其清楚，因为，在这些动物里，雌性的子宫的一头是两分而作丫杈形的，而雄性的前列腺也是这样。[54]属于生殖系统的残留结构不止于此，其他的还有一些，但不在这里一一列举了。[55]

上文叙述的三大类的事实所要阐明的意义是清楚而不可能引起误解的。但若把我在《物种起源》一书里的一系列逐步深入的论点详细地重复一遍，那将是多余的了。属于同一个纲的各个成员，在整个体架上有着同原构造的这一事实，除非我们承认它们是从一个共同的始祖传下来，而后来又因适应各种不同的环境条件而各自起过一些变化，否则是无法理解的。根据任何别的看法，人或猿猴的手、马的脚、海豹的足鳍、蝙蝠的翅膀，等等之间的所以在格式上彼此相像则是绝对无法解释的。[56]说它们的形成是全都根据同一个出乎主观意念的设计，那是一个不科学的解释。至于发育这一方面，我们根据在胚胎期中变异发生得相当晚的原理，再根据这种变异会在相应的年龄期中遗传的道理，就不难清楚地理解，为什么差距远得出奇的各种动物形态的胚胎会在多少不等的完整的程度上，把它们共同的远祖的结构一直保持了下来。一个人、一只狗、海豹、蝙蝠、一只爬行类的动物等等的胚胎，在发育的初期里，是几乎无法辨别的，对这样一个奇迹般的事实，从来没有经人提出过任何其他的解释。为了理解各种残留器官之所以存在，我们只要设想，某一个早期的远祖原先就具备有这些器官，而且在结构与功能上都十分完整，但后来，在改变了的生活习惯之下，由于单纯的废而不用，或通过自然选择对于最不受这些到此已经成为多余的器官或结构所连累的那些个体所进行的挑选，再加上上文所已指出的一些其他的方法，它们才变得大大的缩减了。

这样我们就可以懂得，为什么人和其他一切脊椎动物的构造会按照着同样的一个一般的模式，其间经过一个什么样的过程，为什么它们会经过一些同样的早期发育的阶段，又为什么它们会共同地保持某一些残留的器官或附件。因此，我们应该坦率地承认，人和其他动物是来自一个共同的祖系的；不承认这个，而采取任何其他的看法，就等于承认，我们自己的身体结构，以及围绕着我们的其他动物的身体结构，只是一个陷阱，是一个用来把我们的判断能力坑在里面的陷阱。如果我们再进而纵观一下，让我们看看整个动物界里的所有的成员，考虑到它们之间的亲疏关系或分门别类的关系所提供的各种证据，考虑到它们在地理上的分布和在地层间的承接，刚才所说的这个结论就大大地加强了。不是别的，而只是我们习惯成了自然的偏见，我们的自高自大，使我们历代的祖辈宣称他们是从半神半人的东西传下来的，而这又使我们对这个结论裹足不前，甚至提出异议。不过我相信，这样的一个日子不久就会来到，到那时候，如果对人和其他哺乳动物的比较结构和比较发育原是很熟悉的一些自然学家还会相信人和这些动物是一个一个地被创造出来的话，相信有多少物种，便得有多少次的分别的创造活动的话，那在人们心目中才将是一件莫大的奇事。

原　注

① 见所著《人的大脑在结构上的回旋折叠》(*Grosshirnwindungen des Menschen*)，1868 年，页 96。这位作家，以及格腊休雷(甲 277)和伊贝(甲 4)的关于脑神经的一些结论，将由赫胥黎教授在本书《序言》中所提到的《附录》里加以讨论。

② 见达利(甲 176)先生，《灵长目与演变沦》(*L'Ordre des Primates et le Transformisme*)，1868 年，页 29，引伏耳比安，《生理学演讲集》(Lec. sur la Phys.)，1866 年，页 890。

③ 林兹塞(甲 403)医师曾两次比较详细地处理过这个题目，一次在《心理科学刊》(丙 82)，1871 年 7 月，又一次，更早，在《爱丁堡兽医学评论》(丙 54)，1858 年 7 月。

④ 一位评介家(《不列颠评论季刊》，丙 37，1871 年 10 月 1 日，页 472)曾就我在这里所说的话提出批评，态度很严厉，也很轻蔑；但我在我的话里既然并没有用“雷同”“一致”这类的字样，我还是看不出来我究竟大错特错在什么地方。在两种不同的动物身上，同一种病菌感染，或传染，产生着同样的效果，或十分相似的效果，而对这两种动物身上所取出的液体点以同一化学试剂所起的反应结果又是一样，或很相近似——既有这种情况，我就认为，这两种不同的动物之间存在着一些扎扎实实的可以类比之处。

⑤ 见所著《巴拉圭哺乳动物自然史》，1830 年，页 50。

⑥ 在进化阶梯上地位比猴子低得多的一些动物对这些刺激物也有共同的爱好。尼科耳斯(甲 500)先生告诉我，他在澳洲昆士兰(Queensland，澳大利亚东北隅的一个州——译者)时，饲养过三只袋熊；他说他根本没有教过它们抽烟喝酒，而它们自己学到了对红酒和吸烟的强烈的嗜好。

⑦ 见勃瑞姆，《动物生活图说》(*Thierleben*)，第一卷，1864 年，页 75、86。关于正

文中下面的蛛猴，见同书，页 105。尚有其他可以比类而观的记录，见页 25、107。

⑧　见林兹塞医师文，载《爱丁堡兽医学评论》，1858 年 7 月，页 13。

⑨　关于昆虫，见雷科克（甲 390）博士文，《关于生命力的周期性的一条一般的法则》，载《不列颠科学促进协会》会刊（丙 35），1842 年卷。又见麦克洛奇（甲 422）医师文，载《西氏北美科学杂志》（丙 133），第十七卷，页 305，文中叙述了作者所看到的一条患隔日疟的狗的例子。下文我还将回到这个题目，续有讨论。

⑩　关于这方面的证据，我在我的《家养动植物的变异》，第二卷，页 15 上已经举过了。实际上可举而不必尽举的例证是很多的。

⑪　长期在动物园里从事兽医工作，对动物具有可靠而又敏锐的观察力的尤阿特（甲 727）先生，曾经很为肯定地向我证明：各种四手类动物的公兽，无疑地都能将女人，首先是根据她们的气味，然后是根据她们的外貌，与男人区别开来，这个动物园里的看守人和其他一些工作人员，也曾向我坐实过这一点。斯米思（甲 612）爵士和勃瑞姆观察到狒狒就有这种能力。大名鼎鼎的居维耶也叙述到过许多类似的事情。可以说，在他遇到过的这类事情中，最不堪入目的莫过于人与四手类动物之间表现出来的此类牵连了。因为他曾讲到，有一只狒狒，在看到几个女人的时候，十足地表现出某种狂躁的情欲；然而，并非所有的女人都可以刺激它发生这么强烈的欲望。它总是看中一些年轻的女人，从人群中把她们识别出来，对着她们作出种种丑态，连喊带叫地招引她们。

⑫　这话是泽弗沃圣迪莱尔（甲 259）和居维耶（甲 174）就狒狒（乙 311）和几种类人猿说的，见二人合著的《哺乳类动物自然史》，第一卷，1824 年。

⑬　见赫胥黎，《人在自然界的地位》，1863 年，页 34。

⑭　上注引书，页 67。

⑮　人的胚胎图（上幅）系采自埃克尔（甲 213），《生理图解》（Icones Phys.）1851—1859 年间陆续出版，图解片第三十，图 2。这胚胎原长十英分（一英分为一英寸的十二分之一——译者），所以图中所示是放大了很多的。关于狗胚胎的一幅（下幅）则采自比肖福，《犬卵发育史》（Entwicklungsgeschichte des Hunde-Eies），1845 年，图片第十一，图 42，B。这图比原物放大了五倍，所示为受精后第二十五天的狗胎。狗胎图中的脏腑部分省略未绘，而两图中有关和母体子宫连接的一些东西如脐带之类也概从删节。关于此事，赫胥黎教授给了我启发，他的著作《人在自然界的地位》打动了我，使我决意把这两幅图附载在这里。海克耳，在他所著的《创生史》（*Schöpfungsge-schichte*）中，也附有相类似的插图。

⑯　见瓦伊曼教授文，载《美国科学院院刊》（丙 111），第四卷，1860 年，页 17。

⑰　见欧文，《脊椎动物解剖学》，第一卷，页 533。

⑱　同上注①中引书，页 95。

⑲　同上注⑰中引书，第二卷，页 553。

⑳　见所著文，载《波士顿自然史学会纪事刊》（丙 113），1863 年，第九卷（按卷数应列年份前，此疑倒误——译者），页 185。

㉑　《人在自然界的地位》，页 65。

㉒　在我读到卡奈斯特里尼的有价值的论文《人所属的科目和他在演进过程中所

表现的一些残留性的特征》(载莫迪那《自然学人协会年报》,1867 年卷,页 81)之前,我已经写出了本章的初稿,读了之后,乃得加以订补,为此应当表示我的谢意。关于这个题目,海克耳也曾作过一番通盘的讨论,并且讨论得卓有见地;全部讨论以“反目的论”(dysteleology)为题,见其所著《普通形态学》(*Generelle Morphologie*)和《创生史》(*Schöpfungsgeschichte*)两书中。

㉓　在这题目上,默瑞(甲 489)和米伐尔特(甲 466)两位先生曾经提出过一些好的批评,见所著文,载《动物学会会报》(丙 151),1869 年,第七卷,页 92。

㉔　见《家养动植物的变异》,第二卷,页 317 与 337。亦见《物种起源》,第五版,页 535。

㉕　例如瑞夏(甲 549)先生(法文《自然科学纪事刊》,丙 9,第三组,动物学之部,第十八卷,1852 年,页 13)叙述并画出了他所称的“手上的脚肌”,他说这条肌肉有时候“非常之小”。另一条被称为“后胫肌”的肌肉一般在手上是不存在的,但间或也出现,或多或少是个残留的状态。

㉖　特尔奈尔教授文,载《爱丁堡皇家学会会刊》(丙 121),1866—1867 年卷,页 65。

㉗　见我所著《人与动物的感情的表达》,1872 年,页 144。

㉘　见卡奈斯特里尼引赫尔特耳(甲 345)的话(载上注㉒中所引文、刊物、卷,页 97),意思和我在这里所说的相同。

㉙　见托恩比,皇家学会会员,著《耳病总论》,1860 年,页 12。一位名望很大的生理学家,普赖厄尔教授告诉我,他最近曾就外耳的功用进行过一些实验,所得的结论几乎和这里所说的完全一样。

㉚　见麦卡利斯特尔(甲 418)教授文,载《自然史纪事与杂志》(丙 10),第七卷,1871 年,页 342。

㉛　见米伐尔特先生,《初级解剖学》,1873 年,页 396。

㉜　关于这一点,也可以参看默瑞与米伐尔特两位先生在其合著的出色的论文(《动物学会会报》,第七卷,1869 年,页 6 与 90)中关于狐猴类(乙 545)的耳朵的一些话和几幅插图。

㉝　《关于“达尔文耳尖角”》(*Ueber das Darwin'sche Spitzohr*),载《病理学、解剖学与生理学文库》(丙 25),1871 年卷,页 485。

㉞　见《人与动物的感情的表达》,页 136。

㉟　见介·缪勒尔(甲 486),《生理学要义》,英译本,1842 年,第二卷,页 1117。又欧文,《脊椎动物解剖学》,第三卷,页 260;关于海象,见同著者文,载《动物学会会刊》(丙 122),1854 年 11 月 8 日。又参看诺克斯(甲 368),《大艺术家和大解剖学家》,页 106。这一残留,在黑人和澳大利亚土著居民身上,似乎要比欧罗巴人略为大一些,见福赫特,《关于人的演讲集》,英译本,页 129。

㊱　洪姆博耳特(甲 334)所提供的关于南美洲土著居民的嗅觉能力之强的记录是很多人所熟悉的,并且已经得到别的作家的进一步的证实。乌珠(甲 329)先生(文载《心理能力……研究丛书》(*Etudes sur les Facultés Mentales*),第一卷,1872 年,页 91)

说，他做过好几次实验，足以证明黑人和印第安人能在黑暗中通过对臭气的觉察来辨认人。欧格耳（甲 506）博士曾就嗅觉能力和嗅官部分的黏膜中的有色物质，以及皮肤中的色素之间的联系作过一些奇特的观察。因为这些，我才在正文中作此提法，即，皮肤颜色深暗的族类所具有的嗅觉要比皮肤白皙的族类更为细致敏锐。欧格耳博士的观察，见所著文，载伦敦《医学与外科学报》（丙 93），第五十三卷，1870 年，页 276。

㊲ 见所著《人心的生理学与病理学》，第二版，1868 年，页 134。

㊳ 见埃希里希特，《关于人体上的毛发的趋势》，载《缪勒尔氏解剖学与生理学文库》（丙 98），1837 年卷，页 47。这篇论文很有奇特之处，我在下文将有必要再三地参考到它。

㊴ 见佩吉特，《外科病理学演讲集》，1853 年，第一卷，页 71。

㊵ 埃希里希特，同上注㊳引书，页 40、47。

㊶ 见我所著《家养动植物的变异》，第二卷，页 327。勃朗特教授新近寄给我关于另一个例子的资料，是父子两个，都出生在俄国，都有这个特点。我又从巴黎收到这父子两人的画像。

㊷ 见勃雷克（甲 69）博士文（载《人类学评论》，丙 21，1867 年 7 月，页 299）中引威勃（甲 689）博士《人和类人猿的牙齿》中的话。

㊸ 见欧文（甲 508），《脊椎动物解剖学》，第三卷，页 320、321、325。

㊹ 见所著文，《关于颅骨的原始形态》，英译本，载《人类学评论》（丙 21），1868 年 10 月，页 426。

㊺ 曼特戛札（甲 437）教授从意大利弗劳伦斯写信给我，说，他最近一直在研究不同族类的人的牙床尽头的智齿的问题，并且已达成结论，而这结论是和我在文中所提出的相同的，就是在高等或文明的族类里，它们已经踏上了萎缩和被淘汰的道路。

㊻ 欧文，《脊椎动物解剖学》，第三卷，页 416、434、441。

㊼ 同上注㉒中所引文，页 94。

㊽ 参看马尔丹（甲 446）先生文，《有机的统一》，载《新旧两世界评论》（丙 128），1862 年 6 月 15 日，页 16。又海克耳，《普通形态学》，第二卷，页 278。这两个作家都说到这一独特的事实，即，这个残留有时候可以引起死亡。

㊾ 关于这残留的遗传，见斯特茹瑟斯医师文，载《刀针》（丙 86），1873 年 2 月 15 日，和另一篇重要的论文，同上刊物，1863 年 1 月 24 日，页 83。有人告诉我，诺克斯博士是解剖学家中第一个把注意引到人的身上的这个奇特的结构的人，见他所著《大艺术家和大解剖学家》，页 63。关于这里所说的骨质隆起，又可参看格茹贝尔（甲 285）博士文，载法文《圣彼得堡皇家学院公报》（丙 39），第十二卷，1867 年，页 448。

㊿ 见米伐尔特先生文，载《哲学会会报》（丙 149），1867 年卷，页 310。

51 见所为文《关于直布罗陀地区的几个洞穴》，载《国际史前考古学会议第三次大会报告》（丙 146），1869 年，页 159。瓦伊曼教授最近指出，在美国西部和在佛罗里达州古老的坟山里所发掘出来的一些人的骨殖中间，百分之三十一有这个小孔。黑人的肱骨上也往往有这个小孔。

52 戛特尔法宜（甲 540）不久以前把有关这题目的证据收集在一起，见法文《科学之路评论》(丙 127),1867—1868 年卷,页 625。1840 年,弗赖希曼(甲 243)展出了一个带有尾巴的胎儿,这尾巴也是超出体外而不受拘束的,并且在结构上包括一些脊椎和其他附属于脊椎的物体,而这是一个不常有的情况;这一胎儿是在埃耳朗根(Erlangen,德国南部城市——译者)举行的一次自然学家会议上展出的,因此,它的尾巴是得到了在场解剖学家的鉴定性的检查的:见马尔歇尔(应是甲 441)文,载《荷兰动物学文库》(丙 103),1871 年 12 月。

㊸ 欧文,《四肢本质论》,1849 年,页 114。

㊹ 劳伊卡特文,载托德(甲 655)氏《解剖学大辞典》,1849—1852 年,第四卷,页 1415。在人,这腺体只长三英寸到六英寸,不过像其他的残留部分一样,它在发展上和其他特征方面都有相当大的变异性。

㊺ 关于这题目,参看欧文,《脊椎动物解剖学》,第三卷,页 675、676、706。

㊻ 比安科尼(甲 56)教授,在新出的一本法文著作里(《达尔文学说和物种各自创生论》,1874 年),附有许多说明性而画得很好的雕版插图,试图证明我在正文中所列举的有关同原结构的例子,乃至其他在这方面的事例,只要用机械的原理,再根据有关结构各自的用途,就可以充分地加以解释。结构总是适应于它的最终的用途的,此种适应的完美无缺,历来的作家大都有所指陈,但都没有像他在这本书所指陈的那么清切;而这种适应,依我的愚见,是可以通过自然选择来得到解释的。在讨论蝙蝠的翅膀时,比安科尼教授提出了(页 218),在我看来,用孔德(甲 159)的词句来说罢,只是一个形而上学的说法,就是,对"这种动物的哺乳类的本质的保全"。他也讨论到了残留的问题,但只举了很少几个例子,而这些例子也还不是真正的残留,而只是半残留,如猪和牛的不落地的小蹄;而他清楚地指出这些对有关动物来说还是有用的。不幸的是,他没有考虑到:始终埋在牙床里的牛的小牙齿、四足类的雄性动物的乳房、长在像焊住了的翅盖下的某些甲虫的翅膀,乃至各种植物花朵中的雌雄蕊的遗迹,以及其他许多诸如此类的残留。我虽大大地称赏比安科尼教授的这本著作,却还须指出,大多数自然学家目前所持的信念,就是——单单用适应的原理是无法把各种同原的结构解释开的——似乎依然很牢靠,并不因他的主张而有所动摇。

译 注

1. 本书书名、书中第一篇篇名、第一篇第一章章名中,都用到 descent 一字,直译应为"诞降",意译则"由来"已足,今于书名、篇名中用"由来",章名中用"诞降",略存原文意味。"诞降"、"降生"原是封建文化所留传下来的字眼,又且涉及迷信,有上天生人,人自天降之意;中国如此,西方亦然。达尔文于行文时,自不能不袭用此字,然亦颇存深意:西方世代相传,说上帝造人,人自天降,而进化论者则主张人自低等动物嬗递演变而来,自时间先后言之,"传下来"或"降主"的意思也未尝不适用;字眼虽是一个,含义则根本不同。当时西方宗教界竭力反对进化论,尤其是反对人从低等动物递降而来的主张,迄至本世纪二十年代,美国尚为此发生过对中学教师撤职查办的案件;即在大体上已被迫接受进化论观点的牧师或神学家之流也认为“下降”的意思总是不妙，干犯了人的尊严，总想加以抵消；1894 年，一个苏格兰的“布道家”杜勒蒙德（Henry Drummond）写了一本《人的上升》（*The Ascent of Man*），书名恰恰与达尔文此书的针锋相对，内容大意也说人虽“自物而降”，终将“上跻于天”，因其颇能迎合当时西方资产阶级的思想口味，也曾畅销一时，现在由我们看来，则大是心劳日拙了。

2. 原文于此对“人种”一词同时用“races of man”和“species of man”来表达，并说明两者可以互用；我们在译文中既然把“race”和“species”二字同样译成“种”字，就比较省便了，省却了“可以互用”的一句话。

3. 乌耳奈尔（Thomas Woolner），1825—1892，达尔文同时代人；“促狭鬼”是一具小雕像，鬼蹲在一支菌上，正在用足趾挑醒一只睡眠中的青蛙。这是当时英国人所熟悉的一件艺术作品，所以达尔文没有作出更为详细的说明。

4. 这突出之钝角后来即取得了“达尔文结节”（Darwin's tubercle）之名。这是别人叫出来的，达尔文著书时似已通行，不过达尔文自己，大概是由于谦逊，觉得不便引用罢了。当时德国自然学界称之为“Darwinische Spitzohr”，可译作“达尔文耳尖角”，参看本章原注㉝。

5. “奥罗威窟穴”，洞穴名，在法国，查 Orrony 应作 Orrouy，原文拼法误。

6. 古安歇人，非洲西北克奈瑞群岛（Canary lslands）的古代居民，为西班牙殖民者所征服，久已灭绝，族源关系与今北非的柏柏尔人（Berbers）为近。

7. 十九世纪初叶德国著名的解剖学家，原书索引未列，今已补入“译名对照表”甲649。

第二章　关于人类是怎样从某种低级类型发展而来的

人类在身心两方面的变异性——遗传——变异性的起因——无论人类或低等动物，变异的法则是一样的——生活条件的直接作用——对身体各部分使用得越多或越少的影响——发育中止——返祖遗传——相关的变异——增殖率——对增殖的限制——自然选择——人是世界上最占优势的动物——人体结构的重要性——人所以能变得直立的原因——直立姿势所引起的结构上的改变——犬齿的由大变小——颅骨的加大与其形状的改变——身体光秃无毛——无尾的状态——人没有爪牙以自卫之利。

人类今天具有很大的变异性是一件很明显的事。即在同一个种族之内也没有两个个别的人是很相像的。我们可以把数以百万计的面孔比较一下，结果是各自分明，没有全然相同的。在身体各部的大小和比例上，变异多端的现象也是一样的大量。腿的长短便是其中变异最大者之一。①尽管世界某些地区的人以长颅为多，或另一些地区以圆颅为多，在同一地区之内，甚至在同一种族的范围之内，颅形可以有很大的分歧，例如美洲和南澳洲的土著居民——而后者，南澳洲的土著居民，作为一个种族，"在血缘、习俗和语言的纯而不杂的程度上，是不亚于当代的任何其他种族的”——而即便在这样一个与世隔绝而范围狭小的地面有如散德威奇群岛[1]上，情况也未尝不是如此。② 一位负有盛名的牙科医师肯定地告诉我，人齿的不同与每个人的面目都不相同的情况几乎是一样的。几根主要的动脉的走向往往如此的不合常规，致使有人认为，为了供以后的外科手术的参考，不妨把所累积起来的有关一千零四十具尸体的资料进行统计分析，看各种不同走向的动脉各占多少比例。③ 肌肉也是变异得很厉害的；例如特尔奈尔教授④发现，在五十具尸体上，没有两具的脚上的肌肉，是完全相似的；而在其中的若干具里，各种不合常规的歧变是相当大的。他还补充说，使用和作出适当活动的能力势必要受到这些歧变的限制而有所变化。沃德（甲 715）先生有过不止一批的记录：⑤ 一批是在三十六个人体上出现了二百九十五处肌肉变异，而另一批，也是三十六人，这方面的变异更多到不少于五百五十八处，而在这两批里，凡属发生在身体两侧而彼此对称的变异还是两件作一件算的哩。在后一批里，三十六例之中，“完全合乎解剖学教科书上所述的标准的肌肉系统而一点参差也没有的例子简直是一个也没有。”其中有一例所表现的变态特别多，凡二十五处，都很清楚而不含糊。同是一条肌肉，而变异可以多样：例如麦卡利斯特尔教授⑥仅就手掌中的附掌肌（palmaris accessorius）来说，便描述了不下于二十项很分明的变异。

著名的老解剖学家吴夫（甲 712）坚持说，⑦ 内脏的变异要比躯壳的各部分为多：在各个不同的人身上，几乎任何一个细微的部分都有着各种很不相同的状态。他甚至还写过一篇专题论文，来讨论如何选取一些内脏作为典型的例子，来说明这一点。他那一番关于合乎美好理想的肝、肺、肾等等的话，认为和合乎神圣标准的人的脸孔可以相提并论，我们现在听来真是古怪得很。

在心理能力方面，人的变异性和多种多样性之大，即在同一种族之内，已经是习见得令人生厌，更不必论分属于不同种族的人之间的差别了，因此，即便我们在这里只字不提，也不算是个疏漏。其实在低于人的动物中间，情况已经如此。凡是有过管理动物园或马戏团之类的经验的人都承认这一事实，而我们一般的人，在所畜养的狗和其他家畜之中，也能清楚地看到这一点。勃瑞姆特别喜欢说到，他在非洲所养驯的那么多猴子里每一只都有它自己的特殊的性情和脾气：他谈到其中的一只狒狒（baboon），说它以高度的聪明而特别引人注意。而动物园的管理人员也曾指给我看一只属于新世界[2]那一部分的猴子，说它特别聪明。仑格尔在巴拉圭畜养过与此属于同一个种的猴子，也坚决地认为它们的各种心理特征是变异多端的、不名一格的；他还说，这种变异和分歧一半是由于内在的天性，一半也来自所受到的待遇和教育。⑧

关于遗传这题目，我在别处⑨已经作过足够充分的讨论，在这里几乎用不着再补充什么了。不过应该指出，关于各种特征的遗传，从最微不足道的那些特征到极关重要的那些特征，就人方面来说，所收集到的事实，要比低于人的任何动物方面为多，尽管在其他动物方面，资料也是够多的，却究不如人这一方面。心理品质的情况也是如此，心理品质的遗传，在我们的狗、马，以及其他家畜身上，是显而易见的。除了特殊的爱好和习性之外，一般的智力、勇怯的程度、坏脾气和好脾气，等等，肯定是遗传的。至于人，我们可以在几乎每一个家族里看到同一类的事实。而通过高尔屯(甲254)先生的值得称赞的努力,⑩我们现在知道,由种种高度才能的错综复杂得出奇的结合而形成称之为天才的这种东西也有它的遗传的倾向。而在另一极端,疯癫和各种心理能力的衰退肯定地也会传代,即使说得再肯定些,也不为过分。

关于变异性形成的原因,无论就什么例子来说,我们都是很无知的。但我们可以看到,无论就人或低于人的动物来说,这些原因同某一个物种在连续的若干世代之中所处的生活条件有某种的关系。家养的动物要比生活在自然状态中的动物变异得多些快些,而这显然是由于它们所处的生活条件或所接触的生活条件在性质上不但有了改变,并且发生了许多新的变化。在这方面,人的各个不同的种族就和养驯了的各种家畜很相像,而就同一个族中的一个个人来说,如果他们居住在一个很广大的地区,像美洲土著居民那样的话,情况也是如此。我们在更为文明的一些民族或国家里看到生活条件日趋变化繁多的影响,因为属于各个不同社会等级的成员和从事各种不同职业的人所表现的性格差异的幅度比半开化民族的成员要大。不过,后者的差异幅度比较小这一点,往往被人夸大,而就某些例子来说,这种一律性几乎可以说根本不存在。⑪但即便我们只看到人所处的种种生活条件,而说他比任何其他动物"因家养而更为驯化得多",⑫那却是一个错误。有些野蛮的种族,例如澳大利亚的土著居民,比起许多性格变化幅度很大的家养物种来,他们所处的环境条件并不见得比这些物种的更为变化复杂。而另一方面,也是远为重要的一方面则是,人和任何严格

受到家养的动物之间有着这样一个差别，就是，人的繁育从来没有长期地受到过选择的控制，属于有计划的选择范围的固然没有，属于不自觉的选择范围的也没有。从来没有过一个种族，或一个由多人结合起来的集体，曾经受到别人的百分之百的控制，使其中的某些个人，由于对他们的主子来说多多少少有些用处而被保存下来，也就是说，受到了不自觉的选择。也从未有过这样的情况，就是，某些男子和女子被有意识地挑选出来而合成配偶，只有一个例外，即举世皆知的普鲁士的榴弹队士兵的那种情况。在这个例子里，料想起来，人是顺从了有计划的选择的法则而办事的。因为有人说到，在这些士兵和他们身材高大的妻子所居住的村子里，培育了不少的高个子出来。又一例外是在古代的斯巴达，在那里也曾进行过某一种方式的选择，当时颁行的法律责成一切初生的婴儿要受检查，凡是长得完整而壮健的才许保留下来，其余一概被抛弃，由它们死去。⑬

如果我们把人的一切种族看作构成一个单一的物种，他的分布实在是广大得可以。但也有些分得开的种族，有如美洲的土著居民，即印第安人，和玻利尼西亚人（Polynesians），他们的分布也已经是很宽的了。分布广的物种比分布范围狭隘的物种更容易发生变异，这是大家所熟悉的一条法则。因此，人的变异性，与其和家养动物的变异性相比，不如和分布很广的一些物种的变异性相比，这大概更加近乎真理。

人和低于人的动物相比，看来不但变异性的发生是由于同样的一般的原因，并且身体发生变异的一些部分也是彼此相似得可供类比的。这在高德戎（甲 269）与戛特尔法宜的手里已经得到足够细致的证明,我在此只须就他们的著作⑭参考一下,就可以了。各种畸形变态,由大而小,小至轻微的变异,在人与低于人的动物之间也都很相似,唯其如此,所以适用同样的分类,适用同样的一套名词,这是泽弗沃圣迪莱尔早就指出了的。⑮我在论家养动物的变异的一书里,也曾试图把有关变异的法则粗略地整理一下,把它们归纳为如下的几类:——改变了的生活条件所产生的直接与确定的影响,这是同一物种之中的一切个体或几乎是所有的个体都有所表现的,并且只要境遇相同,表现得也就大致一样,此其一。对身体的某些部门的经久的连续使用或搁置不用所产生的影响,此其二。同原部分的融合,此其三。重复部分的变异性,此其四。生长的补偿,此其五;不过关于这一法则我在人身上没有能找到比较好的例证。身体的一部分对另一部分的机械性的压力所产生的影响,母体骨盆对婴儿头骨的压力就属于这一类,此其六。发育中止,导致一些部分的减缩或完全抑制,此其七。通过返祖遗传,一些久已不见的特征的重新出现,此其八。相关变异,此其九,这也是最后的一类了。所有这几类原因或所谓的法则,既适用于人,也同样适用于低于人的各种动物,而就其中的大多数而言,甚至也适用于植物。在这里,我没有一一加以讨论的必要,⑯但其中有几条是太重要了,不能不在这里加以比较详细的论述。

改变了的条件所产生的直接与确定的作用。——这是一个最伤脑筋的题目。不能否认,对一切种类的有机体,改变了的生活条件会产生一些影响,有时候还是相当大的影响。而未经研讨的初步看法总以为只要时间够长,这种影响的结果都是确定的、无可避免的。但对于这样一个结论，我一直没有能取得清楚的肯定的证据。相反，至少就为了适应一些特殊的目的或用途而形成的许许多多的结构而言，我们倒可以提出一些有效的理由来否定这个结论。无论如何，不容怀疑的是，改变了的生活条件可以引出在分量上几乎是无法计算的波动不定的变异性，使有机体的全部组织在一定程度上变得更富有可塑性。

在美国，在最近一次战争[3] 中服兵役的一百多万士兵受到过体格测量，并且记录了他们所出生和成长的各个州的州名。⑰从这一大堆多得惊人的观察和记录里，我们可以得到证明，某一类的地方性的影响直接对身材起了作用。我们还更进一步看到，一个士兵所居住而“在那里成长的时间最长的那个州，以及他所出生，也就是他的祖籍所在的那个州，似乎都对他的身材施加过一些显著的影响”。例如，已经得到肯定的一点是，“在成长的年龄期间，在西部各州定居下来这一事实就倾向于造成身材的提高”。在与此相反的另一方面，就水兵或水手来说，他们的生活肯定有使成长放慢的影响，这从“十七岁和十八岁的士兵和水兵之间的身材的巨大差别”上可以得到证明。在身材上起作用的究竟是些什么影响，其性质如何，古耳德(甲 273)曾试图加以确定，但他所得到的只是一些消极的结果，就是，这些影响所关系到的既不是气候，又不是陆地的高度，即海拔，又不是土壤，甚至也不是“在任何可以控制的程度上”的衣、食、住、行一类在生活便利方面的丰裕或困乏。这样一个结论和菲耶尔梅(甲 666)就从法国各地征来的兵员所作的关于身高的统计所得到的结论恰好针锋相对。居住在同一些岛屿上的玻利尼西亚人的首领们和各下层之间，太平洋上分布在肥沃的火

山性的岛屿上的居民和分布在低而贫瘠的珊瑚岛上的居民之间，[18]又在同一火地岛上的生活资料供应情况很不相同的东岸火地人和西岸火地人(Fuegians)之间，在身材上都存在着一些差别。我们只须两两比较一下，就几乎不可能躲避这样一个结论，即是，更好的食物和生活上的种种便利是对身材有影响的。但上面的好几种说法也表明要达成任何比较精确的结论又是何等的困难。贝杜(甲 45)博士最近著文证明，就不列颠的居民说，城市定居和某几种的职业对身高有减损的影响；他又推论说，在一定程度上这种减损的结果是遗传的，而在美国也存在着同样的情况。贝杜博士又认为，"凡是一个种族，当它在体格方面的发展达到顶点的时候，它的精力和道德方面的强劲之气也就攀上了最高峰"。[19]

身材而外，环境条件对人身的其他方面有没有什么直接影响，我们就不知道了。料想起来，气候的差别也许会产生一些显著的影响，因为我们至少知道，气温一低，肺和肾脏的活动能力就加强，而气温一高，肝脏和皮肤就更为活跃。[20]以前有人认为，皮肤的颜色和头发的特性是由太阳的光和热决定的。尽管我们很难否认光和热多少总要在这些方面产生一些影响，但今天几乎所有的观察家却一致同意这种影响是很小的，即便在同样的光度与热度之下暴露了许多世代之久，这种影响还是很有限的。但在下文论述人的不同的种族时，我们要更为充分地讨论到这个题目，现在且不多说。就我们的家畜来说，我们有根据可以相信，寒冷和潮湿直接影响体毛的成长，但就人说，我在这方面没有碰到过任何足以证实的例子。

使用得多与停止使用对有关身体部分的影响。——我们都熟悉用进废退的道理，经常使用可使有关部分的肌肉加强力量，而停止使用，则和损坏有关神经的作用相同，使这些肌肉趋于衰弱。如果眼睛受到破坏，视神经就往往会变得萎缩。如果一根动脉受到结扎，近旁其他动脉不但在直径方面会加大，即脉管加粗，并且管壁也会加厚加强。如果一对肾脏中的一只因病而失去机能，余下的一只会变得更大，一只肾就兼做两只肾的事。由于负担的分量加重，骨头不但会加粗，还会加长。[21]不同职业的人，经久习惯于各自的职业之后，身体各部分之间的比例会发生一些改变。例如，美国征兵督办公署[22]就曾查明，最近一次战争中的水兵的腿比陆上的士兵的要长出0.217英寸，而水兵的身材却平均比陆军的士兵为矮；至于手臂则比陆地上的士兵为短，短1.09英寸，因此，和他们较矮的身材对照之下，是不那么合乎比例的。他们的手臂之所以短，显然是由于使用得多，比陆地士兵多，这却是出乎意料的结果：因为水兵用手臂，主要是用来拉东西或拖东西，而不是用来承重。再就水兵说，颈围和脚背的深厚度比陆军士兵的要大些，而胸围、腰围和髋围则要小些。

上面所说的若干种变化，如果这一类职业性的生活习惯延续得足够长久，长久到好几个世代，是不是就会成为遗传的特征，这我们不知道，但也许会是这样。巴拉圭的印第安人的两腿细小，而手臂则粗壮，仑格尔[23]认为这是由于世世代代以来，他们的一生几乎完全消磨在独木舟或小划子里，而下肢经常不动的缘故。其他作家，就不同而可以类比的例子，也作出了同样的结论。曾经和爱斯基摩人长期生活在一起的克朗兹（甲168）说，[24]“当地土著居民相信，捕猎海豹（当地最高的艺术，也是最大的美德）的才干和灵巧是遗传的。这里面实在有些道理，因为一位著名的海豹猎手的儿子，尽管幼年丧父，也会在这方面崭露头角，成为一个名手”。但在这个例子里，看来所传得的是一些心理才能，同时也是一些身体结构，身心两方面都有，并且心理方面的分量不见得少于体格方面。有人说过，英国工人的手，一生出来，就比士绅阶层(gentry)的为粗大。㉕至少在有些例子里，㉖根据存在于四肢的发展与上下腭的发展之间的相关或牵连的关系，可以设想，在这些不大用手脚来劳动的阶层里，由于同一个原因，上下颚有可能也要缩小一些。受过教育而变得文明的人，比起辛勤劳动或野蛮的人来，上下腭一般要长得小些是肯定的。但就野蛮人而言，这是比较容易理解的，斯宾塞尔(甲 615)先生说过，㉗他们吃粗糙而未经煮过的东西须要大力咀嚼，这一来，上下颚就使用得多了，这就对有关的肌肉和这些肌肉所由维系的骨头起些直接的作用。在婴儿，远在它们出生以前，脚掌心上的皮肤比身体的任何其他部分都要厚。㉘而这是一长串的祖祖辈辈以来，全身的压力和行动时的摩擦所产生的遗传的结果，这几乎是无可怀疑的。

谁都知道制表和镌版的工人容易变得近视，而经常在户外生活的人，尤其是野蛮人，一般都能看得很远。㉙近视和远视肯定是倾向遗传的。㉚欧罗巴人，在视力以及其他感官的能力上，都比野蛮人为差，其原因无疑的是由于许多世代以来使用得不那么多，而其积累的影响又逐代遗传了下来。仑格尔说到，㉛他曾屡次观察到，在朴野的印第安人中间长大而一辈子和他们生活在一起的欧罗巴人，在感觉的敏锐上，还是赶不上印第安人。这同一位自然学家也看到，并且也说到的一样：美洲土著居民颅骨上容纳感觉器官的一些腔或穴，如眼腔，也确实比欧罗巴人的要大些，而这就标志着各感觉器官本身也比欧罗巴人更为发达一些。勃路门巴赫（甲76）也说到过美洲土著居民颅骨上的鼻腔比较大，并且把这一事实和他们嗅觉的特别灵敏联系了起来。在亚洲北部平原的蒙古利亚人，据帕拉斯（甲510）说，各种感觉发达得十全十美，令人称奇不已，而普里查尔德（甲537）也认为他们颅骨上两颧之间的宽度之所以特大是各感觉器官高度发达的必然结果。[32]

印第安人中的奇楚亚人（Quichua lndians）世居秘鲁的特高的高原地带，据道尔比涅（甲199）说[33]，由于长期呼吸高度稀薄的空气，他们取得了非常宽阔的胸腔和肺脏。肺脏的细胞也比欧罗巴人的大，数量也多。有人怀疑这些观察；但福尔勃斯（甲246）先生曾经仔细测量过和奇楚亚人血缘关系相近的艾玛拉人（Aymaras），这一种族也住得很高，在海拔一万和一万五千英尺之间；据他告诉我，[34]在身围和身高上，他们和他所看到过的所有的其他种族的人有着鲜明的不同。在他的测量表里，他把每一个男子的身高作为1,000，而其他部分的测得数则以此为标准按比例折计。这样，他看到在双臂左右伸直的宽度方面，艾玛拉人的要比欧罗巴人的小，而比起黑人来则小得更多。他们的腿也短些，并且还呈现这样一个突出的特点，就是，在每一个被量过的艾玛拉人身上，股骨，即大腿骨，反而比胫骨，即小腿骨，要短些。平均的说，股骨的长度和胫骨的长度是211与252之比；而在同时测量的两个欧罗巴人的这个比数是244对230；同时也量了三个黑人，他们的比数是258对241。前肢的肱骨也相对的要比前臂短些。为什么四肢靠近躯干部位的几根大骨要变得这样的缩短一些，解释何在，福尔

勃斯先生是向我提出过一个说法的，他认为这是一种补偿，和整个躯干有关，这一个种族的人的躯干特别长，于是这几根大骨就得短些。艾玛拉人在结构上也还表现一些别的独特之点，例如，他们的脚后跟很小，虽突出而不显。

这个种族的人早已完全适应他们的高寒的环境，迁移反倒引起了问题，当早期西班牙人把他们掳下山来，下到东边低平的原野的时候，或近来为淘取金沙的高工资所引诱而下迁之后，他们所遭受的死亡率是高得吓人的。然而福尔勃斯先生发现有少数几个纯血统的家族，在连续两代之内，都存活得很好，而他观察到他们原有的肢体上的特点还在遗传，并无变动。但即便不加测量，也能看得出这些特点全都有了些减损，而后来经过测量，他发现他们的躯干不像高原上的人那么伸得长了，同时他们的股骨则似乎和胫骨一样也加长了些，但不如胫骨加得多。测定所得的数字都可以在福尔勃斯先生的报告中查考得到。根据这些观察，我认为在海拔很高的地区长期定居而经历了许多世代之后，会直接间接地倾向于在身体各部门的比例上引起一些遗传的变化。㉟

人在地球上出现以来的后一阶段里，通过身体各部门的用进废退而引起的变化尽管不一定多，上文所列举的事实已经足以说明他在这方面的倾向却没有丢失，而我们肯定地知道有关这一倾向的法则对低于人的动物是同样适用的。因此，我们进而作出推论，认为在一个荒远的古代，当人的祖先还在一个过渡状态之中，而正从一种四足动物转变为两足动物的时候，自然选择的进行从身体各部分的用进废退的遗传影响这一方面所得到的帮助，大概

是很多的。

发育中止。——发育中止和生长中止是有区别的，有些发育中止的身体部分并不停止生长，而是按着它在发育中止时的早期状态继续生长下去。各式各样的畸形都可以归在这个题目之下，而有些，如腭裂（cleft-palate），我们知道有时候是可以遗传的。为了这里的目的，我们只须根据福赫特的报告中的叙述，[36]说一下尖头形或头小畸形性白痴（microcephalic idiots）的脑神经的发育中止，也就够了。这种白痴的颅骨比正常的要小，而脑神经的回旋折叠也不那么复杂。额窦，或眉上面的隆起处，发展得很厉害，而上下腭的向前突出，所称凸腭（prognathism）或称颌凸畸形，则达到了一个“可怕”的程度；从而使这一类白痴和人类的一些低级类型有几分相像。他们的智力，以及其他大多数的心理才能是极度微弱的。他们无法取得语言的能力，也完全不能对事物进行持续的注意，但很喜欢模仿。他们倒是强壮有力，特别爱动，不断地蹦来跳去，随时做着鬼脸。他们爱爬梯子，真是爬，手脚并用，特别喜欢爬上家具，或上树。这就让我们联想到几乎一切男孩子们的通常的爱好，爬树；又教我们想到小绵羊、小山羊之类，原本是高山动物，是怎样地喜欢在高低不平的地方跳上跳下，连一个小土墩子也不放过。在其他一些方面，白痴也有和低等动物相似之处。例如有人记录到过几个例子，说他们在吃东西的时候，每吃一口，先要用鼻子仔细地闻一闻。有人描写到一个白痴，说他寻找和捕捉虱子的时候，往往用嘴来帮手的忙。他们往往不怕肮脏，不修边幅，不识体面，见于发表了的文字里的还有一些白痴例子的特点是体

毛特别发达。[37]

返祖遗传。——我在这里准备举出的许多例子也未尝不可归到刚才所讨论的发育中止的题目中去。如果身体上的某一结构在发育上发生中止，而生长的过程并不停顿，终于成长得和同一类群中的某一低等的物种的成年的成员具备的相应的结构十分相像，这样一来，这个结构，在某种意义上，就可以当作一个返祖遗传的例子看待。一个类群中的一些较低级的成员，对于这一类群的共同祖先的原有的构造如何，大概可以给我们一个相去不远的概念。而一个复杂的身体部分，除非在生存的某一个较早的时期，也就是说，在当时，目前那种特殊或中止的结构形态还是正常的情况之下，就取得了一种继续向前生长而发挥其作用的能力，我们就很难相信，时至今日，这样一个身体部分，在胚胎发育的初期既已中止不前，而居然还能继续不断地生长，以至终于能发挥本来是属于它的功能。一个头小畸形白痴的简单的脑子很像猿的脑子，在这样一个意义上，便不妨说它是一个返祖遗传的例子。[38]此外，说来更为恰当的属于返祖遗传这一题目以内的例子也还有一些。某些正常发生在人所属的类群中的一些低等成员身上的结构，尽管在正常的胎儿身上找不到，间或也在人身上出现。或者，如果在胎儿身上也正常出现，后来却畸形地发达起来，而在同一类群的某些低级成员身上，这些结构却是正常的。在看到了下面的一些例证之后，就会使这些论述显得更清楚了。

在各种不同的哺乳动物里，有如有袋类的情况那样，子宫是从各有入口、各有通道的一对器官，逐渐变成为单一的一个器官的，

此后不再成双而只是在子宫的内部还保留一条小小的折缝，犹如高等猿猴和人的情况。各种啮齿类动物就表现着从前一种极端情况到后一种极端情况的一个完整的阶梯系列。在所有的哺乳动物，子宫本是由两根简单而原始的管子发展起来的，其下部各自构成一个所谓的角宫(cornua)，而用法阿尔(甲 234)博士的话来说，"人的子宫体是由两管下端的角宫合并而成的；而在那些没有中间部分或中间子宫体的别种动物，这两只角宫还是分开的。在子宫进一步向前发育的过程中，这两只角宫变得越来越短，最后终于不再存在，或者说，仿佛是被子宫体吸收掉了"。即便在进化阶梯上已经攀登得很高的像较低级的各种猿猴和狐猴，角宫仍在子宫的两角上伸展出来，没有完全消失。

如今在人类的女性身上，这一方面的畸形的例子是不算太少见的，有的人的成熟的子宫附有这种角宫，有的子宫体还部分有些分隔，多少成为两个器官，而这一类的例子，据欧文看来，是重复了某几种啮齿类动物所已到达的"集合发育(concentrative development)的那一级"的。在这里，我们也许就碰上了一个单纯的胚胎发育中止的例子，但发育虽中止，生长和完整的功能的发展却并不停止，因为这种部分划成两个的子宫每一边都有力量来完成正常孕育的任务。在其他更为难得的例子里，则子宫果真还分成两个腔，各有各的口子和向外的通道。[39]在寻常的胚胎发育过程里却并没有这样的一个阶段，而如果原先那两根简单、细小，而原始的管子以前没有经历过像上面所说的发育过程，亦即像今天存活的有袋类动物所实际经历的那样，它们，这两根管子，又怎么会懂得(如果容许我用这种口气来说的话)成长为截然分明的两只子宫，而每一只又都配备有构造得很完整的出口、通道，以及许多肌肉、神经、腺体、血管，真是应有尽有的呢？这一点在事理上虽然也许不是不可能的，实际上却总是很难教我们相信。没有人敢于设想，犹如一个女子身上的不正常的双子宫那样完整的一个结构会是一个凑巧碰上的结果，而无其必然的原因可言。但是返祖遗传这条原理，亦即一种失传已久的结构可以被召回而重新出现的原理，即便失传的时期已经久得难以估计，也还有可能提供一种指引的力量，使这一结构充分地发展出来。

卡奈斯特里尼教授，在讨论了上列的以及其他各种可以类比的例子之后，达到了和上面所说的同样的结论。他又援引了另一方面的一个例子，即有关颧骨(malar bone)的例子。[40]有几种四手类动物和其他哺乳动物，正常的颧骨是由两个部分构成的。人类的两个月的胎儿的情况也是如此，而由于发育中止，它有时候可以停留在这个状态之中，直到成年。在低等而凸腭的一些种族里尤其是这样。因此，卡奈斯特里尼教授得出结论，认为人类的某一辈古老的祖先的颧骨一定是正常地分为两部分，到了后来，才合成一块的。在人，额骨(frontal bone)是由一块整片的骨头构成的，但是在胎儿，在儿童，在几乎所有低于人的哺乳动物身上，它是由两块骨头构成的，中间有条明显的合缝。这条合缝有时候会保持下来，在成熟了的人的颅骨上，它以各种不同的明显程度出现；而它在古代的人的颅骨上又比近代人的表现得更多，据卡奈斯特里尼的观察，从第四纪的流积(drift)里所发掘出来而属于圆头型(brachycephalic type)的颅骨上表现得尤其多。在这里，他所达到的结论和他在颧骨方面可以相类比的一些例子上所达到的一样。

在这个例子里，以及下面就要说到的其他例子里，我们看到，古代种族的人，在某些特征上，比起近代的种族来，往往更为接近低于人的动物，所以有此差别的原因大概是，在从早期半人半兽的老祖先往下传的长长的世系之中，后者比起前者来与老祖先的距离总要更远一些。

和上文所举的例子多少可以类比的人体上的其他各式各样的变态也曾被各方面的作家作为返祖遗传的事例提出来，但这些例子的可疑之处就很多了，因为如果要把有关的一些变态或不合常规的结构加以追溯，追溯到它们属于正常状态的那个阶段，我们就得在哺乳动物的进化阶梯上下降到最低的几级才行。㊶

在人，犬齿依然是个充分有效的切割与咀嚼的工具。但作为犬齿，它的真正的特性，犹如欧文所说，㊷“是由如下的特点表示出来的：齿冠作圆锥形，但尖端钝而不锐，牙的阳面凸而阴面扁平或略凹，阴面接近龈肉处有一个轻微的隆起。在黑皮肤的各个族里，尤其是在澳大利亚的土著居民，犬齿的圆锥状最为显著。比起门牙来，犬齿在牙床里扎根扎得更深，那牙根也更为强大有力”。话虽如此，对人来说，犬齿已不再是一种特殊的武器，用来对敌人或所捕食的动物进行扯破或撕碎的动作。因此，就它原有的正常的功能来说，我们不妨把它看成为一种残留。在每一处藏有大宗人颅骨的地方，我们总可以找到，像海克耳所说的那样，㊸若干具犬齿特性的例子，它们显著地突出在其余的牙齿的平线之上，模样和类人猿的相同，只是程度差些罢了。在这些例子里，上下腭的一方的牙齿之间留有空隙，以便容纳对方的犬齿。伐赫奈尔（甲 673）所描绘的一个喀非尔人[4] 的颅骨上的这样一个空隙宽大得令人吃惊。㊹试想古代人的颅骨，比起近代人的来，能有几个受到了检视的，而居然就有三个例子表现有特别突出的犬齿，这也不能不说是一个有趣的事实了。至于在诺勒特[5]所发掘出来的腭骨上的几只犬齿，据有人描写，真是庞然大物。㊺

在类人猿，只有雄猿的犬齿是充分发展了的；但在雌的大猩猩(gorilla)和雌的猩猩(orang)，这些牙齿也突出得很，很可观的挺拔在其余牙齿的水平线之上，雌猩猩的略为差些，但也很显著；因此，在人，有些女子有相当突出的犬齿这一我所确知的事实并不构成一个严重的理由，来反对这样一个信念，就是，人类中偶然发现的犬齿的特别发达是退回到了猿一般的先辈的返祖遗传的一个例子。任何人用轻蔑的态度来反对这个信念，或否认他自己的犬齿的形状，以及少数别人身上这种牙齿的特别发达，是由于我们早期的老祖先原本有过这种非同小可的武器装备，大概就会在他表示轻蔑的态度的当儿，把自己的悠远的家世暴露出来。为什么呢？因为，在他目前的情况之下，尽管他并不准备并且也不再有此能力，把犬牙当武器来使用，他却还会不自觉地把“狺狺声中备斗的几条肌肉”(“snarling muscles”，这是贝尔爵士对这些肌肉的一个叫法)㊻向后抽缩一下，而这一来，就把剑拔弩张般的犬齿，活像备斗的一条狗那样，露了出来。

在四手类动物或其他哺乳动物身上正常而应有的许多肌肉有时候也会在人身上发展出来。弗拉科维奇(甲 670)教授㊼检查了四十具男尸体，发现其中的十九具有一条前所未见的肌肉，他给它命名为“坐趾骨肌”(ischio-pubic muscle)。三具则在这肌肉的地位上有一根韧带，代表着这条肌肉，其余十八具则全无痕迹可寻。

在三十具女尸身上，只有两具有这条肌肉，左右两边都有，三具有残存的韧带。由此可知，备有这条肌肉的男子似乎要比女子多得多，而根据人是从某种低级类型传代而来的这一信念，这一事实是可以理解的。因为在若干种的低于人的动物身上发现有这条肌肉，而在所有这些动物，它只有一个用途，就是帮助雄性实现交尾的动作。

介·沃德先生，在一系列的有价值的论文里，[48]细腻地叙述了人身上巨量的肌肉方面的变异，而这些变异却和低于人的动物身上的一些正常的结构是相像的。有些变异和与我们关系最近密的四手类动物身上所经常而正常具备的肌肉十分相似，但数量太大，因为限于篇幅，就是简单地列举一下，我们也难做到。光是在一具身体壮健、颅形齐整的男性尸体上，这位作者就观察到了不下于七处肌肉方面的变异，而这些都代表着各种猿猴所应有而正常的一些肌肉。举例来说，这个男子的脖子两旁各有一条在一切猿猴身上一样能找到的所谓“锁骨上提肌”(levator claviculœ)，一点也不含糊，而且十分有劲，而据解剖学者们说，约六十个人中有一个人有这种肌肉。[49]再如，这个人有“转动第五趾的蹠骨的一条特殊的外展肌，有如赫胥黎教授和弗劳沃尔(甲 245)先生所指出的在一切高低等级的猿猴身上都存在的那样”。我只再举两个补充的例子：肩峰基底肌(acromio-basilar muscle)是一切低于人的哺乳动物身上全都有的一条肌肉，这似乎是和用四只脚走路的姿态相关联的，[50]在人身上，则大约六十个中有一个；在下肢或后肢方面，勃腊德雷(甲 92)先生[51]在人的双脚上都发现一条第五蹠骨的外转肌(abductor ossis metatarsi quinti)，在人身上，这条肌肉是在他

以前一直未经记录过的，而在各种类人猿身上则是没有例外地存在的。手和臂是人身上大有标志意义的一些部分，它们上面的肌肉也极容易发生变异，从而和低于人的动物的一些相应的肌肉相似。[52]相似的程度有的极高，几乎达到一样的程度，有的差些，但差些的也无非表示它们在性质上属于过渡而已。某些变异或畸变以男子身上出现的为多，有些则女子为多，理由何在，我们还未能有所说明。介·沃德先生，在叙述了大量的这方面的变异之后，说了如下的一段意味深长的话："在肌肉结构方面的不合于常型的一些显著的歧变是走着一些一定的渠道的，或者说，朝着一些一定的方向走的，我们必须把这一点看成是个标志，标志着一个未知的因素，它对一套普通的和科学的解剖学的包罗广泛的知识有很大的重要性。"[53]

这里所谓的未知的因素不是别的，就是返祖遗传，返回到一个早期的生存状态。我认为我们不妨把这一点作为一个有极高度的可能性，即接近真实性的说法而接受下来。[54]如果人和猿猴之间本来不存在生物发生上的前因后果的联系（genetic connection）[6]，而有如上文所说的那个人竟然会完全由于碰巧而在肌肉的畸形变态方面转而与某些猿猴的正常情况相似，而且不下于七处之多，那是太不可思议了。反之，如果人是从某一种猿猴似的生物世代嬗递而来，则我们也找不到有效的理由来提出异议，硬说某些肌肉，在已经不见了数以千计的世代之后，绝对不可能突然重新出现。野马、毛驴和骡子，在它们的腿上、肩膀上，有时候会突然出现一些黑色的条纹，而这种条纹原是数以百计的世代，乃至也是数以千计的世代以前，在它们共同的祖先身上早就有过的，所以所谓出现，也同样地是重新出现，这和人身上某些肌肉的再度发生，道理是完全一样的。

这里所说的种种返祖遗传的例子和上文第一章里所说的那些有关残留器官的例子有极为密切的关系，其中有许多几乎是可以等量齐观、可以无分彼此地放在第一章里，或者放在这里，都讲得通。例如，在人身上带着两只角的子宫也未尝不是某些哺乳动物的状态正常的同一器官的代表，只是以残留的姿态出现而已，这样说是完全可以的。人身上有些残留的部门是长期而一贯存在的，例如男子和女子的尾骨，以及男子的乳房乳头，而另一些，如前面提到过的髁上孔，则间或一见，因此也不妨在返祖遗传的题目之下介绍出来。总之，这一类返祖遗传的结构，以及那些比较严格的残留性的结构，清楚而不会有错地揭示了这一点，即人是从某种低于人的生物类型传下来的。

相关的变异。——在人，像在低于人的动物一样，许多结构联系得极为密切，一个发生变化，另一个也就牵连着发生变化，理由何在，就大多数的例子而言，我们是说不上来的。我们不能说，是不是其中的一个控制着另一个，也不能说，是不是两者都受到另一个先于它们发育的第三者的控制。各种不同的畸形，正如泽弗沃圣迪莱尔所再三坚持的那样，都是这样的紧密地牵连着的。同原的一些结构特别容易一道改变，我们在身体左右两边对称的部分，和上下肢或前后肢上相应的部分之间，都可以看到这种情况。很久以前，梅克尔（甲 314）就说过，如果胳膊上的肌肉发生变异而离开了它们原有和应有的形式，它们几乎总是以腿上相应的肌肉作为模拟的对象。倒过来，腿上的肌肉也看胳膊的样。视觉和听觉器官之间、牙齿与毛发之间、皮肤颜色与毛发颜色之间、皮肤颜色与一般体质之间，都或多或少有些相关的联系。[55]夏弗哈乌森教授首先注意到显然是存在于肌肉发达的躯体与特别突出的眉脊梁之间的关系，而我们知道，特高的眉脊梁是比较低级种类的人的一个重要的特点。

除了那些可以大致不差地归入上列若干方面的变异之外，还有无可归纳的大宗变异，我们无以名之，姑且名之为自发的变异，因为在我们知识贫乏的情况之下，它们的产生像是不靠什么激发的力量的。但还是可以指出的是，这一类的变异，无论是一些轻微的个人与个人之间的个体差异也罢，或特别显著而截然分明的结构上的歧变也罢，所由发生的背景，属于生物体质方面的，比属于所与打交道的环境条件的性质的，要多得多。[56]

增殖率。——文明的人口，据有人知道，在有利的条件下，例如在美国，在二十五年之内可以增加一倍，而根据奥伊勒尔（甲227）的计算，这还可以加快，快到略略多于十二年就行了。[57]照二十五年加倍的速率，今天美国的人口（三千万）会在六百五十七年之内增加到把这个水陆合成的地球塞得满满的，满到每一平方码的地面上要站四个人。对人的不断增殖的第一性限制或根本的限制是取得生活资料的困难，是要过舒舒服服的生活的困难。我们看到了有如目前美国的情景，过日子既容易，空地方又多，就不妨作出对一般前景的这样的推论。在大不列颠，如果生活资料有法子突然增加一倍的话，我们的人口数量也就很快地会添上一倍。

在文明的民族国家里，这个第一性的限制主要是通过对婚姻的限制而发挥它的作用的。最贫穷的各阶层的婴儿死亡率要高出一般之上这一点，在这方面也很重要。而不论年龄大小，一般居民，由于房屋狭隘、家口拥挤、疾病繁多而引起的较大的死亡率也是一样的重要。在处境比较有利的民族国家，瘟疫的影响，战争的损失，尽管严重，很快就被新增加的人口抵消了，并且抵消之后，还有富余。向外移民，作为一种暂时性的限制，可以有助于人口压力的减轻，但就各个极端贫穷的阶层而言，这种缓和的影响不大。

我们有理由可以设想，像马尔塞斯（甲 435）所说的那样，未开化与半开化的种族的生殖能力实际上要比文明的种族差些。但在这方面，我们知识太少，无从作出任何确切的判断，因为在野蛮人中间从未进行过人口普查，但根据传教士和其他在这些种族的人中间长期居住过的人所提供的异口同声的证词看来，他们每一家的家口或子女数量是不大的，大的居极少数。有人认为，作为一部分的解释，这是由于妇女把哺乳的时期拖长了的缘故；但也很可能是，野蛮人的生活既往往十分艰苦，又不像文明人那样能够得到很多的富有营养的食物，生殖的能力实际上要差一些。我在早先的一种著作里[58]曾经指出，我们所有的家畜和家禽，以至所有的人工培养的植物的繁殖力都要比在自然状态中的，即野生的那些相应的物种为大。食物供应突然增加得太多的动物，或喂得太肥胖的动物，和从很贫瘠的土壤突然移植到很肥沃的土壤的植物，会变得或多或少的不能生育或不结果实。这是事实，但这是另一回事，我们不能据以对刚才的结论提出有效的反驳。因此，我们有理由认为在某种意义上也未尝不是家养或驯化了的，并且还是高度驯化

了的文明人，比起野蛮人来，会有更大的生殖能力。并且也可以大致不差地想到，文明民族国家的这种提高了的生育力，像我们的家畜一样，也会成为一个遗传的特征，而我们至少知道，在人类，生产孪生儿的倾向是传代的。[59]

尽管野蛮人的繁殖能力看来不如文明人的大，他们无疑地也会增殖得很快，如果没有什么一定的手段对他们的数量严格地有所控制的话。关于这一事实，印度的一部分山区部落，桑塔尔人(Santali)，最近就提供了一个良好的例证。因为，据伍·亨特尔(甲 338)先生指出，[60] 自从种痘的医术传到这一地区，天花和其他瘟疫趋于减少，而部落间的战争又受到禁止以来，他们的人口增加得非常之快。不过，若不是同时因为这些粗野的人有机会分散到旁近的一些地区，提供雇佣劳动，这种增加也还是不可能的。野蛮人几乎是没有一个不结婚的，但他们也还有些利害的考虑，有几分克制，一般不结婚得太早，不是一有结婚能力就进行结婚。一般往往要求青年男子能表明有养活一个妻子的能力，而常常总得首先赚取足够的代价，才能向一家的父母买取他们的女儿。由于一切部落不免经受周期性的严重的饥荒，觅取生活资料的困难所不时引起的对人口数量的限制，对野蛮人来说，要比对文明人直接得多。一遇到饥荒，野蛮人就不得不吃些很坏的东西，从而不可避免地使他们的健康受到损害。历年以来，我们看到不少发表了的记载，说在饥荒期间和饥荒之后，他们的肚子是如何的膨胀而突出，而四肢又是如何的瘦削如柴。在这期间里，很多人被迫过着流浪的生活，而有人确切地告诉我，像在澳大利亚的土著居民中间那样，大量的婴儿要死亡。饥荒既然是周期性的，主要发生在冬春两

个季节之间，所有的部落的人口必然都会发生一些波动。他们对食物既不能作出任何人为的增加，他们的人口当然也就无法取得稳定而有规则的增长了。在生活困难的压力之下，野蛮人彼此之间又势所不免地要发生侵夺，而越入别人的境界，结果就是战争。但说实在话，他们是几乎无时无刻不和他们的东邻西舍处在战争状态之中的。他们在觅取食物的时候，无论在陆上或水里，又容易遭遇许多不测之祸，而在有的地域里，他们也时常吃较大的鸷禽猛兽的亏。即便在印度，由于虎害，整片的地区会弄得荒无人烟。

马尔塞斯对这若干个人口增殖的限制因素都有过讨论，但他对其中也许是最为重要的一个，溺婴或杀婴，尤其是溺杀女婴，以及人工流产或打胎的习惯，强调得不够。这些习俗今天在世界各地还很流行，而在以前，溺婴的风俗，有如麦克勒南（甲 428）先生[61]所指出的那样，似乎曾经流行得更为广泛。这些习俗之所以发生，看来是由于野蛮人认识到了要把出生的婴儿全部养大是有困难的，乃至是根本不可能的。我们也不妨把男女关系的混乱或淫乱补上这些限制的行列里去，但应该注意，这和生活资料的日渐缺乏并没有一定的联系，尽管我们有理由相信，在有些例子里（有如在日本），作为把人口数量控制在一定限度之内的一个手段，这种关系是有意识地得到鼓励的，这却并不等于说，食物一减少，这种关系就不免于混乱。

如果我们回头看一下一个极为荒远的古代，回到人还没有达成人的尊严身份的时代，我们可以设想，他的行为，比起今天最低级的野蛮人来，要更多地受到本能的驱使，而更少地受到理智的指引。我们早先的半人半兽的远祖不会实行溺婴或一妻多夫的婚配这一类的事，原因是他在本能上还和低于他的动物的很相接近，还没有走上歪路[62]，或歪到一个程度至于经常地杀害自己的子孙或几乎完全不受妒忌心理的支配。他也不会瞻前顾后，而不进行婚配，反之，他只会在一个早的年龄里自由自在地进行结合。因此，人的远祖原是倾向于很快地增殖的，但不是这一种限制，便是那一种限制，有的是周期性的，有的是经常性的，一定会把他们卡住，不让数量闹得太大，甚至卡得比对今天的野蛮人还要紧。这些限制究竟是什么性质，我们说不上来，像我们对大多数其他动物所受到的限制的性质说不上来一样。我们知道，家养的马和牛原不是繁殖得特别快的动物，但当它们初次在南美洲的原野上自由奔放而成为半野生的时候，它们的繁殖率是大得惊人的。大象在一切所知的动物之中是生育得最缓慢的，但如果没有限制，短短的几千年之内，它也会把整个世界填满起来。每一个种的猿猴的增殖一定也是受到了这一种或那一种力量的限制的，但诚如勃瑞姆所说的那样，鸷禽猛兽的攻击与捕食还不算在内。谁也不会假定，美洲返野的马和牛的实际的生殖能力，当它们返归原野之初，有过任何可以觉察得出的提高。也不会假定，当一个地区因它们的增殖而被填满的时候，实际的生殖能力就又降低起来。总之，在这个例子里，以及在其他一切的例子里，不一而足的限制无疑地是会合在一起而施展它们的压力的，而一些不同的情况之下会产生一些不同的限制。不过，在种种限制之中，由于季节与气候的不利而造成的周期性的食物缺乏这一限制大概是最关重要的了。对一般动物如此，对人的早期祖先，当初的情况大

概也曾经是如此。

自然选择。——我们现在已经看到人是在身心两方面都会发生变异的，而这些变异也是直接或间接地能遗传的，其间所通过的一些一般的原因与所遵循的一些一般的法则也和其他的动物所通过与遵循的并无二致。人自出世以来，已经在地球面上散布得很为广泛，而在他不断地移徙的过程中[63]一定和各式各样多得不可名状的环境条件打过交道。南半球的居民如南美洲火地岛的、非洲的好望角的和澳洲的塔斯马尼亚岛上的，以及北冰洋地带的居民，在到达而定居在他们现在的乡土之前，一定经历过许多种的气候和改变过许多次的习惯。[64]人的早期的祖先，像所有其他的动物一样，一定也曾倾向于增殖得太快，超过了生活资料所能维持他们的程度。因此，他们一定也曾不时地面临和身受为生存而进行的竞争，和受到由此而活跃起来的自然选择法则的刻板而无情的制裁。这样，各种有利的变异会一时地或惯常地被保存下来，而有害的则被淘汰。我在这里所说的这类变异并不指那些结构上的特别突出的歧变，那是要经过长时期才偶尔发生一两次的，而只是个人与个人之间的一些个体差异。例如，我们知道决定我们行动能力的手和脚上的一些肌肉，像低于人的动物的一样，[65]是倾向于不断发生变异的。既然如此，则任何一个地区的人的祖先，尤其是在生活条件正在发生变迁的地区里，就可以分为人数相等的两半，一半所包括的个体，行动能力的强度全都大，因而都能适应觅取食物和防卫自己的要求，从而，一般地与平均地说，有较大的一个数量能存活下来而生育更多的子孙，而另一半则与此相反，天赋既差些，

自己存活与生育子孙的机会也就少些了。

人，即使今天还生活在最犷野的状态之中的人，是地球上自有生物以来所曾出现的最占优势的动物。他散布得比任何其他有高度有机组织的生物形态更为广泛，而所有的其他生物形态都在他面前让步。他这种高于一切的优越性显然是得力于他的各种理智方面的性能，得力于他的种种社会习性，而这些性能和习性使他能在同类之间进行互助互卫，这里面他的特殊的身体结构当然也有一部分力量。这些特征的极度的重要性已经在生活与生命的实际战斗之中得到了证明，得到了最后的裁决。通过他的种种理智的能力，演化出了有音节的语言，而语言是他所以能神奇地突飞猛进的主要的基础和力量。正如恰·腊埃特（甲 721）先生所说的那样：[66]“语言能力的心理学的分析表明，在语言方面，哪怕是最细小的一个熟练之点所要求的脑力要比任何其他方面最大的熟练之点所要求的为多”。人发明了，并且能运用各式各样的武器、工具、捕捉禽兽的机关，等等，以此来保卫自己、捕捉禽兽，或取得其他方面的食物。他制造了筏子，或独木舟，用来捞鱼和渡越到旁近的肥沃的岛屿上去。他发现了生火燃烧的艺术，用来使坚硬而多纤维的根茎变软而易于消化，并使有毒的根块茎叶变得无害于人。语言而外，这火的发现，在人的一切发现中，大概是最大的了，而其发现的时期可以追溯到历史的黎明期之前。这几个发明或发现，也就是今天最犷野的人所以变得如此卓越而无敌的那些发明或发现，是他的观察、记忆、好奇、想象和推理能力的发展的直接结果。因此，我就无法理解，为什么阿·尔·沃勒斯先生会说出这样的话：[67]“自然选择所曾经能够做到的不过是赋予野蛮人一个脑子，

比赋予猿猴的略微优越一些罢了。”

尽管人的理智能力和社会习性对他有至高无上的重要性，对他的身体结构的重大意义，我们却也绝不要低估。本章的剩余的篇幅将完全用来讨论这一方面，而理智、社会与道德等才能的发展，则留归后面的另一章去讨论。

任何尝试过学木工的人都承认，即使要把锤子锤得准确，每一下都不落空，也不是容易的事情。扔一块石子，要像火地人为了防卫自己或投杀野鸟时那样对准目标，百发百中，要求手、臂、肩膀的全部肌肉，再加上某一种精细的触觉等等的通力合作，尽善尽美才行。在扔一块石子或投一支镖枪，以及从事其他许多动作的时候，一个人必须站稳脚跟，而这又要求许许多多肌肉的相互适应。把一块火石破碎成为哪怕是一件最粗糙的工具，把一根骨头制成一件带狼牙或倒刺的枪头或钩子，要求使用一双完整无缺的手。因为，正如判断能力很强的斯古耳克腊弗特（甲 586）先生所说的那样，[68]把石头的碎片轻敲细打，使成为小刀、矛头，或箭镞标志着“非常的才能和长期的练习”。这在很大的程度上从这样一个事实得到了证明，就是，原始人也实行一些分工。从一些情况看来，并不是每一个人都制造他自己的火石的用具或粗糙的陶器，而是某些个别的人专门致力于这种工作，而用他们的成品来换取别人猎获的东西。考古学家已经一致地肯定，从这样一个时代，到我们的祖先想到把火石的碎片用磨或碾的方法制成光滑的工具，其间经历过一个极为漫长的时期。如果已经有几分像人的动物，已经具有一双发展得相当完整的手和胳膊，能把石子扔得很准，又能用火石做成粗糙的工具，那么，我们就很难怀疑，在有机会得到锻炼而

达到足够熟练的情况下，此种熟练所要求的又只是一些机械的动作而不及其他，他就未尝不能制作出一个文明人所能制作出的几乎任何东西来。在这方面，不妨把手的结构和发音器官的结构比较一下，在猿猴身上，这后一器官是用来发出各种信号式的叫声的，或在有一个属里，用来发出有音乐意味的音节的。但在人，这一个在结构上十分近似的器官却已经通过经常使用所产生的遗传影响而变得能发出有音节的语言来。

至此我们就得转而讨论一下和我们关系最近的近亲，那也就是今天最足以代表我们远祖的四手类动物。我们发现这些动物的手的构造，在一般的格局或模式上，是和我们的手一样的，但在对各式各样使用方式的适应上，却大不相同，适应的完整程度远在我们之下。它们的手也还用来行走，但便利的程度已不如狗的前脚，这我们在黑猩猩(chimpanzee)和猩猩行走时就可以看到，它们是用手掌靠外面的一边或用指关节来行走的。[69]但对于爬树，它们的双手是适应得很美妙的。猴子抓住一根细树枝，或抓住一根绳，抓的方式是和我们人一样的，大拇指在一边，其他的手指和手掌在另一边。有了这种掌握的方式，它们也就能用手举起比较大件的东西，例如抓住瓶脖子把瓶子引到嘴边。狒狒能扳起大块的石头，和用手来刨取根茎根块之类。它们抓取干果、昆虫和其他小东西，抓取时也用拇指和其他手指相对成握的办法，从鸟窝里摸取鸟卵或鸟雏时无疑地也是这样。美洲的各种猴子用手来敲打树枝上的野柑子，打得柑皮开绽，然后用两手的手指把它撕落。在野生的情况下，它们用石子来敲开带硬壳的果实。其他种类的猴子用两手的拇指来剖开蚌蛤之类的介壳。它们用手指来拔除芒刺，觅取彼此

身上的寄生虫，也是如此。它们能把较大的石头推滚下坡，扔出较小的石子来打击敌人。尽管如此，它们这一类的动作却都很笨拙，而它们扔石子的时候总是扔得很不准，这是我自己所亲眼见到过的。

有人说，猴子“抓东西，既抓得如此笨拙不灵，则别一种专门化程度差得多的把握器官”可以同样顶用，[70]何必一定要用手呢？我觉得这话太不对了。我的想法与此相反，只要猿猴的手的更完整的构造不使它们更不适合于爬树，我看不出有什么理由来怀疑为什么这不是一件好事，不是对它们的一个便利。我们可以设想，如果手的完整程度高到像人的那样，那就反而不便于爬或攀的动作了。世界上最不能离开树而生活的猿猴，有如美洲的几种蛛猴（乙102）、非洲的几种疣猴（乙269）、和亚洲的几种长臂猿（乙494）有的就没有拇指，有的各指指粘合在一起，无法把握事物，因此，它们的四肢变成了只供攫取东西之用的大钩子。[71]

当灵长类这一大系列的动物的某个古老的成员，由于觅取生活资料的方式有了改变，或由于环境条件有了某种变动，变得不那么离不开树的同时，它原有而久已习惯了的行走的方式也就不免发生变化。而这些变化的方向不外两个，一是变得更为严格地四足行走，二是更稳定在两足行走的方式之上。各种狒狒大都居住在嶙峋多石的山区，只在有必要时才攀登大树，[72]因此它们所取得的步伐的姿势几乎是和狗的一样的。只有人才变为真正地用两足来行走，而我认为我们从此可以部分理解到，他为什么终于取得了构成他的最为显著的特征之一的直立的姿势。人所以能在世界上达成他今天的主宰一切的地位，主要是由于他能运用他的双手，没有这双手是不行的，它们能如此适应于人的意向，敏捷灵巧，动止自如。贝耳爵士[73]力持这样一个说法，“手供应了一切的工具，而又因其与理智表里相应的缘故，给人带来了统理天下的地位”。但若双手和双臂始终习惯于行走，习惯于支撑全身的重量，或者，犹如上面所说，更专门地习惯于攀枝爬树，而不能摆脱这些习惯，它们就无法变得足够完善来制造武器，来扔石子、投梭镖，而完全命中。光是用来支持体重与行走攀援，也就不免把手的妙用所凭借的触觉连磨带压地越来越迟钝，此种妙用当然不全由于触觉锐敏，但这毕竟是主要的。只是根据这些原因来说，人变得能用两足行走，对他来说，已经是一个便利，而为了许多动作，两根胳膊和整个上半身的解放也成为必不可少，而为此目的他必须在两只脚上站得很稳。为了取得这个巨大的便利，两脚变得平扁了，大拇趾也起了一番奇特的变化。当然，这样一来，原有的把握能力就不得不几乎全部放弃。双手既变得越来越善于把握事物，双脚也就变得越来越善于负担全部的体重和善于步履，这是和动物界中普遍通行的生理分工的原理完全符合的。但就有些野蛮人说，脚的把握能力却并没有完全消失，[7] 这在他们爬树和用脚来进行其他活动的方式中就可以看出来。[74]

如果就人来说，能够在脚上站稳，而两手两臂能从此自由活动，是一个便利，而他在生命与生活的斗争中的卓越的成就也已经证明其为便利，那么，就他的远祖来说，我就看不出有任何理由教我们怀疑，站得越来越直，走起来越来越专凭双脚，为什么不是一种便利。直立而用双脚行走之后，他们就能更好地用石子、棍棒之类来进行自卫，来进攻所要捕食的鸟兽，或从别的方面觅取食物。

构造得或生长得最完善的一些个人，总起来说，或经过一个较长的时期来看，也就是最成功的一些人，存活下来的数量总要多些。如果大猩猩（gorilla）和少数同它关系相近的几种猿类今天已经灭绝，那有人就可以振振有词，并且表面上很像有些道理地提出争辩，认为一只四足类的动物要逐步变成一只两足类的动物是不可能的，因为在转变的过程之中，所有在中间状态的个体全都不良于行，步履异常艰苦，从而削弱了生存的机会。不过我们知道（而这是很值得深思的一点），各种类人猿今天恰恰是处在这中间状态之中，而谁也不怀疑，总的说来，它们很能适应它们的生活条件。例如大猩猩走起路来有些蹒跚得东倒西歪，不过它的更普通的走法是一面走，一面随时用弯曲着的两手在地上撑持。胳膊特长的几种猿猴随时把手膀子当双拐用，撑一步，就把身子在拐中间摇曳而前进一步；而有几种长臂猿，并没有人教它们，会专凭双脚而比较直立地走或跑，速度也还过得去；但比起人来，它们的步履总是笨拙而不雅观，并且不牢靠、不踏实得多。总之，今天各种猿猴的步法正是四足步法和双足步法之间的一个居中的状态；但，正如一位不怀成见而富有判断能力的作家[75]所郑重申说的那样，各种类人猿在结构上更接近双足行走型的一端，而距四足行走型的一端则远些。

当人的远祖变得愈来愈能直立，加上他们的手和臂变化得愈来愈适合于把握事物和其他目的，而他们的脚和腿又变化得更适合于支持体重和步履往来——的同时，数不清的在其他结构方面的改变也就成为必要。骨盆有必要放宽，脊柱有必要取得一种特殊的弯曲方式，头颅安装的位置有必要有所改动，所有这些变化，人终于都完成了。夏弗哈乌森教授[76]力持这样一个说法："人的颅骨上的强大有力的颞骨乳突（mastoid process）是他取得直立姿势后的结果"，而这些隆起在猩猩、黑猩猩，等等是没有的，大猩猩虽有，却比人的小。其他可供在这里提出的和人的直立姿势有联系的结构还不一而足，但我们不准备一一列举了。要判定这些相关或相牵连的变化究竟在何种程度上是自然选择的结果，而又在何种程度上是某些有关部门愈用愈发达的遗传影响，或由于这一部门对另一部门施加了压力或发挥了其他作用，是很不容易的。无疑的是，这些引起变化的手段往往彼此合作。例如如果某些肌肉和它们所由维系的骨尖骨角由于经常使用而变得加大，这就说明某些动作是经常在进行而一定是有用处的。因此，那些最能进行这些动作的个体、进行得最成功的个体，会以更大的数量存活下来。这里面就有自然选择，也有使用得多的影响，也有此一部门对彼一部门所起的作用。

臂与手的自由运用，就人的直立姿势而言，它一半是因，一半也是果，而就其他结构的变化而言，看来它也发挥了间接的影响。人的早期的男祖先，上文说过，也许备有巨大的犬齿，后来由于慢慢取得了利用石子、木棒，或其他武器来和敌人或对手斗争的习性，牙床和牙的使用就愈来愈少了。在这样一个情况下，牙床和牙齿就趋向于缩减而变小，我们虽没有看到它们变，但根据其他无数的可以类比的例子，我们认为这一点是几乎可以肯定的。在下面的有一章里，我们将遇到一个可以类比的很相似的例子，就是，在反刍类动物，显然是因为发展了角的关系，原有的犬齿也缩减了，甚至完全消失了。又在马类，由于改用了门牙和蹄来厮打的新习性的关系，也发生了同样的情况。

茹迂提迈尔(甲 567)，[77] 和其他的几个作家，力持一个看法，认为各种猿类的雄猿的颅骨之所以在许多方面同人的有很大的差别，以及“他们的相貌之所以如此狰狞可怕，”是受了腭部肌肉的强大发展的影响。由此可知，在人的远祖的牙床和牙齿变得越来越削减的同时，他的成年的颅骨也就变得越来越像今天的人的颅骨。这里所说的当然是男子，但我们在下文将要看到，男子犬齿的大大削减几乎可以肯定会通过遗传而影响到女子的牙齿。

在各种心理性能逐渐发展的同时，脑子也几乎可以肯定会变得更大了。我敢说，没有人会怀疑，人的头脑在全身中所占的比例之所以比大猩猩或猩猩在这方面的比例为大，是同他的更高的心理能力有着密切的关系的。在昆虫方面，我们可以遇到与此很相近似而可以类比的一些事实；例如在各种蚂蚁，大脑神经节(cerebral ganglion)的体积非常之大，而在所有的膜翅类昆虫(乙 501)，不仅是蚂蚁，这些神经节比起不那么聪明的昆虫类的各目，如各种甲虫(即鞘翅类，乙 266)所属的目来，[78] 要大好几倍。反过来，当然谁也不会设想，任何两只动物之间或任何两个人之间的聪明智慧可以据他们脑壳里的立方体积的大小而准确地较量出来。可以肯定的是，神经物质的绝对体积可以极小，而它所进行的心理活动却可以极不相称的多而且大，例如就蚂蚁说，各种本能的繁变、心理能力的复杂，以及同类之间的感情联系，是脍炙人口的，然而它们的大脑神经节才一个小小针尖的四分之一那么大。用这样一个观点来看，蚂蚁的脑子是宇宙间物质的各种原子组合中最为奇妙的一种，也许比人的脑子还要奇妙。

在人的脑子的大小和他的理智能力的发达之间大概存在着某种关系的这一信念是得到了支持的，这种支持来自多方面的比较研究，如野蛮族类与文明族类的颅骨的比较，古人与今人的颅骨的比较，又如整个脊椎动物体系内部的类比的研究。介·戴维思(甲182)博士，通过许多仔细的测量，证明⑲欧罗巴人的平均脑量是92.3立方英寸，亚美利加人的是87.5，亚细亚人的是87.1，而澳大利亚人的才81.9立方英寸。勃柔卡教授⑳发现，巴黎一带坟墓里所取出的属于十九世纪的颅骨比从礼拜堂地下墓窟里取出来的属于十二世纪的颅骨要大些，两者的比数是1484对1426；而根据测量，前者之所以大于后者，完全是由于前额部分的发展，——而前额部分无疑是各种理智性能的部位所在。普里查尔德终于为事实所说服，承认今天不列颠的居民有着比它的古代居民"容积要大得多的脑壳"。尽管如此，我们必须承认，有些古老程度很高的颅骨，例如在尼安德塔尔[8]所发现的那有名的颅骨，也是发展得很好而容积很大的。㉑就低于人的动物来说，也有可以类比的情况，拉尔代(甲385)，㉒取前后属于同一些类群的两宗哺乳动物的头骨相比，前一批是属于第三纪的，第二批是近代的，他达到了一个有点令人吃惊的结论，就是，一般地说，在近代的各个类型，脑量要大些，脑壳内壁所留下的脑回的痕迹要复杂些。在另一方面，我曾经指出，㉔家养的兔子的脑子要比野兔的小些，小得相当可观。家兔过的是世世代代的禁锢的生活，它们施展理智、发挥种种本能和感官的功能、随意运动的机会，都趋于减少，不用则退，脑子变小的原因大概在此。

人的脑子和颅骨的分量的逐渐加重势必对支持着它们的脊柱

的发展要产生一些影响，在人变得越来越能直立的情况之下，尤其是如此。当这种由横平而变为纵直的变化正在进行之际，脑子的压力也不免从内部影响颅骨的形态，也确乎有许多事实说明这方面的影响是很容易产生的。一般民族学家都相信，婴儿所睡的摇篮的种类或方式可以在颅骨上引起变化，某些肌肉的习惯性的抽搐，和严重的烫伤所造成的伤疤，我们知道，都曾经使脸部的骨头发生变化，而再也不能复原。在年轻人中间，也曾发现，在因病而头形变得横扁，或后脑包变得向后突出，并且既变之后不再复原的情况之下，两眼之一的部位也发生了改变，而整个颅骨的形式也走了样，而这显然像是由于脑子的分量与压力转变了一个新的方向的缘故。[84]我曾经指出，在长耳朵的家兔，即便一个小小的原因，犹如两耳之一的向前倒垂，会把颅骨的有关的一边的几乎所有的骨块一起向前拉，结果是使左右两边的骨块，严格说来，不再对称，或者说，破坏了原有的左右相应的格局。最后，如果任何动物在总的身材或体格上有所加大或有所减缩，并且加或减得很多，而在心理能力方面，却无所改变，或与此相反，在心理能力方面有所增进，或有所削弱，并且增进或削弱得很多，而身材或体格则变化不大，无论在哪一种情况下，颅骨的形状都几乎可以肯定地会发生变动。我是从我自己对家兔的一些观察作出这个推论的：比起野兔来，有些种类的家兔变得大了许多，有的则几乎维持野兔原有的大小，但无论在哪一种情况下，它们的脑子和体格大小相对来说，都减缩了不少。当我发现所有这些家兔的颅骨都变长而成了长颅型（dolichocephalic）的时候，起先是大吃一惊的。我举个例来说罢，有两具宽度几乎相等的兔颅骨，一具是野兔的，又一具是一种大型的家兔的，如今两者的颅宽虽大致相等，而颅长则前者为3.15英寸，后者却多至4.3英寸。[85]在人的不同的族类中，彼此所以区分的最显著的特点之一是，有的头比较窄而长，有的则比较宽而圆，对此，兔子的例子所提示的解释或许也讲得通。因为菲耳克尔（甲696）发现“身材矮些的人更倾向于圆头型或圆颅型（brachycephaly），而高些的则更倾向于长头型或长颅型（dolichocephaly）”，[86]而身材高的人便可以与上面所说的大型而身躯较长的家兔相比，所有这些家兔的颅骨都是加长了的，即都属于长颅型的。

从以上这些事实，我们可以在某种程度上理解到人是通过了什么方法而取得他的较高较大的身材和不同程度的圆形的头颅的；而这些特征不是别的，正是他所以大大地有别于低于他的各种动物的所在。

人和低于他的动物之间另一个最为显著的差别是他的皮肤的光洁少毛。普通鲸鱼和海豚（porpoise，与普通鲸鱼同属游水类，亦即鲸类，乙221）、人鱼（属海牛类，乙878）和河马（乙484）都是没有体毛的，这也许对它们有利，在水里更滑溜些，便于行动；同时，在保持体温方面，对它们也没有什么害处，因为凡是分布在比较寒冷地带的物种都有一层厚厚的保护性的脂肪，同海豹和其他动物的体毛一样地有保温之用。象和犀牛是几乎完全不长毛的；而某几个以前生活在北寒带而今天久已灭绝的象种和犀种是遍体有粗细不等的长毛的；古今对比，我们就很难不想到，今天这两个属的物种是由于和炎热的气候打交道才把毛丢失了的。今天在印度的一些象种中，生活在高寒地带的那些，比起生活在低洼地带的那些来，体毛还是多些，[87]这一情况使上面的想法显得更有可能了。我们是不是可以就这一点加以推论，认为人体之所以变得光滑无毛是由于他的最早的原籍是在热带地区的呢？人的体毛，在男子，主要是保留在胸部和脸部，而腋下和胯间、即四肢和躯干连接处的毛，则男女同样，这一情况是有利于刚才所说的推论的。因为，我们可以假定，一般体毛的丢失是在人取得直立姿势之前，而现在保持体毛最多的那些部分在那时候正好是掩护得最好而最不受日光的熏灼的部分。但照此说法，头发却成了问题，成了一个难以解释的例外，因为，无论在什么时候，头顶总是暴露得最多的部分之一，而毛或发的分布恰恰以这部分为最多最密。不过，且慢，体毛之所以失落是由于阳光的作用这一假定根本还有问题。人属于灵长类这一目，而我们知道，这一目里的其他成员，尽管生活在各个不同的炎热地区，却都遍体有毛，而一般说来，在包括背部的那一半身体上面尤为浓密。[88]这显然是和上面的假定相矛盾的。贝耳特(甲 49)先生相信，[89]在热带地区以内，没有体毛对人反而是个便利，因为这样他就可以躲开经常骚扰他的扁虱(乙 3)和其他寄生虫，从而少生一些疔疮或皮肤溃疡。但这种虫害是不是够大，足以通过自然选择而构成全身所以光秃少毛的原因，还是值得怀疑的，因为，就我的知识所及，在许多生活在热带地区的四足类动物中，没有一种取得了任何特殊的手段，来摆脱这一祸害。据我看来，最近乎实情的看法是，人，或基本上是人中间的女人，之所以没有体毛，是为了美观的目的，我们在下文讨论性选择的时候就会看到这一点，而根据了这一点再来看这问题，即，为什么人和其他一切灵长类动物在体毛上会有这么大的差别，就不觉得奇怪了。因为，凡是通过性选择而取得的特征，即使在关系很相近的生物类型之间，也往往可以有超出常规的差别。

按照一个通俗的看法，人的无尾状态标志着人之所以为人的一个了不起的特点；不过同人类关系最为近密的几个猿种也是没有这一件器官的，尾巴的消失所牵涉到的物种不限于人。即便在同一个属的动物里，尾巴的长短也可以有很大的出入：例如在猕猴属（乙 581）里，有几个种的尾巴比全身还长，所由构成它的脊椎多至二十四节；而在另外几个种，则短得只是一个残根，中间只有三四个脊椎。有几种狒狒的尾巴，脊椎多至二十五节，而在大狒狒，即山魈，则只有十节小而发育不全的尾脊椎，而据居维耶说，[90]有时候只有五节。尾巴无论长短，几乎总是越到后面越尖，而据我猜想，这大概是末梢肌肉、加上和它们一起的动脉和神经，由于不用则退，归于萎缩的结果，最后并且导致了末梢各个脊椎骨的萎缩。但对于时常看到的尾巴在长度上的长短不一，究应如何解释，目前还说不上来。不过，在这里，我们所特别关心的是尾巴在外表上的完全消失。勃柔卡教授新近指出，[91]所有四足类动物的尾巴都是由两个部分构成的，这两部分之间一般都有一个截然划分的界限，靠近身体的一部分，即根部，所由构成的各个脊椎，在不同的完整程度上，都备有中心的管道和四角的突起，像寻常的脊椎一样；而梢部的各个脊椎则不然，中心既无管道，外面又几乎平滑得全无凹凸之处，看上去几乎不再像真正的脊椎。人和几种猿类在外表上虽看不出有尾巴，但尾巴实际是存在的，并且彼此在结构的格式上是完全一样的。在这尾巴的末梢部分，构成了尾骨（os coccyx）的各个脊椎已经进入相当深的残留状态，大小和数目都已经大有缩减。其在根部，脊椎也只是寥寥的几个，并且牢牢地胶结在一

起，早就中止了发育，但比起其他动物的相应的几节尾脊椎来，它们却变得宽了些、扁了些，从而构成了勃柔卡所称的附加的骶骨脊椎（accessory sacral vertebrae）。这些脊椎支撑着或衬托着身体内部的某些部分，并且还有一些其他的用途，因此，在结构上虽不显得重要，在功能上却还是重要的；而它们的这种变化也是与人和猿类的直立或半直立的姿势有着直接的联系。这个结论是比较更为可靠的；以前勃柔卡另外有一个看法，现在他已经把它放弃，而接受了这个结论。因此，我们可以说，人和高等猿类的尾根部分的若干尾脊椎的变化的发生，是直接或间接通过了自然选择的。

但对于尾巴梢部的几节残留而变异很多的脊椎，即构成尾骨的那几节，我们又将说些什么呢？历来常有这样一个受人嘲笑的看法，而无疑地将来也还会有，就是，露在身外的那部分尾巴之所以消失似乎多少和日常的摩擦有些关系。然而这个看法乍听起来虽有些可笑，实际上却未必太可笑。安德尔森（甲 13）博士说，[92]短尾猕猴（乙 582）的极短的尾巴是由十一节脊椎构成的，包括在体内的根部的几节在内。末梢之内没有脊椎，而由肌腱构成；更上面的一段包括五节残留的脊椎，极小，合起来也不过长一英寸的十二分之一又二分之一，而这些又总是弯向一边，作钩状。露在外面的尾巴的总长度不过一英寸挂零，在上面所说的各部分之上，再加四节小脊椎，这就一切都在内了。平时这条短尾巴总是竖着的，但全长的约四分之一是向左边倒折而和其余的尾巴的一小段合成折叠状，而这段倒折的尾梢，包括上面所说的钩状的部分在内，是用来“填满臀部两边的老茧皮的两个上角之间的空当的。”因此，在坐下的时候，这猴子也就坐在这一段尾巴之上，使它变得很毛糙和长出老茧来。安德尔森博士用如下的话总结他的这些观察说："据我看来，这些事实只能有一个解释：这条尾巴，由于特别短，成为这种猴子就座时的障碍物，猴子不坐则已，坐则往往不免把它压在屁股底下，而由于它短得在猴子坐的时候不能超出坐骨结节（ischial tuberosities）的尽头之外，看来，在起初，猴子每次坐下，得自动地把它折起来，而安放在臀部的两片老茧皮的中间的空处，这才可以避免把它压住，压在地面与茧皮之间；这样，日子一久，逢到坐的时候，尾巴的弯曲而填空，就由习惯成了自然，由有意识而变为不假意识的一种行动。"在这一类的情况之下，尾巴的表面会变得毛糙而胼胝，也就并不奇怪了；而默瑞博士[93]也曾仔细观察过这种猴子和同它关系很相近而尾巴略长的其他猴种，说，当猴子坐下来的时候，尾巴"必然是被甩在屁股的一边，而无论它的长短如何，结果总是要把它的根部压在底下而使它受到摩擦的。"我们到现在既然已经取得了一些证据，说明肢体方面的伤残有时候会产生一些遗传的影响，[94]则在各种短尾的猴子，伸出体外的那一段尾巴，既不派什么用处，又不断地要受到摩擦，经历的世代一多，通过遗传而变得走样，成为残留，看来也不是很不可能的了。我们在短尾猕猴身上就看到了这情况，而在无尾猕猴，亦称叟猴（乙 584），则发育不全到了一个绝对的地步，成为若有若无了，而在有几种高等的猿猴，情况也是如此。最后，到了人和几种猿类，就我们见识所及，原先伸出体外的一段尾巴大概也是由于在拖延得很长的一个时期之内，因摩擦而受到损伤，而终于完全消失了。其埋藏在体内的尽根部分也经过一番减缩和变化从而与直立或半直立的姿势的要求相

适应。

到此，我已尽力试图说明人的若干最富有标志性的特征之所以取得，极有可能是直接或间接通过了自然选择的，而间接的例子尤为常见。我们应该记住，那些结构上或体质上的变化，如果不能使一个有机体适应于它的生活习惯，使之适应于它所消耗的食物，或至少使之能被动地适应于环境中的一些条件，是不可能这样被取得的。不过，我们也绝不能过于自信地作出判断，认为哪些变化对每一个有机体一定有用，而哪些一定无用。我们应该记得，对于身体上许多部分的功用，对血液或细胞组织的哪些变化对一个有机体在适应一种新的气候或某些种类的新的食物方面可以有用，我们实在还知道得太少。我们也不要忘记那条叫做相关的原理，唯其有这样一条原理，像泽弗沃圣迪莱尔所曾指出的那样，人身在结构上的许多奇特的歧变是彼此牵连的，一处变化，许多处就不免跟着变化。此外还有与相关的原理不相涉的一些变化：身体某一部分的改变往往影响到其他一些部门，有的因多用或常用而进，有的因少用或不用而退，而通过这些，这一变动会导致其他一些完全意料不到的改变。由于昆虫的毒液，植物会长瘤或瘿；用某几种鱼来饲养的鹦鹉，或用蟾蜍的毒液在它身上接种，会使它改变羽毛的色彩，变得很特别；[95]这一类的事实也值得引起我们的深思，因为它们可以让我们看到，生理系统中的种种液体，如果由于某些特殊原因或为了某些特殊目的，而有所改变，就有可能挑起其他的变动来。我们应该特别记住，过去许多时代之中为了某些有用的目的而取得，并不断运用的种种变化大概已经成为固定了的东西，并且

有可能长期地遗传下去。

由此可知，我们不妨把一个很大而又不容易划出界限的范围归之于自然选择所造成的种种直接间接的结果；不过，尽管如此，在读到了奈盖利（甲 493）论植物的那篇文章，以及其他许多不同的作家关于各种动物的议论，尤其是勃柔卡教授新近所发表的那些之后，我现在承认，在我的最初几版的《物种起源》里，我也许把太多的东西划归了自然选择和适应生存这一原理的范围之内，认为全都是它们的作用所致。所以我在《物种起源》的第五版里，已经作了一些修订，只把我的议论限制在一些适应性的结构改变之上。不过，根据即便是最近少数几年之内我所得到的启发，我有这样一个坚定的想法，认为我们目前看作没有什么用处的很多很多的结构，将来会被证明为有它们的用途，而因此也还可以被纳入自然选择的作用的范围之内。尽管如此，我还是承认，我以前对一些结构的所以存在考虑得不够，只就一时的判断能力所及，认为它们大概既没有什么用处，也没有什么害处，而不再加以深究；我相信，这是到现在为止我在我自己的著作里面所发现的若干疏漏失察处中的最大的一个。也许可以允许我这样说，作为我的一些辩解，我当时思想中有两个清楚的目的：第一是，我要指出，世间的物种当初不是逐个逐个地创造出来的，而第二是，自然选择曾经是一切生物变迁的主要力量，其间也曾得利于生活习惯的种种遗传影响，这一方面的力量也不太小，但是次要的，至于环境条件的直接作用，则所出的力就很少了。但当时我还没有能消除我早年的信仰的影响，也就是那时候人们所持有的几乎普遍的信仰的那种影响，认为物种是有意旨地被创造出来的，而这种信仰使我不假思索地默认，

结构上的每一个细节，除了那些属于残留性质的而外，都是有它的某种特殊的用途的，只是我们一时还认不出来罢了。任何人思想中有了这样一个假设或默认，就会很自然地把自然选择的活动范围引申得太广，不是对过去的这种范围看广了，便是在今天对自然选择还有这种看法。有些只承认进化论的原理而不承认自然选择的人，在批评我的书的时候，似乎忘记了我所怀抱的上面所说的两个目的，忘记了我是本着这个目的而发表我的看法的；因此，不管我的错误在哪里，若说错在把生物变化的伟大力量划归自然选择，那我是坚决不承认的，若说错在把这股力量夸大了，那也许是事实，我可能把话说过了火——不管怎样，我希望我可以说，我至少对生物是由逐个创造而来的那个武断的教条的终于被推翻，尽了我一臂之力。

我现在可以看到，事实大概是这样：一切有机物体，包括人在内，都具有或则现在已不再有用、或则以前就对它们没有任何用处，因而在生理上无关紧要的一些结构上的特点。我们不知道，每一个物种的个体之间所表现的数不清的轻微的差别究竟是怎样产生出来的，因为返祖遗传的说法不解决问题，而只是把问题向后面推远了几步；我们应知，每一个特点一定有它的所由发生的所谓的有效动因（efficient cause）。如果这些原因，不管它们是什么，活动得更前后一律些、更强劲有力些，长时期的锲而不舍的话（而对于这一点人们是想不出什么可以反对的理由的），则所造成的结果就不会只是一个细小的个体之间差异，而是一个显著而经久的变化了，哪怕它在生理上只是一个无关痛痒的变化，也不要紧。一些变化了的结构，如果对有机体没有什么好处可言，是不会通过自然选择而维持稳定的，即不会经久一律的，如果有坏处，那就会被自然选择所淘汰。不过，由于这些把变化激发出来的原因自有其一律性，至少是被假定为有其一律性，又由于许多个体的自由交配，特征的一律性也是理所当然的事情。只要这些有激发力的原因维持不变，自由交配照常进行，则同一种有机体，在连续的各个时期里，可以连续不断地取得一些变化，而把它们几乎是一样的，即在大体上一律的状态，传给下一代。至于这些有激发力的原因是什么，我们只能说，像我们所说到过的那些被称为自发的变异那样，它们和变异不定的有机体的自身的体质，以及和它所与打交道的生活条件的性质都有些关系，而和前者的关系更为密切得多。

结论——在这一章里，我们看到了，今天的人，像其他每一种动物一样，既然容易发生各式各样的个体差别或轻微的变异，则设想起来，他的早期的祖先一定也有过这种情况，而当初诱发出这一类变异的一些一般的原因，和控制着它们的一些复杂的法则，也和今天的没有分别。一切动物既然倾向于增殖得很快，快得超出了它们的生活资料所能维持的限度，则人的祖先一定也曾经是这样；而这又一定曾导致了生存竞争，而为自然选择提供了条件。身体的各部门会因使用得多而取得进展，而此种进展又会产生一些遗传影响，自然选择的进行过程，又会从这方面得到很大的助力，实际上这两种过程是不断交相为用的。此外，我们将在下文看到，人所以能取得上面所说的各种不关重要的特征，看来是通过了性选择的。把这些都说明了之后，还剩下一小部分未曾解释过的变化，这一部分只好暂时留下，留给一些我们现在还不知道而只能假定为作用起来必有其前后一律性的一些力量。我们在家畜中偶然会碰到一些来得很突然而又十分显著的歧变，要了解这些歧变的来源，恐怕就得求之于这些未知的力量了。

从野蛮人和大部分四手类动物的习性来判断，原始人，甚至人的半人半猿的远祖，大概是群居的，即生活在社群之中的。就严格的有社会性的动物来说，自然选择，通过对有利于社群生活的一些变异的保存，有时候也对个体发生作用。一个包括着大量天赋良好的个体的社群会增殖得快些，而在和其他不那么幸运的社群的竞争中取得优胜，这优胜是一种总的优胜，和社群之中各个成员之间的成败优劣是两回事，并不相干。群居生活的若干种昆虫就是这样地取得了许多值得注目的结构，而这些结构，对个体来说，是用处极少或全无用处的，例如蜜蜂中工蜂身上的花粉收集器或螯，或兵蚁(soldier-ant)的大颚。就比较高等的社会性动物说，我没有觉察到有什么专为社群的利益而发生了变化的结构，但兼顾到社群利益的倒是有一些的。例如，反刍类动物的角和各种狒狒的犬齿，主要虽用于为争夺雌性而进行的斗争，却也用来保护整个的群体或队伍。至于某些心理能力，情况则与此完全不同，因为这些能力之所以取得，主要是为了社群的利益，甚至专为社群，不作别用，而由于社群得到保障，同群的成员也就同时间接地得到一份好处。

对上面所说的一些看法往往有人提出异议，认为既然如此，为什么就身体的体质而论，人却是世界上最不能自助与自卫的动物之一，而当其幼稚而没有发育成熟的情况下，更是处处需要外力扶

持。例如，阿尔吉耳(甲 14)公爵就坚持这样一个说法：[96]“人的身体已经同兽类的身体结构分道扬镳，朝着一个在体力上更不能自助、更软弱的方向走去。那也就是说，这是在一切分歧之中最不可能用自然选择来解释而可以了事的。”他援引了人不能自助自卫的许多方面，如身体光秃无毛、没有大牙利爪、体力不强、走动欠快，而由于嗅觉的微弱，觅食困难，避祸不易。在这些缺陷之上还可以添补尤为严重的一个，就是他不善于攀登或向高处爬，来快速躲避敌人的袭击。不过，我们知道，体毛的丢失并不是一件什么了不起的坏事，尤其是就居住在温暖地区的人来说，而不穿衣服的火地人(Fuegians)还能在极为寒苦的气候里存活下来哩。当我们把人的不能自卫的状态和猿类的相比的时候，我们也不要忘记，后者所具备的强大的犬齿也只是雄的才得到充分发展，并且主要是用来和其他雄的进行斗争的，而雌的虽不具备此种大犬齿，却也还应付得不坏，同样维持了生存。

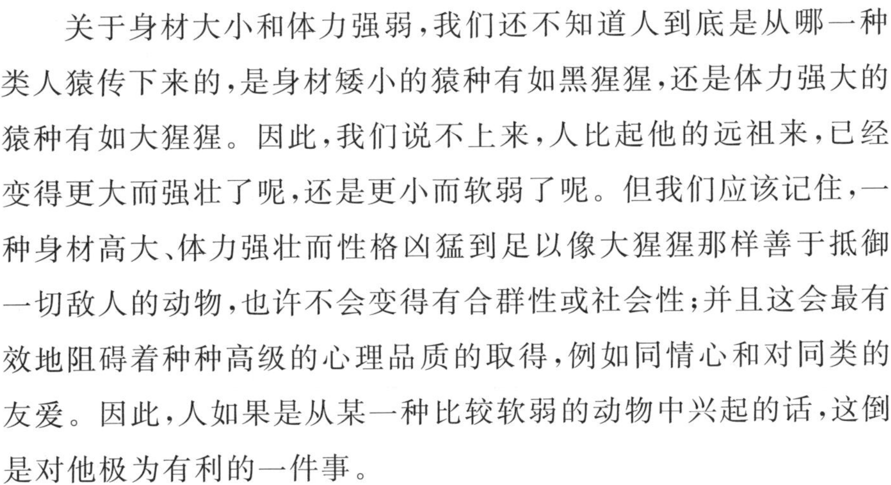

关于身材大小和体力强弱，我们还不知道人到底是从哪一种类人猿传下来的，是身材矮小的猿种有如黑猩猩，还是体力强大的猿种有如大猩猩。因此，我们说不上来，人比起他的远祖来，已经变得更大而强壮了呢，还是更小而软弱了呢。但我们应该记住，一种身材高大、体力强壮而性格凶猛到足以像大猩猩那样善于抵御一切敌人的动物，也许不会变得有合群性或社会性；并且这会最有效地阻碍着种种高级的心理品质的取得，例如同情心和对同类的友爱。因此，人如果是从某一种比较软弱的动物中兴起的话，这倒是对他极为有利的一件事。

人的较弱的体力、较慢的奔走速度，以及天然武器的缺乏，等等，实际上是得到了补偿与平衡的，并且得失平衡之后，还有余裕。第一，他有了种种理智的能力，可以用来为自己创制武器、工具，等等，尽管他还停留在一个半开化的状态之中，也无碍于这种能力的运用；第二，他有了种种社会品质，使他可以向同类，即其他的人，提供援助，或从他们那里接受援助。在今天的世界上，毒虫猛兽之多莫过于南非洲，物质生活的艰苦莫过于北极地区，然而，在南非洲，世间最弱小的种族之一，布希曼人（Bushmen），一直不假外力地维持着自己，北极地区的爱斯基摩人的情况也是如此。人的远祖，在理智能力上，在社会气质上，无疑地比存在于今日的最低等的野蛮人还要差些，但我们很可以设想，只要他们在理智方面已有所提高，而同时一些近乎兽类的能力，如爬树的能力，等等，渐趋于消失，他们的生存是不应该成为问题的，甚至还相当地繁盛。尽管这些远祖在自助和自卫能力上远不及今天存在着的任何野蛮人，如果他们最初居住的地方是某一个比较温暖的大陆或某一个大岛，有如澳大利亚、新几内亚，或今天还是猩猩的家乡的婆罗洲[9]，他们所遭遇到的特殊困难和危险也不会太多太大。而在诸如此类的一个面积比较宽广的场合里，由于部落与部落之间的竞争而引起的自然选择，加上生活习惯所导致的遗传影响，在种种有利的条件之下，也就足够把他们和他们的子孙，即人类，在整个有机界的阶梯之上，提到今天他所占有的很高的地位上来。

原　注

① 见布·古耳德，《美国士兵的军事的与人类学的统计调查》，1869 年，页 256。

② 关于《美洲土著居民的颅形》，见迈格斯（甲 453）博士文，载费城《自然科学院院刊》（丙 110），1868 年 5 月的一期。关于澳洲土著居民，见赖伊耳辑入《人的古老性》

一书中的赫胥黎所著文，1863年，页87。关于散德威奇岛民，见瓦伊曼教授，《关于颅骨的观察》，波士顿版，1868年，页18。

③　见奎恩(甲539)著，《动脉的解剖学》，序言，第一卷，1844年。

④　文载《爱丁堡皇家学会会刊》(丙121)，第二十四卷，页175、189。

⑤　见所著文，载《皇家学会会刊》(丙120)，1867年卷，页544；又1868年卷，页483、524。尚有早于此的一篇论文，见同一刊物，1866年卷，页229。

⑥　见文，载《皇家爱尔兰学院院刊》(丙119)，第十卷，1868年，页141。

⑦　见所著文，载《圣彼得堡学院院刊》(丙4)，1778年卷，第三篇，页217。

⑧　勃瑞姆，《动物生活图说》(*Thierleben*)第一卷，页58、87。仑格尔，《巴拉圭的哺乳动物》(*Säugethiere von Paraguay*)，页57。

⑨　见我的《家养动植物的变异》，第二卷，第十二章。

⑩　见所著《遗传的天才：对它的法则与后果的一个探讨》，1869年版。

⑪　贝茨(甲42)先生说(《自然学家在亚马孙河上》，1863年，第二卷，页159)，就南美洲属于同一个部落的印第安人而论，“没有两个人在头和脸的形态上是说得上完全一样的；一个人是椭圆脸，眉清目秀，而另一个却很像蒙古利亚人，两颊宽而突出，鼻孔张得很开，眼梢斜出向上”。

⑫　见勃路门巴赫，《人类学论文集》，英译本，1865年，页205。

⑬　见米特福尔德(甲465)《希腊史》，第一卷，页282。从塞诺芬(甲725)所写的《回忆录》第二卷第四节中的一段话(我所以能注意到这段话是由于霍尔(甲319)牧师的提示)看来，希腊人大都承认这样一层道理，就是，在选择妻子的时候，应该着眼到未来儿女的健康与精力。生活在公元前550年前后的希腊诗人特奥格尼斯(甲650)清楚地看到，选择这件事，如果做得恰当，对人类的改进具有何等的重要性。他也看到财富往往阻碍了性选择的正常活动。因此他在诗里写道：

“我友库尔努斯兮，
我今诉说君其听：
孳息牛马有理法兮，
人咸知所遵行，
畜唯蕃斯利唯大兮，
劳瘁在所不计，
所贵唯在良种兮，
无缺陷亦无恶癖。
胡独今人之议婚兮，
唯货财是尚？
男称娶兮，
女则称归而登夫家之堂，
鄙夫与恶棍之子若女兮，
一身铜臭，
乃得与名门之息作配兮，

泾渭合流。
凡百杂糅而纷乱兮，
贵贱于是不分！
形神举措难得而名状兮，
不类不伦。
我之族吁其没落兮，
如江河之日下，
我之族亦日即于驳杂兮，
云亡大雅！
因缘亦自由渐而分明兮，
君其莫怪，
种因斯食果兮，
其亦毋为此而伤怀。"

（录自弗瑞尔（甲 253）全集，第二卷，1872 年，页 334。）

⑭　高德戎，《人种论》(*De I'Espèce*)，1859 年，第二卷，第三篇。戛特尔法宜，《人种同一论》(*Unité de l'Espèce Humaine*)，1861 年。又同作者，《人类学演讲录》，陆续载《科学之路评论》（丙 127），1866—1868 年诸卷。

⑮　《组织畸变史：通论与各论》，凡三卷，此为通论的一部分，见第一卷，1832 年。

⑯　关于这些法则，我在《家养动植物的变异》，第二卷，第二十二、二十三两章作过详尽的讨论。不久以前（1868 年），德迁让（甲 210）先生又发表了一本有价值的论著，《关于环境的影响》(*De l'Influence des Milieux*)，可以参看。对于植物，他很强调土壤的性质这一方面。

⑰　同上注①所引《……调查》，页 93、107、126、131、134。

⑱　关于玻利尼西亚人，见普里查尔德，《人类体质史》，第五卷，1847 年，页 145、283。亦见高德戎，《人种论》，第二卷，页 289。居住在恒河上游的印度人和孟加拉人，虽同为关系十分相近的印度人，在形貌上也存在着显著的差别；见埃耳芬斯东（甲 222），《印度史》，第一卷，页 324。

⑲　文见《人类学会报告》（丙 94），第三卷，1867—1869 年，页 561、565、567。

⑳　见勃腊根里奇（甲 93）医师文，《疾病素质论》，载《医学时报》（丙 92），1869 年 6 月 19 日与 7 月 17 日。

㉑　这一段里的许多话都有出处，已见我所著《家养动植物的变异》，第二卷，页 297、300。耶格尔（甲 347）博士文，《论骨的纵长生长》(*Ueber das Längenwachsthum der Knochen*)，载《耶纳时报》（丙 71），第五卷，第一分册。

㉒　见上注①所引书，页 288。

㉓　见上注⑧所引《巴拉圭的哺乳动物》一书，1830 年，页 4。

㉔　见所著《格林兰史》，英译本，1767 年，第一卷，页 230。

㉕　见沃克尔（甲 678），《通婚论》，1838 年版，页 377。

㉖　《家养动植物的变异》，第一卷，页 173。

㉗　见所著《生物学原理》，第一卷，页 455。

㉘　见佩吉特，《外科病理学讲义》，第二卷，1853 年，页 209。

㉙　一个奇特而出乎意料的事实是，在视力上，即在最远的看得清楚的距离上，水手的平均点，要比惯居陆上的人反而低些。布·古耳德博士(《平叛战争中卫生情况的报告》，1869 年，页 530)曾经证实这一情况，而他的解释是，水手的视线所及不免"受舰只的长度和桅杆的高度的影响所限制"。

㉚　《家养动植物的变异》，第一卷，页 8。

㉛　见上注⑧所引《巴拉圭的哺乳动物》一书，页 8、10。我有过良好的机会观察到火地人(Fuegian)的超越寻常的强大的视力。关于这同一个题目，也可以参考劳伦斯(甲 388)，《生理学、……讲义》，1822 年，页 404。奚饶杜隆(甲 267)先生(《科学之路评论》，页 127，1870 年卷，页 625)新近收集了大量有价值的证据，证明子女的近视是由"父亲的辛勤劳动所致。"

㉜　普里查尔德，《人类体质史》，据勃路门巴赫书(见本章注⑫——译者)，第一卷，1851 年，页 311。(按此注欠清楚，1851 或是勃路门巴赫书出版之年，然据上注⑫，勃路门巴赫书的英译本出版于 1865 年，则此或为德文原本出版之年；然亦有问题，普里查尔德自己的书，《人类体质史》，据上注⑱，其第五卷于 1847 年即已出版，又何得征引 1851 年方出版的书？1851 或有可能指普里查尔德自己的书的出版年份，然其书的第五卷既已于 1847 年出版，则此第一卷不可能反而后出，亦成问题。更有一个可能是，1851 为普里查尔德书第一卷的再版出书的年份。这些都是西方百余年前文献，查核不易，姑存疑——译者)。关于帕拉斯的话，亦转引自普里查尔德书，第四卷，1844 年，页 407。

㉝　转引自普里查尔德，同上引书，第五卷，页 463。

㉞　后来福尔勃斯所写出的有价值的论文已载《伦敦民族学会会刊》(丙 79)，新编，第二卷，1870 年，页 193。

㉟　菲耳肯斯(甲 706)博士(《农业周报》，丙 88，1869 年卷，第十期)最近发表了一篇有趣的文章，指出生活在高山地区的家养动物会如何地在身体体格方面产生一些变化。

㊱　《关于头小畸形白痴的报告》(*Mémoire sur les Microcéphales*)，1867 年，页 50、125、169、171、184—198。

㊲　雷科克教授把接近于兽类的白痴的性格用一个新创的词，"兽相"(theroid)，总结了一下，见所著文，载《心理科学刊》(丙 82)，1863 年 7 月。斯科特(甲 592)医师(见其所著《聋子与哑巴》，第二版，1870 年，页 10)时常观察到智力低下近于白痴的人爱用鼻子来闻食物。关于这同一题目，以及白痴的体毛特盛，亦见毛兹雷博士，《身与心》，1870 年，页 46—51。比奈耳(甲 527)也曾提供过一个很突出的体毛特多的白痴的例子(比奈耳何人，所举例出自何书，原书此处及他处均未详。查比奈耳是法国十九世纪末及二十世纪初有名医学家，所著有《心理变态的医学哲学论》，1791 年，《哲学的病理志》第六版，1818 年，等书。达尔文写书时，此人或尚为生物科学界所熟知，达尔文只举其名，而不及其余，原因或在此——译者)。

㊳　在我的《家养动植物的变异》里(第二卷,页 57),我把那些在数量上还不算太少的具有过多的乳头或乳房的女子的例子归因于返祖遗传。我所以作出这个有可能接近于事实的结论,是因为这些过多的乳头一般总是在胸脯上安排得两两对称;而尤其是因为有这样一个例子,就是,有一个女子,只长一个能用的乳头,而这唯一的乳头是长在鼠蹊部,即腹股沟地带的,同时这一例子的母亲又是一个乳头过多的例子。不过我现在发现(近期讨论这题目的不止一两人,普赖厄尔教授,即是一例,见所著《生存竞争》——*Der Kampf um das Dasein*——1869 年,页 45)这种不规则的乳头(mammae erraticae)所在之处不一而足,背上、腋下、大腿上都可以长出乳头来,而在大腿上的一例出乳汁甚多,竟然把一个婴儿喂大了。因此,乳头过多是由于返祖遗传这一论断的可靠性不免要打上一个不小的折扣;尽管如此,我认为这一论断可能还是对的,理由是,在乳头过多的情况中,碰到的往往是两对,在胸前对称地摆着,而关于这种情况,我自己就收到过若干个例子的资料。很多人熟悉,有几种狐猴胸前有两对乳头,而这是一个正常的情况。男子有一对乳头以上的例子(当然是残留性的),见于记录的有五个;其中的一例见《解剖学与生理学刊》(丙 77),1872 年卷,页 56,是汉迪赛德(甲 295)医师所提供的,是弟兄两个都表现有这个特点;又见巴特耳斯(甲 36)医师所为文,载《赖氏与杜氏文库》(丙 125),1872 年卷,页 304。在巴特耳斯所提到的各例中,有一例是一个男子有五只乳头,两对之外,一只在正中,在脐孔上面;梅克耳(甲 314)认为这一例子有前例可资说明,就是,某几种蝙蝠(乙 237)里也有不成对而居中的乳头的情况。总之,我们很有理由怀疑,如果早期的老祖先根本没有被配备过不止一对的乳头,那么,后世人类女子与男子身上又怎会有可能发生乳头过多的这一个特点呢?

在《家养……》这书里(第二卷,页 12),我又曾把常见的人和各种动物的指趾过多(polydactylism)的例子归因于返祖遗传,但我自己也很有几分迟疑。我当初所以这样做,部分也因为看到欧文教授说过,爬行类中已经灭绝的鱼龙类或鱼鳍类(乙 511)里,有几个种的指趾就不止五根;我就认为指趾过多是这一原始状态的重演或保留;但给根巴沃尔(甲 258)教授(《耶纳时报》,丙 71,第五卷,第三册,页 341)对欧文的结论提出过异议。在另一方面,格迂恩瑟尔(甲 288)博士根据澳洲肺鱼(乙 193)的鳍的情况,就是,这种鳍,在中心的一串小骨的左右,各有几根有骨节而可以屈曲的骨质鳍刺,提出意见,认为,通过返祖遗传,六个或六个以上的指趾有可能在中心串骨的一边或两边,重新出现,他并且说,要承认这一可能的情况似乎也没有多大的困难。楚特菲恩(甲 731)博士告诉我,文献上记录着一个男子的例子,手指和脚趾各有二十四个!我作此返祖遗传的结论,主要的根据是,指趾过多这一特征不但有强烈的遗传倾向,并且,我当初还相信,截断以后有再生的能力,像其他较低级的脊椎动物的相应而正常的指趾一样。但后来我在《家养……》一书的第二版里已经有所说明,为什么我现在对这一类记录下来的再生的例子认为很不可靠。尽管如此,发育中止和返祖遗传既然是两个关系十分密切的过程,如下的情况还是值得注意的,就是,停留在胚胎期以内的状态或中止状态的各种结构,有如腭裂、子宫分叉等等往往伴随着指趾过多的情况而同在一个人身上出现。这一点,梅克耳和泽弗沃圣迪莱尔都曾加以强调,认为不能放过。但话还得说回来,眼下,最好是完全放弃原有的看法,就是,认为在指趾的发展过多和在有机组织上比人更为简单的某一辈人的远祖的特征之间，有任何返祖遗传的关系。

㊴　见法阿尔（甲 234）博士撰写的大家所熟悉的文章，载《解剖学与生理学大辞典》，第五卷，1859 年，页 642。又欧文，《脊椎动物解剖学》，第三卷，1868 年，页 687。又见特尔奈尔教授文，载《爱丁堡医学刊》（丙 52），1865 年 2 月。

㊵　见所著文，载莫迪那（Modena，意大利北部城市——译者）《自然学人协会年报》（丙 19），1867 年，页 83。在这篇论文里，卡奈斯特里尼教授提供了不同作家在这个题目上的议论的一些摘要：——劳瑞拉尔德（甲 387）说，他在好几个人和某几种猿猴头上所发现的这两片颧骨的形态、比例和关系既然彼此完全相似，他就无法认为它们的这一特性，即分而不合，是一个单纯的偶然巧合。关于颧骨的发育中止的另一篇论文是由萨菲欧提（甲 574）医师发表的，载都仑（Turin，意大利西北部城市——译者）《临床公报》（丙 63），1871 年卷；他在论文里说，约在百分之二的成年人的颅骨上可以找到颅骨原先分成两部分的痕迹；他又说，在有凸腭的颅骨上比不凸腭的要发生得多些，但雅利安（Aryan）族类的凸腭颅骨不在此限。亦见德洛仑齐（甲 186）在这题目上所著文，《颧骨异常的三个新例子》（*Tre nuovi casi. d'anomalia dell'osso, malare*），都仑城版，1872 年。又，茅尔塞利（甲 478）文，《关于颧骨的一个罕见的变态》（*Sopra una rara anomalia dell'osso malare*），莫迪德那城版，1872 年。此外，更新近一些，格茹贝尔在颧骨的分而不合的问题上又写了一本小册子。有一位书评家曾毫无根据地对我的说法横加责难，所以我把这些参考文献列举出来。

㊶　在这方面，泽弗沃圣迪莱尔就曾提出过一连串的例子，见所著《组织畸变史……》（*Hist. desAnomalies*），第三卷，页 437。有一位书评家（《解剖学与生理学刊》，丙 77，1871 年卷，页 366）很责备我，为的是我没有能把见于记录的有关身体各部分发育中止的许许多多的例子提出来讨论。他说，按照我的理论，"一种器官在它发展过程中的每一个暂时的状态不仅是达成一个目的的一个手段，并且，在一定时间之内，本身就是一个目的"。据我看来，这句话不一定对。我看不出来，为什么和返祖遗传并无关系的一些变异就不能在发育初期里发生出来。并且，这一类的变异，如果有任何用处，例如，容或有助于缩短和简化发育的进程，又为什么不能得到保存而积累起来呢？还可以问，为什么有害的一些畸变，例如某些部分的萎缩（atrophy）或过度发展（hypertrophy），根本和以前的任何生存状态没有关系，而也会在发育的一个初期，乃至在成熟的年龄内，发生出来呢？

㊷　《脊椎动物解剖学》，第三卷，1868 年，页 323。

㊸　《普通形态学》，1866 年，第二卷，罗马数字页 155。

㊹　见福赫特，《关于人的讲演集》，英译本，1864 年，页 151。

㊺　见勃雷克论来自诺勒特（见本章译注 5——译者）的一具腭骨，载《人类学评论》（丙 21），1867 年，页 295。又见夏弗哈乌森，同前引文（见第一章注㊹——译者），1868 年，页 426。

㊻　见所著《表情的解剖》，1844 年，页 110、131。

㊼　见引于卡奈斯特里尼教授文，即上注㊵中引文，页 90。

㊽　任何人如果愿意知道我们的肌肉是如何的容易发生变异，而在变异之中是如

何转而和四手类动物的肌肉相似，都值得把这些论文仔细研读一下。和这段正文中所提到的少数几点有关的还有如下的一些参考文献：《皇家学会会刊》（丙 120），第十四卷，1865 年，页 379—384；又第十五卷，1866 年，页 241、242；又第十五卷，1867 年，页 544；又第十六卷，1868 年，页 524。我在这里还不妨补充一点，默瑞博士和米伐尔特先生在他们合作的关于狐猴类的报告里（《动物学会会报》，丙 151，第七卷，1869 年，页 96）指出，在这些灵长类中地位最低的动物里，某些肌肉的变异倾向之大是何等的超越寻常。在狐猴类里，肌肉结构由高而低的各种层次也很多，从其最低的一些结构循序渐退，就可以到达在进化阶梯上更低于狐猴的动物所具有的一些结构了。

㊾　亦见麦卡利斯特尔教授文，载《皇家爱尔兰学院院刊》（丙 119），第十卷，1868 年，页 124。

㊿　见强普尼斯（甲 144）先生文，载《解剖学与生理学刊》（丙 77），1871 年 11 月，页 178。

51　见文，载《解剖学与生理学刊》（丙 77），1872 年 5 月，页 421。

52　麦卡利斯特尔教授（同上注㊾中引文，页 121）曾经把他所作的观察列成表格，发现在肌肉方面最容易发生畸变的身体部分是前臂，其次是脸部，又其次是脚，等等。

53　牧师霍屯（甲 305）博士，在提出了（《皇家爱尔兰学院院刊》，丙 119，1864 年 6 月 27 日，页 715）一个有关人身上的拇指长屈肌（flexor pollicis longus）的奇特的例子之后，补充说，“这个引人注意的例子说明，在拇指和其余手指的肌腱的部署方面，人身上有时候会出现猕猴（乙 581）一类的猴子所独具的那种部署；但我们究竟应当如何看待这一情况，是猕猴上升到人了呢，还是人下降到猕猴了呢，或只是造化弄人，弄出来的一个先天畸变呢，我无法把说明的责任承担起来”。能听到这样一位有才能的解剖学家、这样一位切齿痛恨进化论的反对人物这样说，甚至承认到所提出的三个说法中的前两个的可能性，即人与猕猴之间，可能有些上升或下降的关系——这可是令人满意的。麦卡利斯特尔教授（《皇家爱尔兰学院院刊》，第十卷，1864 年，页 138——查本章上文已两度引此论文及有关刊物，见注⑥及㊾，刊物第十卷出版的年份两处都是 1868 年，而此处忽作 1864 年，必有一误，而误在此处的可能性较大——译者）也曾叙述到这条拇指长屈肌的一些变异，也认为把它们联系到四手类动物身上的同一条肌肉来看，是值得注意的。

54　自从本书第一版问世以来，介·沃德先生曾就人身上颈、肩、胸各部分的各种肌肉，在《哲学会会报》（丙 149），1870 年卷（页 83 起）里发表了又一篇报告。他在报告中指出，这些肌肉是如何地变异百出，而一经变异，就和低于人的某些动物身上的一些正常的肌肉又是如何地随时可以相比而表现出何等近密的相似的程度来。他用如下的话总结说，“在这个解剖科学的部门（肌肉结构——译者）里，有些比较重要的肌肉形态，如果在人身上作为肌肉的变异而发生出来，就会倾向于作为达尔文的返祖遗传的原理或法则的证据或实例而展示出来，并且展示得足够彰明较著——如果我成功地说明了这一层，我所以写这篇论文的目的也就充分地达到了”。

55　这一段中若干论述的出处已见我的《家养动植物的变异》一书，第二卷，页 320—335。

㊹ 在这一方面，我在《家养动植物的变异》，第二卷，第二十三章中，已作过比较通盘的讨论。

㊺ 见那本永远值得怀念的《人口论》，马尔塞斯牧师著，第一卷，1826 年，页 6、517。

㊻ 《家养动植物的变异》，第二卷，页 111—113，163。

㊼ 见塞奇威克(甲 596)先生文，载《不列颠国内外医学与外科学评论》(丙 36)，1863 年 7 月，页 170。

㊽ 伍·亨特尔著，《孟加拉农村志》，1868 年，页 259。

㊾ 见所著《原始婚姻》，1865 年版。

㊿ 一位作家，在《旁观者》(丙 138)(1871 年 3 月 12 日，页 320)上，对我这一节话提出了如下的评论：——达尔文先生发现自己被逼到一个地步，不得不把关于人的堕落的教义推陈出新地再度介绍出来。他指出，一些高等动物的本能要比野蛮种族的人的习惯远为高贵得多，而这一来，他就发现他自己不得不在事实上重新把正统的教义实质相同而形式不同地介绍了出来。关于两者实质相同这一层，看来他本人未必自觉，他自觉的是，他是在第一次把一个科学的假设向人推荐。这以科学假设形式出现的教义就是：人对知识的取得是他在道德上所由堕落的原因。这堕落虽是暂时的，最后终须得救，但在得救以前，也就够他长期消受了。野蛮部落的许多恶浊的风俗习惯，尤其是在婚姻这一方面，就是他必须消受的一部分。这教义源出犹太教的传统，说人，由于他抓取了他的最高的本能所禁止他抓取的一个智慧[之果]，从此就在道德上堕落下去：传统中这一部分所要申说的恰好就是这么多么？(详见基督教徒所辑犹太文献，《旧约全书》中《创世记》的第三章。——译者)

63 参看杰冯斯(甲 356)说得相当好的一些意思相同的话。见所著文，《达尔文学说的一个推演》，载《自然界》(丙 102)，1869 年卷，页 231。

64 见来撒姆(甲 386)，《人和他的迁徙》，1851 年版，页 135。

65 默瑞和米伐尔特两先生，在合写的《狐猴类的解剖学》一文(载《动物学会会报》(丙 151)，第七卷，1869 年，页 90—98)里说，“有些肌肉在分布上极不规则，要把它们分类而纳入上面所列的各组里的任何一组是难于下手的”。这些肌肉甚至在同一个人的左右两肢上都不一样。

66 见所著文《自然选择的限度》，载《北美评论》(丙 104)，1870 年 10 月，页 295。

67 见所著文，载《评论季刊》(丙 37)1869 年 4 月，页 392。但沃勒斯先生对这题目的更充分的讨论是在他的《对自然选择论的一些贡献》一书里；这书出版于 1870 年；本书所征引的他的所有的论文全都在这书里重新发表了出来。克拉巴瑞德(甲 151)教授，今天欧洲声望最大的动物学家之一，曾在发表在《万有文刊》(丙 33)，1871 年 6 月的一期里的一篇文章中对沃勒斯先生这一文集中的一篇，《论人》，进行了精明有力的批判。凡是读过沃勒斯先生的驰名的论文，《从自然选择的学说推演而得的人类种族起源论》(原载《人类学评论》(丙 21)1864 年 5 月，罗马数字页 158。)的人都会对我在这里所引的他的这段话表示惊异。关于这一篇论文，我不禁要援引一下勒博克爵士的一段最为公平的话(《史前时代》，1865 年版，页 479)：沃勒斯先生“用他一贯而代表他的性格的无私的精神，把它（指自然选择的概念）毫无保留地归功于达尔文先生，尽管大家都知道，他独立地想出了这个概念，并且，虽不如达尔文先生的那么详细，却也在同一个时候把它发表了出来”。

㊳ 见引于泰特（甲 640）先生文，《自然选择的法则》，载《都伯林医学季刊》（丙 50），1869 年 2 月。此文也引到凯勒尔（甲 361）博士的意思相同的一些话。

㊴ 见欧文所著，《脊椎动物解剖学》，第三册，页 71。

㊵ 见《评论季刊》（丙 37），1869 年 4 月，页 392（按这也是评沃勒斯的话，参看上注㊲——译者）。

㊶ 属长臂猿的一种，骈趾猿或联趾猿（乙 499），像它的名称中所说的那样，指或趾中有两只是经常骈合的，而在这一猿类的另几个种，即普通的长臂猿亦称敏猿（乙 495）、白掌猴（乙 497）、银猿（乙 498），据勃莱思（甲 77）先生告诉我，这两指或两趾只是间或有骈合的，一般不骈合。疣猴是严格以树为家的，而又非常活跃，见勃瑞姆，《动物生活图说》（*Thierleben*），第一卷，页 50；但比起其他关系相近的几个猴属的猴种来，疣猴爬树的本领是不是更为高强，我就不知道了。在这里值得提到一下，世上最离不开树的动物，各种树懒（sloth），脚长得极像钩子，像得出奇。

㊷ 勃瑞姆，《动物生活图说》，第一卷，页 80。

㊸ 见文，《论手……》，辑入《布列治沃特论文集》，1833 年，页 38。（“论文集”，原文作“Treatise”，单数，显系脱一“S”，查阅，果然，兹补正后译出。——译者）

㊹ 关于人从四足行走变成两足行走的若干步骤，海克耳有过一番出色的讨论，见《自然创造史》（*Natürliche Schöpfungsgeschichte*），1868 年，页 507。比迁希奈尔博士在《达尔文学说评议》（*Conférences sur la Théorie Darwinienne*，1869 年，页 135）里，举了一些良好的例子，说明人也还有能把脚作为把握器官来使用的；他对高等猿猴的把握方式也有所叙述，我在下面一节文字里所引的一些话就是他的。关于猿猴的把握方式，亦见欧文著，《脊椎动物解剖学》，第三卷，页 71。

㊺ 见勃柔卡教授文，《尾部脊椎的结构》，载《人类学评论》（丙 126），1872 年，页 26（别有单行本）。

㊻ 见所著文，《关于颅骨的原始形态》，英译本，载《人类学评论》（丙 21），1868 年 10 月，页 428。又欧文论高等猿类的颞骨，见《脊椎动物解剖学》，第二卷，1866 年，页 551。

㊼ 见所著《动物世界的界限：对达尔文学说的一个看法》（Die Grenzen der Thierwelt，eine Betrachtung zu Darwinś Lehre），1868 年版，页 51。

㊽ 见德迁亚丹（甲 207）文，载《自然科学纪事刊》（丙 9），第三组，动物学之部，第十四卷，1850 年，页 203。亦见娄恩（甲 412）先生，《大苍蝇（乙 637）的解剖与生理》，1870 年，页 14。我的儿子，弗·达尔文（甲 180）特为我这段讨论把赤蚁（乙 415）的大脑神经核剖视了一下。

㊾ 见文载《哲学会会报》（丙 149），1869 年卷，页 513。

㊿ 勃柔卡，《论几种选择》，载《人类学评论》（丙 21），1873 年卷；又见福赫特，《论人讲义》（英译本，1864 年，页 88、90）所援引的资料。又普里查尔德，《人类体质史研

究》,第一卷,1838 年,页 305。

㉛ 在已一度援引的那篇有趣的论文(应即上注⑧中所引文——译者)里,勃柔卡教授说得好,在文明的民族国家里,由于数量很可观的身心两个方面俱软弱的人得到了保全,平均的脑量不免有所降低;而在野蛮状态之下,这种人是等不到长大就会受到淘汰的。反过来,就野蛮人说,所谓的平均实际上只包括那些更为精干、虽在极度艰苦的条件下也还能存活下来的人。在洛则尔(Lozère,省名,法国东南部——译者)境内所发现的穴居人(troglodytes)的颅骨比当代法国人的要大些:这一事实一向无法解释,如今勃柔卡的这段话就能把它解释开了。

㉜ 见文,载《科学……汇报》(丙 47),1868 年 6 月 1 日。

㉝ 《家养动植物的变异》,第一卷,页 124—129。

㉞ 夏弗哈乌森根据勃路门巴赫和布希(甲 125),列举了一些肌肉抽搐与烫伤的例子,见文载《人类学评论》(丙 21),1868 年 10 月,页 420。贾柔耳德(甲 350)博士(《人类学报》,丙 20,1808 年卷,页 115、116),根据坎姆普尔(甲 134)和他自己的一些观察,列举了一些例子,说明由于头部姿势固定位置不自然而引起了颅骨的变化。他认为,某些行业,例如鞋匠,由于头部经常伸向前,前额倾向于变得更圆、更突出。

㉟ 关于颅骨的加长,见《家养动植物的变异》,第一卷,页 117;关于两耳之一倒垂的影响,见同书、卷,页 119。

㊱ 见引于夏弗哈乌森文,载《人类学评论》(丙 21),1868 年 10 月,页 419。

㊲ 欧文著,《脊椎动物解剖学》,第三卷,页 619。

㊳ 泽弗沃·圣迪莱尔说到(《自然史通论》——"*Hist. Nat. Générale*"——第二卷,1859 年,页 215—217)人的头顶上有长发;也说到猿猴和其他哺乳动物的背部一半的毛要比腹部一半的更为浓密。其他许多作家也都观察到这一层。不过泽尔费(甲 262)教授(《哺乳动物自然史》——"*Hist. Nat. des Mammiféres*"——第一卷,1854 年,页 28)说起,由于容易磨掉的关系,大猩猩背部的毛实际上比腹部的毛要稀疏些。

㊴ 见所著《自然学家在尼加拉瓜》,1874 年,页 209。多少可以作为对贝耳特先生这一看法的一个确证,我不妨在此援引德尼森(W. Denison)爵士的一段话(《总督生活的形形色色》,第一卷,1870 年,页 440)如下:"有人说起,在澳大利亚人中间有这样一个习惯,就是,当毛发里的虫子多得引起麻烦的时候,他们就用火来把自己烧灼一下。"

㊵ 见米伐尔特先生文,《动物学会会刊》(丙 122),1865 年卷,页 562、583。又,介·格雷(甲 279)博士,《不列颠博物馆目录:骨骼之部》。又,欧文著,《脊椎动物解剖学》,第二卷,页 517。又,泽弗沃·圣迪莱尔,《自然史通论》(*Hist. Nat. Gén.*,),第二卷,页 244。

㊶ 见文《尾部脊椎的结构》,载《人类学评论》(丙 126),1872 年卷。

㊷ 见文,载《动物学会会刊》(丙 122),1872 年卷,页 210。

㊸ 见文,载《动物学会会刊》(丙 122),1872 年卷,页 786。

㊹ 我指的是勃郎塞夸(甲 107)博士就豚鼠(guinea-pig)所作的关于一次由手术引起的癫痫(epilepsy)所产生的遗传影响的一些观察;同时也指比较新近的一个例子,

就是，颈部交感神经的切断也曾产生与此可以类比的影响。（关于此二例，原注注文中都未说明出处。——译者）下文（第二十章中——译者）我将有机会援引到萨耳温（甲571）先生所提出的关于修尾鸟（motmot）的一个有趣的例子，这种鸟会自己修剪它的尾羽，就是把尾羽上的羽枝啄掉，而这种啄落的影响看来像是遗传的。关于这个所谓后天获得性的遗传的总问题，我在《家养动植物的变异》中也曾有过讨论（第二卷，页22—24），可以参看。

㊅ 《家养动植物的变异》，第二卷，页280、282。

㊆ 见所著《原始人》，1869年版，页66。

译　　注

1. Sandwich Islands，即今美国的夏威夷群岛，位于北太平洋。

2. 即西半球。

3. 指与解放黑人有关的南北战争。

4. Kaffir，南非洲的黑人种族。

5. La Naulette，洞窟名，在比利时。

6. 此处原文为 genetic connection，以今日 genetic 一字的用法来说，可直接译为"遗传的联系"，于义也通；然而"遗传学"称为"genetics"，"遗传学的"或"遗传的"作"genetic"在英语中毕竟是20世纪初叶以来的事；距今百年前无此用法，故斟酌文义，译为"生物发生上的前因后果的联系"。

7. 译者于此感觉到有必要就亲自看到的一个例子添此一注，来说明不仅在所谓"野蛮人"，而且在所谓"文明人"中，脚的这种把握能力也远没有完全消失。1923年，译者在纽约展览各式各样畸形人的地方（！）看到一个法国女子，完全没有胳膊，两手虽完好，却直接长在肩头，绝大部分把握的动作无法进行，不得不由两脚承担，曾当场看到她用脚趾来表演穿针引线，灵便的程度几乎不下于一般人的用手。据这女子说，这种情况家传已有七代之久。

8. Neanderthal 谷名，位于德国莱茵省境内。

9. 新几内亚和婆罗洲即今马来语的伊利亚和加里曼丹。

第三章　人类和低等动物在心理能力方面的比较

在心理能力上，最高等的猿类与最低等的野蛮人之间的差别异常巨大——两者之间某些共同的本能——各种情绪——好奇心——模仿力——注意力——记忆力——想象力——推理力——逐渐的进步——动物所使用的工具和武器——抽象能力、自我意识——语言——审美的感觉——对上帝、鬼神与其他神秘力量的信仰。

我们在上面两章里已经看到，人在身体结构方面保持着他从某种低级类型传代而来的一些清楚的痕迹，但也许有人会提出意见，认为人在心理能力方面既然和其他一切动物有偌大的差别，这样一个结论一定有它的错误的地方。不错，心理方面的差别是极其巨大的。一个最低等的野蛮人连表达高于四的数目的字眼都没有，又几乎没有任何抽象的名词来表达一些普通的事物或日常的感情，①即便拿他来和在有机组织上最高级的猿类相比，这差别还是十分巨大的。再退一步说，即便这样一只高等的类人猿受到一些改进，或接受一些“文明化”，所接受的分量大致相当于一只狗所有别于它的祖先形态（parent-form），即狼或胡狼（jackal）的那个分量，它和最低等野蛮人之间的差距还是无疑地非常巨大。南美洲极南端的火地人（Fuegian）是在最低等的半开化的人之列的，但我想起我在英皇陛下船“比格尔号”(H. M. S.“Beagle”)上遇见三个这个族的人，他们曾经在英国住过几年，能说一些英语，从和他们的接触之中，我发现他们在一般性情和大多数的心理性能上同我们如此近似，使我不断地发生惊奇。如果一切生物之中只有人才备有任何心理能力，或者，如果人的心理能力在性质上完全和低等动物不一样的话，我们将永远不能理解，或无法说服自己，我们的这些高度的能力是逐步逐步发展出来的。但我们可以指出，人和其他动物的心理，在性质上没有什么根本的差别，更不必说只是我们有心理能力，而其他动物完全没有了。同时我们也必须承认，就这种能力的差距而论，存在于一种最低的鱼，有如八目鳗(lam- prey)或蛞蝓鱼(lancelet)和一种猿类之间的，比存在于一种猿类和人之间的，要大得多，而无论差距大小，中间都存在着无数的由浅入深的层次。

在人的道德性格方面，差距也不见得小，一端是一个半开化的残忍得像老航海家拜伦(甲 131)所描述到的那个人，为了孩子把一筐子海胆(sea-urchin)掉落在海里，竟把他向石头上一摔，摔死了，另一端是文明人的仁慈，像一个霍沃尔德(甲 330)或一个克拉尔克森(甲 153)那样。[1] 在理智方面也是如此，一端是几乎不会使用任何抽象名词的野蛮人，另一端是一个牛顿或一个莎士比亚。最高族类的最高成员和最低的野蛮人的这种差别并不是截然两码事，而是由一系列差别极为微小的高低的层次联系起来的。因此，它们，即每一个极端和层次不是固定不移的，而是可以发展而过渡到，或退回到其他层次的。

我在本章中的目的是要说明，人和其他高等哺乳动物之间，在各种心理才能上，是没有根本的差别的。这个题目的每一个部分都可以扩充而成为一篇单一的论文，但在这里，我们只能合起来作一番概括的处理。关于各种心理能力，目前既然还没有大家所公认的分类，我准备把我的话，按照最便利于我的目的的要求，排个先后，逐段地说出来；同时列举对我最有深刻印象的一些事例，我料想，对我既如此，对读者也大概会产生一些印象。

在本书下文讨论性选择的时候，我准备再多举一些关于在进化阶梯上一些很低的动物的例子，来说明它们的各种心理能力比我们所可能意料到的要高得多。同一物种中的各个成员所表现的每一种性能并不一律，而有很大的变异性；这对我们来说是一个重要之点，我在这里要略举几个例子。但在这一点上，我们也用不着说到太多的细节，因为我曾经多方探问，发现凡属长期从事于观察或饲养各种动物的人，包括注意于鸟类的人在内，一致认为同种的个体与个体之间在每一个心理特点上都有它们的差别。至于各种心理能力，在最低等的有机体身上，最初是怎样发展出来的问题，那就像生命本身是怎样起源的问题一样，一时是没有找到答案的任何希望的。这一类的问题，如果人有能力加以解决的话，也是遥远的未来的事情，眼下只好搁过一边。

人所具备的几种感觉既然和低等动物的相同，则他的基本的直觉能力一定也是和它们一样的。人也有和它们相共同的少数几个本能，如，自我保全、两性之爱、母亲对新生子女之爱、母亲喂乳的欲望，等等。但人所具备的本能，比在进化系列中仅次于他的一些动物来，似乎已经少了一些。东方诸岛屿上的猩猩、非洲的黑猩猩都会构造平台供睡眠之用；两种不同的猩猩既有此同样的习性，我们不妨提出论点，认为这是出乎同一种本能的，但对这一论点，我们也感觉到有些拿不准，因为我们也可以想到，两种猩猩有着同样的需要，又具备着同样的推理能力，来满足这个需要，而平台就是所得的结果了。我们可以设想，这些类人猿，也会回避热带的许多种有毒的果实，而人却没有这方面的知识；但我们知道，我们的家畜，当它们被转移到一个陌生的外国地区，而到了春天初次被放到野外去生活的时候，它们往往会吃到有毒的植物，这后来它们虽知有所回避，但当初是中过毒的；因此我们就想到，猿类之所以不食有毒的果实，安知不是由于自己的经验教训，或它们父母的经验教训，而因为有过这种教训，才知有所选择的呢？不过我们在下面就要看到，有一点是可以肯定的，就是，猿类对各种蛇，乃至可能对其他有危害性的动物，有着出乎本能的畏惧心理。

高等动物的本能之少，和少数本能的性质单纯，和低等动物在这方面的情况相形之下，颇成对照，这是值得我们注意的。居维耶（甲 175）有一个主张，认为本能和理智是彼此对立的，此消彼长，成反比例；而有些作家认为高等动物的各种理智性能便是从它们的各种本能逐渐发展出来的。但布谢（甲 532），在一篇有趣的论文里，[②]指出这种反比例实际上并不存在。他说，他所观察到的备有种种最奇妙不过的本能的各种昆虫肯定也是最有智慧的几种昆虫。在脊椎动物的系列里，最缺乏智慧的一些成员，如各种鱼类和两栖类，并不具备任何复杂的本能；而在哺乳动物中间，由于它的各种本能而最引人注目的一类，海狸（beaver），却有着高度的智慧，凡是读过摩尔根（甲 473）先生的出色的著作的人谁都会承认的。[③]

理智的最早的一线曙光——尽管有如斯宾塞尔先生所说的那

样，④是通过反射活动的增繁和协调而发展出来的，也尽管这些反射活动是从许多简单的本能逐步转变而成，并且彼此十分相像，很难辨别，例如正在哺乳中的一些小动物所表现的那样——一些比较复杂的本能的所由兴起，却似乎和理智是截然的两件事，各不相涉。但是，我一面虽远没有这种意思，想否认一些本能活动有可能丢失它们的固定与不教而能的性格，并由依靠自由意志而进行的其他一些活动所代替；一面却也认为，有些发乎理智的活动，在进行了若干世代之后，也未尝不可以转变为一些本能而成为遗传的一部分，海洋中孤岛上的鸟类终于懂得躲开人，似乎就是由习惯成为本能的一个例子。这一类的活动不妨说是从此在性质上降了级，因为它们的进行是可以不再通过理智，或不再根据经验了的。但更大一部分的比较复杂的本能之所以取得，看来不是这样，而是通过一条完全不同的途径，就是，通过自然选择对一些比较简单的本能活动所发生的变异所进行的取舍的作用。这些变异所由兴起的原因，看来不是别的，也就是平时在身体的其他部分诱发出种种轻微变异或个体差异，而至今还是属于未知之数的那些原因，只是，在这里，它们是在大脑神经的组织上起了作用而已；而所有这一类的变异，由于我们的无知，往往被说成是自发的变异。当我们深深地思考到自己不能生育的工蚁和工蜂所表现的种种奇妙的本能，想到它们由于不能生育而无法把一些经验的效果和变化了的习性遗传下去的时候，我想，我们对于一些比较复杂的本能的来源，除了上面所说的结论之外，怕不可能有任何其他的结论。

我们在上面所说的昆虫和海狸的例子里，看到了一种高度的理智肯定可以和一些复杂的本能同时并存，而没有什么不相和谐

之处，也看到了起初原是有意识而学习到的一些动作，不久之后通过习惯和熟练，可以和一种反射活动进行得同样的快当和同样的准确——尽管如此，我们也必须看到不是不可能的另一个方面，就是在自由理智的发展与本能的发展之间，存在着一定分量的相互干扰——而这种干扰在后来势必牵涉到脑子方面的某种遗传的变化。关于脑子的功能，我们现在还知道得很少，但我们可以看到，当理智能力变得高度发展之际，脑子的各个部分一定要由很曲折复杂的一些渠道联系起来，以保证彼此之间的毫无约束的交通；而这一来的结果是，每一个原先各有职掌的部分也许会变得越来越不适合于应答一些特定的感觉或联想的要求，即应答得恰如其分，合乎原有的、遗传已久的——也就是合乎本能的——那一个方式。甚至在一个低级的理智和正在趋向于固定而还不到足以遗传的程度的一些习惯之间，似乎也存在着某些关系；因为正如一位见识过人的医师对我说的那样，某些智力低下而接近于白痴的人在一举一动上都倾向于停留在一成不变或例行的方式之上，而如果有人鼓励他们这样做，他们会表示十分高兴。

我的话是说得岔开了，但这段岔路是值得走的，因为，当我们把人与高等动物建立在对过去事物的记忆之上，建立在远见、推理与想象力之上的一些活动，和低等动物依据本能而进行的恰恰是同样的一些动作相比较的时候，我们有可能容易把人和高等动物的种种心理能力，特别是人的这些能力，看低看轻了；在低等动物方面，进行这些活动的能力是通过各个心理器官的变异性和自然选择的作用而一步一步地取得的，而在取得之际，有关的动物，在每一个连续的世代中，是无所用心于其中的，即用不着任何自觉的理智方面的努力的。不错，像阿·尔·沃勒斯先生所曾提出的论点那样，⑤人所做的种种牵涉到智力的工作中，有很大的一部分是由于模仿，而不是由于推理。不过，在人的一些动作和低等动物所进行的许多动作之间，有着这样一个巨大的分别，就是，人在他第一次尝试的时候，这尝试的活动是绝不可能通过模仿而作出的，例如一具石斧的制造，或一只独木舟的制造罢。他必须通过练习来学到如何进行工作，而反之，一只海狸第一次尝试堆筑它的堤坝或挖掘它的渠道，或者，一只鸟第一次营构它的巢，可以和它们后来在老练的时候所营造或挖掘的一样的好，或几乎是一样的好，而一只蜘蛛尝试编织它的网，第一次的美好程度也和后来的不知多少次的完全一样。⑥

现在回到我们更直接有关的题目上来。低等动物，像人一样，显然也感觉到愉快和痛楚，懂得什么是幸福，什么是烦恼。最能表现出幸福之感的大概无过于像若干小孩似的正玩得高兴的几只小狗、小猫、小绵羊等等。甚至昆虫也懂得一起玩耍，那位出色的观察家，迂贝尔（甲 332）看到蚂蚁彼此追来逐去，并且装作彼此相咬，像许多小狗那样，并且把所看到的描写了下来。⑦

低等动物，与我们相同，也受同样的一些情绪所激动，这是早经确立而尽人皆知的一个事实，无须我在这里提到太多的细节而使读者厌倦了。恐怖在它们身上也像在我们身上一样起着同样的作用，足以使肌肉颤动、心跳加快、括约肌松弛，而毛发纷纷直竖。由恐惧而产生的猜疑，是大多数野兽的一大特点。我们读过滕能特（甲 647）爵士所作关于猎取野象时用来作为诱兽的几只母象的行径的那段记述之后，我想我们不能不承认她们懂得有意识地进行哄骗，并且充分认识到她们是来做什么的，就是，诱致野象。在同一物种之内，勇和怯是变异极大的一些品质，个体与个体之间差别很大，这我们在所畜的狗中间就可以清楚地看到。有些狗和马的脾气很坏，动不动发闷气，另一些则总是和易近人，而这些品质肯定也是遗传的。谁都知道动物容易暴怒，并且表现得十分清楚。各种动物把怨气积压了很久而突然报复得很巧妙的复仇故事是很多的，并且时常有人加以发表出来，看来未必不是实有其事。一向注意准确的仑格尔和勃瑞姆，⑧都说到他们所驯养的各种美洲和非洲猴子肯定是有仇必报的。另一位以精密细致在同辈中著称的动物学家，斯米思爵士，告诉我他和几个别的人正好因在场而得以目睹的如下的一件故事：在南非洲好望角，一个军官时常欺侮某一只狒狒。有一个星期天，狒狒远远地看到这个军官带了队伍耀武扬威地快要走过来，它就立刻把水灌在一个小洞里，赶快地和成一堆稀泥，等军官走近，很准确地向他没头没脑地扔过去，引起路边的许多人哈哈大笑。后来在很长的一段时间里，只要望见这个挨过它泥巴的家伙，它就眉飞色舞地表示高兴。

一只狗爱它的主人，是无人不知、无人不晓的；像一位古老的作家用一种古雅的语气所说的那样，⑨“地球上爱你比爱它自己还笃的东西没有别的，只有一条狗”。

有人知道这样一个例子：一条垂死而正在痛苦挣扎中的狗还起而拥抱它的主人。另一个大家都听说过的例子是，一条躺在解剖桌上的狗，一面忍受着刀剪所给它的痛苦，一面却不时地舐着动手术的人的手；我想，除非这一次手术关系重大，牵涉到我们科学知识的增加，而确有进行的充分理由，或除非施手术的人有一副铁石的心肠，这人，直到他自己临死以前，会不时追悔这一件事。

惠威耳（甲 702）[10]曾经问得很好，“凡是读到过有关母爱的一些例子的人，无论它们所叙述的往往是各个民族国家的妇女也罢，或各种动物的雌性也罢，有谁能怀疑这种行为所根据的原理会因人兽之分而有所不同的呢？”我们看到，母爱的表现是无微不至的。例如仑格尔观察到一只美洲的母猴子（一种泣猴属的猴子，乙 183）细心关切地为她生下不久的小猴子赶走骚扰着它的蝇子；而德迁伏塞耳（甲 212）看到一只母的长臂猿在水边替她的几只小猿一个一个地洗脸。小猿或小猴不幸而死，母猿或母猴因不胜哀伤而死的例子也时有所闻，而在勃瑞姆在北非洲所畜养的许多种猿猴里，有某几种简直老是这样的以母殉子的。失去了父母的小猿猴总有别的猿猴抱养，其中有公的，也有母的，并且保护得很周到。有一只母狒狒，胸怀特别宽大，她所抱养的小一辈不但有其他猴种的小猴子，并且还有偷来的小猫小狗，为了怕有丢失，还不断把它们带来带去。不过，她的仁慈还是有限，她不让她的养子养女分享她的食物。勃瑞姆对这一点大为不解，因为他所畜的猿猴总是和她自己的子女分享一切的，并且每只一份，很是公平。这只母狒狒所抱养的小猫里，有一只有一次用爪子把义母抓了一把，义母开头是吃了一惊，但她毕竟是一只很聪明的狒狒，便立刻把小猫的脚检视了一下，随即毫不迟疑地把爪甲一口咬了下来。[11]在动物园里，我从管理人员那里听说，一只老狒狒（属狒狒类中的“山都”的一种，乙 314），抱养了一只恒河猴（乙 832）的小猴子，但后来当两只大狒狒或山魈，一壮一幼，被放进同一间笼屋的时候，她似乎认识

到，新来的客人虽和她不属于一个种，在亲属关系上总要近一些，于是立刻把恒河猴推开，而把这两只山魈当作养子看待。我看见，恒河猴既被突然摈弃，便表现出大为不满的情态，而像顽皮的孩子一样，一有机会，在保证自己不吃亏的限度以内，便向两只山魈捣麻烦，甚至向它们进攻，这自然也在母的老狒狒方面激起了很大的恼怒。据勃瑞姆说，各种猴子也懂得在敌人攻击之下保护它们的主人，像狗在别的狗的攻击前面保护它们所依恋的人一样。但我们这些话不免岔到了同情心和忠诚等心理方面去了，目前姑且不再说，把话留给下文。勃瑞姆所畜的猿猴中，有几只特别喜欢向某一只它们所讨厌的老狗，以及其他同被豢养的动物，用种种巧妙的方式，进行嘲弄，引为笑乐。

大多数的比较复杂的情绪是各种高等动物和我们所共有的。每一个人都看到过，如果主人在别的动物身上表示太多的恩爱，一只狗会表现出何等妒忌的心情，而我自己在一些猴子身上观察到过同样的情况。这表明动物不但能爱，并且也有被爱的要求。动物也显然懂得争胜而不甘落后。它们也喜欢受到称赞。一只替它的主人用嘴衔着筐子的狗会表现高度的自鸣得意和骄傲的神情。我认为还有一点也是无可怀疑的，就是，狗也懂得羞耻，而这一情绪的表示显然和畏惧分明是两回事，而在索取食物过于频繁的时候，也似乎表现得很像有些羞涩不前，有些难为情。一只大狗瞧不起一只小狗的咆哮，而不与计较，这也不妨说是器量大。有几个观察家说到猴子肯定地不喜欢有人嘲笑它们；它们有时候也会假装受到委屈。在动物园里，我看到一只狒狒，每当管它的人取出一封信或一本书而对着它高声朗诵的时候，它总要大发雷霆，而有一次我亲眼看到，它在盛怒之下，无可发泄，便把它自己的腿咬得流出血来。狗也表现有一种可以名副其实地称为幽默的感觉，而这又和单纯的闹着玩分明不是一回事；如果主人向它丢一根小木棍或其他类似的东西，它往往会把它衔起来，跑一段路；然后蹲下来，把小木棍摆在前面地上，等上一会儿，看主人是不是走过来把棍子取走。等主人真的走得很近了，它又突然跳起来，衔上棍子，跑得远远的，大有胜利而洋洋自得之意；如是者可以重复上好几次，显然表示它的所以高兴，不是因为玩得痛快，而是因为它开了主人一个玩笑。

现在我们转到更有理智性的一些情绪或才能；这些是很重要的，因为一些更高的心理能力的发展要以它们为基础。动物显然喜欢热闹，喜欢声色的刺激，而生怕闲着无聊，我们看到狗就是如此，而据仑格尔说，猴子也是如此。一切动物都会感觉**惊奇**而表示出来，而许多种动物也表现着对事物的**好奇**的心情。由于好奇，它们有时候会吃大亏，例如猎人为了把它们诱引出来，玩些把戏，它们爱看把戏，就上了当。我亲眼看到过几只鹿就这样地上了当，而羚羊的一种，平时极为小心的臆羚（乙 230），以及某几个种的野鸭，也是如此。勃瑞姆曾经就他所畜养的猴子所表现的对蛇的一种出乎本能的畏惧心情作过一段富有奇趣的记录，说它们一面怕，而一面却又十分好奇，会十足的像人的行径那样，为了想把畏惧心情平息下来，几次三番情不自禁地要把装着蛇的那只箱子盖揭开一条缝瞧瞧。勃瑞姆的这份记录大大地打动了我，我在惊异之余，把一条做成标本而蟠着的蛇送进动物园豢猴的笼屋里，猴子一见蛇，顿时张皇失措、大叫大嚷、闹成一团，我平生所见的奇特的场面不算太少，而这也是绝无仅有的一个。有三个种的长尾猴（乙199）怕得最厉害，它们在笼屋里东奔西窜，不断发出其他猴子都懂得的作为危险信号的怪叫。只有少数几只幼小的猴子和一只上了年纪的埃及尖嘴狒狒（乙 312）没有理睬这条蛇。随后我又把这条蛇放在笼屋中较大的一间的地上。过了一些时候，所有猴子全都集中到这一间屋里来，围成了一个大圈子，全都盯着蛇看个不停，构成了一个极为可笑的场面。它们都变得极度的神经过敏，一个它们经常玩弄的木球，一半在草堆底下，一半露在外面，偶然转动了一下，使它们都立刻吓得跳起来。但别的新东西被送进笼屋时，例如一条死鱼、一只死鼠、⑫一只活鳖，或其他物品，这些猴子的反应便与此很不相同。当然起初也有点害怕，但一下子就走过来把玩一番，看看究竟是怎么一回事。接着，我换一个方式进行试验，我把一条活蛇放进一只纸口袋，松松地封上袋口，然后放进笼屋的较大的一间里。第一只猴子立刻走了过来，轻轻地把口袋打开了一点，向里面张望了一下，立刻一溜烟似的跑开了。再接着我就亲眼看到了勃瑞姆所曾描绘到的一切，一只一只的猴子，头抬得高高的，脸侧向了一边，都按捺不住地要向竖立在地上而张开了口的袋子里窥探一下，看看袋底躺着不动的那件可怕的东西究竟是什么。看来几乎还像有这样一个情况，就是，猴子似乎也理会到物类之间的亲疏远近的关系，因为勃瑞姆所畜养的猴子，一见到毫无毒害的几种蜥蜴和蛙类，也表现出一种发乎本能的恐惧心理，它们把无害认作有害，那是错了的，错用了一次本能的反应，但也许它们也看到这些动物和蛇有一点点接近之处，亦未可知。有人知道，一只猩猩，在初次看到一只鳖的时候，也曾大吃一惊。⑬

有人说，模仿的原则是很强有力的，而根据我所目睹的一些情况而言，野蛮人尤其是如此。在脑子发生某些病态的情况之下，模仿的倾向会取得变本加厉的发展，难于抑制。有几个偏瘫或患其他脑病的病人，当其由于发炎而脑质变得局部软化的初期，会不自觉地对每一个所听到的字学舌，本国语言的学，外国的也学，也模仿在近旁所看到的别人的每一个姿态或动作。⑭德索尔（甲 191）⑮说过，在动物进化的阶梯之上，一直要上升到猴子的阶段才自动地对人的一举一动看样学样，低于猴子的动物是不会的，而猴子的擅长此道，令人发笑，这是谁都熟悉的。但动物有时候也在彼此之间看样学样，例如，有两种由狗出力养大的狼，也学会了吠，像有的胡狼或豺狗那样，⑯但这究竟是不是可以称为随意的模仿则是另外一个问题。鸟类会模仿它们父母所唱的歌曲，有时候也会仿效别种鸟的歌声。而鹦鹉能仿效一切它们所经常听到的声音，是个模拟专家，这是一向有名的。德迁茹（甲 211）叙述过⑰由猫喂养大的一只狗，说它学会了猫所时常进行的用舌头来舐脚爪的那个动作，并且在舐了之后，又用脚爪来洗刷耳朵和脸。名气很大的自然学家奥多温（甲 15）也曾亲眼看到过这个例子。我在这方面也曾收到过可以用来进一步加以证实的若干条记录。其中有一条说，有一只狗，虽不是由猫用她的乳汁喂大的，却是由她同她自己的一窝小猫一道带领大的，也这样地学到了这个习惯，并且在它前后十三年的生命之内，一贯维持，始终没有忘记。德迁茹自己养的一条狗也从一起长大的小猫那里学到了玩球，先用前脚爪拨球，使转个

不停，然后自己向球上面蹦。一位时常和我通信提供资料的朋友肯定地告诉我，他家里养的一只猫惯于把前脚爪伸进牛奶瓶子，因为瓶口太小，头伸不进，只好用脚爪来蘸取奶汁。她所生的一只小猫也学会了这手法，从此以后，只要有机会，总要这么来一下。

许多动物的做父母的一辈，信赖着小动物所具有的模仿的原理，尤其是凭借着它们的种种本能的或遗传的倾向，来进行可以说是对它们的教育。当一只猫把一只活的小老鼠交给她的小猫的时候，我们就看到了这一点。而德迂茹有一段根据他自己观察所得的很奇特的记载，说到老鹰是怎样把行动敏捷和对距离的判断教给儿女的，它们先用死耗子、死麻雀从高处往下放坠，这在小鹰一般开头都不大抓得住，锻炼一段时期之后，再放活的小鸟作为捕捉的对象，慢慢就行了。

人的理智方面的进步所依凭的各个心理才能之中，在重要的程度上，几乎没有一个是比得上注意力的。动物也表现有这种能力，这是很清楚的，一只蹲在一个洞口准备着一跃而把钻出洞来的老鼠捉住的猫在这方面表现得十分清楚。野生动物为了捕捉其他的动物来吃，有时可以专心致志或全神贯注到这样一个程度，可以弄得像螳螂捕蝉，黄雀在后那样，连猎人的走近都没有能理会。巴特勒特(甲 37)先生曾经给我一些资料，令人意想不到地证明，在猴子中间，这一才能的变异性可以大到何等程度。一个专门训练猴子使它们能在舞台上参加演出的人经常向动物学会购买一些普通种类的猴子，每一只付五个英镑；但他有一次请求在购定之前，让他先把三四只猴子取走几天，挑选一下，选定的猴子他准备每一只付十个英镑。当有人问他怎么能这样快地就知道一只猴子究竟是不是一个好演员的时候，他回答说，这全看它的注意力强不强。如果当他向一只猴子讲话而说明一些什么的时候，这只猴子喜欢东张西望，连墙上的一只苍蝇或其他类似的无关紧要的东西都可以把它的注意力扯过去，这样的猴子是没有希望的。用惩罚的方法来加强它的注意力，是无效的，它只会沉着脸生闷气。反之，一只能悉心注意他的话的猴子则一定可以被训练出来。

动物对和它接触过的人和地点有着出色的记忆，这一点是几乎不待烦言的。斯米思爵士告诉我，在好望角，一只狒狒，在他离开了九个月而再度彼此见面的时候，还认识他，并且表示了久别重逢的一种愉快心情。我自己有过一只狗，很桀骜不驯，厌恶一切来访的陌生人，有一次，在我离家五年零两天之后，我故意试它一下，看对我还记得不记得，我走近它所住的马厩，用我习惯于呼唤它的方式高声喊了一下，它虽不表示有什么高兴之处，却立刻跟着我一起出门散步，处处听我的吩咐，真像是我们重逢前的分别那样，好像这分别不是五年前的事，而是半个钟头以前的事。一大串的旧时的联想，仿佛是熟睡了五年之久以后，一下子突然觉醒过来，涌上了它的心头，使今和昔挂上了钩。即便在蚂蚁，迂贝尔[18]曾经明白指出，在分离四个月之后，和同一社群中的成员也还能彼此认识。动物对于来回往复的事件中间所经历的时期长短肯定有些判断的方法，只是我们还无从知道罢了。

想象力是人的最高的特权之一。通过这一个心理才能，他可以把过去的一切印象、一些意识联结在一起，而无须意志居间作

主，即这种联结的过程是独立于意志之外的，而一经连接就可以产生种种绚丽而新奇的结果。一个诗人，像瑞希特尔（甲 551）所说的那样，[19]“如果必须先深深地思考一下，他究竟要不要让他诗中的一个角色说一声是，或说一声不——说话的对象是和他在一起的一个魔鬼——的话；那他就不成其为诗人，而是一个笨拙的尸体了。”做梦最能使我们懂得，想象力是什么一种东西，而瑞希特尔又说过，“梦是一种不自觉的诗的艺术”。我们想象力的产品的价值大小当然要看我们种种印象的多少、精确不精确、清楚不清楚，要看我们对许多印象的这一个不自觉的结合或那一个不自觉的结合进行取舍的时候所用的判断力或鉴赏力，而在某种程度上，也要看我们把印象结合起来的一些自觉的能力和努力。狗、猫、马，以及可能所有的高等的兽类，甚至鸟类[20]都会做生动的梦，它们在睡眠中的某些动作和所发出的某些声音就可以说明这一点。既然如此，我们就得承认它们也多少有些想象的能力，不是完全没有。狗在夜间要嗥，尤其是在月夜，而且嗥得很奇特、很凄厉，称为犬吠月（baying——在我国南方有些地区，亦称“狗哭”——译者）；这里面一定有些特殊的道理，使得狗有这种行径。不是所有的狗都是这样。据乌珠说，[21]凡是不吠月的狗，一到月夜，两眼避开月亮不看，而是盯着靠近地平线的某一个固定之点。乌珠认为，在月夜，狗的想象力受到四周事物模糊不清的轮廓所干扰，并且这种光景会在它们眼前召唤出种种离奇古怪的幻象来；如果这话是真的，那狗的感觉中也许还有几分可以被称为迷信的成分咧。

在人的一切心理才能中，我敢说，谁都会承认，推理是居于顶峰地位的。动物也有几分推理的能力，对于这一点目前也只有少数几个人提出不同的意见。我们经常可以看到动物在行动中突然停止，然后仿佛有所沉思，然后作出决定。一件颇为有意义的事实是，对任何一种特定的动物的生活习惯进行研究的一个自然学家，研究越是深入，他所归因于推理的东西就越多，而归因于不学而能的本能的就越少。[22]在后来的几章里，我们将要看到，有些动物，尽管在进化阶梯上的地位极低，却似乎也表现出某种分量的推理能力。当然，要在推理的力量和本能的力量之间作出清楚的辨别，划出分明的界限，也往往是有困难的。例如，黑斯（甲 307）博士，在他所著的《敞开的北极海面》一书中，几次三番地说到，他的几条狗本来一直是靠拢成很紧凑的一队来拉雪橇的，如今走近了海面冰薄的地方，它们便开始岔开或分开，各拉各的雪橇前进，显然为的是把重量分配得平均一些，免于陷进水中。旅行到此，这往往是对旅客的第一个警告，说冰越来越薄，前途危险。如今要问，各条狗之所以这样地改变走法，是由于每一条狗自己的经验呢，还是由于老一些或比较聪明些的同辈的榜样呢，还是由于习惯的遗传，也就是由于本能呢？如果是由于本能，这本能的来源可能很早，早到当地土著居民当初开始用狗来拉雪橇或冰橇的时候；或者，北极地带的一些狼种，也就是今天爱斯基摩人的狗的祖先，有可能取得了一种本能，驱使它们不要用密集合伙的方式在冰薄的季节里在海面上袭击所要捕食的动物。

人所以进行一种动作，是由于本能，抑或是由于推理，抑或只是由于一些意念的联合，我们只能根据当时当地的情境来加以推断，而意念的联合这一原理是和推理有着密切联系而难于划分的。

缪比乌斯(甲 467)教授举过关于一条梭子鱼(pike)的例子,㉓取一只养鱼器,用玻璃片隔成两格,一格里放这一条鱼,只有它一条,另一格里养满了多种其他的鱼;梭子鱼为了捉食其他的鱼,时常向玻璃片猛力冲去,有时候简直是把自己完全冲得发呆。如是者凡三个月。但它终于学到了乖,不再干了。到此,做试验的人把玻璃撤了,尽管它从此和原先分格而居的别的几种鱼混在一起,却不再向它们进行攻击,而后来另外放进养鱼器的别种鱼它却照样吞食。这条鱼的行径之所以前后不同,显然是由于,在它还不发达的心理状态中,它把撞得头昏脑涨和吞食邻居的尝试两种事强有力地联系了起来,因而有所惩戒。如今可以设想,如果一个从来没有见过大玻璃窗的野蛮人,遇上一个相类似的情境,只要撞过一次,就会好久地把撞脑袋和窗格子两事联系在一起;这是和鱼相同的,但有一点很不相同,他大概会对障碍物的性质进行一些思索,而在前途再遇到相类似的情境时,会更小心一些,不至于再撞第二次。至于猴子,我们在下文就要看到,一次行动所产生的痛苦或仅仅是不愉快的印象有时候就已经足够使它不再重复这种行动,用不着太多的次数就能接受教训。如果我们说,鱼和猴子之间的这一点差别是完全由于猴子心理上所发生的意念的联合比鱼心理上所发生的要强大得多、深刻得多,尽管鱼所受的痛苦,乃至创伤,要比猴子远为严重,——人和鱼或猴之间也有同样的差别,我们能不能说在此种差别之中隐含着人具有一种根本上有所不同的心理呢?

乌珠叙述到,㉔在横越美国得克萨斯州境的一个广阔而干旱的平原的时候,他的两条狗渴得要死,一路只要见有坑坑洼洼之处,它们就冲过去找水,如是者约有三四十次。这些低洼之处并不

是小谷或河槽，其中不长什么植物，或虽长而和四周的植物没有分别；它们是干得一点水也没有的，因此，也不可能有什么潮湿的土味向外散布。而这两条狗的行动似乎说明它们懂得凡是坑坑洼洼的地方就最有提供水源的机会。乌珠在别种动物方面也曾时常直接观察到同样的行为。

我看到过并且敢说别人也看到过，在动物园里，如果向大象丢一件小东西而大象还是够不着的话，它会举起鼻子吹气，让气流超过东西所在的地点而从多方面推动它，使移向自己可以够得到的距离之内。一位知名的民族学家，威斯特若普（甲 699）先生告诉我，他在维也纳的动物园里观察到一只熊，从笼屋的栅栏里伸出掌来，有意地，乃至用心地把栅外小池中的水搅出一个旋涡，好让浮在水面的一块面包可以移动到它所抓得到的距离以内。大象和熊的这一类的动作很难归结到本能或习惯的遗传上去，因为在自然状态之中它们是用不着这样做的。如今要问这一类的动作，高等动物有，一个未受文化熏陶的人也有，在相同之中究竟有没有什么相异之处？

野蛮人和狗都时常在低洼之处发现水，境遇和效果的两相符合就在他们的心理上联结了起来。在同样的这类事情上，一个受过文化熏陶的人也许要进而提出一个有些概括性的说法来；但在野蛮人，就我们见闻所及，是不是会这样做则是十分十二分地可以怀疑的，而狗则是肯定的不会的。不过一个野蛮人，以及一只狗，尽管失望的机会要多些，都会同样地进行寻找水源，而这一动作看来同样都是从推理出发，且不论他们的心眼里对这类事情有没有任何自觉的概括性的说法。㉕这话也适用于上面所说的能嘘出气流的象和搅出旋涡的熊。野蛮人肯定的不知道，也不想理会，能满足他的要求的一些动作有没有法则可循，或遵循着什么法则；然而他的动作还是按照着一个粗陋的推理过程而进行的，精粗的程度尽管有所不同，就其受这样一个过程所指引而言，却和一个能作出最冗长的一系列逻辑推演的哲学家并无二致。在野蛮人和一只高等动物之间，又无疑的有着这样一个差别；就是，前者会注意到周围更多和远为微小的一些情况和条件，也无须太多次的重复或经验，便会观察到这些情况和条件之间的联系，而这一点是极关重要的。我对我自己的孩子之一，当婴儿时期，每天都把他的活动记录下来，当他约满十一个月的时候，在他开始咿呀学语之前，我对他把各式各样的东西和声音在他心理上联结起来的那种越来越快的速度，不断地得到很深刻的印象，那比我生平所曾看到的最聪明的狗要快得多。不过在这种把事物联结起来的能力上，高等动物和等级低的相比，也同样地相差得很远，上面所说的梭子鱼就是比较低级的了。在作出推论和进行观察的能力上，情况也是这样。

经过很简短的一些经验之后，推理就可以发挥它的指引或提示的作用，这一点从下面所要说的美洲产的几种猴子的行径里就可以得到说明，而这些猴种在它们所属的目里地位还是不高的。仑格尔是一个谨密的观察家，说到他在巴拉圭时，当他第一次把鸡蛋给猴子吃的时候，它们是把蛋向地上砸破了再吃的，这一来就不免有所损失。后来它们就懂得把蛋的一头轻轻地敲在硬东西上面，破了，再用指头把碎片摘掉，这就没有损失了。只须一次被任何尖利的工具所刺伤或割破之后，这些猴子也就不再接触这种工具，或接触时特加小心。给它们吃的方块糖往往是用纸包着的。

有时候仑格尔在同样的纸包里放上一只活的黄蜂，猴子在急于打开的时候就不免被蜇一下，但也只要一次被蜇，再拿到纸包时就一定先放到耳边，听听其中的动静。㉖

下面要说的一些例子是关于狗的。考耳孔(甲 158)先生㉗射中两只野鸭，但只射中翅膀，伤而未死，掉在河的彼岸，他的回猎犬(retriever)过河拾取，试图一下子就把两只鸭子都衔回来，但实际上不可能，于是从来在衔拾猎物时连鸟的羽毛都不会弄乱的这条狗，却一口先咬死了一只，留在那里，先衔回活的另一只，然后再回去取死的。赫琴森(甲 342)上校叙述到，两只鹧鸪同时被射中，一死一伤，伤的正脱逃中，为猎犬所截获，[2] 猎犬在归途中又碰上了那只死了的鹧鸪，于是一面停止前进，一面却表现出不知如何是好的神情，它试了又试，发现要衔取死的，就不得不先把那只伤了翅膀的活的放下，那就等于让它逃脱；它沉吟了一下之后，对衔在嘴里的那只狠狠地咬上一口，把它杀了，终于把两只同时衔归。就这条猎犬说，这是它把猎获的活物故意伤害的唯一的例子。这里显然有推理的存在，尽管这番推理并不很完全，因为这只猎犬也未尝不可以像衔取那两只野鸭的例子那样，把活的先取归，然后再回去取归死的。我举出上面这两个例子，一则因为它们证据确凿，而又来自两个各不相谋的证人，再则因为两例中的主角是同一种猎犬，同样地在通过一番沉思之后，临时突破了遗传已久的一个习性(即不杀害所取归的猎获物)，三则因为它们都表明具有相当强的推理能力，否则是不可能突破一个早经固定下来的习性的。

我引声誉卓著的洪姆博耳特的一段话㉘来结束这一节讨论。“南美洲经营骡马的人说，‘我不准备把步子最轻快的骡子给你，我

给你那最有理性的一只，——也就是说，最能推理的一只；’”而像他补充说明的那样，“这句通俗的口语既然是长期经验的昭示，它在对认为动物无非是有生气的机器而已的那一种思想体系进行反驳的时候，比起不务实际的哲学所提出的一切论点来也许更为有力。”尽管如此，有些作家至今还在否认，高等动物会有任何推理的能力，认为连一丝一毫都不会有。他们总是竭力想把诸如上述的一些事实解释掉，但议论虽多，看来也不过是一些废话罢了。㉙

到此，我想我们已经表明，人和其他高等动物，特别是灵长类的动物，在少数几个本能上，是彼此共同的。彼此也都具有相同的一些感觉、直觉和知觉，——而各种情欲、恩爱、情绪，甚至其中比较复杂的几个，犹如妒忌、猜疑、争胜、感激和器量，也都是一样，彼此都懂得进行欺骗，也都懂得报仇。高等动物有时候也会揶揄或奚落人家，甚至也有些幽默之感，它们对事物也会感觉惊奇，也有好奇心。模仿、注意、沉思、抉择、回忆、想象、联想、推理等才能，它们也都同样地具备，只是程度很不整齐罢了。同一个物种里的一些个体，在智力上，下自绝对的痴愚，上至高度的机灵或伶俐，各种程度都有。它们也会失去常度而变成疯癫，但比起人来，这种倾向要少得多。㉚事实尽管这样，许多作家却还在坚持，人和一切低于他的动物之间，在各种心理才能上，存在着一道不可逾越的鸿沟高垒。从前我曾经在这方面收集了大约二十条有关人兽之别的“经典”的论断，但几乎是全无用处，由于数量太少，又且彼此说法不一，要从这种尝试中取得什么结果是困难的，甚至是不可能的。甲说，只有人才会逐步地改进；乙说，只有人才会使用工具或火，驯养

别的动物和占有财产；丙说，没有一种动物有抽象的能力和构成一般性的概念的能力，也没有一种动物有任何自我意识和自知之明；丁说，没有任何动物使用语言；戊说，只有人才有审美观念，才反复无常，难于捉摸，才懂得知恩必报，才有神秘之感，等等，才信仰上帝，才有个良心。我准备就其中比较重要和有趣味的几点冒险再略谈几句。

塞姆奈尔（甲 637）主教以前主张过，㉛ 只有人才能逐步地改进。人改进起来，比其他任何动物又大又快，悬殊得难于相比，是无可争辩的，而这主要是由于他有语言的能力，和把已得的知识一代一代往下传的能力。在动物方面，首先就一个物种的个体而言，任何对张设网罟陷阱有过些经验的人都知道，幼小的动物比老成的动物容易捕获得多；它们不大戒惧逼近的敌人。就老成一些的动物个体而言，便不可能在同一时间地点，用同样的一种捕捉器，或用同样的一种毒药，进行比较大数量的捕捉或消灭；那大概也不是因为每一只以前都尝过这一种毒药，更不可能是因为每一只都被一种捕捉器捉住过，而知所警惕。它们是懂得警惕的，但这种警惕一定是由于它们看到过同类遭受过陷害或毒害。在北美洲，凡属长一身好皮毛的动物久已成为被逐取的对象，而据所有观察家的一致的见证，它们所表现的机灵、谨慎和狡猾，说出来几乎令人难于相信；但在这里，由于各种用机关设陷阱的捕捉方法通行已久，遗传有可能已经发生一些作用，亦未可知。我曾经收到过好几笔通信资料，说当电线最初在任何一个地区敷设起来的时候，许多鸟不免因碰线而触电死去，但在很少的几年之内，它们就都懂得避免这一危险，其所以懂得，看来大概是由于看到了同类是怎样遭过

难的。[32]

上面说的只是就物种中的个体立论，如果我们就物种的一代一代来看，也就是就整个种类来看，无疑的一点是，鸟类和其他动物在和人及别的敌人发生关系之后所产生的戒惧心理，一面既逐步取得；一面却也未尝不逐步消失。[33]这种心理的主要组成部分是遗传的习惯，也就是本能，而另一部分则是个体经验的结果。一位良好的观察家，勒若沃（甲 396）[34]说，在狐狸时常被猎的一些地方，第一次离开洞穴的小狐狸，比起不大受人猎取的一些地方的老成的狐狸来，无可争辩的要小心翼翼得多。

我们的家犬是从狼和豺狗传下来的，[35]家养以来，尽管在狡黠方面没有得到什么增加，而在戒慎和猜疑方面还不免有所损失，在某几种道德品质上，例如恩爱、诚信可靠、性情脾气，以及也许一般的智力，却都有了进步。普通的耗子，在欧洲全境，在部分的北美洲，新西兰，不久以前在中国台湾地区，以及在中国大陆上，都征服和打败了若干种的其他的鼠类。斯温霍（甲 639）先生，[36]在叙述中国台湾地区和中国大陆上的这一情况时，把普通耗子之所以能战胜当地原有的一个大型的鼠种，国姓爷鼠（乙 635）[3]，归因于它的更为狡黠的品质。人总是千方百计地想消灭它，它总是竭尽智能地想避免被人消灭，而长期以来，同种之中一切智能低下或不那么狡黠的个体也已经几乎全部受到人力的淘汰，普通鼠之所以特别狡黠，原因大概在此。但也有可能，普通鼠的祖先，在开始和人打交道之前，早就具备这一品质，即比其他鼠种更为狡黠，也未可知。如果没有什么直接的证据，而说在过去漫长的各个时代里，在和人打交道之前，之外，耗子便未曾有过理智或其他心理才能方面的进展，那是讲不通的，那是根据一个未经证实的假设来否定物种的进化。我们已经看到，根据拉尔代的见解，今天属于好几个目的哺乳类动物的脑子，比起它们古老的属于第三纪的各个祖先类型的脑子来，都要大些。

常有人说，没有任何动物会使用工具，这又不然，黑猩猩在自然状态下就懂得用石块或石子来弄开当地所产的有些像核桃的一种干果。[37]仑格尔[38]教一只美洲种的猴子用同样的方法把椰子敲开，很容易就教会了；这只猴子后来自己用石子来打开其他种类的硬壳果实，并且也打开过木箱子。它也用同一方法来刮去果实外面味道不好的一层软的皮肉。它还教另一只猴子用一根棍子来打开一只大木箱的盖子，而后来它就会把木棍作为杠杆来移动比较笨重的东西。我自己也曾亲眼看到一只年轻的猩猩把一根棍子的一头塞进一条裂缝，然后把手滑向另一头，而使它发生杠杆的作用，用得很恰当。在印度，很多人都知道，驯养了的大象会把树枝折下来，用来驱散身上的蝇子；而有人观察到过，在自然状态下的一只大象也有同样的行径。[39]我又亲眼看到一只年轻的母猩猩，当她认为也许要挨鞭子的时候，拿起一条毯子或一把稻草之类来保护自己。在这若干个例子里，石子和棍子都是用来作为工具的，但也还有用来作为武器的例子。勃瑞姆[40]根据一位有名的旅行家，欣姆佩尔（甲 579）的话，说到，在阿比西尼亚[4]，在当地称为“格拉达”的一种狒狒（乙 315）结队下山抢劫田里的作物的时候，它们有时候会碰上另一种狒狒，树灵狒狒（乙 316）的队伍，双方就会开仗。“格拉达”狒狒先把大石头从山坡上推滚下来，树灵狒狒就竭力躲开，然后双方短兵相接，喊声震天，彼此猛力冲击。勃瑞姆自

己曾随同柯堡哥达公爵到非洲，并帮他在阿比西尼亚的孟沙山口[5]用火器向一队狒狒袭击。狒狒还击，也从山坡上推滚下许许多多的石卵，有的像人头一般大，迫使进攻的人不得不迅速后撤；并且实际上在一段时期里把山口堵塞得无法通行，阻挡了公爵一行的前进。值得注意的是，这些狒狒是一起通力合作的。沃勒斯先生㊶前后三次看到带着小猩猩的母猩猩"显而易见的是满腔怒气地把'榴莲'树(durian)的树枝和带刺的硕大的'榴莲'果打得像一阵大雨点似的纷纷下落，尽量使我们不敢太向树靠近。"我自己也曾屡次看到，黑猩猩会对冒犯它的人扔任何手边抓得到的东西；而上文已经说过的好望角的那只狒狒还懂得预先准备好稀泥来对付得罪过它的人咧。

在伦敦的动物园里，一只牙齿不好的猴子惯于用一块石头来砸开干果，而管理人员确实告诉我，用过之后，他把石头在草堆下藏起来，不让任何其他猴子碰它。到此，我们又看到了财产的观念。但这也并不稀奇，每一只取得了一块骨头的狗、大多数乃至全部会营巢的鸟类都有这种观念。

阿尔吉耳公爵㊷说，为了一种特殊的目的而造做出一件工具来是人所绝对独具的一个特点，而他认为这构成了人兽之间的一道宽广得无法衡量的鸿沟。这无疑地是人兽之间的一个重大的区别；但依我看来勒博克爵士所提到的一点里㊸包含着不少的真理，就是，当原始人为了任何的目的而第一次使用到火石的时候，他大概是偶然地把大块火石砸成碎片，然后把有尖锐的边角的几片用上了。从这一步开始，再进而有目的地砸碎火石，那一步就不大了，更进而有意识地造做成毛糙的工具的那一步也许大些，但也不会太大。但后面较大的一步也许经历了很长的一些时代才终于达成；新石器时代的人在懂得用打磨的方法来制作石器之前也曾经历过一个极为漫长的时期的，我们以彼例此，可知这较大的一步所跨越的时间也不可能太短。勒博克爵士也说到，在砸碎火石的时候，火星会爆出来，而在打磨它们的时候，它们会发热，而两种通常用来"取火的方法也许就起源于此。"至于火的性质或作用，则由于在许多火山地区间或有喷射出来的熔岩流经附近的森林而燃烧起来，原始人大概是早就有所认识的。几种猿类，大概是由于本能的指引，会为它们自己构造临时居住的平台。但很多的本能既然要受到理智的很大的控制，比较简单的一些本能有如平台的堆筑，可能很容易从比较纯粹的本能动作过渡成为自觉而有意识的动作。有人知道，猩猩到了夜晚，会用露兜树(Pandamus)的叶子来掩盖它的身子。而勃瑞姆说，他所养畜的狒狒中的一只习惯于用一条草席顶在头上，使自己免于炎日的熏灼。从这若干个习性的例子之中，我们也许可以看到走向某几种比较简单的技艺的第一步，人的祖先的粗率的建筑和服装有可能就是这样兴起的，正未可知。

抽象的意识、一般的概念、自我意识、心理的个性。——要判定动物在这些高级的心理能力上究竟有无表现、表现到何等程度，即使在知识上比我渊博得多的人也是大有困难的。其所以困难，一则由于我们对于动物在脑子里究竟转些什么念头，根本不可能有所判定，再则作家们用到这些高级的心理能力的名词时，大都各有各的用法，彼此的意义可以相差很远。如果我们可以根据近来所发表的各方面的论文而作出判断的话，看来大家所强调得最多的一点是，动物被假定为完全缺乏抽象的能力，亦即构成一般概念的能力。但我们知道，当一只狗远远地看到另一只狗的时候，我们往往可以清楚地看出，它心目中的那一条狗是在抽象之中的一条狗，因为，当它们走近而这条狗发现另一条狗是个相识的朋友的时候，它的整个的态度和行动会突然地有所改变。新近有一位作家写道，如果就这一类的例子说动物的心理活动在性质上根本和人的不相同，那只能是一个毫无根据的假设。如果两者之一，人也罢，兽也罢，会把他用感觉所觉察到的东西联系到一个心理概念，那两者就都会这一套，不分人兽。㊹我养有一只㹴犬[6]，当我用恳切的声音对她说“嘻，嘻，那东西在哪里？”的时候（而这是我试过许多次的），它就立即把我的话当作一个信号，认为有东西可以猎取，于是一开始它一般总是很快地向周围看一圈，然后冲进最靠近的树丛中去，用嗅觉来探寻有没有可以猎取的动物，如果没有，它就抬头看附近的树，看有没有松鼠。如今要问，是不是这一类的动作清楚地表明它心理上有这样一个观念或概念，就是，有某种动物可供发现而加以猎取呢？

如果所谓自我意识指的是一种动物能够深思而把念头转到它过去是从哪儿来的、前途又将向哪儿去、或生是什么、死是什么这一类的问题之上，那我们很容易承认，它，任何低于人的动物，是没有自我意识的。但对于一条久经阅历的老猎犬，记忆力既极好，又有一些想象的能力，他能做梦就说明了他有这些能力，既然如此，我们能一口咬定地认为，他对他过去多次行猎中种种甘苦、悲欢的经历会忘记得一干二净而从不加以追思么？如果不的话，那这就是自我意识的一种方式了。而反过来，我们不妨问，在某些情况之下，人又何尝有太多的这一方式的自我意识？比迁希奈尔说过，[45]一个地位被压得很低的澳大利亚的土著居民的老婆，辛勤劳动了半辈子，既用不上几个抽象的字眼，数数目又数不到四以上，试问她又有多少自我意识可供表达出来呢？或者说，又有多少时间精力来对她自己的身世、自己的生命的意义作些思考呢？一般都承认，高等动物，尽管在程度上可以有很大的不同，却都具有记忆、注意、联想，乃至少量的想象和推理的各种能力。如果这种种能力不是一成不变，而多少可以促进，那我们就看不出来，为什么更高级的能力犹如对事物的抽象化，如自我意识，等等不能通过上面所举的各种比较简单的心理能力的发展与结合而演变出来，或比较保守地说，这种演变出来的不可能性至少也是不太大的。有人不同意我们在这里所提出的这些看法，转过来非难说，在逐步上升的进化阶梯之上，究竟在哪一步或哪一级上动物才开始变得在心理上能抽象化、能意识到自我的存在，等等，是谁也说不上来的；那我们倒要问，我们自己的孩子究竟到了什么一个年龄，几岁几个月，这种高级的心理能力才露出苗头来，这又有谁说得上来呢？在儿童，我们至少看到，这些能力的发展是通过了一些细微的瞧不见的阶段一步步来的。

动物有它们的心理上的个性，并且能保持它，是不成问题的。我自己在上面所说的那条别离了五年的狗的心理上便曾唤起一连串的过去的联想，这一番唤起就说明了他保持着他的心理的个性，非此就不能解释，尽管在以往五年之内，他脑子里的每一个原子都有可能经历过不止一次的改变。他的个性却还是完整的一个。这条狗也许会提出不久以前有人提出而旨在粉碎一切进化论者的那个论点，而学做人语说，"一切心理情态变了，一切物质的条件变了，而在其间的我却没有变，依然故我。……新老原子交替，老原子把自己身上的种种印象像遗产似的递交给接替它们而占有它们的位置的新原子，这一番教训是和意识所说的话相矛盾的，因此，也就是不真实的，但既有进化主义，就不得不有这一套教训，因此，进化主义的假设是一个不真实的假设。"㊻但这条狗没有这样说。

语言。——这一才能被认为是人与低于人的动物之间的主要区别之一，那是公平合理的。不过，据一位卓有见识的评论家惠特雷(甲 701)主教说，"使用语言而把自己心上所经过的东西表达出来，又或多或少地理解到一个第二者用语言来表达的东西——有这种能力的动物不只限于人。"㊼巴拉圭所产的一种泣猴，阿札腊氏泣猴，在感情激动的时候，至少会发出六种不同的声音，而这些声音能在同类的其他猴子身上激发出同样的一些情绪。㊽像仑格尔和其他一些作家所宣称的那样，各种猴子脸部的一些动作和一些姿态、手势，同类固然懂，我们人也懂，而我们自己的，猴子也懂一部分。更值得注意的一个事实是，狗自从被人家养以来，吠的音调已经因学习而至少增加到四五种，各有所不同。㊾尽管吠是狗的一个新的艺术，但它的野生祖种无疑也用过各式各样的叫声来表达它们的情感。就家犬说，我们可以发现如下的几种吠声：切望之吠，例如在行猎时所用的；愤怒之吠，狺狺的叫声也是用来表达愤怒的；失望之吠，别称为嗥，狗受到禁闭则发出此种吠声；夜吠或月夜之吠，其声凄厉；得意之吠，例如将随主人出发散步时的叫声；而呼吁或有所要求的吠声又显然和上列的几种吠声有别，例如要求

开窗或开门时所发的叫声。乌珠对动物的发声有过特别的研究，据他说，家养的鸡至少能发出十二种有意义的声音来。[50]

但惯于使用有音节的语言毕竟是人所独有的一个特点；而同时，他又和低于他的一些动物一样，也用无音节的各种叫声，助以各种姿态、手势和脸部肌肉的种种活动，来表达他的意思。[51]就他那些和高级的智力没有多大联系的比较简单而生动的情感而言，这话尤其适用。我们为了表达痛苦、恐惧、惊奇、愤怒而发出不同的叫声，加上那些各自相称的动作，和我们做母亲的在心爱的婴儿面前所发出的如慕如诉的种种声音，要比任何字眼、语句更能把心情表达出来。人的所以有别于禽兽不在他能理解有音节的各种声音，因为，我们都知道，狗也懂我们的许多字眼和语句。在这方面，狗的理解力大致相当于婴儿发育到第十个月以至第十二个月之间的理解力，能听懂许多字眼和简短的语句，但自己却还连一个字或词都说不出来。人的所以有别于禽兽也不仅仅在我们能发出有音节的声音，因为各种鹦鹉和其他一些鸟类也未尝不具备这种能力。人兽之间的区别也不仅仅在我们能把一些一定的声音和一些一定的意念联结起来，因为，我们肯定知道，有些受过说话训练的鹦鹉也会没有贻误地把字眼与事物、人物与事件联结起来。[52]人与其他动物的差别只在于，在人一方面，这种把各式各样的声音和各式各样的意念联结在一起的本领特别大，相比起来，几乎是无限大；而这套本领显然是有赖于他的各种心理能力的高度发达。

语言学这门华贵的科学的奠基人之一图克（甲 656）说，语言是一种艺术，好比酿酒，又好比烤面包，不过用写作来做比喻，也许更恰当些。它肯定不是一个真正的本能，因为每一种语言都得经

过学习，才能使用。但它又和寻常的一些艺术有很大的不同，因为人有说话的本能倾向，我们看到每一个婴儿都会咿呀学语，同时却并没有酿造、烤制或写作的本能倾向。再者，今天的语言学者之中，谁也不再认为语言是有人故意创造出来的，而是慢慢地、不自觉地、通过了许多步骤发展起来的。[53]鸟类所发出的各种声音，在好几个方面，最可以和人的语言比类而观，因为，同一个鸟种之中的所有的成员发出同样的本能的声音来表达它们的情绪；而一切能歌唱的鸟类之所以能施展这方面的力量也是以本能为根据的；但具体的歌曲，甚至具体的召唤的鸣声，是由父母或义父母教出来的。这些歌唱或召唤的声音，正如巴尔仑屯（甲 34）所已证明的那样，[54]"比起人的语言来，并不见得更内在，更属于天赋。"小鸟歌唱的第一次尝试"可以和婴儿咿呀学语的初步而不完整的努力相比。"雄的小鸟从此不断练习，或者，像捕鸟的人的行话那样，不断地"哱"，一直要哱上十个或十一个月。从它们最初的几次试唱里，我们几乎听不出来所唱的和未来完整的曲调有什么相同之处；但它们一面长大，一面继续练唱，我们会看出来它们的目的所在，而最后，它们终于，再用捕鸟人的行话来说，"把歌唱圆了"。学唱别的鸟种的歌曲的鸟雏，例如人们在提若尔[7]所教养的金丝雀（canarybird），在学到这种歌曲之后，会把它们传授给自己的下一代。分布在不同地区的同一个鸟种的歌曲当然不会一律，而是大同小异，而这种天然的小异，也正如巴尔仑屯所说的那样，也可以恰当地和人的"地方性的方言"的小异相比，而在关系上相接近却又各自成种的一些鸟类的各自的歌曲则可以和人的一些族类的不同的语言相比。我这一段话说得比较详细，为的是要说明，取得或发展一种艺术的本能倾向并不是人所独具，而是人禽同有的。

至于有音节的语言的起源问题，我一面读了威奇沃德（甲691）先生、法腊尔（甲233）牧师和希赖赫尔（甲583）教授[55]所著的几种大有趣味的作品，而一面又看到了姆·缪勒尔（甲487）教授的著名的演讲集之后，认为无可怀疑的是，它来自对各式各样自然的声音，包括其他动物的喉音在内的模仿和变化，而其所以能模仿，也是由于人自己原有一些发乎本能的叫唤之声，而其间得力于种种表情、姿态的地方也不少。下面我们处理性选择的时候，我们将要看到，原始人，或者更确切地说，人的某一辈的远祖，首先用它的喉音来发出真正有音乐意味的抑扬的调门，那也就是歌唱了，今天某几种的长臂猿（乙494）就是这样。而我们根据一些范围更为广泛的可以类比的资料，不妨得出结论，认为这种歌唱的能力，一到两性求爱的季节，会变本加厉地施展出来，——会用来表达各种不同的情绪，诸如恋爱、妒忌、胜利的欢欣，——会成为应付对手们的一个挑战的手段。因此，有可能的是，用有音节的喉声来模仿动物的音乐性的叫唤声这一活动终于产生了可以用来表达各种复杂的情绪的一些字眼。在和我们的关系最为近密的高等动物，即各种猿猴，在头小畸形白痴（microcephalous idiots），[56]和在人类的一些半开化的种族方面，都可以看到听到什么就学什么的难以遏制的倾向。这一倾向是值得注意的，因为它涉及到这里所说的模仿或模拟的问题。猴子肯定地能够了解人对它们所说的话的相当大的一部分，而当其在自然状态中生活的时候，又能向同类发出信号式的召唤，使它们免遭危险；[57]再者，家鸡遇到地面上或空中有鹰隼之类的威胁时，也懂得发出两种不同的警告，让同类及时走避

(此两种警告的叫声之外，尚有连家犬也懂得的第三种)，[58]既然如此，那么我们就不妨问一下：在当初，会不会有过某一只类似猿猴的动物，特别的腹智心灵，对某一种猛兽的叫声，如狮吼、虎啸、狼嗥之类，第一次作了一番模拟，为的是好让同类的猿猴知道，这种声音是怎么一回事，代表着可能发生的什么一种危险？如果有过这种情况，那么这就是语言所由形成的第一步了。

喉音的使用既然越来越多，则通过凡属器官多用则进、而所进又可以发生遗传的影响这一原理，发音器官就会变得越来越加强，并且趋于完善；这也就会反映到语言的能力上面来。但语言的不断使用与脑子的发展之间的关系无疑地比这远为重要得多。即便在最不完善的语言方式有机会发展而得到使用之前，人的某一辈远祖的各种心理能力一定已经比今天的任何种类的猿猴都要发达得多。但我们可以有把握地认为，语言能力的不断使用与持续推进会反映到心理本身上面来，促使和鼓励它去进行一长串一长串的思考活动。如果不用数字，或不用代数，步骤多而冗长的演算是不可能的。如今思考也有同样的情况，如果没有字眼的帮助，复杂而需要逐步进行的深长思考，无论是说出来的也罢，或不说出来的也罢，也是不可能的。即便是寻常不太冗长、不太复杂的思考，看来也未必能离开某种方式的语言，语言是必要的，至少，在语言的帮助之下，思考要容易进行得多，因为，我们知道，有人观察到过，那个既哑、又聋、又盲的女子，勃里奇曼(甲 101)，在睡梦中使用她的手指，[59]像是在逐步推演什么似的。尽管如此，长长的一连串生动而联结着的意念，在没有任何方式的语言的帮助之下，还是可以在心理上或脑海里通过的，我们从狗在睡梦中的一些动作就可以

推论到这一点。我们也已经看到，动物在某种程度上有些推理的能力，而这显然是没有语言的帮助的。已经发达了的脑子，像我们的那样，和语言能力的关系之密，可以从一些奇特的脑子的病例方面得到很好的说明。在这些病例里，语言的能力特别受到影响，有的把记忆名词的能力丢了，凡是名词都记不起来，而其他的字眼则可以用得不错，有的所忘掉的只是某一类的名词，有的则只记得名词和专称的第一个字母，其余全都想不起来。[60]心理和发音器官的持续使用会在它们的结构和功能上导致一些遗传的变化，这可以和书写的情况相比，书写的能力部分靠手的构造，部分靠心理的趋向；书写的能力肯定是遗传的，[61]以此例彼则发音与语言的能力的遗传的可能性应不在书写的能力之下。

好几个作家，特别是缪勒尔教授最近坚持说，[62]语言的使用隐含着一种内在的能力，就是形成一般概念的能力，而一切低于人的动物既被假定为不具备这种能力，则人兽之间便形成了一条不可逾越的高墙。[63]而关于动物，我已经力图有所说明，它们是有这种能力的，至少在一种粗糙而发轫的程度上有。至于十至十一月的婴儿，以及哑巴，除非他们在心理上早已形成这一类的概念或意念，我们很难相信他们在一有声音来到的当儿，竟然能把两方面连接得像他们所实际表现的那么快。我还可以把这句话引申到一些比较更为伶俐的动物身上；正如斯提芬（甲 628）所说的那样，[64]“一条狗对不止一只的猫、或对不止一只的羊，都构成一个一般的概念，猫的概念或羊的概念，而又懂得相应于这些概念的字眼，其懂得的程度并不下于一个哲学家。这种理解的能力，实际上和说话的能力一样，足以证明它是具有听取语音方面的智慧的，尽管这种智慧在程度上不高，却也还是有的。”

为什么我们现在用来说话的器官当初会逐步发育完善而供语言之用，而不是任何其他的器官，是不难看到的。迂贝尔用整整一章的篇幅来讨论蚂蚁的语言，表明通过它们的触须，蚂蚁有相当大的彼此打交道、通情愫的能力。我们也未尝不能把我们的手指作为有效的工具，来达到人我交通的目的，因为我们知道，一个人在经过练习之后，可以用手指对一位聋人传达有人在公共集会场所所发表得很快的一篇演说，可以一字不差，但有到这种用途的一双手，如果受到损伤或损失，那将是一个严重的不方便。一切高等的哺乳动物既然都有一副发音器官，而在结构的一般格局上又全都和我们人自己的相同，并且早已用作彼此交通情意的工具，那么，如果这种交通的能力有需要推进与改善的话，比较最为现成的做法显然就是使这副已经发达了的器官取得更进一步的发展了，而通过旁近和相互适应得很好的一些部门如舌与唇的帮助，这是终于实际上做到了的。[65]高等猿猴之所以不能用它们的发音器官来说话，无疑是由于它们的智力还没有进展到足够的程度。它们有的是适当的器官，尽管一直没有用来说话，但若有长期持续的练习，说话或许还是可能的。这一情况很可以和许多鸟类的一种情况相提并论，这些鸟类虽从来不歌唱，却未尝不具备一副适合于歌唱的器官。例如，夜莺（nightingale）和乌鸦的发音器官在结构上是一模一样的，而前者能用来唱出婉转繁变的歌声，而后者只能发哑哑的噪声。[66]但如果有人问，为什么猿猴的智力没有能发展得同人的程度一样，我们在答复里只能提到一些一般的原因，要指望比一般原因更为具体的任何东西，那是不太合理的，因为我们的知识

毕竟有限，我们对于每一种生物在发展过程中所经历的一些连续的阶段实在还是无知得很。

各种语言的形成和不同物种的演变而出，以及两者的发展都经历过一个渐进过程的种种证据，都有许多奇特的并行的地方。[67]但就语言而论，我们可以往前追溯得更远一些，我们可以把许多字眼的形成，像我们在上文已经看到的那样，追溯到对各种自然的声音奉为天籁的模拟上去，这些字眼实际上就是从模仿中兴起的。我们在各种不同的语言之中，既可以发现由于共同的来源或祖系的原因而产生的同原的东西，也可以找到由于相同的形成过程而产生的可以类比的地方。在语言方面，由于一些字母或读音的改变而引起的其他字母或读音的变迁是和物种方面的身体部门的相关生长很相像的。两方面也都有种种部分或部门的重叠，都有长期持续使用的影响，等等。比这些更值得注意的是两方面所时常出现的各种残留。英语 am 一字中的字母 m 就已经是“我”的意思，因此，I am（我是）这句话里就保存着一个多余而无用的残留。在一些字的拼法里，也往往有一些字母，在这些字的古老的读音中有用，现在却不再读出，成为残留了。各种语言，像有机的生物一样，也可以加以分类或归类，大类下有若干小类，若干大类又可以合并而成为更大的大类；这些类别可以推本寻源地划分，成为一些自然的类别，也可以根据其他的特征来分，成为人为的类别。占优势的语言或方言传播得很广泛，导致了其他语言或方言的逐渐被取代而至于灭绝。赖伊耳爵士说得对，一种语言，像一个物种一样，一旦消灭，就再也不会重新出现。同一种语言也从未有过两个出生的地方。不止一种的语言有可能交流而发生混合。[68]我们在任何

语言或方言中，都可以看到变异性，看到新字眼不断地冒出来；不过，由于我们的记忆力有个限度，记不了那么多，一些单字，像整个的一种语言一样，也会逐渐趋于灭绝。姆·缪勒尔说得好，[69]在每一种语言的字汇和语法中间，一场生存竞争不断地在进行着。好些的、短些的、容易些的经常会占上风，而它们的所以胜利是由于它们自己的、内在的长处。某些字的所以得以长期生存，缪勒尔所说的这些原因是重要的，但此外还不妨添上一两个次要的原因，就是单纯的新奇和时髦；因为，人在心理上有一种强烈的爱好，就是喜欢在一切事物上看到一些轻微的变化。某些受人爱好的字眼能够在生存竞争中存活下来或保全下来也就是自然选择。

许多半开化的民族的语言在结构上是有十分完密的规则的，也是复杂得出奇的。时常有人把这一情况抬出来作为证据，不是证明这些语言一定有它们的神圣的来源，就是证明这些民族的创建人当初一定有过一个艺术和文明发展得很高的时代。例如，弗·希雷格耳(甲 582)写道："从理智的角度来看，在一些属于最低级的文化的民族里，我们往往观察到，在语言的语法结构方面，却有着高度而细致的艺术。巴斯克语(Basque)、拉普语(Lapponian)[8] 和许多种美洲印第安人的语言尤其有这种情况。"[70]但，把任何一种语言说成是一种艺术，而且是在这样一个意义上的艺术，即有人细心而根据一定的规矩按部就班地搞出来的一种作品，那肯定是一个错误。语言学家如今一般都承认，动词的变化、名词与代名词的变格，等等，原先是各自分明的一些字眼，后来才合而为一，略加变化；而这些字眼所表达的既然是事物与人物之间的一些最为显而易见的关系，则，即便在最早的时代里，绝大多数民族的人都会使用它们，是不足为奇的了。至于说到完密或完整的程度，下面的一个例子最能说明我们是如何地容易在这方面犯错误：一只海百合（乙 292）所由构成的石灰质的板片可以多到不下于 150,000 片，[71] 全都按照辐射的方式安排得十分对称，这种所谓的辐射对称真是尽了完整的能事；但拿它来比一种两边对称或左右对称的动物，所由构成的部分既比较少，而除了分布在左右两边、彼此因对称而相同的一些部分之外，又没有任何两个部分长得一模一样，一个自然学家却并不认为它是两种动物之中更为完整的一种。作为考验完整的标准，他合理地考虑到一种动物在各种器官上的分化和专化的程度。我们论语言也应该如此，对称得最为整齐和最为复杂的一种语言，排起等级来，不应该被放在内容不规则、有压缩简化和夹杂得有其他语言的成分的语言之上，所说夹杂，指由于族类彼此之间的征服、被征服和人口移徙等等关系，一种语言之中有了一些借来的更富于表达能力的词汇和更为有用的结构形式。

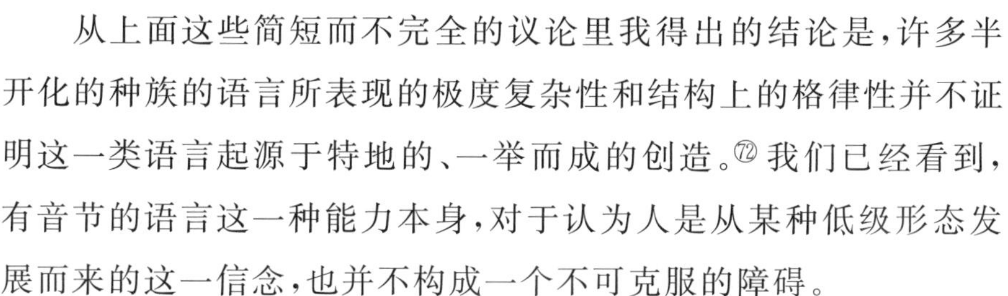

从上面这些简短而不完全的议论里我得出的结论是，许多半开化的种族的语言所表现的极度复杂性和结构上的格律性并不证明这一类语言起源于特地的、一举而成的创造。[72] 我们已经看到，有音节的语言这一种能力本身，对于认为人是从某种低级形态发展而来的这一信念，也并不构成一个不可克服的障碍。

审美观念。——有人宣称过，审美的观念是人所独具的。我在这里用到这个词，指的是某些颜色、形态、声音，或简称为色、相、声，所提供的愉快的感觉，而这种感觉应该不算不合理地被称为美感；但在有文化熏陶的人，这种感觉是同复杂的意识与一串串的思想紧密地联系在一起的。当我们看到一只雄鸟在雌鸟面前展示他的色相俱美的羽毛而唯恐有所遗漏的时候，而同时，在不具备这些色相的其他鸟类便不进行这一类表演，我们实在无法怀疑，这一种的雌鸟是对雄鸟的美好有所心领神会的。世界各地的妇女都喜欢用鸟羽来装点自己，则此种鸟羽之美和足以供饰物之用也是不容争论的。我们在下文还将看到，各种蜂鸟（humming-bird）的巢、各种凉棚鸟（bower-bird）的闲游小径都用各种颜色的物品点缀得花花绿绿，颇为雅致；而这也说明它们这样做绝不是徒然的，而是从观览之中可以得到一些快感的。但就绝大多数的动物而论，这种对美的鉴赏，就我们见识所及，只限于对异性的吸引这一方面的作用，而不及其他。在声音一方面，许多鸟种的雄鸟在恋爱季节里所倾倒出来的甜美的音调也肯定受到雌鸟的赞赏，这方面的例证甚多，亦将见于下文。如果雌鸟全无鉴赏的能力，无从领悟雄鸟的美色、盛装、清音、雅曲，则后者在展示或演奏中所花费的实际的劳动与情绪上的紧张岂不成为无的放矢，尽付东流？而这是无论如何难予承认的。至于为什么某些色彩会激发快感，那我只好说，像为什么某些味道或某些气味会通过我们的味觉、嗅觉而使我们有愉快之感这一问题一样，是不好答复的；但这种情况之所以形成，生活习惯是或多或少起过一些作用的，因为有些起先被认为是不大美妙而不受我们的感觉所欢迎的东西，后来也有被认为美妙而接受下来的；而我们知道，习惯是可以遗传的。至于声音，黑耳姆霍耳兹（甲 313）曾经根据生理学上的一些原理多少提出过一些见解，来解释为什么各种和音与某些音调听来悦耳。但除此之外，重叠间歇不一律的声音听去是很不舒服的，这是凡属在夜航中听到过船头巨缆的不规则的拍打声的人都会承认的。这同一条原理似乎在视觉方面也起作用，因为我们的眼睛喜欢看对称的东西或若干图形的有规则的重叠或反复。即使在最低等的野蛮人也懂得用这一类的图案作为装饰；而在有些动物，作为雄性之美的一部分，这种图案也曾通过性选择而得到发展。对于从视觉和听觉方面所取得的这类的快感，无论我们能不能提出任何理由来加以说明，事实是摆着的，就是，人和许多低于人的动物对同样的一些颜色、同样美妙的一些描影和形态、同样的一些声音，都同样地有愉快的感受。

人的审美观念，至少就女性之美而言，在性质上和其他动物的并没有特殊之处。就其表现而论，这种美感也与其他动物一样，变化多端，不但族类与族类之间有很大的差别，即便在同一族类之中，各民族之间也很不一样。根据大多数野蛮人所欣赏而我们看了可怕的装饰手段和听到了同样吓人的音乐来判断，有人可以说他们的审美能力的发达还赶不上某些动物，例如鸟类。显而易见的是，夜间天宇澄清之美、山水风景之美、典雅的音乐之美，动物是没有能力加以欣赏的；不过这种高度的赏鉴能力是通过了文化才取得的，而和种种复杂的联想作用有着依存的关系，甚至是建立在这种种意识联系之上的；在半开化的人，在没有受过多少教育的人是不享有这些欣赏能力的。

对人的进步发展起着难以估计的作用的种种心理性能，有如想象、惊奇、探索、难于下定义的审美观念、模仿或模拟的倾向，以及对刺激和新奇的爱好，势必要引起风俗和一时习尚的变化无常，不可捉摸。我特别提到这一点，因为新近有一个作家⑬突发奇想地把心理上“反复无常、难于捉摸”盯住不放，认为是“野蛮人与野兽之间的最突出与最典型的区别之一。”但人兽的分野并不在此，人之所以变得难于捉摸，是由于种种矛盾的影响，略如上文所说，我们对此虽不尽了解，至少可以了解到一部分。不仅如此，我们将在下文看到，动物在爱憎、好恶、辨别美丑等方面，也未尝不反复无常，难于捉摸。我们也有理由猜想，动物也未尝不爱好新奇，并且是为新奇而新奇，不夹杂其他作用。

信仰上帝——宗教。——我们没有什么证据，来说明人在最原始的时候便被赋予这样一个高贵的信仰，认为宇宙间存在着一个无所不能的上帝。与此相反，不是从那些匆匆忙忙过往的旅行家，而是从长期在野蛮人中间居住过的人那里得来的广泛的证据，说明许许多多一向存在而今天还存在的种族并没有一神或多神的概念，他们的语言中也找不到表达这种概念的一些字眼。⑭这个问题当然是完全不同于另一个更高级的问题，就是宇宙间到底存在不存在一个创造者和统治者的问题，而历来存活过的在理智上造诣最高的贤哲之中，有些位所作出的答复是肯定的。

但若我们把对种种看不见的神秘或超自然的力量的信仰包括进“宗教”这名词中去，情况就完全不同了，因为这在文明程度较差的一切族类里，这种信仰似乎是到处有的。要理解这种信仰的所由兴起，也并不困难。一些重要的心理才能，想象、惊奇、探索和少许推理合在一道，一旦有了部分的发展之后，人对于他的周围的事物和事物的经行活动，自然而然会迫切地要求有所理解，而对于他自己的生存，也会作出一些比较模糊空洞的臆测来。像麦克勒南先生所说的那样，⑮“对于生命的种种现象，一个人总得自以为有些解释，根据这种解释的要求的普遍性，我们可以作出的判断是，最简单而也是人们最先想到的假设大概是这样：自然现象的发生是由于在动物、植物、自然的物体，以及自然的势力里，存在着一些精灵，精灵发号施令、颐指气使于内，现象就呈露而活动于外，正像人自觉到自己有一种内在的精神力量而外发为种种活动那样。”也有可能，像泰伊勒尔（甲 663）所指出的那样，精灵的观念最先是由梦引起的；因为野蛮人不大会辨别什么是主观印象、什么是客观印象。当一个野蛮人做梦的时候，在他眼前呈露的种种形象被认为是来自很遥远的地方，并且是超越在人之外、之上的一种东西；或者说，在睡梦之中，“梦者的灵魂出门旅行一番，接着又带了对所看到的东西的记忆回到家门。”⑯但到了后来，在想象、好奇、推理等等能力得到更充分的发展之后，人尽管照样做梦，却不会再因此而引起对精灵鬼怪的信仰，像缺少这些才能的狗不会这么做一样。

野蛮人倾向于想象地认为，一切自然物体和自然力量，由于一种精神的或一种生命的元气从中起着作用，才显得活泼而有生机——这一倾向也许可以用我自己某一次所注意到的一件小事加以说明：我所畜的一只已在壮年而也颇识人意的狗，在夏季日长昼永、气候很热的一天，悄悄地在草地上躺着休息。离它不远有一顶张开着的阳伞，偶尔为微风吹动，要微微晃动一下，如果阳伞旁边有人，狗对这顶伞的动静大概不会作什么理睬。但这时候没有人，四周一切静寂，狗看到伞动一下，它就要吠一下，每次先则狺狺，继则狂吠几声。我想，当时狗脑子里一定经历过一段很快而不自觉的推理，认为没有什么看得出的原因使伞晃动，而竟然动了起来，这只能说明某种奇怪、陌生，而活的力量来到了草地之上，而在它自己的守护之下，任何陌生的力量是无权进入禁地的。

对一些精灵力量的信仰会很容易过渡到对一种或多种神道的信仰。原因是，野蛮人会自然而然地把自己身上所感觉到的一些情欲、一些复仇的愿望或最简单的还牙还眼的公平观念、一些恩爱和友好的情绪，整套而原样地归给这些精灵。在这方面，上文所已叙到过的火地人（Fuegians）似乎正处在一个中间状态之中，因为，当“比格尔号”（“Beagle”）船上的外科医师，为了制成标本，打下几只小鸭子的时候，明斯特尔[9]（甲 463）极其严肃地宣告说，“啊哟，比诺（甲 130）先生，雨多、雪多、吹得多，”意思显然是，糟蹋了可以供人享用的食物是要受到这些报复性的惩罚的。他又追叙到，当他的哥哥有一次杀死了一个“野人”的时候，当地如何地刮了好久的暴风，有大雨，又下了雪。然而我们一直没有能发现火地人相信任何类似我们所称为上帝的神，或举行任何宗教仪式，而勃顿[10]（甲 128）理直气壮地坚持说，他的家乡地方没有魔鬼。他的理直气壮、他的自豪，是很有理由的，尤其是因为，在野蛮人中间，对邪恶的精灵的信仰比对善良的精灵的信仰要普通得多。

宗教的虔诚是高度复杂的一种感情，中间包含有爱，有对一个崇高而神秘的超级的东西的无条件的顺从，有一种强烈的托庇之感，[77]有畏惧，有虔敬，有感激，有对未来的希望，可能还有其他的成分。除非一个人在理智与道德能力上已经进展到一个相当高的水平，他是不可能感受和表现这样一种复杂的情绪的。尽管如此，在一只狗的身上，通过它对它主人的深情、百分之百的服从、一些畏惧，以及也许其他的一些情感，连在一起，我们也还可以看到这种心理状态的差距虽然巨大而方向则相同的一个最初的一步。一只狗在一次别离之后，再度和主人相见时的态度和行为，是与它和同类相见时的态度和行为大不相同的。而我还应该补充说到，猴子和守护它的人别后重逢的情况也是如此。勃饶乌巴赫（甲 95）教授甚至于说，一条狗仰面看它的主人像瞻仰上帝一样。[78]

最初把人引导到对各种看不见的精灵力量发生信仰，从而产生了当时的物灵崇拜[11]、后来的多神崇拜和最后的一神崇拜的那些高级的心理才能，在推理的能力发展迟缓或停滞不前的情况之下，也会导致种种奇怪的迷信和风俗的产生。在这些迷信或风俗里，有许多是骇人听闻的——例如，用人做牺牲品来餍足一个嗜血的鬼神；又如用毒物、用火的酷刑来考验无罪的人；又如巫蛊之术，等等——但这些迷信有时候也还可以使我们深深地追思一下，今昔对比，文野悬殊，我们又该多么感谢我们理性的发达，感谢科学，和感谢知识的积累。勒博克博士说得好，[79]“在野蛮人的生命之上，一直像一片浓密的乌云似的笼罩着所谓‘殃祸之变未知所移’的那一种恐怖心情，使每一分有生之乐都带上了苦味，我们这样说是并非言过其实的。”高度发展的心理才能所带给我们的这些愁苦和间接的结果，和低于人的动物的本能偶然而间或造成的一些错误，也有可以相比之处。

原　注

① 关于这几点的证据，见勒博克，《史前时代》，354 等页。

② 见文《昆虫中间的本能》，载《新旧两世界评论》（丙 128），1870 年 2 月，页 690。

③ 《美洲的海狸和它的作品》，1868 年版。（作者即著名的《古代社会》一书的同

一个著者。——译者）

④ 《心理学原理》，第二版，1870 年，页 418—443。

⑤ 《对自然选择论的一些贡献》，1870 年，页 212。

⑥ 关于这方面的证据，见莫格里奇（甲 468）先生所著的最为有趣的那部书，《农蚁（harvesting-ant）和蝰蛸（trap-door spider）》，1873 年版，页 126、128。

⑦ 《蚂蚁习性的研究》（*Recherches sur les Mœurs des Fourmis*），1810 年，页 173。

⑧ 这里和下面一些采自这两位自然学家的话都见于他们的著作，仑格尔，《巴拉圭哺乳动物自然史》，1830 年，页 41—57；勃瑞姆，《动物生活图解》第一卷，页 10—87。

⑨ 见引于林兹塞博士文，《动物心理的生理学》，载《心理科学刊》（丙 82），1871 年 4 月，38 页。

⑩ 见《梁河论文集》，页 263。

⑪ 一个评论家，只是为了贬低我的著作，毫无根据地提出异议（《评论季刊》，即丙 37，1871 年 7 月，页 72），认为勃瑞姆在这里所描写的母狒狒的这一举动是不可能的无稽之谈。因此，我自己在一只生了将近五个星期的小猫身上试了一下，我发现很容易用我自己的牙齿把它的尖利的小爪甲咬住。

⑫ 在《动物情绪的表达》，页 43 上，我有一小段话说到猴子见到死鼠时的反应。

⑬ 见伍·马尔廷（甲 445），《哺乳类动物自然史》，1841 年版，页 405。

⑭ 贝特曼（甲 41）医师，《失语症专论》，1870 年版，页 110。

⑮ 见引于福赫特，《关于头小畸形白痴的报告》，1867 年版，页 168。

⑯ 参阅《家养动植物的变异》，第一卷，页 27。

⑰ 见文，载《自然科学纪事刊》（丙 9），第一组，第二十二卷，页 397。

⑱ 同上注⑦中所引书，页 150。

⑲ 见引于毛兹雷博士，《心理的生理学与病理学》，1868 年，页 19、220。

⑳ 见杰尔登（甲 355）博士，《印度的鸟类》，第一卷，1862 年，罗马数字页 21。乌珠说，他所饲养的几种长尾小鹦鹉（parokeet）和金丝雀（canary-bird）也做梦，见所著《动物心理能力论》（*Facultés Mentales*），1872 年，第二卷，页 136。

㉑ 乌珠，同上注⑳中引书、卷，页 181。

㉒ 摩尔根先生在他的著作《美洲的海狸》（1868 年）中，对海狸的研究就提供了足以证实这句话的一个良好的例子。但我又不得不认为，他对于本能的力量未免估计得太低了一些。

㉓ 见所著《动物的活动……》（*Die Bewegungen der Thiere*），1873 年，页 11。

㉔ 同上注⑳中引书、卷，页 265。

㉕ 赫胥黎教授曾就一个和我在这里所提出的例子可以相类比的例子，对人，也对狗，如何达成一个结论的几个步骤作过一番分析，条理分明，令人赞赏。见所著文，《对达尔文先生的一些批评家》，载《当代评论》（丙 48），1871 年 11 月，页 462，后又辑入他的文集，《评论和议论》，1873 年，页 279。

㉖ 贝耳特先生，在他那本最为有趣的著作里（《自然学家在尼加拉瓜》，1874 年，页 119）也叙述到一只驯化了的泣猴的种种活动，这些活动，据我看来，清楚地表明这一

种猴子也是有些推理能力的。

㉗ 见所著《泽地与湖沼》，页 45。又见赫琴森上校，《狗的制驭术》，1850 年，46 页。

㉘ 见《个人的叙录》，英译本，第三卷，页 106。

㉙ 我高兴地看到，以推理精辟见称的斯提芬先生（《达尔文主义与神道论：自由思想论文集》，1873 年，页 80），在论到人与低等动物的心理之间被假定为不可逾越的鸿沟时，说，“说实在话，有人〔在这两者之间〕所划出的种种区别，据我们看来，是建筑在极为浅薄的根据上的，而其为浅薄，比其他许许多多形而上学的区别的基础并不见得更好一些；那也就等于说，你为两件东西起了两个不同的名字，因而你就得假定这两件东西的性质也就必然有些不同。真难理解，任何养过狗的人，或看到过大象活动的人，怎么对一种动物未尝没有能力来进行一些推理的基本过程这一点，还会抱有任何怀疑的态度。”

㉚ 见林兹塞医师文，《动物中的疯癫》，载《心理科学刊》（丙 82），1871 年 7 月。

㉛ 见引于赖伊耳爵士，《……人的古老性》，页 497。

㉜ 如需要更多的例证，更详的细节，可参阅乌珠，《动物的心理才能》，第二卷，1872 年，页 147。

㉝ 关于生活在远洋岛屿上的鸟类，见我所著《“比格尔号”航程中研究日志》，1845 年，页 398。又《物种起源》，第五版，页 260。

㉞ 见《关于动物智慧的哲学书信集》（*Lettres Phil. sur l'Intelligence des Animaux*），新版，1802 年，页 86。

㉟ 关于这方面的证据，见《家养动植物的变异》，第一卷，第一章。

㊱ 见文，载《动物学会会刊》（丙 122），1864 年卷，页 186。

㊲ 赛费奇（甲 573）与瓦伊曼合著文，载《波士顿自然史刊》（丙 34），第四卷，1843—1844 年，页 383。

㊳ 《巴拉圭的哺乳类动物》（*Saugethiere von Paraguay*），1830 年版，页 51—56。

㊴ 见《印度阵地》（丙 67），1871 年 3 月 4 日。

㊵ 《动物生活图说》，第一卷，页 79、82。

㊶ 《马来群岛》，第一卷，1869 年，页 87。

㊷ 见所著《原始人》，1869 年版，页 145、147。

㊸ 《史前时代》，1865 年，页 473 等。

㊹ 见呼坎姆（甲 325）先生致姆·缪勒尔教授的公开信，载《伯明翰新闻》（丙 32），1873 年 5 月。

㊺ 《达尔文学说评议》（*Conférences sur la Théorie Darwinienne*），法文译本，1869 年，页 132。

㊻ 见牧师麦坎（甲 419）博士著，《反达尔文主义》，1869 年，页 13。

㊼ 见引于《人类学评论》（丙 21），1864 年卷，页 158。（见引于此刊物中的哪一篇具体论文，原文未详。——译者）

㊽ 仑格尔，同上注㊳所引书，页 45。

㊾　参阅《家养动植物的变异》，第一卷，页 27。

㊿　同上注㉜所引书、卷，页 346—349。

51　关于这个题目，参阅泰伊勒尔先生的一番讨论，见他所著的那本很有趣的著作，《人类初期历史研究论集》，1865 年，第二至第四章。

52　鹦鹉确有这种能力，我收到的好几笔详细的记录都能加以证明。海军司令塞利文（甲 636）爵士是我所熟悉的一位细心的观察家，他确凿地告诉我，他父亲家里养了很久的一只来自非洲的鹦鹉，对家里的某几个人，以及对某些来访的客人，总是用名字相呼，一次也不例外。早餐时相见，他对每个人都要说声“早安”，而夜晚分别，当每个人离开坐憩间的时候，他也都要说一声“明儿见”，早晚两次相见相别的口头礼数，他一次也没有颠倒过。对塞利文爵士的父亲，每晨除了说声“早安”之外，还要添上一句短短的话，而自从父亲死后，这句话他一次也没有再说过。有一次，一只陌生的狗从窗子里跳进他所在的屋子，他狠狠地把它骂了一顿；另一只鹦鹉从笼子里跑了出来，偷吃了厨房桌子上的苹果，他又破口相骂，说“你这顽皮的泊利”（polly，英语对鹦鹉的亲昵之称。——译者）。乌珠也曾叙说到鹦鹉的这一类的情况，见同上注㉜所引书、卷，页 309，也可以参看。莫希考乌（甲 480）博士告诉我，他知道一只欧椋鸟（starling）能用德语对每一个来客说声“早安”，而对每一个离开的人说声“老朋友，再见”，一次都没有错过。我还可以补充好几个这一类的例子，但没有必要了。

53　在这一方面惠特尼（甲 705）教授说过一些值得参考的话，见所著《东方学与语言学研究论丛》，1873 年，页 354。他说，人要和别的人通情愫、打交道的愿望是一种活的动力；在语言的发展过程中，“它的活动一半是自觉的，一半是不自觉的；就当时当地所要达成的目的而言，是自觉的，就这一动物的更进一步的后果而言，是不自觉的。”

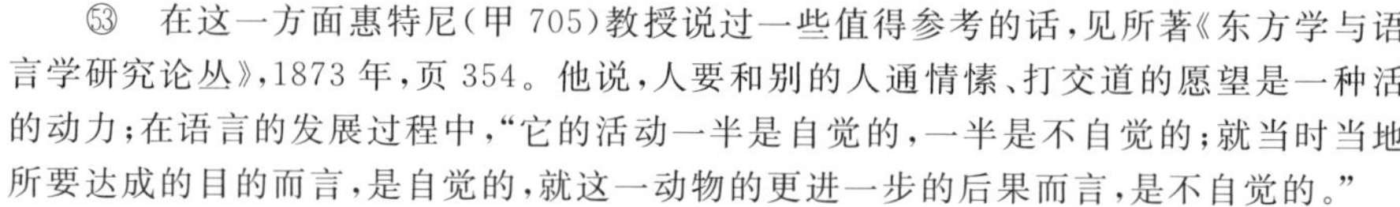

54　见文，载《哲学会会报》（丙 149），1773 年卷，页 262。又，德迁茹文，载《自然科学纪事刊》（丙 9），第三组，动物学之部，第十卷，页 119。

55　韦奇沃德著，《语言起源论》，1866 年版。法腊尔著，《关于语言的几章》，1865 年版。这两种著作都是写得极有趣味的。勒莫万（甲 395），《物理与语言》（*De la Phys. et de Parole*），1865 年版，页 190，亦可参考。歇赖赫尔教授在这题目上的著作已经由比克尔斯（甲 59）博士译成英文，英译本的书名是《达尔文主义经受了语言科学的考验》，1869 年版。

56　见福赫特，《关于头小畸形白痴的报告》，1867 年，页 169。关于下文所说的野蛮人在这方面的强烈倾向，我曾在《“比格尔号”航程中的研究日志》（1845 年，页 206）中举过一些事实。

57　关于这一点，本书上文所已屡次援引的勃瑞姆与仑格尔所著的两种作品中都列有一些确凿的例证，我在此不再作具体的征引。

58　在这一点上，乌珠曾就他的观察所及，提出了一段很奇特的记载，见同上注㉜中所引书、卷，页 348。

59　参看毛兹雷博士，《心理的生理学与病理学》，第二版，1868 年，页 199。

60　见于记录的这方面的古怪的例子不在少数。姑举一二：贝特曼博士，《论失语症》，1870 年，27、31、53、100，等页；阿贝尔克饶姆比（甲 2）博士，《关于理智能力的探讨》,1838 年,页 150。

(61) 参阅《家养动植物的变异》,第二卷,页 6。

(62) 见《关于〈达尔文先生的语言哲学〉演讲集》,1873 年版。

(63) 惠特尼教授在这方面说过一些话。以他这样一个有名望的语言学家,他的判断在分量上要远远超出我所能说的任何东西之上。在谈到(见《东方学与语言学研究论丛》,1873 年,页 297)勃利克(甲 73)的见解的时候,他说:"因为,在广大的范围之内,语言是思想的一个必要的助手,它对于思考能力的发展,对于事物的认识的清晰性、多样性和复杂性,对于整个意识的充分的控制,都是少不得的;因此,如果没有语言、没有使能力和发挥能力的工具表里一致起来的语言,那他(应是指勃利克——译者)就没有办法,只好让思想成为绝对的不可能。如果他这样一个看法是合理的话,那么,他也就可以不算不合理地说,如果没有工具,人的手就一样也做不出来。从这样一套理论出发,他势必比姆·缪勒尔所持的最坏不过的譬论或自相矛盾之论还要走得远些,而欲罢不能;姆·缪勒尔认为婴儿还不能算是一个人(婴儿,英语为 infant,拉丁语 in fans,是不语或无语之意——按拉丁语似应作 infans,一字,而不是两字的短语。——译者),而哑巴在没有学到能把手指扭成字眼的模样之前是不能算为具有推理能力的,——姆·缪勒尔的譬论就是这样。"缪勒尔在《关于〈达尔文先生的语言哲学〉的演讲集》的第三讲里,又曾用斜体字提出这样一句在他认为是金科玉律性的话:"世间没有没有字眼的思想,也没有没有思想的字眼,无其一即不能有其二。"要根据这话而为思想下个定义,那定义一定是怪不可言!

(64) 见《……自由思想论文集》,页 82。(书名全文等已见上注㉙。——译者)

(65) 参看毛兹雷博士在这方面所说的意思相同而说得很好的一些话,见《心理的生理学与病理学》,1868 年,页 199。

(66) 见麦克吉利弗瑞(甲 423),《不列颠鸟类史》,第二卷,1839 年,页 29。一位出色的观察家,勃拉克沃耳(甲 66)先生说,在几乎所有的不列颠产的鸟类里,喜鹊学习单字乃至短句的发音,学得最为快当;然而,据他补充说,在他长期而仔细地研究它的习性之后,他发现,在自然状态之下,喜鹊从来没有表现过任何突出的模仿的本领,至少他自己从未遇到过。见所著《动物学研究》,1834 年,页 158。

(67) 赖伊尔爵士对这两者的很有趣的并行现象的介绍,见《人的古老性的地质上的证据》(即《人的古老性》,这是书名全文。——译者),1863 年版,第二十三章。

(68) 法腊尔牧师在这方面说过一些意思相同的话,见所著以《语言学与达尔文主义》为题的一篇有趣的论文,载《自然界》(丙 102),1870 年 3 月 24 日,页 528。

(69) 见文,载《自然界》,1870 年 1 月 6 日,页 257。

(70) 见引于威克(甲 675),《关于人的几章》,1868 年版,页 101。

(71) 见伍·勃克兰德(甲 116),《梁河论文集》,页 411。

(72) 关于语言的简化,勒博克爵士说过一些很好的话,见《文明的起源》,1870 年,页 278。

(73) 见文,载《旁观者》(丙 138),1869 年 12 月 4 日,页 1430。

(74) 关于这个题目,参看法腊尔牧师的一篇出色的文章,载《人类学评论》(丙 21),

1864 年 8 月，罗马数字页 217。如要求更多的例证，可阅勒博克爵士，《史前时代》，第二版，1869 年，页 564；更值得参考的是，他的《文明的起源》（1870 年版）一书中关于宗教的几章。

(75) 见所著文，《动植物崇拜》，载《双周评论》（丙 60），1869 年 10 月 1 日，页 422。

(76) 泰伊勒尔著，《人类初期史》，1865 年版，页 6。参看勒博克，《文明的起源》（1870 年版）中论宗教的发展的那突出的三章。又斯宾塞尔先生也有类似的议论，见他写得很巧妙的一篇论文，载《双周评论》（丙 60，1870 年 5 月 1 日，页 535）；他也把全世界宗教信仰的最早的一些形态归结到梦境、影子和其他原因上面，他认为，人通过这些，把自己看成为肉体和精神两种素质的结合物。精神这一部分既被认为能存在于肉体死亡之后，并且很有威力，人们便可以用礼品和仪式向它献媚和乞求它的保佑。他然后进一步指出，当初根据某一种动物或其他物体而得名的一个部落的远祖或始祖的名字或绰号，长期以后，就被认为直接可以代表远祖或始祖本人，而这一有关的动物或物体也就很自然地被信仰为一直以精灵的身份存在、被推尊为神圣，而以鬼神的资格受到崇拜。尽管如此，依我看来，我不能不疑心到，在此以前，应该还有更早和更粗野的一个阶段，当其时，任何能表现威力和能移动的东西都被认为是活的、是有某种形式的生命的，并且也有种种心理能力，可以和我们自己的相类比。

(77) 参看派伊克（甲 526）先生写得很干练的文章，《宗教的若干物质的因素》，载《人类学评论》（丙 21），1870 年 4 月，罗马数字页 63。

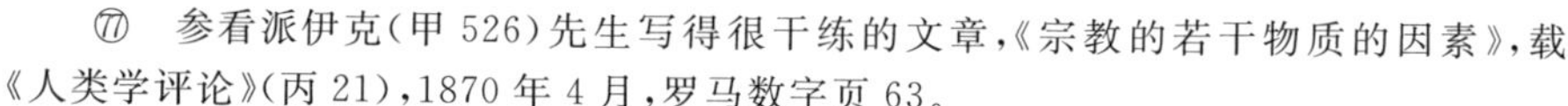

(78) 见所著《达尔文物种论中的宗教、道德、……观》（*Religion, Moral, &c., der Darwin'schen Art-Lehre*），1869 年，页 53。据说（见林兹塞博士著文，载《心理科学刊》，1871 年，页 43），很久以前培根有过这样的意见，而诗人伯尔恩斯也有同样的看法。

(79) 《史前时代》，第二版，页 571。在此书此页，我们可以看到野蛮人的许多离奇古怪而不可捉摸的风俗的一篇出色的记录。

译　注

1. 这是当时英国社会一般所知道的两个社会改良主义者或所谓慈善家。前一个是约翰·霍沃尔德（John Howard，1726—1790），以主张监狱改革和改善犯人待遇著称。后一个是汤玛斯·克拉尔克森（Thomas Clarkson，1760—1846），是一个努力于反对欧洲的黑奴买卖的鼓动家。在当时资产阶级改良主义的眼光里，所谓道德高尚，此类个人的努力已是顶峰，故达尔文举以为例。

2. 此例与上一例中的猎犬原文中说明乃属于 retriever 的品种，即最善于将猎获物衔归的一个品种，未得恰当译名，姑译“回猎犬”；又揣这两例有关文义，这种猎犬平时像是从不伤害所猎获的东西的，可见这里所叙述到的她的临时的行径是一种“急中生智”，是颇具推理能力的一个明确的表示。

3. 此处原文及索引均作 Mus coninga，显然是 Mus coxinga 的刊误。这种鼠在汉语动物学辞书未有专名，只说是“鼠之一种”（《动物学大辞典》，商务 1933 年缩本版，西文索引，页78），或只列西文分类专名，而全无说明（以上引书，页1777）。按这一鼠种应即中国台湾地方原有而为普通鼠所战胜或取代的鼠种，而正文中所引的斯温霍教授也就是发现而为它定名的人，故全名为Mus coxinga Swinhoe；推测他命名之由，大概和郑成功的一段历史有联系，南明唐王曾赐成功姓朱，故当时成功在闽、台一带有“国姓爷”之称，西文译音即为Koxinga或coxinga；今借用为鼠种之称，意谓这种鼠虽曾擅胜一时，终于为别一鼠种所制服或取代，好比明亡以后，延平一系也终于被清王朝所镇压。这种鼠今天是否尚有遗种，当地作何名称，一旦台湾回归，当不难查明究竟，目前姑译称为“国姓爷鼠”。

4. 即今之埃塞俄比亚。

5. Mensa，埃塞俄比亚东北部，同时也是当地部落之名。

6. terrier，一种小型而伶俐的猎犬。

7. Tyrol，奥地利西部省区名。

8. Basque，西班牙西部及法国西南部的少数民族巴斯克人的语言。
Lapponian，挪威北部拉普人的语言，亦作Lappic。

9. 在船上服务的火地人之一。

10. 在“比格尔号”船上服务的又一个火地人。

11. fetishism，一般译作“拜物教”，不合，今改译。

第四章　人类和低等动物在心理能力方面的比较——续

道德感——基本的命题——社会性动物的一些品质——社会性的起源——相对立的一些本能之间的斗争——人是一种社会性动物——比较坚韧的一些社会性本能战胜了其他不那么坚韧的一些本能——野蛮人只对一些社会德操有所尊重——一些个人德操的取得是进化过程中一个较晚阶段里的事实——同一社群的成员的判断，对人的行为有重大关系——道德倾向的遗传——三、四两章总述。

有些作家①持有这样一个判断，认为在人和低等动物之间的种种差别之中，最为重要而且其重要程度又远远超出其他重要差别之上的一个差别是道德感或良心，我完全同意这一点。正如麦肯托希（甲 424）②所说的那样，道德感"作为人类行动的一个原则，理应居于其他每一条原则之上；"有一个简短而专横的字眼或词可以把它概括起来，就是"应"或"应该"，这真是一个充满着崇高意义的字眼。在人的一切属性之中，它是最为高贵的，它导致人毫不踌躇地为他的同类去冒生命的危险，或者在经过深思熟虑之后，在正义或道义的单纯而深刻的感受的驱策之下，使他为某一种伟大的事业而献出生命。康德（甲 359）解释说，"道义！这是何等崇高得令人惊奇的思想呀！见义勇为，既无须婉转示意、曲意奉承，更不用威力胁迫，而只要把你灵魂里的赤裸裸的法则高高举起，从而不断地用虔敬的心情乃至委顺的心情，激励你自己；在这个法则面前，一切情欲，尽管暗地里反抗，却终于成为哑巴，销声匿迹；你的原形不就是从那里来的么？”③

许多极有才学的作家④都讨论过这个大问题，我在这里也要把它略略地提到一下，我这样做的唯一的借口是我不可能把它忽略过去；同时也因为，据我见闻所及，截至目前为止，任何人还没有完全从自然史的角度考虑过它。作为一个尝试，我还想看看低等动物的研究对于人的这些最高的心灵才能是不是会有所发现，从这一点来看，我这一番探讨也还有它的一些独立的意义。

据我看来，如下的这样一个命题是大有可能而近乎事实的——就是，不论任何动物，只要在天赋上有一些显著的社会性本能，⑤包括亲慈子爱的感情在内，而同时，又只要一些理智的能力有了足够的发展，或接近于足够的发展，就不可避免地会取得一种道德感，也就是良心，人就是这样。因为，第一，一些社会性的本能会使一只动物在它的同类的群体中或社会中感觉到舒服，即所谓乐群之感；会对同类感觉到一定分量的同情心，会进而为它们提供各式各样的服务。有些服务是具体而显然属于本能性质的，有的，像大多数高级的社会性动物所表示的那样，只是一种意愿，一种心理准备，想在某些一般的方面帮助同类中的成员。但这些感觉或服务所达到的对象只限于群体中一些日常来往的成员，而并不是同一物种中的全部的个体。第二，各种心理能力一旦变得高度发达之后，在每一个个体的脑子里，过去的一切动作和动机的意象或映象会不断地来来去去，而我们将在下文看到，由于任何本能的未能得到满足，没有例外地会产生一种空虚不满之感，甚至是一种穷愁苦恼之感。社会性的本能是经久的，无时无刻不存在的，而某一种其他的本能，尽管一时的强大有力胜过了社会性的本能，使它暂时屈从而让路，却在性质上既并不经久，事后也并不留下一个很生动的印象。每当有关的个体看到这一层，看到社会性的本能曾经被其他本能所战胜过，它都会感觉到难过。所谓不经久的本能指的是许多发乎本能的情欲，例如饥则思食，它们在时间上是短暂的，一经满足，后来追忆起来，也不太容易，不太生动活泼，这一点是容易明白的。第三，在语言的能力被取得，而社群的意愿得以表达之后，对每一个成员应如何动止举措才对公众有利这一种共同的意见就在极高的程度上成为行动的指针。但我们也应该记住，无论公众意见有多么重要，无论我们把多大的分量划归给它，我们对同类对我们的赞许或不赞许的重视总是建立在同情心之上的，因为，我们在下文将要看到，同情心毕竟是社会性本能的一个主要的组成部分，并且，说实在话，是它的基石。第四，对每一个成员的行为的指引，这成员自身的习惯会最后起一番很重要的作用；因为，社会性的本能，连同同情心，像任何其他本能一样，也通过习惯而得到大大的加强，终于成为一种顺从，顺从于社群所共同表示的一些意愿和判断。在这里有必要把这若干从属的命题进一步加以讨论，而有些还需要讨论得比较详细。

首先，我不妨提出这样一个前提，就是，我无意认为，任何确实有社会性的动物，如果它的一些理智才能会变得像人那样的活跃、像人那样的高度发达，就可以取得同人完全一样的那种道德感。这和许多动物有些审美的能力的情况可以相比，尽管它们所欣赏

的事物大大的不一样，它们是懂得一些美不美的。同样的，它们有可能懂得一些什么是对、什么是不对，尽管由此而产生的种种行为也各有各的大不相同的趋向。试举一个极端的假设的例子罢，如果人所由培养而长大的种种条件恰恰和蜜蜂的一模一样，则所得的结果几乎一定是这样，就是，我们所有的不结婚的女子，会像工蜂一样，把杀死她们的弟兄作为一个神圣的天职，而凡是做母亲的女子又会竞相把有生育能力的女儿除掉，而谁也不会想到加以干涉。⑥尽管如此，蜜蜂，或任何其他社会性的动物，在我们这个假设的例子里，依我看来，也会取得一些什么是对、什么是不对的感觉，也会取得一个良心。因为每一只蜜蜂会有一种内心的感觉，感觉到在它所具备的种种本能之中，某些更为有力、更能坚持，而另一些则不那么有力不那么能坚持；因此，这里面就往往有些斗争，对不止一个本能的冲动之中，究竟顺从哪一个本能办事，便是斗争需要解决的问题，也因此，事后追思，或过去的印象不断地在脑海里来回往复而相互比较的时候，就不免引起满意、不满意或甚至苦恼的感觉。在这种情况下，内心像有一个警戒的力量会对这动物说，你当初如果顺从这一个冲动，而不是那一个冲动，那就好了。也就是说，它当初应该走这条路，而不应该走那条路；这条路才是对的，那条路却是错的；但对于对与错这些名词我在下文还要谈到，目前姑且说到这里。

社会性或合群力——许多种类的动物都有社会性。我们发现甚至不同种的动物也会生活在一起，例如，某几种美洲猴子；又如，不同一种的白嘴鸦（rook）、穴乌（jackdarr）、欧椋鸟（starling），都

会合成一群。人对狗有强烈的喜爱，狗也更加以恩义报答人，所表现的都是同样的一种感情。每一个人一定都看到过，马、狗、绵羊，等等，在失群或与同伴分隔的情况下，是如何的苦恼，而至少在马与狗这两类动物，在与同伴重新会合的时候，又是如何地表示出它们强烈的相互的情谊。一只狗，在主人或家庭中其他成员的做伴下，即便完全不被人理睬，也可以静悄悄地在屋子里耽上几个钟头，一动也不动；而如果家中人让它独自留在屋子里，哪怕只是片刻，它就会吠、会号，声音很是愁苦。它这种前后的感情变化就很值得我们深思一下，其中必有道理。我们在这里准备把注意限制在有社会性的比较高等的几种动物方面，而把昆虫类搁过不提，尽管其中有几种是有社会性的，并且在生活的许多重要的方面能够进行互助。在高等动物里，最普通的一种互助是通过大家的感官知觉的联合为彼此提供对危险的警告。像耶格尔博士所说的那样，[7]每一个猎手都知道，要追踪而靠近成群或成队的动物有多么困难。据我所知，野马和野牛是不发任何危险信号的，但任何一只马或一只牛，在首先发现危险之后所表示的姿态就是对大家的一种警告。野兔用后脚在地上使劲踩，踩出声来，作为信号：绵羊和臆羚则用前脚踩地，同时又发出了一种啸声。许多鸟类和某些哺乳类动物会放哨，其中就海豹来说，据说[8]这种哨兵一般都是由母海豹承当的。一队猴子的领队也起岗哨的作用，危险一来临，危险一过去，它都要发出叫声表达这些情况。[9]社会性的动物彼此之间也进行一些很小的服务活动：身上任何地方发痒，马会彼此轻轻地啃，牛会彼此相舐：猴子会彼此搜捉体毛丛中的外寄生虫，如虱蚤之类；而勃瑞姆说到，一队青灰猴（乙 203），在冲出一片有荆棘和长有芒刺的果实的树丛之后，每一只猴都在大树枝上躺平下来，让另一只猴坐在旁边“细心地”检视它周身的皮毛，起出每一根芒刺，摘掉带有芒刺的果壳的碎片。

社会性的动物也彼此之间进行一些更为重要的互助活动：例如，狼和其他猛兽会合伙出猎，在攻击所要吞噬的动物时，会互相帮忙。鹈鹕（乙 733、734）会合在一起捕鱼。树灵狒狒（乙 316）会扳开石头，来搜寻昆虫之类；而当它们遇到一个特大的石头时，彼此会通力合作，把石头搬开或翻转，只要石头旁边容得下多少只狒狒，就有多少只一起出力，也就由这多少只分享所搜获的东西。社会性动物也彼此进行保卫。北美洲的野牛（乙 116）遇有危险，公牛合成一个圈子，把母牛和牛犊赶进圈子中心，而自己在外围负起保卫的任务。我在下文的一章里（第十七章——译者），还将叙述到奇林根（Chillingham）地方两只年轻的公的野牛协力攻击一只老野牛，以及两只牡马合作，把另一只牡马从一群牝马那里赶跑的例子。在阿比西尼亚，勃瑞姆碰上一大队狒狒正在越过一个山谷，前锋已经爬上对面的山坡，而后殿还在谷里，在谷里的受到了猎犬的袭击，在山坡上的老成一些的雄狒狒便立刻从石丛中赶下来，张开大嘴，吼声震耳，使猎犬吓得急剧地向后撤退。在猎人的激励下，猎犬再一次进攻，但这时候全队的狒狒已经登上高坡，谷里只留下一只大约六个月大的小狒狒，正大声呼救，同时爬上一块大石的顶上，受到了猎犬的包围。在这当儿，山坡上最大的一只雄狒狒，一位真正的英雄，再一次赶下坡来，很镇定地跑到小狒狒身边，抚慰了一番，把它胜利地带走了——猎犬们一时惊得发了呆，没有能进行攻击。到此，我情不自禁地要介绍这同一位自然学家所曾

目击的另一个场面：一只老鹰抓住了一只幼小的长尾猴，由于小猴缠住树枝不放，老鹰没有能把它立刻带走，小猴大声呼救，猴队的其他成员闻声赶到，一时叫声大起，包围了老鹰，拔下了它的大量的羽毛，老鹰情急，只想逃命，再也顾不到所要捕食的小猴了。勃瑞姆说，这只老鹰肯定再也不会向成队成伍中的一只单一的猴子进行袭击了。⑩

可以肯定的是，凡属有社会性的动物彼此之间都有一些相爱的感觉，而这在没有社会性的动物是没有的。至于同类中其他成员的痛苦和快乐实际上能表示同情到什么地步，就大多数的例子来说，我们就不容易那么肯定了，就快乐这方面说，尤其是如此。不过，有着种种出色的办法来观察的。⑪勃克斯屯（甲 129）说，他所畜的几只鹩鹉[1]，是可以在诺福克（Norfolk——英格兰东部郡名）境内自由生活的，它们对其中有窝的一对特别注意，“感到无限的兴趣，”每当雌鸟离巢外出，就成群地围绕着她，“作出种种怪得可怕的叫声为她捧场。”要判断动物对同类中其他成员所受的痛苦究竟有没有任何感觉往往是困难的。当好几只牛围绕而瞪着眼睛看一只垂死或已死的同类的时候，谁能说它们心理究竟想些什么，感觉到些什么呢？但表面上看去像乌珠所说的那样，它们是没有怜悯心的。而动物之间这方面的心情有时候可以离开同情心离得很远，倒是很可以肯定下来的；因为它们会把一只受了伤的同伴从群里赶出去，或，虽不驱逐，却会用角刺它一下，或用其他搅扰它的方法，终于把它搞死。在自然史上，这几乎是最黑暗的事实了，说实在话，除非，真有如有人所提出的解释那样，它们的本能，或是它们的理智，导致它们把一只受了伤的同伴排除出去，因为，不如此，

肉食的鸷禽猛兽，包括人在内，就不免受到诱引，追踪而来，对整个群体造成灾难。根据这样一个解释，可知野牛的这种行为并不比北美印第安人的行为坏得太多，北美印第安人从前是要把一些疲癃残疾的同伴遗弃在草原之上而死活不管的，也不比斐济人[2] 坏得太多，斐济人是要把年老或有病的父母活活埋掉的。⑫

但许多种类的动物是肯定对彼此的苦难或危险表示同情的。即使在鸟类也有这种情况。斯坦斯伯瑞（甲 621）上尉⑬在犹他[3]的一个咸水湖上发现一只老而完全失明的鹈鹕（乙 732），很肥胖，这说明，长期以来，他的同伴一定一直把他喂得很好。据勃莱思先生告诉我，他在印度看到乌鸦喂两三只瞎眼的同伴吃东西；而我自己也听说到过一只公鸡的与此可以类比的情况。如果我们愿意的话，我们可以把这一类的行为划归本能，说它们是本能的行动；但这一类的行为是很少很少的，既然少，要指望它们积累而成为一种特殊的本能，显然是一个问题。⑭我自己看到过一只狗对一只猫所表示的同情：这只猫病了，躺在一只筐子里，狗每次走过筐子，一定要对它病中的老朋友用舌头舐上几下，而舐的行动，就狗来说，是表达情谊的最为可靠的标志。

有一股动力使一只勇敢的狗，在它主人受到任何人攻击的时候，肯定会跳起来向攻击的人进行反击，这股动力不可能有别的叫法，只能叫做同情心。我看到过这样一个情况：一个人装着打一个贵妇人，这妇人怀里有一只很胆小的小狗，而这妇人以前从来没有这样地挨过打，这是第一遭，小狗当然信以为真，就立刻从怀里跳了出来，但打过以后，它又立刻跳了回来，息心静气地舐它的女主人挨过打的脸庞，竭力试图安慰她，那场面看上去真是缠绵悱恻，

动人得很。勃瑞姆说到[15]受人豢养的一只狒狒，因故要挨主人的惩罚，正在躲来躲去的时候，其他的几只狒狒都试图保护它。上文所已经说过的狒狒和长尾猴的两个例子，一则从狗的包围中，一则从鹰的爪子里，救出它们的幼小的同类来，所以导致它们这样做的那份动力也只能是同情心，而不可能是其他的东西。我只再举另外一个出乎同情而行为英勇的例子，是关于美洲的一种小型的猴子的。若干年以前，伦敦动物园的一位管理人员给我看他自己脖子后面的几缕很深而还没有完全长好的伤痕，说它们是当他有一天跪在笼屋地板上工作的时候，被一只凶狠的狒狒所伤害而造成的。所说的那只小型的美洲猴子是这位管理员的热情的朋友，它和这只体型巨大的狒狒住在同一间宽大的笼屋里，一向最害怕这只狒狒。但那天它一看到它的老朋友陷在危险之中，就立即赶过来相助，它一面大叫，一面咬这狒狒，狒狒一分神，管理员乃得乘间逃脱，否则，据医师认为，他可能遭到生命的危险。

除了恩爱和同情心之外，动物还表现和一些社会性本能有联系的其他一些品质，而这些，在我们人，就配得上道德的这个形容词。而阿该西兹（甲 5）[16]认为狗是具有很像我们所谓的良心这样东西的，我同意他的这个看法。

狗也具备一些自制的能力，而这种能力的由来看来并不完全是因为惧怕惩罚。勃饶乌巴赫[17]说，主人不在，它们也能自己克制，不偷东西吃。长期以来，狗一直被公认为是忠实与善于服从的典型动物。但大象对驱策它或饲养它的人也很忠诚，而在它的心目中，这人有可能是象群的首领。呼克尔（甲 324）博士告诉我他在印度所骑的一只大象的事：有一次这只大象陷进了一个泥沼，陷得很深很牢，到第二天才由人们用大绳子拖拔出来。凡遇到这种下陷的情况时，大象总要用长鼻子卷取周围可以够得着的任何东西，死的也好，活的也好，把它们垫塞在双膝的下面，使自己免于更深地陷进泥淖；所以当时赶这只象的象奴非常害怕，怕它把胡克尔先生也卷去垫空，从而把他压个粉碎。不过，据有人肯定地告诉胡克尔先生，象奴本人是不会遇上这种风险的，因为象奴对它有恩。一只分量极重的大动物，在危急存亡的时刻，竟然会有这种自我克制的力量，而有所不为，这不能不说是它的高贵忠诚的品质的一个值得令人惊奇的证据了。⑱

凡是群居或集体而居的动物，总是共同地保卫着自己，或共同地向敌人进行攻击的；在这种情况下，成员彼此之间，说实在话，一定会在某种程度上以忠诚相见；而在追随着一个领队的群体则除此而外，还会有一定程度的服从领导的品质。阿比西尼亚的狒狒，⑲当它们结队抢劫一个园子的时候，是静悄悄地追随着它们的领队的，而如果一只年轻而不识相的狒狒漏出一点声音来，旁边的狒狒就会给它一巴掌，好让它遵守寂静和服从的纪律。高耳屯(甲254)先生有过出色的机会来观察南非洲的半家半野的牛群，他说，⑳它们是离不开群的，哪怕是片刻半晌的离开也受不了。它们根本上有几分奴性，接受任何共同的决定，任何一只有着足够自恃的力量来担当领导地位的公牛就可以带领它们，它们除了乖乖地被带领之外，不追求其他更好的命运，凡试图驯服这种牛而加以羁勒的人，必先仔细地从旁观察，寻找几只吃草时能比较离开牛群而表现着更有自恃性格的公牛，然后把它们训练成为“头牛”。高尔屯先生又说，这种公牛是难得的、名贵的；如果在牛群中生得多了，

就很快地要被除掉，因为狮子就在暗中窥视，不断地搜寻那些趋向于从群体游离开去的成员，不让它们发展。

至于导致某些种类的动物进行合群而多方互助的内在动力是什么，我们不妨作出这样的推论，就是：就大多数的例子说，凡进行一种顺乎本能的动作，动物会感觉到满意或愉快，而反之，如果这种动作受到阻碍，它们会感觉到失意或痛苦，其他的本能活动如此，如今就合群互助的活动而言，也有种种情况，动物同样地受到感觉顺逆和趋顺避逆的要求的驱策。这一点我们在许许多多例子中可以看到，而我们家养动物所取得的一些本能更能突出地加以说明。例如，一只年轻的牧羊狗就爱赶羊，爱在绵羊群周围绕来绕去，而并不和绵羊们捣麻烦；又如，一只猎狐犬爱猎取狐狸，而一些其他的猎狗品种，我亲眼看到过，完全对狐狸不感兴趣，见到了也不理睬。平时活动能力极强的一只鸟，居然能日复一日地稳稳地孵她所产的卵，这其间驱策着她的或维系着她的一种称心如意的感觉必然是十分强烈，否则这是不能想象的。惯于季节性迁移的候鸟，如果受到限制，不克迁移，会感觉到很苦恼。它们对整队出发、做远程飞行，大概会感觉到高兴，但很难设想，奥杜朋（甲 16）所描写的那只雁或鹅（英语是同一个字，雁是野鹅，鹅是家雁——译者），翅膀已经被剪短而不适于飞行，它在迁飞的季节里，踏上征途，步行一千几百英里，它这样做的时候竟会有任何快活的感觉。有些本能是完全由痛苦的感觉所决定的，例如，恐惧的感觉，其结果有助于自我或一己的生命保全，在有些情况下，这种本能与恐惧之感还以某些特殊的敌人作为专门的对象。到底什么是快乐之感，什么是痛苦之感，恐怕至今还没有人能加以分析。不过，在许

多例子里，情况大概是，动物一贯地按照本能行事，其所依据的只是单纯的遗传的力量，其间不牵涉到任何快乐或痛苦的刺激。一只年轻的指猎犬[4]，当它用嗅觉发现猎物的时候，显然就会情不自禁地用鼻尖指示猎物的方位，这里也说不上什么苦乐之感。一只养在笼子里的松鼠轻拍着一些吃不得的干果，像是要把它们埋进地下那样，它这种行动也很难说是受到了苦乐之感的驱使。因此，普遍认为人的一举一动一定都受到苦乐之感的驱策的这样一个想法有可能是错了的。一个习惯性的动作，尽管不假思索、盲目进行，而在当时和苦乐之感会不相干，但如果受到突然而有强烈性的阻碍，不能继续前进，则一种模糊的不满意的感觉也一般地会油然而生。

向来时常有人假定，有社会性的动物首先变得有了社会性，然后，在和同类分离的情况下，才会感觉到不舒服，而在会合的情况下，才会感觉到舒服；事实怕不是这样，更有可能的看法是，这些因离合而悲欢的感觉发展在先，为的是好诱使那些能从群居生活中得到好处的动物彼此靠拢，而生活在一起。这和饮食之事可以相比，饥渴之感和饮食的快乐之感的取得无疑地是在前面，有了这些感觉之后，动物才受到诱引，进行饮食。群居的欢乐，这种感觉大概是亲子之间这一方面的情爱的一个引申，或一个扩充，因为，凡是在幼年时代里，亲子不相离的关系维持得更长久些的那些动物，在社会性的一些本能上也是更发达一些，而这种引申或扩充，部分虽可以归功于习惯，主要的原因还是自然选择。在因群居而受惠的各种动物之中，那些最能以群居为可乐的个体便最能躲开种种的危害，而那些对同类的祸福利害最漠不关心而过着离群索居的生活的个体则不免于大量死亡。显然是构成了一些社会性本能的基础的亲子之间的情爱又是怎样起源的,其所由取得的步骤又如何,我们还不知道;但我们不妨作出推论,认为它们的由来在很大程度上也是通过了自然选择的。就那些很不寻常而和这些情爱恰好相反的感情,即近亲之间的厌恶或憎恨而言,其起源与由来几乎可以肯定就是这样。例如,就蜜蜂而言,工蜂们所杀死的雄蜂是它们自己的弟兄,而蜂后们所杀死的其他可以为后的蜜蜂是她们自己的女儿,近亲相杀,显然是发乎一种与恩爱相反的感情,而在这里,这种相杀的感情或愿望却是对整个的社群有利的。父母对子息的慈爱,或替代了它的某种其他的感情,甚至在进化阶梯的极低的若干阶层的动物中间也有所发展,例如星鱼(star-fish)和蜘蛛。在整个的生物群犹如蚰蜒属(乙 414),也间或可以找到一些表现这种情况的成员,但只以这少数的成员为限。

同情与恩爱都是极为重要的情绪,彼此不同,不应相混。一个母亲可以热爱她的只会睡觉而时时需人保护的婴儿,但在这一段时期里我们很难说她对婴儿有什么同情。一个人爱他所畜的狗,这种爱也和同情心不是一回事;狗对它主人的爱也是如此。从前斯密亚丹(甲 611)提出论点,而近来贝恩(甲 28)先生也有同样的看法,认为同情心的基础在于我们对过去种种甘苦的心理状态的坚强的记忆。由于这种牢记不忘,我们在"见到别人忍受着饥饿、寒冷或劳苦倦极的时候,就会在我们心理上唤醒对这些旧时所经历的状态的一些回忆,而这些状态,即便作为意念,也是痛苦的。"这样我们就从内心上受了逼迫,要为别人解除痛苦,为的是好从而同时解除自己心理上的痛苦的感觉。我们之所以能乐人之乐,分享别人的愉快，情况也是这样。[21]但我看不出来，这样一个对同情心的看法将如何解释如下的事实，就是，一个我所心爱的人在我身上所激发出来的同情比一个不相干的人所能激发的，在强烈的程度上，不知要大出多少。不论有没有原先存在的恩爱关系，只要看到别人苦难的光景，便足以在我们心理上唤起一些生动的回忆和联想，这说明恩爱与同情是分得开的两回事。但这也许可以用这样一个事实来解释，就是，在一切有社会性的动物，同情心的活动是仅仅指向同一社群之中的成员的，因此，是指向平时所认识，即，或多或少有些情分或恩爱的个体，而不是同一物种之中所有的个体。这事实并不奇怪，它的不足为奇，和许多动物的恐惧心理的活动只指向某些特殊的动物这一事实不相上下。没有社会性的动物物种，例如狮子和老虎，对它们自己的幼小动物所遭受的苦难，无疑也有同情之感，但对于任何其他动物的幼小动物就不然了。就人类而言，自私心、生活经验、模仿别人，像贝恩先生所指出的那样，对同情心的加强，大概也起了些作用；因为，人们都抱有希望，在对别人进行了些同情的活动而有惠于别人之后，迟早会收到一些友好的报答，而通过习惯，同情心所得到加强的分量，亦复不少。对一切实行互助互卫的动物来说，同情心既然是极关重要的情绪之一，它的由来一定是错综复杂的，但无论它的来源如何复杂于前，它一定曾经通过自然选择而得到加强于后，这是可以肯定的；因为，社群与社群相比，同情心特别发达的成员在数量上特别多的社群会繁荣得最大最快，而培养出最大数量的后辈来。

但，就许多例子说，某些社会性本能的取得，究竟是通过了自然选择的呢，还是其他一些本能和才能有如同情、推理、经验，以及

模仿的倾向之类所间接造成的结果，是无法断言的；或者，它们也有可能是长期持续的习惯的结果，而别无其他复杂的来历，然而要肯定这一点，也是不可能的。即如放哨而为社群戒备不虞这样一个奇特的本能，就很难说是这些心理才能中的任何一个的间接的结果，因此，它的所以被取得只能是直接的。在另一方面，另一种习性，即某些社会性动物的雄性共同担当起保卫社群、进攻敌人，或围捕可供食用的其他动物的任务，也许起源于相互的同情心；但这些任务中所需要的勇气，以及在大多数例子里所要求的体力一定是早就取得了的，并且大概是通过了自然选择取得的。

在各种本能与习性之中，有些要比其他一些强有力得多；那也就是说，有些，比起别的来，在进行活动时可以提供更大的快乐，而在受到阻碍时，要引起更大的痛苦。或者，还有一点也许是差不多同样重要的区别，就是，通过遗传，它们要比别的更能坚持不懈地进行活动，而于活动之际，并不引起什么特别的苦乐之感。我们在我们自己身上可以意识到，有些习惯，比起别的来，要难治得多，或难于改变得多。因此，在动物生活里，在不同的本能之间，或在某一个本能与某一种习性之间，时常可以观察到一些矛盾。例如狗与主人出行之际，突然追逐起一只野兔来，挨了主人的骂，停了下来，迟疑了半晌，又追逐了起来，或退回到主人那里，有些羞愧的神情；再如，一只母狗，一面爱她的一窝小狗，一面也爱她的主人，这其间也有矛盾，——因为，我们有时候可以看到她偷偷地跑去张望她的小狗，而这样做的时候，神色上总有几分忸怩，所忸怩的是她没有能全神贯注地和主人做伴。但我所知道的关于一个本能战胜另一个本能的最为奇特的例子是迁徙的本能战胜了母爱。迁徙的本能是强有力得出奇的；一只被饲养而关在笼子里的候鸟，到了应该迁徙的季节，会用胸脯在笼子的铁丝栏上乱冲乱撞，弄得胸前羽毛尽脱，血渍斑斑。这本能使鲑鱼（salmon）从暂时用来养活它们的淡水里跳出来，从而造成了不是出乎自己意愿的自杀。谁都知道母爱的力量是极强的，甚至平时性情畏怯的母鸟，尽管起初有些犹豫，也尽管和自我保全的本能两相抵触，却终于会因此而临难不苟，为下一代而牺牲自己。虽然如此，迁徙本能的强烈有时候会比此更胜一筹，一到秋季的末期，燕子、普通的家燕（house-martin）和褐雨燕（swift）往往丢下幼弱不能自存的小燕不管，让它们在巢里悲惨地死去。㉒

我们不难看到，一种本能的冲动，比起另一个或许和它有些抵触的本能冲动来，只要在任何方面对有关物种有更多的好处，就会通过自然选择而变为两个之中更为强劲有力的一个；原因是，在这本能上越是发达的个体就越有机会存活下来，而在数量上越来越占优势。但就迁徙的本能和母爱的对比关系而言，情况是不是就这样，是可以怀疑的。迁徙本能的力量虽大，行动起来虽稳健扎实，却不是经常活动的，而是一年只有一次，而这一次所牵涉到的时间也不过一整天，也就是这一整天之内它的威力表现得至高无上、压倒一切罢了。

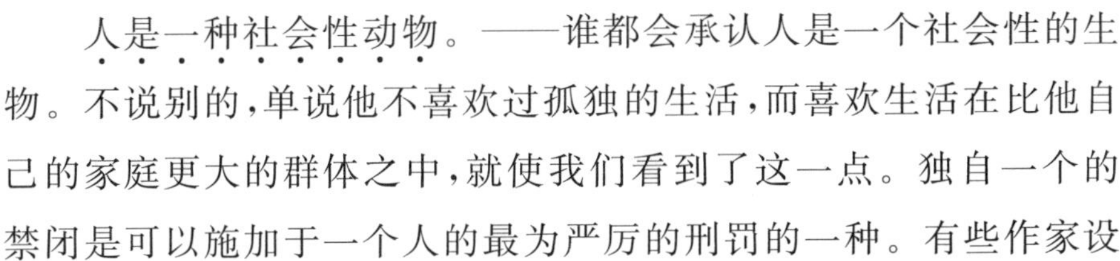

人是一种社会性动物。——谁都会承认人是一个社会性的生物。不说别的，单说他不喜欢过孤独的生活，而喜欢生活在比他自己的家庭更大的群体之中，就使我们看到了这一点。独自一个的禁闭是可以施加于一个人的最为严厉的刑罚的一种。有些作家设想，原始人的生活是以一个一个的家庭为单位的，但即在今日，在野蛮人的地区，尽管还有单一的家庭，或两三个人一起，东游西荡，不常定居，而据我见闻所及，在同一地区的家庭与家庭之间却一直经常往来，维持着友好的关系。这些家庭不时在会议上相聚，也不时为了共同的防御而联合起来。居住在毗邻地区的一些部落经常处在战争状态之中，往往以兵戎相见，这是事实，但这不能用来作为否认野蛮人是一种社会性动物的论据。因为，上面说过，一些社会性本能的活动是从来不引申或扩充到同一物种之中的所有的成员的。根据过半数的四手类动物的可以类比的情况而加以推断，人早先的猿猴一般的始祖大概也是有他的社会性的，但这一点，对我们来说，关系并不太重要。尽管今天的人已经不具备什么特殊的本能，尽管他已经把他的远祖所可能有过的任何这种本能早就丢得精光，这也不构成一个理由，用以推断自从极为荒远的年代以来，他就不能保有某种程度的发乎本能的对他同类的友爱和同情。说实在话，我们自己都能意识到我们是具备这些同情的感觉的，[23]但我们的意识并不告诉我们，这些感觉究竟是不是发乎本能，即是不是很久很久以前就在低于我们的动物身上同样兴起来的本能，抑或它们究竟是不是由我们每一个人在幼年的时候各自取得的。人既然是一种社会性的动物，我们几乎可以肯定地认为，他会遗传一种倾向，一面对他的同伴表示忠诚，而一面对他的部落的领导表示服从；因为，就大多数的有社会性的动物来说，这些品质是共同的。他也因此会具备一些自制的能力。根据一种遗传的倾向，他会乐于和别人一道进行对同类的保卫工作；并且，在不太妨碍自己的利益或自己的强烈的欲望的情况之下，准备随时对他们进行任何方面和任何方式的帮助。

在对同一社群中的成员进行帮助的时候，在进化阶梯上处于最低几层的社会性动物是几乎完全受到一些特殊本能的指引的，而所处级层高些的，虽然不是完全受到却也在很大程度上受到这种本能的指引，但除此之外它们还部分受到彼此友爱和相互同情的驱策，并且其间还显然得到一定分量的推理能力的协助。尽管像刚才所说的那样，人没有什么特殊的本能教他如何如何地来对他的同类进行帮助，但他们仍然具备这方面的一般性的冲动，而随着种种理智能力的提高，这种冲动就会自然而然地得到推理与经验的很多的指引。发乎本能的同情心也会使他高度珍视他的同类对他所表示的赞许；正如贝恩先生所曾明白指出的那样，[24]对称誉的爱好、对光荣的强烈的感受，以及对侮蔑、对恶名声的更为强烈的惧怕，“全都是同情心的活动的结果。”因此，在极高的程度上，人会受到旁人用姿态和语言所表达出来的对他的愿望、称许和责备的影响。由此可知，人的一些社会性本能，来源虽必然是很早，早到他的原始的时代，甚至可以更早地追溯到和猿猴难于分辨的他的远祖的时代，却直到今天还在对他的一些最好的行为提供动力。但我们也看到，他的种种行动，在更大的程度上，是由旁人所表达出来的愿望和判断所决定的，而同时不幸的一点是，他自己的一些强烈的自私自利的欲望也很经常地作出或参加了这种决定。但由于恩爱、同情、自我克制越来越因习惯而得到加强，也由于推论的能力变得越来越明确，使他对旁人的判断能作出公平合理的估价，这样一来，他就会自己感觉到，他有必要，在不计较一时的任何苦乐利害的情况之下，遵从一些一定的行为路线。到此，他可以宣

称——而这是任何半开化的人或未受文化熏陶的人连想都不能想的——我是我自己的操行的至高无上的裁决者，而用康德的话来说，我决不会以身试法似的来冒犯人类的尊严。

更坚毅不拔的一些社会性本能战胜了不那么坚韧的那些本能——不过，到现在为止我们还没有考虑到主要的论点，而就我们在本章的观点来说，整个道德感的问题都要以这论点为转移。先试回答如下的几个问题。一个人为什么会感觉到他应该听从这一个出自本能的欲望，而不是那一个呢？如果他屈从了保全自己生命的那一个强烈的情感，而没有能冒险来营救同类中另一个人的生命，为什么他会感觉到深切而苦恼的遗憾呢？为了饥饿而偷吃了人家的东西，为什么他会追悔不及呢？

首先，这一点是清楚的，就人类说，本能冲动的力量也是程度不齐的。一个野蛮人可以为同一社群的一个成员的生命而冒丢失自己生命的危险，而对于一个陌生人的遭遇则可以完全无动于衷；一个年轻而畏缩不前的母亲，在母爱的驱策之下，可以毫不犹疑地为她自己的婴儿冒天大的危难，而对于一个普通的路人则不会这么做。尽管如此，也还有不少在文明中生活的人，甚至儿童，生平虽没有为别人的生命而冒过牺牲自己的危险，却充满着勇气和同情心，全不理会自我保全的本能的呼声，而突然跳进一股急流，来搭救一个素昧平生而行将没顶的人。在这种情况下，所以驱策人这样行事的那股本能的动力是和上文所说的驱策着那只小型的美洲猴子的动力一般无二的，那只猴子，在同样的动机之下，英勇地打击那只又大又可怕的狒狒，而搭救了动物园的管理员。如此看来，上面所说的这类的行为，像是社会性本能或母性本能的力量大过了任何其他本能或动机的力量的结果，简单而并不复杂；因为这一类的动作总是进行得极快，其间没有时间可供反复思考，也不容许有任何苦乐之感的机会；而反之，如果由于任何原因而受到阻挠，使不能遂其营救之心，当事人倒反而会感觉到苦恼，甚至悲伤。与此相反，在一个胆怯而畏缩不前的人，自我保全的本能也许是大于一切，因而他就不可能迫使自己来冒这样的一场风险，即使在危难中的不是别人，而是他自己的孩子，恐怕也不行。

我当然知道，有些人认为，根据冲动而进行的一些行为，有如上面所说的一些情况，是不能归属于道德感的领域之内的，这些行为不适用“道德的”这个形容词。这些人把这个形容词的适用只限于经过考虑而有意识的行为，亦即情欲之间进行过斗争而有所胜负之后的行为，或者，由一些崇高的动机所激发出来的行为。但据我看来，要在行为之间划出任何一条这样一类的清清楚楚的界线是几乎不可能的。㉕就出乎崇高的动机的这一部分行为来说，文献记录中也包括许多野蛮人的例子；野蛮人是完全说不上我们所称的对全人类的一般的仁爱的感觉的，也是不受任何宗教动机的指引的，而他们在陷入敌人之手以后，宁愿牺牲自己的生命，㉖而不出卖他们的同伴；他们这种行为肯定地应该被看成是合乎道德的。至于经过反复思考和内心斗争之后的这一类行为，我们也可以看到，在动物，当拯救它们的子息或同伴的时候，起初也不免因不同而相反的本能斗争于内而有所踌躇不决；然而它们的这种行为，尽管也是为了别的个体的利益，却不能以合乎道德见称。还有一层，我们所时常进行的任何动作，日久以后，进行时就用不着思考，用

不着迟疑，而和发自本能的动作难于分辨，然而没有人敢于说这种行为，由于习惯成自然，而不再成为合乎道德的行为。实际上我们的想法又正好与此相反，我们都感觉到，除非一种行为的作出，是当机立断而带有冲动性，不假思索，不用努力，好像此种行为所要求的种种品质都是内在固有的一般，否则这一行为就不算完善，不够高贵。其实，从另一个角度来看，一个人在行动之前，能被迫来克服他的畏惧之情，提高他的同情之感，比起只凭内在的情趣、一时的冲劲，不用努力而作出一件好事来的另一个人，要更为难能可贵，值得称赞。总之，动机既然是隐藏在内而无法加以辨别或划分的一些东西，我们只能把出自一个有道德性的动物的某一类的所有的行为看作是合乎道德的。所谓有道德性的动物就是这样的一种动物，他既能就他的过去与未来的行为与动机作些比较，而又能分别地加以赞许或不赞许。我们没有理由来设想任何低于人的动物具备这种能力。因此，如果一只纽芬兰狗[5]会把一个小孩从水里打捞出来，或一只猴子冒了危险来搭救另一只猴子，或担当起抱养失去了父母的一只小猴子的任务，我们不用道德这一名词来称呼这一类的行为。不过，一到了人，我们既可以肯定地把他列为一种有道德的动物，则某一类的行动或行为，无论是通过了内心的动机之间的斗争而深思熟虑之后才作出的也好，或通过本能而出乎冲动的也好，或由于逐渐取得的习惯的影响或成效也好，我们一概称之为合乎道德的。

但折回到我们的更为直接的题目罢。尽管有些本能比别的更为强劲有力，因而会导致相应的种种行动，但我们不能因此而认为，就人类说，一些社会性的本能（包括好誉惧毁的心情在内），比起自我保全、饥饿、性欲、复仇等等的本能来，本来就具有更大的力量，或通过长期的习惯，取得了更大的力量。既然如此，那么，人在一次作出行动之后，为什么会由于听从了这一自然冲动，而不是那一自然冲动，而感觉到有所遗憾，乃至想驱遣此种遗憾而有所不能呢？又为什么他会进一步感觉到他对他的行为应该有所抱憾呢？在这一方面，人是和低于人的动物有着深刻的差别的。但尽管深刻，我想我们还是能够，在一定的程度上，看到这一差别的理由所在。

由于种种心理能力的活跃，人总是不可避免地要进行思考，过去生活里的种种印象、种种意象要不断地和了如指掌地，在他的脑子里来回往复地通过。如今，我们知道，就那些长期生活在集体里的动物来说，一些社会性的本能是一直存在而坚持不懈的。这些动物总是按照着向来的习性，随时随地地有所准备，来发出危险的信号，来保卫它们的社群，来帮助它们的同类。在不需要任何特殊的热情或欲望的刺激的情况之下，它们对同类同群的个体，无时无刻不感觉到一定程度的恩爱和同情；如果和同伴们分离得太久，它们会感觉到不快活，而当别后重逢的时候，又总会十分高兴。我们人也是这样。试想即便只是在相当孤独的时候，我们会多么容易想到别人对我们的想法，想到他们是赞成我们，还是有所不赞成，而一面想，一面还不免有喜愠苦乐之感，——所有这些都是从同情的要求产生出来的，因为同情心毕竟是各个社会性本能中的一个根本的成分。如果一个人丝毫不具备这一类的本能，他将是一个违反自然的怪物了。在另一方面，饥则思食的欲望，或任何热情，有如有仇必报的热情，在本身的性质上是暂时的，而一有机会，也

不难得到充分的满足。正唯其是暂时的，而不是经常持续的，我们也不容易，甚至也许不可能，来特地而故意地唤起对这一类情欲的十分生动的感觉，例如，在并不饥饿的时候，而要揣摩饥饿的感觉如何，至少是很不容易的；即便对过去的苦难，正如常常有人说到的那样，要凭空唤起生动活泼的感觉，也是一样的困难。自我保全或怕死的本能，除了遇到危险，平时是感觉不到的，有不少的懦夫，在没有和敌人发生面对面的接触之前，是自命为十分勇敢的。对别人的财产的觊觎，在许多情欲之中，要算是很经常而持续的了，其欲罢不能的程度恐怕不在任何其他可以提名的情欲之下，但即便在这里，偷窃或抢劫而有所得的那种满意的感觉，比起贪婪的情欲的本身来，在力量上，一般地说，也还是比较薄弱的。不少做贼的人，如果不是惯窃的话，在偷窃有得之后，对于自己为什么要偷某几种东西，会感觉到怅然若失，莫名其妙。[27]

一个人无法教过去的种种印象不在脑海里时常来来去去。这样，他就不得不在这些印象之间，如满足了的饥饿呀、报过了的仇呀、自己躲开而别人承当了的危险呀，等等，作出一些比较，而在比较的时候，会不断参考到心底里几乎无时无刻不存在的同情的本能，以及童年时代所学习到的关于什么应该称赞与什么应该责怪的一些知识。这一点善恶的知识是牢牢记在心头而无法排遣的，而由于发乎本能的同情心的关系，实际上也是得到他自己的很高的估价的。想想过去，看看现在，他会感觉到他刚才按照了某一个本能或某一个习惯而干出的事是一个失算、是一个失败，而这一点，在凡有社会性的动物，不仅在人，会引起对自己的不满，或甚至苦恼。

上面所说的南飞的燕子的例子就是一个证明，尽管在性质上相反[6]，也同样地可以说明问题，说明了一个暂时而在当时却很坚强有力的本能战胜了平时一直占优势而地位在其他一切本能之上的另一个本能。正常的迁徙的季节将要来临的时候，这些候鸟似乎是整天地被迁徙的欲望搅得心神不宁，它们的生活习惯也变了，它们变得坐立不安、音声嘈杂、爱成群结队地起哄。当其时，做母亲的燕子，有的在喂小燕子，有的在巢里守着它们，说明在这时候，她的母性本能的力量还是比迁徙本能的为强，但不久以后，这后一种本能变得越来越有劲，占了上风，而最后，当小燕子们不在眼前的一个时刻，她就振翅南飞，不管它们了。等后来到达了长征的终点，而迁徙的本能停止了活动的时候，而如果，由于在心理方面有着天赋的巨大的活跃能力，她无法驱遣脑海里种种意象的憧憧往来，包括雏燕们的嗷嗷待哺以及终于不免在苦寒的北方气候里饥冻而死的意象在内，我们不难设想，她又将如何地呼天抢地、追悔不及了。

在进行一种动作的时刻，人无疑地会倾向于顺从当时心理上存在着的比较强有力的那个冲动；这有时候虽可以激发他作出些崇高的业绩来，但更为普通的是，无非导致他餍足自己的一些情欲，而在这样做的时候，还不免侵犯到旁人的利益。不过在既经餍足之后，一时已成过去而变得微弱了的一些印象是要受到裁判的；经常持续的社会性本能要出来裁判，平时他对旁人对他的毁誉的重视也要出来裁判；而到此裁判的时刻，报应就不可避免地临头了。到此他会感觉到遗憾、懊恼、悔恨或羞愧；其中最后面的一种情绪是几乎完全关系到旁人对一己的毁誉的判断的。因此，他多少要下一个决心，以后的行为要改弦易辙；而这不是别的，就是良心了；因为良心是回头向过去看的，看了以后，才能服务于未来，才能作为前途的指引，往者虽不可谏，来者犹是可追。

我们所谓遗憾、羞愧、悔恨或懊恼等情绪的性质与强度不一，一面显然要看所侵犯了的本能的强度有多大，一面也要看外来的事物的诱惑力又有多强，而往往更要看旁人的评论如何。至于对旁人的评论，对旁人的毁誉，每一个人珍视或尊重的程度也各有不同，这一面既要看每一个人先天所固有或后天所取得的同情心的感觉的强度有多么大，而一面也要看他对于自己行为的长远的后果能够推断得清楚到什么程度。此外还有一个极为重大而却又并不是必要的因素，就是每个人对所信仰的鬼神的虔敬心理或畏惧心理，而这一点对追悔不及的那一种情绪尤其适用。有几位评论家曾经提出异议，认为尽管有些轻微的抱憾或追悔的情绪可以用本章所提出的看法来解释，真正严重到可以震撼灵魂的那种懊丧的情绪却不可能用它来解释。但我看不出来这异议究竟有多大的分量。批评我的这几位作家并没有为懊丧下过什么定义，而我所看到的一些定义，除了说明这种情绪中包含一种压倒一切的悔恨的感觉之外，也更无其他的东西。依我看来，存在于懊丧和悔恨之间的关系，似乎和存在于盛怒与愤怒之间的或存在于惨痛与寻常痛苦之间的关系，没有分别。一个如此强烈而又如此受人公认的本能犹如母性本能或母爱，一度受到压抑或违背之后，当所由引起违背的原因所遗留的印象趋于消退的时候，那个当事的母亲会感觉到极度的苦恼，是很容易理解而一点也不奇怪的。即使一种举动并不和任何一个特殊的本能相抵触，我们只要知道我们的朋友

或其他同辈因此而厌恶我们，这就已经足够在我们身上引起巨大的苦恼。两人相约决斗，而一人由于怕死而不践约、不到场，这是时常发生的事，谁能怀疑那些怯于践约的人不因羞愧而受到半辈子的折磨呢？据有人说，不少的印度人，由于吃了“不洁”的食物，以致神魂不安，像是灵魂深处受到了震荡。这里还有一个我认为必须以懊丧相称的例子。兰德尔（甲 382）医师在西澳洲当过地方官，叙述到[28]他农庄上有一个土著居民，在他的妻子之一因病死去之后跑来说，“为了满足对他的妻子的责任感，他将到一个遥远的部落去，用矛刺杀一个妇女。我对他说，如果他这样做，我要把他终身监禁起来。他没有敢走，在农庄上又耽搁了几个月，但人变得非常之瘦，并且诉说，他睡不好，吃不下，他老婆的鬼魂一直在他身上作祟，因为他没有能为她找到一个替身。我坚决不听，并且向他申说，他如果杀人，则法网森严，万无宽容之理。”尽管如此，这人终于偷跑了。一年多以后回来，则精神焕发，前后判若两人，而据他的另一个妻子告诉兰德尔医师说，她的丈夫果真杀死了一个属于远方部落的女子，但由于无法得到法律上的证据，这事也就算了。据此看来，可知一个部落的神圣的戒条是不容侵犯的，而此种戒条的违犯似乎会引起当事人的极深刻的情绪上的动荡不安，——而这种不安，除了戒条的形成要以社群的众意为基础这一层而外，是和一些社会性本能并不太相干的。我们真不知道，诸如此类的离奇怪诞的迷信，世界之大，究竟有多少，我们也说不上来，某些真实而重大的犯罪行为，有如亲属相奸，究竟通过了一些什么情况，而在最低等的野蛮人中间会成为一件谈虎色变的事（但这一情况并不太普遍）。我们甚至可以怀疑，在某些部落里，人们对亲属相奸，

是不是比对同名号[7]而没有血缘关系的男女相婚，看得更为可怕。“触犯同姓相婚的戒律，对澳大利亚土著居民来说，是最可怕的极恶大罪；北美洲某些部落也有这种情况，并且完全相同。如果有人在这个地区提出这样一个问题：杀死另一个部落里的女子，与同本部落的一个女子相婚，两事之间，哪一件更要不得？我们所得到的毫不迟疑的答复是和我们自己所惯于作出的答复恰好相反的。”㉙因此，我们可以否定近年来有些作家所坚持的一个信念，认为人们之所以极度害怕亲属相奸是由于我们具备一颗上帝所手植的良心。总起来说，无须乞灵于上帝，问题还是可以理解的，就是，懊丧的情绪的兴起虽有如上文所说，一个人在这样一种强烈的情绪的驱策之下，会像习俗所教导他相信的那样，如此这般地作出一些表示，例如向法院自首之类，从而解除罪障，摆脱内心的压力。

人在他的良心的指点与激发之后，通过长期的习惯，会终于取得这样一个比较完善的自我克制的能力，使他的一些愿望和情欲不费工夫和不用斗争地听命于他的一些社会性的同情和本能，包括对旁人对他的毁誉所引起的情绪在内。挨饿的人、对人怀恨的人，从此都能隐忍，不想偷东西吃，不想对人进行报复。这种自我克制的习惯，像其他习惯一样，看来有可能，甚至，我们将在下文看到，真的会变成我们的遗传品质的一部分。这样，总有一天，人会感觉到，通过所已取得而前途也许还会遗传的习惯，听命于他的一些更为强毅而持续的一些冲动毕竟是为他自己设想的最妥善的办法。表面上很专横的那个字眼，应该，不管它是怎样兴起的，如今看来，所包含的无非是对行为所应遵守的准则的存在有所意识而自觉地加以服从而已。在以前，一定时常有人振振有词地主张，一个有身份的人，一个“君子”，如果受到了侮辱，**应该**来一次决斗。我们还甚至于说，一只指猎犬应该指点猎物之所在，而一只回猎犬**应该**把猎物衔回来。如果不这样做，它们就没有尽到它们的责任，而在行为上犯了错误。

在“应该”的概念演出之后，如果导致违反旁人利益的行为的任何愿望或本能仍然出现，而事后追思，当事人发现它的强度并不减于，甚至超过了社会性本能的强度，那么，当事人虽一度顺从了它，事后却不会感觉到深刻的追悔情绪，而所意识到的只是，如果旁人知道他作出过这种行为，他将不免于受到他们的谴责，从而感觉到很不舒服而已，而真正缺乏同情心到一个程度，以致在意识到这一点之后而竟然丝毫无动于衷的人是很少很少的。如果一个人真缺乏同情心到上述的程度，如果他纵欲过度，临事既十分强烈，而事后追思又不感觉到有接受经常而持续的一些社会性本能的控制的必要，而对于旁人的毁誉，又置若罔闻，更说不上受其约束——那么，他根本上是一个坏人，[30]对他来说，唯一剩下来的可以约束他而使他不为非作歹的动机是对刑罚的畏惧，和一种万不得已的认识，只是为了他自己的私利，最好的办法还是多照顾些旁人的利益，而少照顾些自己的。

如果人们不违犯他们的一些社会性本能，那也就是说，不侵犯到旁人的利益，那么，显而易见的是，每一个人都可以满足他自己的愿望，而在良心上无所愧怍，但为了免于自己责备自己，或至少免得心有不安，他几乎有必要首先避免旁人对他的责备，无论这责备是合理的也罢，或不合理的也罢。这并不要求他突破他自己生活中的一些固定的习惯，尤其是那些受到理性所支持的习惯，否则

他也会感觉到不快。他也必须避免根据他的知识程度或迷信程度所信仰的一个或不止一个神道的谴责；不过在这种情况之下，在上文所说的种种之外，往往还须添上一个情绪，就是对威灵显赫的神谴的畏惧。

起初只有严格的社会性的一些德行才受重视——上文所说关于道德感的起源与性质的看法，其中向我们说到我们应该如何行事，又说到那颗违反不得而一有违反就要谴责我们的良心，是和我们所看到的人类这一能力的初期而尚未发达的情况相符合的。原始的人所必须履行，哪怕只是一般性的履行而使集体生活得以进行无阻的一些德操也正好是即在今天还被认为是最重要的那些德操。但在当时，履行的范围几乎只限于同一部落之内或同部落的成员的关系之间，而在此范围以外，就是，在和其他部落的成员所发生的关系之中，即便所履行的适得其反，也不做犯罪行为看待。如果谋杀、抢劫、叛逆等等成为通常发生的事情，没有部落是能够维持于不败的。因此，在同一部落范围以内的这些犯罪行为“是被打上了烙印，被认为是万劫不复的耻辱的。”[31]但如果发生在本部落范围之外，这类行为便激发不出如此深恶痛绝的情绪来。一个北美洲的印第安人，如果成功地把属于另一个部落的人的头皮剥取下来，他不但自鸣得意，并且还在别人面前显得很有光彩，而一个达雅克人（Dyak——婆罗洲土著居民中的一个族——译者）可以把一个与人无忤的人的头割下来，晾干了，作为一种战利品。溺婴或杀婴在全世界各地有过极为广泛的流行，[32]而一直没有受到过谴责。不仅如此，溺婴，特别是溺女婴，还一直被认为是对部落

的一件好事，或至少没有什么坏处。自杀，在过去的一些时代里，一般不被认为是犯罪行为，[33]而反之，由于死者所表现的勇气，还被看作一个很有光彩的举动，而至今在有些半文明和野蛮的民族里，还时常有人自杀而不受到斥责，因为它并不明显地牵涉到部落或社群中的别人的利益。文献上记录着，印度一个以杀人越货为业的帮会的会员(an Indian Thug)，因为他没有像他父亲一样，于往来客商中杀那么多的人、越那么多的货，自愧不如，并引为终身一大憾事。在文明尚属早创状态的种族里，说实在话，对陌生人进行抢劫一般是被认为颇有光彩的事情。

把人沦为奴隶或一般对别人的奴役，在古老的一些时代里尽管在某些方面有些好处，[34]是一个重大的犯罪行为，然而，直到不久以前，即便在最称文明的民族国家里，人们不是这样看待它的。而由于当奴隶的人一般和奴隶主不属于同一个种族，或不属于人种中的同一个亚种，情况尤其是如此，就是，更不以犯罪行为论。由于半开化的人不重视他们的妇女和她们的意见，他们的妻子一般也是受到奴隶般的看待的。大多数的野蛮人对陌生人的苦难是完全漠然无动于衷的，有的甚至袖手旁观，引为笑乐。很多人知道，在北美洲的印第安人中间，妇女和孩子们也出力来对俘获的敌人进行虐待或施加酷刑。有些野蛮人虐杀动物，别人看了发指，他们却引以为快，[35]他们根本不知道人道或一般的仁慈的美德为何物。尽管如此，除了家庭的恩爱之外，同部落成员之间的善意相待还是很普通的，遇有疾病，尤能相互扶持，而有时候，这种善意也还能伸展到这些限度之外。帕尔克(甲 512)的那篇动人的记载，叙述一个非洲内地的黑人妇女对他的爱护备至，是很多人都熟悉的。

我们可以列举许多例子，来说明野蛮人彼此之间所表示的崇高的忠贞不贰，但这与外来的陌生人是不相干的。西班牙人有句格言说，“千万千万不要信赖一个印第安人”，根据族外人普通的经验，这话是讲得过去的。但没有真实，就不可能有忠诚；而在同一部落的成员之间，这真实的美德并不是稀有的事。例如，帕尔克就亲耳听见一个黑人妇女教育她的孩子要喜爱真实。正因为这一个美德，对真实的喜爱，在心理上如此深深地扎了根，有些野蛮人也能对外来的陌生人以忠实相待，甚至为此而付出高昂的代价，也在所不惜，但对一个人的敌人说谎话却很少被看作是一个罪过，近代的外交史就说明了这一点，并且真是说得太清楚了。在一个部落有了一个公认的领袖之后，不服从或违命就成为一种犯罪行为；而反之，即便奴颜婢膝般地顺从却被看成是一个高尚的美德。

在草昧初开的一些时代里，一个没有勇气的人是对一个部落既无用处，而又不可能忠诚的人，因此，勇敢这一品质是普遍地被列在首要的地位的；今天在文明国家里，尽管一个善良但却胆怯的人，比起一个勇敢的人来，对所属的社群要有用得多，我们还是发乎本能而情不自禁地要钦佩一个勇士，而瞧不起一个懦夫，初不论这懦夫是如何的慈爱为怀。在另一方面，谨慎寡过，尽管是一个很有用的德行，却因为它是一个和别人的福利不太相干的品质从来没有被看得太高太重。许多品德都和整个部落的福利有关，都缺少不得，但若没有自我牺牲、自我克制，以及坚忍的毅力，一个人就不可能发挥这些品德的作用，因此，后面这几种美德，古往今来，一直受到高度而最为理有应得的重视。美洲的野蛮人自动而心甘情愿地忍受许多对肉体极为痛楚的残虐，而一声不哼，为的是好证明和加强他的毅力和勇气，而我们对此也不由得不暗暗赞赏。印度的一个托钵僧，从一个愚蠢的宗教动机出发，为了苦行，把自己吊在一只钩子上，钩子深深地扎进筋肉里面，我们光是看到他，也自不免兴起一些佩服的心情。

其他一些所谓独善其身，即不牵涉到别人的德行，尽管在表面上和部落的福利没有关系而实际上不可能没有关系，也尽管今天在一些文明的民族国家里得到高度的评价，在野蛮人心目中，却从来没有受到过重视。酗酒一类的缺乏节制的行为，即便漫无限度，在野蛮人中间也不算一种罪过。纵淫和种种违反自然的属于性方面的邪恶的行为在他们中间也很流行，其广泛的程度令人吃惊。㊱但一旦婚姻制度，无论是一夫一妻的或一夫多妻的，通行以后，妒忌的心理便导致了对妇德的提倡与灌输，而对已婚的妇女的妇德的尊重又倾向于推广而适用于未婚的女子。至于更进而适用于男子，却是一件十分缓慢的事，其缓慢的程度，今天我们还可以看到。贞节的一个突出的先决条件是自我克制，因此，在文明人的道德史里，从很早的一个时代起，它是一直受到推崇的一个美德。而也因此，独身到老的那一种没有意义的行为，也从极为古老的一个时代起，被人抬举得很高。㊲对淫猥的憎恶，即反对一切有伤风化的行为，在我们看来，虽像是十分自然，自然得至于被认为出乎天性，它对于贞节的维持也颇有好处，实际上却是一种近代的美德，而正如斯当东（甲 624）爵士所说的那样，㊳完全属于文明生活的一种东西。这一点，从各个不同民族的古老的宗教仪式里，从发掘出来的邦贝城[8]的壁画里，和从许多野蛮种族的人的行为里，都可以得到说明。

到此，我们已经看到，野蛮人对行为的判断，哪些行为是善、哪些是恶，完全要看它们是不是显然地影响到部落的福利，而不是整个人种的福利，也不是部落中个别成员的福利；看来当初原始人的判断善恶，大概也是如此。这个结论和认为所谓道德感原本是从一些社会性本能派生发展而来的信念很相符合，因为这两样东西，社会性本能和道德感，起先都只是和社群发生关系的。

野蛮人的道德之所以低，根据我们的标准来判断，主要的原因大约有如下的几个。第一是，他们把同情心的适用只限于本部落之内。第二是，推理的能力差，不足以认识到许多德行，尤其是那些独善其身的德行，和部落的一般福利未尝没有关系。例如，野蛮人认识不到种种影响部落生活的坏事可以追溯到饮酒无度、不守贞节等等个人的行为上去。而，第三是，自我克制能力的薄弱；因为这种能力，似乎和别的能力不同，一直并没有通过长期持续而也许可以遗传的习惯、教诲与宗教而得到加强。

关于野蛮人的道德的欠缺，[39]我在上文谈得比较详细，因为新近有些作家对野蛮人的道德本性看得相当高，或者把他们的绝大部分的犯罪行为归之于对仁慈的误解（此最后一语意义欠明了——译者）。[40]看来这些作家是把他们的结论建立在这样的一个看法之上的，就是，野蛮人具备着对家庭的维持和对部落的生存能有所贡献，乃至必不可少的那些美德——这是对的，他们无疑地备有这些品质，并且往往达到一个相当高的程度。

一些结束的话——以前，所谓道德派生[41]论这一学派的哲学家们假定，道德的基础所在，是一种形式的自私自利。但在更近的年代里，道德哲学界更突出地提出来的是“极大幸福的原则”。但后面这一原则，与其说是行为的动机，毋宁说是行为的标准更为正确。尽管如此，我所参考到的所有作家的著述，除去若干少数的例外，㊷写来都像是每一个动作的背后都得有一个不同的动机，而且都得和某种快感和不快之感有所联系。但人的有些动作往往发乎冲动，那就是说，出乎本能，或由于长期的习惯，而于动作之际，并不意识到什么快感，大概多少有些像一只蜜蜂或一只蚂蚁盲目地顺从它的一些本能而进行工作那样。在极度危险的情景之下，例如发生火灾，当一个人刻不容缓地试图救人出险的时候，怕是想不到什么快乐不快乐的，至于考虑到如果他目前不做赴救的尝试，事后或不免对自己感觉到不满，或追悔莫及，那就更为时间所不容许了。如果这个人事后对救人的行为有机会追思一下，他大概会感觉到，当时在他身体里面有一股冲动的力量，而远不是一种追求快乐或幸福的愿望，这股冲动的力量无它，似乎就是扎根扎得很深的社会性本能了。

就低于人的动物而论，说到它们的一些社会性本能时，似乎应当这样说才恰当得多，就是，这些本能之所以发展，目的是为了有关物种的一般的利益或好处，而不是一般的幸福。不妨为一般的利益这一词下一个定义，那就是，在环境条件许可的情况之下，生养出最大数量的个体，精力充沛，健康具足，智能全备。人和低于人的动物的一些社会性本能的发展，所遵循的一些步骤，既然无疑地是大同小异，我认为，只要行得通，就不妨彼此通用这一个定义，而把社群的一般的利益或康乐作为道德的标准，而不取一般的幸福之说；但由于政治伦理的关系，这定义也许还需要加上一些限制。

当一个人冒了自己生命的危险来拯救一个同类的生命时，我们似乎也可以更正确地说他的行为是为了人类的一般的利益，而不是为了一般的幸福。就个人说，康乐和幸福往往无疑地是一回事。所以就一个集体说，一个知足而幸福的部落要比另一个悻悻不满而怏怏不乐的部落更容易走向繁荣昌盛。我们已经看到，即便在人类历史的一个很早的时期里，社群所表达出来的意愿自然而然地在很大程度上会影响每一个成员的行为；而人们既然谁都要求幸福，则"极大幸福的原则"也就会变成一个极为重要的第二性的指针与目标。但在此以前，社会性本能，连同同情心一起（这我们在上面说过，是使人们重视旁人对自己的毁誉的一个动力），已经先一步完成了作为第一性的冲动与指针的任务。这样，人们就没有必要把天性中最为崇高的一部分的基石安顿在自私自利这个低劣的原则之上，而受到责怪了。如果有人硬要把自私自利的范围扩得很广，把每一只动物因顺从正常与恰当的本能而感到满意，或因受阻而感到不满这一类的情况也扯进这范围之内，那也只好听之任之了。

社群的成员们所表达出来的意愿或意见，无论起初用口传的也罢，或后来用文字表达的也罢，有的构成我们的行为的唯一的指引，有的成为可以大大巩固我们的社会性本能的一种力量；但有的时候，社群的意见容或有和这些本能直接发生抵触的倾向。所谓的"同辈间体面的礼法"（Law of Honour）就是这种矛盾的一个好例子，这种礼法以社会地位相等的同辈的意见为根据，而并不以全国国民的意见为根据。对这种礼法的一度违反，即便明知其为严格的合乎道德的要求，也曾在不少的人身上引起比一件真正的犯罪行为所能引起的更为难堪的苦恼。在一度偶然违反过哪怕是很小但却是牢不可破的一种礼貌或礼节的规矩之后，即便事隔多年，一经想起，脸上便会因羞愧的感觉而发热，我们大多数的人都曾经有过这种经验，而这就和违反了“同辈间体面的礼法”所造成的影响相类似了。社群对于好坏的判断一般也有些粗糙的经验作为依据，作为指导，就是，从长期看，到底什么是对全部成员最为有利的那种经验，但由于无知，由于推理能力的薄弱，这种判断也难保不发生一些错误。因此，在全世界各地，我们才会看到种种离奇怪诞得不可名状的风俗和迷信，尽管和人类真正的康乐与幸福完全背道而驰，却比什么都强大有力，控制着人们的命运。一个印度人，如果违反了种姓制度的戒律、越出了自己所属的种姓，会惊恐得失魂落魄，就是这方面的一个例子；诸如此类的例子是很多的。一个印度人，一时意志薄弱，受了诱惑，吃了“不洁”的食物，会感觉到懊丧。一个人偷了东西，也会感觉到懊丧，这两种懊丧的情绪是不容易辨别的，但比较起来，大概前一种要更为严重，更难忍受。

这么多的荒谬的行为准则，以及这么多的怪诞的宗教信仰，究竟是怎样发生的，我们不知道；它们又怎么会在全世界的各个角落里变得如此深入人心，牢不可破，我们也不理解。但值得指出的是，当一个人年幼而脑子容易接受外来印象的时候，如果把一种信仰不断地向他灌输，这种信仰似乎可以取得近乎本能的那种性质，而本能之所以为本能，其精要之点就在于人可以直接按照它行事，而无须通过推理。我们也说不上来，为什么有些野蛮人要比另一些更能高度地领悟某些极好的美德，例如，喜爱真实。[43]我们也同样不了解，在这一点上，即便在文明已经高度发展的民族国家，彼此之间，也有类似的差别，有的老实，有的诡诈。我们既然知道许多离奇怪诞的风俗与迷信是怎样地会变成牢不可破的道理，我们，触类旁通，也就不会感觉到奇怪，为什么一些独善其身的德操，尽管在人类的初期状态之下，并不受人重视，而一到现在，在推理能力的推波助澜之下，竟然会在我们的心目中，见得如此自然，乃至于被看成为固有的天性的一部分。

尽管有许多疑难之处可供推究，一般地说，人对于哪些道德准则要高级些，哪些要低级些，是容易辨别出来的。高级的一些准则不是别的，正好就是建立在一些社会性本能之上，而能照顾到旁人的福利的那些。也不是别的，而正好是受到旁人所赞许和理性所支持的那些。至于比较低级的一些准则，主要是关涉到个人的那些，尽管其中有几个有时候也牵涉到一些自我牺牲而低级的称呼对它们并不完全相称；低级之称，也不是出乎一二人的私意，而是众人的公意，公众，通过了长期而成熟的经验与文化熏陶之后，才作出这样的裁定；而在草昧初开的部落里，人们是不根据这些准则办事的。

当人进展得愈来愈文明，而小部落结合成更大的社群的时候，最粗浅的推理能力也会告诉每一个人，他应该从此把他的一些社会性本能和同情心扩充到同一个大社群或民族的全体成员，对其中他所不认识的一些人也是一样。在达到这一点之后，前途阻碍他把同情心推广到一切民族与种族的障碍只剩下人为的一个了。说实在话，到目前为止，如果人和这些不同族类的人还因形貌与习惯的巨大差别而彼此分隔，过去的经验不幸正好向我们说明，在我们有朝一日把这些异族的人看作一视同仁的同类之前，还需要多么漫长的一段时间呀。至于超越人世界以外的同情心，那就是说，把人道推向低于人的动物的这一看法，那是人类在道德领域里最晚近才取得的一种东西。看来，在野蛮人中间，除了对他们所心爱的一两只小动物之外，这种同情心显然是感觉不到的。即便在古代的罗马人，这方面的认识也极为有限，他们的角斗士的种种令人发指的表演就说明了这一点。据我个人的观察所及，就居住在帕姆帕[9]的绝大多数的阜丘人[10]说，人道的观念是一个新鲜的东西。这个美德，人类所被赋予的最为崇高的美德之一，看来是在我们的同情心变得越来越细腻柔和、越来越广泛深透的过程中偶然兴起的，而其发展的结果，终于广被到一切有知觉的生物。起初只是少数几个人尊重而实行这个美德，但通过教诲和示范的作用，很快也就传播到年轻的一代，而终于成为公众信念的一个组成部分。

道德文化可能达到的最高阶段是这样一个阶段，当其时我们将认识到我们应该控制我们自己的思想，而“甚至在我们内心的最深处再也不想到在过去的年月里曾经如此引人入胜的那种种罪孽。”㊹人们对一件坏事，越是心理上熟悉，就越容易再干出来。正如奥瑞流士（甲 439）很久以前所说过的那样，“你的习惯思想是什么样，你的心理的性格也就是什么样；因为灵魂是染上了思想的颜色的。”㊺

我们的伟大的哲学家，斯宾塞尔新近对他对于道德感的一套看法作了说明。他说，㊻“我认为，人类在过去一切世代之中所组织而巩固起来的有功用的经验，一直在我们心理上产生一些相应的变化，而这些变化，又通过不断的遗传与积累，在我们里面成为某些直觉的道德能力——某些对是非、好坏的行为分别作出反应的情绪，而这一类的情绪，在一个人的寻常日用的经验里，却看来像是没有什么基础的。”依我看来，一些德行的倾向或多或少、或强或弱地都可以遗传这一点，在事理上是完全没有什么不可能的。因为，即便不提我们家畜中许多品种所传给它们的后辈的种种不同的性情和习惯，而只讲人，我就听到过一些可靠的例子，说明在上流社会的某些家族里，便似乎世代相传地表现着偷东西的欲望和说谎话的倾向。富裕的阶层中出来的人既然难得犯偷窃的罪行，我们就难用偶然巧合的说法，来说明为什么一家之中会出现两个或三个有偷窃欲的成员的这样一个倾向。如果不良的倾向可以遗传，那么，善良的倾向大概也可以遗传了。身体的生理状态，通过对脑子的影响，对道德的倾向有着巨大的左右的力量，这一点，对大多数的长期患有严重的消化紊乱或肝功能失调的人来说，并不是一件陌生的事。“道德感的歪曲或破坏往往是精神错乱的最初期的征候之一”㊼，这一点也同样说明了这一个事实，而各种疯癫，我们知道，是出名地时常遗传的。不通过道德倾向可以遗传的这一原理，我们对存在于人的各族类之间的这方面的一些差别——而这些差别人们一般相信是有的——，就无法理解。

各种德操倾向的遗传，即便是局部的而不是全部的，对直接或间接从一些社会性本能派生出来的第一性的冲动来说，也将是一个莫大的帮助。如果我们暂时承认德行的倾向是可以遗传的，那么，至少就贞操、节制、对动物的人道等等而言，其所以变得能遗传，首先应该是由于这些倾向，在一个家族的若干世代之间，通过长期的习惯、教诲和示范等作用，在心理组织上留下了深刻的印象，而不是由于具备这些德行的一些个人在生存竞争之中取得了更大的胜利。这两种因由之中，后一种也许完全没有份，或虽有份而分量不大，只居一个次要的地位。但这看法终究是有问题的。我是怀疑任何这一类的遗传的，而我所以怀疑的一个主要来源是，如果这些良好的倾向可以遗传，那么，那些毫无意义的风俗、迷信、爱好，犹如上文所说的那个印度人的怕吃“不洁”的食物之类的倾向，根据同一个原则，也就应该可以遗传了。我从来没有遇到过任何证据来支持这一点，从来没有见过迷信的风俗与无谓的习惯的遗传，尽管，就事理本身来说，这种遗传的可能性也许并不少于动物对某几种食物的爱好或对某几种敌人的畏惧那一类情绪的遗传的可能性。

最后，人之所以取得一些社会性本能，和动物之所取得一样，既然是为了社群的利益，则这些本能一开始大概也就把一些帮助旁人的意愿，把一些同情心的感觉，交付给他，并且迫使他重视旁人对它的毁誉。在很早的一个时期里，这一类的冲动大概也就作为一些粗糙的辨别是非的准则而为他效劳。但从此以后，人在理智能力上逐渐向前推进，使他对行为的后果可以估计得更为远到，他所取得的知识也一直在增加，使他足以认识到一些风俗与迷信的有害无益，而加以放弃，他又对他的同类越来越懂得重视，而所重视的不止是他们的生活平安无恙，并且是他们的幸福。他的一些同情心的活动，原是固定在习惯之上的，遵循着一定的有利的经验、教诲和榜样的，也变得越来越细腻，越来越广被，达到了一切种族的人，达到了智能薄弱的人、肢体伤残的人，以及社会中其他不中用的成员，而最后达到了低于人的各种动物——与这些同时，他的道德标准也就发展得越来越高。而派生论派的道德学者以及直觉论派的一部分学者都承认，从人类历史的一个初期阶段以来，道德的标准是提高了。⑱

不同本能之间的斗争有时候既然可以在低于人的动物身上看到，到了人，以他的一些社会性本能，加上从其中派生出来的种种德行，为斗争的一方，他那些比较低级而暂时可以变得比社会性本能更为强烈的种种冲动或情欲，为又一方，两方也会进行斗争的这一情况，就不足为奇了。这一层，高耳屯先生曾经说过，⑲尤其不值得大惊小怪，因为人从一个半开化状态中崭露头角原是比较晚近的事。我们在一度屈从于某种诱惑之后，会有一种不满、羞愧、追悔或懊丧的感觉，这种感觉是和其他强有力的本能或欲望得不到满足或受到阻碍后所产生的感觉可以比类而观的。我们也在一个过去的诱惑的已经衰退了的印象和随时存在的一些社会性本能之间，或就此种印象和幼年所取得、幼年以来又得到巩固，而已经变得几乎同本能一样坚强的一些习惯之间，进行比较。如果诱惑当前，而我们不屈从，那是因为当其时社会性本能或某一种习尚的力量特别强大，占了上风，或者，当时虽不强大，我们却已经懂得，而预见到，诱惑一经过去而其印象变得淡薄的时候，它会见得强大起来，而依然要向我们算账，换言之，我们认识到它是干冒不得的，干冒了要自作自受而感到痛苦。展望未来的世代，没有什么原因可以使我们发生杞人之忧，认为这些社会性本能会趋于衰退。反之，我们可以指望，良好而合乎道德的一些习惯会变得越来越坚

强、巩固，甚至有可能通过遗传而变得固定下来。到此，高级的冲动与低级的冲动之间的斗争也将不那么尖锐，而德行之美德将取得最后的胜利。

两章总说。——没有疑问，在心理方面，最低级的人和最高级的动物之间，存在着极其巨大的差别。一只猿，如果能对它自己的情况作出一个平心静气而真正客观的看法的话，会承认，尽管它能够图谋划策来掠取一块园地里的果实，也尽管他能够用石块来进行战斗，来砸破干果，要把石块搞得成为一种工具，却很远地越出了它的思虑与能力范围之外了。它也会承认，要它逐步作出一套哲学的推理，或解决一个数学的问题，或沉思到上帝的存在，或欣赏大自然的美景，那就更谈不上了。但有几只猿也许会宣告说，它们能够欣赏，事实上也时常欣赏，和它们结成配偶的对方的肤色和毛色的美丽。它们也会承认，尽管它们能够，通过一些叫声，使伴侣们理解到它们自己的所见所闻或其他的知觉，理解到它们自己的一些简单的欲望，但要把一些具体的意念用一些具体的声音表达出来的这样一个想法却从来没有在脑海里经行过。它们可以诉说，它们随时准备多方面地帮助本队伍中的其他的猿，甚至为它们而死，也随时准备把失去了父母的幼猿抱养成长，但它们不得不承认，对人的那种最崇高的属性，爱及众生，不问亲疏，不计利害，它们却全不理解。

尽管如此，人和高等动物在心理上的差别虽大，这种差别肯定是个程度上，而不是种类上的差别。我们已经看到，各种感觉、一些直觉、各式各样的情绪和才能，例如人用来夸耀自己的仁爱、记

忆、专注、好奇、模仿、推理等等，在低于人的动物身上，都可以找到一些，有的只是一些苗头，有的甚至已经很发达。它们也能通过遗传而得到一步一步的改进，只须把家养的狗和狼或豺狗比较一下，我们就可以看到这一点。如果我们有法子可以证明，某些高级的心理能力，例如概念的形成，例如自我意识，等等，是绝对地只有人才具备的东西的话（而这一点似乎是极度可疑的），那大概也还别有解释，就是，这些高级的品质也无非是其他一些高度发展了的理智能力的一些偶然而附带的结果而已；而这些高度发展了的才能本身的由来还须要归功于一套完整的语言的不断使用。人的新生婴儿，要长大到什么年龄，才算具备了抽象或概括的能力，才变得有了自我意识，才能对一己的所以生存能作出些思考了呢？对这样一个问题，我们无法回答，而在整个有机进化的阶梯上面，在各个级层逐步上升之际，也同样发生这个问题，而我们，不用说也是回答不出的。半是艺术而半是本能的语言至今在它的身上还表现着逐步进化的烙印。能使人变得崇高而贵重的那番对上帝的信仰实际上并不普遍，不是尽人皆有的，而一般对鬼神或精灵的信仰则是从其他一些心理能力派生而来，不难得到一些合乎自然的解释。道德感也许提供了一个最好而最高度的差别，足以把人和低于人的动物区别开来；但在这一点上，我无须再说什么，因为我在上文刚刚试图说明过，种种社会性的本能——而这是人的道德组成的最初的原则[50]——在一些活跃的理智能力和习惯的影响的协助之下，自然而然地会引向“你们愿意人怎样待你们，你们也要怎样待人”这一条金科玉律[11]，而这也就是道德的基础了。

在下一章里，我将就人的若干心理与道德能力所由逐渐进化的一些可能的步骤与方法再说一些话。我们不应该否认，这种进化至少是可能的，因为我们每天可以看到这些能力在每一个婴儿身上的发展，而我们又可以从理智能力比低等动物还低的一个十足的白痴的心理作为起点，而以一个牛顿的心理作为终点，而从中追索出一系列完整而高低有序的层次来。

原　注

① 在这题目上，可参看的作家不一而足，例如戛特尔法宜，《人种的统一》，1861年，页21，等。

② 见所著《伦理哲学专论》，1837年版，页231，等。

③ 见所著《伦理的形而上学》，塞姆普耳（甲600）英译本，爱丁堡版，1836年，页136。

④ 贝恩先生（《心理与道德科学》，1868年版，页543—725）开列了一张包括二十六个不列颠作家的名单，他们在这个题目上都有所著述，这些作家的姓名也是每一个读者所熟悉的；二十六人之外，贝恩先生自己的姓名，以及勒基（甲391）先生、霍奇森（甲320）先生、勒博克爵士和其他一些作家的姓名还可以补上。

⑤ 勃柔迪（甲103）爵士，在谈到人是一种社会动物之后（《关于心理学的一些探讨》，1854年版，页192），提出如下的意义深长的问题，“这对〔动物中〕有没有道德感的存在这样一个争议纷纭的问题应该可以提供解答了罢？”很多人也许有过同样的想法，很久以前的奥瑞流斯（甲439——古罗马统治者，在位时期为公元161年—180年——译者）就是一个例子。穆勒（甲461）先生在他的名著《功利主义论》（1864年版，页45、46）里把一些社会感觉说成是“强有力的自然情操”，又说成是“功利主义的道德的情操的自然基础。”他又说，“像上文所说的其他后天获得的能力一样，道德能力这样东西，如果不是我们天性的一部分的话，至少也是天性的一个自然滋生之物；而也像其他获得的能力一样，在某种不大的程度上，会自发地勃兴起来。”“如果像我自己所相信的那样，一些道德的感觉不是天赋而固有的，而是后天获得的，它们也并不因此而成为不自然或不那么自然。”对他这样一个深邃的思想家敢于表示任何异议，在我是有所迟疑的；但我认为，低等动物中间的一些社会性感觉是发乎本能的，是内在而固有的，对这一点我们该不容再有所争议。在低等动物既如此，何独人就不能如此了呢？贝恩先生（有关的著述不止一种，姑举一种，《情绪与意志》，1865年版，页481）和其他一些作家认为道德感是每一个人在他一生之中所取得的东西。根据一般的进化学说，这种看法至少是极度地与事实相违背的。后来的人评论穆勒先生的著述，依我看来，将不能不

把他对一切遗传的心理性能的熟视无睹认为是最为严重的一个缺点。

⑥　塞奇威克先生在本题的一篇很精干的讨论里说(《学院》,丙 2,1872 年 7 月 15 日的一期,页 231),"我们可以肯定地感觉到,一种比现有的蜜蜂更为高级的蜜蜂,对它们自己的'人口'问题,大概会想出一个更为和平的解决办法。"不过,根据许多或大多数的野蛮人族类的习俗来说,人是用溺杀女婴、一妻多夫和乱交杂婚的办法来解决问题的;因此,所谓比较和平或和缓的方法之说是很值得怀疑的。考勃(甲 156)女士(《道德领域中的达尔文主义》,载《神学评论》,丙 141,1872 年 4 月,页 188—191)也曾对这个假设的例证有所评论,说,这样,社会责任或义务的一些原则就不免倒转过来,而所谓倒转过来,据我的揣测,她的意思是,社会义务的完成不免倾向于对个体的伤害。她有到这个意思,表明她忽略了一个事实,而如果她看到的话,她无疑也绝不会否认,就是,蜜蜂之所以取得它的这些本能,原是为了社群的福利,而不为其他。考勃女士甚至说到,如果我在这一章里所提倡的伦理学说有一天被大家所接受的话,"我不能不认为,学说宣告胜利之时,就是人类的德操的丧钟轰鸣之日!"我们希望,在许多人的心目中,人类德操在地球上自有其经久性的这一信仰所由树立的基础要比考勃女士所见的牢靠得多。

⑦　见所著《达尔文学说》(*Die Darwin'sche Theorie*),页 101。

⑧　见勃朗(甲 105)先生文,载《动物学会会刊》(丙 122),1868 年卷,页 409。

⑨　见勃瑞姆,《动物生活图说》(*Thierleben*),第一卷,1864 年,页 52、79。关于本注正文下面所说猴子会彼此挑取皮肤上所触的芒刺,亦见此书,页 54。至于同书页 76 所说到的树灵狒狒会把石块翻转这一事实是以阿耳伐瑞兹(甲 11)为依据的,勃瑞姆认为这人的观察很是可靠。关于老成的雄狒狒攻击猎犬的几个例子,见同书页 79;关于老鹰的例子,页 56。

⑩　贝耳特(甲 49)先生提供了尼加拉瓜的一只蛛猴的例子。有人听到这猴子在森林里尘声叫喊,喊了大约有两个钟头,赶去看时,发现它旁边有一只老鹰,躲着不动。看来,只要猴子一直面对着它,它就不敢进行攻击;而贝尔特先生,根据他对这种猴子的习性的观察所得,认为它们防御老鹰的方法之一是至少要有两三只猴子待在一起。见《自然学家在尼加拉瓜》,1874 年版,页 118。

⑪　见所著文,载《自然史纪事与杂志》(丙 10),1868 年 11 月,页 382。

⑫　见勒博克爵士,《史前时代》,第二版,页 446。

⑬　见引于摩尔根,《美洲的海狸》,1868 年版,页 272。斯坦斯伯瑞上尉又曾提供一段有趣的叙述,说一只很幼小的鹈鹕,在被一股急流冲走之后,在试图回到海岸上来的努力里,如何受到大约五六只老鹈鹕的指点与鼓励。

⑭　而贝恩先生说,"对一个受苦难者的有效的援助不可能发乎别的,而只能发乎不折不扣的同情心本身";此语出自所著《心理与道德科学》,1868 年版,页 245。

⑮　《动物生活图说》,第一卷,页 85。

⑯　见所著《论生物的种与纲》(*De l'Espèce et de la Classe*),1869 年版,页 97。

⑰　见所著《达尔文的物种学说》(*Die Darwin'sche Art-Lehre*),1869 年,页 54。

⑱　亦见胡克尔所著《喜马拉雅山区旅行日志》,第二卷,1854 年,页 333。

⑲　见勃瑞姆,《动物生活图说》,第一卷,页 76。

⑳　见他所写的极为有趣的那篇文章,《论牛的合群性,兼论人的群居》,载《麦美仑氏杂志》(丙 90),1871 年 2 月,页 353。

㉑　见亚当·斯密所著《道德情操论》的第一章,也是全书中很突出的一章。亦见贝恩先生所著《心理与道德科学》,1868 年版,页 244 及页 275—282。贝恩先生又说,“同情心,对表示同情的人来说,也间接地是快乐的一个源泉”。而他对这一点的解释是,受到同情的人会投桃报李。他说,“受惠的人,或其他在他的地位上的人,会通过同情心的报答和其他答谢或回敬的方式,来补偿表示同情的人所曾作出的牺牲。”这话值得商榷。我认为,如果同情心是一个严格的本能的话,而依我看来它是这样的一个本能,则它的活动便会直接提供快乐之感。我在上文已经说过,几乎每一个本能的活动都可以提供快感,其他的本能如此,同情心该不例外。

㉒　靳宁斯(甲 354)牧师说(见其所编《怀伊特,甲 704,著,塞尔保恩自然史》,1853 年版,页 204),最先把这件事实记录下来的是名望卓著的靳纳尔(甲 353——应即爱德华·真纳,种牛痘的发明者——译者),见文载《哲学会会报》,1824 年卷,而从那时以来,已经有好几位观察家予以证实,特别是勃拉克沃耳(甲 66)先生。这位仔细的观察家,在连续两年的晚秋季节里,检查了三十六个燕巢;发现十二个有死了的小燕子在内,五个有将孵出而未孵出的卵,三个有正在孵化而中途停止的卵。许多小燕子,不够老练,不能胜任长途飞行,也都被遗弃而留在后面(见勃拉克沃耳文,《动物学研究集》,1834 年版,页 108、118)。(关于怀伊特及其著作,参见第十四章,译注 4。——译者)这些证据已足够说明问题了,但如果要求更多的资料,可查勒若沃,《哲学书信集》,1802 年,页 217。关于褐雨燕,见古耳德(甲 274),《大不列颠鸟类引论》,1825 年,页 5。亚当斯(甲 3)先生在加拿大也曾观察到类似的事例,见文,载《大众科学评论》(丙 108),1873 年 7 月,页 283。

㉓　休谟(甲 335)说(《关于道德原理的一个探索》,1751 年的一版,页 132),“我们似乎有必要来作出这样一个自白,就是,别人的快乐和苦恼并不是只供我们旁观,而我们可以完全漠然无动于衷的,而是,前音,一经看到,会在我们身上……传达到一种不露声色的愉快;而后者的出现……会在我们的想象之上笼罩一层忧伤沉闷的阴影。”

㉔　《心理与道德科学》,1868 年版,页 254。

㉕　我这里所说的界线是存在于有人所谓实质的道德与形式的道德之间的界线。我很高兴看到赫胥黎教授(《评论与演讲集》,1873 年版,页 287)在这题目上所取的看法是和我的看法相同的。斯提芬先生说(《自由思想与老实说话论集》,1873 年,页 83),“实质道德与形式道德这一个形而上学的区分,像其他这一类的区分一样,是不切问题的实际的。”

㉖　我曾经在别处举过这样的一个例子,是出自巴塔哥尼亚的印第安人的(Patagonians——南美洲大陆南端的一个土著族类,亦径称巴塔哥尼亚人,今已被消灭垂尽——译者),他们宁愿一个一个地被拉出去枪杀,而坚决不出卖他们同伴的战争计划(《……研究日志》,1845 年版,页 103)。

㉗　仇恨或憎恶似乎也是一种高度坚持的感觉或情绪,也许比我们所能提名的任

何其他情绪更能长期持久。有人为妒忌下了个定义，认为是对别人的优点或成功的憎恨；而培根（甲 23）早就郑重地说过（《论文》，第九），“在所有其他的情感之中，妒忌是最重要的，也是最持久的。”狗对陌生的人和陌生的狗很容易表示憎恨，尤其是如果他们住得很近而却不属于同一个家庭、部落或氏族的话。由此看来，这种憎恨的情绪似乎是内在而固有的，并且肯定是最能坚持的情绪之一。它和真正的社会性本能的关系似乎是既相反而又相成的。从我们所听到的关于野蛮人的情况而加以推断，甚至在他们的生活里似乎也有与此很相类似的情形，不独拘而已。如果真有这种情形，那么，只要甲部落的任何一个成员对乙部落的任何一个成员有所伤害而前者成为后者的敌人，则后者原是一个人的憎恨的情绪就很容易转移到同部落的任何成员身上。如果一个人加害于他的敌人，看来原始人的良心也不会对此人有所谴责。反之，他如果不加害，即不报复，那倒要受到谴责。以善报恶，以爱加于敌人，是道德的一种高度的境界，我们的一些道德性本能是不是有任何一天会自然而然地把我们引向这样一个高度，是可以怀疑的。在诸如此类的金科玉律有朝一日成为人们思想的一部分而受人遵守以前，这些社会性本能，连同同情心在一起，有必要通过推理、教诲，以及对上帝的爱或敬畏等等方面的帮助，先接受一番高度的训练和广泛的扩充才行。

㉘　见所著《疯癫与法律的关系》，加拿大盎泰里奥版及美国版，1871 年，页 1。

㉙　见泰伊勒尔文，载《当代评论》（丙 48），1873 年 4 月，页 707。

㉚　德贝恩（甲 192）博士在他 1868 年出版的《自然心理学》（*Psychologie Naturelle*）一书中（第一卷，页 243；第二卷，页 169）列举了许多罪大恶极的罪犯的例子，这些罪犯看来是所谓“丧尽天良”的，就是没有良心的。

㉛　语出一篇写得很干练的文章，载《北不列颠评论》（丙 105），1867 年卷，页 395。又可参看贝却特（甲 26）先生以《论服从与团结对原始人的重要性》为题的几篇文章，载《双周评论》（丙 60），1867 年卷，页 529，及 1868 年卷，页 457 等。

㉜　关于溺婴，我所看到过的最为详尽的记载当推格尔兰特（甲 261）博士所著《土著民族的灭绝》（*Ueber das Aussterben der Naturvölker*）一书，1868 年版。但在本书未来的有一章里我还有机会回到这溺婴的题目上来（第十二章——译者）。

㉝　关于自杀，勒基作过一段很有趣味的讨论，见《欧洲道德史》，第一卷，1869 年版，页 223。关于野蛮人的自杀，瑞德（甲 546）先生告诉我，西非洲的黑人往往自杀。很多人都知道，西班牙人把南美洲征服之后，困苦无告的土著居民的自杀，是何等寻常的一种事情。关于新西兰土著居民在这方面的情况，见《“诺伐拉号”航海录》；而关于阿留申群岛上的土著居民（群岛在阿拉斯加之南与西南，土著居民即称阿留特人，Aleuts——译者），缪勒尔（甲 482；但本书所引缪勒尔不一，此究竟是哪一位缪勒尔，原文未详——译者）曾有所叙及，见引于乌珠，《动物的心理才能》（*Les Facultés Mentalés*），第二卷，页 136。

㉞　见贝却特（参上注㉛——译者）先生，《物理与政治》，1872 年版，页 72。

㉟　这种例子不少，例如汉密耳屯（甲 292）先生曾叙述到喀非尔人（Kaffirs——以此名称见称的族类有两个，一在南非洲，一在中央亚细亚，这里所说的应是南非洲的——译者）有这种行径，见文，载《人类学评论》（丙 21），1870 年卷，罗马数字页 15。

㊱　麦克勒南先生曾在这方面提供很可观的一宗事实，见所著《原始婚姻》，1865年版，页176。

㊲　见勒基，《欧洲道德史》，第一卷，1869年版，页109。

㊳　见所著《出使中国记》，第二卷，页348。

㊴　在这方面，勒博克爵士的《文明的起源》一书（1870年版）的第七章中载有大量的例证，可以参看。

㊵　例如，勒基，《欧洲道德史》，第一卷，页124。

㊶　"派生"这个词，1869年10月一期的《威斯特明斯特尔评论》（丙153）（页498）的写得很干练的一篇文章中曾经用到。关于本注正文下面所说到的"极大幸福的原则，"见穆勒，《功利主义论》，页17。

㊷　穆勒再清楚不过地认识到（《逻辑的体系》，第二卷，页422），人们可以通过习惯而进行一些动作，而预先并不计较它所带来的苦或乐。西奇威克（甲608）先生在他的关于《快乐与欲望》的那篇论文（《当代评论》（丙48），1872年4月，页671）里，也说，"总之，有人主张，我们的一些有意识而自动的行为的冲动总是指向在我们身上产生一些舒适或愉快的感觉。我的看法与此学说相反，我要提出的是，我们在意识里到处可以发现照顾到别人的冲动，而所指向的，不是快乐，而是些别的东西。我并且认为，在许多情况下，那导致行为的冲动和独善其身的冲动是如此地互相矛盾，以至二者很难在同一个时刻里在意识中并存共处。"我们确乎有这样一种影约不清的感觉，即，感觉到我们的一些冲动并不总是起于对愉快的要求，当时的也罢，未来的也罢，而我不能不认为，这一种影约不清的感觉是一个主要的原因，足以说明为什么人们乐于接受直觉论的道德学说，而不接受功利论或"极大幸福论"。在这后一种学说里，行为的标准和行为的动机往往无可否认地被混淆了起来，但也得承认，这在某种程度上也确乎是不容易划清的。

㊸　沃勒斯先生曾举出一些好的例子，见文，载《科学意见》（丙131），1869年9月15日的一期；而后来在他的《对自然选择论的一些贡献》一书（1870年版，页353）里列举得更为详细。

㊹　语出诗人特尼森（甲648），《君王田园诗》，页244。

㊺　见《奥瑞流斯·安敦尼皇帝的思想》，英译本，第二版，1869年，页112。安敦尼生于公元121年。（按即甲439，这个罗马统治者的全名是 Marcus Aurelius Antoninus 故书名云云。——译者）

㊻　见他写给穆勒的书信中，载入贝恩，同上注⑭所引书，页722。

㊼　语出毛兹雷（甲448），《身与心》，1870年版，页60。

㊽　有一位很能作出健全的判断的作家在《北不列颠评论》，（丙105）（1869年7月，页531）的一篇文章里大力表示同意这个结论。勒基先生（《欧洲道德史》，第一卷，页143）的见解似乎在一定程度上也与此相符。

㊾　见他的引人注目的著作，《遗传的天才》，1869年版，页349。阿尔吉耳公爵（《原始人》，1869年版，页188），对人性中存在着是非的斗争这一点，也有些话说得很不错。

㊿　同上注㊺引书，页139。

译　　注

1. Macaw，产于南美洲的一种鹦鹉。

2. Fijians，南太平洋美拉尼西亚区斐济群岛上的土著居民。

3. Utah，美国西部的一个州。

4. pointer，发现猎物时即停留在它的附近而用鼻子来指示猎物的所在的那种猎犬。

5. 一种大型而善游泳的狗，产于北美洲东北隅的英属纽芬兰岛。

6. 短暂的本能一时战胜了经久的本能，故曰相反。

7. 即同姓之类。

8. Pompeii，罗马古城，公元79年，为火山爆发所喷射的熔岩所埋没，遗墟在今意大利西南境。

9. Pampa，南美洲亚马孙河流域的诸大草原，主要在阿根廷境内。

10. Gauchos，早期西班牙殖民者和印第安人的混血种，自成为族。

11. 基督教经典，《新约全书》中《马太福音》，第七章，第十二节；或《路加福音》，第六章，第三十一节。

第五章　经历原始与文明诸时代，种种理智与道德能力的发展

理智能力通过自然选择而得到进展——模仿的重要——社会的与道德的种种能力——这些能力在同一个部落的界限以内的发展——自然选择对一些文明民族国家的影响——一些文明民族国家曾经一度经历过半开化阶级的证据。

本章中所要讨论的几个题目都有极为重要的意义，但我在这里只作了一些不完整而零星片段的处理。沃勒斯先生在上文已经征引过的那篇值得称赞的文章里，①提出论点，认为人在部分取得那些把他和低于他的动物区别开来的理智的和道德的能力之后，在体格方面通过自然选择或任何其他方法而发生变化的倾向就几乎停止了。因为，从此，通过这些心理能力，人能够"用他的不再变化的身体来和不断变化中的宇宙取得和谐，而可以相安"。他从此有了巨大的能力足以使他的种种习惯适应于新的一些生活条件。他发明了武器、工具与觅取食物和保卫自己的各式各样的谋略。当他迁徙到气候寒冷的地区的时候，他会使用衣服，搭造窝棚，生火取暖，而利用火的力量，他又能把原来消化不了的食物烤熟煮烂。他能多方面地帮同伴的忙，能预见一些未来的事态发展。即

在距今很荒远的时期里，他已经能实行某种程度的劳动分工。

在低于人的动物则不然，为了能在大大改变了的条件下生存下来，它们必须在身体结构方面起些变化。它们必须变得更强壮些，或者取得效率更高的牙和爪，否则就不足以抵御新的敌人而保卫自己，要不然，就得把体格变得小些，以免于被敌人发觉而陷于危险之地。当迁徙到一个寒冷的地区时，它们的皮毛有必要长得浓厚些，或内部的生理组织不得不有所改变。如果不能起这一类的变化，或变化不成，它们就得停止生存。

但正如沃勒斯先生持之有故而言之成理地说过的那样，一到了人，由于种种社会和道德能力的关系，情况就大大不同了。这些能力是有变异的，而我们有一切的理由可以相信，这种变异是倾向于遗传的。因此，如果它们在以前对原始人，乃至对他的和猿类相似的远祖很有用处的话，它们就会通过自然选择而发展得更为完整，或更向前推进一步。关于理智才能的高度重要或大有用处这一点，是无可怀疑的，因为，主要是由于它们的功劳，人才能在世界上占有他所占的卓越的地位。我们可以看到，在最原始的社会发展的初期，最聪明的一些个人、能发明与运用最好的武器或陷阱网罗的人、最善于自卫的人，就会生养最大数量的子女。许多部落之中，有这种天赋的人数越多的一些部落，人口就越会繁殖，而终于取代其他的部落。人口的数量第一要靠生活资料的来源，而生活资料的来源部分要靠所在地区的自然性质，而在更高的程度上要靠人们在这地区里所实行的种种生活与生产艺术。在繁荣与胜利之中的一个部落往往会通过对其他部落的吸收合并而变得更为繁荣昌盛。② 一个部落的成功在一定重要的程度上也要靠部落成员的身材与体力，而

这些,部分要看所能取得的食物的质量与数量。在欧洲,青铜器时代的人被另一个族类所取代,这另一个族类在体力上要强大些,而根据他们所遗留下来的刀柄而加以推断,双手也要粗壮些,③但他们的所以成功,大概更多地要归因于各种生活与生产艺术的优越。

关于野蛮人,我们所知道的一切,或根据关于他们的传说以及古老而可供凭吊的物品所能推断出来的种种,尽管这些物品所在地的现在的居民根本不知道它们的来历或对它们的历史已经遗忘殆尽——都说明了这一点,就是,从极为荒远的时代起,成功的部落总是取代了其他的部落。在全世界的各个地区,从一些开化而文明的地区,到美洲的荒野的大平原,再到太平洋上一些孤立的岛屿,人们都发现过已经灭绝而完全被遗忘了的一些部落的遗物。在今天,除了气候对健康与生存太不相宜的一些地方还能对外力的侵入提供一些障碍而外,一些文明的民族国家到处正在取代一些半开化的民族,而他们之所以成功,虽不全靠各种生活与生产的艺术,却主要是通过了这些艺术,而这些艺术无他,全都是智能的产物。因此,就人类的过去而言,有着高度可能而接近于事实真相的情况是,各种理智性能主要是通过了自然选择而逐步变得越来越完善的,而这样一个结论,为了我们在这里的目的,也就足够了。如果能把每一种能力的发展追溯一下,从它存在于低于人的动物身上的那种状态起,直到它今天存在于人的身上的状态止,无疑地将是一件很有意义的事,但我的才能和我的知识都不容许我作这个尝试。

值得注意的是,人的远祖一旦变得有社会性之后(而此种变化大概是发生在一个很早的时期里),模仿的原则、推理和经验的活动都会有所增加,从而使各种理智能力起很大的变化,而此种变化

的方式我们在低于人的动物中间只能看到一些零星的迹象而已。各种猿猴是很会模仿的，而最低级的野蛮人也是如此；上文所曾提到的一个简单的事例，叙述到猎人在某一地点行猎，在过了一些时候之后，要在这同一个地点，用同一种类的陷阱或网罟，他是一只也捉不到的，这也说明动物会接受经验教训，并且会仿效其他动物的小心谨慎，来趋利避害。如今说到人，如果一个部落中有某一个人，比别人更聪明一些，发明了一种新的捕杀动物的网罟机械或武器，或其他进攻或自卫的方法，即便只是最简单明了的自我利益，而不提推理能力的多大的帮助，也会打动部落中其他的成员来仿效这一个人的做法，结果是大家都得到了好处。每一种手艺的习惯性的进行，在某种轻微的程度上，也可以加强理智的能力。如果一件新发明是很重要的一个，这发明所出自的部落在人数上就会增加，会散布得更广，会终于取代别的部落。在这样一个变得繁殖了的部落里，总会有比较多的机会来产生其他智慧高而有发明能力的成员。如果这些成员留下孩子，而孩子们又遗传到了他们的心理方面的长处，那么，这一部落就会有比较好的机会来产生多上加多的这一类聪明的成员，而如果这部落原是一个很小的部落，这机会就肯定地更见得好些。即便这些人不留下孩子，也不碍事，部落里还有和他们有血缘关系的人。农牧业方面的专家已经把握有这样的知识可以与此相比，④就是，屠宰了一只动物之后，才发现这动物身上有某种优良的特征，也不要紧，只要从它的家族成员中精心保养和选种，这一特征还是可以捞回来的。

现在转到一些社会和道德的能力。原始人，或人的更远的近

乎猿猴的祖先，为了要变得有社会性，一定曾经首先取得当初迫使其他动物聚居在一起而成为一体的那样本能的感觉；而无疑地是，他们一定曾经表现和它们同样的一些性情趋向。如果和同伴们分开，他们会感觉到不安稳，对这些同伴们他们会感觉到某种程度的情爱；遇有危险，他们会彼此警告，而在向敌人进行攻守的时候，也会彼此相助。所有这些也说明，背后还有某种程度的同情心、忠诚和勇敢等品质。这一类的社会品质，其在低于人的动物中间，原是极关重要，是我们所认为无可争论的；至于人，我们的远祖也无疑地取得了这些品质，而取得的方式也正复相同，就是，通过自然选择，再加上习惯的遗传。当两个居住在同一片地区的原始人的部落开始进行竞争的时候，如果（其他情况与条件相等）其中的一个拥有一个更大数量的勇敢、富有同情心，而忠贞不贰的成员，随时准备着彼此告警，随时守望相助，这一个部落就更趋向于胜利而征服其他的一个。让我们牢记在心，在野蛮人的族类之间的无休无止的战争里，忠诚和勇敢是何等无可争辩的极关重要的品质。纪律良好的军队要比漫无纪律的乌合之众为强，主要是由于每一个士兵对他的同伴怀有信心。贝却特指出得很对，⑤服从的品德有着极高的价值，因为任何形式的政治组织要比没有的好。自私自利和老是争吵的人是团结不起来的，而没有团结便一事无成。一个富有上面所说的种种品质的部落会扩大而对其他的部落取得胜利，但在时间向前推进的过程中，我们根据过去一切的历史说话，这同一个部落会轮到被另外某一个具有更高品质的部落所制胜。社会与道德的种种品质就是这样地倾向于缓缓地向前进展而散布到整个的世界。

但我们不妨问一下，在同一个部落的界限以内，比较多数的成员又是怎样取得或被赋予这些社会与道德的品质的呢？而衡量它们好而又好的标准又是怎样提高的呢？在同一个部落之内，更富有同情心而仁慈一些的父母，或对同伴们最忠诚的一些父母，比起自私自利而反复无常、诡诈百出的一些父母来，是不是会培养更大数量的孩子成人，是极可以怀疑的一件事。任何宁愿随时准备为他的同伴牺牲自己的生命而不愿出卖他们的人，而这在野蛮人中间是屡见不鲜的事，往往不留什么孩子来把他的高尚的品质遗传下来。最为勇敢的一些人，由于在战争中总是愿意当前锋，打头阵，总是毫不吝惜地为别人冒出生入死的危险，平均地说，总要比其他的人死得多些。因此，若说赋有这些美德的人的数量，或他们的那种出人头地的优异的标准，能够通过自然选择，也就是说，通过适者生存的原理，而得到增加或提高，看来是大成问题的。要知道我们在这里说的不是部落与部落之间的成败，而是一个部落之中这一部分的人与那一部分的人之间的成败。

在同一部落之内，导致有这种天赋的人在数量上的增加的种种情况虽然过于复杂，难以一一分析清楚，其中有些可能的步骤是可以追溯一下的。首先，当部落成员的推理能力和料事能力逐渐有所增进之际，每一个人会认识到，如果他帮助别人，他一般也会受到旁人的帮助，有投桃，就有报李。从这样一个不太崇高的动机出发，他有可能养成一个帮助旁人的习惯；而这种助人为乐的习惯肯定会加强同情的感觉，因为仁爱的行为的第一个冲动或动力是由这种感觉提供的。还须看到一点，连续履行了许多世代的一些习惯大概是倾向于遗传的。

但是使一些社会德操的发展的另一个而更为强大得多的刺激是由我们同辈对我们的毁誉所提供的。我们习惯于向旁人表示赞许或提出责备，而同时也喜爱旁人对我们的赞许而畏惧旁人对我们的责备，这一个事实，我们在上文已经看到，是首先要推本穷源到同情心这一本能的；而这一本能的取得，像其他所有的社会性本能一样，原本是通过了自然选择的。人的远祖们，在他们发展的过程中，究竟在多么早的一个时期里变得能感觉到同伴们对他们的毁誉，而又能因毁誉而有所激动和劝诫，我们当然说不上来。但即便在狗，看来也懂得鼓励、称赞和责怪。草昧初开的野蛮人也感觉到什么是光彩或光荣，他们对用威武奇才所取得的各种胜利品的储存、他们的习惯于在人前大夸海口，甚至他们对自己形貌与装饰的极度的讲究，都清楚地说明了这一点，因为，除非他们懂得珍视同伴的意见，这些习惯便成为无的之矢，全无意义。

在违反了一些次要的规矩之后，他们也肯定地感觉到羞愧，而至少从表面上看去，也像感觉到有些懊丧，上一章中说到的那个澳大利亚土著居民，由于未能及时地杀死另一个女人，来向他已故的妻子的鬼魂取得和解，把自己搞得形容憔悴，坐卧不安。我虽没有能在文献中见到任何其他的例子，却也很难相信，一个野蛮人，既宁愿牺牲自己的生命，而不愿出卖他的部落，或者，既宁愿继续当俘虏，而不愿宣誓认罪而邀释放，⑥而在未能完成一种他所认为神圣的义务的情况下会不从灵魂深处感觉到十分懊丧。

因此，我们不妨作出结论，认为原始人，在很荒远的一个时代里，是受到同辈的毁誉的影响的。显然，同一部落的成员对他们认为是对大家有利的行为会表示赞许，而对被认为是邪恶的行为表示谴责。对别人行善事——你们愿意人怎样待你们，你们也要怎样待人——是道德的奠基石。因此，爱誉和恶毁之情在草昧时代的重要性是再说得大些怕也不会言过其实的。在这时代里的一个人，即便不受到任何深刻的出乎本能的感觉所驱策，来为同类中人的利益而牺牲生命，而只是由于一种光荣之感的激发而作出了这一类的利人损己的行为，这种行为会对其他的人提供示范作用，并在他们身上唤起同样的追求光荣的愿望，而同时，通过再三的习练，在自己身上，也会加强对别人的善行勇于赞赏的那种崇高的心情。这样，他对他的部落所能做出的好事，比起多生几个倾向于遗传他的高尚的特征的孩子来，也许远为有意义得多。

经验与理性有所增加之后，人对他自己的种种行动的后果看到更远了，而从此，在前一些时代里原是完全不问的那些独善其身或专属于个人的操守犹如节制、贞洁等等，开始得到高度的重视，甚至被推崇为超凡入圣。但我无须在这里重复我在上面第四章中在这方面已经说过的话。总之，我们最后可以说，我们的道德感或良心，始于一些社会性的本能，中途在很大程度上受到了旁人毁誉的指引，又受到了理性、个人利害的考虑，以及在更后来的一些时代里、一些深刻的宗教情绪的制裁约束，而终于，通过教诲与习惯，取得了稳定与巩固。

我们千万不要忘记，一个高标准的道德，就一个部落中的某些成员以及他们的子女来说，比起其他的成员来，尽管没有多大好处，或甚至没有好处，而对整个部落来说，如果部落中天赋良好的成员数量有所增加，而道德标准有所提高，却肯定地是一个莫大的好处，有利于它在竞争之中胜过另一个部落。一个部落，如果拥有许多的成员，由于富有高度的爱护本族类的精神、忠诚、服从、勇敢与同情心等品质，而几乎总是能随时随地进行互助，又且能为大家的利益而牺牲自己，这样一个部落会在绝大多数的部落之中取得胜利，而这不是别的，也就是自然选择了。在整个世界上，在所有的时代里，一些部落总是在取代另一些部落。而道德既然是前者所由取胜的一个重要因素，道德的标准，就会到处都倾向于提高，而品质良好的人的数量也会到处倾向于增加了。

然而，要作出一个判断来说明为什么这一个部落，而不是那一个部落，终于成功，终于在文明的阶梯上攀登起来，也还是一件很困难的事。有许多野蛮人的族类，好几个世纪以前被人发现的时候是什么一种情况，到今天还是这样一个情况。像贝却特先生所说的那样，我们总爱把进步看成是人类社会中一种正常而经常的事物，但历史是驳斥了这一点的。西方古代的人脑子里根本没有进步的概念，而东方的民族国家到今天还没有。[1] 根据另一个有高度权威的作家，梅恩（甲 432）爵士，⑦“绝大部分的人类，对各种社会制度的应需改进，从来没有表示过一丝一毫的愿望”。进步这样东西似乎要依靠许多因缘凑合的有利条件，太错综复杂了，要弄清楚是不容易的。但时常有人说到，一个比较冷的气候，由于可以使人们生活得比较勤劳，从而产生了种种生活与生产的艺术，是高度有利于进步的。爱斯基摩人，迫于生活的万不得已，成功地发明了许多巧妙的东西，但他们的气候毕竟是太酷寒了，不适宜于长期持续的进步。流浪和频频迁徙，无论是在广大的草原上，或通过热带地区的浓密的丛林，或沿着荒凉的海岸，都是对进步有妨碍的。当我在火地岛[2]（Tierra del Fuego——南美洲极南端——译者）观察

当地半开化的居民时，我深深感觉到，一些财产的占有、一个固定的住所、许多家族结合在一个首领之下，是文明所由开始的万不可少的一些条件。而这些条件或习惯又几乎有必要把土地开垦出来而在上面有所种植；而种植的最先的一些步骤的由来有可能是偶然的，例如，我在别处说明过，[⑧]一颗果树的种子掉进了一堆垃圾，而终于产生了一个特别良好的新品种。但野蛮人如何走向文明而迈进了第一步的问题到现在还是一个太困难的题目，一时还不能解决。

自然选择在文明的民族国家中的影响——到目前为止，我只考虑到了人从半人半兽的状态向近代野蛮人的状态进展的一段的情况。但自然选择对文明的民族国家起过些什么作用，似乎也值得在这里一并谈一谈。以前，葛瑞格（甲 281）先生曾经讨论过这个题目，[⑨]而在他以前，还有沃勒斯先生和高耳屯先生[⑩]，都讨论得很好。我在这里所要说的话，绝大部分是采自这三位作家的。就野蛮人，身体软弱或智能低下的人是很快就受到了淘汰的，而存活下来的人一般在健康上都表现得精力充沛。而我们文明的人所做的正好相反，总是千方百计地阻碍淘汰的进行；我们建筑各种医疗或休养的场所，来收容各种痴愚的人、各种残废之辈和各种病号。我们订立各种济贫的法律，而我们的医务人员竭尽他们的才能来挽救每一条垂危的生命。我们有理由相信，接种牛痘之法把数以千计的体质本来虚弱而原是可以由天花收拾掉的人保存了下来。这样，文明社会里的一些脆弱的成员就照样繁殖他们的种类。凡是做过家畜育种的人谁都不怀疑这种做法是对人类的前途有着高度危害性的。在家畜的育种工作里，只要一不经心，或经心而不得其当，就很快地会导致一个品种的退化，快得令人吃惊；但除了人自己的情况没有人过问而外，几乎谁也不会那么无知或愚蠢，以至于容忍他的家畜中的最要不得的一些个体进行交配传种。

我们所感觉到不得不向无告的人提供的那种援助主要是同情心的一个偶然而意外的结果，而同情心原是首先作为社会性本能的一部分而取到了手，而后来通过像上文所已说过的那些过程，才变得更为柔和、更为广泛散布的一种东西。即便在刚性的理性的督促下，同情心也是抑制不住的，横加抑制，势必对我们本性中最为崇高的一部分造成损失。外科医师在进行一次手术的时候，可以硬得起心肠，因为他知道他所进行的工作是为了病号的利益；但若我们故意把体魄柔弱的人、穷而无告的人忽略过去，那只能是以一时而靠不住的利益换取一个无穷无尽的祸害。因此，我们不得不把弱者生存而传种所产生的显然恶劣的影响担当下来；但在同时，看来至少有一种限制是在进行着稳健而不停的活动的，那就是，社会上一些软弱而低劣的成员，比起健全的来，不那么容易结婚；而如果能使身心软弱的人索性放弃结婚，这个限制的作用是可以无限制地扩大的。但在今天，这只能是一件希望中的事，而不是指日可待的事。

在维持着一个庞大的常备军的国家里，最优秀的青年大都应征应募而参加了军队。这样，他们可能在战场上很早就死去，或往往沾染上淫邪的恶习，而全都不能在身强力壮的年龄里结婚。而一些矮小些或软弱些的人，体质根本不行的人，反而留在家里，从而得到大得多的机会来结婚生子，繁育在体质上和他们属于一类的人。⑪

人积累了财产而把它传给自己的子女，因此，富人的子女，即便不论身心品质方面有无优越之处，在奔向胜利的竞赛中，已经要比穷人占便宜。在另一方面，寿命短促的父母，平均说来，也正是健康与精力有欠缺的父母，死得既然早些，他们的子女，比起别家的子女来，继承财产的机会也就来得快些，因此，也就更容易早婚而留下更大数量在体质上有欠缺的子女来。但财产的继承本身远远不是一件坏事情，因为没有资本的积累，各种生活与生产的艺术就不能进步，文明的各个族类主要是通过资本积累的力量，才得以扩张它们的势力，并且如今还在到处扩张，使势力范围越来越大，而势将占有一些低等族类的地位而代之。财富的比较适中而不太急剧的积累也并不干扰选择的过程。当一个穷人变得比较富有，他的子女便可以进入各种职业或某些自由职业，而一经进入，其间也有足够的竞争使身心健壮的一些分子可以取得更大的成功。社会中拥有一批教育与训练良好的人，一批无须用劳动来换取一日三餐的人，是极其重要的一件事，重要得难以估计过分。因为一切需要高度理智的工作是由他们来进行的，而一切方面的物质进步主要依靠这一类的工作，至于其他而更高的一些好处可以不必说了。财富太多太大，无疑倾向于使有用的人变为无用，游手好闲，不事劳动，像蜜蜂中的雄蜂一般。但他们在数量上是从来不大的，而在这里，也会发生某种程度的自然淘汰，因为我们可以每天看到一些富人子弟，恰巧也是一些愚蠢或奢淫放浪的分子，白白把祖遗的财富搞一个精光。

长子继承的制度和在此制度下所取得的大宗财富，尽管在以

前，在一个优越的阶级的产生方面，又从而在形成一种政府方面，可能有过一些好处，因为任何政府比没有政府要强些。[3] 尽管如此，在现在看来，却总是一个更为直接的祸患。绝大多数的长子，身体或心理方面虽不健全，却照例结婚，而其他的儿子，无论在身心品质方面如何优越，结婚的例子的比重就不那么大。而这些形同废物的长子也不可能把偌大的财富花个精光，从而产生一些淘汰的作用。但在这里，像在其他一些方面一样，由于文明生活中的种种关系如此错综复杂，难以推究，某些补偿性的限制还是起了些干预的作用的。通过长子继承制而变得富裕的人一般总是世世代代地有机会选取在形貌体态上最为美丽与漂亮的女子为妻，而这种女子，一般地说，也是身体健康而心灵活跃之辈。为了维持一个血缘与爵位的传统于不断不杂，而不问选择，所可能产生的那一类恶劣的后果，由于有爵位的人总想在财富与权力方面继长增高，便可以得到一些限制或预防。原来，为了财富与权力的不断增长，他们的办法是专娶作为继承人的女子为妻，也就是人家的独生女儿为妻。但这种独生女儿本人，正如高耳屯先生所指出的那样，⑫是生育能力不旺的，甚至倾向于根本生不出孩子来。一些名门贵族的嫡系不断地中绝而传不下去，而它们的财富终于转入旁支的手里，道理就在这里了。旁支也不要紧，但不幸的是，这种旁支之所以取得这笔财富，是并不因为它在任何方面有什么优越之处。

尽管文明生活这样多方面地限制住了自然选择的作用，总地看来，通过更好的食物供应和对一些不时要发生的灾难的规避，它对于一般体格的发展，却还是有利的。这一点是由推论得来的：凡是作过比较的地方，人们发现文明人要比野蛮人更为强壮一些。⑬

文明人的毅力和耐性，看来也和野蛮人的不相上下，这从许多的探险性长征中可以得到证明。甚至富人的那种高度奢侈放纵的生活所造成的损害也不算太大，因为我们的贵族，在人口统计学上所谓的平均寿命的数学期望方面，无论男女，也无论在哪一个年龄，比起阶级或阶层地位较低的健康的英国人来，虽然差些，却差得很有限。⑭

我们现在转而看看理智能力方面的情况如何。如果我们把社会中的每一个阶层的成员都分成人数相等的两半，前一半是智能上比较卓越的，而后一半则是比较低劣的，可以几乎没有疑问的是，前一半会在所有的各行各业中取得更大的成功，而生养一些更大数量的子女。即便在一些最低级的行业里，能力强些与技巧熟练程度高些的人一定会占些便宜，尽管在许多行业里，由于劳动分工太细，这种便宜是很小的，却总还有些。因此，在文明的民族国家里，在理智能力一方面，无论智能较高的人的数量也好，或智能高低的标准也好，都或多或少地有些增加或提高的趋势。我不愿意说，这一趋势一定不会受到其他一些方面的影响的抵消，而且抵消有余，例如，麻木不仁、毫无远见的人的越来越多就是一种抵消的力量；不过，我也承认，即便对人口中的这一类分子而言，智能的有所增进总是有些好处的。

对有如上文所说的一些看法，常常有人提出异议，他们指出，历史上出现过的奇才异禀的人中间，多数没有留下子女把他们的高超的智慧传递下来。高耳屯先生对此作过答复，说，⑮“我很抱憾，我无法解决这样一个简单的问题，就是，赋有奇才异禀的天才，男的也好，女的也好，究竟是不是艰于生育，或艰于生育到什么程

度。但我已经指出，杰出的人事实上并不如此”。伟大的立法家、一些与人为善的宗教的创立者、大哲学家和科学发现者或发明家，其业绩之有助于人类的进步，比起留下许许多多的子孙来，在程度上，要远为高明博厚得多。在身体结构方面，真正导致一个物种前进的是对在天赋上略微好些的个体的积极的选择，和对在天赋上略微差些的个体的消极的淘汰，而少数有突出而罕见的畸形变态的个体，即便保留下来，也不关宏旨，不影响人类的前进。⑯如今在理智才能方面也有这种情况，因为，在社会的每一个阶层中，聪明能干些的人要比不那么聪明能干的人总见得更容易成功些，因而，如果不受来自其他方面的阻碍的话，在人数上也会增加。在任何民族或民族国家里，如果理智的标准有所提高，而富有理智的人的数量有所增加，则我们可以指望，根据“偏离平均值”的这一条法则(Law of deviation from the average)，赋有奇才异禀的天才的出现的频率似乎要比以前为大，这也是高尔屯先生曾经指出过的。

关于各种道德品质，即便在最文明的民族国家里，一些最恶劣的性情与行为倾向的淘汰是或多或少一直在进行着的。为非作歹的分子有的被处死刑，有的受到长期监禁，因此，他们就无法随心所欲地把恶劣的品质传递下来。忧郁性和疯癫性的神经错乱的人，有的被禁闭起来，有的自杀。容易暴怒而爱吵架的人往往彼此凶杀，不得善终。冒失而乱跌乱闯的人，由于缺乏恒心，一般是难于安居乐业的——而这是对文明时代大有阻碍的一个从半开化时期遗留下来的情况⑰——不过，由于他们往往会迁徙到新开拓的移民地区，而终于成为有用的拓荒者。酗酒无度是高度伤身的，酒徒的寿命是短促的，据有的统计，他们可指望的平均寿命，以三十岁的人为例，只可望再活 13.8 年；而同年龄的一个英格兰的农村劳动者则可望再活上 40.59 年。⑱淫乱的女子所生的子女不多，而淫乱的男子则很难得结婚；而这一类的人，无论男女，大都有病[4]。在家畜的育种工作中，要取得成功，淘汰那些数量虽有限而有显著弱点的个体，也不算不是一个重要的因素。这话对那些有害而倾向于通过返祖遗传而在后代重新出现的特征，例如绵羊的黑色，尤其是适用；而在人类，在某一些家族里，有些偶然出现而来源不明的最恶劣的性情与行为倾向也许就是返祖遗传的表现，而这里所说的“祖”有可能要追溯到当初的野蛮状态，而这状态和我们相去的世代毕竟还不算太多。这一看法看来不只是我们的推论，而实际上也为一般的经验所承认，所以某家出了败子，俗语就说这人是家里的“一只黑绵羊”。

在文明的民族国家里，单单就提高了的道德标准和品质比较良好的人数的增加这一方面而论，至少从表面上看，自然选择的作用是很有限的；尽管自然选择当初原是一些基本的社会性本能所由取得的途径，到此，它的作用似乎是不大了。但我在上文，处理低等族类的时候，对他们的道德所由进展的种种原因已经说得够多的了，这些原因是：旁人的毁誉——同情心通过习惯而得到的加强——榜样与模仿——推理的能力——经验教训，乃至单纯的个人的私利——幼年所受的教诲，和宗教情感；进入文明以后，这些原因，而不是自然选择，就越来越见得关系重大了。

葛瑞格（甲 281）与高耳屯两先生都强调，⑲在文明国家里，品质优良的人的数量所以不容易增加，最为重要的一个障碍是，一些穷苦而又冒尖的人，一面既往往因种种恶习而容易沦于下流，一面又几乎没有例外地进行早婚，而同时，一些小心谨慎而又克勤克俭，而在其他德操方面一般也是比较良好的人，为了使自己和子女们可以过比较安适的生活，反而结婚得迟。那些习惯于早婚的人，在一定时期之内，不但要传更多的世代，并且，像邓肯（甲 208）博士所指出的那样，[20]要产生多出许多的子女来。而早婚所生的子女也是成问题的，大抵正在壮年的妇女所生的子女，比起在别的年龄里所生的，在体重与身材上要大些，因而在精力上也要充沛些。这样，社会上一些性情冒失、言行下流，而往往沦于邪恶的成员，比起能瞻前顾后、善自照管，而一般说来在其他德操方面也比较良好的成员来，倾向于以更快的速率来增殖。或者像葛瑞格先生所刻画的那样，"马虎、龌龊、不图上进的爱尔兰人繁殖起来像兔子一般；而刻苦节俭、能绸缪未雨、富有自尊心和向上心的苏格兰人，道德上既严肃、信仰上又虔诚、理智上又聪明而久经锻炼，却把他生命中最好的一些岁月消磨在生存竞争与独身生活之中，结婚既晚，留下的孩子也就少了，甚至生不出孩子来。假设有一片地面于此，一开始就由撒克逊人（Saxons）和开尔特人（Celts），各一千人，在此成家立业——而经过大约十二个世代以后，全部人口的六分之五将是开尔特人，而财富的六分之五、权力的六分之五、聪明才智的六分之五，却将属于那剩余的六分之一的撒克逊人。（按撒克逊人中包括苏格兰人，开尔特人中包括爱尔兰人，前后两个对比，实质上，在葛瑞格的看法里，只是一个。——译者）在永恒的'生存竞争'之中，过去曾经得胜的倒是那一个比较低劣而天赋次一些的族类——而其所以取胜，不是得力于它的一些优良的品质，而是得力于一些缺点和错误"。

但对于这样一个下降或恶化的趋势，也并不是完全没有制约的。我们已经看到，酗酒的人遭受高度的死亡率，而纵淫无度的人只生育很少的子女，或根本绝后。最穷苦的一些阶层蜂拥地移入城市，而斯塔尔克(甲 622)博士，根据苏格兰的十年之中的统计数字，[21]提出证明说，在所有的年龄里，城市人口的死亡率要比乡村地区为高，“而在生命的最初五年里，即在满五岁以前的孩子，城市的死亡率所高出于乡村的死亡率的几乎正好是一倍”。这些统计数字所包括的既不分富人或穷人，则要维持城市中很穷苦的一部分居民的数量于不变，这部分的居民的婴儿出生数无疑地势必要比农村贫民的出生数多出一倍以上才行。就妇女来说，结婚太早是非常有害的；因为，在法国，有人发现，“同样是不满二十岁而数目相等的两群女子，一群是结了婚的，一群还没有结婚，前者在一年之内的死亡数要比后者的多出一倍”。不满二十岁便已做了丈夫的男子的死亡率也是“极高的”，[22]但这一点的原因究竟何在，似乎是个疑问。最后，能事先考虑后果的男子，如果自问要到能力足以养家糊口而全家的生活又能过得相当舒适才选择一个正在壮年的女子结婚，而实际上这也是人们常做的事，则在年龄上虽若迟了一些，总起来说，品质上较好的阶层的增殖率事实上也只是略略有所减低罢了。

以 1853 年间收集的大量统计数字为根据，有一点是已经确定了的，就是，在法国全国，在从二十岁到八十岁的全部不结婚的男子中间，死亡的比例要比已婚的男子的大得多：举一部分的年龄组为例，在每一千个二十与三十岁之间的未婚男子中，每年要死亡 11.3 人，而在同年龄的已婚男子中，一千个里只死亡 6.5 个人。[23]

这同一条法则也被证明适用于 1863 至 1864 年间的苏格兰的年龄在二十岁以上的全部人口：例如，每一千个二十到三十岁之间的未婚男子中，每年要死 14.97 人，而在已婚的男子中，只死 7.24 人，还不到未婚的人的死亡率的一半。[24]斯塔尔克博士对此有所议论，说“男子不婚，对生命的损害，比起从事最不卫生的职业，或定居在一向没有最起码的保健性的改善措施的房屋或居民区来，更是严重”。他认为男子死亡数的减少是“婚姻和婚姻所带来的更有规则的家居习惯”的直接的结果。但他也承认，酗酒、纵淫和惯于犯罪的那几类人，年寿既短，一般都不结婚；而实际上也必须承认，体质虚弱、多病，或身心上有任何严重的缺陷的人，往往不是自己不想结婚，便是别人拒绝同他们结婚。斯塔尔克博士，由于发现了上了年纪而尚在婚姻状态中的人比同年龄而不婚的人在平均寿命的期望值上要占些便宜，似乎达成了这样一个结论，就是，婚姻本身就是延年益寿的一个主要原因。但每一个人一定都碰到过不一而足的例子，就是，有的男子，由于年轻时身体不好，没有结婚，但终于活到了老，无疑是一种带病延年的老，因而也是寿命的期望值一直不高而婚姻的希望越来越消失的老；然而他们以独身的资格活到了老，总是一个事实。但另一个值得注意的情况似乎是可以支持斯塔尔克博士的结论的，就是，在法国，寡妇与鳏夫的死亡率，比起同年龄而在婚姻状态中的男女来，要高得多。但对于这一点，法尔(甲 232)博士认为原因别有所在，就是，丧偶以后，有的变得贫穷了，有的染上了淫邪的恶习，有的哀伤过了分。总起来说，我们不妨追随法尔博士之后而得出如下的结论，认为，婚姻状态中的人死得少些而失婚状态中的人死得多些看来似乎是构成了一条法则，

而其所以如此，“主要是由于一些有缺陷的类型不断地受到淘汰，也由于，在连续的若干世代的每一个世代之中，一些最较良好的个人受到了干脆利落的选择”，而这种选择只与婚姻状态有关，而所发生的作用则涉及体格方面、理智方面和道德方面的一切品质。㉕因此，我们便不妨推论说，健全而善良的男子，由于考虑周到而暂不结婚，并不因此而遭受到一个高度的死亡率。

如果在上面两节文字里所列举的各式各样的制约，以及其他也许尚待发现的一些制约，对那些冒失、淫恶，或在其他方面品性低劣的社会成员不起什么作用，而他们的数量一直在比品性比较良好的那一类成员用更快的速率增加着，那么，有关的民族或国家就要衰退，而这在世界史上已经是屡见不鲜的事，并且可以说是见得太多了的事。我们必须记住，进步并不是一个万古不变的准则。很难于说明，为什么某一个文明的民族国家兴起了，而比另外一个，变得更强盛了，而扩张得更为广大了；也很难说明，就同一个民族国家而言，为什么在这一段时期里进步得快，而在那一段时期里停滞不前。我们只能说，这是由于总的实际人口数量有了增加，由于拥有足够数量的赋有高度理智与道德能力的人，同时也由于他们对所谓美好的标准有了提高。除了精壮的身体导致精壮的心理状态这一层而外，体格的结构在这问题上的影响似乎不大。

有好几个作家曾经提出异议说，高度的理智能力既然对一个民族国家有好处，那么，古希腊人怎么样？他们在智慧才能上，比任何存在过的族类要高出不止一两级，㉖而如果自然选择的力量是确实存在的话，他们应该不断地有所提高，提得比他们所已达到的地位更高，人口也应该有所增加，而满布到欧洲全境。在这话里，我们看到一个关涉到一些身体结构，而时常有人作出而不明白说出的假定，就是，身心两方面的持续的发展是具有某种内在而不可遏制的趋势的。但应知一切发展有赖于许多有利的情况的同时凑合。自然选择只是暂时起它的作用。个人也罢，族类也罢，也许曾经取得了某些无可争辩的优胜之处，然而由于其他特征的不足或欠缺，而依然不免于死亡。古希腊人的所以衰退，可能是由于许多小城邦之间不能团结起来，或由于整个国家的幅员太小，或由于实行了奴隶制度，或由于生活淫侈过度，因为一直要到“他们断丧了自己，虚耗、腐化深入到了他们的核心”[27]，他们才终于败亡。今天无可衡量地超越了他们的野蛮时代的祖先而高踞着文明的顶峰的西欧的一些民族国家，其所以优越，在生物遗传上是与古希腊人没有什么直接关系的，可以说几乎是全无关系的，当然，就遗留下来的文献或文化关系来说，饮水思源，西欧人所要感谢这一个非凡的民族的地方是很多的。

谁又能肯定地加以说明，为什么西班牙这一个民族国家，虽曾如此盛极一时，称雄称霸，却终于在赛跑中被人远远地抛在后面了呢？欧洲各个民族国家又何以会从黑暗时代觉醒过来，则更是一个令人难以索解的问题。高耳屯先生曾经说到过，在黑暗时代里，几乎所有的本性柔和的人，也就是那些专心致志于宗教上的沉思默想或其他理智功夫的人，除了投入教会的怀抱之外，别无栖身避祸的场所，而教会却是以独身的戒律相责成的；[28]这对连续一系列世代中的每一个世代几乎不可避免地要产生一些败坏的影响。在这同一个时代里，宗教法庭又细皮薄切地专找思想上最不受约束与最胆大敢言的人，而加以烧杀或禁锢。仅在西班牙一国，在三个世纪之内，一些最好的好人——也就是那些最能怀疑而提出问题的人，而没有怀疑，也就不可能有进步——每年要以一千人的频率横遭淘汰。天主教会通过这些所造成的罪孽真是无法计算。尽管，无疑地，从别的一些方面，这种祸害得到了某种程度，甚至也许是很大程度的抵消，大错总是铸成过了的。但自从这时代过去以后，欧洲还是进步了，并且以前所未有和别处所未有的速率进步了。

比起其他的欧洲民族国家来，英格兰人作为殖民主义者的成功是最为突出的，有人把这一点归功于“他们的勇敢和毅力”，这从加拿大人中间的英格兰籍人和法兰西籍人在进步方面的比较就可以知道，不过谁又能说明英格兰人的勇敢又是怎样被取得的呢？有人相信美国的奇快的进步，以及美国人的性格，是自然选择的一些结果，看来这信念是很有一些道理的；因为在过去十个或十二个世代之内，欧洲各个地区的一些比较精力旺盛、不肯因循守旧，而敢于冒些风险的人都集中到了那个巨大的国家，并且在那里取得了最大的成功。㉙瞻望遥远的未来，我并不认为牧师青克（甲 730）先生在下面的话里所提出的看法有什么夸张之处，他说，㉚“所有其他一串串的事件——有如希腊的精神文化所产生的那些，或造成了罗马帝国的那些，都要用这样一个眼光来看才能发现它们的目的和价值所在，就是，它们是和……盎格鲁-撒克逊人（Anglo-Saxons）的向西方逐步迁徙的洪流有着联系，或者，更确切地说，是这一迁徙过程的一个附带的产品”。文明的进展这一问题虽然隐晦不明，我们至少可以看到，在一个比较长的时期之内，一个拥有最大数量的智能高、精力盛、勇气大、爱国心强，而仁爱的胸怀广泛

些的人的民族国家，比起在这些方面条件差些的民族国家来，一般会占到优势。

自然选择是跟随生存竞争而来的，而生存竞争又是跟随人口的快速增殖而来的。人口倾向于增加得快，要为此而不感觉到痛心疾首的遗憾，是不可能的。因为，在半开化的部落里，它导致溺婴和其他许多恶习，而在文明的民族国家里，它导致赤贫、独身和谨慎聪明的人的晚婚，但是否值得为此而抱憾，是另一个问题。因为，人像低于人的各种动物一样，会遭受同样的种种物质上的祸害，生存竞争所产生的一些祸害当然也在此列，他没有理由在这方面指望一种免疫力，而可以豁免。如果在各个原始的时代里，他没有受到过自然选择的磨炼，他就肯定地永远不可能达到他现在所已达到的卓越的地位。由于我们看到，在世界的许多部分，存在着大片而肥沃得足以维持许许多多的幸福的家庭的土地，而眼下实际上只有少数几个浪荡的野蛮人族类住在那里，也许就有人要提出论点，认为生存竞争的严厉的劲头太不够了，没有迫使人提升到他的最高的标准。根据我们所已有的关于人和低于人的动物的知识而加以判断，他们在种种理智与道德能力方面一直有着足够的变异性，使他们可以通过自然选择而取得稳健的进展。这种进展无疑地要求许多有利的情况的一时凑合，但很值得怀疑的是，如果人口的增加不够快，而由此产生的生存竞争又不够十分严酷的话，这种情况的凑合是不是就足以促成进展。不仅如此，从我们实际看到的一些情形来说，例如，在南美洲的某些地区，甚至在可以被称为有文明的一个民族，有如西班牙的移民，看来还不免由于生活条件的优惠，而倾向于变得懒惰，而趋于退化。就文明高度发展的

民族国家说，持续的进步只在某种次要的程度上有赖于自然选择的作用；因为，这些民族国家，和野蛮人的部落不一样，彼此之间，并不发生甲取代乙或丙灭绝丁的问题。不过，在这些民族国家内部，在同一社群之中，智能强些的成员，从长远来看，要比智能差些的容易走向成功，而留下更多的后辈来，而这也就是一种形式的自然选择了。进步的更为有效的一些原因似乎包括青年时代当脑子最能接受印象的时候所得到的良好的教育，也包括一个高尚的道德标准，这一标准一面既见于一些最精干、最贤良的一些人的示范与耳提面命，一面又寓于这民族国家的法律、习尚与一切传统之中，而随时随地发出影响，同时又得到舆论的护持推进。但应须记住，舆论的推进又得靠我们对旁人的毁誉能有所领悟，而这种领悟也自有其基础，就是我们的同情心，而同情心也者，作为社会性本能中最为重要的一些因素，当初无疑地是通过自然选择而发展起来的。[31]

关于说明一切文明的民族国家一度经历过半开化阶段的证据。——勒博克爵士、[32]泰伊勒尔先生、麦克勒南先生都曾探讨过这个题目，并且论述得如此详尽与美好，使我在这里只须把他们的结果极为简短地总括一下也就够了。不久以前，阿尔吉耳公爵、[33]和在更早些的时候，惠特雷（甲 643）大主教曾提出一些论点，赞成这样一个信念，认为人进入世界之初便是以文明的姿态出现的，而所有的野蛮人都是经历过堕落才变为野蛮的；据我看来，这种从高级倒退到低级的论点，与上面几个人的从低级进展到高级的论点相形之下，是软弱而站不住脚的。不错，在历史上，许多民族国家曾经从文明状态倒退了,而有的甚至有可能退回到了不折不扣的半开化状态,尽管就后面这种完全倒退的情况说,我举不出什么例证来,这情况是会有过的。火地人也许是碰上了其他一些能征惯战的群体才被迫迁移到现在的那种极为贫苦荒凉的地段,并且有可能因此而变得比以前更为低级了些。但如果要证明他们曾经从高级倒退到低级,并且比波托库多人(Botocudos——原大西洋沿岸巴西境内的一个印第安人族类——译者)堕落得还要深,那是困难的,而波托库多人所居住的土地还是巴西的最好的一部分咧。

一切文明的民族国家是由一些半开化的族类传递而来的证据包括两个方面,一个方面是,这些民族国家现存的风俗、信仰、语言等等之中还保留着以前那种低级状态的一些很明显的痕迹。而另一个方面是,一些野蛮的族类,在不受任何外来影响的情况下,也能沿文明的阶梯向上,自己提升几步,也确乎有这样提升了的例子。属于前一个方面的一些证据是十分奇特而有趣的,但这里不能举太多的例子,我只说诸如有关计数艺术这一类的。泰伊勒尔先生,通过在某些地方还通用着的一些字眼,明白指出这种艺术始于数手指和脚趾,先是一只手的手指,然后第二只手的,最后数到了脚趾。在我们自己的十进制里,我们还可以看到这种痕迹,在罗马数字里亦然,罗马数字里的V,有人认为就是简化了的一只手的图案,所以数到V以后,到VI等等,就得用上第二只手的指头,加上I,等等。再如,"我们说三个念(score——英语"二十",我国吴语中有"念",似可用以相译——译者)加一个十(用以表达"七十"——译者),我们是在用二十进制来数数,而这样在意象上作出的每一个'念'便代表着二十,而正如一个墨西哥的印第安人或一

个加勒比人(Carib——亦印第安人的一个族类,原居加勒比海中诸岛及南美洲东北沿海,今诸岛上的已遭灭绝——译者)所说的那样,也代表着‘一个人’”(两手十指,两脚十趾,合成二十,故云——译者)。㉞根据一个本来很大而一直还在扩大的语言学学派的意见,每一种语言都保有它的缓慢而逐步进化的一些标志。文字书写的艺术亦复如此,因为各个字母(在我们,应补充说,“有些字眼”——译者)是一些象形图案的残留。我们在读了麦克勒南先生的著述㉟之后,就很难拒绝承认,在几乎所有的文明的民族国家里,至今还保留着如此粗暴的习俗有如劫掠婚之类的一些痕迹。这同一位作家还问到,有过哪一个提得出名字来的古代的民族国家从一开始就实行一夫一妻的婚姻制度的呢?见于战争的守约以及其他风俗中至今还存在的一些痕迹都说明原始的法律观念也是极其粗鲁的。许多今天还流行的迷信,追溯起来,也是早先一些邪僻的宗教信仰的残余。最高形式的宗教——痛恨罪孽而热爱正义的一个上帝的观念——在各个原始的时代里是没有人知道的。

如今转到第二个方面的证据。勒博克爵士曾经指出,有几个野蛮人的族类,近年以来,在他们某些比较简单的生产艺术方面取得了少量的改进。根据他关于全世界各地野蛮人族类中间所通用的一些武器、工具、艺术所作的一些十分奇异的记载,我们有理由相信,也许除了生火的艺术而外,几乎所有这些全都是他们独出心裁、不假外力的一些发明。㊱澳大利亚土著居民的“回收飞镖”[5]就是这种独立发明的一个良好的例子。塔希提人[6],当他们最初被外人访问到的时候,在许多方面,比起其他玻里尼西亚群岛区里的大多数岛屿上的居民来,见得进步而超居前面。有人认为秘鲁的土著居民和墨西哥的土著居民的高度的文化是从外界传播而来的，但这是没有合理的根据的㊲（前者指印加人的文化，Inca culture，后者指阿茨提克人的文化，Aztec culture 的遗留；印加人和阿茨提克人都是印第安人族类——译者）。好几种当地土生的植物是在那里首先得到人工种植的，而少数几种当地土生的动物也是在那里首先成为家养的[7]。我们应该记住，根据我们所知道的一些传教士对土著居民的十分有限的影响而加以推断，除非他们在文化上已经有些进展，打下了一些底子，即便当初真有过从某一个半文明地区出发的一整批的云游的水手，因缘凑巧，被冲到美洲海岸上来，在土著居民的文化上也产生不了任何显著的影响。再转眼回看一下人类史上很荒远的一个时期，我们发现，用勒博克爵士所创造而已为大家所熟悉的名词来说，当初有过一个旧石器时代和一个新石器时代；没有人敢于说，当新旧两时代交替之际，把粗糙的火石制成的旧石器磨成新石器的艺术是从外界借助而来的或模仿而来的。在欧洲所有的地方，东尽希腊，在巴勒斯坦、印度、日本、新西兰，在非洲，包括埃及在内，人们都曾发现大量的火石制的石器；而使用这些石器的传统却早已断绝，当地现有的居民对它们也早已是一无所知。关于中国人和古代的犹太人以前也曾使用过石器，我们也有一些间接的证据。因此，我们几乎可以毫不迟疑地说，这些国家或地区的居民，而这也就包括了几乎全部的文明世界的居民在内了，都曾一度处于半开化的状态。认为人一开始就是文明的，而后来，在这么多的地方，才各自遭受到十足的堕落，那未免把人性看得太低，低到了一个可怜的地步。反之，如果承认进步要比退化更为普通得多；承认人是从一个低微的状态，通过一些哪

怕是缓慢的，甚至还有所间断的步骤，在知识、道德与宗教上，上升到他以前从未达到过的最高的标准：那倒显得是一个更为真实而也是更令人鼓舞的看法。

原　　注

① 载《人类学评论》(丙 21)，1864 年 5 月，罗马数字页 158。(正文“上文已经征引过……”云云，甚欠明白，经核对，知在第二章及其注㊼。又第三章注㊼与此亦似有涉，且所引出在同一页上，只是把罗马数字的页数不经心地写成阿拉伯数字而已。又，这两次征引，在原书各版篇末“索引”中，或根本漏列，或排版虽已有不同，而所注页数仍沿前一版之旧，未予照改，故核对颇为不易。——译者)

② 过了一些时候，被吸收进另一个部落的一批批的人口或一个个的部落，像梅恩爵士所说的那样(《古代法律》，1861 年版，页 131)，会自己假定，他们和吸收者都是同一些祖先的不同支派的后裔。

③ 见茅尔洛(甲 475)文，载《佛杜沃宗派信徒自然科学会会报》(丙 41)，1860 年卷，页 294。

④ 我在别处已经举过一些具体的例子，见《家养动植物的变异》，第二卷，页 196。

⑤ 见所著关于“物理与政治”的一系列的引人注目的文章，历载《双周评论》(丙 60)，1867 年 11 月、1868 年 4 月 1 日、1869 年 7 月 1 日；此后又辑入即以《物理与政治》为书名的文集中。

⑥ 沃勒斯先生在他的《对自然选择论的一些贡献》(1870 年版，页 354)里提到过几个这样的例子。

⑦ 同上注②引书，页 22。关于贝却特的话，见论“物理与政治”的几篇文章之一，载《双周评论》(丙 60)，1868 年 4 月 1 日，页 452。

⑧ 见《家养动植物的变异》，第一卷，页 309。

⑨ 见文，载《弗氏杂志》(丙 61)，1868 年 9 月，页 353。这篇文章似乎打动了许多的人，并且在同年 10 月 3 日和 17 日的两期《旁观者》(丙 138)上引出两篇引人注目的文章和一篇商榷性的讨论。次年，1869 年卷(页 152)的《科学季刊》(丙 123)上也有所讨论，而泰特先生在《都柏林医学季刊》(丙 50，1869 年 2 月)和兰凯斯特尔先生在他的《寿命比较论》一书(1870 年版，页 128)里也讨论到了。在这些以前，在 1867 年 7 月 13 日的一期《澳亚杂志》(丙 31)里，已曾有人在文章中谈到一些相类似的见解。我在本书里吸收了这几位作家的看法的一部分。

⑩ 关于沃勒斯先生的见解，见文载《双周评论》，上文已一再引过。关于高耳屯的，见文，载《麦美仑氏杂志》(丙 90)，1865 年 8 月，页 318；亦见他的大著《遗传的天才》一书，1870 年版。

⑪ 菲克(甲 238)教授，在他的《自然科学对法律的影响》(*Einfluss der Naturwis-*

senschaft auf daŝ Recht,1872 年 6 月)一书中,在这题目上以及其他有关的方面,有些话也说得很不错。

⑫ 见《遗传的天才》,1870 年版,页 132—140。

⑬ 见戛特尔法宜文,载《科学之路评论》(丙 127),1867—1868 年卷,页 659。

⑭ 又见兰克斯特尔先生,在《寿命比较论》,1870 年版,页 115 上,根据良好的可靠资料来源,所编的那张统计表的第五与第六两栏。

⑮ 《遗传的天才》,1870 年版,页 330。

⑯ 见我所著《物种起源》(第五版,1869 年),页 104。

⑰ 同上注⑮引书,页 347。

⑱ 见兰凯斯特尔《寿命比较论》,1870 年版,页 115。书中关于酗酒的人的统计表系采自奈森(甲 495),《生命统计学》。关于淫乱的人的情况,见法尔博士,《婚姻对……死亡率的影响》,全国社会科学促进协会版,1858 年。(参阅下注㉒——译者)

⑲ 两人的议论见文,分别载《弗氏杂志》(丙 61),1868 年卷,页 353 与《麦美仑氏杂志》(丙 90),1865 年 8 月,页 318。但法腊尔(F. W. Farrar)牧师(文载《弗氏杂志》,1870 年,页 264)的见解和这两个人的不同。

⑳ 见文,《论关于妇女产育量的一些法则》,载爱丁堡《皇家学会会刊》(丙 120),第二十四卷,页 287;后又辑入《生殖力、产育量与不孕性》一书,1871 年版。高耳屯先生的一些同样的看法,见《遗传的天才》,页 352—357。

㉑ 《苏格兰出生、死亡、……的第十次年度报告》(丙 16),1867 年,罗马数字页 29。

㉒ 这些引文都采自我们在这一类问题上最高的权威,就是,法尔博士(参阅上注⑱——译者),见他所著而于 1858 年的全国社会科学促进协会会议上宣读的论文,《婚姻对法国人口死亡率的影响》。

㉓ 见同上注引法尔博士文。正文下文关于苏格兰的资料也出自这篇引人注意的论文。

㉔ 采自《苏格兰出生、死亡、……的第十次年度报告》,1867 年。报告中按每五年计算出一个平均数(mean),我在这里用的是这些平均数的平均值。正文下面的一段引文录自斯塔尔克博士文,载 1868 年 10 月 17 日的《每日新闻》(丙 49),法尔博士认为他这篇文章写得很严谨。

㉕ 邓肯博士在这题目上说(《生殖力、产育量与不孕性》,1871 年版,页 334),“在每一个年龄里,健康而美貌的一些个人从不婚的一边转向婚姻的一边,抛撇了那充塞着多愁善感而命运不济的人群的不婚的队伍”。

㉖ 关于这一点,参看高耳屯先生的自出心裁而十分巧妙的论点,《遗传的天才》,页 340—342。(按高耳屯认为古希腊人的智力比今天的英国人高出两级,而比今天的黑人高出四级。——译者)

㉗ 语出葛瑞格先生文,载《弗氏杂志》,1868 年 9 月,页 357。

㉘ 见《遗传的天才》,1870 年版,页 357—359。法腊尔牧师(见文载《弗氏杂志》,1870 年 5 月,页 257)提出了与此相反的论点。在此以前,赖伊尔爵士,在一段很突出的

文字里(《地质学原理》,第一卷,1868 年版,页 489),提请读者们注意宗教法庭的影响,指出它通过反面的选择,曾经把欧洲人的一般的智力标准降低了。

㉙　见高耳屯先生文,载《麦美仑氏杂志》,1865 年 8 月,页 325。又同作者文,《论达尔文主义与国民生活》,载《自然界》(丙 102),1869 年 12 月,页 184。

㉚　见所著《去冬留居美国记》,1868 年版,页 29。

㉛　我在这方面要向茅尔雷(甲 474)先生多多地表示谢意,因为他曾经提出过一些很好的批评:亦见勃柔卡文,《论几种选择》,载《人类学评论》(丙 126),1872 年卷。

㉜　见文,《论文明的起源》,载《民族学会纪事刊》(丙 116),1867 年 11 月 26 日的一期。

㉝　见所著《原始人》,1869 年版。

㉞　见所著文,载《大不列颠皇家学社》社刊(丙 130),1867 年 3 月 15 日;又见他的《人类初期历史研究丛刊》,1865 年版。

㉟　《原始婚姻》,1865 年版。又见虽缺名而肯定也是这位作家所写的一篇出色的文章,载《北不列颠评论》(丙 105),1869 年 7 月。摩尔根先生文《亲属称谓分类制的起源问题的一个猜测性的解决》,载《美国科学院院刊》(丙 111),第七卷,1868 年 2 月,也可以参看。夏弗哈乌森教授(文载《人类学评论》(丙 21),1869 年 10 月,页 373)也说道"在荷马(Homer)的古希腊史诗中和《旧约全书》中所找到的用人来作为祭品的一些遗迹"。

㊱　勒博克爵士,《史前时代》,第二版,1869 年,第十五、十六章,以及别的章节里。亦见泰伊勒尔,《人类初期历史研究丛录》(第二版,1870 年),第九章,此章写得十分出色。

㊲　弗·缪勒尔(甲 483)博士也不同意这个看法,他有些话说得很好,见《诺伐拉号(Novara)航程录:人类学之部》(*Reise der Novara:Anthropolog. Theil*),第三分册,1868 年版,页 127。

译　　注

1. 这话也不尽然。单就东方而论,《礼记》中《礼运》一篇里"大道之行也,天下为公……"这一段话就足以予以反驳。在欧美,资产阶级学者们宣称,从希腊的年代到今天,西方文明可以分成三个阶段,每个阶段围绕着一个中心思想:第一个阶段,希腊罗马时代,是"命运"(Fate);第二个阶段,基督教统治时代,是"神惠"(Providence),就是一切靠上帝,靠老天爷的意旨与恩赐;自十七八世纪以来,才进入第三阶段,"进步"(Progress)这个中心思想才逐渐占了上风。贝却特和达尔文的话所指的就是前面的两个阶段。人类社会文化的进步,在劳动人民的努力下,一直是个事实。正是由于反动统治阶级的压制与剥削,这种进步有的时候要缓慢些,甚至造成了停滞、退步,但总起来说,进步是一个无可争辩的事实。历代的反动统治阶级,到处一样,当然是看不到,也是不愿意看到这一事实的,所愿意看到而不断加以宣扬的,总是他们所统治的一个时代是有史以来最好的一个时代，值得而必须无限期地维持下去，来一个千秋万古，而为了这个目的，还主观唯心地捏造出“命运”“神惠”这一类的说法，来麻痹人民对变革的要求，扼杀人民中间一切革命的苗头！事实是一回事，反动统治阶级的说法又是一回事，一百年前的贝却特与达尔文不达此，显然是受了历史与阶级的局限，也是可以理解的。

2. Tierra del Fuego，南美洲极南端。

3. 这指历史上的贵族政权，特别是英国的，而尤其是公元1215年《大宪章》颁布以前的英国。英国是实行所称长子继承制(Primogeniture)的，就是只有大儿子才能继承爵位和最大部分的财产。这样，国家的政权财权便集中在若干贵族家庭的长房长子手里，像这里所说的那样，“形成一种政府”。

4. 这里所说的病意指各种性病。

5. boomerang，一种曲形硬木制成的武器，投出后如未击中目标能自循一条大曲线而终于回到投掷人的手中，字典中一般译作“飞去来器”，一则未能说明它是武器，再则译法殊欠明了，今试改译此名。

6. Tahitians，南太平洋塔希提(Tahiti)诸岛的土著居民。

7. 植物指马铃薯、红薯、烟草、番茄、奎宁等，动物指骆马、驼羊等。

第六章　关于人类的亲缘关系和谱系

人类在整个动物系列中的地位——自然系统有谱系性——一些适应性的性状价值不大——人类与四手类动物之间种种细微的相似之点——人类在自然系统中的级位——人类出生的地点及其历史的古老——表示连系环节的化石的缺乏——第一根据人类的亲缘关系，第二根据人体结构，推断人类谱系中的一些低级阶段——早期脊椎动物中雌雄两性难辨的状态——结论。

即令我们承认，在身体结构上，人和他的最近密的亲族之间的差别真是大得像某些自然学家所主张的那样，也尽管我们不得不承认，在心理能力上，人和他的这些近亲之间的差别大得难以衡量，上文几章里所提供的种种事实看来还是再清楚没有地向我们宣示：人是从某种低级形态传下来的，尽管，到目前为止，人和这低级形态之间一些联系的环节还没有被发现，这个断言还是站得住的。

人的身上容易出现在数量上很多而在花样上很繁的种种轻微的变异，而和低于他的各种动物比较起来，诱发出这些变异的一般原因和控制这些变异、传递这些变异的一些一般的法则，都是彼此相同的。人的繁殖既然如此地快，他也就不可避免地要为生存而进行竞争，也从而势必要受到自然选择的摆布。人化分出了许多的种族或族类，其中有些彼此相差得很远，以致自然学家们往往把他们列为不同的种。人体和其他哺乳动物的身体都是按照同样的同原格局构造而成的。在胚胎发育方面他也经历着同样的一些分期。他保存着许多残留而无用的结构，而在当初，这些结构无疑地是一度有过用处的。在他身上，又有一些偶然出现的性状，对于这些，我们有理由相信原是人的远祖身上曾经有过的，所以实际上是久经中断后的重新出现。如果人的起源和其他一切动物全不相同而是别有来历的话，那么，上面所说的种种现象就变成空虚的变戏法一类的东西；但这话说来是谁也不会相信的。倘若人和其他各种哺乳动物都是我们现在还不知道的某种低级形态的不同支派的子孙的话，则这些现象，至少在很大程度上，就可以得到理解。

有些自然学家，由于对人的心理能力和精神能力怀有特别深刻的印象，把整个有机世界分成三个界，人界、动物界、植物界，使人有别于其他生物，而自成一界。[①] 自然学者对种种精神能力是无法作出比较或分类的；但他可以试图证明，像我在上文所已经做过的那样，在种种心理能力上，人和低于人的动物之间，尽管在程度上有着极其巨大的差别，但在性质上却是相同的。程度上的差别，无论多大，不能构成一个理由使我们把人列入一个截然分明的界，或使他自成一界；关于这一点，我们只须比较一下一些昆虫的例子，就可以了然了：介壳虫（scale-insect）的一属，胭脂虫（乙 264）的心理能力很低，而蚂蚁则很高，两者虽大相悬殊，却无疑地属于同一个纲。这两种昆虫的心理能力，在性质上虽和人与一些高等动物的有所不同，在程度上的差距，却比人和人以外的最高级的哺乳动物之间，还要大些。雌的胭脂虫，在幼龄的时候，就用她的长吻叮在一棵植物之上，从此就专以吸取植物的汁液为事，一动也不再动，就在这不动弹的状态下受精下卵，而这就是她的毕生的历史了。而反之，要描写一些工蚁的习性与心理能力，正如迂贝尔用事实来说明的那样，却需要厚厚的一本书，但我们不妨在这里简短而具体地说明几点。蚂蚁肯定能彼此传递信息，而好几只蚂蚁可以联合起来，共同进行一种工作，或一道玩耍。它们在分离了几个月之后，还能彼此相认，也能彼此表示同情之感。它们能营构巨大的建筑物，维持建筑物的清洁卫生，晚上把它的门关好，安排门岗值勤的哨兵。它们能修造道路，在河底下挖掘隧道，和在河面上临时搭桥，搭桥的办法是连一接二地互相纠在一起，成一道线。它们能为社群搜集食物，而如果搜集来的一件食物太大，进不了窝的门，它们会把门拆得大些，事后再修复原状。它们把植物的籽粒储藏起来，有法子防止它们发芽，如果籽粒潮湿，又会把它们搬到地面上晾干或晒干。它们畜养几种蚜虫(aphid)和其他昆虫，作为奶牛之用。它们以有规则的队伍出发作战，并且为了公众的共同利益而毫不顾惜地牺牲自己。它们根据预先商定的计划进行转徙。它们掠取俘虏，作为奴隶。它们会把蚜虫的卵，与自己的卵和茧，转移到窝的比较温暖的部分，好让它们孵化得快些。诸如此类的事实可以举个没完，[②]但这些也就够了。总之，在心理能力上，蚂蚁和胭脂虫之间的差别是大得难以形容的，然而谁也没有梦想到过要把这两类昆虫放进两个不同的纲里，更不必说两个不同的界了。它们之间的距离虽大，这距离无疑地不是一段长长的空白，而是有其他的昆虫填上了的，而人与高等猿猴之间的差距则不然。不过我们有一切理由可以相信，人与猿猴之间的这一空白或间断也不是真正的空白或间断，而只是由于许多中间形态已经灭绝了的缘故。

欧文教授主要根据脑子的结构，把哺乳动物的整个系列分成四个亚纲。他把其中的一个专门奉献于人，而在另一个里纳入了有袋类和单孔类；这一来，他就把人从其他一切哺乳动物中截然划分了出来，而对合并了起来的有袋类与单孔类来说，也是如此。这一看法与分法，据我所知，没有得到任何能作出独立判断的自然学家的承认，因此我没有必要在这里再作进一步的考虑。

我们不难了解，为什么单凭任何一个单一的性状或器官——哪怕这一个器官是复杂得出奇而关系重大得像脑子那样，也不行——或单凭心理能力的高度发展这一点，而作出的分类是几乎肯定地迟早会见得不能令人满意的。说实在话，以前就有人用这样片面而孤立的原则来试图对膜翅类昆虫作出分类，但单凭一些习性或本能而这样地一分之后，人们终于发现这种安排是十足地牵强而不合自然的。③当然，生物分类可以根据任何性状来进行，谁也没有提出过什么限制，例如，根据身材大小、颜色，或根据水栖或陆栖等生活情况；但长期以来，自然学家们一直深深地相信，这里面自有一个天然的系统，不烦人为的造作。这一系统，如今已得到一般的公认，必须是一个尽可能显示出谱系性的安排——那就是说，同一生物形态的不同支派的子孙一定得维系在同一个群之内，而和任何另一个生物形态的不同支派的子孙有别，而如果这两个始祖形态并不彼此孤立，而有亲族关系，因而它们各自的子孙也就有了亲族关系，那么，这两个群合起来，就可以构成一个更大的群。群与群之间的差别的多寡——那也就是每一个群所经历的变

化的多寡——是用属、科、目、纲这一类的分类名词来表达的。关于生物群的世代相传，亦即谱系中的一个个系统，我们既然不可能像人类家族的家谱一样有什么记录，我们只能对所要分类的生物，就其彼此之间各种不同程度的相肖的情况，加以观察，才能发现它们所合成的一幅谱系图大概是怎样一回事。为了这个目的，相肖或相似之点越多，其重要性就越大，只是少数几点有所相似，或不相似，往往可以不关宏旨。这和语言的情况相同，如果我们发现两种语言之间，在词汇上，在语法结构上，有大量相似的地方，它们就会普遍地被认为可以追溯到一个共同的来源，尽管在少数几个字眼上，或少数几点结构上，它们表现着巨大的差别，也不妨事。但就有机生物来说，这些相似之点不得包括由于生活习惯相同而出现的一些适应性的性状。例如，两种动物，由于都生活在水里，整个身体体格都会起着彼此相像的变化，但它俩却并不因此而在自然系统中变得更为接近一些。因此，我们可以看到，为什么有些相似之点，它们所牵涉到的只是几个不重要的结构，或者只涉及一些不再有用而属于残留性的器官，或者虽非残留而目前在功能上也已经不再活跃，或者只是胚胎发育时期的一个状态，——凡此种种却都对分类工作有莫大的用处，远非一般性状可比，因为它们之所以出现很难归因到后期对环境的适应上去的。既然不是，则它们所揭露出来的要么是世代传递的一些老世系，要么是一些旁近的真正的亲族关系。

我们还可以进一步看到，为什么某一个性状在甲乙两种有机体身上各自的变化虽大，我们却不应该因此而把这两种有机体在分类上安排得远远的。一种动物的身体的某一部门，和另一种关系相近的动物身上的同一个部门有所不同，这说明，按照进化的学说，它已经发生了不少的变异，并且也说明（只要这动物所处的环境中的一些有激发性的条件维持于不变的话）它还要继续向前变异，而这一类的变异，如果对有机体有好处，会得到保持，并且会不断地得到加强。在许多例子里，身体的某一个部门，例如，一种鸟的喙，或一种哺乳动物的牙齿，它们的持续发展，对有关物种的取得食物或其他目的，并不能提供什么帮助。但就人来说，我们看不出来脑子和种种心理能力的持续发展会有什么一定的限度，至少就有利的一点来说是如此，越是发达，越是有利。因此，在断定人在自然系统或谱系中的地位时，脑子的极度发展这一方面的分量，不应该被看作比一大堆其他次要的，乃至很不重要的相似之点所合成的另一方面的分量更重或更有价值。

较大多数的自然学家，在把人体的全部结构，包括他的心理能力在内，作了通盘考虑之后，都追步勃路门巴赫和居维耶的后尘，而把人分作一个目，叫做两手目（乙 114），因而和四手类、食肉类（乙 176）等等几个目处于同等的地位。不久以前，在我们的最出色的自然学家中间，有许多位又回到林纳（甲 404）最先阐述的那个看法，把人和四手类都放进同一个目，而称之为灵长目，可见林纳当初的见地是何等的卓越了。这一个结论的合情合理是会得到公认的。因为，第一，我们必须记住，为了分类，人的脑子的巨大发展的意义是比较不太大的，而人与四手类的颅骨之间的十分突出的差别（尽管最近有人坚持这一点，如比肖福、伊贝和另几个人）看来是脑子发展程度不同的结果，别无其他意义。第二，我们也不该忘记，人与四手类动物之间的其他而更为重要的差别显然几乎全都在性质上属于适应性的一类，而所适应的主要是人的直立姿势。他的头、脚、骨盆的结构，他的脊柱的弯曲情况，他的头的直而不垂的安顿方式，都是所以适应直立的姿势的。海豹这一科提供了一个良好的例证，说明一些适应性的性状对分类的用处不大，实际上并不重要。海豹类的动物，在躯干的形态上，在肢体的结构上，和其他所有的食肉类动物都不相同，而其不同的程度远远超过人与高等猿猴之间在这些方面所存在的差别。然而在大多数的分类系统里，上自居维耶的，下至最近弗劳沃尔先生所制订的那一个，④都只把海豹类列为食肉目中的一个科。如果人自己不是分类者而有把自己也归类的任务的话，他绝不会想到创立一个专门的目，单单把自己容纳进去。

要深入到存在于人和其他灵长类动物之间在结构上的种种不胜枚举的相似之点，即便只是把它们的名称列举出来，就不免超出本书的范围之外，并且也完全超过了我的知识的限度。赫胥黎教授，我们伟大的解剖学家和哲学家，曾经充分地讨论过这个题目，⑤而且作出结论说，人的身体结构的一切部分和几种高等猿猴的比较起来，其不同之处，要比存在于这些猿猴与同一生物群中的更低级的成员之间的为少。因此，"把人放在一个截然划分的目里，是没有理由的"。

在本书上文比较早的一部分里，我提出了种种事实，说明人在身体的体质上同一些高等哺乳动物是何等地彼此相符，而这种相符的程度一定有它的根据，那就是人和这些动物在细微的结构上，在化学的成分上，也有着近密的相似之处。作为例子，我也举出过，我们人与这些动物，倾向于感染同样的一些疾病，受到一些彼此之间关系相近的寄生虫的骚扰；我们之间对某些刺激品的共同的爱好，和这些刺激品在我们身上所产生的同样的影响；我也谈到了对一些药物的反应，以及其他一些相类似的事实。

人与四手类动物之间的一些微小而不关重要的相似之点在一些讨论系统分类的著述里一般不予注意，而这些相似之点如果很多的话，又能清楚地揭示出双方之间的关系，所以我准备在这里具体地谈一谈少数几个这类相似之点。我们，即人与四手类动物，脸上各部分的相对的部位是清清楚楚地相同的，而各式各样的感情都由一些肌肉和皮肤的几乎是同样的活动来表达的，所牵涉到的皮肉都以眉毛以上和嘴巴周围的为主。有少数几种感情的表达实际上是几乎一模一样的，例如，某几种猴子在哭泣的时候，或另几种猴子在发出哭声的时候，便和人没有什么不同，当其时，嘴巴的两角都要往后拉，而下眼皮都要挤出皱纹来。耳朵或外耳也是相像得出奇的。人的鼻子要比大多数的猿猴的高耸得多；但在“胡洛克长臂猿”（乙 496——长臂猿的一个种，产于印度阿萨姆，“胡洛克”当是土名的译音——译者）的鼻子上我们就可以追查到那种弯弯的高鼻子，或所谓鹰钩鼻的发端；而到了天狗猴（乙 870），鼻子的这一个特点就发展到了令人发噱的极端地步。

许多种猴子的脸上饰有须髯、或颊胡、或上唇有髭。在细猴属（乙 866）里，有几种猴子头上的毛发长得很长；⑥ 而在“女帽猴”（乙 587，一种猕猴）头毛从头顶的一个中心点向四周辐射式地发出，而到了前额，则中分为两撮。一般人常说，巨额广颡给人以高贵之相与理智清明之相；但“女帽猴”的一头“痴发”是向下披而突然截止的，而一到额部，就由一片又短又细的毛接替，短细得除了眉毛之外，使一部分的前额像是很光秃干净似的。有人说，任何种类的猴子都是没有眉毛的，那是错了。就刚才所说的“女帽猴”而言，额部光秃的程度因不同的个体而有所不同；而埃希里希特说，⑦在我们的孩子额上，头发的尽处，或所称发脚，有时候界线是划分得不很清楚的；与上面的“女帽猴”对比来看，我们在这里似乎遇到了一个小小的返祖遗传的例子，返回到了一个前额还没有变得很光秃的一个老祖先的那种情况。

很多人都知道，我们手臂上的毛倾向于从两头集中指向中段，集中指到肘部的某一点之上。这个奇特的安排是和大多数比较低等的哺乳动物很不相同的，然而和大猩猩、黑猩猩、猩猩、某几种长臂猿，甚至少数几个种的美洲产的猴子，却是相同的。不过在长臂猿属的一个种，敏猿，亦称猨，前臂的毛是向前，即朝着手臂下垂的方向，亦即腕部所在的方向的，这是好几种长臂猿的一种正常的状态；而在又一个种的长臂猿，白掌猿，这一部分的毛几乎是直立的，只略略向前倾斜，因此，就这一个种的长臂猿说，这部分的毛正处于一个中间状态。就大多数的哺乳动物说，背毛的浓密度和指向是适应于去掉落在身上的雨水的；即使狗的前腿上的横长的毛，当它踡伏而睡觉的时候，也能提供这样一个用途。对猩猩的习性作过仔细研究的沃勒斯先生说，猩猩的臂毛之所以指向肘部可以用为了便于去掉雨水的这一目的来解释，因为，当下雨的日子，猩猩总爱坐着，两臂弯转，两手抱住一根树枝，或捧着自己的头。据利芬斯东（甲 405）说，大猩猩“在倾盆大雨之中，用两手捧住头顶坐着不动”⑧。如果沃勒斯先生的解释是正确的，看来大概是正确的，则我们手臂上的毛的指向正好提供了一个奇特的记录，说明洪

荒时代我们的祖先的某一部分的生活状态；因为，到了今天，谁也不会想到它对摆脱掉雨水还有什么用处，而在我们今天惯于直立的情况之下，毛的指向也根本和摆脱雨水的要求不相适应了。

但关于人或他的远祖的体毛的指向，如果过于信赖适应的原则，也是欠斟酌的。因为我们在研究埃希里希特所提供的胎儿体毛如何安排（而这在胎儿身上与成年人身上是一模一样的）的一些插图之后，我们就不得不对这位出色的观察家表示同意，认为这其间还有其他而更为复杂的原因起着作用。体毛所集中指向的几个点似乎和胎儿身上在发育期间最后长足的几个点有些关系。四肢上汗毛的部署和髓动脉（medullary arteries）的走向之间看来也存在一些关系。⑨

我们绝不要以为人与某几种猿猴的一些相似之点，有如上面所说的以及许多其他的点——如光秃的前额、头上一绺绺长长的毛发等等——全都要么是从一个共同的远祖世世代代毫无间断地遗传下来的，要么是曾经中断而后来通过返祖遗传而又取得的东西，两者必居其一。不是这样，而是在这些相似之点中间，有许多也许是由于各自的变异，不谋而合地类似的变异。这种变异的所由产生，我曾经在别处试图说明过，⑩一则是由于有关的双方是同原异流的支派，有着类似的体质，再则由于类似的一些外因在双方身上起了作用，诱发出了类似的变化。至于前臂上的毛的指向相同，就一般猿猴论，则有几种与人相同，而就几种类人猿论，则全部与人相同——这一点大概可以归因于世代嬗递而从未中断过的遗传；但这一层也还不能肯定，因为有几种在关系上分明是很远的美洲产的猴子也有这个特点。

我们已经看到，人没有合理的权利来自成一目，而单单把他自己安放进去，尽管如此，他也许有理由要求自成一个亚目或自成一科。赫胥黎教授，在他最新的那本著作里，[11]把灵长类这一目分成三个亚目，就是：人亚目（乙 55），只包括人；猿猴亚目（乙 877），包括一切种类的猿猴；与狐猴亚目（乙 544），包括种类繁多的各个狐猴属。就结构上的某些重要之点的差别而论，人无疑地有理由要求亚目这一级位；而如果我们主要着眼于他的心理能力，则这个级位还见得太低了咧。但若我们从谱系学的观点来看，这个级位却见得太高了些，而认为人只应该构成一个科，甚至可能只是一个亚科。如果我们设想，一个祖系传下三个支系或三派来，三派之中的两派，经过了若干漫长的世代之后，很有可能没有发生多大的改变，因而，虽是两支，还是一种，即同隶于某一个属下面的某一个种，而第三支则有可能起了巨大的变化，大到够得上被列为一个亚科、一个科，或甚至一个目。但即便在这种情况之下，我们还几乎可以肯定地发现这第三支仍然通过遗传而在许许多多细小的地方保持着和其他两支的相似之点。谈到这里，我们就碰上一个目前还无法解决的困难问题，就是，在分类工作里，我们应该把多少分量划归少数几个差别特别显著之点——那就是，把着重点放在所经历变化的分量的轻重大小之上；而又把多少分量划归数量很大而并不重要的种种很近密的相似之点，因为这些足以标志支派远近的关系或谱系的关系。两种情况相比，前者着重数量不多而强度显著的差异之点，是一条最为明显而或许也是最为稳妥的路线；然而更为正确的路线看来还是应当把更大的注意力放在许多微小的相似之点上，因为根据它们而得出的分类才是真正地合乎自然

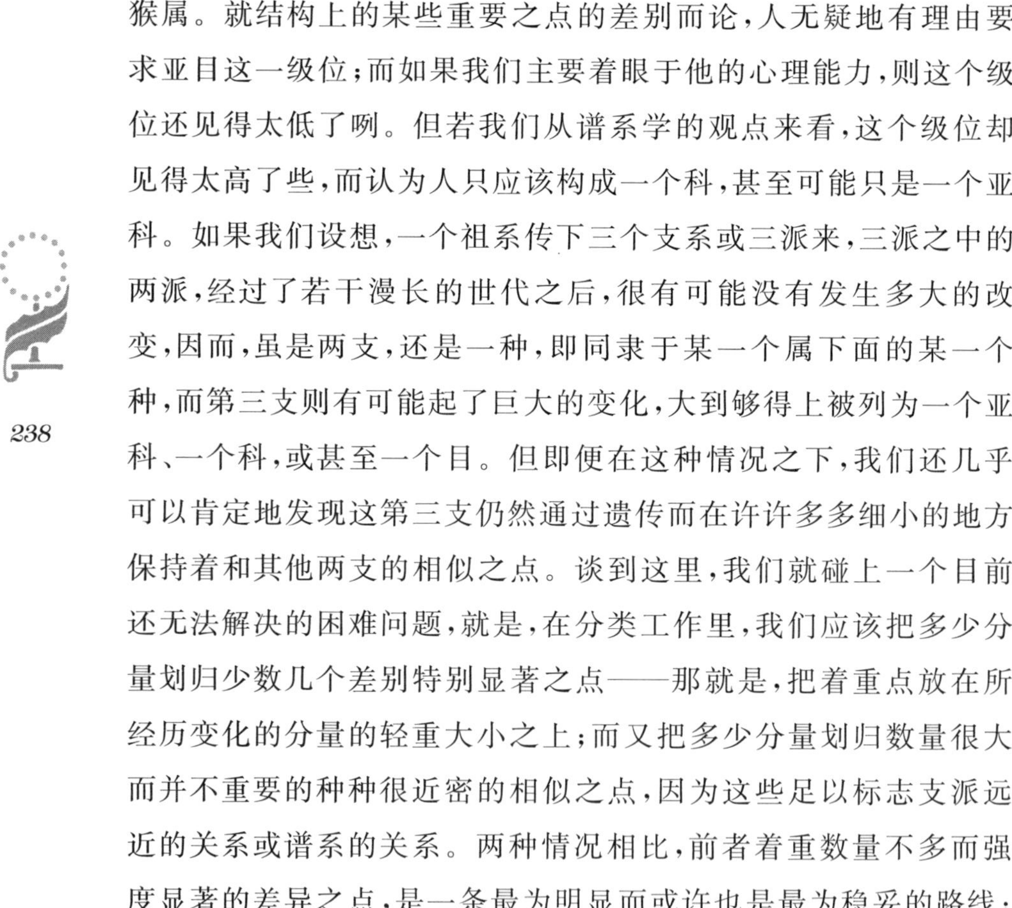

情况的。

要在这一层上对人类作出一个判断，我们有必要浏览一下猿猴科的分类情况。几乎所有的自然学家都把这一科分成两类：第一是狭鼻类（乙 179）或旧世界猿猴类，其中所有的猿猴种都具有这样两个特点，一是，有如这一类的名字所示，鼻孔的特殊结构；二是上下腭各有四枚小臼齿（promolar）。第二是广鼻类（乙 783）或新世界猿猴类（其中包含两个很分明的亚类），其中所有的猿猴都有如下的两个特点，一是鼻孔的构造宽而平，与上一类不同；二是上下腭各有六枚小臼齿。两类之间其他若干较小的差别可以不必提了。到此应该指出，就牙齿的状态、鼻孔的结构和若干其他性状而言，人是毫无疑问地属于狭鼻类或旧世界猿猴类的；就任何性状而言，除了少数几个不关紧要而显然是属于适应性质的而外，他与广鼻类相近似的程度全都赶不上他和狭鼻类相近似的程度。因此，若说新世界的某一个猴种，在以前某一个时期里，发生变异而产生了一种近似于人的动物，而这一动物居然一面具备旧世界猿猴类所专有的一切标志性的性状，而一面又能抛弃它所原有的一切标志性的性状——那是完完全全与事理相违反的。也因此，我们可以几乎全无疑问地认为，人是旧世界猿猴类这一支上的一个旁支，而从谱系学的观点来看，在分类关系上，他必须和狭鼻类的猿猴放在一起。⑫

各种类人猿，即，大猩猩、黑猩猩、猩猩和各种长臂猿，在大多数的自然学者手里，都被从旧世界的猿猴类里划分出来，而成为一个分明的合乎自然的亚类。我当然注意到了格腊休雷是个例外，他根据脑子的结构，不承认这个亚类的存在，而无疑地是，这亚类

是不完整的。例如，对于猩猩，米伐尔特先生就说，[13]它“是这一个目里所能发现的最为特别而不合常规的形态之一”。至于其余不属于类人猿一类的各种旧世界猿猴，有几位自然学家又把它们分成两个或三个亚类；备有奇特的一系列囊形的胃脏的细猴属就是这几个亚类中的一类的典型形态。但根据高德瑞(甲 257)先生在非洲的一些惊人的发现看来，早在中新世(Miocene)的时期，非洲生存着可以把细猴和猕猴这两个猴属联系起来的一个形态。而这大概就可以提供一个例证，说明别的和更高级的一些猿猴类在有一个时候是相混而分不清楚的。

如果我们承认几种类人猿确乎构成一个合乎自然的亚类，而人又既然和它们有许许多多相符的地方，不但在彼此所共有而标志着整个狭鼻类的那些性状上相符，并且在一般狭鼻类所无而为他俩所独有的一些性状上也相符，而这后一类性状包括没有尾巴、没有皮肤上的重茧和一般体貌相同等等，那么，我们就不妨作出推论，认为类人猿这一亚类中的某一个古代的成员是人所由出生的根源。通过类比的变异这条法则，要其他更低级的猿猴亚类中的一个成员产生出一种近似于人的动物来，而这种动物居然在许多方面会和高于它们的类人猿相像，那大概是没有这回事的。不错，人比起他的大多数的亲族来，曾经经历过非常巨量的变化，而这些变化主要是他的脑子的非常发达和直立姿势的一些结果；但我们总该记住，他“也无非是灵长类中几个特殊的形态之中的一个而已”[14]。

每一个相信进化原理的自然学家都会承认猿猴类的两个主要部门，就是，狭鼻类猿猴和广鼻类猿猴，包括各自所有的一些亚类，全都可以推本穷源到某一个极为古老的始祖。这个始祖的早期的一些子孙，当它们还没有分道扬镳到彼此距离得太远的时候，还一直构成着一个单一的自然的类群；但即使在那个时候，便已经会有一些种，或一些正在孕育中的属，通过它们的一些分歧的性状，开始冒出前途所由区分为狭鼻与广鼻两大部门的那些标志来。因此，我们有理由设想，这个假想的古老的猴群的一些成员，在牙齿的安排上，或在鼻孔的结构上，大概不会像后来的狭鼻类的一方或广鼻类的又一方的各自的那么整齐划一，而是更近似于亲族关系比较远些的狐猴类。我们知道，在狐猴类，在口鼻部分的形态上，种与种之间有着巨大的差别，⑮而在牙齿的安排上，此种差别更大得异乎寻常。

狭鼻与广鼻两类猿猴之间当然也有大量的性状是彼此相符的，它们之所以毫无疑问地隶属于同一个目就说明了这一点。它们所共有的许多性状，推究其由来，大概绝不可能是由那么多的不同的猴种不约而同地各自取得的；既然不是，那么这些性状一定是世世代代遗传下来的了。但假定有一只古老的猿猴形态在此，一面具有狭鼻类与广鼻类双方所共有的许多性状，一面又具有介乎两类之间的其他的一些性状，而此外也许还有目前两类猿猴中任何一类都已不再有的少数几个性状。一个自然学家，在碰上这一形态之后，还是会把它列为一种猿，或一种猴，看情况而定。而从一个谱系学的观点来看，人既然是属于狭鼻的或旧世界的这一个支系，我们就不得不得出结论，当初我们的远祖也会这样地被列为一种猿或一种猴，反正是什么，就叫什么。⑯这样一个结论是大大地触犯了我们的尊严的，但无论如何触犯，这结论是无可避免的。[1]

不过我们也绝不要陷入这样一个错误：认为包括人在内的整个猿猴类的早期的祖先是和现今所存在的任何猿种或猴种一模一样的，或退一步说，是近密地相似的。

人的出生的地点和年寿的古老。——到此我们很自然地要问，人的出生地是哪里，也就是说，我们的远祖辈是在什么地方从狭鼻类的祖系分歧出来的呢？我们的远祖辈属于这一祖系的这个事实清楚地说明了他们的原籍是在旧世界之内，但根据地理分布的一些法则而加以推论，旧世界的澳洲和任何远洋岛屿却没有份。在世界上的每一个大区域里，现今存在的各种哺乳动物和同区域之内已经灭绝了的一些物种有着密切的渊源关系。因此，有可能的是，在非洲从前还存在过几种和今天的大猩猩与黑猩猩有着近密关系而早就灭绝了的类人猿；而这两种猩猩现在既然是人的最为近密的亲族，则比起别的大洲来，非洲似乎更有可能是我们早期祖先的原居地。但在这题目上多作臆测是没有多大用处的，因为当中新世的时期里，欧洲大陆上也曾存在过两三种类人猿，其中的一种是拉尔代的槲林猿[2] (Dryopithecus)⑰，身材高大得几乎与人相等，而和今天的长臂猿有着近密的亲缘关系。然而自中新世这样一个荒远的时代以来，我们的地球肯定已经历过许多次地质上的巨大变迁，而最大规模的生物迁徙运动也已进行过不知若干次，出生地究竟在哪儿，是难于判定的。

当人最初失却他的体毛的时候，无论这时候是什么，也无论他在什么地方丢失的，比较可以设想的是，他当时所居住的大概是个气温很热的地区。根据与其他动物类比的情况而加以判断，他当

时大概是以果实为生的，而这样一个气候也有利于提供这一方面的食料。人最初从狭鼻类的祖系分歧出来的时候究竟要早到什么时代，我们固然是惘然无知；但这事的发生有可能要早到始新世(Eocene)，因为，我们知道，各种高等猿猴从低等猿猴分歧出来是不迟于中新世前期的一件事，槲林猿的生存就说明了这一点。各种有机体，无论在进化阶梯上是高是低，在种种有利的情况下，究竟能变化得多快，我们也很无知，但我们知道的是，有些生物能在极为长久的一段时期里保持原状不变。根据家养条件下生物所发生的情况，我们认识到，在同一个时期之内，从同一个物种所分出来的许多支系之中，有的完全不发生变化，有的略有变化，有的则发生了很大的改变。人可能也有过这种情况，比起几种高等猿猴来，他曾经在某些性状上经历过大量的变化。

人和他的最近的亲族之间这条链索中存在着一段大空白，而我们又没有任何灭绝了的或现今还存活的物种可以把它填上，这是事实，而这一事实便时常有人提出来，作为一个严重的异议，驳斥关于人是从某种低级形态传下来的这个信念。但对那些根据种种一般的道理而相信进化原理的人来说，这种异议是不会见得有多大分量的。这一类空白并不稀奇，在生物大系里到处可以碰上，有的是很宽的一大段，中断处界限分明，一点也不含糊，有的则模糊不清，而不清楚的程度不等——例如在猩猩和它的近亲之间——在跗猴(乙 922)和其他狐猴类之间——在大象与其他一切哺乳动物之间，而鸭獭(乙 681)和针鼹(乙 361)与其他一切哺乳动物之间的差距就更显著了。但这些空白不是真的空白，而只是由于中间一些有亲族联系的形态已经归于灭绝，这才露出了空白来。

在某个不很远的未来的时期里，大概用不了几百年，各个文明的族类几乎可以肯定地会把全世界野蛮人的族类消灭干净而取代他们的地位。与此同时，几种类人猿，像夏弗哈乌森所说的那样，⑱也无疑会被弄得精光。这一来，人和他的最近的亲族之间的空白差距势将变得更为宽广，因为这差距的一端将是更加文明的一种人，甚至，我们可以希望，比今天的高加索人更要文明，而另一端将是低得像狒狒一类的猿猴，而不是现在那样的一端是黑人或澳大利亚土著居民，而另一端是大猩猩。

赖伊耳爵士讨论到过，⑲就脊椎动物所有的几个纲来说，化石遗物的发现一直是一个很缓慢而要碰运气的过程；凡是读过这一段讨论的人对于因化石遗物的缺乏而无从把人和他的猿一般的祖先连接起来这一件事根本不予过分的重视。同时我们也不应当忘记，那些最有希望提供这一类足以把人和某种已经绝灭了的猿一般的动物联系起来的遗物的地区，至今还没有得到地质学家的访查与发掘。

见于人的谱系中的一些低级的阶段。——我们在上文已经看到，在猿猴类里，先是狭鼻而属于旧世界的那个部门从广鼻而属于新世界的猿猴中分歧出来，然后人似乎又从前者之中分歧出来。我们现在要试图就他的谱系，根据种种迹象，追溯得更远一些，所依凭的主要是各个纲与目相互之间的一些亲族关系，而在追溯之际，也稍稍参考到这些迹象先后在地球上出现的一些时期，有的时期尚未经学者确定下来，则从略。狐猴类的级位是低于猿猴类而又靠近猿猴类的，它自成灵长类中一个界限分明的科，或者，按照海克耳和其他一些学者的分法，自成一个目。狐猴类的内容很繁杂，又异常不完整，又包括许多不合常态的种。因此，在进化过程中，中途灭绝的怕不在少数。其剩余下来的狐猴种如今大都存活在一些岛屿上，如马达加斯加[3]和马来群岛，因为在那里，比起在物种充塞的各大洲的大陆来，生存竞争的严酷程度要差一些。狐猴类在进化阶梯上也表现着许多层次，正如赫胥黎教授所说的那样，⑳上自“动物创造的绝顶或高峰不知不觉地一步步下降，而达到某些低级的形态，如果由此再往下降，似乎只消一步，就可以到达有胎盘的哺乳动物中的最低级、最矮小和最不伶俐的一些其他物种了”。根据这些考虑，可知猿猴类有可能是从今天的狐猴类的一些祖先那里作为分支而传下来的，而这些远祖本身所处的地位，在整个哺乳动物的大系里，是很低很低的。

从许多重要的性状看来，各种有袋类动物所处的地位还在有胎盘的各种哺乳动物之下。它们出现也似乎是在一个更早的地质时代之内，而在以前，它们的分布也要比今天广泛得多。因此，一般认为有胎盘类（乙 777）是从无胎盘类（乙 515），亦即有袋类派生出来的；但所出自的祖先形态和今天存活的有袋动物不会很相像，而这些祖先本身也就是今天有袋动物的更早些的远祖。单孔类动物是很清楚地和有袋类动物有亲族关系的，在庞大的哺乳动物系列里成为第三个而更为低级一些的门类。在今天，代表着它们的只有两种动物，就是上面所说到过的鸭獭和针鼹。我们很有把握地认为这两个形态当初是一个大得多的类群的后裔，由于一些有利条件的凑合，算是在澳洲保留了下来，作为这一类的绝无仅有的代表。单孔类动物在某一方面是特别有意义的，就是，从结构的若干重要之点上，我们可以推本寻源到爬行类动物（乙 826）这一个纲。

在追溯哺乳动物的谱系，也就是追溯人的谱系在哺乳动物大系中更低级的一个阶段的尝试中，我们越是向前追溯，我们就越有如堕五里雾中之感。但正如一位最有判断能力的作家帕尔克尔（甲 513）先生所说的那样，我们有良好的理由可以相信，在把人的世系直线向上追溯的时候，也就是在人的直系的祖辈里，不会有一只真正的鸟或真正的爬行动物穿插进来。有谁愿意知道人的智巧和知识在这题目上能做出什么来，可以参考一下海克耳教授的几种著述。[21]我在这里只能满足于几点比较一般的说明。每一个进化论者都会承认，脊椎动物类（乙 995）中的五个大的纲，就是，哺乳类、鸟类、爬行类、两栖类和鱼类，都是从某一个原始类型传下来的。因为这五类有许多共同的地方，当它们在胚胎状态之中的时期里，尤其是如此。鱼类这一纲既然是在组织上最为低级，而又比其他几个纲早在地球上出现，我们不妨作出结论，认为脊椎动物门的全部成员是从某一种类似鱼的动物派生出来的。对那些没有能注意近年以来我们在自然史方面的进步的人来说，把如此各不相同的几种动物如猴子、大象、蜂鸟、蛇、蛙、鱼等等一股脑儿地认为是从同一对父母或从同一个娘胎里蹦出来，那将是天大的怪事。但这也是可以理解的，因为这样一个信念还有一重不说明的含义，就是，以前曾经存在过把所有这些现在看来是全不相同的形态联结在一起的种种环节，了解到这一点之后，也就见怪不怪了。

尽管有人觉得奇怪，一群群的足以把脊椎动物的几个巨大的纲联系起来的动物却肯定是存在过的，或者今天还存在，只是联系

的紧密程度各有不同罢了。我们已经看到,从鸭獭一步步后退,就可以退向爬行类动物。而赫胥黎教授发现,后来又得到科普(甲162)先生和几位别的作家的证实,在许多重要的性状上,恐龙类的动物(乙 349)所处的是介乎某几种爬行类动物和某些鸟类之间的一个中间状态——这里所说的某些鸟指的是鸵鸟的一类(而现在的几种鸵鸟显然是原先一大鸟类的分散了的几种残余)和始祖鸟(乙 82),后者生存于第二纪,具有一根蜥蜴般的尾巴。又如,据欧文教授说,[22]鱼龙类的动物(乙 512)——备有划水用的鳍状肢的大型水蜥蜴——呈现出许多和鱼类有亲缘关系的相似之点,而据赫胥黎教授的意见,此种关系似乎与两栖类更为相近;而两栖类这个纲,包括它的最高级的部门蛙类与蟾蜍类在内,很清楚地和鱼类中的硬鳞鱼类(ganoid fishes)有着亲族的关系。硬鳞鱼类在早些的地质时代里是大为充斥的一类动物,并且它们的构造是以一种所谓一般化的类型为依据的,那就是说,它们和其他的动物群都可以发生一些关系,不限于这一群或那一群而已。肺鱼(例如乙547)也是既和两栖类又和鱼类都有密切关系的动物,而正因为这样,长期以来,自然学家们对于究竟把它放进哪一个纲,曾不断地发生争论;肺鱼和若干少数几种的硬鳞鱼,由于生活在河流的环境里,得以保存下来,未遭灭绝,原来河流之于海洋,正好比岛屿之于大陆,可以提供避难所的用途。

最后说到广大无垠而形色繁变的鱼类这一纲中的一个单独的成员,文昌鱼(乙 28),它和其他的鱼类是如此的大不相同,以致海克耳主张它应该在脊椎动物门里别成一个纲。文昌鱼的特殊之处在于它有种种和一般鱼类相反的性状;它很难说得上有一个脑子、

或一条脊柱、或一个心脏等等，因此，老一辈的自然学家，在分类的时候，把它归入蠕形动物之列。好多年以前，古德塞尔（甲 270）教授看出来文昌鱼呈现出某些特点，标志着和生活在海水里的、黏着在一定的附丽物之上而一辈子不移动的、雌雄同体的一类无脊椎动物、海鞘类（乙 99）有些亲族关系。从它的外貌看去，海鞘很不像动物，它的躯体由一个简单而坚韧的类似于革质的皮囊构成，皮囊上有两个突出的口子。在赫胥黎的分类系统里，海鞘属于拟软体类动物（乙 624），是软体动物（乙 623）这一巨大的动物门类的比较低级的一个部分。不过新近有些自然学家又把它纳入蠕形动物（乙 994）之列。海鞘的幼虫在形状上有几分像蛙类的蝌蚪，[23]能自由地游来游去。考伐勒弗斯基（甲 373）先生[24]不久以前说到，海鞘的幼虫是和脊椎动物有关系的，而这从它的发育的情况、神经系统所处的相对的部位，有着和脊椎动物的脊索（chorda dorsalis）极为相像的一种结构，都可以看出来，而这一番观察与说法后来得到了库普弗尔（甲 377）教授的证实。考伐勒弗斯基先生近来从那不勒斯（Naples）写信给我说，他现在已经把这些观察继续有所推进，而如果他所取得的一些结果可以确立的话，综合起来，将构成一个具有莫大价值的发现。胚胎学一直是分类工作的最为可靠的指南，而如果我们信赖胚胎学的昭示，看来我们就可以这样地对脊椎动物的由来终于取得了一个探本穷源的线索。[25]既然如此，我们就有理由相信，在一个极其荒远的时代里，存在着在许多方面和今天海鞘的幼虫相类似的一类动物，而后来这一类动物分化成为两大支——一支在发展上有了退化，产生了今天的海鞘类这一纲，而另一支，通过孕育出了脊椎动物，上升到了动物界的顶峰而成为群伦的冠冕。

到目前为止，我们已经试图，通过一些相肖或相类似的情况所表示的亲疏关系，很粗略地把脊椎动物门的谱系追溯了一番。现在我们要看看人自己，不是过去的人，而是今天存活着的那样的人；而我想我们有办法把我们早期祖先的身体结构在先后不同期间里的形态部分地还原一下，但所叙述的先后不一定就是在时代上应有的先后罢了。我们可以利用许多东西来做到这一点，一可以利用人至今还保持的一些残留器官或结构，二可以借助于通过返祖遗传而在人身上偶尔出现的一些性状，三是运用形态学与胚胎学的一些原理。我为此而要在这里提到的种种事实在上面的几章里已经有所介绍。

人的早期的祖先以前一定全身都长过毛，而不分男女，都长胡须；祖先的耳朵大概是尖尖的，而且能挥动；身体后面也都有一条尾巴，配备着一些适当的肌肉。祖先的四肢和躯干也具有许多条如今在人身上只是偶尔重新出现而在四手类动物的肢体上一直正常地存在而各有其职能的肌肉。在这同一个或某一个更早些的时期里，祖先的肱骨上的大动脉和神经是穿过一个髁上孔（supra-condyloid foraman）的。肠子上所岔分出去的盲肠当初比现在的要大得多。当时的两只脚，我们根据胎儿的大拇指的情况加以推断，也是能把握东西的。而由此可知我们的远祖在种种习惯上是树居的，而经常来往的地方是某一个温暖而林木葱郁的区域。男祖先备有巨大的犬齿，可用来作为令敌人望而生畏的武器。在比此早得多的一个时期里，女祖先的子宫是双拼的；粪是通过一个泄殖腔排除出来的；而眼睛的保护，除了上下眼皮之外，还有第三层眼皮，称为瞬膜（nictitating membrane）。在比此更要早些的一个时期里，人的远祖在生活习惯上一定是水居的；因为形态学明白地告诉我们，我们的肺脏是由一个浮胞，即鱼鳔，改变而成的，说明他们曾在水里生活过一段时期，而这一结构是供浮沉之用的。人的胚胎在脖子上有一系列的罅口，说明在这里以前长过鳃。在我们某些生理功能每月一次或每一星期一次的周期性现象方面似乎还保存着一些痕迹，说明我们原始的出生地是潮汐所冲刷的一条海岸。大约在这同一个很早的时期里，我们的肾脏还不是现在具有的肾脏，而是两个吴夫体[4]。心脏原先只是以一条简单而能搏动的血管的形态出现的；当时也还没有脊柱，而只有脊索。这些人的初期的祖先们，隐隐约约地躲在荒远的时间角落里，如今看去，在身体组织的简单的程度上，一定和文昌鱼相等，甚至比文昌鱼还要简单。

另有值得我们多作一些讨论的一点。很久以来，我们知道，在脊椎动物界里，两性之一的身上具有正常属于另一性的生殖系统的种种附加部分的残留；现在我们已经可以确定，在胚胎发育的很早的一个阶段里，无论哪一性，都兼具真正的雄性与雌性的生殖腺体。因此，整个脊椎动物界的某些远祖看来是雌雄同体的或男女双性的。㉖但到此我们碰上了一个独特的困难。在哺乳动物一纲里，雄性动物具有一个子宫的残留，外加一条通道，就是一串前列腺（vesiculae prostaticae）；雄性动物也有乳房的残留，而有些有袋类的雄性动物肚子上也有袋的痕迹。㉗其他可以类比的例子还有，不一一列举了。既然有这些事例，我们是不是就可以认为，某种极其古老的哺乳动物，在取得这一纲的一些主要的特点而足以自别于其他脊椎动物之后，那也就是说，从其他低于它的脊椎动物各纲岔分出来之后，不持续地保有雌雄兼具的状态呢？看来很不可能是这样，因为，在今天的脊椎动物里，我们得向下追查到最低的一纲，鱼类，才能找到一些雌雄兼备的形态。㉘一性的生殖器官的应有的种种附加部分都可以在异性身上找到一些残存的状态这一事实可能要这样来解释，就是，一性在把这些附加的结构逐渐取得之后，又以不同的完整程度传给了后辈的另一性。将来我们处理性选择问题的时候，我们将碰上难以数计的这一种形式的遗传——例如雄鸟为了战斗或装饰的目的而取得的足距、羽毛、彩色之类也未尝不传给雌鸟，只是所传的往往是一些不完整或残留的状态罢了。

雄性哺乳动物备有结构上虽不完整而功能上却又起些作用的乳房，也就是，能分泌乳汁这一件事在某些方面是显得特别出奇。单孔类的动物有正常的能分泌乳汁的乳腺，也有出乳的口子，只是没有奶头；而这一类动物既然是哺乳类大系中属于最低的级位，低到了底层，我们有理由认为，这一纲，即哺乳动物全部的共同的祖先也曾有过能分泌乳汁的腺体，而没有乳头。这一个结论并不是凭空的，我们所知的乳房所由发育的情形就能提供一些支持；特尔奈尔教授，以克迁利克尔（甲 369）和兰格尔（甲 383）为依据，告诉我，在胚胎时期里，在乳头露出任何苗头之前，乳腺已有所发展而能一步步地追溯得到；而在胚胎学里，动物个体身上各个部门的先后发展，一般地说，正好代表着，并且也符合于这个动物所属的支系中各种动物的先后推演而出的程序。有袋类动物则与单孔类动物不同，是有乳头的。因此我们不妨推断，这一部分的结构是由有袋类，在从单孔类岔分出来而演化得高出于单孔类之后，首先取得的，而在取得之后，又传给了有胎盘的哺乳动物。[29]没有人会认为，有袋类动物，在已经取得接近于今天的结构形态之后，还保持一身兼备雌雄两性的情况。既然如此，则我们又怎样解释各种哺乳动物的雄性都有他们的乳房呢？一个可能的说法是，乳房是在雌性身上首先发展出来，而后来才通过遗传而分移到了雄性身上的，但在下文我们将要看到，这虽有可能，却大概是不会的。

作为另一个看法，我们不妨提出：整个哺乳纲的祖先，在放弃了一身兼具雌雄的状态之后很久，还是不分性别地会产生乳汁的，因而，也是不分性别地都有喂养下一代的任务；而就有袋类的情况说，父母两方都能把下一代在肚子上的口袋里带来带去。如果我们联想一下今天愈颚鱼类（syngnathous fishes）的雄鱼把雌鱼所下的卵放进自己腹上的皮囊里，把它们孵化出来，而后来，据有人认为，还喂养小鱼成长，[30]这一点也就不见得完全不可能了；而诸如此类的例子尚多：——如某些鱼类的雄鱼能把鱼卵放在自己的嘴巴里或鳃腔里孵化；——又如某几种蟾蜍的雄蟾会从雌蟾那里把一串串的卵取过来，绕在自己的大腿上，直到蝌蚪出世；——又如某些鸟类的雄鸟承担起孵卵的全部任务，有几种鸽子的雄鸽和雌鸽一样地用嗉囊的一种分泌液来喂养雏鸽。但我之所以提出如上的看法，首先还是因为我看到，在有几种哺乳动物，而不是其他几个级位低的纲的脊椎动物，雄性方面的乳腺，比起其他应该属于异性的生殖器官的一些附加部分的残留来，要发展得多，完整得多。有些哺乳动物的雄性今天所还具备的乳房和乳头，说实在话，很难说是一种残留，而只能说是发育不充分，不足以发挥功能而

已。在某些疾病的影响之下，它们也会因交相感应的关系，而起些变化，像雌性动物的这些器官一样。在出生和春机发轫的时候，它们也会分泌出少数几滴的乳汁来。这后一事实发生在上文已经提到过的一个奇特的例子身上，就是备有两对乳房的一个青年男子。在男子，以及有几种哺乳动物的雄性，据有人知道，这些器官，在成熟的年龄期间，也间或有很发达而能提供相当多的乳汁的。现在如果我们设想，在以前很漫长的一个时期里，雄性动物是要帮助雌性来喂养和照管子女的，㉛再设想，到了后来，由于某种原因(例如一次产生的小动物在数量上有所减少)，不再需要雄性的帮助，这样，雄性身上这方面的器官，由于在成熟年龄期内不受到使用，就逐渐变得不活跃了，而根据大家所熟悉的两条遗传的法则，这种不活跃的状态大概也会传给下一代的雄性动物，而让它在相应的成熟年龄期内表现出来，即，也是表现为不活跃。但在到达这个年龄之前，这些器官是不受这一份遗传的影响的，因此，它们在幼小动物的两性身上都是有着几乎同样程度的发展的，分不出什么性别来。

结论——拜尔(甲 25)对有机阶梯的进展或进步所下的定义要比任何别人下得好，这定义的依据是，一种生物个体身上各个部分的分化和专化的分量多寡——我还倾向于更清楚地添上一笔，就是，在到达成熟年龄时的分化与专化的分量。如今当一切有机体通过自然选择而对各种不同的生活路线慢慢地变得越来越能适应的时候，它们身体的各部分也就由于生理分工所提供的好处而变得越来越分化，越来越专化，而更适合于发挥各种不同的功能。

同一个身体部分或部门，往往起初像是专为某一种目的而起了些变化，而很久以后，我们却又会发现这些变化所服务的是另一种而很不相同的目的，身体所有的各部门就是这样地变得越来越复杂。但每一个有机体，一面发生这一类的分化与专化，一面却也一直保持着他从他的远祖那里一开始就取得的一般的结构的类型。根据这个看法，而如果我们再转而看一看地质学所提供的证据，全世界的生物有机结构，总起来看，似乎是通过了缓慢与间断的步骤而一直有所进展的。在庞大的脊椎动物一界里，这种进展终于达到了以人为归宿的顶点。但我们也不要以为一切有机的类群都不免于为别的类群所取代，即，一个类群，在孕育出另一个或不止一个的更为完善的类群之后，自身就非消亡不可。新生的类群虽然取得了胜利，它在整个的自然经济的范围之内却未必到处都能适应。有些古老而至今还存在的生物形态，其所以还能存活，看来是由于所居的区域比较偏僻隐蔽，得到一些掩护，也由于，在这种区域里，所遭遇的生存竞争也不太严酷。而这些生物形态往往会通过向我们提供对过去而已经灭绝了的一些类群的一个大致近情的概念而有助于我们把谱系建立起来的工作。不过我们在建立的工作里也必须避免这样一个错误，就是，把组织比较低级的任何类群的今天还存活着的一些成员看成是它们古代祖先的留传至今的完整无缺的代表。

我们所能眺望而隐约加以一瞥的脊椎动物界最为古老的祖辈，如今看来，是由一批海生动物构成的，[32]它们和今天海鞘的幼虫相似。从这批海生动物后来大概就演化出了一批鱼，在组织上和文昌鱼一样的低级，而从这些里面又肯定地出了硬鳞鱼，以及像肺鱼之类的其他鱼类。从诸如此类的鱼再前进，不消多大的一步就可以把我们带到了两栖类的境界。我们已经看到，鸟类和爬行类一度是很密切地联系在一起的。而单孔类动物，即在今天，在一种轻微的程度上，还和爬行类有所联系。但到现在为止，还没有人能有所说明：三个高级而相互之间有亲族关系的纲，即，哺乳类、鸟类和爬行类，究竟是通过什么样的直线关系而从两个低级的脊椎动物的纲，即，两栖类和鱼类，派生而来的。在哺乳类内部，从古老的单孔类到古老的有袋类，以及从这两类到有胎盘的哺乳动物的早期祖先，其间所经历的步骤是不难想象到的。这样我们就可以上升到狐猴类；而由此再前进到猿猴类，中间的距离也不算太大。猿猴类又分为两大支，新世界猿猴和旧世界猿猴；而从后者之中，在一个距今很荒远的时期里，人这个宇宙的奇观和宇宙的光荣，终于迈步而出。

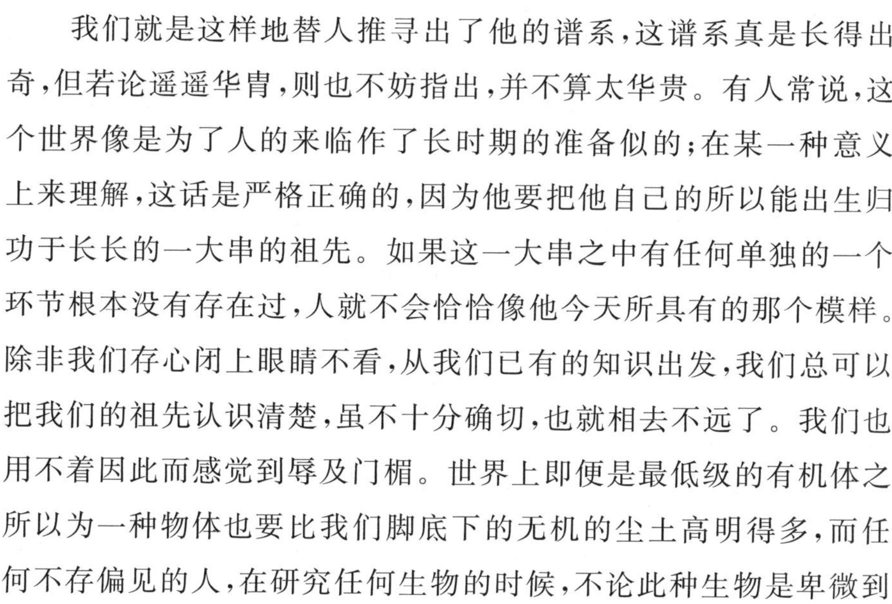

我们就是这样地替人推寻出了他的谱系，这谱系真是长得出奇，但若论遥遥华胄，则也不妨指出，并不算太华贵。有人常说，这个世界像是为了人的来临作了长时期的准备似的；在某一种意义上来理解，这话是严格正确的，因为他要把他自己的所以能出生归功于长长的一大串的祖先。如果这一大串之中有任何单独的一个环节根本没有存在过，人就不会恰恰像他今天所具有的那个模样。除非我们存心闭上眼睛不看，从我们已有的知识出发，我们总可以把我们的祖先认识清楚，虽不十分确切，也就相去不远了。我们也用不着因此而感觉到辱及门楣。世界上即便是最低级的有机体之所以为一种物体也要比我们脚底下的无机的尘土高明得多，而任何不存偏见的人，在研究任何生物的时候，不论此种生物是卑微到什么程度，要对它的奇迹一般的结构与特性，漠然无动于衷而不发出由衷的热诚来，是不可能的。

原　注

① 许多自然学家，在作分类的时候，对人各有不同的安排，关于这一层，泽弗沃·圣迪莱尔作过详细的介绍，见所著书，《普通自然史》(*Hist. Nat. Gén.*)，第二卷，1859年版，页170—189。

② 关于蚂蚁的种种习性的记录，近年来屡有发表，我所见到的最有趣味的一些事实中包括贝耳特先生所提供的那些，见他所著《自然学家在尼加拉瓜》，1874年版。又莫格里奇先生的值得赞赏的著述，《农蚁……》，1873年版，和布谢先生文，《昆虫的本能》，载《新旧两世界评论》(丙128)，1870年2月，页682，都值得参看。

③ 见威斯特沃德(甲700)，《昆虫的近代分类》，第二卷，1840年版，页87。

④ 见文，载《动物学会会刊》(丙122)，1863年卷，页4。

⑤ 《关于人在自然界中的地位的证据》，1863年版，页70及书中其他地方。

⑥ 见上注①所引书、卷，页217。

⑦ 见所著《论毛发的趋向……》，载《缪氏解剖学与生理学文库》(丙98)，1837年卷，页51。

⑧ 见引于瑞德，《非洲随笔》，第一卷，1873年版，页152。

⑨ 关于长臂猿的体毛，见马尔廷，《哺乳动物自然史》，1841年版，页415。关于美洲的几种猴子和其他猴种，见同上注①所引书，第二卷，1859年版，页216、243。埃希里希特的话，见同上注⑦所引书，页46、55、61。又，欧文，《脊椎动物解剖学》，第三卷，页619，及沃莱士，《对自然选择论的一些贡献》，1870年版，页344，也可以参看。

⑩ 《物种起源》，第五版，1869年，页194；《家养动植物的变异》，第二卷，1868年，页348。

⑪ 《动物分类学的一个引论》，1869年版，页99。

⑫ 这里所说的分类情况和米伐尔特先生所暂时采用的分类(《哲学会会报》(丙149)1867年卷，页300)几乎是相同的；他在把狐猴类分出去而搁过一边之后，把余下的灵长类动物分成如下的几个科：人科(乙489)、猿猴科，这两科相当于狭鼻类；泣猴科(乙182)、狨科(乙464)，这两科相当于广鼻类。米伐尔特先生到今天还维持这个分法，没有改变，见文，载《自然界》(丙102)，1871年卷，页481。

⑬ 见文，载《动物学会会报》(丙151)，第六卷，1867年，页214。

⑭ 语出米伐尔特先生文，载《哲学会会报》(丙149)，1867年卷，页410。

⑮ 见默瑞(甲489)与米伐尔特两先生合著的关于狐猴类的文章，载《动物学会会报》(丙151)第七卷，1869年，页5。

⑯ 海克耳所达成的结论与此相同；见文，《人类的创始》，载威尔休(甲668)所辑《普通科学言论选集》(*Ueber die Entstehung des Menschengeschlechts*, *in Virchow's*

Sammlung. gemein. wissen. Vorträge)，1868年版，页61；亦见他所著书，《自然创造史》(*Natürliche Schöpfungsgeschichte*)，1868年版；在这本书里海克耳对于人的谱系的看法谈得很详细。

⑰ 参梅吉尔(甲433)文《意大利境内所发现的猿猴化石》("*Sur les Singes Fossiles trouvés en Italie*")，载《意大利自然科学会》会刊(丙137)，第十五卷，1872年。

⑱ 见文，载《人类学评论》(丙21)，1867年4月，页236。

⑲ 《地质学精要》，1865年版，页583—585；又，《人的古老性……》，1863年版，页145。

⑳ 《……人在自然界的地位……》，页105。

㉑ 他列有若干详细的表，见他的《普通形态学》(第二卷，罗马数字页153，及普通页425)；和人特别有关的部分，见他的《自然创造史》，1868年版(以上两书的原文是："*Generelle Morphologie*"和"*Natürliche Schöpfungsgeschichte*")。赫胥黎教授，在对《自然创造史》作评介(《学院》，丙2，1869年卷，页42)时说，他认为海克耳对脊椎动物门或脊椎动物的全部谱系中的支分派别作出了很值得赞赏的讨论，尽管在某些地方他并不同意。他也表示他对这本书全书的格调与精神有着高度的评价。

㉒ 《古生物学》，1860年版，页199。

㉓ 当我在福克兰诸岛(Falkland Islands——在南大西洋——译者)的时候，在1833年4月间，那也就是要比任何其他自然学家要早几年，我引为满意地看到一种复海鞘(compound Assidian——应即Ascidia composita——译者)的行动自如的幼虫；这种复海鞘与所谓合一海鞘(乙911)有近密的亲族关系，但在分类上显然是不同一属的。幼虫的尾巴很长，比它的长方形的头大约要长五倍，尾梢细得像一缕丝。在我的简单的显微镜下面，我清楚地看到并用线条加以描出，若干横的、半透明的隔层把它分成几格，而这些我认为就代表着考伐勒弗斯基后来所画出的大细胞。在发育的一个早的阶段里，这尾巴就紧紧地裹在幼虫的头上。

㉔ 见《圣彼得堡科学院报告》(丙95)，第十卷，第十五分册，1866年。

㉕ 不过我必须补上这一个注：有几位善于判断的专家对这个结论是有争议的，例如奚阿德(甲263)先生在1872年卷的《实验动物学文库》(丙22)中所发表的一系列的文章里。但这位自然学家也说(页281)，"海鞘幼虫的组织，即令没有任何假设，任何理论，也向我们明示，只要通过适应这唯一的关键性的条件，自然就能够从一种无脊椎动物身上发动一个足以产生有脊椎动物的根本倾向来(所云有脊椎指一根脊索的存在)，而这样一个简单的从无脊椎通向有脊椎的可能性就把存在于两个动物亚界之间的鸿沟给填上了，且不论实际上打通这两界的具体过程是什么(法文)"。

㉖ 这是当代比较解剖学方面最高权威之一，给根巴沃尔教授的结论，见所著《比较解剖学纲要》，1870年版，页876。这结论主要是从两栖类方面的研究得来的；不过根据伐耳代伊尔(甲677)的一些研究(见引于《解剖学与生理学刊》，丙77，1869年卷所载文，页161)，甚至"比此还要高级的脊椎动物，在它们早期的发育状态里，性器官也是雌雄兼备的"。好久以来，有些作家一直有类似的看法，但直到最近才有了稳定的根据。

㉗　袋狼这一个属(乙 947)的雄性提供了最好的例证，见欧文，《脊椎动物解剖学》，第三卷，页 771。

㉘　具有雌雄同体现象的鱼类，经观察到的有几种鲈鱼(乙 873)，还有其他几种鱼，有的是正常的，身体两边都有，左右对称，有的是不正常的，只一边有。在这题目上，楚特非恩博士向我提供了若干参考文献，其中尤有参考价值的是哈耳伯尔兹马(甲 291)教授的一篇文章，载《荷兰科学院院报》(丙 144)，第十六卷。格迂恩塞尔博士对这一事实是有怀疑的，但现在这方面的记录已经很多，而且都是一些良好的观察家所作出的，并且可以说是太多了，似乎不应当再有什么争议。勒桑那(甲 399)博士写信给我说，对于卡福利尼(甲 143)教授就鲈鱼所作的这一方面的观察，他自己也得到了证实。厄尔科拉尼(甲 224)教授最近也指出，鳗鲡也是一身兼备雌雄的，见《布隆亚(Bologna——意大利北部城市——译者)科学院》院刊(丙 3)，1871 年 12 月 28 日。

㉙　给根巴沃尔教授曾经指出，统观哺乳类动物的各目，乳头有两个不同的类型，但很难理解这两个类型怎样都会从有袋类的那一种类型的乳头派生而出，而有袋类的乳头又是从无到有地从单孔类变化而来的，见《耶纳(德国中部城市——译者)时报》(丙 71)，第七卷，页 212。关于这点，呼斯(甲 340)博士关于乳腺的一篇报告，载同上书刊(当指《耶纳时报》——译者)，第八卷，页 176，也可以参看。

㉚　洛克沃德(甲 407)先生，根据他对海马(乙 482)的发育所作的观察，认为(见引于《科学季刊》，丙 123，所载文，1868 年卷，页 269)，雄鱼腹外皮囊的壁上会提供某种方式的养料。关于雄鱼会在他们的嘴巴里孵化鱼卵，见瓦伊曼教授的一篇很有趣味的文章，载《波士顿自然史刊》(丙 34)，1857 年 9 月 15 日；亦见特尔纳尔教授文，载《解剖学与生理学刊》(丙 77)，1866 年 11 月 1 日，页 78。格迂恩塞尔博士也曾叙述到一些类似的例子。

㉛　若沃耶(甲 562)女士，在她的《人的起源……》(Origine de l'Homme)一书(1870 年版)里，提出了一个与此相类似的看法。

㉜　依傍海岸而居的生物必然会受到潮汐的很大的影响；无论生活在平均高潮线上下的动物，或生活在平均低潮线上下的动物，每两星期都经历潮汐变化的一整个的循环。因此，它们的食物供应也要经历显著的以一星期为一个周期的变化。生活在这些条件下的动物，生活了许多世代之后，在生理功能上，也就不可避免要遵循一条有规则的以星期为单位的周期来复的路线。我们知道，在级位高而现在生活在陆地上的脊椎动物，以及在其他的动物门类，许多正常和不正常的生理过程都以整个的星期为周期，有的以一个星期为一周，有的以几个星期为一周，不等。这原先是一件神秘而无从索解的事，如今，如果脊椎动物真是从某种和今天生活在潮水涨落里的海鞘有亲族关系的动物传下来的话，那这一件事就变得容易理解了。我们可以举出许多周期性的生理过程的例子，如哺乳动物的妊孕、身体因病而发热的持续等等。鸟卵的孵化也提供一个良好的例子，根据巴特勒特先生所说(见文，载《陆与水》(丙 87)1871 年 1 月 7 日)，鸽蛋要两个星期，鸡蛋三星期，鸭蛋四星期，鹅蛋五星期，而鸵鸟蛋则七星期。根据我们所知而作出的判断，我们可以说，一个来复性的周期，如果适合于一种生理过程或功能在时间长短上的要求，而大致不差，则一经取得，就不容易再变动；因此，也就有可能

照样地遗传下去，传上几乎是任何数量的世代。但若生理功能本身起了变化，那么周期也就不得不改变，而且几乎总是突然地按一整个的星期来变。这个结论，如果健全而站得住的话，是值得我们高度注意的，因为每种哺乳动物的妊孕期也罢，每种鸟的孵卵期也罢，或其他许多的生理过程也罢，都能这样在无意之中把这些动物的发祥地的秘密向我们揭露出来。

译 注

1. 这一点，就一般中国读者来说，是一个过虑；就一百年前绝大多数的欧美读者来说，却是一个必要。当时的欧美读者还大都笃信《旧约・创世记》中上帝造人之说，人有人的独特的尊严，绝对不能和动物相提并论，更不必说是从猿猴进化而来的了。即便当时多数的读者信教已不甚笃，对这一点未必有太强烈的反应，达尔文却还须对付大量卫道的神学家和其他宗教界的首脑人物。中国一般读者的思想中并没有这一类的迷信传统，我们只说："人为万物之灵"，"灵"虽出万物之上，身犹在万物之中，"灵长类"的译名有可能就从这里来的：有此比较合乎常识的看法，要接受这一部分尽管是牵涉到自己的进化学说，也就容易得多了。就今天的中国读者说，固然如此，即就百年前的中国读者说，译者认为问题也不大。

2. 查拉尔代为法国古生物学家，生 1801 年，卒 1871 年，一生从事发掘工作，此当是他发掘所得而为之定名的，所以说"拉尔代的"；又，"槲林猿"，动物学辞典作"类人猴"，与"类人猿"的通称几乎雷同，兹按照本字原义改译。

3. 即今马尔加什。

4. Corpora Wolffiana，吴夫，德国解剖学家与生理学家，生 1733 年，卒 1794 年，被认为是胚胎学的奠基人之一，吴夫体是他的发现，因名。

第七章　论人的种族

标明种别的一些性状的性质和价值——这一点对人的种族研究的应用——赞成与反对把人的一些所谓种族列为不同人种的一些论点——亚种——人种一元论者与多元论者——性格的殊途同归——明显不同的各个种族之间在身心两方面的相似之点很多——人类最初向全球散布的状态——每一个种族并不是只从一对祖宗传下来的——一些种族的灭绝——种族的形成——种族与种族交婚的影响——生活条件直接作用的影响不大——自然选择的影响很小，或不发生影响——性选择。

在这一章里，我不准备把人的若干所谓种族（races）分别叙述一番，那不是我的用意。我只准备探讨一下，用分类学的观点看问题，它们之间的种种差别有些什么意义或价值，而这些差别又是怎样起源的。在决定两个或两个以上有亲族关系的生物形态应该不应该列为不同的种（species），或只是同一个种下面的一些不同的变种（variety），自然学家们在实际行动中是受到下面的一些考虑的指导的，就是，它们之间的差别的总的分量究竟有多大，这些所牵涉到身体结构之处的项目是多还是少，这些差别有没有生理上的重要性。但考虑得特别多的一点是，这些差别是不是经久维持不变。自然学家们所重视而热心于寻求的主要是性状的经常性，而不是别的。只要能指出来，或言之成理地说出来，有关的生物形态长期以来就是这模样，而有别于其他的形态，这就成为一个很有分量的论据，有利于把它作为一个种来处理。两种生物形态初次交配，即表现艰于孕育，或它们的子女有此表现，即便表现的程度比较轻微，这一般也被认为是双方在种性上有所不同的一个决定性的考验，而如果在同一地区之内，双方持久地不相混合，这就通常被接受下来，认为足够证明：要么彼此之间存在着一定程度的相互的不孕性，要么，单就动物而论，双方相互之间对交配都怀有某种反感，而彼此不易接近，二者必居其一。

与不交配而不相混合相近而又不相干的另一种情况是，在一个充分调查过的地区之内，人们可以找到一些关系很近密的种，而在任何两个种之间却找不到任何可以把它们联系起来的变种，这在一切种别的标准之中，大概是最为重要的了，说明这两个种是毫不含糊的真正的种；而这和上面所说的仅仅是性状的经常不变这一点似乎并不是一回事，因为这两种生物形态都可能是变异性很大的生物形态，却还是彼此截然不同，从不产生居间状态的变种来。人们也往往不自觉地，有时候也自觉地，运用地理分布所提供的资料。在两个分隔得很远的地面上，人们分别看到了绝大多数的生物形态是在种性上各自分明的，因此，他们在看到两地所共有的某一批相类似的形态时，通常要把它们作为两个不同的种看待。但这是有问题的，说实在话，在把地理族类(geographical races)和所谓良好或真正的种区分开来的时候，这一层考虑提供不了什么帮助。

现在让我们把这些一般所承认的原理适用到人的所谓种族上来，我们将用一个自然学者看待其他任何动物的精神来看待他们。

说到人的种族之间的差别的分量大小方面，对于长期以来由于观察人类自己而取得的那种劈肌分理似地寻找差别的精细的习惯，我们先得有所谅解。在印度，像埃耳芬斯东（甲 222）所说的那样，尽管一个新到的欧洲人开始无法辨别当地的许多各式各样的族类，不久以后，他们在他的眼光里，却又会见得极度地各不相似，① 而印度人对各个欧洲的民族国家的人，一开始也看不出任何不同来。即便在最相殊异的人的族类之间，在形态上也有许多相似的地方，实际上要比我们起初意料所及的多得多。在这一点上，某一些黑人部落固然必须除外，而同时，另一些黑人部落，据柔耳弗斯（甲 557）博士写信告诉我，而我自己也看到过，在面貌上，却有些像高加索人。这种族类与族类之间的一般的相似性，我们可以从巴黎博物馆人类学部分所藏的法国的相片（"法国的相片"，原文为"French photographs"，殊费解，若说指法国人所收集的相片，殊无甚意义，或指包括殖民地在内的法国范围以内的各族类的人的相片，然亦无法肯定——译者）里很清楚地看出来，这些相片中的人虽属于各个不同的族类，其中半数以上可以充作欧洲人，我时常向人出示这些印出来的相片，其中许多人都有同感。尽管如此，这些相片中的本人，如果被当面看到的话，会显得很不相同，这说明我们的判断力显然受到不过是皮肤与毛发的颜色、面貌上的一些轻微的差别，以及表情等的很大影响了。

但各个所谓种族，如果我们把他们仔细地比较和测量一下，彼此之间也无疑地表现很多的差别，——例如，发的结构、身体各部分的相对的比例、② 肺的容量、颅骨的形态和容量乃至脑子的脑回。③ 但体格方面的差别太多了，要一一加以列举，将是一个无休无止的工作。各个所谓的种族,在素质上,在适应气候或水土的能力上,以及对各种疾病的感受性上,也各不一样。他们的心理特征也很有不同,主要的不同看来似乎是在一些情绪能力方面,而在理智能力方面也有一部分的差异。每一个有机会作过比较的人,对于南美洲的土著居民[1] 和黑人之间的对比,前者沉默寡言,以至于阴沉,后者无忧无虑而说话没有个完,不会没有深刻的印象。马来人和巴布亚人④[2] 生活在同样的一些地理与物质条件之下,彼此相隔只海隅的一衣带水,而彼此之间也存在着与上面所说的几乎是同样的对比情况。

首先我们考虑有可能提出的,赞成或有利于把人的各个族类列为几个种的那些论据,然后再谈反对的一面。如果一个以前从来没有见过一个黑人、霍登脱特人[3]、澳大利亚人,或蒙古利亚人的人,一旦突然遇到他们而要加以比较,他的第一个反应是他看到了大量的性状上的差别,有的不关宏旨,有的相当重要。经过一个一个的问话,他会发现他们所居住的地域很不相同,水土不同,气候不同,因而各有各的适应方式,又进而发现在身体的素质上,在心理的气质上,他们也似乎不很一样。如果随后有人告诉他这些人不是孤零零的几个,而从他们各自的家乡地还可以送几百个标本来让他多看一下,我们可以肯定他就会宣称,这些人各自代表着一个合乎条件的种,而其为合乎条件和他所习惯于把种的名称相加的许多动物的类群不相上下。然后,一旦他确知这些人的类型或形态各自保持了他们原有的特性,千百年来如一日,而如果他又知道至少四千年前便已有黑人存在,⑤ 而这种黑人看上去和今天的黑人完全同一模样,他所达成的结论就更见得大大加强了。根据

那位出色的观察家隆特（甲 415）博士所作的报告，[⑥]他也将会听到，在巴西洞穴里所找到的和许多已经灭绝了的哺乳动物的遗体埋藏在一起的人头骨是和今天满布在美洲大陆全境的人[4]的头骨属于同一个类型的。

到此，我们这位自然学家也许会转向地理分布，并且大概会宣称，这些形态或类型不可能不是各不相同的人种，因为他们不但外貌各异，并且各自适应不同的气候地带，有热而潮湿的，有热而干燥的，也有苦寒的北极地带。为了增加他的结论的分量，他还可以乞灵于这样一个事实，就是，在仅次于人的动物群，即四手类中，没有任何一个种能够抵抗低温，或顶得住任何比较剧烈的气候变化。他还可以指出，即便在像欧洲那样的温和的气候里，那和人最为靠近的猿种也从来没有能被人养活到成熟的年龄。他对阿该西兹所最先注意到的那个事实，[⑦]会有很深刻的印象，就是，人的各个族类或所谓种族在世界上的分布可以分成若干自然区域，可以称为动物省区，而这些省区也就是哺乳动物中一些已受到公认而无疑义的种和属所分布的一些同样的省区。就澳大利亚土著居民、蒙古利亚人和黑人等几个族类来说，情况很明显地是这样。就霍登脱特人说，也有这种情况，但不是那么显著。而在巴布亚人与马来人之间，这情况也是清楚而易见的，这两个族类所由划分的界线，像沃勒斯先生所指出的那样，几乎就是划分马来亚与澳大利亚两个巨大的动物省区的那一条界线。美洲的土著居民散布极广，跨这个洲的全部境界。乍然看去，这似乎与上面所说的规矩不合，因为北美和南美的土生土长的物产之中大多数是很不相同的。但也还有少数几种生物形态，例如负鼠，即鼩（opussum，即乙 348）的分

布便跨及南北美，而在以前，有几种巨型的贫齿类动物(乙 365)也是如此。爱斯基摩人的分布，像其他北极地带的动物一样，延伸而围绕着整个的北极圈。应该指出，各个动物省区里的哺乳动物之间的差别的多寡和这些省区相互之间的分隔的远近并不一一相应或相当，即分隔得远的差别未必多，而相去近的差别未必少。因此，在人的各个族类之间，比起其余的族类来，非洲的黑人要相差得多些，而美洲的印第安人反而相差得少得多，而以此与各个动物省区的哺乳动物相比，则比起其他几个省区的来，非洲的要相差得少些，而美洲的则要相差得多得多，情况似乎恰好与人的族类之间相比的情况相反——从上面所指出的道理看，这样一个形势，也就很难以不合常规论了。不妨再补充说明一点，人在原始时代里看来并没有分布而居住到任何远洋的岛屿，在这一方面，他和同一个纲里的其他成员也有相像之处。

在判断同一类的家养动物的被假定为变种的一些支派究竟是不是一些真正的变种抑或是种——那就是说，有些所谓变种实际上是从某些不同的野生的种传下来的——的时候，每一个自然学家要多多地强调这样一个事实，就是，它们的体外的寄生虫是不是自成一个种，不同于同类的其他动物身上的寄生虫。这一事实是尤其值得强调的，因为，如果存在的话，它确乎是突出而非同小可的。德尼(甲 188)先生告诉过我，在英国的狗、鸡和鸽子，无论品类如何不同，所侵扰它们的虱子(乙 730)总是同一个虱种，即狗，不论哪一类狗，自有其侵扰它们的虱种，鸡与鸽子亦然，各有各的虱种。如今我们知道默尔瑞先生曾经就从世界各地的人的许多族类身上收集来的各种虱子加以仔细的检视。⑧他发现它们不但颜色不同，并且肢体和爪子的结构也各有区别。在每一个收集到的标本比较多的例子里，他又发现这些差别是一致的，就是，有其经常性的。一只太平洋上的捕鲸船的外科医师确凿地告诉我，散德威奇诸岛的几个长满虱子的岛民上得船来，留下了几只虱子，它们跑上了几个英国水手身上，过了三四天，这几个水手死了。这种虱子颜色比较黑，和他所给我的习惯于在南美洲智罗厄[5]一带的土著居民身上生长的那种虱子的一些标本有所不同。这些南美洲的虱子又和欧洲的虱子不同，似乎大些，身体也软些。默尔瑞先生为我从非洲弄到了四类虱子，分别来自东非沿海黑人、西非沿海黑人、霍登脱特人和喀弗尔人；又从澳大利亚土著居民那里弄到两类；南、北美洲那里也各两类。就南北美洲的而论，我们不妨假定虱子的来源也不外是各地方的土著居民。昆虫和别的动物不同，小小的一些结构上的差别，只要是经常而不变的话，一般都受到重视，被认为有种别的价值。因此，不同族类的人被看来是不同一种的寄生虫所侵扰这一事实是可以提出来作为一个相当合理的依据，来论证人的各个族类本身，在分类的时候，应该被列为不同的种，而不是一个种之下的若干不同的族。

我们所设想的自然学家把他的探讨进行到这一阶段之后，下一步他所要进行的大概是，各个族类的人，如果实行交婚，是不是会表现任何程度的不孕性或艰于孕育的情况。为此，他也许要参考到那位谨严而有哲学意味的观察家，勃柔卡教授的著述，⑨而他会在那里发现良好的证据，说明某几个族类可以彼此交婚而在生育力上并无减损，而在另一些族类之间，则所提供的证据表现着相反的性质。例如，有人说到，澳大利亚人和塔斯马尼亚人[6]的妇女难得为欧洲的男子生育子女，但后来已经有人指出这几乎是全无价值的无稽之谈。原来混血的孩子是要被纯黑的土著杀掉而不留的。不久以前还有人发表过一篇报道，叙述十一个混血的青年同时被杀，尸体也同时被烧掉，后来地方警察发现了烧剩的骨殖，事情才被报道出来。[⑩]再如，常有人说，黑人与白人所生的混血的子女，所谓“缪拉托”（mulatto），如果彼此通婚，就不能生孩子，或生得极少。而反之，查尔斯顿城的巴赫曼（甲 21）博士肯定地宣称，[⑪]他认识不少的“缪拉托”家庭，它们之间相互通婚有好几代了，而平均地说，它们的生育量一直和纯白人或纯黑人的家庭不相上下。以前赖伊耳爵士在这题目上所作的探讨，据他自己对我说，也导致同样的一个结论。[⑫]在美国，1854 年的人口普查，据巴赫曼博士说，列有 405，751 个“缪拉托”。我们把这问题的一切有关情况加以考虑之后，觉得这数目是小了，怕不合于事实。但其所以小，部分可能是由于这一阶层的社会地位不正常，受人鄙视，为统计所漏列，部分也许是由于这阶层的女子大都淫滥，不生子女，或生而不育。一定数量的“缪拉托”被吸收进纯黑人之列的事也不可避免地一直在进行之中；而这更直接导致了这类人在统计表里见得数目不大。一种可靠的著述[⑬]也谈到“缪拉托”的体质差，活力不大，并且认为它是一个很多人所熟悉的现象；而这一点，尽管和生育力的降低不属于同一个问题，却也不妨提出来，作为一个证据，说明父母两方可能有种一级的差别。凡是种别的距离太远的两类进行交配，无论动物也好，植物也好，所生的杂种倾向于早死，这一点是无疑的，但“缪拉托”的父母所从出的族类不能说是属于两个远种的范畴。普通的骡子，尽管绝对不能生育，却是有名的寿

命长而精力旺盛的，这说明，在杂种身上，降低了的生育力与一般的生命力或活力之间并没有多大必然的关联；这一类的例子还很多，不限于骡子，不必一一举出了。

即便将来我们能够证明人的所有的各个族类之间的交婚都对生育力毫无不良影响，任何由于其他理由而倾向于把它们列为若干人种的人依然可以言之成理地提出争议，认为生育力与不孕性并不是划分种别的妥善的标准。我们知道，这些性质很容易受到生活条件的变化的影响，近亲繁殖对它们也容易起些作用，我们也知道，控制着它们的一些法则也是高度的错综复杂而难以究诘的，例如，同样用两个种来交配，一是甲种的雌性配乙种的雄性，而另一则相反，两例交配所表现的生育力就不相等。两种生物形态，无疑是两个不同的物种，也无疑应该被分列为两个种，而一经交配，各种程度的结果都可以有，下自绝对地不能生育，上至几乎同样地可以生育，或完整无缺的生育，上下之间可以构成一个秩然有序的系列。不孕性或艰于生育的各种程度，和加入交配的两方之间在外表结构、在生活习惯上的相差的远近，这两者之间并不严格相符，即，愈远的不一定愈不能生育，而愈近的不一定愈能生育。在许多方面，人可以和长期受到家养的那些动物相比，而大量的证据可以提出来替帕拉斯的学说⑭说话，就是，家养或人工驯育倾向于消除自然状态之下那种极为普通的种与种之间杂交而不孕的结果。根据以上的种种考虑，我们可以合乎情理地申说，人的各个族类的可以交婚而完全无碍于生育这样一个事实，即使确立无疑，也不足以绝对地使我们不把它们当作不同的种看待。

生育力而外，不同生物形态相交而产生的子息还呈现一些其

他的性状，有的被认为足以指证相交的双方应该被列为两个不同的种，有的则否，而被认为只能指证双方是同一个种的不同的两个变种。但在把有关的证据一一仔细研究之后，我达到了一个结论，认为所提出的这一类的一般的准则全都靠不住。一次交配通常所得的结果是产生一个混合或中间的形态，但在某些例子里，子息中有若干个肖父母双方中的一方，而另有若干个则肖另一方。如果父母两方之间相差的性状，当它们以前初次出现的时候，是属于突然变异或畸形怪态⑮那种性质的话，这种专肖一方的情况就特别容易发生。我提到这一点，因为柔耳弗斯博士告诉我，在非洲，他时常看到，黑人与其他非黑人的族类的成员相交而生出来的子女，要么全黑，要么全不黑，要么有极少数的几个是黑白斑驳的。而反之，在美洲，众所周知的是，“缪拉托”在外表的形态与颜色上普遍都呈现一个中间的状态。

到此我们已经看到，一个自然学家可以自认为有着充分的理由来把人的各个族类列为若干不同的种，因为他已经发现他们之间在结构和素质上确有许多不同之处，其中有些还是相当重要的差异，足以把他们划分开来。并且，从很早的时期以来，这些差异一直保持它们的经常性，未尝有所改变。我们这个自然学家的思想，在某种程度上，一定也不免受到这样一个事实的影响，就是，如果全人类被看成只是笼笼统统的一个单一的种的话，将何以解释他的分布的宽广远大，因为，这在整个的哺乳动物纲里，是绝无仅有的一件不合常规的事。人的某几个所谓种族的分布的情况，对他也一定会引起深刻的印象，因为这种分布的情况和某些哺乳动物的分布彼此相符，而这些哺乳动物无疑地是一些种别分明的物种。最后，他也许会提出，人的所有族类之间的相互的可孕性至今还没有能得到充分的证明，而即使得到了证明，对于人无二种这一点，也不能构成一个绝对的证据。

在这问题的另一个方面，如果我们假想的自然学家要设法知道，人的各类形态，各以巨大的数量聚居在同一个地区之内，虽来往频繁，却能不像通常动物的物种一样，合而不混，他会立刻发现，情况绝不是这样，而是合了就要混。在巴西，他会看到一个庞大的黑人与葡萄牙人的混杂人口；在智利的智罗厄省区，以及南美洲的其他地区，他会看到全部人口是由印第安人和西班牙人混合而成，有着各种不同的混合程度。⑯在同一个大陆的其他地区，他还可以碰上黑人、印第安人和欧罗巴人三方面的最为复杂的交混的情况，而根据植物界的知识加以推断，这类三方面的交混对父母所属的形态是否能相互孕育，提供了最为严格的考验。在太平洋的一个岛屿上，他会发现玻里尼西亚人（Polynesians）和英国人所混合而成的一批小小的人口；而在斐济（Fiji）群岛之上，所有的人口则由玻里尼西亚人和矮黑人（Negritos）交混而成，各种不同程度的交混应有尽有。我们还可以添上许多可以类比的例子，例如，在非洲，但不必细说了。总之，由此可见，人的各个族类毕竟不是那么界限分明而能在同一地区之内相聚合而不相混杂的了，而我们知道，生物类群的不相交混，对于种的分异，提供了最普通而也是最良好的考验。

当我们的自然学家一看到所由辨认各个种族或族类的人的一些性状都具有高度的变异性的时候，他也不免感觉到忐忑不安。

每一个人初次在巴西看到一些黑人奴隶时，就会有这个感觉，即，黑人也很不一样，他们原是从非洲的各个不同地区运进巴西的。对玻里尼西亚人来说，这话也适用，而对其他许多族类，也莫不如此。我们有理由可以怀疑，我们究竟能不能指明一个性状，而说这是某一个族类所独有的特点，可供辨认之用，而这性状是经常不变的。野蛮人，即便在同一个部落的范围之内，在性格上，也不像我们所常说的那样千篇一律。霍登托特人的妇女是提供了某些特点的，并且这些特点要比发生在任何其他族类的妇女身上的尤为突出，但据我们所知，这些特点并不经常发生，也就是，并不太普遍[7]。在印第安人的各个部落之间，肤色和体毛的多寡有着相当大的差别；非洲各个族类的黑人中间，也有这种情况，在肤色上的差别少些，而在面貌上的差别则大些。在某些族类里，颅形有很多的变异，⑰而其他每一个性状也都是这样。所有的自然学家到现在都已经通过高昂的代价换取的经验而认识到，要想借助于一些不经常或不够经常的性状来试图定下一个种来，是何等轻率的一件事。

但在反对把人的一些族类作为几个种来看待的一切论点之中，最有分量的是，族类与族类之间，在性状上，都只是一些程度之差，性状的大小、浅深多寡之间，大都由此入彼，或由彼入此，而其所以有此种程度之差，在许多例子里，据我们的判断所能及，是和族类间的交婚并没有关系的。在一切动物之中，要推人所受到的研究最为细致精密了，然而在他究竟是不是一个单一的种的问题上，在有判断能力的专家们中间，真是众说纷纭、莫衷一是到了无以复加的地步；除了那些承认人只是一个种的学者而外，维瑞（甲669）认为是两个；亚基诺（甲 346），三个；康德，四个；勃路门巴赫，

五个；比迁丰（甲118），六个；亨特尔，七个；阿该西兹，八个；皮克尔仑（甲524），十一个；博瑞圣文桑（甲88），十五个；德摩楞（甲190），十六个；茅尔屯（甲479），二十二个；克饶弗尔德（甲169），六十个；而按照柏尔克（甲122），则多至六十三个。⑱这种见解上的众说纷纭倒并不证明人的各个族类不应该分列为若干种，却正好说明了它们之间参差相入，而使我们几乎无法在它们中间找出一清二楚可供划分的一些性状来。

凡是有过这种不幸的遭遇的自然学者，也就是说，不得不把一个包含着具有高度变异性的一些有机体的一个类群的描述工作承当起来的自然学者，都不免面对过恰恰和人的情况相同的一些例子（而我说这话，是以我自己的甘苦的经验做根据的）。而如果一个自然学家是个谨慎小心的人，他辛勤了很久之后，不免终于把一切彼此相入的形态结合在一起，而把它们纳入一个单一的种的范围之内，因为，他说，至少也是对自己说，他没有权利对一些他所不能作出界说或划定范畴的事物随便贴上一些标签。这一类的情况在包括人在内的一个目里就发生过，就是，在某几个属的猴子里；而在另几个属，例如长尾猴属，其中大多数的种都可以确凿地肯定下来。在美洲产的泣猴属有些自然学家把其中的各个形态列为不同的种，而有些则仅仅把它们列为地方性的族而已，够不上种的地位。现在如果我们把南美洲各地的许许多多泣猴的标本收集在一起，通盘地看一看，那些迄今为止被看作可以分列为不同的种的形态实际上是彼此相入，并且用极密而渐进的步骤彼此相入，因而，以常理论，只能看成是一些族而已。而这一做法无它，也就是大多数自然学家对人的各个种族或族类所采取的做法。尽管如此，我

们也必须承认,有些形态,至少在植物界里有,[19]我们还是不能避免以种的名号相称,但实际上它们是彼此相入,代表着无数的层次,可以串连在一起,而此种串连与中间层次的所以产生是和杂交全不相干的。

近来有些自然学家提出用"亚种"("subspecies")这个名词来指称虽具有许多真种的特点而却还不大够得上真种的地位的一些形态。如今一面考虑到上面所已说过的把人的各个族类抬高到种的尊严地位的那些有分量的正面的论据,而另一面又想到要在各族类之间划清界限、确定范围却又如此困难万状,无法克服,我们认为我们在这里也似乎可以援用"亚种"这个名词,而没有什么不恰当的地方。但由于长期以来的习惯,"种族"(race)这一名词将一直被沿用下去。名词的选择只有在这样一个意义上是重要的,就是,我们要尽可能地用同一个名词来指称同一种程度上的差别,力求不乱不滥。不幸的是这一点也很难得做到。因为范围较大的一些属一般都包含许多关系极为近密的形态,要一一加以辨别是很不容易的,而同时,在同一种之内的一些范围较小的属所包括的是一些完全可以彼此辨别而划清的形态,然而无论在哪一类的属里,所包含的各个形态都得等量齐观,而以种相称。再如,在同一个范围较大的属里面,所有的种在彼此之间相近似的程度上并不平衡。不,情况似乎恰好相反,就是,有些种,由于相似程度高,可以联成一个小小的核心,由其他相似程度低些的种围绕着它,像一些卫星围绕着一个行星一般。[20]

人类是由一个种或几个种构成的问题是近年来人类学家们讨

论得很多的问题。他们由此而分成两派，一元论者（monogenist）和多元论者（polygenist）。那些不承认进化原理的人不得不把各个种看作逐一分别创造出来的东西，或者，总得这样或那样地把它们看成一些独立自在的本体；而他们又必须参考把其他有机物体分列为物种时所通用的方法而搞出一些多少可以类比的办法，来决定究竟人的哪些类型或形态可以作为不同的种看待。但这种决定是绝无希望的一个尝试，除非大家先有一个关于“种”的名词的一个公认的定义，而这样一个定义又必须不包括有如神力一举创造之类的不确定的因素才行。否则我们就无异在没有任何定义的情况之下试图对某一个数量的房屋或某种大小的居民点决定命名为一个村、一个镇，或一个城市。北美洲和欧洲的许多关系极为近密而在两洲之间又可以彼此相互代表的哺乳动物、禽鸟、昆虫究竟是些不同的种，或只是一些地方性的族类这样一个久悬不决而极为头痛的问题就是这种困难的一个实际的例证，而离大陆不太远的许多海洋岛屿上的生物也提出了同样的问题。

在另一方面，那些接受进化原理的自然学家，而如今大多数的青壮年学者都已经接受了这一原理，无疑地都会感觉到，人的一切种族都是从一个单一的原始的祖系传下来的。至于他们是不是觉得最好进一步，为了要把各种族之间彼此相差的分量表达出来，而把它们称为不同的种，那还是第二个问题。[21] 就我们的家养动物说，不同的族系所从出的种是一个或不止一个的问题和我们眼前的问题似乎不很一样。尽管我们不妨承认，同一个属以内的所有的族系，以及所有的天然的种，是从同一个原始的祖系兴起的，我们还是可以适当地提出如下的问题而加以讨论，就是，以狗为例，今天所有家养的各个族系之间的一切差异究竟是怎样来的：是完全从人最初家养的那某一种狗变化出来的呢？还是应当把一部分的性状或差别归因于不止一个种的遗传呢？而这不止一个的狗种，是早在自然状态之下而未经家养之前便已经分化出来的吗？就人来说，这一类的问题是不可能发生的，因为我们不能说他在任何一个特定的时期里经历过由野生而变为家养的过程。

在人的各个族类从一个共同的祖系分化而出的早期阶段里，族类的数目和族类之间的差别一定都是不多的。因此，就足以把它们辨别开来的那些性状而言，比起今天的各个所谓"种族"来，更没有理由要求被列为若干个种。虽然如此，种这个名词既然如此难于论定，各人有各人的用法，而如果早期族类之间的差别，尽管极小，比起今天各种族之间的差别来，却更有它们的经常性，并且也不那么逐渐地由此成彼而难于划清界限，有些自然学者也许就会把它们列为几个不同的种，正未可知。

但可能而很不会发生的一种情况是，人的早期的祖先辈当初在性状上已经具有很多的分化，以致彼此之间不相像的程度比今天存在于任何两个种族之间的还要高些，但到了后来，像福赫特所提到的那样，㉒他们在性状上又重新由分而合了起来。我们知道，在育种工作里，如果人们为了同一个目的，而把两个不同的种的子息挑选出来，单单就一般的外形而言，他们有时候可以诱导出分量不少的这种性状上的合聚或趋同来。像纳图休斯(甲 494)所指出的那样，㉓家猪的几个改良的品种就是这样来的，而我们知道，家猪原是从两个不同的种传下来的；若干改良的牛的品种也有这种情况，但不如家猪品种那样显著。一位伟大的解剖学家，格腊休雷持有这样一个说法：认为几种类人猿并不构成一个天然的亚类，而是各有来历；猩猩是一种高度发展了的长臂猿或细猴，黑猩猩是一种高度发展了的猕猴，而大猩猩是一种高度发展了的大狒狒，即山魈。如果这一个几乎完全以脑子的性状为依据的结论可以被接受的话，我们在这里就可以有一个性状合聚趋同的例子，至少就外表性状而论是如此，因为在几种类人猿之间，彼此在许多点上，要比它们和其他猿猴之间更为近似。一切可以类比的相近之处，例如鲸鱼似鱼，其实也未尝不可以说成是性状的合聚趋同的例子，但我们从来不把这个词用在表面的和属于适应性的一些相似之点上。但如果我们把关系很远而很不相同的一些生物已经各自起了变化的子孙在结构上十分相似的许多性状也说成是合聚，是殊途同归的趋同，那也将是极为冒失的举动。一种结晶体的形态是完全由它内部的分子力决定的，因此，不相类似的物质有时候会产生形态相同的结晶体来是不足为奇的。但就生物有机体来说，我们应当记住，每一个生物之所以会有某种形态所依凭的是无限复杂的种种关系，也就是，来源极其曲折而难以究诘的种种变异，——也依凭那些长期保持了下来的变异的性质，而这又要看所处的物质环境中的种种条件如何，而尤其要看和这生物周旋竞争的其他生物有机体，——而最后，还有无数的祖先所给它的遗传（这本身是一个波动不定的因素），而这些祖先自己的形态的决定也未尝不是通过了同样的种种复杂关系的。两个显然很不相同的生物有机体的子孙，由于经历了一番变化，后来竟然会越走越靠拢，至于在全部组织上变得十分相像，几乎接近于一模一样，乍然看来，是令人难以置信的。但实际上真有这事。即如上文所说的两类由分而合的家猪，它们从两个原始祖系传下来的证据，据纳图休斯说，依然在它们的颅骨的某几块骨片上保存着。如果人的几个种族真是从两个或两个以上的种传世而来的话，有如有些自然学家所设想的那样，而这些祖种彼此之间相差的程度与猩猩同大猩猩之间相差的程度相等，或几乎相等，那么，应该几乎没有疑问的是，在今天的人的身上，在某些骨头或骨片的结构方面，一定可以发现一些显著的差别来。

今天存在着的人的各个种族之间尽管有着多方面的差别，有如肤色、毛发、颅形、身体各部分之间的比例，等等，如果我们对它们的结构通盘考虑一下，我们发现它们之间却有着大量的十分近似之点。在这些近似之点中间，好多在性质上极不重要，或极为独特，不重要与独特到一个地步，使我们不可能设想它们当初是由不止一个原始的人种不谋而合地各自取得的。两个种族，即便外表上相差极大，心理上却总有许许多多相同之处，刚才所说的话对这一点是同等适用的，乃至尤其适用的。美洲的土著居民、黑人和欧洲人，在心理上可以说是再不同没有的了，任你举任何其他三个种族出来，我敢说，在这方面也不会赛过这三个。然而，当我在“比格尔号”船上和几个火地人一起生活的时候，我曾经不断目击到他们性格上的种种细小的特征而衷心有所激动，因为这些特征说明他们的心理是何等地和我们自己的如出一辙。我碰巧也一度和一个纯血统的黑人很相熟识，上面这话，对他来说，也一样适用。

凡是有机会读到泰伊勒尔先生和勒博克爵士的富有趣味的著述㉔的人，对于一切族类的人在种种嗜好、性情趋向和生活习惯上

所表现的近密的类似性，不可能不取得深刻的印象。他们都乐于从事舞蹈、粗糙的音乐、戏剧表演、绘画、文身绣面，以及其他方式的自我装饰或自我表现的活动。他们在同样的情绪的激发之下都可以通过姿态和手势之类的语言，通过面孔的同样的表情，和通过同样的没有音节的叫声，而了解彼此的意思——这些全都能对类似性有所说明。如果把种别各不相同的猿猴的一些不同的表情和叫声取来和这些对比一下，则后者的，也就是人的种族与种族之间的这种类似性，或简直就是同一性，就更见得突出了。有良好的证据说明用弓箭来射击的艺术并不是从人类的任何共同的祖先那里一脉相传地嬗递下来的，然而，正像威斯特若普和尼耳森（甲 501）所说的那样，㉕从世界各个地方收集来的石箭头，即石镞，无论两地相去得多么远，也无论制作的年代相隔得多么久，在形式上几乎是完全一致的。而这一个事实只能有一个解释，就是，不同的种族有着相类似的发明能力或心理能力。就某些广泛流行的装饰图案，如工字形或锯齿形线条，等等来说，或就种种简单的信仰和习俗来说，如把死人埋葬在各式巨石结构下面，一些考古学家也曾作出同样的观察。㉖我记得在南美洲时观察到，㉗在那里，像在世界的许多其他地方一样，人们一般都爱选择在高高的小山顶上堆上一堆石头，或者作为纪念一件突出的大事之用，或用来标志死人的葬所。

如今当自然学家们看到，在两个或更多的家养动物的族系之间，或在不止一个的关系有些相近的野生的动物类型之间，在生活习惯、嗜好和性情趋向的许多细节上，有密切的相符之处，他们就利用这一点作为论据，说这些类型是从赋有同样的一些特点的一个共同的祖先传下来的；而因此，它们应该归列到同一个物种之内。对人的各个族类来说，这个论据可以同样地适用，并且适用得很中肯。

人的若干种族之间在身体结构上和心理性能上的一些不关重要的相似之点（我在这里不是说风俗习惯上的一些相似之点）既然不像是各自独立地取得的，那么，他们只能是从具有这些同样的性状的一些祖先那里遗传而来的了。这样，我们也就对人的早期的状态，早到他还没有一步步地遍布到地球上各处之前，窥测到了一些情况。人向远隔重洋的各个地域散布开来，在时间上，无疑地要在各个种族在特性上取得任何分量太大的分歧之前，因为，要不然，我们有时候就会在不同的大陆上碰到同一个种族的人，而这是从来没有的事。勒博克爵士，在把世界各地的野蛮人的种类至今还习用的种种生活与生产艺术作了比较研究之后，特地把当人从他的最早的原籍浪游而分散出来的时候还不可能懂得的那几种艺术具体地列举了出来；他可以这样做，因为我们知道，凡是被人学到了的艺术便再也不会被人忘掉。㉘这样，他指出"所剩下的东西只有两件，一是矛，而那无非是刀尖的一个发展，二是棒槌，那也只是槌的一个延伸"罢了。但他也承认，生火的艺术也许是在分散以前早已发明了的，因为它是现今所存在的一切种族所共有的东西，而欧洲古代穴居的人也已经懂得。在未分散以前，制造粗糙的独木舟或筏或桴的艺术或许也已经为人所掌握。但那时候的年代还很荒远，当时许多地方的陆地出水的水平线（即海岸线）和现在的很不一样，即便没有独木舟或桴的帮助，人也还能散布得很广。勒博克爵士其次谈到数数，他说，"考虑到在今天存在的各个种族之

中既然还有那么多的几个数不到四以上，要我们最早的祖先数到十”，看来该是何等地不会有过的一件事了。尽管如此，在这样早的一个时期里，人的一些理智与社会性能，比起今天最野蛮的种族所具有的来，大概不会低得太多，否则原始人在生存竞争之中就不可能取得如此巨大的胜利，而此种胜利之所以称得上巨大，他的散布之早而且广就是一个证明。

根据存在于某几种语言之间的一些基本上的差别，有些语言学家曾经作出推论，认为人在变得很广泛地分散在地面上之前，还不是一种能说话的动物。但我们也不妨加以猜测：认为当初也许已经有了语言，但这种语言远不如今天人们所说的任何种语言那样完善，而需要姿态和手势的很多的协助，而这种原始的语言却没有能在后来更加高度发展的各种语言里留下什么痕迹来。任何不完善的语言总要比没有语言好，如果当初没有任何语言可供使用，人的理智是不是能发展提高到他在早期便已达成的优越的地位所要求的那种标准，看来是成问题的。

原始人，当他还只具有很少几种生活与生产艺术，而这些又是十分粗糙的时候，和当他的语言能力也极不完善的时候，是不是配称为人，那得看我们对“人”这名词所用的定义是什么了。在长长的一系列的生物类型里，下自某种猿一般的动物起，上至今天所存在的那样的人，而在逐级上升之际，又没有太多的迹象可寻，要在这其间认定具体的一个点，而说从这一点而上我们应该用“人”这个名词来称呼，那将是不可能的。但这终究是一个很不重要的问题。再如，人的各个所谓种族（race），是不是就叫做“种族”，或列为几个“种”（species），或几个“亚种”（sub-species），也几乎是一个没有多大关系、不值得多作纠缠的问题，但若一定要用这些名词的话，最后一个，亚种，似乎比较恰当一些。最后，我们不妨作出结论说，当进化的原理得到一般的公认之后，而这种前途肯定是不远的，一元论与多元论的争议纷纭势将悄然而不受人理会地趋向于消亡。

此外，不应该略过而不予注意的一个问题是，有人假定，人的每一个亚种或“种族”是从单一的一对始祖传下来的，情况究竟是不是这样呢？就我们家养的动物说，通过对单一的一对配偶所产生的具有种种变异的子女的仔细地配来配去，甚至仅仅通过具有某一个新发现的性状的一只单一的个体，人们可以很容易地培育出一个新的族系来；但就大多数的家养动物品种来说，它们的所由形成，并不是有意识从选择一对配偶开始的，而是通过把许多具有一些哪怕是很微小而却有用或受人喜爱的变异的个体保存下来，而作为传种之用这样一个做法，而这个做法是不自觉的，即一些新品种实际上是于无意之中取得的。设以养马为例，两国对马的好尚不同，一国尚力强体重的马，而另一国则尚轻快的马，而习以为常，经久不变，我们可以肯定地认为，总有一天，就会产生两个马的亚品种，彼此截然分明。而无论在哪一国里，起初都用不着特地把一对肥壮的马或轻捷的马隔离开来，专供选种之用。许多家养的动物族类就是这样形成的，而其所由形成的方式实际上和物种在自然状态下所由形成的过程极为近似，可以比类而观。作为具体的例子，我们也知道，被运送到福克兰诸岛[8]的马匹，在若干世代之间，变得越来越弱小，而跑散在帕姆帕平原[9]上而变野了的那些

却取得了更大与更粗壮的头，而这一类的变化显然和任何一对特定的马匹无关，而是由于整个的马群受到了同样的生活条件的支配，也许又加上了返祖遗传的一些辅助的影响。在这一类例子里的一些亚种的祖先并不是任何单一的一对动物，而是许许多多正在变异之中的个体，其变异的程度虽各有不同，而变异的方式方向则大体一致；由此我们不妨作出结论，认为人的各个种族也就是这样产生出来了的，他们各自的一些变化，即，有别于其他种族之处，有的是不同的环境条件所直接造成的结果，而有的是某种方式的选择所间接产生的影响。但关于选择这个题目，我们很快还要折回来加以讨论。

论人的一些种族的灭绝——人的许多种族和亚族的部分或全部的灭绝是历史上一向有所闻见的事。洪姆博耳特在南美洲看到一只鹦鹉，它是当时能说某一种语言的个把字眼的唯一的一个生物，因为说这种语言的那个部落已经消亡。世界各地所发现的种种古代的粗大的建筑物、断碑残碣和其他供人凭吊的东西，以及种种石器，其来历虽已不为今天当地的居民所知，更说不上有什么保存下来的有关的传说，都说明灭绝了的种族不在少数。某些弱小而零落的部落，亦即早先的一些种族的残余，今天还存活在一般都是些山区的穷乡僻壤。在欧洲，据夏弗哈乌森的看法，㉙所有的古代种族“在进化阶梯上都要比现今存活的一些野蛮人的种族为低”，因此，在某种程度上，一定和今天所有的任何种族有着种种的差异。勃柔卡教授所描述的从勒色齐[10]所掘出的穴居人的骨殖，尽管遗憾地是它们似乎是只属于一家人家，标志着把猿猴般的一些低级的特点和一些高级的特点结合在一起的一个十分独特的种族[11]。这个种族“是不同于我们以前所听到过的任何种族的，古代的也好，近代的也好”㉚。因此，它和在比利时的一些洞窟里所发现的属于第四纪的种族也不一样。

人能够长期抵抗看来是对他的生存极为不利的种种条件。㉛他在极北的一些地带已经住了很久，没有木材来制造他的独木舟或其他用具，只有鲸鱼的脂肪当燃料，和融化了的雪水当饮料。在美洲的极南端，火地人没有可资保护的衣服或任何一间够得上称为茅棚的小屋子，也存活了下来。在南非洲，土著居民在不毛的原野上流浪，到处可以碰上毒蛇猛兽。人也顶得住喜马拉雅山山脚的“泰拉依”[12]地带的致人死命的影响和赤道非洲沿海的瘴疠之气。

灭绝的主要原因是部落与部落，种族与种族之间的竞争。关于人口增加的种种制约也一直在起着作用，把每一个野蛮人的部落的人数压住不让长，——例如周期性饥荒、流移转徙的习惯和因此而招致的婴儿的大量死亡、哺乳期的延长、战争、造成伤亡的偶然事故、疾病、纵淫、窃掠女口、溺婴，而尤其是生育量的下降。只要这些制约之中的任何一个增加一些威力，哪怕是很小的一点点威力，受到影响的那个部落在数量上就会倾向于减少；而如果两个毗邻的部落之中有一个变得人数少些、力量差些，则其他的一个就通过战争、屠杀、啖食人肉、以俘虏为奴隶、兼并吸收等手段而把两者之间长期以来的矛盾很快地给解决了。一个弱小的部落，即便不是这样突然地被人一扫而光，只要一次踏上人口减削的路途，一般就会一直减削下去，直到灭绝。㉜

一些文明的民族国家和半开化的种族发生接触之后，所发生的斗争是不需要多少时日的，只是在当地那种性命交关的气候对土著种族有帮助的情况之下，斗争才会比较持久。文明的民族国家所以能取得胜利的原因不一而足，有的是明显而简单的，有的则复杂而弄不太清楚。我们可以看到，土地的垦殖对一些野蛮人的种族有着多方面的不利，甚至有致命的影响，因为他们对种种原有的习惯，不能改，或不想改。在有些例子里，经验证明，一些新的疾病和新的恶习有高度的破坏力。一种对他们来说是新的疾病看来往往会造成大量的死亡，一直要到对这种破坏的影响最有感受性的那些人逐渐地被淘汰干净为止；㉝而烈性酒类的恶劣影响似乎也会造成同样的情况，而糟糕的是，许多野蛮人对这些酒类又表示不可遏制的强烈爱好。还有看来是神秘莫测的一件事，就是，差别大而相隔远的两个种族的人初次相遇在一起，似乎容易产生疾病。㉞斯普若特（甲 618）先生，以前在温哥华（Vancouver）岛时[13]，曾特别注意过种族灭绝的问题，他相信，欧洲人来到以后所引起的生活习惯上的种种改变在土著居民身心上酿成了很多不健康的状态。他又强调地说到在别人看来是微不足道的一个原因，就是，土著居民“看到了四周的新生活，莫名其妙，变得惘然，发了呆，他们把努力工作的一些旧有的动力全丢了，而却又没有新的动力来接替它们”㉟。

各个民族国家进行竞争，所由取胜的因素不一，其中最主要的一个似乎就是文明所已达成的等级，越高就越有利。不多几个世纪以前，欧洲还深怕东方半开化人的入侵，如今如果还有人怕，那就成杞人忧天了。在以前，野蛮人的种族没有在古典的民族国家[14]面前衰亡下去，像他们今天在近代的文明民族国家面前那样。对于这一点贝却特曾表示深以为怪。他认为，如果他们也不免于衰亡，古老的道德学家对这一类的事件一定会有所思考、有所讨论。但在这时代的一些作家的著述里我们没有能看到对衰亡中的半开化人有任何痛哭流涕长加叹息的表示。㊱据我看来，就许多的例子来说，造成灭绝的一切原因之中，最有力的原因是生育力的下降和健康的减损，特别是由于生活条件的改变而引起的儿童的体弱多病，尽管这些改变了的条件本身并不坏，并不伤人，却依然会有这些情况。我在这里要向霍沃尔思（甲 331）先生深表谢意，因为他曾经关照我注意这个题目，并且为我提供了一些有关的资料。我前后收集到了如下的一些例子。

当塔斯马尼亚岛最初受到殖民影响的时候，有些人把岛上的土著居民粗略地估计为七千人，而另一些人则说约有两万人。无论如何，不久以后，他们的数目就有了很大的削减，主要是由于和英国人的战斗与他们自己之间的相杀。在那次有名的由全部殖民者参加的围剿之后，而剩余的土著居民向政府投诚的时候，他们一起只有一百二十个人，㊲到 1832 年，这些人又被转移到弗林德尔斯（Flinders）岛[15]。这个岛介于塔斯马尼亚与澳大利亚之间，南北长四十英里，宽二十到十八英里，似乎是个适合于居住的地方，土著居民也得到政府的良好的待遇。然而他们的健康变得很坏，死亡相继。到 1834 年，他们共有（见邦威克，甲 87，书，页 250）成年男子四十七人，成年女子四十八人，儿童十六人，合一百一十一人。次年，1835 年，剩一百人。政府看到他们减少得这么快，而他们自己也认为如果换个地方，情况会好一些，于是，到 1847 年，又把他们转移到塔斯马尼亚本岛南部的牡蛎湾。当时(1847年12月20日)他们一起是十四个男人,二十二个女人,和十个孩子。㊳但地点的迁移并不好。疾病和死亡依旧追逐他们不放,到1864年,只剩下一个男人(死于1869年)和三个上了年纪的妇人[16]。疾病与死亡固然厉害,谁都容易病,而一病就要死,但妇女的艰于生育是尤其见得突出的一件事。当她们在牡蛎湾只剩下九个妇女的时候,她们对邦威克先生说(所著书,页380),她们中间只有两个生过孩子,而这两个人一起也只生过三个孩子!

这一整套异乎寻常的事态的原因究竟何在?斯托瑞(甲631)博士说,死亡之所以相继,是由于要把土著居民拉进文明的那一番试图。"如果不管他们,让他们按照他们的习惯东西游荡,不受干扰,他们就会多生些孩子,死亡率也会低些。"另一个仔细的观察家,戴维斯先生,也说,"他们生得少而死得多。这在很大的一个分量上可能是由于生活和食物的改变,但更重要的是由于他们受到了放逐,被迫放弃了他们的故乡,即梵提曼兰[17]的本土,因而精神颓丧,生趣索然"(邦威克书,页388、390)。

在澳大利亚境内两个相差很远的地区,有人观察到一些与此相同的事实。名气很大的探险家葛瑞高瑞(甲282)先生对邦威克先生说,在昆士兰[18],"即便在最近才有殖民者屯居的地方,当地黑人的艰于生育就已经可以觉察到,而衰落就从此开始"。他所曾访问过的牟尔怯森河(Murchison River)的鲨鱼湾[19]的十三个土著居民,在三个月之内,十二个死于肺病。㊴

新西兰麦奥利人(Maories)的人口减少曾经芬屯(甲236)先生的仔细调查,并已编写成一本值得赞赏的报告,我在下面所说种种，除了有一处外，全都采自这个报告。[40] 1830 年以来这些人在数量上的减削是谁都承认的，连土著居民们自己也不否认，并且至今还在稳步地削减。尽管到当时为止，对土著居民还不可能进行实际的人口普查，许多地区的居民对他们在各地的人口数量也还有些正确的估计。总的结果似乎是可靠的，它说明在 1858 年以前的十四年之中，便已减少了 19.42%。一些经历过仔细查询的部落相去很远，超过一百英里，有在海边的，也有在内地的，生活资料与生活习惯在某种程度上也有所不同（芬屯书，页 28）。在 1858 年，他们的总数被认为是五万三千七百人，而到了 1872 年，即过了又一个十四年之后，再一次普查的结果，发现而记录下来的总数只有三万六千三百五十九人，说明有了 32.29% 的减削！[41] 芬屯先生，在说明通常用来解释这种惊人的减削的种种实际上不足以充分解释的原因，有如新的疾病、妇女的淫滥、酗酒无度、战争等等，之后，根据很有分量的理由，下结论说，主要的原因是：妇女的艰于生育和婴幼的死亡率的非常之高（所著书，页 31、34）。为了证明这一点，他指出（页 33），在 1844 年，非成年人和成年人的比例是 1 对 2.57，而在 1858 年，这比例是 1 对 3.27，孩子们死得太多了。而成年人的死亡率也是高的。此外他又提出一个人口所以减少的原因，就是性比例的不平衡，因为生男育女，女的出生数量比男的少。关于这后面的一点，原因也许和这里所说的一些大有不同，我在下文的另一章里还须继续讨论，目前不谈。芬屯先生又把新西兰的这种人口减少和爱尔兰那里的人口增加作了一个对比，而不免引以为怪；因为这两地在气候上没有多大的不同，而两地居民现在所有的生活习惯也几乎是一样。麦奥利人自己“把他们的衰落在一

定程度上归咎于新的食物与衣着的传入，以及由此而引起的习惯的改变”（芬屯书，页 35），当我们想起生活条件的变化足以影响生育力的时候，就会看到他们这话大概是对的。麦奥利人人口的减少开始于 1830 与 1840 年之间；而芬屯先生指出（页 40），大约在 1830 年左右，用水长期泡制玉蜀黍而使之变得腐臭的方法被发明而广泛通行起来；而这可以证明即使在新西兰还只有很少的欧洲殖民者定居下来的时候，土著居民的生活习惯已经开始受到影响而发生变化。我在 1835 年访问群岛湾[20]的时候，当地土著居民在衣食两方面已经有了很多的变化，他们已种植马铃薯、玉蜀黍和其他农作物，并且用它们来换取英国输入的工业品和烟草。

从帕特森（甲 515）主教的传记㊷中的许多话里，我们可以清楚地看到，为了培养当地的传教士，新黑勃里提斯群岛（New Hebrides——在南太平洋，斐济岛群之西——译者）和邻近其他群岛的梅兰尼西亚人（Melanesians）被送到新西兰、诺福克岛[21]和其他适合于卫生的地方之后，健康却大大地恶化，一批批地死亡下去。

散德威奇诸岛土著人口的减少是和新西兰的一样地远近驰名的。一些最有能力作出判断的人曾经粗略地估计过，当库克（甲 161）在 1779 年发现这些岛屿的时候，岛民共有约三十万人。根据 1823 年的一次不细密的普查，总数是十四万三千零五十人。从 1832 年起，官方举办了几次不太定期的准确的普查，但我仅能查访到如下表所列的一些数字：

我们在这里看到，前后四十年之内，1832 到 1872 年，人口总数减少了不下于百分之六十八！大多数的作家把这一情况归因于妇女的

淫滥，于以前多次血腥的战争，于殖民者所强加于被镇压的部落

年份	土著居民人口总数（只1832年与1836年两年中有些例外的情况，当时有少数外地人被包括在这里的总数之内。）	每年减少率的百分比(假定每两次普查之间逐年的减少率是一律的；这几次普查的举行并无一定的年期。)
1832	130，313	
		4.46
1836	108，579	
		2.47
1853	71，019	
		0.81
1860	67，684	
		2.81
1866	58，765	
		2.17
1872	51，531	

的严酷的劳役，于新传入的各种疾病，这后者确乎有好几次给了人口以毁灭性的打击。没有疑问，这些和其他类似的原因有高度破坏的效能，而可以用来说明1832至1836年间的那一段极不寻常的锐减，但一切原因之中最为有力的原因似乎还是生育力的下降。据1835至1837年间访问这个群岛的美国海军医官茹申贝尔格尔（甲566）博士说，在夏威夷主岛的某一个地区，在一千一百三十四个成年男子中，只二十五个各有一个三个孩子的家庭，而在另一个地区里，六百三十七个之中，只十个有这样的家庭。八十个已婚妇女之中，只有三十九个曾经生过孩子；而“官方的报告所提供的是，全岛之上，每一对婚配的男女平均只有半个孩子”。这和牡蛎湾的塔斯马尼亚人所提供的平均子女数几乎恰恰是一样。贾尔弗斯（甲351）于1843年发表他所写的夏威夷诸岛史，说，“凡有到三个孩子的家庭可以豁免一切赋税；而有到三个以上的可以得到土地和其他奖励的东西”。当地政府这样一个空前而独创的章程正好说明土著的民族在当时已经变得如何地艰于生育了。在1839年，

比肖普(甲 63)牧师在夏威夷的《旁观者》(丙 138)上发表文章说，夭殇的例子在儿童总数中要占一个很大的比例，而斯泰雷(甲 620)主教告诉我，至今情况还是如此，像在新西兰一样。有人把这种情况归咎于妇女的不负责任，失于保育，但更大的一个原因大概是儿童内在的素质太差，而这是和父母的生育力的下降有联系的一件事。再者，夏威夷还有和新西兰相类似的一个情况，就是，出生的婴儿之中，男的要比女的多得多：1872 年的统计数字是，男子 31,650人，女子 25,247 人，包括一切年龄在内，用比例数来说，就是每 100 个女子，便有 125.36 个男子，而同时在一切文明国家里，却都是女子多于男子。妇女的淫滥无疑地对她们生育力的所以小提供了部分的解释；但她们的生活习惯的改变，无论男女，怕是造成生育困难的更为重要的原因，而这原因同时也可以用来说明死亡率之所以高，尤其是儿童死亡率。库克于 1779 年访问这个群岛，而温哥华(Vancouver)则于 1794 年，从此以后，时常有捕鲸船来此停泊。1819 年，首批传教士到达的时候，发现国王已把原有的偶像崇拜废除，并已完成其他的一些改革。在这个时期以后，土著居民，在几乎一切的生活习惯上，都起了很迅速的变化，而他们很快地变为“太平洋上一切岛民中最为文明的人”。向我提供资料的人中有一位寇恩(甲 155)先生，是个这些岛上出生的人，说，土著居民在五十年之内所经历的生活习惯上的变化要比英国人在一千年之内所经历的还大。根据从斯泰雷主教那里收到的资料来看，一些穷苦的阶层在饮食方面的改变似乎一直不太大，尽管好几种新的水果早经传入，而蔗糖已经普遍地成为日用的东西，他们的变化还是不多。但由于他们渴爱模仿欧洲人，他们很早就改变了衣着的方式，而酒精饮料的用途也早就变得很普遍。尽管这些变化像是无关紧要，根据我所知道的关于一些动物的情况，我有理由相信，它们对土著居民的生育力，已经足够产生一些下降的影响。[43]

最后，麦克纳马腊（甲 429）先生说[44]，孟加拉湾东部安达曼诸岛（Andaman Islands）上的低贱而堕落了的居民"特别容易感受气候转变的影响。说实在话，只要一离开他们的岛上的家，他们就几乎肯定要死亡，而这种死亡和饮食的习惯或其他外来的物质影响全不相干"。他又说，夏季酷热的尼泊尔河谷里的居民，以及印度的山区各部落，一到平原上来，就容易闹痢疾和热病；而如果他们试图在平原地区住上一年，就要死在那里。

由此可见，人的粗野一些的种族，在和改变了的生活条件或生活习惯打交道的情况之下，就很容易受到疾病的折磨，而并不只限于被转徙到新地方，接触到了新的水土与气候，才会如此。只要习惯有所改变，而这些习惯本身又看不出来有什么害处，似乎也可以产生这种不良的后果；而在有些例子里，儿童们特别容易受到折磨。正如麦克纳马腊先生说的那样，人们常说，人能够抵抗千变万化的气候以及其他各式各样的改变，而不虞什么后患，但这只是对文明的一些种族而言，才是正确的，一概而论，就不对了。在野蛮状态下的人，在这方面似乎是和他的最近的近亲，即各种类人猿，几乎同样地敏于感受或感染，各种类人猿被转送而离开它们的乡土之后，是从来没有存活得太久的。

由于生活条件改变而产生的生育力的下降，有如见于塔斯马尼亚人、麦奥利人、散德威奇岛民，以及，至少从表面看去，也见于澳大利亚土著居民中间的种种例子，比起他们的容易感受疾病和容易死亡来，似乎意义更为严重。因为，即便在程度上很轻微的难于生育，在和其他那些倾向于限制人口增殖的一般性的制约力量的合作之下，迟早总不免于导致一批有关人口的灭绝。至于生育力之所以下降或缩减，在有些例子里，也许可以用妇女性生活的淫乱来解释（不久以前的塔希提人就有过这种情况），但芬屯先生曾经指出，就新西兰的麦奥利人说，这解释是很不够的，而就塔斯马尼亚人说，也解释不了。

在上文已经征引过的一篇文章里，麦克纳马腊先生提出了一些理由来支持他的一个看法，就是，凡是受制于疟疾的一些地带的居民倾向于不育，但就上面所举的例子来说，对其中的若干个是无法适用的。[22]有些作家又提出过这样一个意见，认为岛居种族之所以艰于生育与体弱多病是由于长期持续的交相繁殖（inter-breeding——从这里的前后文看，此词意似指族内繁殖，即同种繁殖或血族交配，而今英语多作“inbreeding”；今“inter-breeding”一词在遗传育种学中常用于指“混合交配”或“品种间杂交繁殖”，但就此词的一般含义而言，凡有两性之别的种的种内繁殖都可以称为“inter-breeding”，这里译作“交相繁殖”——译者）；但再就上面的例子而论，他们的艰于生育的开始，不先不后，几乎恰恰和欧洲人的来临同时发生，这就使我们难于接受这个解释了。何况，目前我们也没有任何理由使我们认为人对于交相繁殖的不良影响有什么了不起的敏感，而尤其值得注意的是，以地方面积之大如新西兰，以社会地位的形形色色、高下不齐如散德威奇群岛的居民，其间究竟发生过多大程度的交相繁殖，也还是个问题。而反过来，我们却

知道，今天诺福克岛的岛民几乎全部是不同程度的表亲关系或其他近亲关系，印度的托达人（Todas）和苏格兰迤西的西部群岛中若干岛屿上的居民，也是这样；然而他们在生育力上并没有受到什么害处。㊺

和低于人的动物的情况类比一下之后，倒可以提出一个更接近于实际得多的看法。我们有方法指出，生殖系统对改变了的生活条件的感受力是非常强烈的，或者说，它的易感性是极大的（至于何以如此，我们不知道），而这种易感性所导致的结果有好的，也有不好的。在这题目上我在《家养动植物的变异》，第二卷，第十八章里提供了大量收集在一起的事实，在此我只能介绍一个极为概括的摘要；任何读者如果对此有更多的兴趣，不妨参考上述的著作。有些很微小的生活条件的改变，就绝大多数，乃至一切的有机物体说，都有增进健康、提高精力和加强生育力的效用，而另一些改变，据有人知道，则可以使很多的动物变得不能生育。大家最熟悉的例子之一是驯象的例子，在印度，驯象都不能生育，而在阿伐[23]它们却往往能生育，在那里，母的驯象被容许在森林里在一定范围以内漫步往来，因而所处的环境与生活状态比较自然。各种美洲猴子的情况是比此更为恰当的一个例子，这些猴子都是雌雄并畜多年，而且并不离开它们的乡土之国，然而一般都极难得生育，有的根本不生育。我说这是一个更为恰当而可资比较的例子，因为它们和人在亲族关系上比大象更为密切。在被人捉住的野生动物中间，只要在生活条件上小小地有所改变，便往往足以引起不育，这不能不说是一件有些奇怪的事，而在我们联想到家养动物的情况之后，就不免觉得更奇怪了，因为一切家养动物，在家养的条

件之下，比起在自然状态里，反而变得更能生育，而有些竟能在抵抗极不合乎自然的条件的情况之下始终维持它们的生育能量。[46]禁闭生活所引起的这方面的影响也因不同的物群而有所不同，有的所受的影响大些，有的小些；而一般说来，同一物群里的一切物种所受的影响大小却是一致的。但也有另一种情况，就是，一个物群之中只有单一的某一个种变得不生育，而其余则否；而反之，也有只有单一的某一个种能维持生育，而其余的绝大多数则不复生育。有些物种的雌雄两性，在禁闭的情况下，或不甚禁闭而被容许在自己的乡土之国里面多少可以自由活动而不完全自由的情况下，就从此不再交配；有的在同样的情况之下，时常进行交配，而却不生子息；有的也生，但生得比在自然状态里少，而因其和上面所举的一些人的例子有些相似、有必要加以指出的一点是，这些子息往往是软弱多病，或有些畸形异态，而趋向于夭折。

既然看到生殖系统对改变了的生活条件有其特殊的易感性的这一条法则，又看到它也适用到我们最近的近亲，四手类动物，我也就很难怀疑，它也未尝不能适用到原始状态中的人了。因此，如果任何族类的野蛮人受到突然的引诱或胁迫，来改变他们的生活习惯，他们就会或多或少地变得不能生育，或所生的子女也是虚弱多病，而其所表现的方式，和所由造成的原因，是和上面所说的印度的大象和狩猎用的豹(hunting-leopard)、许多种的美洲猴子，以及一大批的一切种类的动物在违离它们的自然条件之后的情况一般无二的。

我们可以看到，为什么长期居住在远洋岛屿之上而不得不一直和几乎千百年如一日的生活条件打交道的土著居民，一旦碰上任何习惯的改变，会特别地受到影响；事理上应该如此，而实际的情况也似乎确是如此。各个文明的种族肯定地能够抵抗各式各样的条件变化，不能与野蛮人同日而语。在这一方面他们和家养动物相像，因为，尽管后者，即家养动物，有时候在健康上也受些影响（例如，欧洲的狗到了印度），却难得变得不能生育，不生育的例子是有些的，也见于记录，㊼但只是个别的。文明种族和家养动物对许多改变了的条件之所以能有抵抗力，大概是由于他们对各式各样而变化多端的环境条件，比起大多数的野生动物来，要接触得多，因而也就变得习惯得多；也由于他们以前有过从外地转徙而来或从这一地区被输送到那一地区的经验；也由于不同的家族之间，或更大一些、亚族之间曾经有过杂交繁殖。看来只要一度和文明种族进行交配与生殖，一个原始而土著的种族便立刻可以取得一些抵抗力，来应付条件改变的不良后果。例如塔希提人和英国人所生的杂种子女，在移植到匹特开恩岛[24]之后，增加得非常之快，以致不久以后岛上就有人满之患，而于 1856 年 6 月，不得不再转移到诺福克岛。当时这一批人包括六十个已婚的男女和一百三十四个孩子，共一百九十四口。在诺福克岛上，他们增加得也快，尽管其中有十六个人于 1859 年又返回匹特开恩岛，其余，到 1868 年 1 月，增加到了三百人；男女恰好各占一半。试想，这和塔斯马尼亚人的例子相形之下，是何等的一个对照呀：诺福克岛上由杂交而来的岛民，在短短的十二年半之中，从一百九十四人增加到了三百人；而塔斯马尼亚人，在十五年之间，从一百二十人减少到了四十六人，而四十六人之中，只有十个是孩子。㊽

再如在 1866 年和 1872 年的两次普查之间的期限之内，散德

威奇诸岛上的纯血统的土著居民减少了八千零八十一人，而在同一期限之内，被认为是比较健康的混血人口却增加了八百四十七人。但我不知道所谓混血人口包括不包括第一代混血人口的子女，或仅仅指第一代而言。

我在这里所列举的例子所牵涉到的全都是由于文明人的移居其地、生活条件有所改变，而受到了新条件的影响的一些土著居民。但野蛮人艰于生育与健康恶化的原因大概还不限于此，任何原因，例如旁近强大部落的入侵，只要在力量上足以使他们放弃原有的乡土、改变原有的习惯，就可以造成这些结果。在把捕获的野生动物驯化而成家养的工作中，人们所怕的是发生某些消极的制约的影响，而最主要的制约就包含对生育力的限制，使这种动物从此不能像在自然状态中那样地繁殖。就野蛮人来说，一旦和文明接触之后，也会发生一些制约的影响，使其不能存活下来而自己形成一个文明的种族，而主要的制约之一也正好是一样，就是，由于生活条件的改变而不生育或艰于生育：野生动物与野蛮人在这方面大有相同之处，是值得引起兴趣的一个情况。

最后，尽管人的一些种族的日趋削减而终于灭绝是一个高度复杂的问题，而其所以复杂，正是因为造成这种结果的原因很多，而这些原因又因时因地而有不同；但问题的性质是和一些高等动物——例如化石马——的所以灭绝一样的。这种马原产于南美洲，但终于灭亡了，而不久以后，在同一些地区之内，被无数的西班牙马的马群所接替了。新西兰的麦奥利人似乎自己觉察到人兽之间这样一个并行而可以类比的现象，因为他把自己未来的命运和当地一种老鼠的未来的命运相提并论，这种老鼠，在移入的欧洲鼠的竞争之下，今天正接近于灭绝。要想肯定导致灭绝的一些确凿的原因究竟是什么，而它们又是怎样起作用的，对我们的想象来说，是大有困难的，困难实在不小，但对我们的理智来说，只要我们牢牢记住，每一个种与每一个种族的增长是经常地多方面地受到制约的。因此，只要在已有的一些制约之上，再添上任何新的制约，哪怕是很微小的一个，这有关种族就肯定会在数量上日益减少，而数量的不断减少迟早会导致灭绝；而在大多数的例子里，最后的结局是归一些能征惯战的部落用入侵与吞并的方式摧枯拉朽似地加以决定的。

论人的各个种族的形成——在有些情况下，不同种族的杂交曾导致一个新的种族的形成。欧洲人和印度人属于同一个祖系，亚利安（Aryan）祖系，所说的也基本上是同一个语言[25]，而在形貌上却很不相同，而反之，欧洲人和犹太人在形貌上相差很少，而犹太人所属的却是另一个祖系，闪米底（Semitic）祖系，而所说的语言也属于很不相同的一个系统，——对这一类的独特的事实，勃柔卡的解释是，当初在属于亚利安祖系的人向四面八方大事散布的时期里，某些支派和所到之地的土著部落发生了大规模的交混。㊾当两个有着近密接触的种族进行杂交之初，初步的结果是一种杂七杂八的拌和物；例如，亨特尔先生，在描写桑塔尔人（Santali），即印度一部分的山区部落，的时候，说，“从黧黑而矮胖的山居部落中人，到身材高大、皮肤作橄榄色、额高颡阔得像富有理智气息、双目肃静，而头颅则高而前后突出的婆罗门僧”，人们可以看到数以百计的难以明辨的层次。因此，在法庭上，法官有必要向证人先问一下，究竟他们是桑塔尔人，还是印度人。[50]一个杂拌性的人群，有如玻里尼西亚诸岛中某些岛屿上的居民那样，大都由两个不同的种族杂交而成，所剩下的纯血统的成员已经是寥寥无几，或已经根本没有，究竟会不会融合而成为一色，直接的例证还没有看到过。但就我们的家畜来说，通过仔细的选择，[51]一个杂交而来的品种，在不多几个世代之后，可以固定下来，由夹杂而变为一致，成为一个真正的品种。既然如此，我们可以推断，一批杂拌性人口的彼此之间的自由交配，经过了漫长的一大串世代之后，会提供一个选择的场合，而同时也会制止任何返祖遗传的倾向；而这样，这批杂交而来的人口会终于变得融通一色，只是在此一色之中，原先参加杂交的两个种族的种种性状未必恰好各居一半而已。

人的种族与种族之间的一切差别之中，最称鲜明的差别而也是标志性最强的差别之一，是皮肤的颜色。以前人们以为这一类的差别可以用不同气候的长期而直接的影响来解释；但帕拉斯首先指出这解释是站不住的，而后来几乎所有的人类学家都同意他的意见。[52]这一个解释之所以被摈弃，原因在于不同颜色的种族的分布并不和不同气候的分布一一相符，而绝大多数的种族在他们目前的乡土之内，也就是习惯了的气候区域之内，都一定是住过很久很久的。我们从杰出的权威那里听到，[53]一些荷兰家族，在南非洲已经住上三个世纪，皮肤的颜色却丝毫没有改变：这一类的例子是多少有些分量的，可以相信。吉普赛人(gipsies)和犹太人，在世界上散布的地区虽各不相同，形貌颜色却到处一律，也同样地可以引来作为这方面的论据。犹太人的一律性有时候是被人夸大了的，[54]但也还可用。有人认为，一地的空气过于潮湿或过于干燥，而不仅仅是气温的冷热，对皮肤颜色的变化更有影响；但道尔比涅根据南美洲的材料、利芬斯东根据非洲的材料，所达成的结论既然完全相反，任何有关空气干湿的结论不能不被认为是十分可疑的了。[55]

我在别处曾经列举种种不同的事实，证明皮肤和毛发的颜色有时候是彼此相关得出人意料之外的，而此种相关又包括一种完善无缺的抵抗力在内，足以应付某几种的植物毒素的作用和某些种类的寄生虫的侵蚀。因此我想到过，黑人和其他肤色比较灰暗的种族之所以灰黑可能是由于，相继多少世代以来一些灰黑程度比较深的个体，得力于肤发颜色之深，顶住了自己乡土上的瘴疠之气的致命的毒害，而存活了下来。

后来我发现威耳斯(甲 697)博士很久以前就有过这个同样的想法。[56]很久以来，人们知道黑人，和甚至黑白混血的“缪拉托”，几乎完全可以免于黄热病(yellow-fever)的袭击，而这种病，在美洲热带地区，对其他种族的人，是有极其巨大的毁灭性的。[57]他们在很大程度上也能避免流行于非洲沿海至少有二千六百英里长的地带上的几种可以致命的间歇热，而在这一带殖民的白人，在它们的侵袭下，每年要有五分之一丧命，五分之一被迫回到欧洲的老家，终身病废。[58]黑人的这方面的免疫性似乎部分是先天的，即建立于身体素质上的某种我们还不了解的特点的，而部分是对当地水土取得了适应的结果。[25]据布谢说，[59]从苏丹地区附近征募而从埃及总督那里借来的参加墨西哥战争的黑人部队，在顶住黄热病方面，几乎与西印度群岛的黑人同等地有能耐，而西印度的黑人原是早年从非洲各地移来而久已服习了这一地区的水土的。对水土气候的服习或适应是有它的作用的，我们也从许多黑人的例子里看到了这一点，这些原在热带地方的黑人，后来在比较寒冷的地方住了一些时候回来，就似乎比以前更容易害热带的各种热病。⑩白人的各个种族长期以来所服习的气候的性质对他们也有某些影响，因为，当1857年黄热病以瘟疫的方式在德美腊腊（Demerara——地区名，在南美洲英属圭亚那）猖獗之际，勃雷尔（甲68）医师发现白人殖民的死亡率是和他们所从来的地区所在的纬度成正比例的。就黑人来说，这种对黄热病的免疫性，单单作为服习水土的结果而言，暗示他们已经和这一类的水土与气候打上了不知多少岁月的交道，才能如此；因为美洲热带的土著居民，尽管在当地居住的岁月也已经长久得荒远难稽[26]，对黄热病却并没有免疫性；而据特瑞斯特腊姆（甲659）牧师说，在非洲北部也有类似的情况，在那里，在有些地段里，土著居民[27]每年要被迫离开一段时间，而当地的黑人则可以平安地一直留在那里。

黑人的免疫力和他的皮肤的颜色有任何程度的相关这一说法，实际上只是一个猜测；和它发生相关关系的或许是另外一些差别，这差别可能在血液里，在神经系统里，也可能在其他的细胞组织里。尽管如此，根据上面所列的种种事实，又根据肤色与肺病的倾向之间似乎存在着某种联系的可能的事实，我认为这个猜测也未必全无着落。正因为这样，我才在上文费上这么多的工夫，试图确定它究竟有着落到何等地步，成功虽不大，⑪我希望这工夫还不是白费的。不久以前去世的丹念耳（甲178）医师在非洲西海岸待过很久，对我说，他不相信这其间有任何关系。他自己是个肤发颜色极浅、见得特别白皙的人，他顶住了当地的气候，健康出乎意料地好。当他童年初到这海岸来的时候，一个年老而有阅历的黑人酋长，根据他的形貌，预言他可以顶得住，后来果然如此。在安帖瓜[28]行医的尼科耳森（甲 499）医师，在留心到这个题目之后，写信给我说，颜色深些的欧洲人比浅些的更能逃免黄热病的袭击。海瑞斯（甲 299）先生根本否认，发色深的欧洲人，比起其他的人来，能更好地顶住炎热的气候；反之，经验教育了他，在向非洲海岸选派士兵服役的时候，最好选头发发红的人。[62]因此，单单根据这些分量都很不大的迹象来看，我们的假设，认为某些种族的肤发之所以黑，是由于越来越黑的一些个体，长期以来，在容易发生各种热病的瘴疠之乡存活得较好的缘故——似乎是没有根据的了。

夏尔普（甲 602）医师说，[63]热带的太阳对白皮肤起烧灼的作用而使之起泡，而对黑皮肤则完全无害；而他又说，这是和个人的习惯并无关系的，因为六个月到八个月的婴儿往往一丝不挂地在烈日之下被大人带来带去，而一样地不受影响。有一位医学界人士肯定地告诉我，几年以内，在热带地方，每到夏季，而冬季并不这样，他的双手上会长出一块块的浅棕色的皮肤来，像雀斑，而比雀斑为大，同时，皮肤上保持白色的那些部分有好几次还相当厉害地发了炎，起了泡。在低于人的各种动物里，白色毛羽所掩盖的皮肤，和皮肤的其他部分之间，对太阳的作用的感受性，也存在着素质上的差别。[64]皮肤的免于太阳的烧灼这一点的重要性究有多大，是不是足以说明黑人种族的黑色的由来，也就是说，自然选择把皮肤越黑而越不怕太阳烧灼的个体保存了下来，否则就受到了淘汰，那我就判断不来了[29]。如果真是这样，那我们便得假定热带美洲的土著居民在那里定居下来的年代要比黑人在非洲的短得多，比

起马来群岛南部的巴布亚人来，也是如此；正好与肤色较浅的天竺人在印度所待的时间要比半岛中部与南部肤色黝黑的原始土著居民[30]的时间为短暂一样。

在目前的知识情况之下，我们对人的各个种族之所以有肤发颜色的差别，虽还不能作出解释，说深颜色有好处，不行，说气候有直接的作用，也不行。然而我们也不该太忽视气候这一方面的力量，因为我们有良好的理由相信，这种力量也产生一定分量的遗传影响。[65]

我们在上文第二章里看到，种种生活条件可以直接影响身体机架的发育，而这种影响是可以遗传的。例如，而这也是一般人都承认的一件事，移居到美国的欧洲人，在形貌上，会经历一些程度很小而速度极快的改变。他们的躯干和四肢都会变得拉长一些；而我从柏尔尼斯（甲 52）上校那里听说，在美国的最近一次战争里[31]，有一件事对此提供了一个良好的证据，就是，一些德国队伍穿上了美国为美国士兵所制的现成的军服之后，全不配身，一切尺寸都长得太多，弄得十分可笑。在美国，也有相当多的证据，说明在南方诸洲，在家庭里供役的第三代黑奴同田间劳动的黑奴在形貌上也呈现显著的差别。[66]

但若我们就分散在全世界的人的种族作一通盘的观察，我们还是不得不作出推论，认为他们的种种有特征性的差别很难用生活条件的直接作用来解释，即便他们对各自的这些条件已经服习了不知多么漫长的一个年代。爱斯基摩人完全恃肉食为生；穿着使用很厚的带毛的兽皮取暖；终年苦寒，半年摸黑，然而他们和中国南方的人并没有什么了不起的差别，而中国南方人却完全素食

(完全二字不实——译者),经年几乎不穿衣服地和酷热的气候与刺眼的阳光打交道。一丝不挂的火地人住在荒凉寒苦的海边,靠海产的一些食物糊口;巴西的布托库多人住在比较内陆的炎热的深林里,主要靠采集到的蔬果维持生活;而这些部落却如此地十分相像,以至在"比格尔号"船上的几个火地人被某些巴西人错认为布托库多人。再者,布托库多人,以及热带美洲的其他土著居民是完全和黑人不相同的,两者之间虽隔着一片大西洋,一在东岸,一在西岸,然所服习的气候则大致相同,而所进行的日常生活也几乎一样。

除了在很微不足道的程度上有些关系而外,我们也不能用对身体各部门用进废退的遗传影响来解释人的各个种族之间的种种差别。习惯于独木舟里过日子的人们的腿也许发展得短一些,住在高原或高山地区的人们的胸膛也许要扩大一些,而在那些经常使用某一种感官的人,容受这一感官的腔或窍似乎要发展得宽大一些,从而使整个的容貌也发生少量的变化。就文明的民族国家的人说,由于使用少而缩小了的上下腭——所说使用,指这一带的若干不同的肌肉,为了表达各种情绪,所惯于进行的一些活动——和由于理智活动的增加而扩大了的脑神经,联合起来,便在他们的一般的容貌上产生了相当大的影响,而和野蛮人的相形之下,显然地有所不同。[67] 身材有了增高,而脑神经没有任何相应的加大(根据上文提到过的家兔的例子而加以推断),也许是人的某些种族所以取得了一个拉长了的颅骨,即长颅型的一个原因。

最后,我们还了解得很少的那条相关发展的原理有时候也起些作用,肌肉的特殊发达和眉脊梁的强大突出,有其一必有其二,

即其一例。肤色和发色是一清二楚地相关的，而在北美洲的曼丹人中间，发的结构和发的颜色也是有一定的相关的。[68]皮肤的颜色，和它所挥发出来的气味，也有一定方式的联系。就绵羊的若干品种来说，皮肤上每一个单位面积里的一根根的毛的数量和排泄用的细孔的数量也有关系。[69]如果我们可以根据家畜中的一些可供类比的情况而加以推断，我们就敢说，人在结构上的许多变化大概是属于相关发展这一原理的范畴的。

到此我们已经看到人的各个种族的一些外表的、有标志性的差别用生活条件的直接作用来解释是不能令人满意的，也不能用身体各部分的用进废退的影响来加以说明，而通过相关发展的原理的解释也没有多大用处。这些路子既不通，我们就被带上另一条路，另作试探，就是，人所特别容易产生的种种细小的个别差异，就是每个人身上的一些变异，会不会在一长串的世代之内，通过自然选择的作用，得到了保存、积累、加大，而终于成为区分种族的特征。但在这条路上我们一开始就遇上困难，就是，只是对有机体有利的一些变异才受到保存与发展；而尽我们的力量所能作出的判断是（尽管在这方面的判断一直容易发生错误），人的各种族之间的差别虽多，却没有一个是对人有任何直接或特殊的用处的。这句话当然不可能包括种种理智的、道德的或社会的才能。人的种族与种族之间一切外表的差别的巨大的变异性，本身也就表示它们不可能有太大的重要性；因为，如果够重要的话，它们就不会多所变异，而是，要么早就被固定而保存下来，要么早已被淘汰掉。在这一方面，人和自然学家们所称“善变”（protean）或“多形”

(polymorphic)的一些生物形态相像,这些形态的身上的那些变异在性质上都是无关痛痒的一些,因而躲开了自然选择,没有成为它的作用的对象,看来正是由于这些原因,它们才一直维持着一种高度的变异不定的状态。

截至目前为止,我们对人何以有种族之别的解释的一切尝试都受到了挫折,没有能顺利地取得一些结果;但未经涉足的还有一条路、一股力量,那就是性选择了。看来性选择也曾在人身上起过强大有力的作用,一如在许多动物身上起过的那样。我这样说,却并不认为性选择足以解释种族之间的一切的差别。总还会有无从解释的一个剩余部分,而对这一部分,在我们无知的情况下,我们只能说,有所不同的一些个人总是不断地在世间冒出来,例如,有的头圆些,有的头窄些,也就是前后长些,而就鼻子说,有的上下长些,有的短些。如果,所由把它们诱导而出,而我们还不知道的那几种力量维持不变,或更连续不断地发挥它们的作用,加上长期持续的交婚的影响,头形也罢,鼻形也罢,都有可能固定下来而趋于一律。这一类的变异属于我们在上文第二章所一度提到的一个暂定的类别,由于没有更好的名称,我们往往把它们叫做自发的变异。我也不敢说,性选择的影响可以精确地指出来而完全合乎科学的要求;但我们能指出,如果人没有通过这一股力量而起些变化,像千千万万的其他动物所曾通过,并且显得如此无可抗拒而必须通过的那样,那我们要问,人怎么会成为一个唯一的例外呢?这种例外的地位反而成为一个无法解释的问题。还可以进一步地指出,人的种族与种族之间的一些有如在肤发颜色、毛发多寡、面貌体态等等方面的差别并不是一般的,而是可以被指望纳入性选择

活动范围以内的那一类的差别。但为了把这问题处理得恰当，我感觉到有必要把整个动物界检阅一周。我为此把本书的第二篇完全交给了它。到末了我还是要回到人，而在尝试说明人通过性选择的途径究竟在多大程度上经历过一些变化之后，还将就这第一篇里各章的内容作出一个简短的总说。

附录——皇家学会会员赫胥黎教授著：论人与猿猴的脑在结构与发育上的异同。

关于人与猿猴的脑的差别，性质如何，程度多大，论战开始于十五年以前，至今还没有结束，但到了现在，争议所用的题材已经和从前的完全不同了。原先有人说了再说，并且以少见的纠缠不清的执拗态度说个不停：所有的猿猴的脑，即便是最高级的，都和人的不一样：人的大脑的两个半球各有一个后叶（posterior lobe），而猿猴连这样显著的一些结构都有不起，同时猿猴也没有后叶所包容的侧脑室（lateral ventricle）的后角（posterior cornu）和禽距（hippocampus minor），而这两个结构，在人脑里也是再清楚没有的。

但事实并不是这样，在猿猴的脑里，刚才说的三个结构和人脑的一样地发达，甚至更为发达；而实际上它们是一切灵长类（如果我们把各种狐猴除外的话）所共有的一些特征，而这些特征的富有标志性在现在已经是十分肯定的一点，其基础的稳固和比较解剖学里所提出并得到肯定的任何论点不相上下。再者，近年以来，长长的一大串解剖学家都对人和猿猴的大脑半球上面一些复杂的脑回（gyrus）和脑沟（sulcus）的安排部署下过一些特别的工夫，而每一个人都承认，在人也罢，在猿猴也罢，它们所遵循的格局只有一个，更没有第二个。黑猩猩大脑上的每一个脑回、每一个脑沟，都可以在人的大脑上看到，因此，一整套的名词，两者之间，全可以通用，可以呼应。在这一点上，谁也没有不同的意见。不多几年以前，比肖福教授发表了一个报告，专论人和猿猴的大脑上的脑回（convolution，即上所云 gyrus）。⑳ 我这位饱学的同行的目的既然肯定不在于低估人与猿猴之间在这方面的差别的意义，我引以为快地在这里转述他如下的一段话。

“很多人所熟知而谁也没有异议的一件事是，多种猿猴，尤其是猩猩、黑猩猩和大猩猩，在它们的身体组织上和人很相接近，比任何其他动物接近得多。单单从组织的观点来看这个问题，大概谁也不会不同意林纳的见解，认为人，尽管有些奇特，只能被看成是一个种，而理所当然地放在哺乳类动物，包括这些猿猴在内的首席地位。人与猿猴，在一切器官方面所表现的近似程度是如此地高，只有极度精密的解剖学的调查研究才能把那些真正存在的差别指证出来，而这种精密的研究还有待于有人提供。彼此的脑也是这样。人、猩猩、黑猩猩和大猩猩的脑，无论有多少重要的差异，也是彼此很相接近的。”（注⑩所引书，页101）

如此说来，对一般猿猴和人的脑，在种种基本性状的相似这一层上，不存在什么争论了；而在黑猩猩、猩猩和人之间的尤为近密得出人意料的相似，甚至不放过大脑半球上许多脑回和脑沟的部署的细节，更不存在任何异议了。再转到几种最高级的猿类和人的脑之间的某些差别，究竟这些差别的性质如何，分量如何，这其间也不存在什么严重的问题。大家都承认，人的大脑的两个半球比猩猩与黑猩猩的为大，绝对的大，相对的也大；而由于眼眶的骨顶向上突出而造成的额叶（frontal lobe）的下陷，在人的脑半球上也不那么显著；人脑的许多脑回和脑沟，一般地说，在安排上也不那么两边对称，同时枝分出来的较小的一些皱纹却要多些。大家也承认，一般地说，那条介于颞叶（temporal lobe）与枕叶之间的称为“外纵裂”的脑裂（temporo-occipital fissure，或“external longitudinal”fissure），在各种猿猴的大脑上，通常总是一个十分显著之点，而在人则只是隐约可见而已。但大家也都清楚，人脑与猿猴脑之间，虽有这些差别，却没有任何一个足以在彼此之间构成一条斩钉截铁似的界线。外纵裂的名称原是格腊休雷教授叫出来的，关于它在人脑上的情况，特尔奈尔教授说过如下的话：⑪

“在有些人脑上面，它只简单地表现为半球边缘上的一条略微凹进的印痕，但在另一些人脑上，它或长或短地从横里引申出来。在一个女子的脑的右半球上，我看到它引申而出到两英寸以上，而在另一个标本上，也在右半球，它引申出了一英寸的十分之四，然后又向下方延展，直到半球外面下部的边缘。在大多数的四手类动物的过半数的大脑上，这条脑裂原是异常清楚而惹人注目的，但在人则界线很不分明，原因在于在人这一方面，存在着表面的、看起来很清楚的、一些枝分出来的脑回，把顶叶（parietal lobe）和枕叶给搭连了起来。这些搭了桥似的小脑回中的第一个脑回越是靠近外纵裂，则外顶枕裂（external parieto-occipital fissure）就见得越短。”（注⑪所引书，页12）

由此可知，这条格腊休雷的外纵裂在人脑上受到抹杀而不显著并不是一个经常而稳定的性状。而在另一方面，它在高等猿猴的脑子上的充分发达也并不是一个经常而稳定的性状。因为，就黑猩猩而言，饶勒斯屯（甲 560）教授、马尔歇耳先生（甲 441）、勃柔卡先生和特尔奈尔教授，在它们的大脑上，不是在左半球，就是在右半球，都一次又一次地看到这条外纵裂由于“一些搭桥性的小脑回”的存在而受到不同程度的抹杀。在一篇专门的论文的结论中，这里面的最后那一位作家说：㉒

“刚刚叙述过的一只黑猩猩的脑的三部分标本证明，格腊休雷所试图作出的概括，说第一个搭桥性的脑回的完全缺乏，以及第二个此种脑回的隐蔽不见，是这种动物的脑的一些基本上有标志性的特点——是不适用于一切黑猩猩的。仅仅在一个标本里，黑猩猩的脑在这些所说的特点上是遵循了格腊休雷所提出的法则的。至于上面一个，即第一个搭桥性脑回的存在，我倾向于认为，在过半数以上的这种动物的脑子上有，至少两个半球里的一个上面有，这是根据到目前为止所已有人叙述过或画过图的材料所作出的估计，此外就不敢说了。至于第二个搭桥性的脑回的不在隐蔽的部位而在表面上看得到，则例子显然地不那么多，而我相信，到现在为止，只在本文所记录的标明为（A）的脑插图上可以看到。以前观察家们在他们的叙述里所曾提到的两个半球上的一些脑回的安排并不两两对称，在我这些标本上也可以清楚地看得出来。”（注㉒引书，页 8、9）

退一步说，即便介于颞叶与枕叶之间的那条外纵裂是高等猿猴所别于人的一个标记，这一标记的价值又由于广鼻类或新世界的各种猴子的脑的结构情况而变得大有疑问。事实上，这一条脑裂，就狭鼻类或旧世界的各种猿猴而论，尽管是最为经常与普遍的若干条之一，其在新世界的各种猴类却全都不很发达；它在几种小型的广鼻类猴子里根本找不到；在几种丛尾猴（乙 772）里它只有一些痕迹；㉓而在蛛猴属里，则有所发展而或多或少地受到搭桥性折叠的抹杀。

在一个单一的类群的范围之内的这样一个变异不定的性状是没有多大分类学的价值的。

人脑的两个半球上的一些脑回不但有些不相对称，并且此种不对称有着很大的个别变异，即往往因人而有所不同；而在受到检视的属于布虚曼族的那批人脑里，两半球上面的一些脑回和脑沟，比起欧洲人的来，显然要简单而对称得多，而同时，在有几只黑猩猩，它们的复杂性与不对称性已经发展到足以令人注意的地步。这些都是在进一步研究之后已经得到确定了的事实。而就黑猩猩的一些例子而言，尤其值得注目的是勃柔卡教授所绘出的一只雄的年轻的黑猩猩的脑子（法文《灵长目总论》，页 165，插图 11）。

再者，关于脑子的绝对的大小，已经确定了的是，最大的健全的人脑和最小的健全的人脑之间的差距要比后者和黑猩猩或猩猩的最大的脑子之间的差距为大。

还有一点情况是猩猩与黑猩猩的脑子和人的脑子相像，而和各种低等的猿猴则是不相像的，那就是它们有两个白纤维体（corpora candicantia）——而类犬猿猴类（乙 321）只有一个。

因为看到了这些事实，今年，1874 年，我没有疑难地把我在 1863 年所提出的主题再度申说而坚持一番：⑭

“因此，就大脑的结构所能提供的知识而言，这一点是清楚的，就是，人和黑猩猩或猩猩之间的差别，要比后二者和甚至各种猴子之间的差别还要少，而黑猩猩的脑子和人脑之间的差别，比起前者和狐猴的脑子来，几乎是微小得没有多大意义可言。”

在上面所已提到过的那篇论文里，比肖福教授并不否认刚才这段话的第二部分，但首先他说了一句并不相干的话，认为如果猩猩与狐猴的脑子很不相同，这也不值得大惊小怪；而其次，他进而说出如下的话：“如果把人脑和猩猩的比一下，把猩猩的和黑猩猩的比一下，把黑猩猩的和大猩猩的比一下，而这样一直下去，把长臂猿的、细猴的、狒狒的、长尾猴的、猕猴的、泣猴的、小泣猴（乙 157）的、狐猴的、懒猴（乙 899）的、狨（乙 463）的，一个追一个地比一下，我们在如上所列的每先后两种猿猴之间，在脑回的发展的程度上的相差不会大于人脑与猩猩脑或黑猩猩的脑子之间的相差，甚至连同等程度的相差也碰不到。”

对这一段话，我的回答是，第一，无论这话是正确的，或是错误的，它和我在《人在自然界的地位》中所宣说的主题完全不发生关系，那主题所关涉到的不仅仅是脑回的发展，而是脑的整个的结构。如果比肖福教授曾经不怕麻烦，而真的翻阅过一下他所批评的我那本书的第 96 页，他早该发现下面这一段话："而值得注意的一个情况是，就我们目前的知识所及而言，在整个一连串的从猴到人的脑的形态之中，尽管确乎有一个属于结构性的中断或缺口，这缺口却不存在于人与各种类人猿之间，而存在于较低与最低的各种猴类之间，换言之，在新世界与旧世界的猿猴与狐猴之间。到今天为止，在每一个受人检视过的狐猴的脑子，小脑是实际上部分从上面看得到的，并没有完全被大脑掩盖住；而大脑的后叶，以及它所容受的侧脑室的后角和禽距或多或少地只是一些苗头而已。而反之，在每一只狨、美洲猴子、旧世界猴子、狒狒或类人猿，小脑的后部完全受到了大脑的几个脑叶所包围而隐蔽不露，而同时也具备脑室的后角和禽距，它们都发展得很大。"

我这话，在我当初说出来的时候，是严格地以当时所已取得的知识为依据的；而从那时候以来，我们虽发现了合趾猿（Siamang，即乙 499）和吼猴（howling monkey，即乙 646）的后脑叶相对地不很发达，对我的说法表面上像是有所削弱，而依我看来，我这说法基本上还是难以动摇的。尽管在这两种猿猴里，后脑叶是特别短些，却没有人敢于说它们的脑，在哪怕是极轻微的程度上，和狐猴类的脑有靠近之处。而如果我们不像比肖福教授那样，把狨摆错了地方，摆错了它自然而应有的地位（而他这一做法我认为是绝对没有理由的），而把他所挑选而提出的一连串的动物重新排一下队，并略加补充如下：人、丛尾猴、非洲猩猩（乙 970——即大猩猩、黑猩猩——译者）、长臂猿、细猴、狒狒、长尾猴、狝猴、泣猴、小泣猴、狨、狐猴、懒猴，我敢于重申一下，在这个系列里，大缺口是在狨与狐猴之间，而这一缺口比存在于这一系列之中的任何其他前后两个之间的缺口要大得相当的多。比肖福教授没有理会，在他写这篇论文以前，格腊休雷很早就提出把狐猴类从其他灵长类里分出去，而他所根据的理由恰好就是存在于二者之间的在大脑一方面的一些性状；而也是在此以前，弗劳沃尔教授，在他叙述爪哇懒猴（乙 571）的脑的过程中，曾经说过如下的一段话：⑮

"而尤其值得注目的是，在普遍认为在其他一些方面靠近狐猴这一科的那些猴种，那也就是说，在广鼻类中的一些更低级的成员，在大脑后叶的发展上，却并无向它靠近的迹象，即两个脑半球并不短。"

既如上述，则过去十年之中，那么多的学者的研究对我们的知识所作出的在分量上很可观的补充增益，至少就成年脑的结构这一部分而言，充分地支持了我在 1863 年所提出的说法，丝毫没有抵触之处。但，有人说，即便承认人与猿猴的成年的脑子确乎彼此相似，彼此实际上却是相差很远的，因为它们在发育的方式上表现出一些根本的差别。如果这种根本差别真正存在的话，我认为，承认起来，谁也不会比我更有心理准备。但我否认真有这种差别存在。恰好相反，人与猿猴的脑子的发育，从根本上来说，是彼此符合一致的。

人脑与猿猴脑在发育上根本不同的说法是格腊休雷首先提出的，不同在：就猿猴说，在胚胎中最先出现的一些脑沟的部位是在大脑两个半球的后部，而就人的胎儿说，则最早的几条是在脑额叶上看出来的。⑯

这个概括的说法是以两笔观察到的材料作依据的，一笔是一只几乎就要生产而没有生产出来的长臂猿的胎猿，在这只胎猿大脑上，后脑的一些脑回已经"发育得相当好"，而在额叶上的那些则"几乎还没有迹象可寻"⑰（注⑯所引书，页 39），而另一笔是在人的胚胎发育进入了第二十二或二十三个星期的胎儿，在这个胎儿脑上格腊休雷看到脑岛（insula）还露着，没有被盖住，而尽管如此，"在分散在前叶上的一些脑裂之中，有一条稍微深一些，而这就是把前叶从枕叶划分开来的标志了，而枕叶在这阶段里，由于一些别的理由，还长得很小。至于大脑的表面的其他部分这时候还是绝对光滑的"。

在所引格腊休雷的著作里，附有三张脑子的图面，即图片第二幅中的第 1、2、3 图，1 图示两个半球的上面，2 图示侧面，3 图示下面，但没有表示里面的图。值得注意的是，图中所示与格腊休雷的叙述并不相符，图中所示的是，半球后半面上的那条脑裂（即前叶与颞叶间的脑裂）比前半面上所显出的模糊隐约的那些条条中的任何一条更为清楚。如果图是画得对的，那就并不能为格腊休雷的结论提供合理的根据，他的结论说，"因此，在这些脑子和胎儿的脑子之间有着一点根本的不同。在胎儿方面，早在颞叶的一些脑裂出现以前很久，前叶的一些脑裂已经在争取它们的存在了"。

但自从格腊休雷的年代以来，斯米特（甲 584）、比肖福、潘希（甲 511）⑱、和埃克尔⑲等人曾经把脑回与脑沟的发育与发展作为一个专题而重新加以调查研究，而埃克尔的报告不但是最新近的，并且最为完整，远比别人的完整。

他们探讨所得的最后的结果可以总括出来如下：——

1. 在人的胎儿,大脑外侧裂(sylvian fissure)是在胎期发育的第三个月中间形成的。在这个月和第四个月中(除了在这条脑裂的地位上脑皮层向下凹进而外),大脑的两个半球是光滑的、圆圆的,向后伸出很多,超过并掩盖了小脑。

2. 从胎儿生命的第四个月底到第六个月初之间,一些名副其实的脑沟开始出现,但埃克尔很仔细,他指出它们的出现,在时间的早晚上,在次序的先后上,胎儿与胎儿之间的个体变异相当大。但无论次序的先后如何,额叶上的脑沟和颞叶上的脑沟谁也不领先。

事实上第一条出现的脑沟是在脑半球的里面(正因为是在里面,所以格腊休雷把它漏了,看来他并没有检查到他的胎儿的脑半球的这一面),或者是内纵裂(internal perpendicular fissur)亦即顶叶与枕叶之间的顶枕沟(occipito-parietal sulcus)或者是距状沟(calcarine sulcus),这两条脑沟起初靠得很近,后来又合而为一。两条之中,一般是内纵裂出现得更早些。

3. 在胎期的这一阶段的后半里,另一条脑沟,即后叶与侧叶之间的那条,名为"后顶沟"(posterio-parietal sulcus)或名"中央沟"(fissure of Rolando)的,发展了出来,而接着,在第六个月内,额叶、顶叶、颞叶和枕叶的各条主要的脑沟也都先后出现了。但,这几条之中,究竟哪一条经常地比其余几条先出现,我们还没有清楚的证据;而值得注意的是,在埃克尔所叙述而画了图(注⑲所引书,页 212—213,图片第二,图 1、2、3、4)的那一个阶段的胚胎的脑上,那条,就猿猴的脑子来说,最有特征性的折槽,即前叶与颞叶之间的脑沟(法文称为平行沟,scissure parallèle),是和中央沟一样地发达的,甚至更为发达一些,并且也比前叶本身的脑沟要表现得更为清楚得多。

接受这些现下摆在眼前的事实,依我看来,胎期人脑上各个脑沟与脑回的出现,在次序先后上,是完全符合于总的进化论的学说的,也是和人从某一种猿猴一般的动物类型演变而来的这个看法毫无矛盾的,尽管,无疑的是,那种类型在许多方面和存活在今天的灵长类的任何成员都有所不同,也不妨碍这个谱系渊源的看法。

半个世纪以前,拜尔教导我们,一些有亲族关系的动物,在它们的发展过程中,首先把它们所隶属的较大的类群所共有的一些性状像穿衣戴帽似的穿戴上,而其次,又一步一步地把使它们限制在有关科、属、种的范围以内的那些性状穿戴上身。他同时也证明，高等动物的任何一个发育阶段虽和一些低等动物的成年形态互相呼应，而和任何一定的动物的成年形态，却并不是完全相似，纹丝不差的。我们可以很正确地说，一只青蛙经历过一条鱼的状态，正因为，而也只因为，在它的生命史的一个阶段里，作为一条蝌蚪，它具备过一条鱼的所有的性状，而如果它的发育到此为止，而不再前进，那我们就得把它归入鱼类了。但我们可以同样正确地说，一条蝌蚪是和我们所知道的任何一种鱼都很不相同的。

同样，我们可以正确地说，在胎期的第五个月中的人脑不但像一只一般猿猴的脑，并且像一只钩爪类猿猴(乙 84)或狨类猿猴的脑，因为它的脑半球已经有了巨大的后叶[32]，而除了大脑外侧沟与深刻的距状沟之外，半球表面上是光滑的，而这些特点只有在灵长类的钩爪类猿猴里才可以找到。但也一样地可以说而不失其为正确，这也是格腊休雷所说到过的，它的大脑外侧沟是虽浅而张开得很宽的，在这一点上它是和任何真正的狨的脑有差别的。若说它和胚胎发育后期的狨脑要近似得多，那大概可以说是无疑的。但可惜我们对于狨类猿猴的大脑的胎期发育现在还一无所知，这也只是一个合理的推测罢了。就严格的广鼻类猿猴而言，我所接触到的唯一的一笔观察是来自潘希的，他发现，在有一个种的泣猴(乙 184)的胎猴脑上，除了大脑外侧沟与深刻的距状沟之外，只有一条很浅的前叶和颞叶之间的脑裂(亦即格腊休雷的平行折槽)。

现在，这一事实，再结合上这样一个情况，就是，诸如广鼻类猿猴里的松鼠猴(乙 844)尽管在脑半球表面的前半仅仅有些脑沟的微不足道的痕迹，甚至一无所有，而前叶与颞叶之间的那条脑裂却居然不缺——无疑的是，单单就这一点而言，对格腊休雷的假设便提供了一些相当好的有利的证据，他的假设是，在广鼻类的脑子上，脑半球后半面的一些脑沟要比前半面的出现得早，这看来是对的。但我们不一定因此就能认为，适用于广鼻类猿猴的一条规则也就适用于狭鼻类的猿猴。就狭鼻类说，关于类犬猿猴类的脑子的发育，我们真是什么都不知道，而关于类人猿猴类(乙 56)方面，则除去上面所已提到的将近去世的那个长臂猿的胎猿脑子的一篇叙述而外，我们也是一无所知。目前，能说明黑猩猩脑上，或猩猩脑上的一些脑沟的发育在次序先后上不同于人脑的证据，我们没有，连影子都没有。

格腊休雷在他论文的序言里一开始就说了一句至理名言:“在一切科学里下结论下得太快是危险的。”我怕,在他的著作的正文里,当他讨论到人与猿猴的差别的时候,他一定是把这句健全的格言给丢在脑后了。无疑的是,对哺乳动物的脑子的应有的理解作出过前所未有的最为突出的贡献之一的这位出色的作家,如果他活得更长寿一些,而身受到这方面科学研究进展的好处的话,他一定会是承认他当初所依据的资料实在有所不足的第一个人。所不幸的是,在学力上对他的结论所由建立的基础不足以有所领会的人们已经把这结论利用上了,利用来作为替蒙昧主义辩护的论据。⑳

不过,重要而应该说明的一点是,无论格腊休雷关于颞叶上的脑沟与额叶上的脑沟的出现孰先孰后的假设是对还是错,摆在我们面前的事实是:早在颞叶的或额叶的一些脑沟出现之前,胎期人脑所呈露的一些性状是只在灵长类(狐猴类除外)的最低的猴群里才能找到,而如果人所从逐渐变化而来的那种形态也就是其他灵长类所从来的形态,这正好是我们应该指望得到的一个情况。

原　　注

① 《印度史》,1841年版,第一卷,页323。瑞帕(Ripa)神父谈到中国人,说过恰恰是同样的话。(Ripa,查似应作Rippa,全名为Matteo Rippa,意大利人,1710—1723年入我国,表面上任宫廷画师,暗中传播天主教,有汉名为马国贤。——译者)

② 在古耳德所编著的《美国士兵的军事与人类学的统计调查》(1869年版,页298—358)里,我们可以看到测定白人、黑人和印第安人的体格的大量数字;关于肺活量,见同书,页471。亦见伐伊斯巴赫(甲694)博士,根据谢尔泽尔(甲578)博士和希伐尔兹(甲588)博士所作的观察,所编列的许多有价值的统计表,见《诺伐拉号航程录:人类学之部》,1867年版。

③ 此方面可供参考的资料不一而足,例如马尔歇耳先生关于布希曼人(Bushman——南非洲的一个种族——译者)的一个女子的脑的叙述,载《哲学会会报》(丙149),1864年卷,页519。

④ 见沃勒斯,《马来群岛》,第二卷,1869年版,页178。

⑤ 这指古埃及有名的阿部辛贝尔(Abou—Simbel)石窟寺庙中的一些雕像;布谢先生(《人种的多而不一性》,原法文,英译本,1864年版,页50),从这些雕像中,有些作家认为他们可以认出十二个乃至更多的民族的代表来,但他自己远没有能认出那么多。即便是形态上最为突出的一些种族,尽管我们满心指望可以从关于这题目的一些著述里看到作家们能尽量一致地把它们认出来,但事实并不是这样。即如诺特(甲

505)和格利登(甲 268)两先生(《人类的几个类型》,页 148)说,腊米西斯二世或腊米西斯大王(Rameses Ⅱ,或 The Greet——古埃及统治者,即创建这些石窟寺庙以妄自尊大的人,他自己的雕像即为寺庙中崇拜的中心——译者)具有极高度的欧罗巴人模样的一副面貌;而对人类可以分成若干个种的看法有着坚定信念的另一个作家,诺克斯(《人的若干种类》,1850 年版,页 201),在谈到年轻的梅姆囊(Memnon,据柏尔奇,甲 60,先生告诉我,即腊米西斯二世)时,则不遗余力地主张他在形态上和住在盎凡尔(Antwerp——比利时北境城市——译者)的犹太人一般模样。再如,我自己也注视过阿木诺福三世(Amunoph Ⅲ)的雕像,我同意所在收藏机关中两位管理人员的看法,而这两位都是颇有鉴别力的人,认为他的面貌很显著地属于黑人的类型;但诺特和格利登两先生(同上引书,页 146,插图 53)则把他叙述为一个杂交种,但其中没有夹杂"黑人的成分"。

⑥　据诺特和格利登所引,见《人类的几个类型》,1854 年版,页 439。他们在这一点上也列举了一些旁证;但福赫特认为这题目还须进一步探讨,一时不能有定论。

⑦　见文,《各个人种的不同的来源》,载《基督教审察者报》(丙 46),1850 年 7 月。

⑧　见文,载爱丁堡《皇家学会会刊》(丙 121),第二十二卷,1861 年,页 567。

⑨　《论人属(乙 486)中杂交的现象》,英译本(原法文),1864 年。

⑩　见默尔瑞(甲 491——与正文上文中的默尔瑞不是一人,那是甲 490——译者)先生的一篇有趣的通信,载《人类学评论》(丙 21),1868 年 4 月,罗马数字页 53。这篇通信还对斯特尔泽勒基(甲 635)伯爵的一个说法提出了反证,那说法是,澳洲土著女子,如果为白人生过孩子而再与本族人相婚,就不能再生育了。戛特尔法宜先生也曾收集过不少的证据,说明澳大利亚人和欧罗巴人进行交配,一样地生孩子,并无不孕育的现象,见文,载《科学之路评论》(丙 127),1869 年 3 月,页 239。

⑪　见所著《对阿该西兹教授的动物世界自然区域划分草案的一个评阅》,查尔斯顿版,1855 年,页 44。

⑫　柔耳弗斯写信给我说,他发现大撒哈拉沙漠地带的出自阿拉伯人、柏柏尔人(Berbers),和三个部落的黑人的一些混血族类具有非常强大的生育力。在另一方面,瑞德告诉我,西非洲黄金海岸的黑人,一面赞赏白人和黑白混血的"缪拉托",一面却有戒律一般的一句话,认为"缪拉托"之间不应当交婚,因为其生不蕃,并且子女大都瘦弱。瑞德先生说,这一个流行的信念是值得注意的,因为白人在黄金海岸游历和居住已达四百年,当地土著居民已经有充分的时间来从经验中取得一些知识。

⑬　见同上注②引书,页 319。

⑭　这我在《家养动植物的变异》已有所讨论,见第二卷,页 109。我在这里不妨更向读者提醒一点,就是,两种相交而表现的不孕性,并不是在进化过程中特别取得的一种品质,而是和某几种的树不能接枝一样,是其他一些所取得的差别的一个附带的结果。这些差别的性质我们还不知道,但可以设想的是,它们大概特别牵涉到生殖系统,而和外表结构与身体素质上的一些寻常的差别则关系不大。两种相交而不育的现象之中看来有这样一个重要的因素,就是,相交的一方或双方已经长期习惯于某些固定的生活条件;因为我们知道,这些条件的改变对生殖系统发生一些特别的影响,而我们

又有很好的理由可以相信(上文已经一度说到过),家养情况下种种生活条件的波动不定倾向于把自然状态之下那种如此普通的杂交而不育的状态消除掉。我在别处也指出过(同上引书,第二卷,页 185,与《物种起源》,第五版,页 317),两种相交而不育这一特点之所以取得是没有通过自然选择的;我们可以看到,如果两个生物形态已经变得很不能生育,要通过把越来越不能生育的一些个体保存下来的方法而越发增加这些形态的不孕育性,那几乎是不可能的;因为,不孕性越是增加,所产生出来的可供繁殖之用的子息就越来越少,而最后只能有寥寥可数的、每隔很长而还没有把握的一段时期才产生出来的几只个体。但此外还有程度更高的一种不孕性。盖尔特奈尔(甲 256)和克迁耳饶伊特尔(甲 370)两人都证明过,在包含着许多个种的一些植物的属里,种与种相交的结果是,有的所长成的子粒多,有的所长成的子粒少,有的一粒也不长,而从多到少到无,可以构成一个整个的系列,而即便在一颗子粒也不长的种也还受到对方花粉的影响,它的胚子会有所膨大,而不是原封不动,就说明了这一点。在这里,要把不孕性更强的一些个体选择出来,显然是做不到的,因为它们已经生不出什么子粒来;由此可知,那种只能使一方胚子有些膨胀的极端不孕性之所以取得是不可能通过了选择的。这种极度的不孕性,和其他各种程度的不孕性或艰于孕育性无疑的也是一样,是相交的物种的生殖系统在素质上的某些我们现在还不知道的差别所引起的一些附带的结果。

⑮　《家养动植物的变异》,第二卷,页 92。

⑯　戛特尔法宜先生(《人类学评论》(丙 21),1869 年 1 月,页 22)发表了一篇有趣的叙述,专说巴西的所谓"保罗会士"(Panlistas——天主教的一个集团的成员——译者)的精力与成功,而这些成员中很大的一部分是葡萄牙人和印第安人的混血种,同时还有其他种族的血统夹杂其间。

⑰　例如,美洲的印第安人和澳大利亚的土著居民。赫胥黎教授说(《国际史前考古学会议报告》(丙 146),1868 年,页 105),许多德国的南方人和瑞士人的颅骨,"其前后之短,与左右之宽,和鞑靼人的不相上下",等等。

⑱　伐伊兹(甲 674)在这题目上有一段良好的讨论,见所著《人类学引论》,英译德文本,1863 年版,页 198—208。我在正文中的有一些话则采自特特耳(甲 662),《从体质上看人的起源与古老性》,波士顿版,1866 年,页 35。

⑲　奈盖利教授曾经仔细地叙述过几个突出的例子,见所著《植物学通讯录》(Botanische Mittheilungen),第二卷,1866 年版,页 294—369。格雷(甲 278)教授也曾就北美洲的菊科植物(Compositae)中的一些中间形态说过一些可以相类比的话。

⑳　参《物种起源》,第五版,页 68。

㉑　赫胥黎教授也这么说,见文,载《双周评论》(丙 60),1865 年,页 275。

㉒　见所著《关于人的演讲集》,英译本,1864 年,页 468。

㉓　见所著《猪的各个族类》(Die Racen des Schweines),1860 年版,页 46。又,《猪颅骨历史、……的初步研究》(Vorstudien für Geschichte, &c., Schweineschädel),1864 年,页 104。关于牛,见戛特尔法宜先生,《人种的统一论》(Unité de l'Espèce Humaine),1861 年版,页 119。

㉔ 泰伊勒尔，《人类初期史》，1865 年版；关于以手势或其他姿态当语言，见此书，页 54。又见勒博克爵士，《史前时代》，第二版，1869 年。

㉕ 见威斯特若普文，《关于若干种可以类比的工具》，载《人类学会报告》（丙 94）。又见，《斯堪的纳维亚的原始居民》（原作者未详——译者），勒博克爵士辑定的英译本，1868 年，页 104。

㉖ 见威斯特若普文，《关于巨石阙（cromlech——简单的石坊，以若干竖列的巨石上横置一巨石构成——译者）……》，载《民族学会会刊》（丙 79），此据《科学意见》（丙 131），1869 年 6 月 2 日的一期，页 3 所引。

㉗ 《"比格尔号"航程中研究日志》，页 46。

㉘ 《史前时代》，1869 年版，页 574。

㉙ 见文，英译本载《人类学评论》（丙 21），1868 年 10 月，页 431。

㉚ 见文，载同上注⑰所引的会议报告，页 172—175。又见勃柔卡文的英译本，载《人类学评论》（丙 21），1868 年 10 月，页 410。

㉛ 参格尔兰特博士，《论一些原始民族的灭绝》（Ueber das Aussterben der Naturvölker），1868 年版，页 82。

㉜ 同上注引书，页 12，著者列举了一些事实作为这句话的例证。

㉝ 霍兰德（甲 323）爵士也说过一些同样意思的话，见所著《医师笔记与随感》，1839 年版，页 390。

㉞ 在这题目上我收集了好多有关的例子，见《"比格尔号"航程中研究日志》，页 435；亦可参格尔兰特，同上引书（见注㉛——译者），页 8。普厄匹赫（甲 529）说道，"文明的气息对野蛮人是毒的"（此语出处，原注文未详。——译者）。

㉟ 见所著《关于野蛮人生活的见闻与研究》，1868 年版，页 284。

㊱ 见所著文，《物理与政治》，载《双周评论》（丙 60），1868 年 4 月 1 日，页 455。

㊲ 这里所说的话全部采自邦威克，《塔斯马尼亚人的终结》，1870 年版。

㊳ 这是塔斯马尼亚总督德尼森（甲 187）爵士的话，见所著《总督生活的形形色色》，1870 年版，第一卷，页 67。

㊴ 关于这些例子的详情，见邦威克的又一种著作，《塔斯马尼亚人的日常生活》，1870 年版，页 90；有些亦见同上注㊲所引书，页 386。

㊵ 《对新西兰土著居民的一些观察》，新西兰政府出版，1859 年。

㊶ 见肯尼迪（甲 362），《新西兰》，1873 年版，页 47。

㊷ 杨格（甲 728），《帕特森的生平》，1874 年版；尤其值得参看的是第一卷，页 530。

㊸ 以上的许多话主要采自下列的几种著述。贾尔弗斯，《夏威夷诸岛史》，1843 年版，页 400—407。奇弗尔（甲 149），《散德威奇诸岛上的生活》，1851 年版，页 277。茹申贝尔格尔的话是从邦威克书中转引的，见《塔斯马尼亚人的终结》，1870 年版，页 378。比肖普的话是从贝耳奇尔（甲 46）爵士书，《环球航行记》，1843 年版，第一卷，页 272。那连续几年的人口普查的数字是通过纽约的尤曼斯（甲 729）博士的转请，而得之于寇恩先生的；我又曾把尤曼斯转来的数字的绝大部分和上列诸书中所载的数字校对

了一下，以求尽量地可靠。我把 1850 年的普查数字删省未用，因为我看到了两个相差得很远的数字，无法利用。

㊹ 见文，载《印度医学报》（丙 68），1871 年 11 月 1 日，页 240。

㊺ 关于诺福克岛岛民，见上注㊳所引书、卷，页 410。关于托达人，见马尔歇耳（甲 442）的著作，1873 年版，页 110（著作名称，原注文未详，按即《托达人》见下文第八章注㉞及第二十章注⑮，然此处系初见，例应叙明，不应只说“著作”——译者）。关于西部诸岛，见米契耳（甲 464）医师文，载《爱丁堡医学刊》（丙 52），1865 年 3 月、6 月两期。

㊻ 关于这方面的例证，见《家养动植物的变异》，第二卷，页 111。

㊼ 《家养动植物的变异》，第二卷，页 16。

㊽ 这些详细的资料系采自贝耳奇尔爵士夫人（参上注㊸——译者），《“丰盛号”（“Bounty”）船上的哗变者》，1870 年版；又采自 1863 年 5 月 20 日议会下院所令编印的《匹特开恩岛》一书。正文下文关于散德威奇岛民的一些话则采自《火奴鲁鲁报》（丙 65）和得诸寇恩先生。（火奴鲁鲁为夏威夷主岛首府，亦即檀香山的首府。——译者）

㊾ 见所著文，《关于人类学》，英译本载《人类学评论》（丙 21），1868 年 1 月，页 38。

㊿ 见所著书，《孟加拉乡村纪事》，1868 年版，页 134。

51 《家养动植物的变异》，第二卷，页 95。

52 见论文，载《圣彼得堡学院院刊》（丙 4），1780 年卷，第二篇，页 69。随后接踵而起的一个人是茹道耳斐（甲 564），见所著《对人类学的几点贡献》（*Beyträge zur Anthropologie*），1812 年版。高德戎曾就这方面的证据作过一个总括的介绍，见所著《人种论》（*De l'Espèce*），1859 年版，第二卷，页 246 等。

53 出斯米思爵士，见引于诺克斯，《人的若干种类》，1850 年版，页 473。

54 关于这一层，见戛特尔法宜文，载《科学之路评论》（丙 127），1868 年 10 月 17 日，页 731。

55 利芬斯东，《南非洲的旅行和研究》，1857 年版，页 338、339。道尔比涅的话，见引于高德戎，《人种论》，第二卷，页 266。

56 见所著论文，1813 年在皇家学会会席上宣读，1818 年又辑入他的论文集中。我又曾把威耳斯博士的一些见解作过一个总的介绍，纳入我的《物种起源》篇首的“历史概述”中（该书罗马数字页 16）。肤发颜色和身体素质上的一些特点也有一些相关之处，我也曾举过种种例子，见《家养动植物的变异》，第二卷，页 227、335。

57 此方面可参看的文献不一，例如诺特与格利登，《人类的几个类型》（已一度见上注⑤——译者），页 68。

58 见特洛克（甲 660）少校的一篇论文，初于 1840 年 4 月 20 日宣读于统计学会；后载《学艺》（丙 28），1840 年卷，页 353。

59 《人类的多而不一性》，英译本，1864 年版，页 60 。

60 戛特尔法宜，《人种的统一论》（Unité de l'Espèce Humaine），1861 年版，页 205。伐伊兹，《人类学引论》，英译本，第一卷，1863 年版，页 124。利芬斯东在他的《南

非洲的旅行与研究》里也举了一些类似的例子。

(61)　1862年春，我取得陆军军医总处主管人员的许可把一份空白表格散发给在国外服役的各部队的军医官，表格上附有如下的说明；我虽没有能收到什么回答，现在还是把这段说明转录在这里："在我们的家养动物里，既已有若干见于记录的、标志鲜明的例子，说明皮毛之类之颜色和身体素质之间存在着某种关系；而在人的各个种族的肤色与各自所在的地区气候之间又众口一词地认为存在着某种有限程度的关系，下面提出的调查似乎是值得大家考虑的。要查明的是，就欧洲人说，在他们的发色和对热带地区的各种疾病的感受性之间，究竟存在不存在任何关系。驻扎在一些不卫生的热带地区的部队的各位医官先生们如果能惠予相助，首先，为了比较要有个标准，把病人所从来的各个部队里的各种发色的人点点数，深色的多少人，浅色的多少人，不深不浅或颜色难于判别的又多少人；又，各位军官先生们如果平时能记一笔账，把一切患有各种疟疾、黄热病或痢疾的人，一一记录下来；这样，不久以后，积累上数以千计的病例，列成表格，我们就可以看出，发色与身体素质上对种种热带病的易感性之间究竟有无关系了。这样调查的结果也许发现不存在这种关系，那说明调查也还是有了结果，值得进行的。如果取得了一些积极的结果，则将来在为了某几种特定的兵役而选派士兵的工作中，还可以有些实际的用途。而从理论方面来说，这种结果会有重大的意义，因为它指证了从远古以来生活在不卫生的热带气候里的人的一个种族，在一长串的世代之间，通过一些发色与肤色特深的个体的更好地被保存下来，而整个的变成了深色或黑色；演变的途径当然不止一条，而这就是一条了。"

(62)　见文，载《人类学评论》(丙21)，1866年1月，罗马数字页21。夏尔普医师也曾就在印度所见到的情况说(《特地创造出来的人》，1873年版，页118)，"有些军医官注意到，发色浅淡而肤色红润的欧洲人，比起发色灰黑而肤色苍白的来，在热带地区的各种疾病面前，吃到的苦头要少些。而根据我的见闻所及，这样一个说法似乎是有良好的根据的"。而在另一方面，多年在赛拉利盎(Sierra Leone)经商的黑德尔(甲310)先生由于在他的公司里，因西非海岸的气候恶劣，"死于疾病的职员比任何别的公司为多"(见瑞德，《非洲拊掌录》，第二卷，页522)，则所持的看法恰恰与此相反；柏尔屯(甲124)上尉的见解也正好与此相反。(此末句原注未详出处——译者)

(63)　同上注(62)引书，页119。

(64)　《家养动植物的变异》，第二卷，页336、337。

(65)　这方面的资料不一而足，例如，戛特尔法官(文载《科学之路评论》，丙127，1868年10月10日，页724)说到白人定居在阿比西尼亚(今埃塞俄比亚——译者)和阿拉伯后所得到的影响和其他一些可以类比的例子。又如饶勒博士(《人，他的由来……》，Der Mensch，seine Abstammung，1865年版，页99)，根据哈尼科夫(甲364)的资料，说，在北美佐治亚州定居下来的一些德国人的家族，一半以上，在两代之内，取得了黑色的头发和眼珠。又如，福尔勒斯博士告诉我，南美安第斯山区的奇楚亚人(Quichuas——印第安人的一个族——译者)在肤色上有很大的变异，视所居的山谷的地势高下而定。

(66)　见哈尔兰(甲298)，《医学研究从录》，页532(原注未详出版年份——译者)。

戛特尔法宜在这方面也收集了不少证据，见《人种的统一论》，1861年版，页128。

(67) 见夏弗哈乌森教授文，英译本载《人类学评论》（丙21），1868年10月，页429。

(68) 喀特林（甲140）先生说（《北美洲的印第安人》，第三版，1842年，第一卷，页49），在整个部落里，不论男女老少，大约十个或十二个成员中间必有鲜明的银灰色的头发，而这特点是遗传的。这种头发很粗硬，像马鬣一般，而其他颜色的头发则又细又柔。

(69) 关于皮肤的气味，见高德戎，《人种论》（*Sur l'Espèce*），第二卷，页217。关于皮肤上的细孔，见菲耳肯斯博士，《畜牧经济的若干问题》（*Die Aufgaben der Landwirth. Zootechnik*），1869年版，页7。

(70) 《人的大脑上的沟回》（*Die Grosshirn-Windungen des Menschen*），载《巴音（Bayern，英语作 Bavaria——巴伐利亚）皇家学院文刊》（丙1），第十卷，1868年。

(71) 《器官解剖学观点下的人的大脑的脑回》，1866年版，页12。

(72) 《关于黑猩猩的脑的一些札记，尤其是关于一些搭桥性脑回的情况》，载爱丁堡《皇家学会会刊》（丙121），1865—1866年卷。

(73) 弗劳沃尔，《关于绵猴（乙774）的解剖学》，载《动物学会会刊》（丙122），1862年卷。

(74) 《人在自然界的地位》，页102。

(75) 见文，载《动物学会会报》（丙151），第五卷，1862年。

(76) “在所有的猿猴里，大脑表面后半部的各个皱襞是首先发展出来的，而前半部的皱襞则比较晚；而因此，在猿猴的胎儿身上，后脑部分的脊椎和头颅的顶侧骨也同时相对地长得很大。至于人的胎儿，前半部的一些皱襞却呈现为一个特殊的例外，它们首先露出苗头，而额叶一般的发展，单单从体积大小的关系来看，则所遵循的法则是和各种猿猴一样的。”见格腊休雷，《关于人和一般灵长类的大脑皱襞的报告》，页39，图片第四，图3。

(77) 格腊休雷自己的话是（同上注(76)引书、页）：“在当前讨论中的猿猴胎，大脑后部的一些皱襞是已经相当发达的，而同时，额叶上的那些却还几乎没有什么苗头。”但问题是，如图（图片第四，图3）所示，中央沟和前脑叶上一些脑沟中的一条是够清晰可观的。然而，阿利（甲8）先生在他的《关于格腊休雷的人类学研究工作的评介》（载巴黎《人类学会报告》，丙96，1868年，页32）里写出了如下的话：“格腊休雷所掌握的是一具长臂猿的胎猿的脑，而长臂猿在各种猿猴里是很高级的，高得和猩猩极为相近，而被老资格的自然学家们列为类人猿的一种。赫胥黎先生在这一点上就是很坚决的一个例子。好吧，如今，当脑额叶上的一些皱襞还没有存在之前格腊休雷便已看到了蝶形的颞叶（此叶部位在颅骨和颞骨与蝶骨两片骨片之下，故西文亦称 temporo-sphenoidel lobe——译者）上的一些皱襞的那具胎期中的脑子正好不是别的，而是长臂猿的。因此，我们有良好的根据来说，在人，一些脑回的先后出现是从 α 到 ω，而在各种猿猴，是从 ω 到 α。”（α、ω 是希腊字母中首尾二字母，故二语意为从头至尾与从尾至头。——译者）

(78) 《关于人与猿猴的大脑半球上脑沟与脑回的典型的安排》，载《人类学文库》

(丙 24),第三卷,1868 年。

⑲ 《试论胎儿大脑半球上脑沟与脑回的发育史》,载《人类学文库》(丙 24),第三卷,1868 年。

⑳ 例如,勒孔特(Lecomte)神父先生在他那本骇人听闻的法文小册子,《达尔文主义与人的起源》(1873 年)里所说的一些话。

译　　注

1. 即各族印第安人。

2. Papuans,新几内亚岛东部之土著居民,西与印度尼西亚的西伊里安的马来人为邻。

3. Hottentot,南非洲黑人的一个族类。

4. 指印第安人。按此语说得不确切,说今天,说满全境,皆与事实不符,即在距今约百年达尔文著书之日,在欧洲殖民者的掠夺屠杀下,北美印第安人已走向灭绝,而南美印第安人各族类,灭绝的而外,剩余的多半已成为混血种。

5. Chiloe,智利省区名。

6. Tasmanians,澳洲以南的塔斯马尼亚岛岛民,亦黑人族类之一,已为英国殖民者所灭绝,其最后一个人死于 1876 年,即达尔文此书初版问世后 5 年,而第二版,即本书所译版,问世后两年。

7. 这里所说的特点之一是脂肪臀(steatopygy)。达尔文生在英国的所谓维多利亚时代,当时的资产阶级虽一般地过着淫侈的生活,但对正常的男女性关系以及与此种关系有牵连的事物却讳莫如深,在语言文字上专搞假撇清(prudery),在人面前连一个“腿”字都下敢说,改用“肢”字!达尔文在这里也有意识地回避了“臀”字;“腿”已不雅,何况“臀”呢?下文中此类情况不一而足,这是初见之例,不妨略加说明如上。

8. Falkland,Islands,在南大西洋。

9. Pampao,南美洲中部。

10. Les Eyzies,法国西南部一个洞穴所在的地名。

11. 按即克茹乌浓(Cromagnon)人,以这洞穴之名为名。

12. Terai,地区名,意为“潮湿之地”,跨印度与尼泊尔境。

13. 按岛在加拿大西南境,土著居民是印第安人的两个族,一是努特卡人(Nootka),又一是夸克迁特尔人(Kwakiutl)。

14. 指古希腊及罗马之类。

15. 在塔斯马尼亚岛东北隅。

16. 最后一个老妇人死于 1876 年。

17. Van Dieman's Land,即塔斯马尼亚岛,1642 年荷兰殖民主义者初发现此岛后所拟名,其后英殖民主义者又改今名。

18. Queensland,澳大利亚东北境地区名。

19. Shark's Bay，与牟尔怯森河均在澳大利亚西境。

20. Bay of Islands，在新西兰北岛北部的东海岸线上。

21. 新黑勃里提斯群岛(New Hebrides)，在南太平洋，斐济岛群之西。诺福克岛(Norfolk Island)，在南太平洋，澳大利亚迤东。

22. 疟疾对新移入一个疟疾地区的人群有增加死亡率的影响，而无减少生育力的影响，其对于当地居住已久的人群或种族，则在死亡率方面亦无大影响，因此，就当地人而言，疟疾就成为一种所谓地方病(endemic disease)：我国南方各兄弟民族的发展以及汉族向长江以南移徙的历史经验都说明了这一层。长江下游的皖南、苏南，历史上亦曾是瘴乡，当地人一生之中难免不患一次间歇热性的疟疾，俗谓之“胎疟”，意在形容它的不可避免性，仿佛是从胎中带出来的那样；然而一般不导致死亡，至于对生育力的影响，则未有所闻，至少长期的历史经验是反证了这一点的。达尔文对此有异词，是对的。

23. Ava，用这个名称的地方不一而足，此当是缅甸古都阿瓦城。

24. Pitcairn Island，在南太平洋。

25. 指同属印欧语系。

26. 按印第安人，作为蒙古利亚族的一支，从亚洲东北经白令海峡进入美洲的年代，近年来的估计是在一万五千年至两万年之间，据此，则黑人的服习于热带水土，其年代的悠远，更应在此之上。

27. 应是指阿拉伯人，虽系土著，却于公元第七世纪起始从东方移来，言其“土著”，盖所以别于近百余年来移入的欧洲人。

28. Antigua，小岛名，在加勒比海内。

29. 达尔文所“判断不来”的这一点，百年以来，似乎已经得到较好的判断。太阳所发出的光线中有一部分对动物身体有害；动物皮肤细胞中的色素细胞(pigment cells)，可以吸收这种有害的光线，使不能射进身体内部；色素细胞越发达，这种保护能力就越强。除了少数天老之外，人的皮肤里都有这种细胞，但多少不等，一般说黑人各族最多，蒙古利亚各族的人次之，高加索各族的人最少；然无论哪一个种族，个别的变异性都相当大。和强烈的阳光打交道，日子一久，有的人会通身变得黑些(当然指暴露在外的部分而言)，说明他们在这方面有发展的潜力；有的只会产生片片块块的棕色皮肤，有如达尔文在文中所举某医师的例子，有人只会生些雀斑；如果连雀斑都生不出，那就得起泡，用体内的水分勉强招架一下，否则就简直可以晒死，英语说是死于“日射病”(sunstroke)。

30. 主要指达罗毗荼人(Dravidians)。

31. 指南北战争。

32. 此处原文，1887 年和 1913 年的第二版印本均作“posterior lobster”，而“lobster”一字文义全不相属，明显地是“lobes”的刊误。

第二篇　性选择

第八章　性选择的若干原理

第二性征——性选择——发生作用的方式——雄性个体在数量上超过雌性——一性多偶或一夫多妻的现象——一般只是雄性通过性选择而发生变化——雄性急于求偶的心情——雄性的变异性——雌性所施展的挑选作用——性选择与自然选择相比较——几种遗传形式：世代之间表现于同一生命阶段的遗传、表现于一年中同一季节的遗传、受性别限制的遗传——这几种遗传形式之间的一些关系——两性之一和幼小动物所以不由于性选择而发生变化的一些原因——附论整个动物界中两性数量的比例——性比例与自然选择的关系。

凡是两性分开而雌雄异体的动物，雄性的一些生殖器官必然是和雌性的有所不同，而这些就是第一性征（primary sexual characters）。但两性之间还有和生殖的动作没有直接关系而被亨特尔所称为第二性征的一些差别。例如，雄性具有某些感觉器官和运动器官，好用来更容易地发现与接触到雌性，而雌性则完全不具备，或虽也具备但不那么发达；再如，为了在交配时紧密地抓住雌性，雄性又具有一些特殊的把握器官，而雌性也是没有的。刚才最后所说的一些器官种类繁多，千变万化，而每一种类又各有其程度的不同，其中发展得最为突出的一些通常就被列为第一性征，有些虽没有这样被列，却也和第一性征很难分辨；在某些昆虫的雄虫，腹部后面尖端上所具备的一些复杂的附肢或附丽结构就是我们所看到的这一类的例子了。说实在话，除非我们把“第一性”这一词的用法只限于一些生殖腺体的话，要判定哪些应该是第一性，哪些是第二性，是几乎不可能的。

在具有喂养与保护幼小动物的一些器官方面，雌性动物往往和雄性动物有所不同，例如哺乳动物的乳腺和有袋类动物的肚兜。在某些很少数的例子里，雄性备有这一类的器官，而雌性反而没有，例如某几种鱼的雄鱼有容纳雌鱼所排卵的器官，某几种蛙类的雄蛙也有，但这是暂时的，用过就消失了。大多数蜜蜂类的雌蜂备有收集和携带花粉的特殊装置，而她们原有的排卵管变成了一根刺，用来保卫幼虫和整个的蜂群。我们还可以举出许多诸如此类的例子，但再多就超出我们讨论的范围了。不过，此外还有一些和第一性的生殖器官很没有什么联系的两性差别，而这些才是我们的讨论应该特别关注的——例如，雄性的较大的体型或身材、更强的体力、更狠的好斗性、他那应付对手的种种进攻性或防御性的武器、他的刺眼的颜色和种种装饰、他的歌唱的能力以及其他诸如此类的性状。

除了诸如上文所说的一些第一性和第二性的两性差别以外，某些动物的雌雄两性还有由于生活习惯的不同而产生的一些结构上的差异，有的和生殖机能全不相干，有的则只有一些间接的关系。例如某些飞行虫（蚊科，乙 298；与虻科，乙 913）的雌虫是些吸血者，有大颚的装备，而恃花朵为生的雄虫的口部则完全没有这种装备。[①] 某几种蛾类和一些甲壳类（例如异足水蚤属，乙 918）的雄性虽有嘴而发展得不完全、闭而不张，不能取食。某些蔓脚类（乙261）的甲壳动物的补充雄性（Complemental males），像寄生的植物一样，或寄生在雌性躯体之上，或寄生在雌雄同体的本种的另一类型之上，也没有嘴和供把握用的附肢。在这些例子里，经历了变化而丢失了某些重要器官的是雄性，而雌性则不然。在另一些例子里，丢失了身体的某些部分的却是雌性一方；例如，萤的雌虫就没有翅膀，而许多种蛾类的雌蛾亦然，其中有些从来没有离开过她们的茧子。许多种甲壳类的寄生性的雌性已经丢失了她们的游泳肢。在有几种稻象虫（即象虫科，乙 299），雌雄虫在喙的长度上有着很大的差异；② 但这种差异和其他许多可以类比的差异的意义何在，我们现在还全不理解。两性之间因生活习惯不同而产生的一些结构上的差别，一般地说，是只限于比较低等的动物才有的；但也不尽然，在少数几种鸟类，雌雄的喙也不一样。我们从勃勒尔（甲 120）博士那里听说，③ 新西兰有一种鸟，土名叫做“呼伊呀”（“huia”），雌雄鸟之间的这个差别大得出奇，雄鸟的喙很坚强，可以用来凿开松木，啄取昆虫的幼虫，而雌鸟的则远为细长，也钩曲而有弹性得多，用来搜索朽木较软的部分；雌雄鸟就是这样刚柔相济地进行互助。在大多数的例子里，两性之间在结构上的一些差别是或多或少和种的繁殖有些直接联系的。例如，一种动物的雌性，如果有必要怀育大量的卵，就比雄性需要更多的食物，因此也就需要获取食物的一些特殊手段。一种动物的雄性，如果生命的期限很短促，他的摄取食物的一些器官就有可能由不用而废弃，由废弃而终于消失，但也并没有什么损害，不过他的运动器官却须保持完善无缺，否则他就无法接触到雌性，而完成交配的任务了。而

与此相反，雌性可以安然无恙地丢失她的飞翔、游泳或步履的器官，只要她已经逐渐形成使这些行动的能力对他不再有用的一些新的生活习惯就行。

但我们在这里所关心的只是性选择的问题。性选择所依凭的是一个物种中的某些个体，单单在生殖方面，比起属于同一性别的其他个体来，占有某种便利。如果，像在上面所说的一些例子里的情况那样，两性之间的一些结构上的差别所关涉到的只是不同的生活习惯的话，那只能说明它们，即两性的动物，无疑是通过自然选择而经历了一些变化，且又通过遗传，把这些变化递给了两性之中的一性的子孙，并且这些子孙是和首先获得这些变化的祖先属于同一个性别的。再如一些第一性的性器官，以及供喂养或保护幼小动物之用的那些器官，所受的影响也与此相同。因为，在其他一切条件相同的情况之下，那些对幼小动物生养得最好的个体势必留下最大数量的子孙来传授它们的这些优点，而那些生养得差些的就只能留下少数的子孙来传授它们的这些较差的能力。这也是自然选择。又如，雄性为了追求雌性，需要一些感觉器官和运动器官，但若对其他的一些生活目的来说，这些器官也正不可缺少，而一般的情况也确乎是如此，那么，它们的所由发展也就得通过自然选择。当雄性动物找到了他的雌性的时候，在有的例子里，为了抓住她不放，他就必不可少地要具备一些供把握之用的器官。例如沃勒斯（甲 680）[1] 博士告诉我，某几种蛾类的雄蛾如果把一些腿搞断了，就无法和雌蛾交尾。许多种海洋甲壳类的雄性，一到成年，就会把他们的一些腿和触须变化一下，变得十分奇特，来作为握持雌性之用。为此，我们不妨猜想，这是由于远洋浪大，它们不

断地被冲来冲去，而为了繁殖它们的种类，就不得不具备这些器官；如果我们猜对了，那么，这些器官的发展也还是寻常的选择、即自然选择的结果。有几种在进化阶梯上地位极低的动物也曾为此目的而经历过一些变化。例如在有几种寄生性的蠕形动物的雄性，到了完全成熟的时候，他们身体尾部的腹面会变得十分粗糙，像大锉刀的锉一般，而他们就用这个来把雌性缠住，再也不放松。④

如果两性所遵循的是完全同样的一些生活习惯，而雄性的一些感觉与行动器官还是比雌性的更为高度发达，则这可能是由于这种更为完善的发展对雄性是必不可少的，否则他就找不到雌性，而成其配偶；但就绝大多数的例子来说，这些更为发达的器官也只能给某一只雄性动物一些便利，在争取和雌性交配的竞争中，比另一个雄性稍胜一筹而已。我们说稍胜一筹，因为，只须多费上一些时间，天赋差些的雄性还是一样地可以求得配偶；至于和日常生活习惯的关系，则根据雌性的结构说话，天赋好些的雄性也罢，差些的也罢，也大都可以适应得同样的好。在诸如此类的例子里，雄性之所以取得他们现有的更为发达的结构，目的所在，既然不是为了更适合于在生存竞争之中取得胜利，而是为了在求偶的竞争之中，占些便宜，而比其他的雄性，稍胜一筹，同时，也是为了他们把这种便利传给了和自己属于同一性别的子孙——在这里，而不在别处，我们说，起了作用的一定是性选择了。恰恰就是这么一点不同于通常的自然选择的重要的差别导致我把这一形式的选择定名为“性选择”。根据了这层道理再说话，如果雄性的一些供把握之用的器官的主要用途在于，当其他雌性赶到之前，或当经受到其他雄

性攻击之际，使他足以防止雌性的逃脱，那我们就可以说，这些器官之所以趋于完善是通过了性选择的，那也就是说，它们之所以完善，是由于某些雄性个体占到了便宜，战胜了他们的对手。但就大多数的这一类的例子来说，要截然区分哪些是自然选择，而哪些是性选择的影响是不可能的。关于两性之间在感觉、行动和把握器官上的一些差别的细枝末节，要写上好几章也是写不完的。但好在这方面的结构上的差别并不比所以适应日常生活需要的那些差别更有趣味，我准备几乎全部把它们略过不提，而只在每一个类别之下举出少数几个例子来。

此外，还有许多其他的结构和本能，追溯由来，是不可能不通过了性选择的——例如，雄性为了和对手们战斗和把对手们赶走而具备的一些进攻性的武器和防御性的手段——他们的好勇斗狠——他们的各式各样的装饰——他们为了发出声乐或器乐的一些巧妙的结构——他们放散各种臭味的一些腺体——在所有这些结构之中，绝大部分是专门为了引逗雌性与激发雌性，而不作别用的。我们可以看得很清楚，这些性状是性选择的结果，而不是寻常的选择，即自然选择的结果，因为，如果没有一些天赋较好的雄性在场，那些没有武器、不会打扮、不讨雌性喜爱的雄性就会在寻常的生活战斗之中，在遗留大量的子息方面，同样取得良好的成功。我们可以作出推论，认为事实大概就是这样，因为一般雌性动物，既没有武装，又不事装饰，也能照样地存活而生育子息。刚刚说过的这一类的第二性征将在下面的几章里得到充分的讨论，因为在许多方面它们是很有意趣的，而尤其因为它们所依据的是一些个体的意愿、拣选和彼此之间的竞争，雄的也罢，雌的也罢。当我们目睹两雄争取一雌的时候，或若干只雄鸟，在聚集了的一群雌鸟面前，展示他们的华丽的羽毛和表现古怪的把戏，我们无法怀疑，这其间尽管有本能的驱策，使他们不得不尔，同时他们却也知道他们是在干些什么，而有意识地把他们的心理与体质方面的种种能力施展出来。

正如人能够通过对在斗鸡场上取得胜利的一些斗鸡的选择而改进斗鸡的品种那样，看来，在自然状态之下，最坚强和最精干的雄性动物，或武装得最好的那些，是一些优胜之辈，而终于导致了自然品种或物种的改进。足以产生一些便利的一个在程度上很细小的变异倾向，无论如何细小，在雄性动物之间的不断的你死我活的竞争的过程之中，就替性选择提供了足够的用武之地，而可以肯定的是，第二性征又正好是变异倾向特别大的一些性状。也正如人能够按照他自己的鉴赏标准对雄性的家禽施加一些美色，或说得更严格一些，能够就一种家禽的祖种所原有的美观，加以变化，例如，在印尼矮鸡的一个品种（Sebrigbt bantam）所原有的色相的基础之上，添上一套新颖而漂亮的羽毛和一种不同凡响的亭亭玉立的风采——那样，看来，在自然状态之下，鸟类的雌性，通过对色相较好的雄鸟的长期选取，而对各有关鸟种的雄性之美，或对其他一些惹人喜爱的品性，有所增益。无疑的是，这不言而喻地牵涉到雌性方面的一些辨别和鉴赏的能力。这骤然看去像是事理上极不可能的事，但通过下文所要提出的种种例证，我希望我能够表明，雌性动物实际上是真有这些本领的。但我们一面说一些低等动物有美的观感，一面却千万不要以为这种观感可以和一个受过文化熏陶的人的相比，这样一个人的审美观念是和其他方面的观念有

着千变万化而极度复杂的联系的，当然不能与此相提并论。若把低等动物的审美能力和最低级野蛮人的审美观念两相比较，则比较公平合理，因为野蛮人对颜色夺目、光芒四射而形状古怪的任何东西都能表示欣赏，并且用来为自己点缀。

由于我们还有若干不明之点，我们对性选择究竟如何发挥它的作用的方式，还有些不能肯定。尽管如此，我认为，那些已经相信物种的可变性的自然学家们，如果读到本书下面的几章，将会同意我的看法，承认性选择在有机世界的历史里曾经充当过一个重要的角色。可以肯定的是，几乎在一切动物中间，雄性与雄性之间，为了占有雌性，存在着一种不断的斗争。这是一件无人不知、无人不晓的事实，用不着再举出什么例证。因此，雌性有机会在若干雄性之中选取其一，而这一点当然是有所假定的，即，雌性具有足够的心理能力来进行挑选。在许多例子里，一些特殊的情况倾向于使雄性之间的竞争变得特别尖锐。例如，在我们英国人所时常接触的各种候鸟，雄鸟一般总是先期到达繁育的地点，准备在后至的每一只雌鸟面前和其他雄鸟进行斗争。介・威尔(甲 693)先生告诉我，专业捕鸟的人肯定地说，夜莺和英国人称为“黑帽”(black cap)的一种欧洲的莺类每年都是这样，毫无例外，而就“黑帽”来说，威尔先生本人就可以加以证实。

籍居布来顿[2] 的斯威斯兰德(甲 638)先生，在过去四十年之内，一直习惯于捕取最先来到这一地区的各种候鸟，而无论就任何一种而言，他从来没有碰见过雌鸟先于雄鸟到达的例子。有一年春天，他打下了三十九只雄的瑞氏鹡鸰(乙 148)之后，才看到唯一的一只雌的。古耳德解剖了那些最初飞进英格兰境内的鹬，从而判定雄鹬比雌鹬到达得早。而就美国的大多数候鸟的种类而论，情况也是如此。[⑤]在我们英国河流内的鲑鱼，过半数的雄鱼，一离开海水而进入河流，便在雌鱼之先已经有了繁殖的准备。蛙类和蟾蜍类看来也有同样的情况。在整个的昆虫这一大纲里，雄虫几乎总是首先从蛹的状态脱颖而出，因此，在一般时间里，在看到任何雌虫之前，人们碰来碰去的一般都是雄虫。[⑥]两性之间所以有这种到达先后与成熟先后的不同的原因是够明显的。那些每年总是首先转徙到一个地区的雄性，或一到春天首先有了繁育准备的雄性，或求偶的心情最为迫切的雄性，就会留下最大数量的子息；而这些子息又倾向于把同样的本能和素质遗传下来。至于雌性一方，我们必须记住，如果在性的成熟时间上受到很大的实质上的改变，就势必同时干扰到繁育的时期，要改变前者而使后者不受干扰，是不可能的——而繁育的时期却受到一年的季节的决定与限制，不能多所伸缩。总起来说，无可怀疑的一点是，凡在两性分开而异体的动物，无论种类，雄性与雄性之间，为了占有雌性，几乎全都要进行一年一度、周而复始的斗争。

关于性选择，我们所难于理解的问题是，战胜了其他雄性的一些雄性，或那些最惹雌性喜爱的雄性，怎么会比战败了的或不那么惹雌性喜爱的对手们留下更大量的子女来传授他们的优越性。除非真会有这样一个结果，则那些给予某些雄性以便利而使他们得以战胜其他雄性的性状便无法通过性选择而趋于完善与得到加强。如果两性在数量上恰好相等(除非有关的物种中通行着一夫多妻的配合)，天赋最差的雄性也会终于找到他们的雌性，留下同样多的子息，而这些子息，就一些一般的生活习惯而论，其为善于适应，就未必次于天赋最好的一些雄性。从前，根据种种的事实和考虑，我一度有过这样一个推论，认为凡在第二性征发达的各种动物之中，在大多数的例子里，总是雄性的数量超过雌性的数量，并且超过得相当的多；但现在看来，情况并不总是这样。如果雄与雌的比例是二比一，或三比二，或甚至比这个比例略微再低一些，那整个问题就办好了。因为，这样，武装得最好或最惹喜爱的雄性就会顺理成章地中选而留下最大数量的子息来。但在尽可能的对性比例的问题进行调查之后，现在我不再认为两性在数量上通常存在着任何巨大的不均等。就大多数的例子而论，性选择是产生了些效果的，而其产生的方式大抵有如下文所述。

让我们取任何一个物种为例，说一种鸟罢，而把居住在同一地区之内的这种鸟的雌性分成数目相等的两批，一批是精力强些和营养好些的，而另一批则精力较差而健康较次的。这两批之中，到了春天，第一批无疑地要比第二批先作好繁育的准备。介·威尔先生多年以来一直细心观察鸟类的习性，而他的见解正好是这样。也无疑地是，精力最充沛、营养最良好而开始繁育最早的一些雌鸟，平均地说，会产生最大数量的健全的子息。⑦ 至于雄鸟，我们在上文已经看到，一般要比雌鸟早就作好繁育的准备；其中最强壮的一些，而就某些鸟种说，武装得最好的一些，就会把瘦弱的一些哄走，然后和精力较强与营养较好的一些雌鸟相配，因为她们在雌鸟之中在繁育上也是最著先鞭的一些。⑧ 这一类两方都属精壮的双双对对肯定地要比其他的配偶繁育出更多的子息来；而如果有关的鸟种的性比例是相等的话，其他由一季之中繁育条件具备得迟的雌鸟和精力不足而在角胜争雄之中失败了的雄性配合所产生的子息，相形之下，肯定地要少些和差些；到此，需要有所说明的就只剩这么一点了，就是，这样下去，连续上若干世代，也就足够教雄鸟的体型、精力、勇敢之气质，或雄鸟的武装配备，有所增益或有所改进。

但在很多的例子里，战胜了对手们的雄性并不一定能占有雌性，而这是和她这一方的挑选作用无干的。我们不要以为动物的调情求爱是件简单的短促的事情。最容易激发雌性和最惹她们喜爱而中配偶之选的是装饰得更美好的雄性，或最善于歌唱，或最擅长要把戏的雄性；但显然也有可能的是，她们同时也喜爱精力较好而更为活泼的雄性，而这在有些例子里是得到了实地观察的证明了的。[9]这样，精力较好而对繁育首先作好准备的雌性可以得到许多的雄性个体供她挑选；而尽管她们不一定专挑最强壮和武装得最好的雄性，她们所挑选的一般总是比较精壮、武装得比较好，而在其他一些方面却最惹喜爱的那几只雄性。因此，较早结成的一些配偶，有如上文所述，在繁育上要比后来的那些占些便宜；而这在经过一长串的世代之后，看来就足够在雄性身上不但对体力和战斗能力有所提高，并且在种种装饰手段或其他惹雌性喜爱的性状方面取得进展。

在性的关系上与此相反而实例要少得多的那种情况，就是，雄性对雌性操挑选之权的那种情况里，道理是很清楚地一样的：最精壮而制胜了其他雄性的雄性会有最大的挑选的余地；而也几乎可以肯定的是，他们会挑取精壮而最惹喜爱的一些雌性。这一类的配偶在繁育子息方面也同样地会占些便宜，而在有些高等动物里，雄性在交尾季节里还能对雌性提供一些保护，或在幼小动物出生

之后，还能帮助雌鸟为它们提供一些食物，这种便宜就特别的大。如果在有些动物里，两性双方互为挑选，即，挑选之权不专操于一方，而如果所挑取的也是异姓之中既美好可爱而又精力健壮之辈，则上面所说的一些原理也是同样地适用。

两性在数量上的比例。——我在上文说过，如果雄性在数量上比雌性超过得相当多，性选择的问题就简单了。因此，我就尽我的能力所及，对尽量多的动物种类，进行了一番性比例的调查，但材料很有限，我在这里只准备就所得的结果提供一个简短的摘要，把详细的情况留在章末附论中另行讨论，免得在这里纠缠不清，影响我所要阐述的论点。只有家养动物才能提供条件来确定幼畜出生时的两性比例数；但事实上没有人曾经为此目的而特别地记下过一笔账来。但通过间接的方法，我还是收集到了相当多的统计数字，根据这些，我们看到，就大多数的家畜而言，出生时的雌雄比例似乎是接近于相等的。例如，有一笔数字所记录的二十一年之间的赛马的出生总数是25,560，其中牡对牝的比例是99.7对100。在称为灵猩(grey-hound)的那种猎犬，出生时比例数的不均等比任何其他家养动物为大，因为在十二年内所出生的总数6,878只里面，公对母的比例是110.1对100。但在某种程度上成为问题的是，我们有没有把握来作出推论，认为它们在自然状态中的出生比例是和在家养状态中一样的呢；因为一些细微而我们还未能了解的条件的变动会影响这种比例数。例如以人类而言，以女婴的出生数为100，则英格兰的男婴出生数是104.5，俄国的是108.9，在立窝尼亚[3]的犹太人是120。但关于雄性出生数的超越

雌性这一奇特之点我在下面附论里还将谈到，目前姑不多说。但也有相反的情况，在南非洲好望角，欧洲人所出生的子女，若干年以来，男对女的比例是 90 到 99 对 100。

为了我们当前的目的，我们所关心的不仅是出生时的性比例，而也是成年的性比例，而这又增添了另一个疑难的因素。因为这其间牵涉到一个久经确定了的事实，就是，就人的情况说，男胎或男婴的死亡数，在出生以前，在出生之际，以及在出生后的少数几年之内，都比女胎或女婴要大得相当多。羊羔也几乎可以肯定有这种情况，而某几种其他的动物大概也是如此。某些动物种类的雄性自相残杀；有的彼此互相追逐，弄得筋疲力尽，瘦削不堪。在切心于追寻雌性而东西流浪的过程中，他们也往往不免遭遇各式各样的危险。在许多种的鱼类，雄鱼的体型比雌鱼小得多，而有人相信，雄的往往被自己本种的雌鱼或其他的鱼类所吞食。某些鸟类的雌鸟看来比雄鸟容易夭折；而当坐窝或保育幼雏的季节里，又容易因敌人的袭击而遭到毁灭。在昆虫，雌的幼虫往往要比雄的肥大，因此，更容易遭到敌人的吞食。在有些例子里，成熟的雌虫没有雄虫那么活跃，行动也比雄虫为迟钝，因而躲避灾难的能力也就差些。因此，就在自然状态中的各种动物来说，要判断两性在成熟年龄的比例，只能依靠估计的一法，而除了那些不均等的情况特别显著的例子之外，这办法是很难信赖的。尽管如此，在下文附论中所列举的事实所容许的情况下，我们还是不妨作出判断而提出如下的结论：在少数几种的哺乳动物、在许多种的鸟类，和在若干种的鱼类和昆虫类，雄性的数量要比雌性的多出相当的多。

在若干连续的年度之内，两性之间的比例是有些轻微的波动

的：例如，在赛马，每出生100只牝马，有一年的牡马的比数是107.1，而另一年则为92.6；而在灵猩，比数是从116.3到95.3。但如果统计数字所包括的地区面积更广泛一些而不限于英格兰一地，马的出生总数也大些，这一类的波动也许会消失不见；而即便如英格兰的数字所示，比数的相差毕竟有限，在自然状态之下亦殊不足以导致有效的性选择。尽管如此，就有如附论中所举出的少数几种野生动物的例子而言，这种比例的波动似乎既有年度之分，又有地区之别，而波动的幅度又相当的大，足以导致性选择的活动。因为我们应当看到，在某些年度里，或某些地区里，由于制胜了他们的对手，或由于赢得了牝马的最大的喜爱，而为某些牡马所占取的任何便宜大概是会传递给下一代，并从而世代相传而不至于受到淘汰的。而在此后的若干连续的年度或繁育季节里，由于两性的比数转趋相等，每一匹牡马可以配到一匹牝马，向隅的牡马是不再有了，然而在此以前所已产生的一些更为健壮与更能惹牝马所喜爱的牡马，和那些更为孱弱和不大惹喜爱的牡马比较起来，觅取配偶和遗留子息的机会，纵不更大，至少也是相等。

一雄多雌的配偶习性。——一雄多雌或一夫多妻的配偶习性所导致的结果是和雄多于雌的两性比例的实际不均等所造成的结果一样的；因为如果每一个雄性都想占有两个或两个以上的雌性的话，势必有许多的雄性得不到配偶；而这些向隅的雄性肯定的会是一些软弱而不惹雌性喜爱之辈。许多种的哺乳类和少数几种的鸟类是实行一雄多雌的配合的；但就比它们更低的几个纲的各种动物而言，我没有能找到这个习性的例证。这也许是因为这些低等动物的智能微薄，还不足以把许多个雌性拢在一起而守卫起来，以构成一个“后宫”。一夫多妻的习性和第二性征的发展之间存在着某种关系，看来是几乎可以肯定的。而这种关系又支持着一个看法，就是雄性在数量上的优势是一个突出的有利条件，使性选择得以发挥作用。尽管如此，许多种严格实行一夫一妻配合的动物，尤其是鸟类，却表现着特别显著的第二性征；而反之，少数几种一夫多妻的动物则又没有这些性征。

我们首先就哺乳动物巡回地看一下，然后转而至鸟类。大猩猩似乎是一夫多妻的，雄性和雌性之间的差别是相当大的；有几个种的狒狒也是如此，它们以小群为生活单位，一群之中，成年的雌性要比雄性多出一倍。在南美洲，吼猴属的一种（乙 647）的雌雄猴之间，在颜色、须髯、发音器官等方面表现着相当显著的性的差别；而雄猴一般总是和两只或更多的雌猴生活在一起；卷尾泣猴（乙 186）则雌雄之间多少有些差别，而看来也是一夫多妻的。[10]关于多数其他的猿猴类，我们知道得太少，只知有几种是严格的一夫一妻的。反刍类动物是突出的一夫多妻的，而它们所表现的两性差别，就整个物群来说，几乎要比哺乳动物中其他任何别的物群为多；就雄性的武器一方面来说，这句话特别适用，同时也适用于其他一些性状。大多数种类的鹿、牛、绵羊是一夫多妻的；各种羚羊大都也是如此，但有几种是一夫一妻的。斯米思爵士当讲到南非洲的一种羚羊时说，在大约有十二只上下的羚羊的小队伍里，难得碰上一只以上的成年的公羊。亚洲的一个羚羊种，亚北羚（乙 68），是世界上最漫无节制的一夫多妻者；因为帕拉斯说[11]，公羚羊会把所有的对手赶走，而把一群一百只上下的母羊和小羊收罗在

一起；母羚羊是不生角的，毛也要软些，但在其他方面和公羊的分别不大。福克兰群岛和北美西部诸州的野马是一夫多妻的，但除了身材比较高大和身体各部分的比例略有不同而外，牡马所以异于牝马的地方实在有限。野猪的两性呈现着很显著的不同的性状，公猪有特大的犬牙和一些其他不同之点。在欧洲和印度，除了繁育的季节而外，公猪过着一种孤独的生活；但埃利厄特（甲 220）爵士在印度对这种动物有过许多观察的机会，据他的见解，公猪一到繁育季节，便和若干只母猪有同居的关系。欧洲的野猪是不是有相同的情况是一个问题，但也不乏一些正面的证据。印度的成年的公象，像公的野猪一样，也在孤独中消磨着他的不少的光阴，但据坎姆贝耳（甲 133）博士说，当它和别的象在一起的时候，"全群之中，除他而外，几乎都是母的，难得看到第二只公的；"强大些的公象总要把弱小些的公象哄走或者除掉。公象有庞大的长牙，在身材、体力和耐劳性上也比母象为强大。公母之间在这些方面的差别是如此之大，以致凡经捕获而出售的象只，公的要比母的贵上五分之一。[12]在象以外的其他厚皮类（乙 701）动物，两性之间的差别很少，甚至没有什么差别，而这些，据我们知识所及，都不是一夫多妻的。在翼手类、贫齿类、食虫类（乙 517）、啮齿类（乙 840）各目的动物里，我也没有听说过任何一个种是一夫多妻的，除了在啮齿类中间，据某些以捕鼠为业的人说，寻常的家鼠是一只公的和若干只母的同居的。不过在某几个种的树懒（属贫齿类）里，两性之间，在肩膀上某些毛片的性状和在颜色上也还有些不同。[13]而在好多种的蝙蝠（翼手类）里，两性性状的差别是很显著的，主要在雄的备有臭腺和臭囊，而毛色也比雌的要浅淡一些。[14]在啮齿类这一个广大的目里，据我了解所及，两性之间难得有什么差别，而如果有些不同的话，那也只是在毛色上略有深浅之分而已。

据我从斯米思爵士那里听说，南非洲的狮子有时候只和一只单一的母狮子同居，但一般是不限于一只的，而在有一个例子里，和他同居的母狮子多到五只，由此可知他是一大多妻的。据我搜访所及，在所有陆居的肉食类动物里，公狮子是唯一的一夫多妻者，而也只有他才呈现一些显著的有关性别的性状。但若我们转向海洋的肉食类，我们将在下文看到，情况就大为不同。因为许多种的海豹便提供了一些异乎寻常的两性性状的差别，而这些海豹是突出的一夫多妻的。同样的，据贝杭（甲 520）说，南半球海洋里的公的海象总是占有若干只母的，而在福氏海狮（Sealion of Forster），据说一只公狮的周围总有二十只到三十只母的。在北半球的海洋里，陪伴着一只公的斯氏海熊（Sea-bear of Steller）的母的比二三十只还要多。据葛瑞耳（甲 284）博士说[15]，一件有意趣的事实是，在那些一夫一妻的种里，“也就是那些以小群为生活单位的种里，两性之间在身材大小上没有多大的分别，而在那些社会性强些的种，或者，更确切的说，那些公的拥有‘后宫’的种里，公的身材要远比母的为大”。

在鸟类中间，两性差别很大的那些鸟种是肯定的一夫一妻的。例如，在大不列颠，我们看到两性差别很显著的野鸭是一雌一雄相配的，普通的山乌（blackbird）也是如此，而照莺（bullfinch）则据说相偶终身，至死不贰。据沃勒斯先生告诉我，南美洲的黄连雀科（chatterers，即乙 287），以及其他许多鸟种，也有同样的情况。对有几个鸟群，我一直没有能发现其中的鸟种究竟是一夫多妻的，抑或是一夫一妻的。勒森(甲 398)说，两性差别如此惹人注目的各种风鸟(birds of paradise)是一夫多妻的，但沃勒斯先生怀疑他所有的证据是不是够。萨耳温先生对我说，有一些迹象使他相信各种蜂鸟(humming-birds)是一夫多妻的。以尾羽引人注目的寡妇鸟(widow-bird)的雄鸟看来肯定是个一夫多妻者。[16]介·威尔先生和另外几位确凿地告诉过我，三只欧椋鸟(starling)在同一只窝里出出进进似乎是寻常的事；但这种结合是一夫多妻的呢，还是一妻多夫的呢，却一直没有得到肯定。

鸡类所表现的两性差别几乎和各种风鸟与蜂鸟所表现的同样地显眼，而谁都熟悉，许多鸡种是一夫多妻的，其他一些鸡种却又是严格的一夫一妻的。一夫多妻的孔雀与雉所呈现的两性差别之大，和一夫一妻的珠鸡(guineafowl)与鹧鸪(partridge)所呈现的两性差别之微乎其微，两者之间所提供的对照是何等的鲜明！此外我们还可以列举许多同样的例子，有如在整个的松鸡类里，一方面，一夫多妻的雄的雷鸟和雄的黑松鸡(black-cock)是和雌的大有不同的；而另一方面，一夫一妻的红松鸡和林松鸡(ptarmigan)的两性之间的分别却很小。在走禽类(乙 300)里，除了其中的鸨类(bustards)中间的一些种之外，两性之间有着特别显著的性状差别的例子是极少的，而硕鸨(greatbustard，即乙 697)据说是一夫多妻的。在涉禽或田鸟类(乙 455)里，两性之间具有性状差别的鸟种是极少的，然而其中的流苏鹬(乙 590)提供了一个显著的例外，而这一鹬种芒塔古(甲 470)认为是个一夫多妻者。因此，在鸟类中间，在一夫多妻的习性与显著的两性差别的发展之间，看来往往存在着一种密切的联系。掌管动物苑囿的巴特勒特(甲 37)先生对鸟类有很为

广泛的经验，我曾经问过他，牧羊神雉（tragopan，鹑鸡类的一种）究竟是不是一夫多妻的，他的答复给了我一个相当大的震动，他说，"我不知道，但根据雄雉的羽毛的绚丽，想来他应该是这样的。"

值得注意的一点是，在家养的情况下，单单和一雌或一母相配的本能是很容易丢失的。野鸭或凫是严格的一夫一妻的，但家鸭是高度的一夫多妻的。福克斯（甲 250）牧师告诉我，在他寓所邻近的一个大池塘里，来往的野鸭群里有些是已经半驯了的，管禽苑的人有一次把大量的雄鸭打了下来，剩下的雄鸭很少，和雌鸭大约成一与七或八之比，然而这群鸭子还是留下了一大窝一大窝的小鸭子，比通常的还要大些。珠鸡也是严格的一夫一妻的，但福克斯先生发现，在他所饲养的珠鸡中间，如果他把一只公的和两三只母的养在一道，繁育的成绩就最好。金丝雀（conary-bird），在自然状态下，是一雄一雌相搭配的，在英格兰，饲养这种鸟的人把一雄与四五雌放在一起，让它们配合，也成功了。我注意到这些例子，因为它们也许可以说明，野生的一夫一妻的物种可以变得暂时或永久的一夫多妻，这样一个事实是会发生的。

关于爬行类和鱼类动物的习性，我们知道得实在太少，无从谈论它们的婚配的安排。但丝鱼（乙 439）据说是个一夫多妻者。[17]而欧洲所产淡水鲈鱼的一种（ruff）的雄鱼在繁育季节里是和雌鱼显然不相同的。

总说一下，性选择究竟通过了一些什么手段，就我们判断的能力所及，才导致了第二性征的发展。上文已经指出，最强壮、武装得最好，而在斗争中战胜了其他对手的雄性，和精力最旺盛、营养最良好，而在春季最先开始繁育的雌性，两相配合，就会产生最大数量壮健的下一代。如果这一类的雌性对雄性有所选择，而所选择的是雄性中比较美观而同时也是精壮的个体，则它们所产生的下一代，比那些落后而不得不和精力较差、美观不足的雄性相配合的雌性所能产生的下一代，在数量上将会大一些。如果更为精壮的雄性选取更为美观而同时也健康而精壮的雌性，结果也是如此；而如果雄性能对雌性提供保护，又能对所生的幼小动物，帮同觅取食物，结果就更加如此。这种精壮对精壮的结合，和由此而产生的比较大量的子女，所提供的好处，看来就已经足以使性选择发挥它的效用。但雄性的个体在比例上大大超过了雌性的个体这一情况——无论这种超出只是偶然的和限于某一地区的，或者是经常而一贯的；也无论这种超出的情况发生在一种动物出生之初，即性比例一开始便不平衡，或者是由于更大量的雌性后来遭到了毁灭；也无论是不是由于一夫多妻的习性的间接的结果——会变本加厉地使性选择所能表现的效率有所增大。

雄性所经历的变化一般比雌性要多些。——在整个动物界里，凡是两性在外表上有所不同的物种，总是由于雄性发生了更大的变化才不同的，倒转来的例子是难得的。因为，一般的说，雌性对本物种的幼小动物总比雄性保有更为密切的相似的程度，而对本物种所属的物群，小至于属，大至于科或目中的其他成年的成员，也要相像得多些。这种情况的发生似乎是由于几乎所有的动物的雄性在情欲方面比雌性更为强烈。因此，在雌性面前，互相战斗的是雄性，而富于诱惑力地把种种色相展示出来的也是雄性；而其中的胜利者就把他们的优越性传递给了下一代的雄性。为什么只是雄性取得他们父亲的这些性状，而不是雌雄性同样地取得，这一问题将留在下文考虑。在所有的哺乳动物里，总是雄性如饥似渴地追求雌性，这是尽人皆知而说来令人厌烦的一个事实。鸟类也是如此；不过许多鸟种的雄性倒不是真正的追逐雌性，而是在雌性面前展示他们的羽毛之美、表演他们种种小把戏的奇妙莫测和把优美的歌声倾倒出来。在极少数的几种被人观察到的鱼类里，也似乎是雄性要比雌性急得多；鳄鱼类也是如此，而蛙类看来也有这种情况。在整个的庞大的昆虫这一纲里，像克尔贝（甲 367）所说的那样，⑱“法则是雄性寻求雌性。”两位良好的权威作家，勃拉克沃耳（Blackwall）先生和贝特（甲 40）先生，对我说过，蜘蛛类和甲壳类的雄性，在生活习性上，要比雌性更为活跃和飘忽不定。在这两类动物里，凡是两性之间只有一性具有某些感觉或行动器官，而另一性并不具备，或者，更为常见的是，这些器官在一性身上比在另一性身上更为高度发达，这一性，据我发现所及，几乎没有例外的是雄的，而另一性是雌的；这说明在两性求爱的过程之中，雄性是更为活跃的一方。⑲

反之，雌性动物，除了极难得的例外，总没有雄性那么着急。正如杰出的亨特尔很久以前便已说过的那样，⑳她一般总是“要求对方把殷勤献上去”，她是羞答答的。我们往往可以看到她，在很长的一段时间以内，老想从雄性那里溜掉。任何对动物习性作过观察的人都能够想起这一类的例子。下文所要列举的种种事实，以及经过一番推寻之后满可以归结到性选择的一些结果，都说明雌性动物，尽管比较地被动，一般却施展某种程度的诀别与拣选的作用，接受某一只雄的，而舍弃其他的。根据表面上所能看到的而言，她所接受的倒未必是雄性中最美好悦目的那一只，而是最不惹她厌恶的那一只。雌性方面这种或多或少的选取对象的功夫似乎也构成一条法则，其为普遍适用几乎与雄性方面那种迫不及待的追求异性的努力相等。

到此我很自然地要追究一下为什么，在这么众多而各不相同的纲里面，雄性动物会比雌性变得更为迫切，以致要由他出来寻找雌性，而在求爱过程之中成为更主动的角色。可以理解，如果两性彼此都进行寻找，实际上并没有什么好处，并且会白费一些精力，但不明白的是，为什么几乎总是雄性充当了追寻者？在植物，胚珠在受精之后需要一段吸取养分的时间，因此有必要把花粉带到雌性器官上面——就是，通过虫媒，或风媒，或雄蕊的自发的活动把花粉放在雌蕊之上；而在藻类等等植物，则通过雄精、亦称动子(antherozooid)的活动能力。在有机组织简单而比较低级的水生动物，既然是一辈子胶着在同一地点之上，不能行动，而两性又各自分开，雄性的精子绝无例外地要被带到雌性那里去。而这一情况的理由所在我们是懂得的，因为，即使卵细胞在受精之前能脱离母体，而于脱离之后又不需要一段营养或保护的时间，由于体积大于精细胞而在数量上不得不大大少于精细胞，转输起来，总要比精细胞困难得多。总之，由此可知，在低等动物中，在这方面，有许多物种是和植物可以比类而观的。㉑固定在一定地点而水居的动物的雄性既然走上了这样一条把精子放射出来的道路，则后来在进化阶梯上逐步上升而变得有了行动能力的子子孙孙就自然而然地会保有同样的习性；而会向雌性靠拢，靠得越拢越好，为的是使精子在漫长的水程中免于蒙受损失。在若干少数的低等动物里，只

是雌性一方是固定不移的，那雄性就更不得不成为追寻者的一方了。但也还难于理解的是，有些物种的祖先从一开始就是移动自由的，而它们的雄性子孙却还是绝无例外地取得了靠拢雌性的习性，而不是由雌性向他们迁就。不过这一点是肯定了的，就是，在所有的例子里，为了使雄性追寻得更为有效，他们有必要被赋予一些强烈的情欲；而同时雄性的个体，心情越是迫切的那些就会比不那么迫切的留下更大数量的后辈；强烈的情欲之所以终于取得就是这一过程的自然结果了。

雄性方面这种大为迫切的心情就这样间接地使他们比雌性远为普遍地发展出了种种的第二性征。但若雄性动物比雌性动物原本更倾向于发生变异——而我在长期研究了家养动物之后已经作出结论，肯定他们是这样的——这种性征的发展就得到了很大的帮助，从而发展得更快一些。具有很广泛的经验的纳图休斯也坚决持有这样一个意见。[22] 把人类的男女两性比较一下也足以提供有利于这结论的良好证据。在“诺伐拉（Novara——船名——译者）远征”[23] 期间，有人作了关于若干不同族类成员的身体各部分的大量的测定，发现在几乎每一个例子里总是男子的变异幅度要比女子为大；但这一题目我将留待下文另一章中再加讨论，目前且不多说。沃德先生[24] 对于人体肌肉的变异有过仔细的研究，他把结论用斜体字模郑重地标出说，“在每一个项目上，最大数量的畸形状态是在男子身上发现的”。在此以前，他又说过，“他发现在一起一百零二个人中，关于各式各样肌肉过于丰盈的情况这一方面，在男子中间，像在其他方面一样，要比女子多出一半，和上文所已叙述到的女子肌肉过于不足或欠缺的那种更高的频数恰好构成一

个鲜明的对比。”麦卡利斯特尔教授也说，[25]在肌肉的种种变异方面，“大概男子要比女子表现得更为平常。”在人类身体上正常所不经见的某些肌肉，偶有发展，在男子身上的也比女子身上的为多，尽管据说例外也是有的，却不妨碍这个通例。瓦伊耳德尔[26]曾经把 152 个生而多指与多趾的人的例子列成一表，其中 86 个是男子，而 39 个是女子，还不到男子的半数，其余 27 个的性别不详。但在这里我们应该注意到，女子比男子更倾向于把这一类的畸形掩盖起来，不让人知道。此外，迈尔博士说，男子的耳朵在形态上也比女子更倾向于变异。[27]最后，男子体温的变异也比女子为大。[28]

雄性动物中的一般变异性要比雌性动物中为大，原因何在，我们还不知道，只是由于种种第二性征总是那么非常倾向于变异，而这一情况通常又只限于雄性一方，我们虽说不知道，在一定程度以内，下文就要说到，却也多少懂得了一些。通过性选择和自然选择的作用，在很多的例子里，雄性动物已经变得和本种的雌性动物大相悬殊，这是事实，但即使没有选择的影响，单单由于素质上的互异，两性发生变异的方式就倾向于多少有些不一样。一方面，在雌性，为了孕育她的卵细胞，得花费很多的有机物质；而另一方面，在雄性，为了和对手们进行凶狠的斗争，为了追寻雌性而往来流浪，为了高声歌唱，为了发放那些有臭味的分泌，等等，也得花费上不少的精力；而这种消耗一般总是集中在一个短暂的季节之内。无论两性之间在颜色上有何差别，一到恋爱的季节，雄性方面的旺盛的精力似乎往往会使原有的颜色变本加厉，见得更为浓厚而有光泽。[29]在人类，甚至在有机进化阶梯上的地位低得像鳞翅类的动物，雄性的体温要比雌性的为高，而单就人类来说，伴随着这一点的，雄性的脉搏也要慢些。[30]但总起来讲，两性所消耗的物质与力量，尽管消耗的方式与速率很不相同，大概是不太相上下的。

根据刚才所说明的一些原因，可知两性在素质上或体质上，不可能不有所不同，至少在繁育季节里是如此；因而，尽管它们所与打交道的环境条件完全相同，也还会倾向于循着不同的方式而变异。如果这一类的变异对雌雄两性没有一些各自的好处，它们就不会通过性选择或自然选择而得到积累和增长起来。尽管如此，只要激发它们出来的一些环境因素经常地发生作用，它们也就会得到经久而固定下来；而按照一种通常的遗传方式，也有可能被递交给下一代，当初取得它们是哪一性，下代传授到它们的也就是那一性，不相逾越。在这种情况下，日子一久，两性之间就会在性格与性状上呈现经久而却又不关紧要的一些差别。例如，阿楞（甲9）先生指出，分布在美国北方与南方的大量鸟类，尽管种别相同，而在南方的，比起北方的来，羽毛的颜色要深一些；而这似乎是南北不同的气温、光照等等所直接造成的结果。然而也有些例外的情况，在若干少数的例子里，同一鸟种的两性所起的变化见得与上面所说的不同；在鸴类的一个种，红翼欧椋鸟（乙12），雄鸟的羽色，在南方的，果然是加深得多，而在鸴类的另一个种（乙174），起到这种变化的却是雌鸟；而在黄鸟科的一个种，所谓船形鸟（乙818），雌鸟的羽色变得极容易发生变异，而其雄鸟的羽色则保持不变，几乎彼此一律。[31]

在动物的各个不同的纲里，雌性一方取得了相当突出的一些第二性征，有如更鲜明的颜色，较大的身材、体力或斗狠性，而不是

雄性一方，这种例外的情况，在少数物种里也是有的。在鸟类，在少数例子里，雌雄两性寻常所各自应有的一些性状竟然发生了对调的情况，雌性在求爱过程中成为心情更为迫切的一方，而雄性则虽一直比较被动，我们根据结果而不妨作出的推论却是，他是对雌性有所拣选的，拣选了一些更为美好而有吸引力的雌性。某些鸟种的雌鸟，通过这一拣选过程，取得了高度鲜艳的羽色或其他方式的装饰，而也比雄鸟变得更为壮健有力，更好勇斗狠；而这些性状也照例会传给下一代的雌性，并且只限于雌性。

也许可以提出这样一点，就是，在有些例子里，一个双料的性选择的过程一直在进行着；也就是，一面雄性选择比较更美好而能吸引他们的雌性，而另一面则雌性对雄性亦然。但这样一个过程，一面虽可以导使两性都发生一些变化，却不会使两性之间发生互异的种种差别，除非两方对于所谓美好的鉴赏标准各有不同；不过这一点设想，除了对人而外，对任何一种动物来说，是太不可能了，不值得考虑。但世界上也还有两性彼此之间很相像的许多种动物，双方都具备供装饰之用的一些色相，一一可以相比，这一情况，我们追溯由来，也会想到性选择的作用。就这一类的例子说，我们似乎可以有几分讲得通的提出上面所说的双料或相互的性选择的过程，作为一个解释，就是，比较健壮与比较早熟的雌性一直在选取比较美好与比较精壮的雄性，而雄性则除了比较美好的雌性而外，其余一概不予中选。但根据我们对动物习性的知识而言，这一看法是很不可能符合于实际的，因为，一般的说，雄性总是迫不及待地和任何雌性对象进行结合。更可能接近于事实的一个看法是，凡属两性所共同具备的一些装饰手段起初是由两性之一首先

取得的，而这一性一般总是雄性，然后传递给下一代的雌雄两性。诚然，如果在一个拉得很长的时期里，任何物种的雄性个体在数量上大大超过了雌性，而后来，在另一个拉得很长而环境条件却已经变得与前不同的时期里，雌性个体在数量上却大占优势，前后两期结合了看，一个双料而却并不同时的性选择过程便颇有进行过的可能；然而通过这样一个过程之后，一个物种的两性会变得大不相同，而不是彼此相像。

在下文，我们将要看到，动物界中也存在着许多物种，其中雄性也罢，雌性也罢，颜色都并不鲜艳，也都不具备什么特殊的装饰，然而两性的成员，或先是其中一性的成员，曾经取得一些单纯的色素，如白色或黑色，而这大概也是通过了性选择的。鲜艳颜色与其他装饰手段之所以缺乏，或许是由于一些相应的变异根本没有发生过，或许是由于这些动物本身之所抉择，而喜爱黑白一类的纯素之色。一些灰墨的颜色往往是通过了自然选择才取得的，而其目的则在自我保护，而由于鲜明的颜色容易招来祸殃，这一类颜色的通过性选择而取得的过程似乎有时候不免受到限制。但在其他的一些例子里，尽管在漫长的年代里雄性与雄性之间一直在为了占有雌性而进行着斗争，而依然没有能产生什么结果，除非是其中比较成功的雄性，比起不那么成功的雄性来，曾经留下更大数量的后辈来遗传他们的优越性，而这一点，我们在上文已经指出过，要依靠一时凑合的很多复杂的条件才行。

性选择活动或发生作用的方式，比起自然选择的来，不那么严厉。自然选择是通过了对诸个体操纵生杀之权来产生它的效果的，凡属比较胜利者生，而失败者死，不拘年龄老少。诚然，雄性对手们一度断打一下，生死当场分晓，是屡见不鲜的事。但一般的说，比较不成功的雄性的下场只是找不到一只作配的雌性，或者只是在繁育季节的晚期里找到一只，或若干只发育得不那么健全、体力不那么精壮的雌性而已，如果这物种是一夫多妻的话。因此，它们所能留下的下一代，数量就不免少些，精力也不免差些。通过通常的选择，即自然选择所取得的一些结构，就绝大多数的例子而言，只要生活条件维持不变，其所能产生的，而目的在于满足某些一定的用途的一些有利的变化的分量是有一个限度的；至于为了使一只雄性动物更适应于和对手们进行战斗或对雌性进行诱引而取得的那些结构则不然，它们所能产生的有利变化的分量是没有一定的限度的，所以只要一直有恰当的变异源源发生，性选择的工作便一直可以进行。这一情况对第二性征之所以频繁、与其变异性之所以非常之大，可以作出部分的解释。尽管如此，如果胜利的雄性身上所出现的有一些第二性征被证明为高度有害，有害在消耗太多的精力，或有害在使当事者易于暴露而招惹任何巨大的祸殃，则自然选择会作出决定，不让他们取得这一类的性征，作为经久的东西。但某些结构的发展——例如在某几种鹿的牡鹿的角——也还持续发展到了一个出奇的限度；而在有些例子里，更进展到了至少就所处环境中的生活条件而论对雄性不能不说是不无小害的一个极限。从这一事实我们认识到，有利于雄性的一些好处来自在斗争中、在对雌性的求爱中，对其他雄性所取得了的胜利，并从而留下了一批更大数量的子孙，而这样得来的好处，时间拉长了看，要比由于对一般生活条件能作出更完善的适应而得来的好处为大。我们将在下文进一步看到一点，而这也是事先无论如何无从预料到的一点，就是，雄性方面蛊惑雌性的能力，在有些例子里，要比在斗争中战胜其他雄性的能力更为重要。

遗传的一些法则

为了理解性选择是如何地在许多纲的许多动物身上发生过作用，又如何地在漫长的若干年代的过程中产生了一番结果，我们有必要记住我们所已经认识到的遗传的一些法则，认识到多少，就该记住多少。“遗传”这个名词之内包括两个不同的因素——一是世代之间的传递，二是性状的发展，但由于这两者一般总是联在一起的，两者之间的分别往往受到忽略。有些性状，传递的时间是在生命的初年，而发展出来的时间则当成熟或衰老的年龄，在这一类的性状里，我们就可以看到两者的分别。就一些第二性征来说，我们对这个分别可以看得更为清楚，因为这些，就传递而言，是雌雄两性都有份的，而就发展而言，则只限于两性之一。传递的不分雌雄，只要把两个相近而各有其特别鲜明的性征的物种杂交一下，就可以明白，因为双方都把彼此雌雄两性所各自应有的性状传递给了杂种的雌性或雄性。在另一种情况下也可以看清楚这一事实，就是，应该属于雄性的一些性状间或会在老年或有病的雌性身上发展出来，例如普通的老母鸡有时候会发展出飘带似的尾羽、长长的颈毛、鸡冠、鸡距、啼声，甚至好斗的倾向，全都是雄鸡的性征。反过来，在阉过了的雄鸡身上，我们在不同的清楚程度上可以看到同一个道理。再者，衰老或疾病的原因而外，一些性状从雄性身上转移到雌性身上的事例也间或有所发生，例如，在某些家鸡的品种里，在雏鸡和健康的母鸡脚上也经常出现鸡距。但实际上这种母

鸡的距只是具体而微地得到发展;因为在每一个品种里,鸡距的构造的每一个细节都得通过母鸡才能传递给下一代的雄性。下文还将举到许多的例子,说明雌性动物,在不同完整的程度上,表现着正常属于雄性动物的一些性状,也说明这些性状一定是首先由雄性获得发展,而后来才分移到雌性身上的。与此相反的情况,即,一些性状首先由雌性身上获得发展,而后来才分移给雄性,是比较少见的;因此不妨在这里举出一个突出的例子。在蜜蜂类,为了幼虫的营养而用来收集花粉的器官是只有雌蜂才用得着的,然而在大多数的蜂种里,这器官在雄蜂身上也部分地有所发展,而对他来说是很无用处的,至于蜜蜂类里的园花蜂属(bumble-bee,即乙 122),则这器官在雄蜂身上竟然发展得十分完整。㉜膜翅类昆虫中既然没有任何另一个种备有这种花粉收集器,即便和蜜蜂很相接近的黄蜂也没有,我们就无从作出假定,认为蜜蜂类的雄性,当其在原始的年代,也曾收集过花粉,和雌蜂一样。尽管我们有些理由使我们猜想到哺乳动物的雄性在原始年代或许像雌性一样地用自己的乳汁喂过小动物,这理由也不能在此借用。最后,在一切返祖遗传的例子里,性状的传递可以先通过两代、三代,乃至更多的世代,然后在某些我们说不上来的有利条件之下才发展出来。要把传递与发展的重要区别牢牢记住,我们最好借助于泛生论(pangenesis)的假设。根据这个假设,身体中每一个单位或细胞都发放出一些胚芽(gemmule),即,未发展的原子来,当遗传之际,这些胚芽是全部不分性别地传递给了下一代的,并且像细胞一样,能用分裂的方法繁殖自己的数量。在生命初期的若干年份里,甚至在连续的若干世代里,胚芽可以维持它们的不发展的状态;它们的能不能终于发展出来而成

为和当初发放它们出来的单位与细胞同样的东西，那就要看在生长过程的适当的阶段之内，它们和其他先前已经发展出来的单位或细胞的亲和关系(affinity)如何以及彼此能不能进行结合了。

异代之间同年龄的遗传——这种遗传的倾向是已经很好地确定了的。一只幼小动物身上所出现的一个新的性状，无论是经久而终身的，或只是表现于一时，一般的说，会在下一代身上重新出现，出现的年龄既前后相同，出现时间的久暂也前后一样。换一个情况说，如果一个新的性状是在成年期内乃至老年期内出现的，到了下一代，它也就倾向于在同样的年龄期内重新出现。可知异代同龄的遗传是一条通例。如果有与此通例相分歧的情况发生，即，第二次的出现与前一次的出现未必同龄，则错出于前，即早一些的情况要比错出于后，即晚一些的情况多得多。关于这个题目，我在别处既然有过充分的讨论，[33]在这里，为了使读者便于追忆，我只准备举出两三个实例。在家鸡的若干品种里，满身茸毛的雏鸡、长有第一次真羽的小鸡以及成年的鸡是彼此很不相同的，而这三者和它们共同的祖先形态，原鸡(乙 433)，也都很不一样；而每一个品种都把自己的这些性状传递给下一代，而在相应，即相同的年龄期之内一模一样地重新发展出来。例如，星光闪烁的汉堡鸡品种(Hamburg)的雏鸡，一身茸毛之上，只在头部和尾部有少数黑点，而没有其他许多品种的雏鸡那样的横条纹；到第一次真羽出现时，“它们有了像铅笔画出一般的条纹，很美观，”那就是说，每一根羽上画出了许许多多黑色的横条；到了换上第二次真羽时，全身的羽都变得星光闪烁似的，即，每一根羽的尖端都镶上了一个黑的小圆

点。[34]由此可知，在这汉堡鸡品种里，变异曾经在生命的三个不同的阶段里发生，并且也在同样的三个不同的生命阶段里通过遗传而在下一代身上发展出来。鸽子所提供的例子更为引人注目，因为原始的祖先鸽种，在年事渐长的过程中，并不进行改换羽毛，一次都不换，只是在到了成熟的年龄，胸部的羽毛更增添几分虹彩的光泽而已，然而也还有些鸽种，一直要经过两次、三次以至四次的换毛之后才取得各自所应有的标志性的羽色，而这些羽毛方面的变化也是照例传递下去的。

异代之间同季节的遗传。——在自然状态中生活的各种动物里，性状作一年一度的季节性的出现，季节改了，性状亦有所改变，这种例子是举不胜举的。牡鹿的角，北极地区各种动物的毛一到冬天就变得又厚又白，便是我们所看到的一些例子。许多鸟种只是在繁育的季节里才取得鲜明的颜色或其他打扮的手段。帕拉斯说，[35]在西伯利亚，家养的牛和马，一到冬天，毛色就会变得浅些；而我自己也曾看到和听到人说过同样突出的一些毛色转变的例子，有如在英格兰的小型马种的若干只马（pony），毛色从带棕的乳酪色或带红的棕色一变而为纯白色。毛色因不同季节而改变的这种倾向会不会遗传，我不知道，但也许会遗传，因为马的一切浅深的颜色都有强烈的遗传倾向。并且，这种受季节限制的遗传方式又是比较寻常的事，比起受年龄或性别的限制的遗传方式来，并不见得更为特别。

受性别限制的遗传。——性状的不因性别而分轩轾的遗传是各种遗传方式中最普通的方式，至少就两性差别不太显著的那些动物物种来说是如此，而这一类的物种是不少的。但看来也多少有些普通的一个情况是，有些性状所被移交[4]的对象只限于一个性，并且是当初这些性状所从出现的那一个性。在我的《家养动植物变异》一书中在这方面已经提出过很多的证据，但在这里不妨再举少数几个例子。在绵羊和山羊的有些品种中，公羊的角在形状上和母羊的角有很大的差别，而这些在家养情况下所取得的差别总是公归公、母归母地传递给下一代的。在猫类，一般的规矩是只有母猫才有玳瑁的花色，而其相对的公猫的毛色却是铁锈红。在家鸡的绝大多数的品种里，雌雄两性各自传授到它们所应有的性状，从不相乱。这种限于性别的传递方式是如此的普通，以致如果在某些品种里发生了一些变异的世代传递不分性别的情况，就不免被认为是一种变态。在家鸡中的某些亚品种里也还有如下的情况，就是，各亚品种的雄鸡都长得差不多，彼此之间几乎无法辨别，而雌鸡则在颜色上相当清楚地各不一样。在鸽子，野生祖种的雌雄两性在任何外表的性状上是没有分别的；然而在某些家养的鸽子品种里，雌雄两性的颜色各不相同。㊱英格兰传书鸽(carrierpigeon)的垂肉和大嗉鸽(pouter)的嗉囊，在雄鸽身上的要比雌鸽的更为高度发达。而尽管这些性状的所以取得是由于长期以来的人工选择，两性之间在这些性状上的一些轻微的差别却完全可以推源到在这方面通行的遗传方式，即限于性别的遗传方式，而与育种者的愿望相左的。

绝大多数的家养动物品种的所由形成是通过许多细致的变异的积累而来的，而在积累的过程之中，有些连续的步骤只递给了两

性之一，另有一些则兼及两性。既然如此，我们在同一物种的不同品种之中就会发现有的两性大相悬殊，而有的几乎一模一样，而其间各种同异的程度应有尽有。关于家鸡与家养鸽的品种的这方面的例子，上文已经举出一些了，而在自然状态之下，可以类比的例子也很普通。在家养情况下的动物，两性之一有时候会丢失它所原有而应有的一些性状，转而在外表上和它的异性有些相似；例如，家鸡的有一些品种的公鸡丢失了他的所以表示雄性的尾羽和颈毛；但在自然状态之下是不是同样有此情况，我还不敢说。反之，在家养情况之下，两性的差别也会有所增加，例如美利奴羊或螺角羊(merino sheep)的母羊，在这情况下，就丢失了她的双角。在这情况下，两性之一所原有而应有的性状也会突然在另一性身上出现，例如某些亚品种的家鸡的母鸡，在幼小的时候，脚上会生距；又如在波兰鸡(polish)的某些亚品种，我们有理由可以相信，当初是母鸡首先取得了鸡冠，而后来才转移到公鸡头上的。所有这些例子都可以通过"泛生论"(pangenesis)的假设而得到理解；因为，它们都以身体某些部分所产生的胚芽(gemmule)做依据，尽管这些胚芽在两性身上都有存在，在家养情况的影响之下，在无比哪一性身上，有的发展了出来，有的始终维持着潜在的状态。

这里有一个困难的问题需要解决，但以留待下面另一章里再作处理为便，就是，一开始在两性身上同样有所发展的一个性状，能不能通过选择而把它的发展只限制在两性之一的身上。例如，如果一个育种家看到他所养的鸽子里(在鸽子，性状的转移通常也是两性不分轩轾的)，有几只发生了变异，原有的颜色变成了浅灰蓝色，他设想是不是能够通过一段长时期的不断的人工选择使这一色的鸽子成为一个新品种，即，其中只是公鸽应该有浅灰蓝色，而母鸽则维持原有的颜色不变。在这里，我只准备说，这件事虽也许不是不可能，却是极其困难的，因为，把浅灰蓝色的公鸽用来繁育，其自然的结果是整个血系变成这个颜色，不分雌雄。但若这种不同颜色的变异的出现而发展，一开始就只限于雄性，要据此而繁育出两性颜色各自不同的品种来，就毫无困难了，而实际上一个比利时的鸽子品种就是这样繁育成功的，在这品种里，只公鸽有黑色的条纹，母鸽是没有的。同样的，如果一个变异首先出现在一只母鸽身上，而其发展又一开始就受到雌性的限制，那要形成一个只有雌性有此特征的品种也是容易的；但如果所发生的变异并没有这种性别的限制，则繁育成品种的过程势必万分困难，甚至不可能。㊲

论一个性状在生命中发展的早晚和它的传递所牵涉到的只是一性抑或两性这两种现象之间的关系。——为什么某些性状被遗传给雌雄两性的后代，而另外一些则只传给两性之一，而这一性又总是这些性状首先所从出现的那性，这一问题就大多数的例子而言，我们是很答不上来的。我们甚至无法猜测，为什么在鸽子的某些亚品种里，黑条纹的遗传，尽管必须通过母鸽，却只在公鸽身上发展出来，而同时其他每一个性状却是不分轩轾地转移给雌雄两性的。再如，为什么，就猫来说，玳瑁的花色几乎绝无例外地只在母猫身上发展出来。再如，同是一个性状，如短指趾、或多指趾、或色盲，等等，其在人类，在有一个家族里只是男子遗传到，而在另一个家族里只是女子遗传到，尽管无论在哪一个家族里，这种遗传都得通过和自己相异的一性与和自己相同的一性，即都得通过父与母。[38]尽管我们是如此的无知，下面的两条通例似乎往往是站得住的——一是凡属在两性之中任何一性身上首先出现而又出现得比较晚，即在生命的比较后期中才出现的一些变异会倾向于只在下一代的两性之一身上发展出来，而这一性又是和首先发生这一变异的一性相同的；二是，反之，凡属在两性之中任何一性身上首先出现而又出现在生命的早期之内的一些变异则倾向于在下一代的雌雄两性身上同样地发展出来。但应该说明，我绝不认为出现的迟早是唯一的决定因素。不过这问题我既然在别处还没有讨论过，而它又和性选择的题目有着重要的关系，我不得不在这里不厌冗长和多少也不怕琐碎曲折地谈一个清楚。

在生命中早期便出现的任何性状会倾向于不分轩轾地遗传给下一代的两性，这一层，即就事理的本身来说，也是可能的，因为，当此早期，生殖的能力还没有发展，两性的素质上的差别还不大。反之，当生殖能力已经被取得而两性在素质上变得很不相同之后，两性之中的一性身上的每一个正在变异中的部门所抛出的胚芽（如果读者容许我再一次运用“泛生论”的语言的话）就更可能得多地具备那种应有的亲和性，来和同一性别的细胞组织或体素（tissue）结合起来，并从而向前发展，其与异性的组织的关系便不然了。

当初我之所以推论到这一种关系的存在是有个来历的，就是，我看到这样一个事实，无论在什么场合，也无论在什么方式之下，凡属成年的雄性和成年的雌性有所不同，他也就同样的和雌雄两性的幼小动物有所不同。这一事实所具有的概括性是很值得注意的。它的适用范围几乎包括哺乳类、鸟类、两栖类和鱼类动物的全部；对于许多种的甲壳类（乙 297）、蜘蛛类（乙 80）以及少数几种昆虫有如某几种直翅类昆虫（乙 684）和几种蜻蛉（乙 554）。在所有这些例子里，通过了长期积累而构成了使雄性终于表现其为雄性的种种性状的那些变异，当初一定是在生命的相当晚的一个时期里才出现的；否则，幼小的雄性就不免和成年的雄性具有相似的特征，而不是互不相同了；而这些变异，正和我们所说的通例相符，即，只是传递给下一代的成年的雄性而只在他们身上发展出来。相反的一个情况是，如果成年的雄性和雌雄两性的幼小动物很相近似（而这些，即雌雄两性的幼小动物，除了极少的例外，彼此之间自然也是相像的），则他和成年的雌性一般也就相像。而就这一类例子中的绝大多数而言，老的动物也罢，小的也罢，所由取得它们现有的种种性状的那些变异，按照我们的另一条通例，大概是发生得比较早，早在这些动物的青年时期。但在这里我们还有些可以质疑的余地：因为，世代传递之际，有些性状在下一代身上的出现有时候要比在上一代身上的为早，因此，可以想到，在上一代，变异的发生有可能是成年期间的事，而下一代的传递到此种变异所形成的性状，却成为幼年的事。此外，在许多种动物里，成年的雌雄两性彼此很为相像，而和它们的幼小动物却又互有不同；在这里，我们就可以肯定地说，成年动物的一些性状当初是在生命的较晚年龄里才取得的。然而，这些性状，和我们的通例显得相反，却又是同样地传给了下一代的雌雄两性的。不过，我们也千万不要忽略一个可能发生，甚至真会发生的情况，就是，由于和同样的环境

条件打交道，同样性质的变异可以接二连三地在雌雄两性身上，并且都在生命的一个相当晚的时期里，同时发生。在这种情况下所取得的变异就会传递给下一代的雌雄两性，而在相应的较晚的年龄里发展出来。这样一来，就和我们所提出的通例或法则——即，生命较晚期间所发生的变异只会传递给下一代的两性之一，而这一性一定就是上一代里这种变异所从发生的那一性，——没有真正的矛盾了。这一条通例，比较另外那一条——即，两性之中任何一性在生命早期中所发生的变异倾向于不分性别地传递给下一代，——所适用的范围似乎更为广泛。在整个动物界里，这两条定理或命题分别适用的范围究竟有多大，所能纳入每一条之下的究竟有多大一个数量的例子，我们显然是连估计都无法作出的，因此，我想到把一些突出而有决定性的例子探索一下，并以探索所得作为立论的依据。

一个出色的可供探索的例子是由鹿类这一科提供的。除了一个种，驯鹿种(reindeer)，而外，在所有的鹿种里，只牡鹿有角的发展，尽管角的遗传肯定要通过牝鹿，即母体，而在牝鹿身上有时候也会出现一些这一方面的畸形发展，但只牡鹿有角这一点是肯定的。驯鹿种则与此相反，牝鹿也具有双角。因此，在这一个种里，按照我们的通则，角在生命的早期里，远在两性各自成熟而在素质上变得很不相同之前，便该出现。而反之，在所有其他的鹿种里，角的出现应该在生命的较晚的一个时期里，这一来，它在后代的发展就只能限于它在整个鹿科的祖先身上最初出现的那一性了。如今我发现在分隶于鹿科的各个不同的属、分别散布在世界各地、而只牡鹿有角的七个鹿种里，角的出现的时间也颇有不齐，三叉角鹿

(roedeer,牡鹿为 roebuck)最早是出生后九个月,其余身材较大的六个种的牡鹿则自十个月、十二个月,乃至更多的月份不等。㊴但驯鹿的情况则大不相同,承尼耳森教授的雅意特别为我在拉普兰[5]查询了一番之后告诉我说,它们的角在出生后四至五星期就出现了,而两性之间亦无迟早之别。因此,我们在这里便看到了在全科动物之中既只在一个种的身上发展得异乎寻常的早,而又构成了两性之间所共有的一个性状的这样一个结构。

在若干个种类的羚羊里,只公羊长角,而在更多的种类里,则雌雄两性都长角。至于角的出现的年龄,则勃莱思先生告诉过我两个有关的例子。在有一个时候,伦敦动物园里有一只幼小的纰角羚羊(koodoo,即乙 70),这种羚羊只雄的有角,同时又有一只和纰角羚羊关系很近密的另一种称为岬麋的大型羚羊(eland,即乙 67),而这一种是两性都长角的。如今,在前一种的幼羚羊,虽已出世十个月,角还长得异常的短小,纰角羚成长之后原是一种比较大型的羚羊,型大角小,就见得更不寻常了;而在幼小的雄岬麋,虽出生只三个月,一对角却已经要比幼小的纰角羚的大得多:而这两例是和我们的通则完全相符的。值得注意的又一个事例是,在美洲叉角羚(prong-horned antelope)㊵,雌性只少数长角,约五只中有一只,已经是一种残留的状态,但有时候也可以长到四英寸以上。由此可知,至少就只有雄性备有双角这一点而论,这一个羚羊种所处的是一个中间状态,而角在雄性身上出现的时期也比较迟,要迟到出生后五六个月。因此,以此和我们所有涉及其他羚羊种的角的发展的有限知识相比,再根据我们所知的有关鹿角、牛角等等的资料,我们认识到,叉角羚羊的角的出现的年龄所处的也是一个中

间状态，——那就是说，既不像牛和绵羊的那么很早，又不像各个大型鹿种和大型羚羊种的那么晚。绵羊、山羊、牛的角是两性都发展得很好的，只是大小不完全相等，并且出现得也早，早到出生之初，或初生之后不久，就可以摸得出，甚至看得到。[41]但在有几个绵羊的品种里，例如美利奴羊，即螺角羊，光是公羊有角，这似乎就和我们的通则发生些矛盾，因为，我在探访之下，[42]并没有能发现这一品种的绵羊的角的发展要比两性都有角的寻常绵羊为迟。不过，就家养情况的各种绵羊来说，角的有无已经不是一个十分固定的性状，即如在美利奴羊的母羊里，长有小小的角的就占有一个一定的比数，而有些公羊却反而不长角，而在大多数的绵羊品种里，不长角的母羊也间或会产生出来。

不久以前，马尔歇耳博士对鸟类头部那种极为普通的隆起，特别进行了一次研究，[43]他得到如下的结论：——在只限雄性鸟有这些隆起的鸟种里，它们要到生命的较晚的时期里才发展出来；而在这些隆起为两性所共有的鸟种里，它们却在很早的一个生命时期里就出现了。对于我所提出的两条遗传的法则，这肯定是一个突出而有力的坐实。

在漂亮的雉类这一科的绝大多数的鸟种里，雄雉是大为显眼地不同于雌雉的，而他们对所以别于雌雉的一些装饰手段的取得，在整个生命时期里，是相当的晚的。但有一个雉种，耳雉（eared pheasant，即乙 295），却提供了一个引人注目的例外，因为它的雌雄两性都备有美好的尾羽、耳边的大撮羽毛和头顶周围红丝绒似的茸毛。我发现所有这些性状在生命的很早的一个阶段就都出现了，和我们的通则正相符合。但这一种雉的成年雄雉还是可以和成年雌雉区别开来，因为雄性足上有距，而雌性没有。而和我们的通则相符的是，据巴特勒特先生确凿地告诉我，距的开始发展不会早于出生后满六个月之前，而即便年龄已达六个月，雌雄两性看出还是分不清楚的。[44]孔雀的羽毛，除了美丽的羽冠为雌雄两性所共有的而外，在其他部分，两性之间几乎全都截然不同；而羽冠的发展是很早的，要比雄性所独具的其他装饰手段的发展早得多。野鸭提供了一个与此可以相类比的情况，在野鸭，两翼上的美丽的绿色灿斑是雌雄两性所共有的，只是雌鸭的要暗些，也似乎小些，而这在两性都是很早就发展出来了的，至于雄鸭所独有的卷曲的尾羽和其他装饰手段，则到后来才长出来。[45]在这两个极端的情况之间，一端是两性极为相像，如耳雉之例，另一端是两性大相悬殊，如孔雀之例，我们不难列举许多中间状态的例子来说明它们所具备的种种性状，在生命期内发展的先后次序上，是按照我们的两条通则办事的。

在昆虫类里，绝大多数的物种从蛹的状态脱颖而出的时候已经趋于成熟，因此，要用性状发展的先后来断定它们在遗传之际所传递到的只是两性之一，或是兼及两性，是一个疑难的问题。例如，有两个种的蝴蝶在此，一个种的雌雄两性在颜色上是不同时，另一个则两性相似，我们就不知道这两种蝴蝶的有色的鳞片，当其在茧子中发展时是不是在年龄上同样地相对有所先后。在同一个蝴蝶种之内，某些彩色的标记是只限于两性之一的，而另一些则为两性所共有，我们也不知道，构成翅膀上这些彩色标记的鳞片是同一个时候发展出来的呢，还是有所先后的呢？这种发育期间的先后不同，初看像是不会发生，其实怕也未尝不会发生，姑且看一下直翅类昆虫的情况就可以明白。直翅类昆虫的进入成年状态，不是经过一次单一的蜕变，而是连续经过一系列的脱壳的，有些种的直翅昆虫的幼小的雄虫，起初是和成年雌虫相似的，而只在经过较晚的一次换壳之后才取得所以成其为雄性的那些性状。某几种甲壳类动物的雄性在历次换壳时所发生的情况也完全属于这一路，可以比类而观。

到目前为止，我们光是就在自然状态下的一些物种的性状，在世代之间的传递或接受时所发生的或迟或早的情况，作了些讨论；现在我们该转向家养动物的情况了。首先提一提这些动物中的种种畸形和病理的状态。多指趾的出现，和某几个指节或趾节的短缺，一定是在胚胎发育的一个初期里便已决定了的——血流不止的倾向至少是先天的，而色盲大概也是——而这些奇特的性状，以及其他一些相类似的特征，在世代之间的传递上，往往只限于两性中的一性。因此，我们所提出的通则之一，说凡属在生命期中发展得早的一些性状倾向于不分轩轾地传递给下一代的两性，在这里就全垮了。[6] 但我们在上文也说过，看来这一条通则，比起相反的那另一条来，在概括性上要差一些。那另一条说，凡属在两性之一的生命期中出现得比较晚的性状，遗传起来，是只传给下一代的同一个性的，即，父只传子、母只传女的。这才是两条通则中更具有普遍性的一条。上面所说的那些变态的特征，远在性的机能发展成熟而开始活动之前，就和两性之一联结不解——这样一个事实使我们可以作出推论，认为，在极其幼小的一个年龄里，两性之间便已存在有一些差别了。关于那些受性别限制的病理状态，我们对病理最初发生的时期知道得太少，无法提出任何稳妥的结论。

但痛风(gout)这种病似乎是可以归入我们的通则之内的,因为它大都起因于成人时期的生活漫无节制,而父传于子的强烈程度要比父传于女的大得多。

在绵羊、山羊和牛的各个不同的家养品种里,各自的雄性,在角、额部、鬣、垂肉(即牛胡)、尾、肩头的隆肉的形状或发育方面,都和雌性有所不同;而这些特征都要到生命的一个相当晚的阶段才完全发展出来,这是和我们的通则相符合的。狗类的雌雄两性是模样相同的,只是在某几个品种里,特别是苏格兰产的猎鹿犬或猎鹿用的灵猩(deer-hound),公狗的体型要比母狗的大而扎实得多。而我们将在下文另一章中看到,公狗的体型一直要增长到生命中晚得异乎寻常的一个段落,而这一点,根据通则,就可以解释为什么体型的加大这一性状只传子而不传女了。与此相反,只有雌猫才有的玳瑁花色是一生出来就见得很清楚,这一情况是和通则相冲突的。再有一种情况,在鸽类中有一个品种,只雄鸽才有黑色条纹,而这种条纹在雏鸽身上就不难辨认出来;但后来越是多换一次毛,就越显得分明;这样一个情况就一半和通则相矛盾,而一半对通则又作出了支持。在英格兰的传书鸽和大嗉鸽,垂肉和嗉子的发展完成是相当的晚的,而这两个性状的这种发展完善的程度只传于雄的后一代;这又和通则相符合了。下面所要叙述到的一些例子也许可以纳入上文一度提到过的那一类,就是,雌雄两性都在生命的一个相当晚的时期里发生了同样的一种变异,后来又把这变异传给了下一代的雌雄两性,而由它们在同样相当晚的生命阶段里发展出来。果真如此,则这些例子至少是和我们的通则不冲突的。至于具体的实例不妨举诺伊迈斯特尔(甲 496)所叙述的鸽

子的一些亚品种㊻，在这些亚品种里，雌雄两性的鸽子，在两次或三次换毛之际，都要改变它们的颜色(有一种翻飞鸽，almond tumbler，也是如此)，然而这种改变，尽管在生命中出现得相当的晚，却又是雌雄两性所共同传到的。在称为“伦敦锦标”的金丝雀的一个变种所提供的情况与此相近，可以类比地看待。

就家鸡的各个品种而言，各色各样性状的只传子或女，或兼传子与女，似乎一般取决于有关性状在生命中发展出来的阶段先后或年龄早晚。正因为如此，凡是在颜色上公鸡既与母鸡大不相同，而又与野生的祖种很有差别的所有的许多品种里，他们也就和各自的幼小公鸡不一其色，由此可知这些新取得的性状，即鲜艳的羽色最初出现一定是在生命的一个相当晚的时期之内的。反之，在大多数的两性彼此相像的其他品种里，子女的颜色也就和父母的没有多大分别，由此可以得出论据，认为它们的颜色当初大概是在生命中出现得早的。这方面的例子不一而足，我们在一切黑色品种或白色品种里就可以找到。在这些品种里，雌雄老少全都是一色相似的；我们也不要以为一种黑色羽毛或白色羽毛有什么特殊的地方，足以使原先出现在一性身上的颜色后来分移到另一性，从而成为两性所共有。因为在自然状态下的许多物种里，只雄性是全黑色或全白色，而雌性则为别一颜色。在家鸡的一个称为“郭公”(Cuckoo)的亚品种里，羽上都有像铅笔画成的黑色横线纹，雌雄老少几乎全都一样。印尼矮鸡的一个品种彭推姆鸡(Sebright bantam)，由于羽上有条镶边，是有花色的，也是雌雄一样，而在这品种的小鸡，两翼上的羽也是镶了边的，虽不完全，却也清楚。但另一品种，即由于小花点而像闪烁发光的汉堡鸡，则提供了一个不

完全的例外；因为，它的雌雄两性虽不很一样，却还彼此相像，其相像的程度要在原始祖种鸡的雌雄两性之上。然而它们对这种富有特征性的花色的取得是不早的，因为它们的小鸡分明别有花色，而这花色是由横条纹构成的。关于野生祖种鸡和大多数家鸡品种的颜色以外的一些性状，首先我们可以提出鸡冠。一般只是公鸡有发育得完整的鸡冠；但在有一个品种，即西班牙鸡(Spanish fowl)，小公鸡就长冠，并且一般都发育得甚早，而正唯其在公鸡中发育得如此的早，成年母鸡的冠也比寻常或一般母鸡的为高大。在斗鸡的各个品种里，好斗的性格的发展是早得出奇的，在这方面，如有必要，我们可以举出种种奇特而有趣的例证来。而这一性状是雌雄两方都传授到了的，而正因为母鸡也极度好斗，如今在展览场合里，总把她们分开，各有各的圈或栏。在波兰鸡的各个品种里，用来支撑冠羽的头部骨质隆起也出现得特别早，甚至早到小鸡从蛋壳里出来之前，已有了部分的发展，而不久以后，冠羽也接踵而生，初期的长势虽缓，开始的时间也是早的。[47] 而在这品种里，成年的鸡，不分公母，头上都有一个巨大的骨质隆起和蓬蓬松松的一大撮冠羽，作为特别的标志。

最后，根据我们到目前为止在许多野生物种和家养品类的动物身上所已经看到的存在于性状发展的早晚和性状遗传的方式之间的关系——例如，驯鹿的角生长得早，于是雌雄两性就都备有角，而其他鹿种的角生长得晚得多，于是只有牡鹿才备有角，两相比照，事实分明——我们不妨提出结论，认为性状之所以只传给两性之一，原因之一而却非唯一的原因是，性状的发展晚，即，到动物

比较年长的时候才出来，这是一点；第二点是，性状的发展早，早在两性在素质上还没有多大分别的年龄之内。这两个原因相比，后一个的效力显得似乎要差一些。但所说雌雄两性的素质起初相差不大，也不尽然，看来即便在胚胎发育阶段，两性之间便一定已经存在着一些差别，因为在这阶段里发展出来的一些性状后来也只和两性之一有联系，而这种情况也不是太稀罕的。

总说和一些结束语。——基于上面有关遗传的各个法则的讨论，我们认识到，父母身上的性状往往，甚至一般地倾向于在与父或母同一性别的后一代身上、在同一年龄和在一年之中的同一个季节里一年一度地发展出来，当初在父或母身上的发展年龄与季节是什么，子或女的也就是什么。但这些通则，由于至今尚属未知数的原因，还远不能确凿不移地固定下来。因此，当一个物种正在发生变化的过程之中，接连发生的一些改变可以很容易地用不止一个的方式向下传递；有的只传给两性之一，有的兼传给两性；有的只在后一代的某一年龄里相传授，有的则不拘任何年龄。这里面极度复杂的还不只是这些遗传的法则，所以引起变异性与控制着变异性的一些原因也是千头万绪，难以究诘。变异一经被引逗出来之后是通过了性选择而得到保存与积累的，而性选择本身又是极大错综复杂的一回事，因为它既要凭借雄性方面的热情、勇敢和雄性彼此之间的竞争，又要依靠雌性方面的感官的灵敏、赏鉴的能力，和坚强的意志。另一方面，性选择，在很大程度上，也受到自然选择的制约，使它的影响不至于越出有关物种的总的福利的范围。因此，雌性、或雄性、或雌雄两性的个体，通过性选择的分别受

到、或共同受到的种种影响，与从而分别或共同发生的变化，在方式上势必错综复杂得无以复加。

如果变异只在两性之一的一个晚些的年龄中出现，而后来又传递给下一代中同一性别的个体，由它们在同一年龄中发展出来，则另外的一性和未成年的幼小动物是被搁过一边而不起变化的。如果变异发生得晚，而却又把下一代的两性都给传递到了，由它们在同样晚的年龄发展出来，则当然只有幼小动物才被搁过而不起变化。但有些变异的发生可以不受年龄小或壮的限制，有的只在一性身上，有的兼在两性身上，而其向下一代的传递与发展，既不受性别的限制，又不受年龄的拘束，则起变化而所起的又是同样变化的将是一个物种的全部成员，没有任何一个被搁过一边。在下文的若干章里，我们将看到所有这几类的例子在自然状态中都经常发生，应有尽有。

对任何尚未达到生殖年龄的动物，性选择是绝不可能发生作用的。由于雄性动物的情欲强烈，迫不及待，它所从发生作用的对象，一般总是这一性，而不是雌性。因此，雄性变得有了种种武器，用来和其他雄性进行战斗，有了种种特殊的器官，用来发现和抱持雌性，使她不得挣脱，和用来激发她，蛊惑她，使她委身相就。在凡属两性之间在这些方面有所差别的动物物种，我们在上文已经看到，差别的存在势必远不限于此，而在成年雄性与幼小雄性之间也或多或少地存在，而这也未尝不是一条极具普遍性的法则了。而根据这个事实，我们又不妨作出结论，认为凡所以使成年雄性发生变化的种种接二连三的变异是出现得比较晚的，一般的说，要略早于生殖年龄，而又不会早得太多。如果，在有的例子里，有些或为数不少的这种变异在生命的早期里便已出现，则幼小的雄性会或多或少地分享到成年雄性的一些性状；这一类由于分享不全而在雄性的老少之间所引起的差别，我们在许多动物物种里也可以观察得到。

年轻的雄性动物似乎往往会有这样一个倾向，就是，变异所取的方式不但在青年时期里对他们全无用处，并且实际上还有妨碍——例如，鲜明的颜色的取得足以把他们暴露出来，为敌人所利用，又如某些结构的成长，有如庞大的双角，把发育期内所需要的精力白白消耗掉了。这一类发生在青年雄性动物身上的变异几乎可以肯定地会通过自然选择而受到淘汰。反之，在成年而已有阅历的雄性，这一类性状的取得是有好处的，而这些好处的分量足以抵消一些暴露所招致的危险和一些精力的浪掷而有余。

同样的一些变异，如果发生在雄性身上，固然可以给他更多的机会来战胜其他的雄性，来对异性进行寻找、占有或蛊惑；但若不期而然地发生在雌性身上，则对她没有什么用处，因而不会通过性选择而保持下来。关于变异的不易保持，我们在家养动物方面也有些良好的证据；在家养动物，无论哪一类的变异，如果不精心选取而有所松懈，就会通过血统的混杂和一些偶然的事故所引起的死亡，而很快地归于消失。因此，在自然状态之下，如果上面所说的那一类变异，机缘巧合，竟然在雌性的一系里出现，而又在雌性的一系里传递上一些时候，它们是极容易丢失的。但若在她身上，既发生了变异，又把新取得的性状传给她的所有的下一代，既传给女，也传给子，则那些对子有利的性状将会通过性选择而由他们保持下来。这样，雌雄两性同样地起了些变化，有了些新的性状，只是这些性状对雌性没有什么用处罢了。不过关于这些更为曲折复杂的偶然发生的情况，我在下文将继续有所交代，目前且不多说。最后，雌性也可以通过从雄性那里分移的方式而取得一些性状，理论上可以，而就事实看来，也往往像是真的取得一些。

在物种的生殖与传代一方面，发生于较晚的年龄而只传递给两性之一的一些变异既然不断地通过性选择而得到利用和得到积累；而在寻常生活习惯一方面，同样来历的一些变异却没有通过自然选择而经常得到增益，这骤然看去似乎是一个难以索解的情况。但如果后者真的有所发生而成为事实，即，这另一方面的变异居然也得到了增益，则雌雄两性所经历的变化就不可避免地会时常分道扬镳，例如，为了捕取其他动物作为食物，或为了逃避危害，就得各走各的路，各起各的变化。两性之间这一类的差别实际上是间或有些的，特别是在进化地位较低的一些纲的动物中间。但这一情况有这样一个含义，就是，两性在生存竞争之中各循各的道路，各有各的习性，而这就各类高等动物而论，几乎是绝无仅有的事。至于在生殖与传代一方面，则情况与此大不相同，在一些有关生殖的功能上，雌雄两性必然是不相同的。有关而配合着这些功能而发生的一些结构上的变异往往会被证明为对两性中的一性有好处、有价值，而由于这些变异在生命中的较晚的一个段落里才出现，它们又只向两性之一的身上传递下去，于是这一类经过保持而传递下来的变异终于产生了各个第二性征。上面所说雌雄两性在生殖功能方面必然不同，不能和一般生活习性所牵涉到的性状等量齐观，原因就在这里。

在下面的若干章里，我将就各纲动物的第二性征，分别加以

处理，而在处理之际，将尽我的力量，把本章中所已说明的一些原则，逐纲逐纲地加以应用。进化地位最低的几个纲是不会占用我们太多的时间的，但几类高等动物，特别是鸟类，必须从长处理，要多用一些篇幅。应须记住，为了已经说明过的一些理由，关于被雄性用来发现雌性，而在发现之后，把她握住的那些数不胜数的结构，我只准备略举几个富有说明性的例子。在另一方面，被雄性用来战胜其他的雄性和用来诱惑或激发雌性的一切结构与本能将会得到充分的讨论，因为从许多方面看来这些都是意味深长的。

附论各纲动物中两性的比数

到目前为止，据我查考所及，还没有任何作家注意到过整个动物界中雌雄两性的相对的数量；既然如此，我准备在这里把我所能收集到的哪怕是极不完全的一些资料提供出来。只有在少数几个例子里，这些资料是有人用实地计数的方法取得的，数量都不很大。在各类动物中，我们能把雌雄或男女的比数弄个清楚而肯定下来的既然只有人类，我准备先举出人的例子，作为一个比较的标准。

人。——在英格兰，在一个十年之内（1857 年到 1866 年），每年出生而出生时是活着的婴儿平均为 707,102 个，比例是，女婴 100，男婴 104.5。但就 1857 那一年而言，女婴 100，英格兰全境的男婴的比例却是 105.2，而在 1865 那一年，则是 104.0。分地区来看，在柏金罕郡（Buckinghamshire，在那里，每年婴儿的出生数约为5000)，男女婴儿在这同一个十年中的平均比例是102.8对100；而同时在北威尔斯(North Wales，在那里，每年婴儿的平均出生数是12,873)，则这个比例高到106.2对100。再举一个较小的地区为例，即芮特兰郡(Rutlandshire，在那里，每年的平均出生数只是739)，1864年的男婴比例高到114.6，而前两年，1862年，则又低到了97.0，女婴的比例底数始终是100；但即便在这个小郡里，如果不分年而论，而就十年加以总论，则7385个婴儿总数之中，男女的比例是104.5对100，和整个英格兰的男女婴儿比例正好一样。[48]由于一些我们所未知的原因，这些比例有时候会受到轻微的扰乱。例如菲伊(甲235)教授说，"在挪威的某些地方分区里，在某一个十年期内，男孩子的数量一贯地减损，而在另一些地区里，则存在着与此相反的状况。"在法国全国，在一个连续的四十四年之内，男女出生数的总比例是106.2对100；但在同一时期之内，在有一个州(department)里，女婴出生数超过了男婴的，前后发生过五次，而在另一个州里，则有过六次。在俄国，平均比例高到了108.9对100，而在美国的费城(Philadelphia)，竟高到了110.5对100。[49]比克斯(甲58)根据了大约七千万个出生数而为欧洲全洲算出来的平均比例是106男对100女。在另一方面，就在南非洲好望角的白人婴孩来说，男的比例是特别低的，历年之间，总是在90与99之间来往波动，女婴比例自仍以100为准。就犹太人而言，一个独特的事实是，男婴的出生比例肯定而一贯地要比周围的基督徒人口高出许多：例如，在普鲁士，一般是113，在其中的勃雷斯劳(Breslau)城，则为114，而在利沃尼亚，则高到120，女的比数都作为100；至于在这些地区的基督徒人口的出生比例

则和一般一样，例如，在利沃尼亚，是 104 对 100。[50]

菲伊教授说，"如果，在胎期中和在出生的时刻，死亡即向胎儿或正在出生的婴儿发动攻击，而两性所遭到的毁灭彼此相等，则出生以后，男婴超出女婴的比数还要大。但事实是，凡有 100 个哑产（出生之际已死的胎儿——译者）的女婴，就若干个国度或地区来说，便有到从 134.6 到 144.9 个哑产的男婴。至于出生后最初的四五年之间，情况也是一样，男的婴孩要比女的死得多，例如，在英格兰，出生后第一年之内，女婴每死 100 个，男婴要死到 126 个——这比例还算是低的，其在法国，则更要高，对男婴更不利。"[51]呼乌（甲 327）博士对这些事实提出过一个部分的解释，认为这是由于男性在发育过程中所发生的缺陷要比女性为多，更为经常。我们在上文也曾看到在身体结构上雄性比雌性更容易发生变异，而一些重要器官所发生的变异，一般讲来，大都是有害无益的。但男婴的躯干与头颅比女婴的为大，分娩之际就更容易受到创伤。因此，在哑产的婴儿里，男的要比女的多；而据一位富有历练的专家，勃朗恩（甲 106）医师[52]的看法，男婴在出生后若干年内往往在健康上有些问题。由于男孩在出生之际和后来几年里的死亡率高于女孩，又由于成年男子更容易遭遇到各式各样的危险，更倾向于向外方移徙，在所有的自古以来便有人聚居而一直保有统计记录的国度里，[53]我们发现女子的数量都要超过男子，而且超过得相当可观。

初看像是一个神秘莫测的事实是，在不同的国家里，在不同的环境与气候条件之下，发生如下的情况，即，在意大利的那不勒斯（Naples），在普鲁士，在德国的威斯特费利亚（Westphalia）、在荷

兰、法国、英格兰和美国，在非婚生子或私生子的出生数里，比起婚生子来，男婴超出女婴的比数要小一些。[54]不同的作家对此作了许多不同的解释，如未婚的母亲一般比较年轻而少不更事，非婚生子中头生（即初产）的比例较大，等等。但我们已经看到，由于头颅比较大，在分娩的时候，男婴要比女婴吃更多的亏；而非婚生子的母亲，比起一般的母亲来，分娩的困难势必多些、大些，而所以困难的原因是多种多样的，例如，由于害怕暴露而过紧的束肚、平时为生活而辛苦的劳动、怀孕时期精神上的苦恼，等等，越是困难，男婴所受的灾难也就越重。非婚生子中活着出生的男婴超出女婴的比数之所以不及婚生子，原因虽多，大概要推这一个的效力为最高。在绝大多数的动物物种，成年雄性的身材之所以大于雌性，是由于在争取占有雌性的战斗中，更为壮健的雄性制胜了比较软弱之辈，如今，至少在某些动物物种里，雌雄两性一生出来便有大小长短之分，推究原因，无疑地要推到这一个优胜劣汰的事实。到此，我们发现颇有意趣的一点，就是，男婴之所以比女婴有更多的死亡，尤其是在非婚生子中间，也未尝不可以，至少是局部地，归因于性选择。

时常有人作出假定，认为一个孩子的性别，是男还是女，是由父母的相对的年龄决定的，而劳伊卡特教授[55]就人和某几种家养动物方面提出了他所认为足够的一些证据，来说明性别之所由决定，这虽不是唯一的因素，却是重要因素之一。又有些人认为，母亲在受胎期间的健康状态是性别所由决定的有效原因；但最近的一些观察拒绝了这个看法。据霍乌博士[56]的意见，一年中的季节、家境的贫富、居家的城乡之分、外来移民的血缘的掺杂，等等，都足以影响两性的比数。就人类而言，一夫多妻的婚姻习俗也曾被假定为足以导致更多女婴的出生，使她们的比数超过了男婴；但坎姆贝耳博士⑰曾就暹罗贵族豪门留心考察过这一方面，而得出结论，认为在这些家族中，男女婴儿出生数的比例是和一夫一妻制下的情况相同的。说到一夫多妻的结合，在一切动物之中，频数之高，怕没有比得上英国赛马用的马种的了，而我们在下文立刻就要看到，在赛马所生的后一代里，牝牡的数量是几乎恰恰相等的。现在我准备把我所已收集到的有关各类动物两性比数的事实列举出来，然后再就性选择对于这一类结果的决定起过一些什么作用，作一个简短的讨论。

马。——特格特迈尔（甲 645）先生曾经如此地推惠于我，至于根据了从 1846 年到 1867 年的二十一年间的《赛马历书》，为我把赛马的出生数列成一个表；其中只缺 1849 年，因为那一年没有发表有关的数字。二十一年中赛马出生的总数是 25,560，⑱其中包括牡马驹 12,763 和牝马驹 12,797，比例是 99.7 牡对 100 牝。这些数字既然是差强人意的大，而又是从英格兰全境的各个地区汇集而来，且又跨到好几年之久，我们可以很有信心地作出结论，认为就家养的马而言，或至少就赛马用的家养马而言，牝牡两性的出生数是几乎相等的。两性的比数在历年之间所发生的一些波动和在人类中所发生的也很相像，至少如果所考虑到的只是一个较小而分布密度不大的人口面积，是很可以相比的。例如，在 1856 年，牡马与牝马的比例是 107.1 对 100，而在 1867 年，则为 92.6 对 100，波动是很有一些的。我们从列在表里的数字中可以看到历年比数的波动是有些循环性的，因为牡马驹的数量曾连续在六年之间超过了牝马驹，而牝马驹的数量的超越牡马驹，则前后有过两次，每次连续四年。但这也许是偶然的事。至少就人类来说，我没有能在注册总监为1866年所提出的报告（丙17）中，在以十年为期的表格里，发现属于这一类情况的任何迹象。

狗。——从1857年到1868年前后十二年的一个时期之内，英格兰全境以内一种称为灵猩（greyhound）的猎犬的大量出生数被送到《田野》消息报（丙59）汇总登记；我在这里又得向特格特迈尔先生表示谢意，因为他为我细心地把结果列成了表格。登记的总出生数是6878，其中有公的3605，母的3273，比例是110.1公对100母。比例上最大的两端波动发生在1864年，当时公的只有95.3，和1867年，当时公的多到116.3，都对母的100。上面所说的平均比例，即110.1公对100母，就灵猩来说，大概是接近于实际的，但是不是也适用于其他家养狗的品种，是多少成为问题的。克普耳斯（甲172）先生曾经向若干个大规模的养狗专家打听过，发现他们无一例外地认为母狗要比公狗生得多；但他对此有怀疑，认为这里面可能有偏见，母狗不如公狗值钱，母狗的出生不免教人失望，失望的次数一多，他们对母狗的印象就特别深刻，于是数量虽未必一贯的多，也就显得多了。

绵羊。——农民对绵羊的性别起初是不加以辨别的。一直要到出生后好几个月，到了行将把公羊阉割的时期，才加以注意。因此，下面列举的一些数字所提供的并不是出生时候的比例。再有一层，我发现每年养绵羊数以千计的苏格兰的好几个大牧主坚决地认为，在初生后一两年之内，在夭殇的羊羔中，公的要比母的多。

由此可知，在出生的时候，比起到了阉割的年龄来，公羔的比数略微要大一些。这和我们在上文所已看到的发生在人类方面的情况是一个引人注目的巧合，但名为巧合，所由造成双方的情况的原因大概是一样的。我曾经从四位英吉利人士那里收到了一些数字，他们都是养所谓低地绵羊（Lowland sheep）的，主要是勒斯特[7]品种，前后已有十年到十六年之久。这四处积年所得的出生数，合起来总共为 8965，其中 4407 是公羔，而 4558 是母羔，比例是 96.7 公对 100 母。关于在苏格兰所饲养的哲维厄特羊[8]和黑面羊这两个高地品种，我也曾从六个牧主那里收到了些数字，其中两个的放牧规模很大，这些数字主要是 1867 年到 1869 年三年之间的，但有一部分要追溯到 1862 年。得到记录下来的总数是 50，685，其中 25，071是公的，而 25，614 是母的，公与母的比例是 97.9 对 100。如果我们把来自英格兰和苏格兰的数字合并了看，则总共的数字是59，650，包括公羔 29，478 和母羔 30，172，比例是 97.7 对 100。由此可知，就阉割年龄的绵羊而言，两性相比，母羊的数量肯定地要超过公羊，但这一结果对出生之初的情况也许不一定适用。[59]

关于牛，我曾经从九位人士那里收到 982 个出生的例子，太少了，无法加以处理；这数目里包括 477 只公犊和 505 只母犊，那也就是说，94.4 公和 100 母的比例。福克斯牧师告诉我，1867 那年，在达贝郡（Derby shire——英格兰中部——译者）的一个农庄上所出生的 34 只牛犊中，只一只是公的。赫·威尔（甲 692）先生曾经向好几个养猪的人打听过，其中多半的人估计公猪和母猪出生数的对比约为 7 对 6。赫·威尔先生自己养过多年兔子，他注意到在出生的时候，雄兔要比雌兔多得多。但这一类的估计是没有多大价值的。

至于在自然状态中生活的各类哺乳动物，我所能了解的很是有限。关于普通的老鼠，我所收到的一些说法是彼此矛盾的。祖居在雷沃特(Laighwood——地名，应是在苏格兰境内——译者)的埃利厄特(甲 219)先生告诉我，一个专业捕鼠的人用十分肯定的语气对他说过，他总是发现公的在数目上要大大超出母的，即便在窝里的小耗子也是如此。埃利厄特先生为此特地检视了好几百只已经成长的老鼠，证明捕鼠的人的话是对的。勃克兰德先生曾经养过大量的白鼠，他也认为公的比母的多出许多。关于鼹鼠，据说“雄的比雌的多得多。”[60] 鼹鼠的捕捉与消灭既然是一个专门的职业，这话大概是可靠的。斯米思爵士在叙述南非洲的一个羚羊种(乙 528)时说，[61] 在这一个种和其他一些种的羚羊群里，公的在数量上比母的为少，而当地的土著居民相信，它们生下来就是这样，公少母多；但另外有人认为这是由于年轻的公羚羊被逐出而不能留在群里的缘故，而斯米思爵士说，他自己虽没有看到过这样被逐出而自己组合起来的只包括青年公羊的羚羊群，别人，不止一个，肯定地说这情况是有的。但据我看来，这种被逐出的幼公羊是难以维持的，因为当地有各种鸷禽猛兽，它们很容易受到搏噬而成为这些动物的食物。

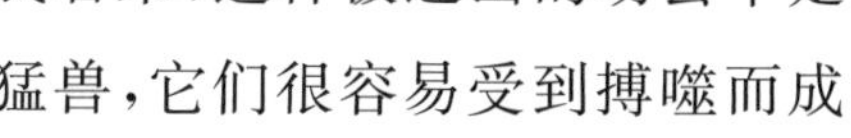

鸟　　类

关于家鸡，我只收到过一笔记录：斯特瑞奇(甲 633)先生饲养选种选得很精的一批交趾鸡(Cochin)的变种，八年之间，孵出了1001 只鸡雏，其中，后来看出来，有 487 只是公的，而 514 只是母的；那就是，94.7 公对 100 母之比。关于家养的鸽子，有良好的证据说明，公鸽比起母鸽来，不是出生的数量要大一些，便是寿命要长一些，二者必居其一。因为鸽子是没有不配对的，而独居无偶的公鸽，据特格特迈尔先生告诉我，在市场上买到时，总比母鸽为便宜。寻常的情况是，同一个窝里的两个鸽蛋被孵出来的时候，总是一公一母的，但据富有养鸽经验的赫·威尔先生说，他所得的结果往往是两只都是公的，而很少有两只都是母的的情况；再者，母鸽一般要比公鸽为弱，容易死亡。

至于在自然状态下生活的鸟类，古耳德先生和其他作家或行家⑫都深信雄的一般要比雌的为多，然而在许多鸟种里，幼小的雄鸟既然和母鸟相像，有时候难于辨别，从表面看去，很自然的像是雌鸟反比雄鸟为多，但实际怕不然。勒邓霍尔的贝克尔（甲 30）先生用从野地里收来的雉卵繁育过大量的雉，他告诉介·威尔先生说，雏雉中两性的比例大抵是四或五雄对一只雌。一个有经验的观察家说，⑬在斯堪的那维亚，在一窝一窝孵出来的雷鸟（capercailzie）和黑松鸡（black-cock）里，雄的总要比雌的为多；而就与松鸡或雷鸟相近似而土名称为“达尔瑞帕”（dal-ripa）的一种鸟而言，参加当地称为“勒克”（Lek）[9] 的叫春或求偶集会场合的，雄鸟多于雌鸟。但有些观察家对这一情况有一个解释，认为在这个季节里，更多的雌鸟死于虫害，因此见得减少了。根据色尔朋（Selborne）的怀伊特所提供的一些事实，⑭似乎清楚地可以看到分布在英格兰南部的鹧鸪中间，雄鸟所超过雌鸟的数量一定是可观的。威尔先生曾向习惯于在某些季节里收购大量的流苏鹬的一些鸟贩子打听这种鸟的情况，得到的答复是，雄鸟比雌鸟要多得多。这同一位威尔先生也曾为我向一些以捕鸟为业的人探询，这些人每年要为

伦敦市场捕捉数量大得惊人的各种体型较小的供玩赏的活鸟，其中老练而可靠的一个毫不迟疑的答复他说，以碛鹨(chaffinch)而言，雄的要大大超出雌的，他认为要多到二比一，至少也是五比三。[65]他又读到山乌(blackbird)，他很有把握地说，雄的比雌的多得多，无论用捕机来捉，或夜间用网来捉，捉到的都是雄的多。看来这些话是靠得住的，因为这同一个老人说，在百灵鸟(lark)、红鹨(twite，即乙 475)、金翅雀(goldfinch)，雌雄两性的数量是接近于相等的。在又一方面，他肯定地认为红雀(linnet)这一种鸟是雌多于雄，并且多出许多，不过每年多出的程度不一样罢了。在有几年里，他发现可以多到四雌对一雄。但我们不要忘记，捕鸟工作主要要到九月才开始，而在某些鸟种，到这时候也许已经部分地开始迁徙，所暂留未徙的鸟群往往全部由雌鸟构成，也正未可知。萨耳温先生在对中美洲的蜂鸟的研究中，特别注意到两性的关系，他深信就大多数的蜂鸟种而言，是雄的多于雌的。例如，有一年，他一起收罗到了 204 只，分属于十个不同的蜂鸟种，其中 166 只是雄的，而只有 38 只是雌的。

此外就另外两个种而言，则雌多于雄：但在不同的季节和在不同的地段里，比例也很有变化，例如其中尾羽半白的一个种(乙 162)有一次被发现为五雄对二雌，而在另一次[66]，则这一比例恰好相反。关于后面这一点，即，时而雌多于雄，时而相反，我不妨再添几个例子：泊威斯(甲 535)先生发现在考佛[10]的碛鹨，雌雄彼此分群，而“雌鸟要比雄鸟多得多”，而同时特瑞斯特腊姆先生发现在巴勒斯坦的这种鸟则与此相反，“雄群在数量上看起来比雌群大得多。”[67]再如在船形鸟，泰勒尔(甲 642)先生说，[68]在美国佛罗里达州，“雌鸟很少,很比不上雄的”,而同时在洪都拉斯,则比例正与此相反,在那里的这一个种的鸟在性格上是个一夫多妻者,也正说明了这一点。

鱼　　类

至于鱼类,雌雄两性的比数只能在它们已经成年或将近成年而人们进行捕捞的时候才能试图加以判定,而要达成任何正确的结论是有许多困难的。[69]格迂恩塞尔博士向我谈到斑鳟鱼(trout),说凡属不能生育的雌鱼很容易被错认为雄鱼。在某些鱼种,人们认为雄鱼在对卵完成了授精任务之后不久就死了。在许多鱼种,雄鱼的体型要比雌鱼的小得多,因此,在用网捕捞的时候,雌鱼之外,大量的雄鱼会漏网。戛邦尼耶先生专门研究梭子鱼(pike,即乙391)的自然史,说[70]许多雄鱼,由于体型小,要被比他们大的雌鱼吞食;他并且认为,几乎在每一个鱼种里,雄鱼由于同样的一个原因而遭到的危险要比雌鱼为大。尽管如此,在两性比数实际上被观察到的少数几个例子里,看来总是雄鱼的数量大大地超过了雌鱼。例如斯叨蒙特费尔德(Stormontfield)鱼类试验计划的主管人布威斯特(甲119)先生说,1865那年,为了取卵而第一批捕捞起来的70条鲑鱼(Salmon)里,大约有60条是雄的。到1867年,他再一次“提醒大家注意这种鱼在雌雄比数上的大相悬殊,即,雄的远远超出了雌的。开始捕捞时,这比例至少是十雄对一雌”。因此他过后才捞到足够的雌鱼,作为取卵之用。他又说,“因为雄鱼太多,他们在产卵的水槽里彼此厮打,撕撕扯扯,闹个不休。”[71]这种比例上的悬殊无疑地可以用一个原因来部分地加以解释,就是,当产卵季节,鱼类向河流上游洄游,大抵雄的先于雌的,但这一原因

能不能说明全部的现象，是可以怀疑的。勃克兰德先生谈到斑鳟鱼，说，“一个奇特的事实是，雄鱼在数量上要比雌鱼占有优势。每当第一批鱼向网冲来而终于落网，经过清点，**总是**雄的多于雌的，至少七、八条雄对一条雌，没有一次例外。我对此觉得很难索解；要么雄的生来就多于雌的，要么雌鱼善于自己保全，而保全的方法不是临事脱逃，而是事前藏匿。”然后他又说，通过对河流两岸的细心搜索，为了取卵之用的足够的雌鱼还是能够被找到的。[72] 利伊(甲 393)先生就告诉过我，供取卵用的从泡尔兹默思(甲 531)勋爵的园地里一次所捞获的 212 条斑鳟鱼里，150 条是雄的，62 条是雌的，这就不那么太悬殊了。

鲤科(乙 324)各种鱼的雄鱼也似乎多于雌鱼。但这一科中的普通的鲤鱼(carp)、长命鱼(tench——欧洲的一种鲤鱼，据说以长命著称，故译此名——译者)、鲷鱼(bream)和鲫鱼(minnow)等一些成员看来都似乎实行动物界中的稀有的一妻多夫的习性；因为这几种鱼的雌鱼，在产卵的时候，总有两条雄鱼陪着，一边一条，而在鲷鱼，更多至三条或四条。养鱼的都懂得这一点，因此，在养长命鱼的时候，总建议在池塘里放上两雄对一雌的比数，至少也要三雄对两雌。关于鲫鱼，一个出色的观察家说，在产卵的槽床上，聚拢来的雄鱼要比雌鱼多十倍；当一条雌鱼游进来的时候，“她就立刻被两条雄鱼左右各一地紧紧夹住；如是者过了一些时候，便有另外两条雄鱼来接替他们。”[73]

昆　虫　类

在这个庞大的纲里，几乎只有鳞翅类(乙 546)能提供一些头绪,好让我们对它们的两性比数作出一些判断;因为历年以来许多良好的观察家曾经特别细心把它们收集起来,而如果自己加以饲养的话,是从卵或幼虫的阶段饲养起的。我本来希望有些养蚕的人也许会长期地作过一些正确的记录,曾为此向法国和意大利的从事于此的人发过一些信件,又曾查阅各种有关的文献,但都没有能发现有人这样做过。看来一般的意见认为雌雄蚕蛾的比数大致相等,不过,在意大利,据我从卡奈斯特里尼教授那里听说,许多从事蚕业的人深信雌蛾比雄蛾多。但这同一位自然学家又告诉我,有人饲养樗蚕(Ailanthus silkmoth,即乙 125),连续养了两年,在第一年,雄蛾大大地占了优势,而到了第二年,则雌雄几乎相等,而雌的还略多一些。

关于自然状态下的各种蝴蝶,好几个观察家曾经因为雄蝶的数量显得特别庞大,远远超过了雌蝶,而颇为之吃惊。[74]例如,贝茨先生[75]在谈到分布在亚马孙河上游地区的大约一百个蝴蝶种时,说雄蝶要比雌蝶多得多,相比之下,甚至可以到百雄对一雌。在北美洲,在这方面富有经验的埃德沃茨(甲 214)先生估计,在凤蝶(乙 710)这一个属里,雄与雌的比例是四对一,而把这话告诉我的沃耳希(甲 682)先生又对我说,就其中的一个种(乙 714)来说,情况肯定的是如此。在南非洲,特瑞门(甲 658)先生发现,在十九个凤蝶种里,雄蝶比雌蝶多,[76]而对其中常在空旷地方成群飞舞的一个种,他估计雄与雌的比例是五十对一。对关于在某些地段里雄蝶特多的另一个种,七年之间,他只采集到了五只雌的。在波邦岛(Bourbon,在印度洋中,马尔加什以东,亦称重合岛——译者)上,据梅亚尔德(甲 431)先生告诉我,凤蝶属中有一个种的雄蝶,比起雌蝶来，是二十对一。[77]特瑞门先生又曾告诉我，据他自己目睹或从别人那里直接的耳闻所及，在任何种类的蝴蝶里，雌蝶在数量上超过雄蝶，是绝无仅有的事，只有南非洲的三个蝶种也许提供了一些例外。沃勒斯先生说，[78]在马来群岛的一种鸟翼蝶（乙 680），雌蝶比雄蝶更为常见，更容易捕捉到手，但这是一个很稀有的蝶种。我在这里不妨再添一个例子，据古威尼（甲 286）说，从印度送出的动物标本中有一个属的蛾（乙 504）的雌雄比例一般是四、五只雌对一只雄，也是雌的多些。

当昆虫类的两性比数这一个题目在昆虫学会里提出来的时候，[79]一般都承认，在鳞翅类中，大多数被捕获的蝶种与蛾种的标本，成虫也好，蛹也好，总是雄的多于雌的，但当时各个不同的观察家把这一事实归因于雌虫的在习性上比较隐退与雄虫的较早的破茧而出。大多数鳞翅类的雄虫出茧得早，像其他的一些昆虫一样，是大家所习知的一个情况。因此，正如贝尔桑纳（甲 522）先生说的那样，由于这种错前错后，两不相值，在寻常家养的日本天蚕种（乙 128）蚕季初期的雄蛾和末期的雌蛾都是没有用处的。[80]但就那些在它们土生土长的地区里还是极为寻常的蝶种来说，我还是不能说服自己，认为上面所讲的那些原因对雄虫之所以大大的多于雌虫作出了足够的解释。斯泰因屯（甲 619）先生，多年以来，一直对几种小型的蛾类作过很仔细的研究，告诉我说，起初在他只采集蛹而加以培育的时候，他认为雄的要比雌的多到十倍，但自从他用幼虫大量的培养以来，他深信更多的还是雌蛾而不是雄蛾。有好几位昆虫学家是同意这个看法的。不过德布耳代（甲 202）先生和另外几位持相反的意见，并且深信，通过他们自己从卵或幼虫阶

段起培养所得，是雄的比雌的为多。

除了雄虫有比较活跃的习性、破茧而出比较早和在有些例子里比较喜欢在更空旷的地点出现之外，我们还可以提出一些别的原因，来试图说明，为什么，无论从采集到的蛹培育起来的也好，或从卵或幼虫阶段饲养起来的也好，在鳞翅类里，雌雄虫的比例总像是，或者确确实实的是，大有不齐。我从卡奈斯特里尼教授那里听说，在意大利，许多育蚕的人认为凡有新的病害产生，雌蚕吃的亏要比雄蚕为大，而斯叨丁兀尔（甲 623）博士也对我说，在鳞翅类的培养过程中，死在茧子中的雌虫要比雄虫为多。在许多蝶种或蛾种里，雌的幼虫体型比雄的幼虫为大，一个采集的人当然爱挑最大最好的标本，这一来，就不自意识地挑上了更多的雌的。有三个从事采集的人对我说，他们就是这样进行采集的。不过沃勒斯博士肯定地认为，就比较稀有的一些种类说，大多数从事采集的人总是把所有能找到的标本统统收集起来，不放过一个，因为只有这些稀有种类才值得费工夫来培养。鸟类在大量可供食用的幼虫面前，大概会挑最大的吃，而卡奈斯特里尼教授又对我说过，在意大利，有些育蚕的人，凭印象而未必凭足够的证据，认为在最初的几熟樗蚕里，黄蜂所蹂躏的雌蚕要比雄蚕为多。沃勒斯博士又进一步地说道，由于体型较大，雌的幼虫比雄的在发育上需要一个更长的时间，要消耗更多的食物和水分，这样，她们就难免在更长的一个时期里遭受到各种姬蜂（乙 510）、各种禽鸟等等的袭击，而有时候又不免遇上食物荒歉的季节——死亡起来，总会多得一些。因此，在自然状态之下，在鳞翅类，能到达成熟年龄而不夭折的雌虫要比雄虫为少，看来是很有可能的，而就我

们的特殊目的来说，我们所关心的原是在成熟的年龄里它们两性之间的相对的数量，因为到此年龄，它们对自己族类的繁衍，才有了准备。

在某些蛾类，到了繁育的时候，满满的一大堆雄蛾包围着一只单个的雌蛾的那种情状，尽管这也许是由于雄蛾的成熟较早而先期破茧而出，看来也说明雄蛾的数量大于雌蛾。斯泰因屯先生对我说过，在有一种筒蛾（乙 367），我们发现团团围住一只雌蛾的雄蛾往往可以从十二只到二十只。很多人都熟悉这样一回事：如果把一种枯叶蛾（乙 541）或一种天蚕蛾（乙 852）的一只未经交尾过的雌蛾放在从外面可以看得到的一只笼子里，就会有大群的雄蛾飞聚在笼子周围，又或把她关在一间屋子里，雄蛾甚至可以通过烟囱，从天而降，和她相会。德布耳代先生自信看到过从五十到一百只的雄蛾在一天之内陆续包围着一只在禁闭中的雌蛾，枯叶蛾或天蚕蛾的这一情况他都曾见到过。在外特岛[11]上，特瑞门先生有一次把一只雌的枯叶蛾放在一只盒子里，然后，在第二天，把盒子放在户外，不久以后，便有五只雄蛾试图钻进盒子去。在澳大利亚，菲尔茄（甲 665）把一种体型不大的蚕蛾的一只雌蛾装在盒子里，又把盒子塞在衣服口袋里，接着就有一群雄蛾跟着他走，待得到家进屋，同他一起进屋的大约有两百只雄蛾。[81]

德布耳代先生曾经关照我把斯叨丁兀尔先生所开列的鳞翅类的单子[82]注意一下，单子中列有各个种和具有显明特点的变种的蝴蝶（全是蝶类，乙 835），凡三百个种，每一种的雌雄蝶下面都开具了价钱。对一些很普通的蝴蝶种，雌雄的价钱自然是相同的，但

在比较少见的蝶类中，有 114 种是雌雄异价的，其中除一个种而外，其余都是雌的比雄的贵。113 种雌雄蝶的价钱相比，平均起来，是雄蝶 100 对雌蝶 149，而这至少在表面上说明了在数量上雌雄蝶的比例正好与此相反，多者价贱而少者价贵，越多越贱，越少者越贵。又有蛾类（乙 478）的单子，包括真种和变种约 2000 个，凡属雌蛾不长翅膀的那些蛾种是不列的，因为在这些蛾种里，雌雄的生活习惯各不相同：在这 2000 个蛾种中，雌雄蛾价钱不同的有 141 个种，其中雄蛾贱于雌蛾的有 130 个种，而贵于雌蛾的只有 11 个种。雄贱于雌的 130 个种的平均价格比例是雄 100 对雌 143。关于蝶类的价目单，德布耳代先生认为（而就英国来说，在这方面的经验上，谁也比不上他的丰富的了）就有关蝶种的生活习性来说，是找不到什么理由来说明为什么两性的价钱要有所不同，能作出说明的只有一点，就是，雄蝶在数量上超出了雌蝶。但我不得不在这里补充地说明一点，据斯叨丁兀尔博士自己告诉过我，他的意见与此不同。他认为，由于雌虫在生活习性上不那么活跃，不容易遇到，又由于雄虫出世得早，各地为他采集的人就采集到了大量的雄虫，而雌虫则很有限，因此，两性的价钱也就随而有所高下了。至于从幼虫状态培育出来的那些标本，斯叨丁兀尔博士认为，上文已经说过，在作为蛹而禁闭在茧子中的那个阶段里，雌虫要灭亡得比雄虫多。他又曾说到，就某些蝶种与蛾种而言，在有些年头里，两性之一，雄的也好，雌的也好，在数量上都可以比另一性占些优势。

通过对卵或幼虫的饲养而直接观察到的有关鳞翅类的两性的数量，我先后只收到了如下表所列的少数几宗：

	雄虫数	雌虫数
厄克西特(Exeter——英格兰西南部城市——译者)的黑林斯(甲 312)牧师[⑧],于 1868 年,从 73 个种的蛹取得……	153	137
艾尔塞姆(Eltham——伦敦市内地区——译者)的琼斯(甲 358)先生,于 1866 年,用 9 个种的蛹取得…………………………	159	126
同上琼斯先生,于 1869 年,又用 4 个种的蛹取得……………	114	112
罕茨郡(Hants) 埃姆斯沃思镇(Emsworth——英格兰南端郡镇——译者)的勃克勒尔(甲 117)先生,于 1869 年,用 74 个种的蛹取得………………………………………………	180	169
考尔折斯特(Colchester——英格兰东南部市镇——译者)的沃勒斯博士(甲 680)用一只樗蚕蛾所产的卵培养出……	52	48
同上沃勒斯博士,于 1869 年,用从中国运到的柞蚕(乙 127)的一批茧子取得………………………………………………	224	123
同上沃勒斯博士,于 1868 与 1869 年,从日本天蚕种的两批茧子取得………………………………………………………	52	46
总　　计………………………………………………………	934	761

从上表中八宗(按实七宗,第八宗是总计——译者)从茧或卵所取得的结果看来,可知雄蛾雄蝶比雌的产生得要多一些。其总比例是 122.7 雄对 100 雌。但各宗及总计的数量毕竟不够大,是难以信赖的。

总起来看,根据其来源各不相同而全都指点着一个方向的种种证据,我作出推论,认为就鳞翅类中大多数的蝶种和蛾种而言,不管它们最初从卵孵化而出的时候的两性比例究竟是什么,成熟的雄虫在数量上一般是超过雌虫的数量的。

至于昆虫类的其他几个目,我所能收到的可靠的资料很为有限。在鹿角虫,一称锹虫,又称麋螂(乙 575),“雄虫看来要比雌虫多得多。”但据考尔奈留斯(甲 164)在 1867 年说,当有一次这种甲虫在德国的某一地区以异常庞大的数量出现的时候,雌虫似乎是多于雄虫，多到六雌对一雄的比例。在叩头虫科（乙 372）的一个种，据说雄虫也比雌虫多得多，而“两只或三只雄虫往往可以被发现和雌虫结合在一起，[84]由此可知，在这里，似乎是通行着一妻多夫的习性”。在雄虫备有双角的扁鳖这一个属（乙 875，乙 896），“雌虫远比另一性为多”。詹森（甲 348）先生在昆虫学会开会的时候说，在专以树皮为食物的髓虫的一个种（乙 952），雌虫多得构成了一个灾难，而雄虫则少得几乎不为人所知。

就昆虫类的某一些种和甚至大于种的一些类群而言，在性比例的这一题目上，是几乎不值得再说什么的，因为其中的雄虫根本没有人见过，或者是很少很少，而雌虫则实行单性生殖，那就是，不经过性的结合也能生殖。没食子蜂科（乙 310）中的好几种就在这方面提供了一些例证。[85]在凡属沃耳希先生所知道的能使树木长出树瘿的各个没食子蜂的种里，总是雌多于雄，要四五只雌对一只雄，而据他告诉我，能制造树瘿的瘿蝇科（乙 188，属双翅类这一目，乙 353）也是如此。至于锯蜂这一科（乙 924），斯米思先生曾经就寻常的几个种，用大大小小各不相同的幼虫，饲养出数以百计的成虫标本，结果全都是雌的，一只雄的也没有；在另一方面，克尔提斯（甲 173）说，[86]就他所饲养的属于锯蜂科的某些种的芜菁蜂（乙 107）而言，却是雄多于雌，是六与一之比，而在田间捉到的同一些芜菁蜂种的成虫的性比例则恰恰与此相反。关于蜜蜂类这一科，赫·缪勒尔（甲 485）[87]采集了好多个种的大量的成虫标本，又从采集到的茧子培养了些别的，把两批合起来就雌雄的数目点了一下。他发现在有几个种里，雄蜂大大超过了雌蜂；在另几个种里，情况正好相反，而在又一些种里，则两性的数量大致相等。但我们

在上面已经看到，在大多数的例子里，总是雄的首先蜕化而出，所以就繁育季节的初期而言，雄的事实上是多于雌的，但就整个季节而言，就是另一问题了。赫·缪勒尔也观察到，在有一些蜂种里，两性相对的数量往往因不同的地域而可以有很大的差别。但缪勒尔自己对我说过，他这些话可听而未必可以尽信，因为在观察之际，这一性，或那一性会漏掉，即，躲开一边，为观察所不及。例如他的同胞弟兄，弗·缪勒尔（甲 484）曾在巴西看到，同一个蜜蜂种的雌雄蜂，在采蜜之际，有时候，所飞就的花的种类互有不同。至于直翅类，在两性相对的数量这一方面，我几乎是一无所知：不过克迁尔特（甲 372）说⑱，就他所检查到的 500 只蝗虫而言，雄虫与雌虫的比例是五雄对六雌。就脉翅类（乙 655）而言，沃耳希先生说，就其中的一部分蜻蛉类（乙 661）而论，在很多的种、但绝不是所有的种里，雄虫的数量大大超过了雌虫：而在有一个属（乙 477）的各个种里，雄虫一般至少要比雌虫多四倍。在岩蜓这一属（乙 451）的某些种里，雄虫也以同样的倍数超出雌虫，而在同属的另外两个种里，则雌虫比雄虫多两倍或三倍。在欧洲产的归象蚜这一个属（乙 810）的一些种，人们可以收拾起好几个的雌虫而找不到一只雄的，而在同属的其他几个种，则雌虫雄虫都很普通。⑲在英格兰，麦克拉克兰（甲 427）曾捉到过好几百个啮虫科（乙 809）的又一个种（乙 73）的雌虫，却从来没有见过一只雄的，至于假跳虫（乙 129），则在这里所曾看到的雄虫，前后也只有四五只。⑳就这些昆虫种中的大多数而言（锯蜂这一科的各个种除外），现在还没有证据说明它们的雌虫是实行单性生殖的，而于此我们也可以看到，我们对于两性比例所以显得很不平等的种种原因是何等的无知了。

在关节动物(乙 98,Articulata)里的其他的几个纲,我所能收集拢采的资料就更少了。就蜘蛛类而言,对它多年以来作过仔细研究的勃拉克沃耳先生写信告诉我说,雄的,由于他们的习性动定不常,容易被人看到,因而见得像是比雌的为多。就少数几个种的蜘蛛而言,确实有这个情况,但他也提到分隶于六个属的好几个其他的蜘蛛种,其中雌的却见得比雄的多出了许多。⑨¹ 雄蜘蛛体型比雌蜘蛛为小(这一特点有时候,即,在有些种里,可以发展到一个极度),再加以雄的状貌可以和雌的相差很远,在某些情况下,也可以说明为什么在公私博物馆的收藏里,雄蜘蛛是轻易见不到的东西。⑨²

比较低级的甲壳类中有若干个种是可以通过无性[12]生殖,而繁衍它们的族类的,这就可以说明为什么雄虫的极为罕见了;例如西博耳特(甲 609)曾经仔细地点查过不下于 13,000 只来自二十一个地点的鲎虫(乙 78),而他所能发现的雄虫只 319 只。⑨³ 就另外一些形态而言(如异足水蝨属,乙 918,与腺状介虫属,乙 328),据弗·缪勒尔对我说,有理由可以相信,雄虫的生命比雌虫短得多;如果两性的数量本来是相等的话,这也就可以说明雄虫之所以不可多得了。在另一方面,对内蛀虫科(乙 345)和海萤一属(乙 323)的甲壳类虫,这同一位缪勒尔在巴西海岸上所抓到的总是雄的远比雌的为多,例如在海萤属的有一个种,同一天之内所抓的 63 只标本中,有 57 只是雄的。但弗·缪勒尔自己提出一个看法,认为雄虫之所以独多可能是由于两性之间在生活习性上有某些我们还不知道的差别。就巴西所产的各种比较高级的蟹类之一,即,招潮蟹(乙 444)的一个种而言,弗·缪勒尔发现雄蟹比雌蟹多。

而据贝特先生丰富的经验来说，在不列颠所产的六个普通的蟹种，情况似乎与此正相反。这六个蟹种的名称他也向我提过。

两性比例与自然选择的关系

我们有理由可以猜测，在有一些情况下，或者在有一些例子里，通过选择的作用，人已经在他自己的生男生女的能力上间接产生了些影响。某些女子，一生之中，倾向于生男多于生女，或生女多于生男。许多种的动物也有同样的情况，例如，牛与马；举一个具体的实例来说，耶尔德斯莱庄（Yeldersley House）的腊埃特（甲719）先生告诉我，他所畜的阿拉伯马的牝马之一，虽一连七次和不同的牡马交配，七次所生的小马驹全都是牝的。尽管在这方面我所能提供的证据极为有限，通过类推的办法，我们可以认为这一个专生或多生这一性而不是那一性的后一代的倾向，其为可以遗传，是几乎和其他任何特点，是一样的，例如，孪生的倾向；而关于多生雌或多生雄，或多生男或多生女的这一倾向，唐宁（甲205）先生，一位良好的权威，曾经寄送给我一些事实，似乎可以用来证明，在某些短角牛的血系里，的确有这种情况。马尔歇耳上校，[94]经过仔细考察之后，最近发现印度的一个山区部落，托达人（Todas）的人口由112个男子和84个女子构成，老的小的，统统在内——那就是，133.3男对100女。托达人是实行一妻多夫的婚姻制度的。在以前的一些年代里曾一贯的有溺杀女婴的习俗，但很长的一段时期以来，这习俗已经废止。在最近若干年中所生的孩子里，男的比女的多，比例是124男对100女。马尔歇耳上校用如下的巧妙的办法来解释这一个事实。他说，“为了便于说明，让我们举三个

家庭作为整个部落的代表，代表着一个平均状态。譬如说，第一家的母亲生了六个女孩，没有生男孩，第二家的母亲只生了六个男孩，而第三家的母亲生了三男三女。第一个母亲，按照部落的习惯，毁了四个女孩，留了两个。第二个母亲把六个儿子都保留了下来。第三个母亲把三个女孩中的两个毁了，只留了一个，三个男孩当然也是保留了的。这样，三家合起来就有九个儿子和三个女儿，来传宗接代。但一方面这些男孩所从出的一些家庭是有多生男孩的倾向的，而另一方面，那些女孩所从出的一些家庭的倾向则正好与此相反。这样，多传一代，这种偏向就加强一分，终于，到了后来，像我们实际看到的那样，这些家庭变得有了多生男孩和少生女孩的自然的惯性。"

有了上面所说的那种溺婴的方式，即专溺女婴，便会有这样的一个结果，这看来是几乎可以肯定的了；当然，这里面有一个假定，就是，生男生女的倾向是遗传的。但上面所援引的一些数字毕竟少得不足为据，因此，我又搜寻到更多的证据；自己虽不能决定搜寻所得的一些事实究竟是不是可以信赖，把它们摊出来，我认为也许还是值得的。新西兰的梅奥利人(Maories)，长期以来，一直有溺婴的习俗；芬屯先生说[95]，他"在妇女中间遇到过一些例子，她们所杀自己的婴儿多到四个、六个，甚至七个，大多数是女婴。但那些最有资格作出判断的人的普遍的见证肯定地认为，多年以来，这风俗已经几乎完全绝迹。也许我们可以把 1835 年那年提出来作为这个风俗停止存在的一年。"如今，在新西兰土著居民[13]中间，像在托达人中间一样，男婴出生数对女婴的超出的数量是相当可观的。芬屯先生说(所著书，页 30)，"有一桩事实是肯定的，即，两性比例失当的这一个独特的状况所从开始的精确的年月尽管无法指定，有一点却是很清楚的，就是，这一个消减的过程，从 1830 到 1844 年间，就已经十足地在进行了，而这期间不是别的，正是 1844 年那年存活着的未成年的人口逐年出世的期间，而自 1844 年到现在，这一过程一直以巨大的劲头继续前进。”下面的一些话都采自芬屯先生(所著书，页 28)，不过由于数字都不大，而进行的人口普查又不精确，我们不能指望整齐划一的结果罢了。应须记住，上面这一例子以及下文的一些例子原是不正常的，每一宗人口的正常状态是女多于男，至少在一切文明的国度里是如此，而这主要是由于男子在幼、青年期间死亡得更多，部分也由于成年以后所遭遇到的各类的不测之祸也多些。在 1858 年，新西兰的土著人口，根据估计，包括一切年龄的男子 31,667 和女子 24,303 人，也就是，130.3 男对 100 女。但在这同一年里，在某些范围不太大的地区，人口数字的确定做得比较仔细。在有一个地区里，一切年龄的男子数是 753，而女子数是 616，比例是 122.2 男对 100 女。对我们来说尤为重要的一点是，在这同一年里，即 1858 年里，在这同一地区之内，未成年男于数是 178，而未成年女子数是 142，以比例言之，是 125.3 男对 100 女。在此，不妨再补充说明一点，以资比较，就是，早在 1844 年，当时溺杀女婴的风俗废止得还不久，在有一个地区里，未成年的男子数是 281，而未成年女子数只有 194，而比例相差到 144.8 对 100 女。

散德威奇群岛的人口也是男多于女。在这里，以前也流行过溺婴的习俗，并且曾发展到一个可怕的程度，只是，据埃利斯(甲 221)先生指出，[96] 又据斯泰雷主教和牧师寇恩先生先后告诉我，所

溺杀的不限于女婴罢了。但又不尽然，贾尔弗斯先生[97]，另一位看来是可信的作家，而其观察所及遍及群岛的全部，说，“这儿那儿都可以发现一些妇女，她们都承认曾溺杀过自己的婴儿，多到三个、六个或八个不等，”接着他又说，“由于女孩子被认为不如男孩子那么有用，受到毁灭的经常要比较更多些。”根据我们对世界上其他一些地区所知道的一些发生过的情况来判断，这话大概是对的；但我们还必须小心，不要轻易相信。到 1819 年，偶像崇拜被取缔了，基督教传教士开始在诸岛上住下来，溺婴的废止大概也就在这一年前后。到 1839 年，在诸岛中的卡那依(Kanai)岛上和奥阿胡 14
岛的一个区里，对成年而可以出赋税的男女进行了一次仔细的普查(见贾尔弗斯书，页 404)，查得男子 4723 人，女子 3776 人，比例是 125.08 男对 100 女。在同一个时间里，也查出，在卡那依岛上，年龄在十四岁以下的男子，而在奥阿胡岛上那一个区里，年龄在十八岁以下的男子，两者共 1797，而两地同年龄的女子则合共 1429 人，比例是 125.75 男对 100 女。

1850 年举行了群岛全境的人口普查，[98]查得一切年龄的男子总人数 36,272，女子总人数 33,128，比例是 109.49 对 100 女。其中年龄在十七岁以下的男子凡 10,773 人，而女子则 9593 人，比例是 112.3 男对 100 女。而根据 1872 那一年的人口普查，则一切年龄的男子(其中包括混血的在内)与女子的比例是125.36对 100。前后颇为参差不齐。但应该注意，所有这些涉及散德威奇诸岛的数字所提出的比例，指的都是活着的男和女，而不是出生之际的男和女；而根据一切文明国度的情况来判断，如果是出生之际的数字，则其中男子的比数，比上面所说的那些来，还要高出相当的多。[99]

根据上面的若干个例子，我们多少有些理由相信，像上文所说明的那一种溺杀婴儿的习俗倾向于造成一个多生男孩的族类；但我们一面这样说，一面却绝不认为，人类方面的这一个风俗或其他物种方面的某些可以相比类的习惯做法是男多于女或雄性多于雌性的唯一的决定因素。在那些数量正在趋于减少，那也就是说，生育力已经变得多少有些减弱的族类里，这一结果的所由导致，其间容有我们还未能懂得的一个法则，亦未可知。除了上文所已提到的若干个原因而外，在野蛮人中间，分娩比较利落快当，从而减少了男婴受伤的机会，也未尝不倾向于使活着生出来的男婴对女婴的比数有所增加。但这并不意味着，在野蛮人的生活和男婴数量的独多之间，似乎存在着什么必然的联系；如果我们根据不久以前还存在而如今已经灭绝的塔斯马尼亚人（Tasmanians）艰于生育、或今天移居在诺福克（Norfolk）岛上的塔希蒂人（Tahitians）所生的混血子女的那一类悲惨光景，而作出判断，便知道其间不会有什么必然的联系了。

许多种动物的雌雄两性在生活习惯上既然多少有些不同，而其所可能遭遇到危险的程度又不尽一样，一种会发生的情况是，在某些例子里，有的是雄性，有的是雌性，不免更多地遭到毁灭，至于日久而成为一个惯例。但自我在种种错综复杂而难以究诘的原因之中反复推寻以来，工夫也不为不大了，却没有能看到，对两性之一的不分青红皂白的毁灭，尽管在数量上很大，却未尝倾向于对一个物种的生雄或生雌的能力，造成什么偏向性的变化。就严格的具有社会性的几种动物有如蜜蜂或蚂蚁而言，它们所产生的能生育与不能生育的雌性，比起雄性来，不知要多出多少，而对它们来说，这一番雌性的优势真是天大的重要。我们从这里可以看到，同是一些蜂群或蚁群，而有的却包括一些雌性成员，具备着产生雌性后辈的强烈的遗传倾向，从而能为本群产生越来越多的雌性成员，这样一个蜂群或蚁群势将变得最为兴旺、最为发达，而在这一类发达的例子里，一个不均等而有偏向的多生这一性而少生那一性的倾向就会通过自然选择而扎下根来，即，终于为它们所取得而成为一个性状。有些动物是成群结队地生活的，而其中的雄性要当前哨、守外围，来保护自己的队伍，例如北美洲的野牛或骙犎和某几种的狒狒，就它们而言，我们可以设想到，它们也有可能通过自然选择而取得多生雄性的倾向；原因是保护得更好的群或队里的成员势将遗留更多的后辈下来。至于人类，一个部落由于男子在数量上占优势而取得的好处，也有人认为，是溺杀女婴的风俗所由兴起的一个主要原因。

据我们理解所及，无论在什么情况之下，一个生雄生雌彼此均等的遗传倾向，或多生这一性而少生那一性的另一遗传倾向，对具有这些倾向的个体来说，比起不具有的来，并不构成一个直接的便宜，也不构成一个直接的损失；例如说，一个具有产生多雄少雌的倾向的个体，比起具有相反倾向的另一个体来，在生存竞争之中，并不会取得更多的成功，因此，这一类的倾向就不会通过自然选择而接纳下来。虽然如此，在某些种类的动物（例如鱼类以及蔓脚类，乙 261），雌性受精，看来所需要的雄性个体不止一只，而是两只或两只以上。因此，在这些种类里，雄性的数量一般要占些优势；但这一个多产生雄性的倾向究竟从何而来，如何而为这些种类所取得，我们并不清楚。我以前一度认为，如果生雌生雄不分轩轾的倾向是对种族有利的话，它就会通过自然选择而顺理成章地被保持下来，但我现在看到，整个问题是如此的复杂曲折，难以究诘，看来还是把它的解决留待将来更为妥善。

原　　注

① 见威斯特沃德，《近代对昆虫的分类》，第二卷，1840 年，页 541。下面关于虾类的一个属的话是承蒙弗·缪勒尔提供给我的。

② 见克尔贝与斯宾士（甲 614）合著的《昆虫学引论》，第三卷，1826 年，页 309。

③ 见所著《新西兰的鸟类》，1872 年，页 66。

④ 贝瑞耶（甲 521）先生把这个例子提出来（《科学评论》，丙 129，1873 年 2 月 1 日），作为对性选择的信念的一个致命的反证，原来他错误地认为我把两性之间的一切差异全都归结到了性选择。由此可知，这位有声望的自然学家，像屈指难数的其他许多法国人一样，是一个太怕麻烦的人，连性选择开宗明义的最起码的原理都不求了解。有一位英国的自然学家坚持地说，某些动物的雄性所具备的钳是不可能通过雌性的挑选才发展出来的！如果我在事前没有先碰上这句话，我绝不会想到，竟会有这样的人，一面读到了本书的这一章，而一面还不免于设想，认为我主张雌性动物的挑选活动和雄性动物的把握器官的所由发展，其间会有任何关系。

⑤ 见阿楞，《关于佛罗里达州东部的哺乳类和冬季鸟类》，载哈佛学院《比较动物学公报》（丙 38），页 268。

⑥ 即便在雌雄异株的植物里，雄花的成熟一般要比雌花为早。斯普壬格耳（甲 617）最先指出，许多雌雄同花的植物是雌雄不同时成熟的（dichogamous），那就是说，雌雄器官对繁育的准备有所先后，因此它们不能自花受精或自花成胎。如今我们知道，在这一类的花里，雄蕊或花粉的成熟一般要先于雌蕊或柱头，雌蕊先于雄蕊的情况也有，但这种例外不多。

⑦ 这儿可以从一位有经验的鸟类学家那里得到一些出色的见证，来说明这些子息的品质良好。阿楞先生（同上注⑤引书，页 229）讲到在第一窝小鸟因突然的事故全部伤亡之后又繁育出的几窝小鸟的情况时说，这些，“比起在季节的较早的一些日子里孵出来那几窝体型要小些，而颜色也苍白些。在那些每年要生好几窝的例子里，一般的通例是，早生的几窝似乎在一切方面比晚生的特别长得饱满和精力旺盛。”

⑧ 赫·缪勒尔在蜜蜂方面所得的结论与此相同，每年第一批从蛹的状态蜕变而出的雌蜂也有这情况，见所著引人注意的那篇论文，《达尔文学说对蜜蜂的应用》，载《Verh. d. V. Jahrg.》第二十九卷，页 45。

⑨ 关于家禽，我收到过一些证明这一点的资料，下文将加以具体的征引。即便

在一生不再配的鸟类，有如各种鸽子，我从介·威尔先生那里听说，如果雄鸽受到伤损或变得瘦弱，雌鸽也会把他遗弃。

⑩　关于大猩猩，见赛费奇与瓦伊曼合著文，载《波士顿自然史刊》(丙 34)，第五卷，1845—1847 年，页 423。关于狒狒，见勃瑞姆，《动物生活图说》，第一卷，1864 年，页 77。关于吼猴，见仑格尔，《巴拉圭哺乳动物自然史》，1830 年，页 14，20。关于泣猴，见同上勃瑞姆书，页 108。

⑪　见所著《动物学拾遗丛录》，第十二分册，1777 年，页 29。又关于南非洲的那种羚羊，见斯米思爵士，《南非洲动物图说》，1849 年，图片第二十九。又欧文，在他的《脊椎动物解剖学》(第三卷，1868 年，页 633)里列有一表，无意之中指出了哪几种羚羊是有合群性的。

⑫　见坎姆贝耳博士文，载《动物学会会刊》(丙 122)，1869 年卷，页 138 。又见尉官江斯东(甲 357)所著的一篇有趣的论文，载《亚洲学会孟加拉分会纪事刊》(丙 112)，1868 年 5 月一期。

⑬　见格雷博士文，载《自然史纪事与杂志》(丙 10)，1871 年，页 302。

⑭　见多勃森(甲 197)博士的出色的论文，载《动物学会会刊》(丙 122)，1873 年卷，页 241。

⑮　见所为文《诸种有耳的海豹》，载《美国自然学人》(丙 8)，第四卷，1871 年 1 月。

⑯　关于那种体型最大的寡妇鸟(乙 996)，见文，载《朱鹭》(丙 66)，第三卷，1861 年，页 133。又关于另一种寡妇鸟(乙 997)，见同刊物，第二卷，1860 年，页 211。关于雷鸟和大鸨的一夫多妻的习性，见劳伊德(甲 400)，《瑞典境内可供弋猎的鸟类》，1867 年，页 18 与 182。芒塔古和塞耳贝(甲 599)说到黑松鸡(black grouse)是一夫多妻的，而红松鸡(red grouse)则是一夫一妻的。

⑰　见亨姆弗瑞斯(甲 336)，《水乡园囿》，1857 年版。

⑱　见他和斯宾士合著的《昆虫学引论》，第三卷，1826 年，页 342。

⑲　有一种寄生的膜翅类昆虫构成了这一条通例的一个例外，因为雄性只有残留性的翅膀，而一辈子不离开他所从出生的窝房，而雌性则备有很发达的翅膀，见威斯特沃德，《昆虫的近代的分类》。奥多温认为这一种昆虫的雌性是要由雄性来授精的，而两性当初是在同一个窝房中出生的；但更有可能的是，为了避免太密近的内殖〔interbreeding——后来的生物学多作 inbreeding，以别于外殖(outbreeding)，inbreeding 一词更恰当——译者〕，雌虫是飞到别的窝房里去受精的。在下文，我们将碰到一些雌性而非雄性是寻求者与求爱者的例子，这种例子在各纲动物里都有些，很少例外。

⑳　见欧文辑其所著的《论文与观察集》，第一卷，1861 年，页 194。

㉑　撒克斯(甲 568)教授(德文《植物学讲义》，1870 年，页 633)，在讲到雄性与雌性的生殖细胞时说，“在结合的过程中，一方居于主动的地位，……而另一方则显得被动。”

㉒　见所著《畜牧学讲演集》(德文)，1872 年，页 63。

㉓　见《诺伐拉号航程录：人类学之部》，1867 年，页 216—269。这些结果是由伐伊斯巴赫根据谢尔泽尔博士和希伐尔兹博士所作的人体测定计算出来的。关于家养

动物中雄性的变异性大于雌性,见我所著《家养动植物的变异》,第二卷,1868 年,页 75。

㉔ 见文载《皇家学会会刊》(丙 120),第十六卷,1868 年 7 月,页 512 与 524。

㉕ 见文,载《皇家爱尔兰学院院刊》(丙 119),第十卷,1868 年,页 123。

㉖ 见文,载美国《麻省医学会》会报(丙 91),第二卷,第三期,1868 年,页 9。

㉗ 见文,载《病理学、解剖学与生理学文库》(丙 25),1871 年,页 488。

㉘ 呼乌博士最近所达成的关于男子体温的一些结论,见载于《大众科学评论》(丙 108),1874 年 1 月 1 日,页 97。

㉙ 曼特戛札教授倾向于认为(意大利文《致达尔文的书札》,载《人类学文库》丙 26,1871 年卷,页 306)许许多多动物种类的雄性所共有的鲜美的颜色是由于雄性有精液而在体内长期保持这种精液所致;但情况不可能是如此。因为,许多鸟类的雄性,例如初生不久的雄雉,在第一年的秋季,羽毛便已长得很鲜美。

㉚ 关于人类的这一点,见呼乌博士所著文中所提出的一些结论(文、刊物、页数已见上文注㉘——译者)。关于鳞翅类的这一点,见吉腊尔德(甲 266)的一些观察与议论,载《动物学纪录报》(丙 156),1869 年卷,页 347。

㉛ 见所著《佛罗里达州东部的哺乳类与鸟类动物》,页 234、280、295。

㉜ 见赫·缪勒尔,《达尔文学说应用……》,载 *Verh. d. n. V. Jahrg.* 第二十九卷,页 42。

㉝ 《家养动植物的变异》,第二卷,1868 年,页 75。在这书的倒数第二章里,我对上文所提到过的"泛生论"这一个临时性的假设也作过详尽的说明。

㉞ 这些事实出自大育种家提贝(甲 644)先生,权威性很高;见特格特迈尔,《家禽书》,1868 年,页 158。关于各个不同品种的家鸡的雏鸡所表现的性状,以及关于本节下文里所叙到的若干鸽子的品种,见《家养动植物的变异》,第一卷,页 160、249 及第二卷,页 77。

㉟ 见所著《出于睡鼠一目的一些四足类的新种》(拉丁文),1778 年,页 7。关于下文马的毛色的传递,见《家养动植物的变异》,第一卷,页 51。关于"受性别限制的遗传"同书,第二卷,页 71 上也有一段一般性的讨论。

㊱ 见夏布伊(甲 146)博士,《比利时的传书鸽》(法文),1865 年,页 87。又见勃沃达尔(甲 80)与高比耶(甲 163),合著的《鸽舍中的鸽子……》(法文),1824 年,页 173。关于意大利牟德那城(Modena——意大利北部——译者)居民所饲养的某些鸽子品种的两性之间的一些相同的差别,见博尼齐(甲 86),《家养鸽子的变异》(意大利文),1873 年版。

㊲ 本书第一版出版之后,我曾以高度满意的心情发现如下的(见文,载《田野》,丙 57,1872 年 9 月)发自如此的富有经验的一位育种家如特格特迈尔先生之口的一段议论。在叙述了鸽子的一些奇特的例子,牵涉到羽色的传递只限于两性之一和由此性状而形成的一个新的亚品种的情况,之后,他说,"和此情况相同的是,达尔文先生竟然也提到有可能通过进行人工选择的过程而使鸟类的有关性别的颜色发生变化。"当他这样提出的时候,他还不知道我所叙述的这些事实;但引人注意的是,他所提出的正确

的进行方法是和实际上所已进行的何等的相吻合。

㊳　关于这些方面的参考文字，见我所著《家养动植物的变异》，第二卷，页 72。

㊴　克普耳斯曾为我向勃瑞德耳本(甲 97)伯爵的富有经验的园林主任饶伯尔曾(甲 555)先生那里探询关于三叉角鹿和红鹿(red deer)的资料，我谨在此多多致谢。关于小红鹿(fallow-deer)，则我得感谢艾屯(甲 228)和其他几位提供资料的朋友。关于北美洲的麋(乙 209)，见文，载《陆与水》，1868 年卷，页 221 与 254；关于佛琴尼亚鹿，即白尾鹿(乙 219)和同样分布在北美洲的九转角鹿(乙 218)见凯屯(甲 141)文，载《渥太华(Ottarya——加拿大城市——译者)自然科学院》院刊(丙 106)，1868 年卷，页 13。至于佩谷(Pegu——缅甸南部地区、河流、都市名——译者)的艾尔弟氏鹿，即缅甸鹿(乙 214)，则见尉官贝万(甲 43)丈，载《动物学会会刊》(丙 122)，1869 年卷，页 762。

㊵　学名为 Antilocapra americana，见《译名对照表》乙 58。关于这一个羚羊种的母羊的角的资料，我得感谢坎菲耳德(甲 136)博士，是他特别提供给我的；亦见他的论文，载《动物学会会刊》(丙 122)，1866 年卷，页 109。又见欧文，《脊椎动物解剖学》，第三卷，页 627。

㊶　有人确凿地告诉我，英国威尔斯北部的绵羊的角，初生时全部摸得出来，有时候摸上去可以长到一英寸。尤阿特说(《牛》，1834 年版，页 277)，牛的前额骨上鼓起的部分，初生之际便穿破了头皮，而不久之后，角质就把这脱颖而出的部分包满了。

㊷　我要大大地向凯茹斯(甲 139)教授表示我的感激之意：他曾向一些最有权威的人士那里为我探询有关德国萨克逊尼地区所产的美利奴羊的资料。话虽如文中所说，例外却也还有：非洲几内亚海岸有一个绵羊种，它和美利奴羊一样，也只是公羊有角；而据瑞德先生告诉我，在他所观察到的一个例子里，一只于 2 月 10 日出生的小公羊，迟到 3 月 6 日才露出角的端倪，如此则就这个例子来说，他还是符合了通则的，他的角的发展的时期，比起两性都长角的威尔斯绵羊来，是更晚而不是更早。

㊸　见文，《鸟类头颅上的骨质隆起》(德文)，载《荷兰动物学文库》(丙 103)，第一卷，第二分册，1872 年。

㊹　在普通的孔雀(乙 727)，只雄性有距，而爪哇孔雀(乙 728)独不然，两性都有距。因此，我在意料中满以为在后面这孔雀种里，距的发展定比普通种为早；但荷兰阿姆斯特丹(Amsterdam)城的黑赫特(甲 311)先生告诉我，他于 1869 年 4 月 23 日，曾就前一年生的这两个种的幼鸟作过比较，没有能发现在距的发展方面有何不同。但在这时候，所谓距还不过是脚跟上的一个小疙瘩或轻微的隆起而已。如果在此之后的观察发现距的发展的速率并不一样，有快有慢，我想我是会得到通知的。

㊺　在鸭科的其他一些种里，灿斑虽也为两性所共有，但相差的程度要大些。但我一直没有能发现，是不是在这些鸭种的雄鸭，这一性状的发展完成要比普通家鸭的雄鸭为迟，如果我们的通则是正确的话，那是应该迟些的。但在和这些鸭种关系相近的另一个鸭种，即秋沙鸭的一个种(乙 614)，我们却看到了这一情况：在一般的羽毛上，这种鸭的两性是有鲜明的不同的，而在灿斑这一点上，则相差得少些，但也可观，雄鸭的是纯白的，而雌鸭的则是灰白的。如今我们知道，幼小的雄鸭起初和雌鸭完全相像，翼上也有一个灰白色的灿斑，后来才变而为纯白，但在这一点上的变化，在时间上，比

起成年雄鸭的其他更为显著而所以别于雌鸭的那些性状来，却要早些：见奥杜朋，《鸟类列传》，第三卷，1835 年，页 249—250。

㊻　见所著《养鸽全书》（德文），1837 年版，页 21、24。关于上文所举的有黑条纹的鸽子的例子，见夏布伊，《比利时的传书鸽》（法文），1865 年版，页 87。

㊼　关于家鸡的若干品种的情况，读者如要求知道更详尽的细节和参考资料，可看《家养动植物的变异》，第一卷，页 250、256。更高于此的一些动物，如牛羊之类，在家养情况下，也发生了些两性的差别，关于这一方面，同书亦有所讨论，各就不同的物种列有分题，读者也可以参阅。

㊽　见《注册总监的第二十九次年度报告 1966 年》（丙 17）。这报告里（罗马数字页 12）特别列有以十年为期的一个统计表。

㊾　关于挪威和俄国，见菲伊教授的研究文字中所作的摘录，载《不列颠国内外医学与外科评论》（丙 36），1867 年 4 月，页 343、345。关于法国，见法国政府的《1867 年年度报告》（丙 15），页 213。关于费城，见呼乌博士文，载《社会科学协会》会刊（丙 136），1874 年卷。关于下文的好望角，见楚特非恩博士在他对本书的荷兰文译本（第一卷，页 417）中所引格德雷（甲 541）的话；在这译本里，译者列举了不少的有关性比例的资料。

㊿　关于犹太人，见德迂瑞先生，《两性出生的法则》（法文），1863 年版，页 25。

51　见菲伊教授文（已见上注㊾），页 343。斯塔尔克博士也说（《苏格兰人口出生、死亡……的第十个年度报告》，丙 16，1867 年，罗马数字页 28），这些例子也许已经足够说明，在生命的几乎每一个阶段里，苏格兰的男子要比女子更容易遭到死亡的袭击和有着一个更高的死亡率。这一事实本身已经足够奇特，而更奇特的是，当生命的婴幼时期，男女两性在衣着、食物以及一般生活待遇上，差别最少，而恰恰在这个时期里，男的死得特别多；这似乎可以证明，男子的较高的死亡率是一个内在而深刻的、自然而然的和先天素质上的特点，完全由于性的差别而来。”

52　见《西马场疯人院报告》（丙 154），第一卷，1871 年，页 8。辛普森（甲 610）爵士曾提出证明，男婴头颅的围圆，简称颅围要比女婴的大一英寸的十分之三到十分之八，而横里的直径，即颅宽，要大一英寸的十分之一到十分之八。格德雷也曾指出，女子生来就比男子为短小；参见邓肯医师，《受孕力、生育量、不育性》，1871 年版，页 382。

53　据以谨严著称的阿札腊说，在巴拉圭的野蛮的瓜拉尼人（Guarany——今天都作 Guarani，是印第安人的一个族类——译者）中间，男女的比例是 13 对 14，见所著《南美洲航程记》（法文）第二卷，1809 年版，页 60、179。

54　见拜贝吉（甲 20）文，载《爱丁堡科学刊》（丙 51），1829 年，第一卷，页 88；又关于哑产婴儿，见页 90。关于英格兰的非婚生子，见《1866 年注册总监的报告》（丙 17），罗马数字页 15。

55　见所提供条目，载伐赫奈尔氏辑《袖珍生理学词书》（德文），第四卷，1853 年，页 774。

56　见文载费城《社会科学协会》会刊（丙 136），1874 年卷。

57　见文，载《人类学评论》（丙 21），1870 年 4 月，罗马数字页 108。

58　在此二十一年中，有十一年还把不能生育或胎期流产的母马的数目记录了下来;这是值得注意的,因为这说明,这些娇生惯养而血亲交配又相当近密的动物已经变得何等的缺乏生育能力,以至将近总数的三分之一的牝马生不下任何活着的马驹来。更具体地说,如 1866 年,一面虽有 809 匹牡马驹和 816 匹牝马驹出生,而一面根本生不出马驹的母马多至 743 匹。在 1867 年,一面出生了 836 匹牡马驹和 902 匹牝马驹,而一面根本不育的母马有 794 匹。

⑲ 我很感激克普耳斯先生,因为这里关于苏格兰绵羊的数字和下面关于牛的数字,都是他替我张罗来的。雷沃德(见正文下文——译者)的埃利厄特(甲 218)先生首先向我提醒,让我注意到雄性易于夭亡的现象——他这一说法后来得到了艾契森(甲 6)先生和其他一些人的证实。艾契森先生和佩延(甲 516)先生曾向我供给大量有关绵羊的数字,我也该申谢。

⑳ 见贝耳(甲 48),《不列颠的四足类动物史》,页 100。

㉑ 见所著《南非洲动物图说》,1849 年版,图片第二十九。

㉒ 勃瑞姆达到了与此相同的结论,见《动物生活图说》(德文),第四卷,页 990。

㉓ 此据劳伊德,《瑞典可供弋猎的鸟类》,1867 年,页 12、132。

㉔ 见所著《色尔朋的自然史》中书札第二十九,1825 年辑本,第一卷,页 139。

㉕ 这次探询之后,到次年,介·威尔先生又去探访,又收到了些类似的资料,可不再赘。为了说明所提到的活碛鹬之多,我不妨在此提到,在 1869 年那年,有两个捕鸟专家来过一项比赛,看一天之中能捉到多少,结果是一个捉了 62 只,一个捉了 40 只,都是雄的。一人一天之内能活捉这种鸟的最高纪录是 70 只。

㉖ 参见文,载《朱鹭》(丙 66)第二卷,页 260,亦见引于古耳德,《蜂鸟科》(乙 969),1861 年版,页 52。但本文中的一些比例数字则来自萨耳温先生,他把他的一些结果列成一表,我要在此向他道谢。

㉗ 见文,分载《朱鹭》(丙 66),1860 年卷,页 137;及 1867 年卷,页 369。

㉘ 见文,载《朱鹭》,1862 年卷,页 187。

㉙ 劳伊卡特引伐赫奈尔氏《袖珍生理学辞书》中(第四卷,1853 年,页 775)载勃洛赫(甲 75)所撰条,说,在鱼类,大抵两雄对一雌。

㉚ 见引于一篇文字,载《农夫》(丙 58),1869 年 3 月 18 日,页 369。

㉛ 见《斯叨蒙特费尔德养鱼场试验》报告,1866 年,页 23。又参看《田野》报(丙 59),1867 年 6 月 29 日。

㉜ 见文,载《陆与水》(丙 87),1868 年卷,页 41。

㉝ 见亚瑞耳(甲 726),《不列颠鱼类史》,第一卷,1826 年,页 307;关于上文的鲤鱼(乙 327),见同书,页 331;关于长命鱼(乙 950),见同书同页;关于鲷鱼(乙 1),见页 336。关于鲫鱼(乙 553),又见《娄登氏自然史杂志》(丙 89),第五卷,1832 年,页 682。

㉞ 劳伊卡特所撰的词条(伐克奈尔氏,《袖珍生理学词书》,第四卷,1853 年,页 775)引迈恩奈克(甲 454)的话,说在各种蝴蝶,雄的比雌的要多出三倍或四倍。

㉟ 见所著《自然学家在亚马孙河上》,第二卷,1863 年,页 228、347。

㊱ 这十九个种中的四个见特瑞门先生自著的《南非洲的蝶类》(书题为拉丁文)。

㊲ 见引于特瑞门文,载伦敦《昆虫学会会报》(丙 145),第五卷,第四部分,1866

年，页 330。

⑱ 见文，载《林纳学会会报》（丙 147），第十五卷，页 37。

⑲ 见伦敦《昆虫学会纪事刊》（丙 114），1868 年 2 月 17 日。

⑳ 见引于沃勒斯博士文，载《昆虫学会纪事刊》（丙 114），第三组，第五卷，1867 年，页 487。

㉑ 见所著《蜕变，昆虫的习性》（法文），1868 年版，页 225—226。

㉒ 《鳞翅类正副本联印价目单》（德文）柏林，第十号，1866 年。

㉓ 这一位自然学者对我特别的惠爱，甚至把他前此几年所得的一些结果也提供了出来。在这些结果里，似乎雌蛾的数量要占些优势；但其中过多的几笔数字是出于估计，使我不可能把它们列在本表里面。

㉔ 见格迂恩塞尔辑，《动物学文献汇刊》（丙 124），1867 年版，页 260。关于鹿角虫的雌虫多于雄虫，见同书，页 250。关于英格兰所产的鹿角虫的雄虫，见威斯特沃德《昆虫的近代分类》第一卷，页 187。关于下文的扁螫虫，见同书，页 172。

㉕ 见沃耳希文，载《美国昆虫学人》（丙 7），第一卷，1869 年，页 103。又关于下文的锯蜂，见斯米思（甲 613）文，载《动物学文献汇刊》（丙 124），1867 年版，页 328（参看上注㉔——译者）。

㉖ 见所著《农庄昆虫》，页 45—46。

㉗ 见所著文，《达尔文学说的应用》，载《自然科学协会会刊》（丙 152），第二十四卷。

㉘ 见所著《飞蝗，群集的或迁徙的飞蝗》（德文），1828 年版，页 20。

㉙ 见哈根（甲 290）与沃耳希合著文《对北美洲的脉翅类昆虫的一些观察》，载费城《昆虫学会会刊》（丙 115），1863 年 10 月，页 168、223、239。

㉚ 见文，载伦敦《昆虫学会纪事刊》（丙 114），1868 年 2 月 17 日。

㉛ 关于这一个纲的另一位大权威，瑞典乌普沙拉（Upsala）大学的托瑞耳（甲 653）教授的话似乎认为在各个蜘蛛种里，雌的一般要比雄的尤为常见，见所著《论欧洲的蜘蛛》，1869—1870 年版，第一篇，页 205。

㉜ 在这一方面，参看《科学季刊》（丙 123，1868 年卷，页 429）上一篇论文中所引坎姆勃里奇（甲 132）先生的话。

㉝ 见所著《关于单性生殖的一些创获》（德文），页 174。

㉞ 见所著《托达人》，1873 年版，页 100、111、194、196。

㉟ 见所著《新西兰的土著居民：政府报告》，1859 年，页 36。

㊱ 见所著《夏威夷诸岛经行记》，1826 年版，页 298。

㊲ 见所著《散德威奇诸岛史》，1843 年版，页 93。

㊳ 见引于奇弗尔牧师，《生活在散德威奇群岛中》，1851 年版，页 277。

㊴ 库耳特尔（甲 166）博士在叙述 1830 年前后加利福尼亚（California）地方的情况时说（《皇家地理学会会刊》，丙 81，第五卷，1835 年，页 67），当初被西班牙传教士们所挽救而保留下来的土著居民（指印第安人——译者）到此几乎全都死亡了，或正趋向于死光，尽管他们所受到的待遇并不坏，也没有被逐出自己的乡土，而且白人也不让他

们和烈性酒类接触，却还是保留不住。他把这一情况大部分归因于这样一个无可置疑的事实，就是，男子的数量大大地超出了女子，但这一事实又从何而来，是女婴生得少呢，还是女孩子容易夭殇呢，他却不知道。根据一切可以比类或类推的事物来说，后面这一情况，即，女的容易夭亡，是很不可能的。他又说，“溺婴，我们所称的地地道道的溺婴，并不常见，但堕胎却很普通。”如果库耳特尔博士对于溺婴的说法是正确的话，那这一个例子就无法用来支持上面所说的马尔歇耳上校的见解。被挽救了的土著居民既然消减得如此的快，我们有理由猜测，像近年来有人提供的那些例子一样，由于生活习惯的改变，这些土著居民的生育力降低了。

在这题目上，我本来希望从狗的繁育的经验中间取得一些启发，因为，除灵猩这一品种也许是个例外，在其余大多数的品种，养狗的人所弄死的小母狗要比小公狗多得多，这情况正和托达人的婴儿一样。克普耳斯先生肯定地告诉我，苏格兰的猎鹿用的灵猩确乎是如此。不幸的是，除了灵猩之外，我对其他任何品种的狗的两性比例一无所知，其在灵猩，上文说过，是110.1公对100母。现在，根据从许多繁育狗种的人那里探询所得，我认识到，母狗尽管讨厌，由于某些关系，她们还是受重视的，因此，就真正精选的优良品种的小母狗而言，有限程度以内的成批的弄死虽时或有之，大规模、有系统的毁灭，比小公狗毁得更多，看来是不会的。因此，从上面所说的一些原理出发，我们究竟能不能对灵猩所生出的小狗所以公多于母这一情况作出解释，我委实无法决定。在另一方面，我们已经看到，在价值比狗为高而我们对其初生的幼小动物舍不得加以毁灭的马、牛、绵羊，如果两性的数量生而有所差别的话，母的是略微多一些。

译　　注

1. 这里与上文所已再三引过的沃勒斯不是一人，那是甲681，书中称他为先生，此则称他为博士。

2. Brighton，英格兰东南隅的城市。

3. Livonia，地区名，跨拉脱维亚和爱沙尼亚两国之境。

4. “移交”，按此处及本章下文的其他三四处原文都作“tranferred”，颇疑这是达尔文原稿中的一个信手写出、勉可通用、而未曾纠正的一个错误。根据前后文意，及达尔文在全书中一般用字不苟的谨严态度，此字应作“transmitted”，译文则应作“递交”，才合。统观全书，在涉及遗传的各个章节里，达尔文对这两个字是分得很清楚的，凡上代把一个性状交给下代，除用普通的“遗传”字样外，他用“transmit”一字，而凡属两性之一所首先取得而后来又通过遗传分移给另一性而成为两性所共有的性状，他就用“transfer”一字。准此，这里应当用“transmit”而非“transfer”无疑。后文也有几处同样的情况。

5. Lapland，瑞典挪威迤北地区。

6. 按此属又一种遗传方式，近代遗传学称为“性联遗传”(Ses-linked inneritance)，是二十世纪初年以来性细胞、染色体、性染色体、基因，特别是性染色体上的基因等有关遗传(包括性别的决定)的种种细胞学的现象先后被发现与阐明以后的事,至今已成为遗传学的一部分常识。达尔文写本书,早于此将近五十年,只能用他当时所了解和自己所归纳而得的一些假定来作出解释,局限性自然很大,而一碰上诸如大都只从外祖父传递给外孙子的色盲和血友病一类的性状时,就非“垮”不可了。

7. Leicester,原是英格兰郡县之名。

8. Cheviot,跨英格兰与苏格兰两地的山脉名,山中所产的特种绵羊就袭用了这个名称。

9. 参看第十四章译注 1。

10. 考佛(Corfu),地中海岛屿,属希腊。埃比茹斯(Epirus),地区,今分属于阿尔巴尼亚和希腊。

11. Isle of Wight,英格兰南海岸附近。

12. 按在本书第二版的一些印本里,例如北京大学图书馆所藏 1913 年 11 月的印本,页 392,此处“无性”一字的原文“asexually”,排版时脱落了第一个字母 a,成为“sexually”,于文意适成其反,变为“有性”,读者一望而知其必有误脱之处;当时虽照应有的“无性”字样译出,于心总若未安;不久以后,有机会看到比这印本早二十六年的另一印本,即 1887 年 1 月印本,则原文(页 225)果然一清二楚的“asexually”一字!又此处的“无性生殖”,亦即上文所已一再提到过的“单性生殖”,都指不经过两性结合的生殖。

13. 按即指梅奥利人。

14. Oahu,诸岛中之主岛,岛上主要城市为火奴鲁鲁,即通常所称檀香山。

第九章　动物界较低级的几个纲的第二性征

最低级的各纲中没有第二性征——鲜艳的颜色——软体动物——环节动物——甲壳类有很发达的第二性征；一性两型或双型现象；颜色；性征的取得不在成熟之前——蜘蛛类的雌雄异色；雄蜘蛛能唧唧作声——多足类。

在比较低的几个纲的动物，雌雄同体是一个屡见不鲜的情况，因此，第二性征是无从发展的。在许多雌雄异体的例子里，两性又各自依附在某种物体之上，一生不移动，彼此势必不能相互寻觅或争相靠拢。再有几乎可以肯定的一层是，这些动物的感觉还太不完全，各种心理能力也差得太多，不足以来领略彼此的形貌之美，或接受其他方式的吸引力，也不会懂得争奇斗胜。

因此，在这些动物纲或动物亚界，如原生动物（乙 807）、腔肠动物（乙 265）、棘皮动物、无环节蠕形动物（乙 858）里，我们所准备考虑的那一类的第二性征是不发生的。而这样一个事实是和我们的信念相符合的，就是，高级的各个纲之所以取得这一类的性征是通过了性选择的，而性选择却不能凭空进行，而有赖于两性之中某一性的意志、愿望和取舍。但在低级动物中，也还有少数看去像是例外的情况。例如，据我从贝尔德（甲 29）博士那里听说，在某几种脏虫类(乙 378),即,体内寄生虫类,雄性在颜色上和雌性略微有些不同;但没有理由能使我们设想这一类的两性差别曾经通过性选择而陆续有所增加。至于雄性用来把握住雌性而非此不足以保证种族繁殖的那些手段或机构,虽也有些,却与性选择无关,而是通过了通常的选择,即自然选择,就可以取得的。

低等动物中的许多种类,雌雄同体的也好,雌雄异体的也好,有的有极为鲜艳夺目的颜色,有的虽然朴素,却也淡妆浓抹,出浅入深,或备有漂亮的条纹,作为点缀。例如,许多种的珊瑚和许多种的海葵(sea-anemone,即乙 11)、若干种的水母(寻常水母,乙602,与银币水母,乙 798,等等)、若干种的片蛭(乙 778),以及许多种的星鱼、海胆(乙 362)、海鞘等等;但根据上面所已指出的一些理由,即,有些动物则雌雄同体,有些则雌雄虽异体而不能移动,而所有这些动物的心理能力又都很低下,我们不妨得出结论,认为这些颜色并不起什么性的诱引作用,而不是通过性选择所取得的。我们应须记住,除非雌雄两性之中,一性的颜色比另一性特别艳丽或特别鲜明,又除非两性在生活习惯上没有区别,无法或不足以说明两性的颜色之所以不同——除非有这些情况,我们,对任何例子来说,就没有足够的证据来指称它们的颜色是通过这一途径,即性选择而取得的。但若两性之中打扮得更为美好的一性的一些个体,几乎总是一些雄性个体,会自动地向另一性的个体展示或炫耀它们的色相,在这样一个情况之下,也唯独在这一情况之下,这方面的证据才算完整而确凿无疑,因为我们很难相信这种展示是无的放矢,是为炫耀而炫耀,而如果其间真有些好处的话,性选择就几乎是无可避免地会接踵而来。我们还可以推广这个结论的适用

范围，使同时包括两性中的另一性，如果两性的颜色虽并无不同，而却一清二楚地可以和同一目或同一科中的另一个种的两性之一的颜色相类比的话。

然则我们对许多属于最低级的几个纲的动物的颜色之所以鲜美，甚至华丽夺目，又将作何解释呢？这一类的颜色是不是往往起些保护的作用，这一点，看来像，看来又不像；但凡属读过沃勒斯先生论这题目的那篇出色的文章的人都会承认我们在这方面是很容易犯错误的。例如，如果不谈到这个题目，谁也不会一下子想到，水母类的通体透明，对这些动物来说，起着再重要没有的保护作用，但一经海克耳的提醒，说到有这种玻璃一般的表象，并且往往又附带有像三棱镜般所发生的那种色彩的，水母之外，还有许多种在水里飘浮或游荡着的软体类和甲壳类动物，甚至若干种小型的海洋鱼类，我们就很难再怀疑，它们之所以能躲开远洋鸟类以及其他敌人的注意，所依靠的正是这一点了。奚阿德先生也深信①某几种海绵和海鞘的颜色鲜明也是为了保护之用。显眼的颜色对许多种动物还有另一种好处，就是，对前途有可能吞噬它们的敌人提出警告，说它们有怪味，吃不得，或者说，它们具有某种特殊的自卫手段，碰不得。但我对这一题目，在下文更为方便的段落里，将别作讨论，在这里且不多说。

由于我们对多数最低等的动物知道得太少，我们只能说，除了派生出某些好处之外，而实际上又和这些好处并不相干的它们这些鲜美的颜色，不外有两个来源，一是它们生理上的化学本质，一是它们细胞组织的细微的结构。说起颜色，怕没有颜色比我们动脉管里的血液的颜色更为精美的了。然而并没有什么理由让我们设想血液的颜色本身构成什么便利，尽管它对于少女的两颊之美更能添上几分，却谁也不敢自作聪明地说，血液之所以为红是为了这样一个目的。再如，在许多种的动物，尤其是一些比较低级的动物，胆汁具有很浓厚的颜色。例如，据汉科克（甲 294）先生告诉我，各种光秃秃的海蛞蝓（naked sea-slug，即乙 379）之所以奇美，主要是由于它们的胆囊从透光的外皮里面映了出来而可以从外面看得到的缘故——而这一点美丽对这些动物大概也并没有什么用处。美洲森林里快要枯落的树叶谁都描绘得万分华丽，然而谁也不会认为这些颜色对有关的树木有任何好处。近年以来，化学家们制造出了不知多少种和各种自然的有机化合物十分近似可以比类而观、而又是彩色极美的物质，我们只须记住这一点，就会感觉到，如果具有同样一些彩色而根本不涉及有用无用这一目的问题的一些物质却从来没有通过有机体的复杂的化学实验室而发展出来，那才是一种怪事咧。

软体类这一亚界的动物。——数遍了动物界里这一个庞大的部门，据我见闻所及，我们在这里所正在考虑的那一类的第二性征是完全没有的。在这个亚界的最低等的三个纲，即海鞘类、苔藓虫类（乙 795）和腕足类（乙 136，即有几个作家所称的拟软体类），我们本来就不能指望这类性征的存在，因为这些动物中的多数不是一生固定在支撑着它们的一些物体之上，便是雌雄寄寓在同一个体之中，即雌雄同体。即便在瓣鳃类的软体动物（乙 534），即外壳分为两瓣的贝壳类，雌雄同体也不算是罕见的情况。比此略高一筹的腹足类（乙 438）这一个纲，即独瓣或不分瓣贝壳类，雌雄有同体的，也有异体的。但在雌雄异体的腹足类，雄性也从不具备什么特殊的器官，专供发现、占有或蛊惑雌性之用，也不具备和同性的对手们角胜的任何结构。据介弗瑞斯（甲 352）先生告诉我，在这一类的动物里，两性之间唯一的外表上的差别是壳的形态有时候略有不同；例如，在玉黍螺（periwinkle，即 562），雄性的螺壳比雌性的窄一些，螺旋也拉得长一些。但这种性质的差别是和生殖的活动直接有联系的，也就是说，雌性有卵的培育问题，所以壳要宽大些。

腹足类虽能行动，而又备有不完全的眼睛，看来天赋的心理能力却是不高的，不足以使同一性别的成员之间发生彼此角胜的斗争，并从而取得一些第二性征。然而在有肺的腹足类，即蜗牛，两性在交配之前是有一个求爱的过程的；因为这些动物，虽也雌雄同体，却因身体结构的关系，不得不两两相配。阿该西兹（甲 5）说，②“凡属有机会观察到过蜗牛求爱的人，对于这些雌雄同体的动物在准备与完成两相拥抱的过程中的种种动作与姿态所表现的媚惑的力量，是不可能再有什么怀疑的了。”看来这些动物也似乎懂得某种程度的经久的彼此依恋，而不相舍弃：一位精确的观察家，郎斯代尔（甲 409）先生，告诉我，他曾经把一对罗马蜗牛（乙 471）放在一个供应条件很差的小天井里，一对之中有一只很瘦弱。过了不久，比较强健的那一只失踪了，通过它的腹足所留下的那一线黏涎的痕迹，后来被发现它爬过了一道墙，进入隔墙的供应条件很好的另一个天井。当时郎斯代尔先生满以为它已经把体弱多病的配偶抛撇了，但别离了二十四小时之后，它返回了故园，并且看去像是把此行探险而有获的结果通知了它的配偶，因为接着它俩就沿着同一条黏涎的线路越过墙头不见了。

即便在软体动物的最高的那个纲、头足类（乙 189）或各种乌贼，虽全部已是雌雄异体，我们目下所注意的这一类第二性征，据我查考所及，也是不存在的。这是一个值得惊怪的情况，因为凡在看到这类动物会如何巧妙地试图从敌人威胁之下逃脱③的人都承认，它们有的是高度发达的各种感官，而它们的各种心理能力也不能算薄弱。但某几种头足类却有一个特色，一个超越寻常的性征，就是，雄性把自己的精液聚集在他的许多的触手之一的里面，然后自动地抛掉这只触手，而这支触手，一面通过一系列的吸盘，紧紧地把雌性缠住，一面，在这短期之内，维持它的独立的生活。这一条被抛掉的触手或触脚是如此像另一种动物，以致当初居维耶竟然把它列为一种寄生的蠕形动物，并且还替它起了一个学名，今天所谓的头足类的"交接脚"(hectocotyle 或 hectocotylus)，还是沿袭了这个学名之旧。但这一出奇得惊人的结构与其说是第二性征，毋宁说是一个第一性征，更为恰当。

尽管在软体动物中间性选择似乎没有出头而表演过一番；在许多种独壳和双壳的贝壳动物，有如各种涡螺(volute)、锥形螺(cone)、海扇(scallop)等等，都具有美丽的颜色和形状。就多数例子而论，这些颜色看来，并不起任何保护的作用，像最低级的几个纲的情况一样，它们大概是细胞组织的性质所直接造成的结果，并无意义可言，至于壳上的一些花样和形同雕琢的高低不平之处则是生长的方式所决定的。光照的分量多寡似乎在一定程度上也有些影响；因为，尽管介弗瑞斯先生屡次说到生活在深水里的若干种贝壳动物是如何的颜色鲜明，我们却一般地看到，壳的底面或阴面，以及为外膜（mantle）所罩住的那些部分，在颜色上要比阳面或其他暴露出来的部分略微浅淡一些。④在有一些例子里，例如生活在珊瑚丛或颜色鲜艳的各种海草中间的贝壳，它们的一些彩色也许有些保护的作用。⑤但在裸鳃类（乙 659）的软体动物，即各种海蛞蝓里，有许多种的颜色之鲜美亦不亚于任何贝壳，这我们在阿耳德尔（甲 7）和汉科克两位先生所合著的那部宏伟的著作里就可以看到。而从汉科克先生所直接见惠的这方面的资料看来。这些颜色通常是不是也有保护之用，是大大的可以怀疑的。就其中有几个种而言，这用途也许是有的，例如生活在海藻的绿叶子上的一种，就是通身碧绿的。但许多颜色鲜美、或白皙、或因其他原因而显明易见的许多种海蛞蝓却并不隐藏起来；而同时同样显眼的另几个种，以及另一些颜色呆板的种类却生活在石头下面或一些黑暗的角落里。由此可知，就裸鳃一类的软体动物而言，颜色和它们居处的性质之间并不存在什么密切的关系。

这些裸体而不带壳的海蛞蝓是雌雄同体的，但它们还是实行两两相配，像陆地上的蜗牛或蛞蝓一样，而在陆地上的蜗牛里，许多种的颜色是十分美丽的。当然可以设想，两只雌雄同体的个体，为彼此的高出于一般的美丽的程度所吸引，进行结合，从而产生了一些传授到了这种美丽程度的后辈。但一想到这些生物在有机组织上毕竟还很低级，这在实际上是极度的不会的。除非，一般的说，精力旺盛和形貌美丽是二而一的事，即健者必美，美者必健，我们也看不出来，一对更为美丽的雌雄同体的个体所生下的后一代为何会比不那么美丽的另一对所生的后一代要多占些便宜，因而能繁殖越来越多的后辈。在这里，也不存在这样一个情况，就是，一部分雄性个体成熟得比雌性为早，从而使比较健壮的雌性得以从中选取更为美丽的若干只。说实在话，即使鲜美的颜色就其在一般生活习惯中的关系而言，对一种雌雄同体的动物真有好处的话，则颜色更为美丽的个体当然会取得更大的成功而繁殖更多的后裔；但这却是自然选择而不是性选择的一个例子了。

蠕形动物亚界，其中环节类（乙 41，即，海居蠕形动物）这一纲。——在这一纲里，尽管有些雌雄异体的物种，由于两性在一些重要的性状上有着差别，而被列入不同的几个属，甚至不同的几个科，然而这些差别似乎不属于我们可以满有把握地把造因归到性选择的那样的一类。这些动物往往有很美丽的颜色，但两性在这方面却并无差别，因此，和我们的关系就不大了。即使有机组织如此低级的条虫类或丝虫类（乙 652），“在颜色的多种多样和美丽的程度上，在无脊椎动物的整个系列里，可以和任何其他的类群争一日之长”；麦肯托希博士[6]却没有能发现这些颜色对它们有任何用处。据戛特尔法宜先生说，[7]那些固定而不移动的环节动物的物种，在繁育的季节过去之后，在颜色上要变得呆板一些；依我的看法这也许是由于在此季节以后它们活动的劲头更趋于减少的缘故，此外没有什么意义可言。总之，所有这些蠕形的动物在进化阶梯上所占有的地位太低，低得使两性中的任何一性的个体，在选取异性作为配偶的时候，或在同一性别的个体彼此的争奇斗胜方面，都不可能有所作为。

节肢动物（乙 97）亚界：其中甲壳类这一纲。——在这一个庞

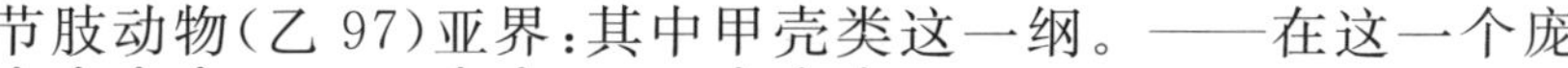

大的纲里，我们才第一次碰上无可置疑的第二性征的存在，而且往往发达得很惹人注目。不幸的是，我们对甲壳类动物的生活习性知道得过于零星片段，因而对于两性之一所独具的许多结构的用途无法作出解释。在其中低级而寄生的若干物种，雄性体型很小，并且只有他们才具备供游泳用的肢体，触须和感觉器官；而雌性则全无这些结构，余下的躯体也只是不成样子的那么一团东西。但两性之间这一类超越寻常的差别无疑地和它们大相悬殊的生活习惯有关系，因此，不在我们讨论范围之内。在分属于各个不同的科的形形色色的甲壳动物里，备有细长的线体而被认为起着嗅觉作用的那前面几对触须，在雄性身上的要比雌性身上的多得多。在一般的雄性，在别无嗅觉器官的特殊发达的情况之下，既然也几乎可以肯定地迟早会找到他们的配偶，则这种嗅觉线体之所以加多，或此种加多的结果之所以取得，大概是由于原先在这方面天赋好些，即线体生得多些的一些雄性，通过性选择，在求偶和繁殖子息方面，都取得了更大的成功的缘故。弗·缪勒尔曾经叙述到过属于异足水虱属的一个很值得注意的种（乙 918），其所以值得注意之处在于这种动物的雄性是所谓两形的（dimorphic），即两类不同形态的雄水虱，而两者之间更无任何过渡的中间状态。其中一类形态的雄水虱备有更多的嗅觉线体，而另一类则备有用来保持雌水虱的一对更长而有力的螯。弗·缪勒尔的意见，同一种异足水虱，而有两类，各有其不同点，其不同的由来，大概是这样的：当初，有些雄性个体朝着嗅觉线体的数量增多的方向发生变异，而另一些个体则朝着另一个方向，就是，螯的形状与大小；这样，在前者，凡是通过嗅觉而最能发现雌水虱的那些，而在后者，凡是通过握力而最能拖住雌水虱的那些，各自留下了最大数量的后辈，而这些后辈又分别把两种不同的便利遗传了下来。⑧

在有几种低级的甲壳动物，雄性前一对触须的右边的一根在结构上和左边的一根大为不同，左边的一根结构很简单，逐节向尽头处尖削，和雌性的触须倒很相像。在雄性身上的那根右触须所发生的变异又有种种的不同，有的中段变得有些臃肿，有的中段弯成某一个角度，有的改成（图 4，a）一个苗条而有时候复杂得出奇的把握器官。⑨ 我从勒博克爵士那里听说，这一器官是用来抱持住雌性的，而为了同样的目的，胸部最后一对游泳肢和这把握器官属于身体同一边的那一根也改变成为一把钳子（图 4，b）。在另一个科的甲壳动物里，下面或后面一对触须，在雄性身上"作一串之字形，曲来曲去，颇为奇特"，而雌的则不然。

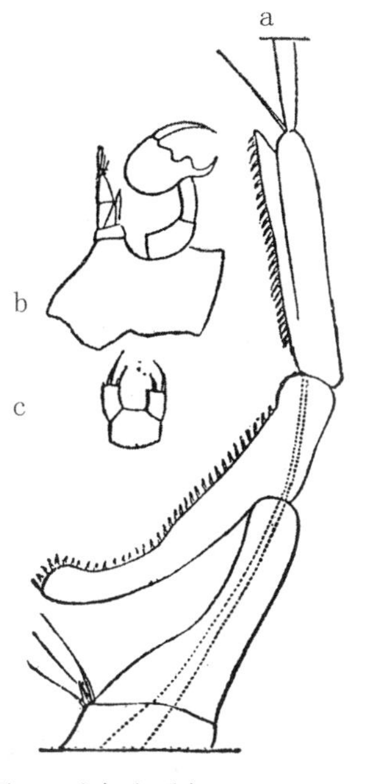

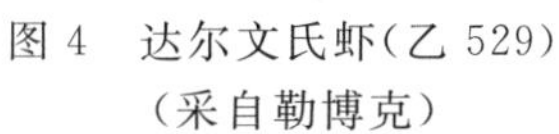
图 4　达尔文氏虾（乙 529）
（采自勒博克）
a. 构成把握器官的雄性的右前触须
b. 雄性胸部游泳肢的后一对
c. 同上雌性的那一对

在高级的甲壳动物，前一对游泳肢发展成了一对螯；雄性身上的螯一般要比雌性的大——有时候大得很多，足以使可供食用的蟹（乙 163）的雄的在市场上出售时，据贝特先生说，价钱比雌的高上五倍。在许多的种里，左右螯的大小是不相等的，也据贝特先生告诉我，一般总是右边的大得多，但也并非全无例外。而此种的不相等，在雄性身上所见的往往要比雌性的大得多。在雄性，

左右螯的结构也往往不一样(图 5、6、7),其中较小的一只更近似于雌性身上的螯。左右螯分大小,而此种大小在雄性的差距更为显著,这些究竟有什么好处,我们不知道;而如果左右螯大小相等,又何以雄性的双螯往往要比雌性的大得多,我们也答不上来。我又从贝特先生那里听说,螯有时候可以长大到一个程度,一望而知其为不可能用来把食物送到嘴里。在某几种淡水的长臂虾(乙 704),雄性的右边的一肢或一臂实际上比他的全身还要长。[10] 这样一条长臂,再加上它尽头的螯,也许可以帮雄虾的忙,好同对手们作战;但这一点对于为什么雌虾的那一对相应的臂与螯也是长短不齐。却不能有所解释。在招潮蟹,根据米耳恩埃德沃兹[11] 所援引的一番话,雄蟹是与雌蟹同住在一个洞里的,这说明它们是实行两两相配的;而在洞里

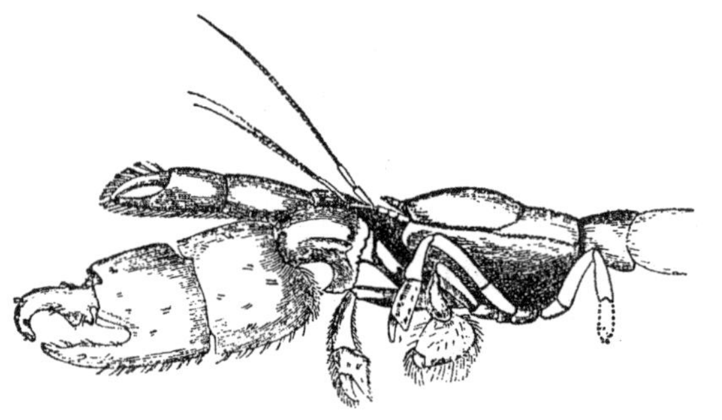

图 5　异螯虾属(乙 153),雄性的前部,示左右螯的大小不同与结构互异;采自米耳恩埃德沃兹(甲 462)附注:此图的绘制者弄错了,应该是右螯特大,他却把左螯画成特大了

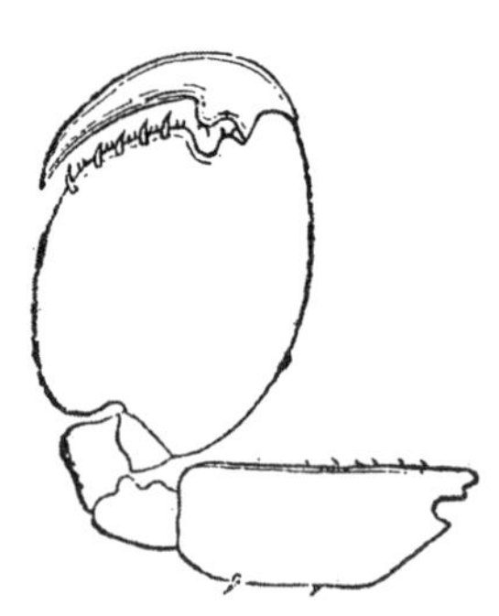

图 6　示跳钩虾的一种(乙 675)的雄性的第二游泳肢

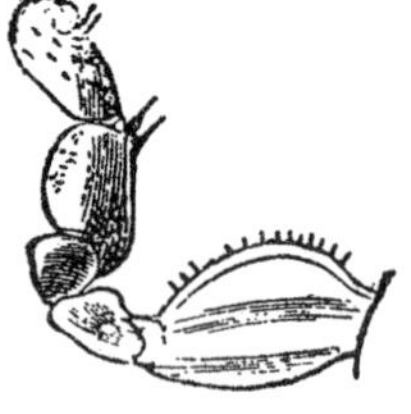

图 7　示雌性的相应的一肢。采自弗·缪勒尔

雄蟹用那只发展得奇伟的大螯把洞口堵住；这又说明螯也间接可以供自卫之用。但主要的用途大概还是在把雌蟹抓住不放，而这一点，在有些事例里，如在钩虾（乙 435），我们确知是如此。寄居蟹，即战士蟹（hermit crub、soldier crab，即乙 703）的雄蟹可以连续好几个星期把雌蟹和她所寄居的螺壳带来带去。⑫但在普通的岸蟹（shore-crab，即乙 173），据贝特先生告诉我，雌雄两性，在雌的脱去旧的硬壳之后，就立刻进行交配；当其时雌蟹的新壳尚未变硬，通身柔软，如果在这时候要由雄蟹来把她抓住，用强大的螯一夹，那就未免受伤；但好在旧壳脱落之前，她就进入了雄蟹的掌握，并由他拖来拖去，因此，也就不发生这样一个受伤的问题。

弗·缪勒尔说，把巴西的一个端足类（乙 29）的一个属（乙 606）中，有几个种和其他所有端足类动物有所不同，就是，在雌性身上，“倒数第二对游泳肢的基节薄片引申而成为一些钩状的尖端，当雄性追求她时，就用他的第一对游泳肢的前掌把这些钩抓住。”这些钩状体的由来大概是这样的，即，当初凡属具有它们的那些雌性个体，在生殖活动的时期里，最容易被紧紧地抓住，因而有利于生殖，有利于繁殖最大数量的后一代。巴西的端足类动物的另一个种，达尔文氏跳钩虾（乙 674 图 8）提供了一个两形状态（dimorphism）的例子，像上文所说的那一个属（乙 918）的异足水虱一样，因为它的两类雄性个体，在螯的结构上各有不同。⑬双螯中的任何一螯既然肯定地已经足够把雌性抓住——实际的情况是两螯都可以这样用，不是这一只，就是那一只——看来这种动物之所以会有两类雄性，大概是由于当初有若干雄性个体向着某一个方式

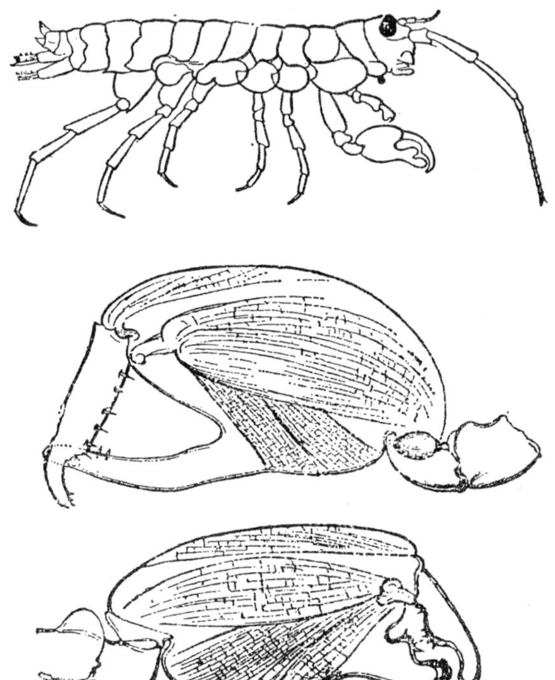
图 8　达尔文氏跳钩虾，示两类雄性个体的螯在结构上的互异。采自弗·缪勒尔

发生变异，而从这些变异所产生的同一器官上的不同的形状，双方都取得了一些特殊而在分量上却几乎相等的好处，因而就各自被保存了下来。

甲壳类的雄性，为了占有雌性，是不是彼此进行战斗，我们不知道，但这情况大概是有的；因为，就大多数的动物而论，如果雄性的体型比雌性为大，其所以大，似乎都可以追溯到当初他们的雄性祖先，世世代代以来，和其他的雄性一直进行过战斗。在甲壳动物的大多数的目里面，尤其是级位最高的短尾类这一目（乙 137）里，雄性的体型都比雌性为大，但其中有寄生性而两性生活习惯各不相同的几个属，以及切甲类（乙 377）这一目必须除外。许多甲壳动物的螯是一种武器，很适合于战斗之用。例如贝特先生的一个儿子目击过一只魔蟹（devil-crab，即 800）和一只岸蟹相斗，结果是岸蟹一下子被掀得背朝了天，而所有的脚全给扯掉了。弗·缪勒尔有一次把若干只巴西的招潮蟹的雄蟹放进一只玻璃缸里，而这一个种的雄蟹是具有庞大的螯的，他们就互相厮

杀，结果是一片伤残与死亡。贝特先生先把一对岸蟹放在一只有水的盘子里，让它们配对，后来他又把一只更大的雄蟹放进盘去，结果是，这只雄的不久就把雌的从原先的雄的那里抢了过去。贝特先生还补充说，他没有看到他们相斗，但“如果他们斗过，那这番胜利是用不流血得来的，因为我没有看到任何创伤”。这同一位自然学家又曾在一只容器里放了许多钩虾（sand-skipper，即乙 435，在我们英格兰海滩上是很充斥的），雌雄都有，当其中有一雌一雄正在交配之际，他硬把它们分开，并且把雄的取了出来。被迫离婚的雌的随后就和其他的同类混在一起。过了些时候，贝特先生又把那只雄的放了进去，他游了一会儿之后，突然冲进钩虾群，不经过任何战斗就立刻把他的老婆带走了。这事实说明，在端足类这样一个进化级位很低的甲壳动物的目里，雌雄个体之间居然能彼此认识，并且还能互相依恋。

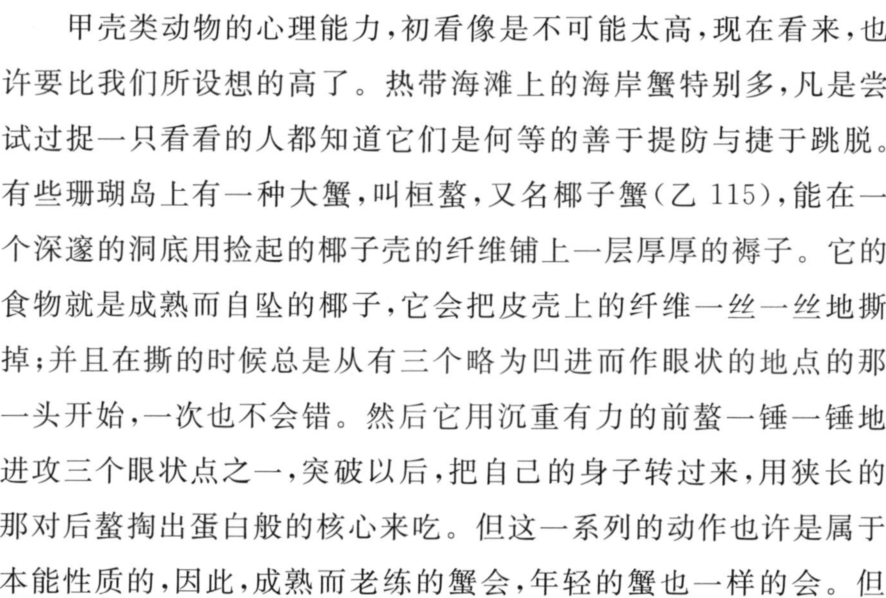

甲壳类动物的心理能力，初看像是不可能太高，现在看来，也许要比我们所设想的高了。热带海滩上的海岸蟹特别多，凡是尝试过捉一只看看的人都知道它们是何等的善于提防与捷于跳脱。有些珊瑚岛上有一种大蟹，叫桓螯，又名椰子蟹（乙 115），能在一个深邃的洞底用捡起的椰子壳的纤维铺上一层厚厚的褥子。它的食物就是成熟而自坠的椰子，它会把皮壳上的纤维一丝一丝地撕掉；并且在撕的时候总是从有三个略为凹进而作眼状的地点的那一头开始，一次也不会错。然后它用沉重有力的前螯一锤一锤地进攻三个眼状点之一，突破以后，把自己的身子转过来，用狭长的那对后螯掏出蛋白般的核心来吃。但这一系列的动作也许是属于本能性质的，因此，成熟而老练的蟹会，年轻的蟹也一样的会。但对于如下这样一个例子，我们却很难这样设想：一位很可以信赖的自然学家，戛尔德奈尔（甲 255）先生，⑭有一次在注视一只招潮蟹掘它的洞的时候，故意向洞口丢了几个螺壳，一个滚进了洞，三个留在洞外，离洞口有几英寸。大约在五分钟之后，那只蟹把滚到洞里的螺壳掏了出来，并且把它送到离洞口约有一英尺的远处；接着它又看到了洞外的三个螺壳，于是，看来像是生怕它们也会滚进洞去，把它们一一送走，和前一个在一起。我认为要把这样一些动作，和人借助于理智而进行的动作区别开来，是有困难的。

在不列颠境内的甲壳类动物中，两性之间在颜色上差别不大，差别大而明显的例子，据贝特先生所知，是一例也没有的，而在各个种类的高级动物，这是常有的事。在有一些例子里，颜色深浅之别是略微有一些的，但贝特先生认为这些都是两性生活习惯不同所致，此外别无其他原因：例如说，雄性在外面漫游的机会多，所接受的光照的分量就大。帕沃尔（甲 534）博士曾试图根据颜色的不同来辨别毛里求斯岛[1]上的若干个种的甲壳类动物，但失败了，只有在虾蛄属（乙 894）的一个种（大概是乙 895）是成功的，在这个种里，雄虾蛄据称“作很美的青绿色”，一部分的附肢作樱桃红色，而雌虾蛄的却是一种混浊的棕灰色，“虽也带些红色，却远没有雄的那样鲜明生动。”⑮在这个例子里，我们可以猜测，性选择是插过一手的。贝尔先生[2]把一群水蚤（乙 338）放进用三棱镜射出各色光线的容器里，然后观察它们的反应。根据这些观察，我们有理由可以认为，即便在最低级的甲壳类动物也懂得辨别各种颜色。在切甲类的生长在海洋里的一个属（乙 850），雄性具有极其微小的盾甲或细胞状的鳞片，在光照之下，发出美丽而变化不定的色彩，雌

性则不具备，而在此属的有一个种，则两性都不具备。[16]但若我们据此而作出结论，认为这些奇特的小器官有诱引雌性之用，那就太过于冒失了。弗·缪勒尔告诉过我，巴西有一个种的招潮蟹的雌蟹，通身几乎一色的棕里带灰。至于雄蟹，头与胸合成之部(cephalothorax)的后面是纯白的，而前面是浓绿色，并由浓绿逐渐转入深棕色，而引人注目的是，这些颜色会变得很快——几分钟之内，纯白的变成污浊的灰色，甚至乌黑，而"浓绿色则变得大为黯淡无光"。特别值得注意的是，雄蟹一直要到成熟的年龄才取得这些鲜明的颜色。在数量上，雄蟹似乎比雌蟹要多得多，雄蟹的螯也比较大。在招潮蟹属的有几个种，也许是所有的种，雌雄蟹都两两成配，并且每一对各有其共同生活的洞穴。我们在上面已经看到，作为动物，它们已经具有相当高度的智能。根据这种种不同的考虑看去，这一个种的招潮蟹的雄性之所以装饰得很俏有可能是为了吸引和激发雌性这样一个目的。

刚才说过，雄的招潮蟹，不到成熟而准备繁育的年龄，是不会取得他的显眼的颜色的。不仅颜色如此，也不仅招潮蟹的一种如此，看来这是牵涉到两性之间许多特殊的结构上的差别的一个通例，并且适用于甲壳类动物这一整个的纲。我们在下文还将发现，这同样的一条法则在整个庞大的脊椎动物亚界里普遍通行；而在所有的例子里，在凡属通过性选择而取得的那些性状方面，表现得尤为彰明较著。弗·缪勒尔[17]提出了若干个突出的例子来证实这一条法则；例如沙跳虫(即跳钩虫，乙 673)的雄性要到差不多完全长成的时候才取得他的巨大而和雌性的在结构上很不相同的那一副钳子或螯，而当其在长成之前，这些是和雌性的差不多的。

蜘蛛类这一纲。——雌雄两性在颜色上的差别一般不大，但雄的颜色往往比雌的要深一些，这我们在勃拉克沃耳先生的宏伟的著作[18]里就可以看到。但在有些蜘蛛种里，两性在这方面的差别还是显眼的：例如，在有一个种（乙 887），雌的作灰暗的绿色，而成熟的雄蜘蛛则腹部作鲜明的黄色，再加上纵长的三根深红色的条纹。在蛛类的一个属即蟹蛛属（乙 944）的某几个种里，雌雄两性十分相似，而在另几个种里，分别就很大，而在其他许多个属里，这种可以相比的情况也存在。每一个种必有其所隶的属，每一个属也必有其比较通常而基本的色泽，就一个种的两性个体而言，究竟哪一性更接近于此色泽，而哪一性违离的更多一些，往往是不容易讲的；但勃拉克沃耳先生认为，作为一个通例来说，总是雄的要违离得更远一些；而卡奈斯特里尼[19]说在某几个蜘蛛属里，我们可以很容易地把雄性按种别辨认出来，但对雌性就困难了。勃拉克沃耳先生告诉我，雌雄两性在未成熟的时候一般都彼此相似；但在屡次蜕壳之际，在到达成熟之前，彼此在颜色上往往要经历很大的改变。在另一些例子里，看来只有雄性在颜色上有所改变。即如在上面雌雄颜色大为殊异的蜘蛛种（乙 887），雄性起初是和雌性相像的，而要到将近成年的时候，才取得他的特别的颜色。各种蜘蛛都具有灵敏的感觉；而表现的智能也高；而大家都熟悉的是，雌性往往对她们所下的卵爱护备至，总把它们放在一只丝络的口袋里带来带去。雄性也会情切切地寻觅雌性，而卡奈斯特里尼和有些别的人都亲眼见过，他们会为了占有雌性而彼此进行战斗。这

位意大利的作家说，蜘蛛雌雄两性的结合，所曾被人观察到的大约有二十个种；他又肯定地宣称，雌性对某些向她求爱的雄性会实行拒绝，张开了上颚吓唬他们，而最后，经过长时间推延犹豫，才把中选的那只雄蜘蛛接纳下来。根据这一系列的考虑，我们可以有些把握地承认下来：在某几个蜘蛛种，两性之间在颜色上的一些显著的差别是性选择的一些结果；尽管我们在这里还没有取得最好的那一类的证据，——如同雄性向雌性展示他的装饰手段，我们还是可以把这一点承认下来的。在有些蜘蛛种里，雄性的颜色有极大的变异性，例如有一个种的球腹蛛属蜘蛛（乙 943），看来这似乎说明，雄性方面的这些性征至今还没有很好地稳定下来。卡奈斯特里尼根据另一个事实而达到了同样的结论，这事实是，有若干种蜘蛛的雄性有两类，即两个不同的形态，不同在上下颚的大小长短；而这一点又让我们想起甲壳类动物里的一些两形状态的例子了。

在蜘蛛类，雄性的体型一般要比雌性小得多，有时候大小之差可以发展到非常悬殊的一个程度，⑳这就迫使雄性，在向雌性进行调情求爱时，要极端地小心，因为雌性是羞涩而要撑拒的，而此种撑拒往往会被推进到一个危险的程度。德奚尔（甲 184）看到过一只雄蜘蛛，“在进行拥抱的准备阶段中间，突然被他的恋爱的对象一把抓住，被她用丝络成的网封闭起来，然后一口吞下肚去——这一光景，他又补充说，使得他毛骨悚然，满腔愤怒。”㉑有一个蜘蛛属即络新妇属（乙 654）的雄性是小到了极度的，坎姆勃里奇牧师对此作出了如下的解释。㉒“文森（甲 667）先生对这一类具体而微的雄蜘蛛如何以敏捷而灵活的行动来躲闪雌蜘蛛的凶狠的反应，作了一番绘声绘色的叙述，说他在她的身上和沿着她的几条大得不可开交的腿上溜来溜去，在她面前捉迷藏似的忽隐忽现：这样做，显而易见的是，体型越是渺小的雄蜘蛛，躲开被抓的机会就越多，而体型较大的雄性很早就会填进雌性的欲壑；这样，一批批越来越具体而微的雄性就一步步地被挑选出来，而到了最后，终于小得无可再小，再小就不能执行生殖与繁育后代的任务了——事实上大概也就是小到我们所看到的那样，也就是说，小得像是雌性身上的一种寄生动物，也许是小得已经不为她的注意力所及，也许她虽然觉察得到，而他却又灵活有余，使她不得不大费周章才能把他抓住。”

威斯特仑（甲 698）作出了一个有趣的发现，就是，在球腹蛛属（乙 942）㉓里，有若干个种的雄性能作出唧唧之声，而雌性则不会作声。发声的装置由两个部分构成，一是腹部下面有一条作锯齿状的横梁，一是胸部后端的硬甲边缘，两相摩擦，声音就出来了；而这样一个装备在雌性却毫无痕迹可寻。与此相关联而值得注意的是，好几位作家，包括大家所熟知的蜘蛛学家伐耳肯尼尔（甲 676）在内，一直宣称蜘蛛是可以受到音乐的吸引的㉔。拿这一情况和我们将在下章中叙述到的直翅类与同翅类（乙 487）相比较或相类推，我们不妨有这样一个想法，就是我们几乎可以肯定这种唧唧之声的作用是在对雌性发出召唤或激发她的春情，而威斯特仑也相信这种作用：而就我知识所及，在动物界的逐级上升的进化阶梯之上，这是为此目的而迸发出声音来的破天荒第一遭的例子了。㉕

多足类这一纲（乙 649）。——在这个纲的仅有的两个目，马陆类（millipede）和蜈蚣类（centipede）里，我都没有能发现和我们的问题特别有关的那一类两性差别的任何很明显的例子。但在球马陆属的一个种(乙 450),以及或许在其他少数几个种里,雄性在颜色上是和雌性略微有些差别的;不过这一个种的球马陆是有高度变异性的一个种。在倍足类这一目(乙 351)的雄性,属于身体前几个环节之一或身体后几个环节之一的若干对脚中的一对脚起了变化,而为一对能把握的钩子,供抱持雌性之用。在普通马陆属(乙 522)中有几个种,雄性脚上的有些跗节备有膜状的吸盘,也是为了这个用途。在蜈蚣类的石蜈蚣这一属(乙 560),为了抱持异性,而在身体尾部备有把握性的附肢的是雌性,㉖而不是雄性;我们在下面进而处理昆虫类的时候将要看到,这一点情况是很不寻常的,远为寻常的是雄性备有这一类的结构。

原　注

①　见文,载《实验动物学文库》(丙 22),1872 年 10 月,页 563。

②　见所著《关于种与纲……》(法文),1869 年版,页 106。

③　这方面的例子不一而足,我自己就曾提供过一个例子的记录,见《……研究日志》,1845 年版,页 7。

④　我在《对火山岛屿的一些地质学的观察》(1944 年版,页 53)里举出过一个奇特的例子,说明光照在这方面的影响:在阿森欣岛(Ascension Island——在南大西洋——译者)上曾发现由贝壳粉末溶解而构成外壳、又被浪头冲上岸来,而成为海滨淤积物的一部分的一具叶子的化石模(frondescent incrustation),由于光照的影响,这由贝壳末构成的模子已经不是原来的颜色了。

⑤　茅尔斯(甲 477)先生,不久以前,在《软体动物的适应性的颜色变化》这一篇论文里,对这一个题目进行过一番讨论,见《波士顿自然史学会纪事刊》(丙 113),第十四卷,1871 年 4 月。

⑥　见他写得很美的单行的专题论文,《不列颠的环节动物》第一编,1873 年,页 3。

⑦　见贝瑞耶先生文《达尔文的人种由来论》,载《科学评论》(丙 129),1873 年 2 月,页 866。

⑧　见文,《支持了达尔文的一些事实和论点》,英译本,1869 年,页 20。同时参看

上文关于嗅觉线体的讨论。萨尔斯(甲 572)曾就挪威的甲壳动物的一个种(乙 797)叙述了一个多少可以与此相比的例子(见引于一篇文章,载《自然界》(丙 102),1870 年卷,页 455)。

⑨　见勒博克爵士文,载《自然史纪事与杂志》(丙 10),第十一卷,图片第一与第十;又第十二卷(1863 年),图片第七。又见同作者文,载《昆虫学会会报》(丙 145)新编卷第四卷,1856—1858 年,页 8。关于下文所说的作一串之字形的触须,见弗·缪勒尔,《支持了达尔文的一些事实与论点》,英译本,1869 年,页 40,注。

⑩　见贝特先生所著文并附图,载《动物学会会刊》(丙 122),1868 年卷,页 363;而关于这一个属的甲壳动物的专门词汇,见同文,页 585。我是大大地感激贝特先生的,因为上文有关高级甲壳动物的螯的议论几乎全部是从他那里来的。

⑪　见所著《甲壳类动物自然史》(法文)第二卷,1837 年版,页 50。

⑫　见贝特先生文,载《不列颠科学促进协会:关于德芬郡(Devonshire——英格兰西南部——译者)南部的动物志的第四个报告》(丙 35)。

⑬　同上注⑧所引缪勒尔书,页 25—28。

⑭　见所著《巴西内地旅行记》,1846 年版,页 111。关于上文的桓螯的习性,我在我的《……研究日志》,页 463 上,也曾提供过一篇叙述。

⑮　见弗瑞塞尔(甲 251)先生文,载《动物学会会刊》(丙 122),1869 年卷,页 3。帕沃尔博士的这段话,我本来不知道,是贝特先生先向我说起的,我感谢他。

⑯　见克拉乌斯(甲 154),《非寄生性的桡脚类甲壳动物》(德文)(乙 273),1863 年版,页 35。

⑰　见上注⑧所引书,页 79。

⑱　《大不列颠蜘蛛类史》,1861—1864 年版。下文所列的一些事实,见页 77、88、102。

⑲　这位作家不久以前发表了一篇有价值的文章,《蜘蛛类中间的第二性征》(意大利文),载威尼斯特仑特那(Veneto-Trentina——意大利北部行政地区名——译者)《自然科学会会刊》(丙 30),帕杜霍城(Padova——即英文的 Padua——译者)版,第一卷,第三分册,1877 年。

⑳　文森曾就近似于络新妇的一个蜘蛛种,黑蜘蛛(乙 380)举例说明雄蜘蛛的体型之小,他举得很好;见他所著的《重合岛(Reunion Island——即波尔邦岛,已见前——译者)上的蜘蛛类》(法文),图片第六,图 1、2。关于这个种,我不妨补充说,雄性是带黄褐色的,而雌性则作黑色,脚上有些红色的横带纹。雌雄大小不均,比此更为突出的例子还有一些,已见于记录(《科学季刊》,丙 123,1868 年 7 月,页 429);但我还没有看到这些例子的第一手的叙述。

㉑　见克尔贝与斯宾士合著的《昆虫学引论》,第一卷,1818 年版,页 280。

㉒　见文,载《动物学会纪事录》,1871 年卷,页 621。

㉓　这几个蜘蛛种的学名是 Theridion(即球腹珠属,属名可作 Asagena Sund.) serratipes,T. 4-punctatum,T. guttatum,见威斯特仑文,载克饶耶尔(甲 376)辑《自然学人时报》(丙 101),第四卷,1842—1843 年,页 349;又第二卷,1846—1949 年,页 342。

关于其他的一些种，还可以参看《瑞典的蜘蛛类》（书名为拉丁文），页 184。

㉔　楚特非恩博士，在他对本书的荷兰文译本里（第一卷，页 444），收集了好几个这方面的例子。

㉕　话虽如此，希尔根道夫（甲 318）最近提醒我们注意，在有几个种的高级甲壳类动物身上有一些似乎是适应于发声之用而与此可以类比的结构，见文，载《动物学纪录报》（丙 156），1869 年卷，页 603。

㉖　见伐耳肯尼尔与泽尔费合著的《昆虫类自然史：无翅类之部》（法文），第四卷，1847 年版，页 17、19、68。

译　　注

1. Mauritius，在印度洋中，马尔加什之东。

2. 对这一事例原文未注出处，大概是因为作观察的人和所观察的事当时为一般读者所熟悉，毋庸再加说明。查贝尔（Paul Bert），法国生理学家，生 1833 年，卒 1886 年，作过许多有关动植物生理学的试验，并写过好几种初级的教科书。晚年从事政治活动，是资产阶级左派，以反对天主教并主张教育与教会分开著名。最后当过驻安南（即今译越南）的总督，死在河内。

第十章　昆虫类的第二性征

雄性所具有的供抓住雌性之用的各式各样的结构——两性之间某些意义不明的差别——两性在体型大小上的差别——缨尾类——双翅类——半翅类——同翅类，只是雄性具有音乐能力——直翅类，雄性的音乐器官在结构上的多种多样；好斗性；颜色不一——脉翅类，两性在颜色上的差别——膜翅类，好斗性与颜色——鞘翅类，颜色；备有显然是为了装饰之用的大角；战斗；发声的器官一般为两性所同样具有。

在这个浩如烟海的昆虫纲里，两性之间，在行动器官上，只有时候有些差别，而在感觉器官方面则往往彼此互异，例如，在许多昆虫种的雄性，触须或作栉齿状，或作羽毛状，看去很美。在蜉蝣科（乙 382）的一个属，牧女蜉蝣（乙 245），雄性有巨大而用柱子撑出来的眼睛，而雌性则完全没有。[①] 在某几个种的昆虫，雌性没有单眼（Ocellus），例如蚁蜂科（乙 645）下面的一些种，而在这里，雌性也是不长翅膀的。但对我们所关心的来说，这些不是主要的东西，主要的是雄性的另外一些结构，一只雄性个体有了它们，通过他的体壮力强、好勇善斗，或通过装饰，通过音乐，才能在战斗之中，在向雌性求爱的过程之中，击败其他的雄性。因此，我们不妨先把雄性用来抓住雌性的种种花样繁多难以计数的手法简括地浏览一下。除了腹部末端也许应该列为第一性征的那些复杂的器官[②]不计外,“教人惊怪的是”,正如沃耳希先生曾经说过的那样[③]“为了使雄性可以紧紧地抓住雌性而不放这样一个像是无关重要的目的,造化竟然会把这么多的不同的器官组织了起来,而进行工作。”上下颚有时候就被用来满足这个目的;例如脉翅类中有一个种(乙 284,在某种程度上和蜻蜓等关系相近)的雄性具有奇大而弯弯的上下颚,比雌性的要长好多倍,而且颚面光洁而无锯齿,因此,在使用的时候,雌性不至于受伤。[④]在北美洲的鹿角虫(stag-beetle)的一个种,亦即麋螂属的一个种(乙 576),雄性的上下颚也比雌性大得多,用法也相同,但似乎也用来打架。在蠮螉或细腰蜂属(sand-wasp,即乙 25)的一个种,两性的上下颚是十分相像的,而用法则大不相同,据威斯特沃德教授说,雄蜂“是非常热情的,用镰刀似的颚围绕着雌蜂的脖子把她一把揪住”;[⑤]而雌蜂却把这器官用来在沙岸上掘洞作窝。

在许多种的甲虫(beetle)或鞘翅类昆虫(乙 266),雄虫前脚的跗节或则形状变成扁平,或则备有以细毛构成的宽平的垫子;在许多个属的水甲虫或具缘龙虱(water-beetle),雄虫的这些跗节上配备有圆而扁平的吸盘,好让他可以把雌虫的滑溜的身体吸住,而不至于滑脱。在若干种的水甲虫(龙虱科的榜螂属,乙 360),雌虫的翅鞘上有几条深沟,而在水甲虫又一个种(条纹龙虱,乙 8),雌虫翅鞘上有一层浓浓的细毛,在拥抱时为雄虫助一臂之力:但这种情况,比起雄性一方的变化多端来,要寻常得多。水甲虫的另几种(如水孔虫一属,乙 490 的一些种)的雌虫则翅鞘上面穿了许多小孔,用处是相同的。[⑥]在细腰蜂的一个种(乙 289,图 9),在雄蜂身上,变得铺开而成为一片宽平的角质硬板的不是肢上的跗节,而是胫节或第四个关节,板面上还有许多细小的由薄膜构成的小圆点,

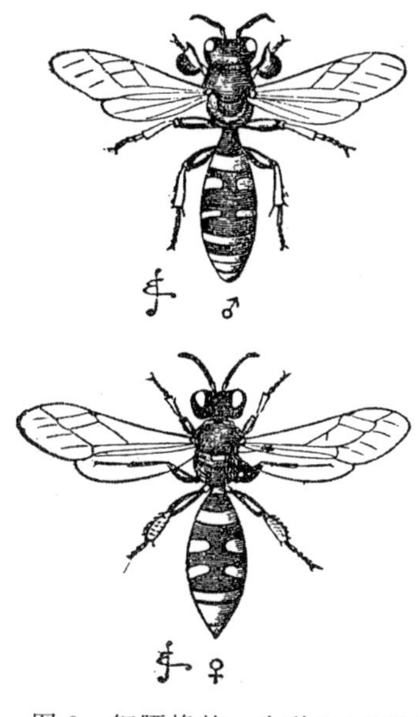

图 9　细腰蜂的一个种(乙 289)
上图雄蜂,下图雌蜂

看去活像一具粗眼的筛子。[7] 在霉蛰(乙 738,甲虫的一个属)的雄性,触须中段的少数几节也变得扁平,而在它们的阴面备有细毛垫子,和蚑科或步甲科(乙 171)的跗节的情况恰好一样,"而其目的也显然相同。"在各种蜻蜓的雄虫,"尾尖上的一些附肢都有所变化,花样翻新,几乎多得没有穷尽,为的无非是把雌虫的脖子抱住不放。"最后,在许多种昆虫的雄性,脚或肢上又备有一些奇特的突起,或作棘刺状,或作半球形,或类鸡距;或全肢变作弓形,或变得特别粗大,但后面这两种变化未必全都属于性征的范畴;又或肢的一对、或所有的三对都变得很长,有时候长得太没有节制了。[8]

在昆虫类的所有的各个目里,为数不少的种都表现一些意义不明的两性差别。一个奇特的例子是,在有一个种的甲虫(图 10),雄虫的左上颚或左上腮发展得特别的又长又粗,使嘴部大大地走了样。在另一个种的蚑科甲虫,广齿虫属(乙 403)的一个种,[9] 我们看到一个雌虫的头要比雄虫的宽大得多的例子,而这样一个例子,据沃拉斯屯(甲 713)先生知识所及,是独一无二的;尽管宽大的程度还没有太固定下来,却还是一个绝无仅有的事例。这一类意义不明的两性差别的例子还多得很,要多少有多少。在鳞翅类里就很充斥:其中最异乎寻常的一个是在某几种蝴蝶里,雄蝶的前肢萎缩或退化了，胫节与跗节都成了瘤状的残留。在翅膀方面，两性也有所不同，翅上的脉络的不同是常有的事，[10]而翅的轮廓有时候也有相当大的差别，例如在有一个种(乙 96)，勃特勒尔(甲 127)先生曾经在伦敦博物馆里指给我看过。在南美洲的某几种蝴蝶的雄蝶，翅膀的边缘上有一撮撮的细毛，而后肢吸盘上有些角质的小疙瘩。[11]在不列颠产的若干种蝶类，翁福尔(甲 714)先生曾经指出，雄蝶在身体与翅膀的某些部分有一些奇特的鳞片，雌蝶则没有。

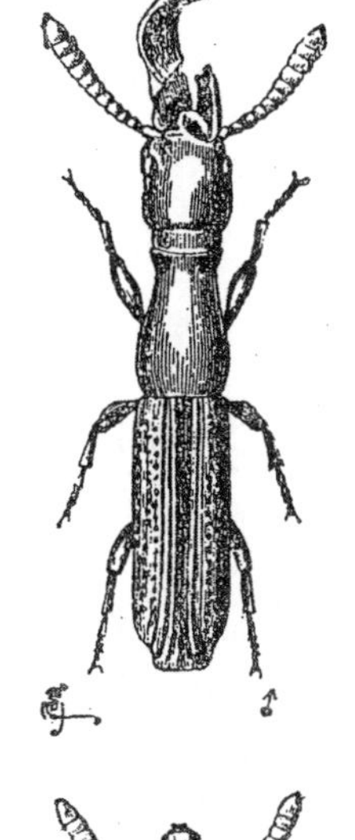

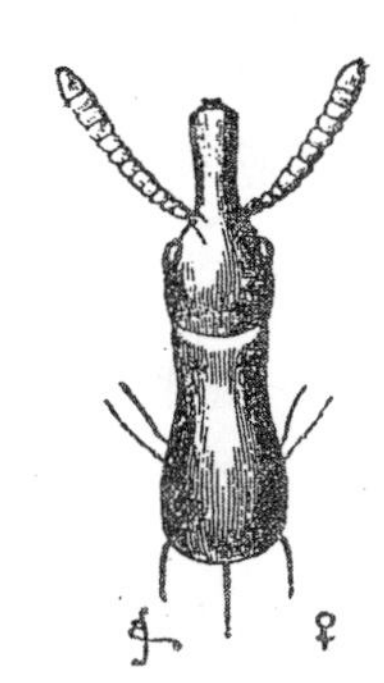

图 10　畸嘴虫(乙 921)：上图，雄虫；下图，雌虫(原形比此小得多)

大家对雌萤(glow-worm)能发光而加以利用这一事有过很多的讨论。雄萤所发出的光很薄弱，幼虫的光也差，甚至萤卵也发些光。最后，贝耳特先生[12]似乎终于解决了这个难题：他发现凡在他所试过的属于萤科(乙 537)的所有的几个种，对专以昆虫为食的哺乳动物和禽鸟，都有很大的怪味，吃不得。因此，有一件事实是和下文将要说明的贝耳特先生的看法相符合的，就是，有不少几个种的昆虫都在形态上模拟着各种萤类，并且模拟得很像，为的是要让敌人误认，从而避免自己的毁灭。贝耳特先生进而认为那些发亮的萤种，由于它们的不可口一下子就被敌人认出，是占了便宜的。这个解释大概可以推广而一样地适用于各种叩头虫，因为这些虫的两性都能高度发光。雌萤的翅膀不发达，原因何在，我们并不知道；但就她的现状而言，她既然和幼虫很

相近似，而幼虫又是许多动物所最爱捕食的东西，我们就不难理解为什么她会比雄萤变得如此更能发光和更加显著；也不难理解为什么幼虫也一样能发光了。

两性在体型大小上的不同。——在一切种类的昆虫，雄性的体型普遍要比雌性的为小；而这一层差别，即便在幼虫的阶段中，也往往可以被发觉出来。普通蚕种（乙 126）的雌蚕所作的茧在大小的差别上是相当可观的，而正唯其如此，法国养蚕的人才能利用特别的磅秤的方法，把两种茧分别开来。⑬在动物界的比较低的几个纲里，雌性体型之所以较大似乎一般是因为她需要培养大量的卵；而这点理由，在一定程度上，或许对一般的昆虫类都适用。不过沃勒斯博士曾经提出过在道理上要可能得多的另一个解释。在仔细研究了樗蚕蛾（乙 125）和日本天蚕蛾（乙 128）的幼虫的发育之后，尤其是通过对一批用一种吃不惯的树叶来饲养而长得特别矮小的所称“二蚕”的发育研究，他发现“个体的蛾越是发展得好些的，它为了蜕变而所需要的时间就越长，两者成正比例；正因为这个缘故，雌蛾，作为成虫，由于体内负担着大批的卵，体型大些，分量也重些，就要比体型小些而要求成熟的内容少些的雄蛾破茧而出得晚些了。”⑭如今，大多数的昆虫的寿命既然不长，而在存活期间又可以碰上许多危险，因此，雌蛾受精成孕得尽可能地早，显而易见地是一件有利的事情。通过大量雄蛾的先期成熟，为雌蛾来临作好准备，就保证了这个有利的目的的达成；而这一点，正如沃勒斯先生所曾说过的那样，⑮又是自然选择的活动所能导致的不期然而然的结果。因为体型较小的雄蛾既然成熟得较早，便有机

会产生大量遗传到了父亲的小体型的后一代，而反之，体型较大的雄蛾，由于成熟得迟，所遗留的子女就不免少些了。

但雄性昆虫体型小于雌性的这一条规矩是有些例外的，而其中有几个例外是可以理解的。体型之大与体力之强，对那些为了占有雌性而在彼此之间进行战争的雄性，会是有利的，而在这一类的例子，有如在鹿角虫（即麋螂），雄性的体型确比雌性为大。但也还有其他一些雄性之间，据我们所知，并不进行战斗的甲虫种类却也有这情况，即雄性体型超过了雌性；这意义又何在，我们就不明白了。不过就这些例子中的某几个而言，有如雌虫体形很大的两个属，像甲虫（独脚仙科的一属，乙 358）和巨躯虫（乙 604），我们至少可以看到雄虫的体型没有什么要比雌虫长得小些的必要，这些甲虫的寿命都比较长，两性有充裕的时间进行交配，用不着雄性一方为此而抢先成熟。再如在各种蜻蜓或蜻蛉（dragon-fly，蜻科乙 556），雄性的体型是没有比雌性小的，在有些种里，至少也看得出来要略微大一些；[16]而据麦克拉克兰先生的见解，雄蜻蜓一直要在蜕变了一个星期或十四天而已经取得雄性应有的那些颜色之后一般才和雌蜻蜓进行交尾。但下面是所有例子之中最为奇特的例子了，奇特在它能够说明，如此其微不足道的一个性状有如两性之间的体型大小，也未尝不因缘于种种极为复杂而容易受人忽略的事物关系。这例子出于有螫刺的膜翅类：斯米思先生告诉我，在这一个庞大的昆虫群里，历数其中的科与属，几乎所有的雄虫，符合着上面所说的一般规矩，在体型上要比雌虫为小，而从蛹的状态蜕变而出的时间也要比雌虫提前约一个星期；但在蜜蜂这一科中间，则有寻常酿蜜的蜜蜂（乙 76）和另外两个蜜蜂种（乙 49 与乙 53）等三

个种，而在掘沙蜂类（乙 416——似即今之姬蜂科——译者）中间，则有一个种（乙 618）雄虫都比雌虫为大。这一反常的情况又将如何解释呢？解释是，这几种膜翅类昆虫绝对地需要一次结婚飞行，而在飞行之中，为了携带雌虫在空中通过，雄虫有必要具备较强的体力和较大的体型。就这里的雄虫来说，较大的体型的取得是违反了寻常存在于体型大小与发育快慢之间的关系的，那就是说，在这里，雄性的体型虽较大，而他的蜕变而出却早于体型较小的雌虫。

下文我们要就昆虫类中的各个目一个个地检阅一下，只选取和我们的问题特别关系多一些的事实加以考虑。至于其中的鳞翅类一目（即蝶类与蛾类）则暂时保留，前途另章讨论。

缨尾类（乙 948）这一目。——在这个有机组织相当低的目里，成员们都是些既没有翅膀而颜色又呆板的昆虫，加上头部和躯干又都很丑恶，和一般昆虫相比，几乎都像有些不成样子。雌雄两性看去也没有什么分别。尽管在动物进化阶梯上的地位不高，它们却让我们看到了这样有趣的一点，就是，雄虫会向雌虫作富有诱惑性的调情求爱的功夫。勒博克爵士说，[17]“看这些小生物（黄色圆跳虫，乙 883）在一起调弄风情是蛮有趣的。比雌虫小得多的雄虫围绕着雌虫打转，时而彼此顶撞，时而面对面地互为进退，像两只闹着玩的小绵羊相抵那样。然后雌虫装着逃走，雄虫在后面追赶，看上去很古怪，像是有几分怒意，雄虫迎头赶上后，又站到雌虫的前面，面对着她，然后她像是含羞地转身过去，而雄虫则比她更快而更活跃地赶到她的前面，用他的触须向她作出鞭打的样子；接着，一转瞬间，它们又面对面站着，用彼此的触须斯磨起来，从此，就像是两相情愿地打成一片了。”

双翅类（乙 353，即蝇类）这一目。——两性在颜色上的差别不大。就沃克尔先生所知，这方面最大的差别出现在毛蝇这一个属（乙 113）中间，雄的带点黑色，或很黑，雌的作一种黯淡的棕黄色。沃勒斯先生[18]在新几内亚所发现的那个蝇属（乙 368）是大为突出的，雄性备有双角，而雌性头上是很光的。双角从眼部的后面长出，活像牡鹿的角，也有分叉，或作树枝状，或作手掌状。在其中有一个种，角的长度特别大，和全身的长度相等。也许有人认为这种角适合于用来战斗，恐怕不然，因为在其中的有一个种，角身作很美的桃红色，有黑色镶边，中心有一根灰色的纵条纹，而这一个属的蝇类一般看去都很漂亮，因此，把角看作装饰品，是更接近于事实的。某些双翅类昆虫的雄性彼此爱打架是肯定的；威斯特沃德教授[19]曾在蠡或大蚊这一个属（乙 951）里屡次看到这个情况。其他一些双翅类的雄虫则像是试图通过他们的音乐来赢得雌虫的欢心：赫·缪勒尔[20]有一次花了一些工夫注视过两只雄虻（乙 388）同时向一只雌虻求爱；他们都在雌虻的上面高下飞动，又时而飞到右边，时而飞到左边，一面飞，一面嗡嗡作声，声音很不小。蚋类与蚊类（乙 298）也似乎用嗡嗡之声来彼此吸引；而迈伊尔（甲 449）教授最近曾加考订，认为雄虫触须上的细毛能颤动而发出与音叉所发出的高低相同的几个音，而又不超出雌虫所发出的声音的幅度之外。较长的细毛彼此相应颤动，则发为比较低沉之音，而较短的细毛则发为比较高亢之音。兰杜沃（甲 381）也说，他曾经

用发出某一个特定的音的方法好几次把满天飞的整个的蚋群从空中吸引下来。不妨在这里补充说到，符合于它们神经系统的高度的发展㉑这一个情况，双翅类昆虫的各种心理能力大概要比其他多数的昆虫为高。

半翅类（乙 472，即各种田虫）这一目。——德格拉斯（甲 203）先生对这一目中的不列颠产的各个虫种特别有研究，由于他的惠爱，我才获得了关于它们两性之间的种种差别的一番叙述。有若干个种的雄虫是有翅膀的，而雌虫则没有；两性之间在身体、翅鞘、触须和跗节等方面的形态也各不相同；但这些差别的意义何在，我们还不知道，因此，我们在这里不妨略过。雌虫一般要比雄虫大些，也强壮些。就不列颠产的各个种，乃至就德格拉斯先生所知的不列颠境外的一些种而言，两性在颜色上的差别一般都不大；但在大约有六个不列颠产的种，雄虫的颜色要比雌虫深得相当的多，而在另外大约四个种，则雌虫反而深些。在有一些种，雌雄两性的颜色都很好看；但这些昆虫既然也发出一种极为难闻的臭气，它们这种显眼的颜色也许对习惯食虫的动物有提供警告或信号的作用，说它们是不合口味的。在少数的若干个种，它们的颜色似乎直接提供一些保护之用：例如，霍弗曼（甲 322）教授告诉我，半翅类中有一个颜色又绿又粉红的种，体形很小，平时在芸香树（lime-tree）[1] 的树干上下往来，要把这些小虫从树干上发出的嫩芽分辨出来，他认为有很大的困难。

食虫椿象科，即[illegible]KI科或猎蝽科（乙 824）中有几个种是会作出唧唧的声音的，而其中的一个种，唧螠（乙 771）的这种声音，据

说[22]是靠脖子在前胸腔(pre-thoracic carity)里的活动发出的。据威斯特仑说,螭的又一个种(乙 825)也会发出这种摩擦之声。但我没有理由认为这一个特点是一个性征或与两性关系有关的一个性状;在非社会性的昆虫里,看来发声的器官是没有什么用处的,而这些昆虫正好是非社会性的;除非这种唧唧之声专供两性之间彼此召唤之用,那就不能不以性征相看待了。

同翅类(乙 487)这一目。——凡是在热带丛林中漫游过的人对各种蝉(乙 253)的大片噪音一定曾经感觉到过十分惊怪。雌蝉是不会作声的;正如古希腊诗人塞纳尔克斯(甲 724)所说的那样,"知了生活得真够幸福的,因为他们全都有不会出声的老婆。"当年"比格尔号"在巴西离海岸四分之一英里的地方下锚的时候,我们在船上就可以清晰地听到蝉噪之声;而船长汉科克(甲 293)说,一英里之外还可以听得到。古代的希腊人和今天的中国人都把这些昆虫养在笼子里,为的是便于听他们歌唱,由此可知蝉唱对有些人来说一定是有些悦耳的。[23]蝉科的雄虫寻常总是在白天歌唱,而各种白蜡虫或光蝉科(乙 425)则似乎是夜间的歌手。据兰杜沃的意见,[24]这些昆虫的声音是由呼吸孔上面的一些唇片的颤动而产生的,而唇片之所以颤动则由于气管中所呼出的气流;但最近有人对这个看法提出了争议。泡威耳(甲 533)博士似乎已经能证明这是由于一片膜的颤动,而此种颤动是由一条特殊的肌肉控制的。[25]在一只活虫身上,当其唧唧作声之时,这片膜的颤动是看得到的;而在死虫身上,如果把那条已经变得有些干而硬的肌肉用针尖刮过一下,我们一样可以听到这种声音。在雌虫身上,这一套复杂的音

乐设备也有，但远不及雄虫的那样发达，并且也不拿来作为发声之用。

至于这种歌唱的目的何在，哈尔特门（甲 302）博士在谈到美国产的十七年蝉（乙 255）时说，㉖“现在（1851 年 6 月 6、7 两日）从各方面都可以听到击鼓一般的噪声了。这我相信是雄蝉发出的婚姻的号召。我站在浓密的今年新发而已有一人高的栗树丛中和数以百计的蝉相周旋，我看到了雌蝉一只只地向鼓噪的雄蝉围上来。”他又说道，“这季节（1868 年 8 月），我园子里的那棵矮梨树上化出了大约有五十条的粉白蝉（乙 254）的幼虫；而我好几次看到了当一只雄蝉正在抑扬歌唱的时候，不止一只的雌蝉飞来靠拢他。”弗·缪勒尔从巴西南部写信给我，他时常听到有一个蝉种的两、三只雄蝉，各在隔得相当远的树上，进行唱歌赛，声音特别响亮：第一只唱完了，第二只立刻接上，然后第三只。在这里，雄蝉之间的竞争既然很厉害，看来雌蝉不但凭噪声来发现雄蝉之所在，并且，像鸟类的雌性一样，她们在一般雄蝉的噪声之中，会受到发出最有吸引力的歌声的那一只的激发和媚惑。

在同翅类昆虫里，我没有听说到两性之间在装饰上有什么显著的差别的例子。但德格拉斯先生告诉我，有三个不列颠产的这一类的虫种有比较明显的性的差别，雄虫是黑的或标有黑带纹，而雌虫则颜色黯淡，不惹人注目。

直翅类（乙 684，即各种蟋蟀与各种蚱蜢之类）这一目。——在这一目里，三个善于跳跃的科里的雄虫都有引人注意的音乐能力，这三个科是，蟋蟀科（乙 7，普通英语名为 crickets）、螽斯科（乙

565,英语中没有相当的习用的字)和飞蝗科或蝗科(乙 10,普通英语称 grasshoppers)。属于螽斯科的若干个种所作出的摩擦的声音是如此洪亮,至于在夜间远在一英里之外也可以听到㉗,而其中某几个种所发出的,即便用人的耳朵听去,也不无几分音乐的味道,因此南美洲亚马孙河流域的印第安人把它们用柳条编的笼子养起来。所有的观察家一致认为这种声音的作用在于召唤不会作声的雌虫,或打动她们的春情。关于俄国的飞蝗,克迁尔特提供过㉘一只雌蝗挑选一只雄蝗的一个有趣的实例。这个普通的飞蝗种(乙 702)的雄虫,如果正当他和雌虫调情或交尾之际有别的雄虫过来和它们靠近,就会由于愤怒,或由于嫉妒,而发出唧唧之声。普通的蟋蟀(house-cricket),如果夜间受到惊动,会用鸣声来使它的同类提高警觉。㉙在北美洲,"嘉娣迪德"虫(土名 katy-did,即乙 782,螽斯科的一个种)的雄虫,据有人描写,㉚躲在一棵树的高枝上,到了晚上,就开始聒耳地高唱起来,而邻树枝头上的其他雄虫便随声应和,于是旁近所有的灌木丛中都一阵阵地唱起"嘉娣—迪德—嬉—迪德"[2](katy-did-she-did),通宵来个不停。在谈到欧洲的田野蟋蟀或田蟋(field-cricket,自是蟋蟀科的一个种)时说,"有人曾经看到雄蟋蟀一到晚上就在他的洞口待着,唧唧地高唱起来,一直要到一只雌蟋蟀来到,才把声音降低,于是这个唱出了结果来的歌手一面继续低声浅唱,一面用触须向他赢来的配偶开始进行拥抱。"㉛斯克德尔(甲 594)博士用一根羽毛管在一把锉刀上磨擦作声,居然能够把一只这一类的虫激动起来,而得到它的反应。㉜西博耳特曾经在这一类昆虫的两性身上发现一套值得注意的听觉设备,发现它们是安在前肢里面的。㉝

直翅类三个科的发声的方法是不一样的。在蟋蟀科的雄虫，左右前翅上具有同样的一种装备，其在田蟋（乙 459，图 11），据兰杜沃的叙述，[34]是由前翅的一根翅脉阴面所长的从 131 至 138 根横梁或排齿（图中 st）构成的。这条有排齿的翅脉和另一前翅阳面上的一条隆起、光滑而坚硬的翅脉可以急剧地两相磨刮。起初是左前翅在右前翅上面磨刮，接着是调转过来，如此不断地更迭活动，就发出连续的鸣声来。而为了增加声音振荡的程度，两前翅在轮番磨刮之际，又略微掀起而变得临空一些。在有几个种里，雄虫前翅的根上又备有一片发亮发滑得像是云母石制成的东西。[35]下面我就另一个种的蟋、家宅蟋或家蟋蟀（乙 460）提供一幅插图（图 12），所示的也是翅脉阴面的排齿。关于排齿的所由形成，格茹贝尔博士曾经指出[36]，它们是从身体与翅膀上原有的一些细小的鳞片和茸毛，通过选择的帮助，发展而来的；而这是和我就鞘翅类的发音器官所达成的结论不约而同的。但格茹贝尔博士进一步地指出这种发展

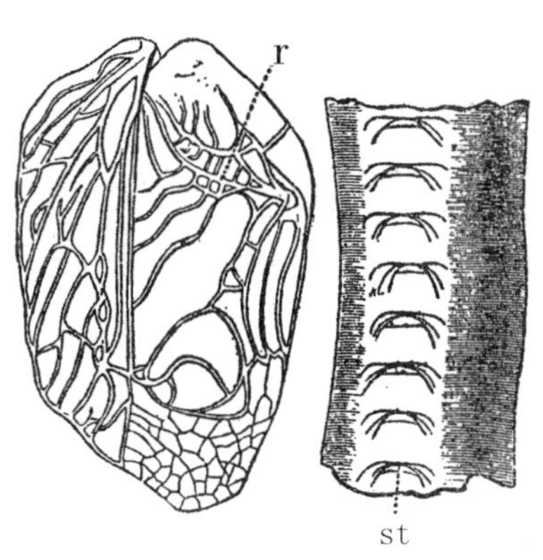

图 11　田蟋。（采自兰杜沃）
右图：放大了许多倍的，前翅翅脉的一部分，示发声用排齿 st。
左图：前翅的阳面与其隆起而光滑的翅脉，右图中的 st 即与此相磨刮而成声。

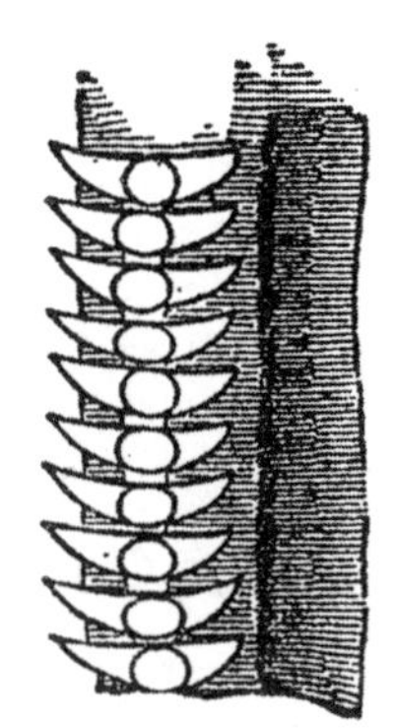

图 12　家宅蟋翅脉上的排齿。（采自兰杜沃）

一部分也未尝不直接由于两翅在不断摩擦的过程中所产生的刺激。

在螽斯科的直翅昆虫，左右两前翅在结构上是有所不同的（图13），因此，动作起来，不可能像上一科那样的相互更迭。好比演奏提琴，作为拉手或乐弓的左翅膀要放在右翅膀之上，而右翅膀等于提琴本身。左翅阴面的翅脉之一（图13，a）是作很细密的锯齿状

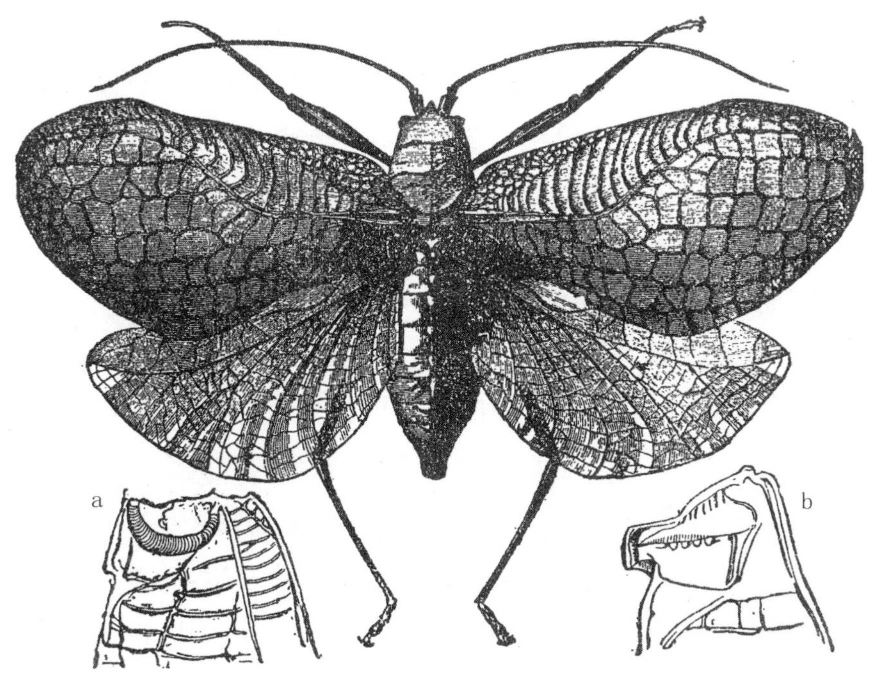

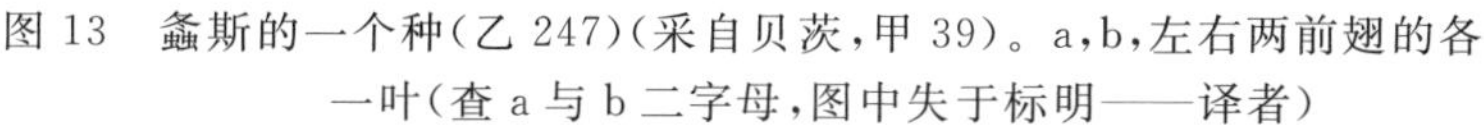
图 13　螽斯的一个种（乙 247）（采自贝茨，甲 39）。a，b，左右两前翅的各一叶（查 a 与 b 二字母，图中失于标明——译者）

的，而相对的翅膀，即右翅的阳面上的一些鼓出的翅脉就用来在这锯齿上面擦过，从而产生了声音。在我们不列颠的一个螽斯种（乙753），据我看去，这一条作锯齿状的翅脉所与摩擦的不是另一翅的一些隆起的翅脉，而是这翅膀的后缘的一角，这一段边缘成弧形，

作棕色，变得很厚，而又很锋利，适合于磨刮之用。在这种虫的右翅、而不在翅上，有一个小小的板片，透明得像一片云母，四周满布着翅脉，称为镜斑(speculum)。在同一科而不同属的另一个种(乙383)，我们看到一点次要而却很奇特的变化，就是，前翅变得小了许多，但“前胸部的后面一段变得抬高了，成为盖住前翅的一个圆顶形的东西，这样一个变化可能和增加所发出的声音的洪亮程度有关。”㊲

我们从这里看到螽斯科(其中我相信包括着全目中能力最强的一些歌手在内)的发音器官要比蟋蟀科的更加分化或更加专化，其在蟋蟀科，两只前翅上的此种器官的结构与功能是一模一样的。㊳但兰杜沃曾在螽斯科的一个属、黑螽属(乙 340)里，在右前翅的阴面，发现短而窄的一排小齿，虽部位正常，却已只是一些残留而不再能作为乐弓之用。在上文所说的那一个不列颠产的螽斯种(乙 753)的右前翅的阴面我自己也曾看到过同样的残留性结构。因此，我们不妨有把握地作出推论，认为当初有过一个和今天还存在的蟋蟀科相近似的祖先形态，即，左右两前翅的阴面都有一根作锯齿状的翅脉可以不分彼此地作为乐弓之用，而螽斯科的各种昆虫就是从这个祖先形态传下来的；但在这个科，在进化过程中，两只前翅，根据了分工的原理，逐渐分化，而越分越臻于完善，终于各有各的专司，一只作为乐弓，而另一只作为提琴。格茹贝尔博士也持有这个看法，并且指出，这种残留性的排齿是在右前翅阴面普通可以发现的东西，并不稀罕。至于再向前推一步，蟋蟀科方面的那种更为单纯的发声装备又是怎样地一步一步兴起的，我们还不知道，但有可能的是，两只前翅的根部，像现在一样，原先就是

彼此掩叠的；而彼此的翅脉上下相磨，当初也能发出一种轧轹的声音来，正如今天的雌虫的两只前翅所能作出的那样。㊴在雄虫方面，这样间或而偶然产生的轧轹之声，如果即便作为一种对雌虫求爱的召唤，而有到一小点点的用途，也就会，通过性选择，通过使翅脉增加其粗糙程度的一些变异的得到不断的保存与积累，而逐步加强起来。

在最后一科，即第三科，亦即飞蝗科或蚱蜢之类，唧唧之声所由产生的方式是和前两科的很不相同的，而据斯克德尔博士的研究，其声音也不如前两科的那样尖得刺耳。在雄虫后肢的股节或腿节的靠里边的面上（图 14，r）我们看到纵列的一排细小、精致、刀针状的、可以伸缩的齿状结构，齿的数目从 85 个到 93 个不等，㊵而这些就用来和两只前翅上面那些鼓起来的很锋利的翅脉相摩擦，使翅脉颤动而发出声音。海瑞斯说㊶，当一只雄虫开始演奏的时候，他首先把后肢的胫节弯到股节的下面，那里有一条专门把它容纳而安放下来的槽，然后全肢就倏上倏下地抽动起来，他在演奏时，左右两边的提琴并不同时进行，而是轮番的，先是这一只，后是那一只。在好几个种里，腹部下面凹进而成为一个大空腔，据信可以起回响板或扩音板的作用。在南非洲的飞蝗科的一个属（乙 788）（图 15）中间，我们遇上了一个新的变化，很值得注意；在雄虫的腹部，左右各斜出一条

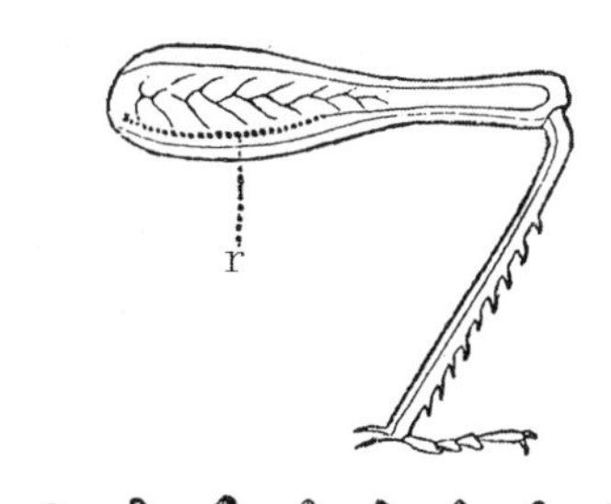

图 14　蝻母的一种（乙 898）的后肢：r 示发声用的排齿；下图示放大了许多倍的排齿之状（采自兰杜沃）

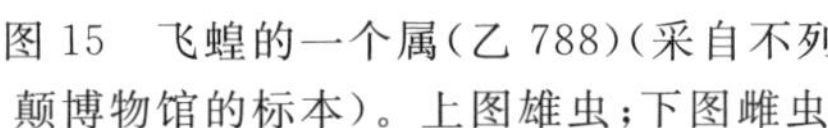

图 15　飞蝗的一个属（乙 788）（采自不列颠博物馆的标本）。上图雄虫；下图雌虫

横梁，梁上是一条凹槽，后肢股节上的排齿就用来和这条凹槽相摩刮而出声。[42]在这一个属里，雄虫是有翅膀的（而雌虫则没有），因此，值得注意的是，雄虫的股节所相与摩擦的却不是寻常的两只前翅，而是另有安排，但这也许可以从雄虫的后肢太小太短这一点得到说明。关于这一个属，不列颠博物馆中虽藏有标本，我却没有能把股节靠里的一面检视一下，但根据类推，这一面应该是很细致的作锯齿状的。这一个属的各个种，为了发出声音的目的而发生的变化，在全部直翅类昆虫里，算是最为深刻的了。因为，在各个种的雄虫，整个的躯干已经转变成为一件乐器，全部充满了空气，涨得大大的，像个透明的气囊，目的无非是为了使所发出的声音变得更为洪亮。特瑞门先生告诉我，好望角，一到晚上这些昆虫，所造成的声音可以大得惊人。

在上面所叙列的三个科里，所有的雌虫几乎都没有一个比较

有效率的音乐装备。但也还有少数几个例外，因为格茹贝尔博士曾经指出，在上文所说前胸部有所抬高而把前翅盖住了的那一个螽斯种(乙 383)，尽管雌雄虫身上的发音器官在一定程度上有所不同，两性却都具备了有效率的装备。因此，我们不能认为，雌虫身上的这些器官，像许多其他动物身上的一些第二性征所被认为具有的那种情况一样，即，当初是从雄虫身上通过遗传而分移过来的。这些器官一定是在两性身上各自独立地发展出来的，因为每到恋爱的季节，向异性发出召唤无疑是双方都有需要的一件事。在螽斯科的其他多数的属与种里(但据兰杜沃的意见，黑螽这一属，乙 340，不在此数)，雌虫具有正常属于雄虫的一些发音器官的残留，这些，与刚才所说的不同，也许起初是从雄虫那里分移而来的。兰杜沃在蟋蟀科的雌虫的前翅的阴面，以及在飞蝗科的雌虫的股节之上，都找到过这一类的残留。在同翅类昆虫，雌虫也具有音乐装备，结构虽也正常，却不发挥什么功能；而我们将在下文看到，在动物界的其他部门里，存在着许多的例子，说明正常属于雄性的一些结构往往以一种残留的状态在雌性身上出现。

兰杜沃曾经观察到过另一个重要的事实，就是，在飞蝗科的雌虫身上，股节上发音用的排齿，毕生如一，不起变化，即，起初在两性幼虫身上所出现的那个状态在她身上是始终维持于不变的。而反之，在雄虫身上，这些排齿会进一步发展，而到了最后一次脱壳之后，即雄虫变得成熟而准备繁育的时候，就取得了应有的完善的程度。

根据到现在为止所已提供的事实，我们看到直翅类昆虫的雄虫所由发出声音的一些手段是极为多种多样的，并且和同翅类昆虫所用的那些完全不同。㊸但在整个动物界里,我们时常发现用千变万化的手段来达成同一个目的的情况。这似乎是由于在漫长的时代过程之中整个的有机体的组织曾经经历过千差万别的改变,而每当组织的这一部分和那一部分先后发生变异,变异之所得总是为了一个总的共同目的而受到了利用。直翅类的三个科以及同翅类的昆虫所表现的发声手段的花样繁多在我们思想上留下了深刻的印象,使我们认识到为了召唤或诱致雌虫,对雄虫来说,这些结构真有它们的高度的重要性。自从不久以前我们根据斯克德尔博士的发现,㊹而知道了过去进化的时间原是绰有余裕以来,我们对于直翅类昆虫在这方面所曾经历的变化的分量之大,也就用不着感觉到奇怪了。不久以前,这一位自然学家在纽布隆斯威克(New Brunswick——加拿大东部省区——译者)的属于泥盆纪的(Devonian)的岩层里发现了一只昆虫的化石,而这一只昆虫便已具备有"今天螽斯科昆虫的雄虫身上所有而为大家所熟悉的鼓膜(tympanum)或发音装置。"这一只昆虫,尽管更多的程度上和脉翅类昆虫分不开,看来,像一些很古老的生物形态所时常有的那种情况一样,可以构成一条桥梁,把脉翅类和直翅类这两个有亲缘关系的目具体地联系起来。

关于直翅类,我余下要说的话已经不多了。有若干个种是很好斗的;当两只雄的田蟋蟀或田蛛被禁闭在一起,他们要斗一个你死我活;而有人描绘过螳螂属(乙 598)的各种会使它们的剑一般的前肢像骠骑兵使他们的佩刀一样。中国人把蟋蟀养在竹制的小笼子里[3],组织它们斗,像组织斗鸡斗那样。㊺关于颜色,有些非不列颠境内所产的蝗虫是装饰得很美的,后翅上标有红、蓝、黑等颜色，但在整个直翅类里，雌雄两性在颜色方面的差别既然不大，差别较大的亦只极少数的几例，这些鲜明的颜色的由来看来是和性选择没有什么关系的。显眼的颜色也许对这些昆虫有些用处，就是，通知可能的敌人它们是不中吃的。例如有人观察到过，㊻把一种印度的颜色华丽的蝗虫喂禽鸟和蜥蜴，总是被拒绝不吃的。但在这个目里，两性在颜色上有差别的例子我们知道是有几个的。美国有一个种的蟋蟀㊼，据有人描写，雄虫白得像象牙一般，而雌虫则颇有变异，从几乎全白到带绿的黄色或淡墨色，都有。沃耳希先生告诉我，在竹节虫科（乙 757）的一个种（乙 889），成年的雄虫"作发亮的棕黄色，而成年的雌虫则作呆板的灰棕色，没有光泽；至于幼虫，则两性全是绿色。"最后，我不妨提一下有一种奇特的蟋蟀，㊽雄虫头上备有"一条长长的膜状的附赘悬疣，可以挂下来把面部遮住，像一具面纱"；但用处何在，我们不知道。

脉翅类这一目。——关于这一个目，颜色而外，需要说明的很少。在蜉蝣科，两性灰暗的颜色大致相同，只略有浅深之别；㊾但看来雄虫并不因此而变得对雌虫有什么吸引的力量。蜻科，即蜻蜓类，饰有绿、蓝、黄、朱红诸色，并能发出金属一般的光彩，很是漂亮；而两性之间也往往各有不同。例如，威斯特沃德教授说道，㊿豆娘科或色蟌科（乙 16）里有几个种的雄虫"作浓蓝色，外加黑色的翅膀，而雌虫则一身翠绿，加上透明无色的翅膀。"不过在其中有一个种，称阮伯尔氏蟌（乙 15），两性的颜色配备恰好与此相反。[illegible]localhost51
在北美洲的蜻科里有一个范围很广泛的属（乙 477）光是雄虫在每只翅膀的底部有一个很美的洋红色的圆点，雌虫没有。在䱐蜓属

(乙 38)的一个种(乙 39),雄虫腹部尽处作一种鲜明生动的绀青色,即海蓝色,而在雌虫,则作草绿色。在与此关系相近的另一个属,岩蜓属(乙 451),以及其他几个属,则是另一种情况,两性在颜色上没有多大分别。在整个动物界中,在亲缘关系很相近密的形态之间,这一类两性之间在颜色上或则大不相同、或则差别不大、或则完全一样的例子是所在都有的事。在蜻蛉科的许多虫种里,尽管两性之间在颜色上有这么大的差别,究竟哪一个性见得尤为鲜美,是往往难于指出的;而我们刚才已经看到,在有一种豆娘或螅,两性把寻常应有的色别对调了一下,究竟哪一性更为漂亮,就更不容易说了。在所有的例子里,种种不同颜色之所以取得,看来都不像是为了自卫的目的。麦克拉克兰先生对蜻科一直在作仔细的研究,写信对我说,各种蜻蜓——昆虫界的暴君霸主——在各类昆虫之中,是最容易受到禽鸟或其他敌人的袭击的;他又表示相信,它们的鲜美的颜色在两性关系上是一种吸引的手段。某些种的蜻蜓似乎为某几种特定的颜色所吸引:帕特尔森(甲 514)先生观察到[52]雄虫作蓝色的几种豆娘成群地停留在大渔网的漂在水面的漆着蓝色的浮子或浮标上面;而另有两个种则受到发亮的白色所吸引。

谢耳弗尔(甲 577)最先注意到如下的一个有趣的事实,就是,在这一个科下面、属于两个不同亚科的若干个属,雄虫从在蛹的状态冒出来的时候是和雌虫在颜色上完全一样的,但不久以后由于他们渗透出某一种油质的东西,雄虫的身体变而为显眼的乳青色,不再与雌虫相同了,而这种油质是可以在醚式酒精里溶解的。麦克拉克兰先生认为,在有一个种的蜻蛉(乙 555),雄虫的这一颜色的变化一直要到蜕变后将近两个星期而两性准备进行交尾的时候才发生。

根据勃饶乌尔，[53]在网翅属（乙 656）的某几个种里存在着一种奇特的一性两形状态，在雌性个体中，有些具有寻常的翅膀，而其余的雌虫，则像本种的雄虫一样，有细密的网状的翅。勃饶乌尔"根据达尔文学说的原理对这一现象提出了一个解释，认为翅脉的细密而作发网之状这一点原是雄虫的一个第二性征，但后来通过遗传而分移给了雌虫，按照一般的情况说，本该分移给所有的雌虫的，而在这里，见得突然的是，只分移给了一部分的雌虫，而不是全部。"麦克拉克兰先生告诉过我另一个一性两形状态的例子，就是，在豆娘或螅属的若干个种里，有些个体作一种橙黄色，而凡属有此颜色的个体没有例外的是雌的。但这也许只是一个返祖遗传的例子，因为凡属在真正的蜻蛉科的昆虫，如果两性的颜色有所不同的话，雌虫全都作橙黄色或黄色；因此，如果我们假定豆娘或螅这一个属是从在性征上和典型的蜻蛉相近似的某一个原始形态传代而来，则这样一个变异倾向之所以单单在雌性一方面发生就不足为奇了。

许多种的蜻蜓尽管体型大、力量强，未见得凶狠，据麦克拉克兰先生的观察所及，雄虫彼此战斗的情况是未经见过的，但他也相信，豆娘或螅属中有几个体型较小的种的雄虫也未尝不爱打架。在这一目里的另一个物群，即白蚁（乙 926），当其在交尾季节里云集而蜂拥的时候，雌雄虫都忙于东奔西跑，"在雄虫追逐雌虫的一般光景之中，有时候可以看到两雄追逐一雌，彼此相争相竞，迫不及待地要把锦标夺取到手。"[54]这一目里有一个种，白书生（乙

108)，据说能用它的大颚发出一种声音，而其他的同类能加以应答。[55]

膜翅类这一目。——谁也很难看齐的那位观察家法勃尔(甲229)，[56]在描写形似黄蜂的那种昆虫——砂蜂(乙 196)的时候说，“两雄之间，为了占有某一只特定的雌蜂，时常进行战斗，而雌蜂呢，坐在枝头作壁上观，看上去像是全不相干似的，而当胜负一经决定的时候，便悄悄地和胜利的一方双双飞走了。”威斯特沃德说，[57]“有人看到锯蜂科(saw-fly，即乙 924)的一个种的雄蜂正在彼此战斗，双方的大腮锁在一起，拆也拆不开。”法勃尔先生既然说到砂蜂的两只雄峰为一只特定的雌蜂而大打出手，我们在这里不妨提醒一下，属于这一个目的昆虫都有久别重逢、彼此相识的本领，并且相互依恋之情也很重。例如，一向以准确著称而谁都信赖的迂贝尔有一次把若干只蚂蚁从它们的群里分离开来，过了大约四个月，它们碰上了以前一度也属于这个蚁群的另外若干只蚂蚁，它们立刻彼此相认，相互用触须来表示亲热。要不然，不同群而陌生的蚂蚁相遭遇总是要打起来的。再如，当两个蚁群在战场相见，属于同一个群的蚂蚁，在一般混乱之中，有时候也互相攻击，但它们很快会发觉错误，而彼此转相抚慰。[58]

在这一个目里，两性在颜色上通常是有些轻微的差别的，但相差得很显眼的例子极少；只是在蜜蜂这一科里有些例外；然而在某几个科属里，两性的颜色都是美丽非凡——例如，在青蜂这一个属(乙 250)中最通行的颜色是朱红和发金光的绿色——以致我们情不自禁地想把这结果归因到性选择身上去。据沃耳希先生的观

察,[59]在姬蜂这一科(乙 510)里,雄蜂的颜色几乎是普遍地要比雌蜂浅淡一些。而反之,在锯蜂科(乙 924),雄蜂的颜色一般比雌蜂为深。在树蜂一科(乙 880),两性的颜色往往不一样,例如在其中的一个种(乙 879),雄蜂身上有橙黄色的横带纹,而雌蜂则作深紫色;但两性之中究属哪一性装饰得更为美丽,是不容易说的。在树蜂的一个种鸽形树蜂(乙 957),雌蜂的颜色要比雄蜂鲜艳得多。据斯米思先生见告,好几个蚁种的雄蚁是黑色的,而雌蚁则带黄褐色。

在蜜蜂这一科里,尤其是不合群的几个蜜蜂种,我也从这位昆虫学家那里听说,两性的颜色往往不一样。雄蜜蜂一般要比雌的更为美好;而在其中的大蜂或虎蜂亦称圆花蜂这一个属(乙 122)以及另一个属(乙 74),雄的在颜色上的变异趋向比雌的为大。在有一个蜜蜂种(乙 54),雄蜂作很深的暗黄色或棕褐色,而雌蜂则黑色:而木蜂属(乙 1002)的各个种的雌蜂亦然,至于雄蜂则作鲜黄色。在另一方面,有些蜜蜂种的雌虫要比雄虫更为鲜艳得多,有一个颜色暗黄的种金黄地花蜂(乙 40)就是一个例子。这一类两性在颜色上的差别很难用自我保护的观点来解释,而认为雄蜂缺乏自卫的能力,因为需要一些保护色,而雌蜂则备有强有力的螯刺,可以不在乎。赫·缪勒尔[60]一向特别注意蜜蜂类的习性,把这些颜色上的差别主要归因于性选择。蜜蜂类对颜色有敏锐的感觉,这一点是肯定的。他说雄蜂总是那么迫切地追求雌蜂,并且为此而彼此厮打;在某些蜜蜂种里,雄蜂的大腮要比雌蜂的为大,其所以大,他就用雄蜂之间的不断战斗这一点来解释。在有些例子里,雄蜂在数量上远远超出雌蜂,有的只是在繁育季节里的早期如

此，有的只是在某些地区如此，有的则经常并且在各地都如此；但在其他一些例子里，也有雌蜂在比数上见得比较多于雄蜂的情况。在有些种里，更为美丽的一些雄蜂看去像是受到雌虫的选取；而在另一些种里，则更为美好的雌蜂得到雄蜂的选取。因此，在某些蜜蜂属（赫·缪勒尔文，页 42），几个种的雄蜂彼此之间在外表上很不相同，而在其他的几个属，则情况正好与此相反。赫·缪勒尔认为（所引文，页 82）两性之一通过性选择而取得的颜色往往会通过遗传而被分移到另一性的身上，只是在被分移到的一方的变异程度要大些罢了，正如雌蜂的花粉收集器往往被分移到雄蜂身上那样，而对他来说，这器官却全无用处。[61]

欧洲的蚁蜂（乙 644）会作出唧唧之声，而据古茹（甲 275）的了解，[62]两性都具备这种能力。他认为这种声音是由腹部的第三个环节与前面的一些环节互相摩擦而发出的，而我自己发现这些环节的表面上都有一套隆起的同中心的大小圈圈，相摩而出声的大概就是这些了。但我又发现接纳头部而与头部发生关节联系的前胸环（thoracic collar）的表面上也有这种圈圈，而经过用针尖磨刮，也能发出同样的声音。在这一种膜翅昆虫，雄虫有翅，而雌虫则没有，因此，两性兼具这种发声的能力这一层是出乎意料之外的事。各种蜜蜂也能表达某些情绪，这一层是大家所熟悉的，如愤怒的情绪是用嗡嗡之声的音调的改变来表达的；而据赫·缪勒尔的了解（前引文，页 80），有些蜜蜂种的雄蜂，在追逐雌蜂的时候，会发出一种奇特的歌唱之音。

鞘翅类这一目（即各种甲虫）。——许多种甲虫的颜色和它们所时常来往的地点或场合的颜色相似，从而得以避免被敌人发觉。

另有一些甲虫种，例如南美洲产的一种象虫（diamond-beetle），饰有很华丽的颜色，并且用条纹、斑点、十字形以及其他漂亮的花色作出各种图案的安排。除了某几种以花朵为食物的甲虫种之外，这一类颜色的安排很难提供什么直接的自卫作用，但它们也许可以用来作为一种警告，或一种标志，使敌人有所顾忌，是和萤的发放磷光出乎同一个原理的。在各种甲虫，两性在花色上既然是一般地彼此相似，我们就没有什么证据来资以说明这些花色是通过性选择而取得的，但这一层事实上怕虽不会，至少事理上还不无可能，就是，当初首先由两性之一把它们发展了出来，后来又通过遗传把它们分移到了另一性的身上，而就那些具有花色以外的其他显著的第二性征的甲虫科属来说，这样一个看法甚至在某种程度上符合于事实的发展，亦未可知。没有视觉的各种甲虫当然无法看到彼此的美色，因此它们之中，据我从小沃特尔哈乌斯[4]（甲685）先生那里听说，尽管外表往往也很光滑，却从不表现什么好看的颜色。但它们这种颜色的灰暗也还可以有别的解释，就是，这一类的甲虫一般都生活在洞穴里或其他阴暗的地方。在有几种长角甲虫（乙 566），尤其是在属于锯蠰科（乙 804）的某几个种，两性之间在颜色上是有差别的；上文所说的既然是这一目中的一个通例，这些却是例外了。其中多数的体型都比较大，而颜色也华丽。我在贝茨先生的收藏里看到赤翅虫属（乙 813）[63]的雄虫一般比雌虫红些，也晦暗些，而雌虫则是不同程度地带金光的绿色，很是华美。而反之，在其中的一个种，情况却是对调了一下，雄虫绿色中发金光，而雌虫则红里带紫。在有一个属（乙 390）中，某一个种的两性在颜色上的区别是如此之大，以至一度曾经被列为两个不

同的种；其中另有一个种的两性虽同样的是金碧辉煌，而雄虫的胸部却是红的。总之，据我判断的能力所及，在锯蠰（乙 804）这一物群中，在凡属两性颜色上不同的几个种，总是雌虫一方面尤为浓艳，而这是和有关通过性选择而得来的那一类颜色的通例不相符合的。

在许多甲虫种里，两性之间最值得注意的一个区别是雄虫有巨大的角，从头部、胸部、或唇基（clypeus），或在一些少数的例子里，从身体的下面，崭然突起；而雌虫则没有。在包罗很广的瓣角甲虫这一类（乙 535）里，这些角和各种四足类动物的角，如鹿角、犀角等等有些相像，在大小长短上，在形状上，变化多得出奇。为了代替文字描写之劳，我把其中尤为引人注目的一些形态的雌雄虫制图列在下面（图 16 至 20）。一般地说，雌虫只表现有一些角的残留，有的是些圆疙瘩，有的只是一些隆起；而在有些例子里，连这些都不存在。然而在有一个种（乙 751），雌虫的角也很发达，几乎和雄虫的相等，而在属于同一个属和属于小犀头属（乙 276）的若干个种，雌虫的角的发达比雄虫只略逊一筹而已。贝茨先生告诉我，在这一个

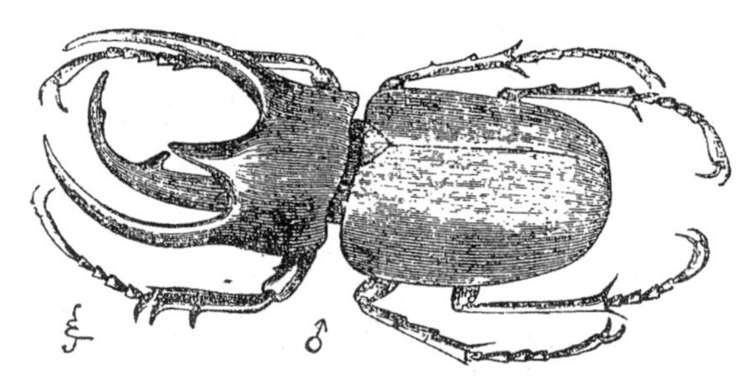

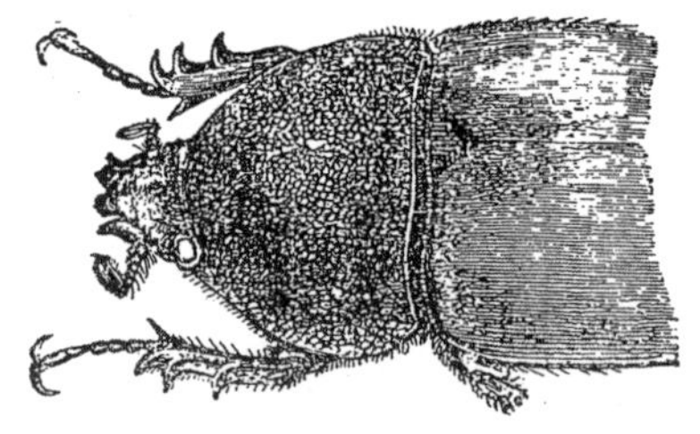

图 16 铜甲虫（乙 224）。上图，雄虫（较原形为小）；下图，雌虫（原大小）

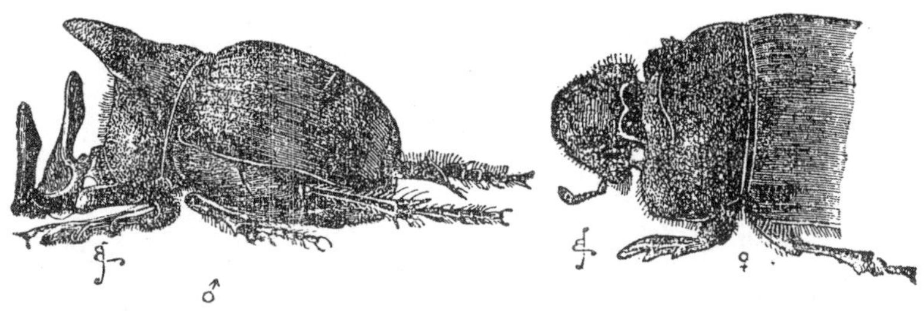
图 17 小犀头的一个种(乙 277)。左图为雄虫,下仿此

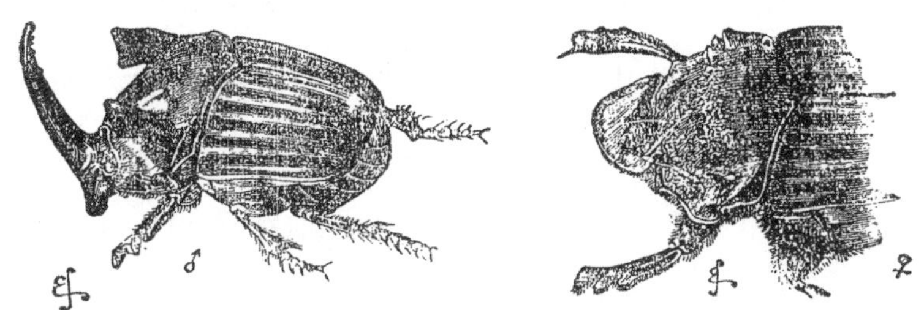
图 18 瓣角甲虫的一个种(乙 750)

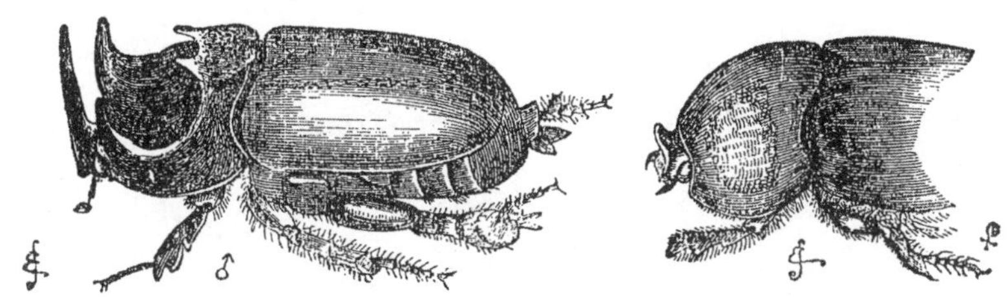
图 19 双犀角虫(乙 350)

图 20 黑团蜣的一个种(乙 670)(比原形为大)

科下面的若干部门之间,自各有其一些重要的足以辨别彼此的特征性质的差别,而就角的一点而论,其为重要,赶不上其他的一些

特征。例如，在黑团蜣（乙 669）这一个属的内部，就有几个种是一角的，另有几个种是双角的，这说明它并不很关宏旨了。

在几乎所有的例子里，关于角，还有值得注意的一点，就是，它们的变异性非常之大；正因为如此，所以，从具有最高度发达的角的雄虫起，到角已经退化得几乎和雌虫无法分辨的雄虫止，其间各种不同的程度都有，构成一个渐进的系列。沃耳希先生发现[64]，在有一个瓣角甲虫种（乙 749），有些雄虫的双角要比他们的同类长出三倍之多。贝茨先生在检查了一百多只的黑团蜣的一个种（乙 670）（图 20）的雄虫之后，认为他终于找到了双角的大小长短已成定局而不再变异的一个种；但后来的研究证明变异还是有的。

这种角既特别巨大，而它们在血缘关系近密的各个种之间的结构又大为参差不齐，说明它们之所以形成是不无目的的；但在同种的雄虫之间，它们却又如此之变异不定，根据这些矛盾的情况来作推论，我们只能说，这种目的的性质是不可能太具体的。这些角上并不表现什么磨折过的痕迹，这说明它们并不被用来进行什么日常的工作，如掘地之类。有些作家认为[65]，雄虫在外边的走动既然要比雌虫多得多，他们就有角的需要，来保卫自己，抵御敌人；但这些角往往钝而不利，又似乎并不太适合于自卫之用。最明显而容易作出的猜测是，雄虫可以用它们来彼此进行战斗，但谁也从没有见过雄虫互相打架。贝茨先生在仔细检查了许许多多的这些虫种之后，也没有能发现任何足够的证据，有如伤残了的肢体之类，来说明它们确有这一个用途。如果雄虫真的是习惯于彼此战斗的话，他们的躯干大概会通过性选择而比现有的更为加大一些，从而超出雌虫的体型大小，但贝茨先生，在把小犀头所属的那一个科（乙 275）的一百多个种的雌雄虫逐一比较之后，在所有发展良好的个体之间，没有能在这方面发现任何显著的差别。不仅如此，在有一个甲虫属（乙 551），也是瓣角甲虫类这个一大部门中的成员，据有人知道，雄虫之间是爱打架的，然而这一个属的雄虫却不长角，只是他们的大颚要比雌虫的大得多而已。

由此看来，角之所以被取得，最符合于各种事实的结论是，为了装饰之用。这些事实是，上面已经说过：一方面，在同一个虫种之中，它们虽大为发达，而却又并不成定局——它们的极度变异性就说明了这一点；而另一方面，在关系十分近密的各个虫种之间，它们又是极度的花样繁多，不拘一格。乍然看去，这样一个结论或看法像是非常的未必合于事实；不过我们将在下文发现，在比昆虫在进化阶梯上高出了很多的许多类的动物如鱼类、两栖类、爬行类和鸟类，种种尖顶形的或球状的附赘悬疣，以及角呀、冠呀等等之所以发展出来，看来也不可能是为了别的，而是为了唯一的这样一个目的。

残角甲虫（乙 668）（图 21）与和它归入同一个属的其他几个种的雄虫在前肢的股节上各有一个角状的凸起，而在胸部的底面又有一副叉或一对角。根据别的昆虫的一些类似的结构而加以判断，这些大概是用来帮助他把雌虫卡住的。尽管这种雄虫在全身的阳面完全没有丝毫角的痕迹，然而雌虫的头上却清楚地表现有一只独角的残留（图 22，a），以及胸部又有一个顶尖的遗迹（同图，b）。看来相当清楚的一点是，雌虫胸部的这一个顶尖的残余，尽管在这个特定的虫种的雄虫胸部现在完全不存在，当初却是他所正常具有的一个较大的凸起。因为，我们知道，在胸角甲虫(乙 140，所属的属和残角甲虫这一个属“乙667”，是最为近密而中间没有间

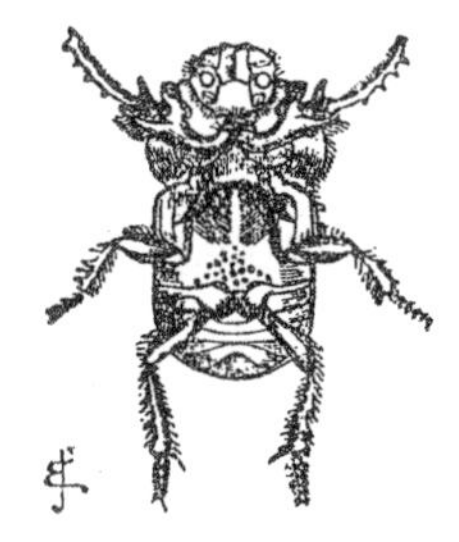

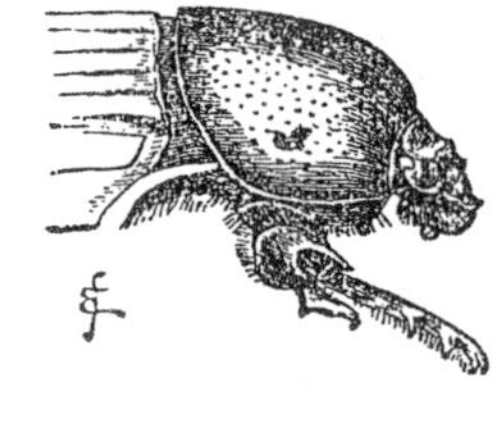

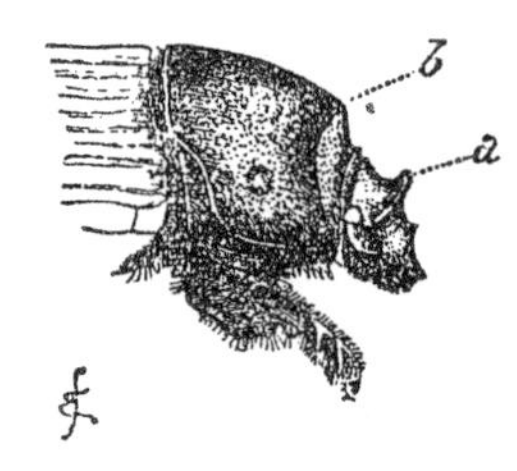

图 21　残角甲虫(乙 668)，示雄虫腹面

图 22　同上图虫种，左示雄虫的侧面。右示雌虫：a，示头部独角的残留；b，示胸部独角或尖顶的痕迹

隔的两个属)，雌虫胸部也有一个同样的细小的顶尖，而雄虫，在同一地位，却长着一个巨大的凸起。由此我们再一度地看到，很难再有所怀疑的是，上文所说那一个种的残角甲虫(乙 668)以及其他关系很近的两三个虫种的雌虫头部的那个小尖端代表着当初的一只独角的残留，而这一种独角，在今天，在这么多的瓣角甲虫类的虫种的头部依然是个普通的性状，其在雌虫的角也相当发达的那个属(乙 748)的一些虫种(图 18)里，情况也是如此。

从前有个老想法或旧信念，认为残留这类东西是经过特别创造而来的，为的是要补足自然界预定的某种方案或格局，现在从这一个科的甲虫看来，这个想法不但站不住，并且站不住到了一个适得其反的地步，因为我们在这里看到的恰好是寻常事态的一个十足的倒转。我们有理由猜想，现在头上没有角的雄虫原先是有角的，并且把它作为一个残留的状态分移给了雌虫，像在如此之多的

其他瓣角类甲虫中间的情况一样。至于这些雄虫为什么后来又把这种角丢掉了呢，我们不知道，但这种丢失也许是根据了所谓补偿的原则，就是，由于身体底面上的大角与其他凸起的新发展，移东方才可以补西，头部的角就让位了，而大角与其他凸起的发展既然只限于雄虫，雌虫没有这问题，于是在她身体阳面的一些角与凸起的残留就没有被取消的必要了。

到目前为止，我们所举的例子都是属于瓣角一类的甲虫的，但此外还有少数不属于这一类的甲虫种的雄虫也未尝没有角的装备，这些甲虫种分属于分隔得很远的两个科，一是象甲虫科（乙299），又一是隐翅虫科（乙 896）——在前者，角长在身体的底面，[66]而在后者，则在头部与胸部的阳面。在隐翅虫科，在同一个虫种之内，雄虫的角有非常大的变异性，和我们已经在瓣角甲虫类中间所看到的情况正好一样。在其中的扁螯（乙 875）这一个属里，我们遇到一个一性两形状态的例子，因为雄虫可以分成两批，彼此在体型的大小上和角的发展上有着巨大的区别，而两者之间又没有什么中间状态的层次。在同一科的另一个属（乙 119）里，有一个种（乙120）（图23），威斯特沃德教授讲到它的时候说，“我

图 23　隐翅虫的一个种（乙 120）。左图，雄虫；右图，雌虫。比原形扩大

们在同一地段里可以找到不相同的一些雄虫标本，有的胸部中央的那只角很大，而头部的双角则很小，是些残留，有的胸部的那只

角短得多，而头部的两处隆起却延伸得比较长。”[67]看来我们在这里碰上了一个补偿的例子；我们刚才对残角甲虫（乙 667）的雄虫曾经假定其为有过头部的角，而后来丢失了，之所以敢于作出这样一个假定，是由于这个例子的启发。

战斗的法则。——有些甲虫种的雄虫，看去像是不适宜于战斗的，为了占有雌虫，却也进行同类之间的冲突。沃勒斯先生[68]看到过两只长吻虫（乙 549）的雄虫，一种身体作条形而嘴吻拉得很长的甲虫，它们“为一只雌虫而战，而雌虫呢，就在旁边，忙于钻一个窟窿。他们相互用长吻推来挤去，时而抓，时而打，看去显然是带着满腔怒火。”但其中较小的一只“不久就退下阵来逃了，承认他打输了。”在少数几个例子的甲虫，雄虫的装备是很适合于战斗的，他们具有规模宏大的带齿的大腮或大颚，比雌虫的大得多。普通的鹿角虫或麋螂（乙 575）就有这种情况；鹿角虫的雄虫从蛹的状态脱颖而出要比雌虫早约一个星期，因此，一雌出世，我们就往往可以看到好几只雄的进行逐鹿。在这个季节里，他们进行凶狠的战斗。戴维斯（甲 181）先生[69]有一次把这种虫的两只雄的和一只雌的一起放在一只盒子里，较小的一只雄的在被较大的那只重创之下，终于放弃了他的雄心。有一位朋友告诉我，他在童年的时候，时常把雄虫放在一起，看他们斗，看到他们要比雌虫勇敢和凶狠得多，像许多高等动物一样。如果从他的前面捉这种虫，雄虫就会把你的手指抓住，而雌虫，尽管她们具有更强大的颚，却不会这样。在鹿角虫所属的锹螂科（乙 573），以及上面所说的长吻虫属中，许多个种的雄虫都比雌虫体型大，气力壮。瓣角甲虫类中有一个种（乙 552）的雌雄虫是同居在一个洞里的；而雄虫比雌虫备有

更大的大腮。在繁殖的季节里，如果一只陌生的雄虫试图闯进洞内，他就会受到攻击；雌虫也不是消极无事，她会把洞口堵住，并且从后面不断地推动雄虫，鼓励他前进；这种洞口的战役要坚持到入侵者被杀死或逃走为止。[70]另一个种的瓣角类甲虫（乙 106）的雌雄虫也是一对对地生活的，看来彼此很有依恋之情；雄虫会激发雌虫，让她把里面下了卵的牛屎之类滚成屎球；如果把雄虫取走，雌虫就会放下一切工作，而像勃吕雷里（甲 109）先生[71]所认为的那样，停留在原来的地点不动，直到她死亡。

锹螂科（乙 573）的雄虫的锹，即巨大的大颚，在大小与结构上都有极大的变异性，在这一方面他们是和瓣角类甲虫与隐翅虫科中许多个种的雄虫的头角与胸角相像的。这种大颚，从发展得最全备的一些雄虫起，到长得最差或者是最退化的那些止，也可以构成齐齐整整的一个系列。普通的鹿角虫的大腮，以及有可能还有其他许多甲虫种的大颚，尽管是有效的武器，可供战斗之用，而它们之所以变得如此规模巨大，是不是以可用这一层来解释，却还是一个问题。我们在上文已经看到，在北美洲的一种麋螂（乙 576），大颚是用来抓住雌虫的。这种大颚既如此显眼，又如此其枒杈四出，颇为漂亮，而又伸展得如此的长，实际上是不很适合于战斗之用的，因此，一种猜测就在我的思想上掠过，认为它们也许还有一个补充的用途，就是装饰，像上面所已叙述的许多甲虫种的头角和胸角峥嵘一样。在智利南部的一个种，格兰特氏交颚虫（乙 242）——属于这同一种的很漂亮的一种甲虫——雄虫具有发达而大得吓人的大颚（图 24）；他好勇斗狠，一经威胁，就会转过头来，张开大颚，同时发出很响的轧铄之声。但据我自己的经验，他的大

颚并不强，还不足以把我的指头夹得真正发痛。

性选择，意味着一些先决条件有如相当多的感觉能力和足够强烈的情欲的性选择，在这一个目里的各科来说，似乎对瓣角一类的虫种，比起对其他任何的科来，起过更为有效的作用。在有些种里，雄虫备有战斗用的武器；有些种的雌雄虫生活在一起，并且表现有相亲相爱之情；许多个种，一经刺激，会发出唧唧之声；许多个种具有奇异非常的角，看去大概是为了装饰之用；而习惯于白昼活动的一些种则打扮得色彩缤纷，十分华丽。最后，应该指出，世界上最大的甲虫种中的若干个是属于这一科的，并且曾经被林纳（甲 404）和法勃里休斯（甲 230）[5] 排列为鞘翅目的魁首班头。⑫

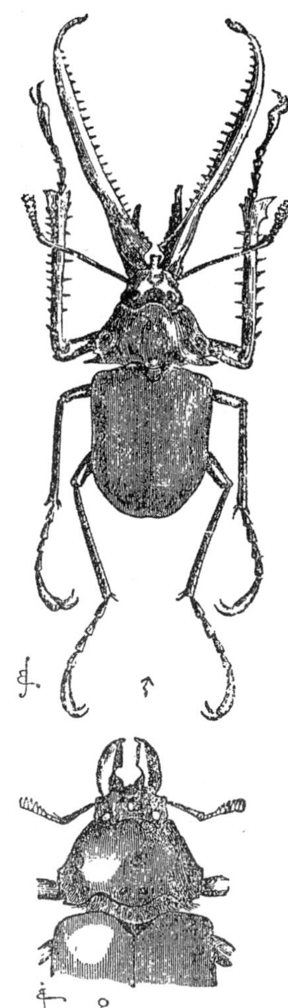
图 24 格兰特氏交颚虫，比原虫略缩小。上，雄虫；下，雌虫

发为唧唧之声的器官。——分属于许多关系远近不同的科的甲虫种都具备这种器官。由这种器官所发出的声音，有的几英尺之内可以听到，最远的可以到几码，⑬ 但这些声音和直翅目昆虫所作出的是无法比较的。受摩擦而出声的东西一般包括一片狭长而比较隆起的平面，上面刻画有许多很细而凸起的并行的横条纹，有时候可以细致到足以发出带虹彩的反光来，而在显微镜下面看起来相当漂亮。在有些例子，有如在灰

怪虫这个属(乙 983),在这片平面上,又满布着极为细小的刚毛似的或鳞片似的凸起,也大致构成一条条并行的线路,而并行了相当距离之后又和凸起而并行的横纹混了起来。这一过渡是通过和并行的横纹的由分而合,由斜行而成为直行,而同时,在合流处,又变得更为隆起、更为光滑。这是一方面,是剉板的这一面。另一方面是,在身体的与此相邻的另一部分有一条坚硬的脊梁,这就是刮具,用来刮剉板的,在有些例子里,这刮具还为此目的而经历过一番特殊的变化。用刮具很快地在剉板上划过,或者,反过来,用剉板在刮具上磨一道,声音就发出来了。

这些器官在虫身上所处的部位因不同的虫种而有不同,有的很不同。在以腐尸为食物的几种甲虫(蜣属或埋葬虫属,乙 650),有两块并排的这种剉板(图 25,r),在腹部的第五个环节的背面,左右各一,每块剉板[74]有凸起的并行横纹,或肋纹,126 到 140 条不等。这些肋纹构成乐器的一部分,又一部分是翅鞘的后缘,后缘的一小部分突出在翅鞘的一般轮廓之外,以此与剉板上的肋纹相磨,就出声了。在羊角虫科(乙 293)的许多个种,在金花虫的一个种,四星蜍(乙 252 属金花虫科,乙 263)和在拟蚑科(乙 923)的若干个种,等等,[75]剉板坐落在腹部后尖的背面,在尾板(pygidium)或前尾板(pro-pygidium)之上,也由翅鞘磨刮而发声,和上面所说的相同。在属于另一个科的异角虫属(乙

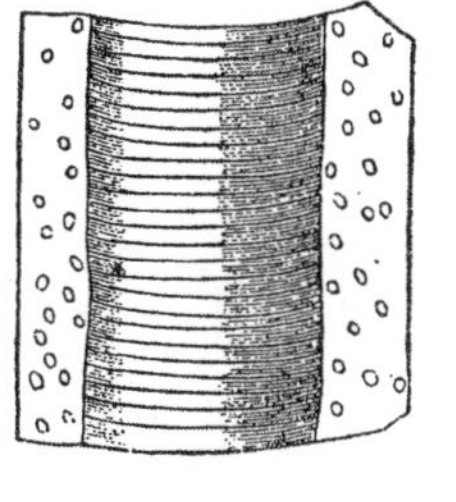

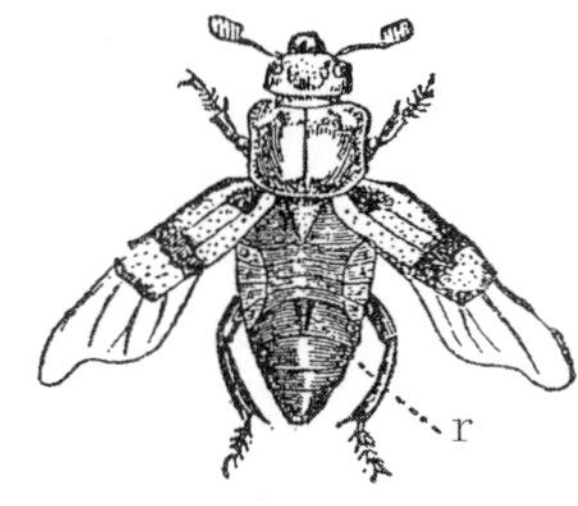

图 25　埋葬虫(采自兰杜沃,甲 381),r 示两块锉板。左图示锉板的一部分,高度放大之状

479)，剉板也是两片，安在第一个腹环节的两边，而所用的刮具却在股节或腿节之上，也是一条脊梁似的东西。[76] 在象甲虫科（乙299)和蚑科（乙 171)[77] 的某些甲虫种，这套发声器官的两个部分在部位上正好调了个儿，剉板是在翅鞘的阴面，靠近翅鞘的末梢，或沿着翅鞘的外缘，而一些腹环节的边缘却用来作为刮具。在赫尔曼氏水甲虫（乙 736，龙虱科，乙 359 的一个种）剉板是一条坚强的脊梁，在翅鞘上，靠近翅鞘的骑缝边缘而和它并行，梁上有许多横肋纹，中段的一些肋纹很粗糙，而两头则变得越来越细致，尤其是在上端的一头；如果这种水甲虫被按在水底下，或临空举起，它腹部的角质的边缘就会向这两块剉板，或剉条，进行磨削而发出轧铄之声。在很大一个数量的长角类甲虫种（乙 566)里，发声器官的部位和上面所说的很不一样，剉板是在中胸部，而向它进行摩擦的是前胸部。在天牛（乙 192)，兰杜沃曾经数得剉板上很细的肋纹多到 238 条。

许多个种的瓣角类甲虫也能作出磨剉之声，而其器官所在的部位也很不相同。有几个种的声音很响，斯米思有一次捉到一只瘤蚑（乙 974)，发出的声音很大，站在旁边的一个管理动物的人员以为他捉到了一只耗子；但我没有找出这种甲虫的这套器官究竟在身体的什么部分。在蜣螂（乙 447)和灰怪虫（乙 983)这两个属，剉板是一条脊状隆起，斜斜地横过后肢的基节（图 26，r)，至于剉板上的肋纹，在蜣螂的一个种（乙 448)是 84 条，而磨具或刮具是一个腹环节上的特别伸展出来的一小部分。与此关系相近的一个种的小犀头（乙 278)，剉板是很窄很窄的一条，安在翅鞘的骑缝边缘之上，大致沿着边，靠近翅鞘底部的外缘另有一个短短的剉板；

但在其他的小犀头种，据勒孔特（甲 392）说，[78] 剉板是安在腹部的背面的。在土掘虫属（乙 686），它是在前尾板之上；而据上面所说的同一位昆虫学家的话，在另一些象甲虫种（乙 358），则在翅鞘的底面。最后，威斯特仑说到，在勃仑氏甲虫（乙 666）这一个种，剉板坐落在前胸片（pro-sternum）之上，而刮具则在后胸片（meta-sternum）上面，都在身体的底面或阴面，和长角甲虫的在阳面的情况相反。

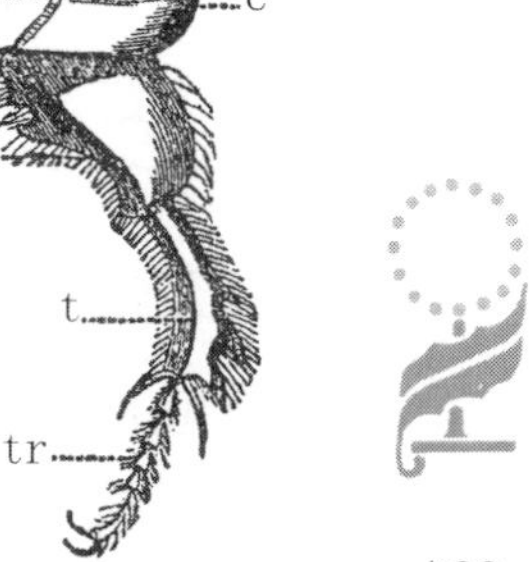

图 26　蜣螂（Geotrupes stercorarius）的后肢（采自兰杜沃）r，锉板。c，肢基节。f，股节。t，胫节。tr，跗节

由此可见在鞘翅类的各个不同的科里，发为磨剉之声的器官在坐落上真是花样多端，不名一格，而在结构上则差别不大。在同一个科以内，有些种有这方面的装备，有的则完全没有。这种变化繁多的情况是不难理解的：我们可以这样设想，就是，甲虫是有“甲”的，即有套坚硬而粗糙的外衣的。这些坚硬而粗糙的部分，只要彼此偶然接触，有些摩擦，就会发出一些轻微的轧轹之声，或嘶嘶之声；这是出发点，有了这个出发点，再加上所偶然发出的声音居然可以派些用处，于是一些粗糙的平面就渐渐地得到发展，而终于成为发声器官。有些甲虫，即便没有什么正式的发声器官，即在现在，只要身体一动弹，便会有意无意地发出一些轧轹之声，或事物抖乱之声。沃勒斯先生告诉我，长臂虫（乙 395，一种长角甲虫，雄虫的前肢拉得出奇的长），在走动的时候，通过腹部的一伸一缩，就能发出嘶嘶之声；而如果被捉住，通过后肢和翅鞘边缘的因挣扎而两相摩擦，更能发出轧轹之声。嘶嘶之声的来源是清楚的，就是，沿着每一只翅鞘的骑缝边缘

都有一条很窄的剉板；但轧轹之声的来源是一个问题，我曾试过，把这种甲虫的皱皮的股节来摩擦和它相当的那只表面作颗粒状的翅鞘，而取得了轧轹之声，但在这里我却找不到任何可以称为剉板的东西；而在这样一种体型很大的昆虫身上，要漏掉看不到是不大可能的。我在检查了一个种的驼蚑属（乙 303）的甲虫，并阅读了威斯特仑所写的关于它的情况之后，我认为这种甲虫究竟具备不具备任何真正的剉板是一个问题，尽管它有发出某种声音的能力，看来剉板是没有的。

根据直翅类和同翅类的先例，我本来指望鞘翅类的两性之间在发音器官方面会有差别；但兰杜沃检查过好些个种，没有看到这种差别；威斯特仑也没有；而克饶契（甲 170）先生在要把他惠赠给我的许多标本加工整理的时候也没有看到。但由于这一性状的变异性很大，如果两性之间有任何差别，而差别却很细致的话，要觉察出来也不是容易的事。例如，在我所检查过的第一对埋葬虫（乙 650）的标本和第一对的一个种的水甲虫（乙 735）的标本，雄虫身上的剉板要比雌虫的大得相当的多；但在后来检查到的几对，就不然了。在蜣螂（乙 447）我曾取雌雄虫各三只而加以比较，我发现雄虫的剉板似乎粗厚些，不那么透光，也更显然突出些；但究竟如何，终难肯定；因此，为了发现两性在发声的能力方面有无高下，我的儿子，弗·达尔文先生收集了五十七只活蜣螂，每一只用手指头同样地执持一下，方位相同，执持的松紧程度也相同，然后根据它们发声的大小，把它们分成两批。接着再查性别，他发现在这两批之中，雌与雄的比数都很接近于相等。斯米思先生养过象虫科（乙 299）中的有一个种（乙 628）养了好多，他深信两性都会“叫”，并且

听去没有什么高下。

尽管如此，在有几个种的鞘翅类甲虫，发出磨刮之声的能力肯定地是一个性征。克饶契先生发现在感日虫属（乙 467 隶拟蚑科，乙 923）的两个种里，只雄虫具有发声的器官。我为此检查了其中一个种（乙 468）的五只雄虫，看到五只全都有很发达的剉板，安在腹部最后一个环节的背面，分成两块而不全分；而在五只雌虫身上，则连剉板的残留都没有，雌虫腹部最后一个环节的膜是透明的，比在雄虫身上的薄得多。在其中的第二个种（乙 469），雄虫有和第一个种同样的剉板，但只是囫囵的一块，并无部分地分而为二的情况，而雌虫也完全没有；雄虫在翅鞘末梢的边缘，在骑缝的每一边，有三四条短短的纵行的脊状隆起，每条之上都有一些极为细致的横肋纹，而这些肋纹是和在腹部剉板上的那些相并行而相似的；这些隆起是不是构成一个独立的剉板，抑或是腹部剉板的刮具，我就无法判定了：雌虫则没有这些隆起。

再如，在瓣角甲虫的土掘虫属（乙 686）的三个种里，情况几乎可以和上面所说的并行。在第一个种（乙 687）和第二个种（乙 688）这两个种，雌雄虫的前尾板上虽都有剉板，板上的肋纹却不很一样，雌虫的肋纹没有雄虫的那么连续，那么清楚；但主要的差别在于，在雌虫，剉板所在的那一个环节的表面，在适当角度的光线之下看出，满是短毛，而在雄虫则没有这种毛或只有一些极细的茸毛。在这里我们应该注意，在全部鞘翅类里，凡属可用而有效的剉板所在之处是一概不生短毛的。在第三个种（乙 689），两性在这方面的差别尤为显著，如果把剉板所在的那个环节洗刷干净而当作一件透明的东西，对着光看，这差别就见得最为清楚。在雌虫，整个的表面长满了带刺的各自独立的小凸起，其在雄虫，这些小凸起虽也有，而越是前进而靠近腹部的末梢，它们却越是凑合在一起、越整齐，也越来越不带刺；因此，有关的腹环节的四分之三上面所铺满的不是分立的小凸起，而是许多极细致的并行的肋纹；而这在雌虫是没有的。但所有这三个种的雌虫的标本，如果把腹部弄软了，再把它前后推动，也会发出轻微的磨剉的声音来。

就上面所说的两个属，感日虫与土掘虫来说，几乎可以肯定地是，雄虫之所以发出唧唧之声是为了召唤和激发雌虫；但在多数的其他的各种甲虫，看来两性都能用这种声音作为彼此自然召唤的方式。甲虫的发声也因缘于它们的各种不同的情绪，好比鸟类运用它们的喉音，除了向异性歌唱之外，还有许多其他的目的一样。体型比较大的交颚虫（乙 241）会因愤怒或反抗而发声，其他许多种的甲虫如果被捉住而无由脱身，也会因苦恼或恐惧而作出同样的反应；沃拉斯屯和克饶契两位先生，在喀柰瑞群岛（Canary Islands——近非洲西北海岸——译者）上，用叩击蛀空了的树干从而取得唧唧之声的反应的办法来发现有一个属（乙 2）的几种甲虫。最后，有一种的瓣角甲虫（乙 106）的雄虫作唧唧之声来鼓舞他的配偶努力工作。而如果配偶被挪走，也会因伤心而发出同样的声音。[79] 有些自然学家认为甲虫作声为的是把敌人吓跑；但我想不通，能一口把一只大甲虫吞下肚去的一只走兽或飞禽真会被这小小的鸣声所吓退么？唧唧之声也是一种性的召唤这样一个信念也有一些事实的支持，就是称为番死虫（乙 42）的一种壁虱或扁虱会用嘀嗒之声互相应答，而我自己曾观察到过，也会酬答人为的类似的声音。德布耳代先生也告诉我，他有时候看到一只雌的扁虱

正在发出这种声音，[80]而一两小时之后，他发现她已经和一只雄虫结合了起来，而另有一次，则她正被好几只雄虫团团围住。最后，还应指出，大概许多种类的甲虫起初都通过身体上某些坚硬的部分彼此摩擦所产生的轻微的抖动的声音而能相互找到，而无论雄虫或雌虫，凡属能作出最大声的那些便最容易找到它们的配偶，于是，身体上不同部分的一些皱褶不平之处就通过性选择而逐渐地发展了出来，而终于成为能发出轧轹或磨剉的器官。

原　注

① 见勒博克爵士文，载《林纳学会会报》(丙 147)，第二十五卷，1866 年，页 484。关于下文的蚁蜂科，见威斯特沃德，《昆虫的近代分类》，第二卷，页 213。

② 在雄性身上的这些器官，即便在关系十分近密的种与种之间也往往各不相同，在划分种别的时候，它们是些出色的性状。麦克拉克兰先生对我说，从一个功能的观点来看，这些器官的重要性也许是被估计得太高了些。有人曾经提出看法，认为这些器官方面的哪怕是微小的差别就足够使一些明显的变种，或潜在的真种，无法进行杂交，因而促使它们得以各自发展，而成为新种。但根据许多见于记录的例子〔见，例如，勃朗，(甲 104)，所著德文《自然史》，第二卷，1843 年版，页 164；又如威斯特沃德文，载《昆虫学会会报》(丙 145)，第三卷，1842 年，页 195〕，说明有人观察到过，种别分明的雌雄两性也未尝不相交配，由此我们不妨作出推论，认为上面这一看法是很难符合于事实的。麦克拉克兰先生告诉我〔亦见《斯德汀城昆虫学时报》(丙 139)，1867 年卷，页 155〕(按斯德汀，Stettin，德国东北部城市——译者)，在石蚕科(乙 760)里，有好几个种就有这种情况，就是在性器官方面有特别显著的差别，迈尔(甲 459)博士曾经把这些种的雌雄虫关在一起，种虽不同，器官亦异，它们却交了尾，而其中有一对还产生了可以产生下一代的受了精的卵。

③ 见文，载《实用昆虫学人》(丙 109)，美国费城版，第二卷，1867 年 5 月，页 88。

④ 同上注③所引文，页 107。

⑤ 见《昆虫的近代分类》，第二卷，1840 年，页 205、206。沃耳希先生一面提醒我注意颚的这种形同而用则异的情况，一面又说到他曾经屡次观察到这些用法。

⑥ 在这里我们碰上了奇特而无从解释的一个两形状态的例子，因为在榜蜋属的欧洲产的四个种，以及水孔虫属的某几个种里，有些雌虫的翅鞘是光滑的，既没有深沟，也没有小孔；而在光滑的翅鞘与有沟或有孔的翅鞘之间更没有看到过任何不同程度的中间状态。参看夏乌姆(甲 576)博士文，载《动物学人》(丙 157)，第五、六合卷，

1847年—1848年，页1896。又见克尔贝与斯宾士合著《昆虫学引论》，第三卷，1826年，页305。

⑦　见威斯特沃德，《昆虫的近代分类》第二卷，页193。下文关于霉蛰以及其他在引号中的一些话则采自沃耳希先生文，载《实用昆虫学人》(丙109)，美国费城版，第二卷，页88。

⑧　克尔贝与斯宾士合著，《昆虫学引论》，第三卷，页332—336。

⑨　见所著《马德依腊群岛的昆虫类》，1854年版，页20。(群岛在大西洋中，摩洛哥之西。——译者)

⑩　见德布耳代(甲201)文，载《自然史纪事与杂志》(丙10)，第一卷，1848年，页379。我还不妨补充一点，在膜翅类的某几个种的昆虫，翅脉也是因性别而异的；参看佘卡尔德(甲607)，《善于挖掘的膜翅类昆虫》，1837年版，页39—43。

⑪　见贝茨文，载《林纳学会文刊与事志》(丙72)，第六卷，1862年，页74。翁弗尔先生的一些观察见引文，载《大众科学评论》(丙108)，1868年卷，页343。

⑫　见所著《自然学家在尼加拉瓜》，1874年版，页316—320。关于萤卵所发出的磷光，见文，载《自然史纪事与杂志》(丙10)，1871年11月，页372。

⑬　见饶比尼(甲556)，《蚕丝杂咏》(法文)，1848年版，页207。

⑭　见文，载《昆虫学会会刊》，第三组，第五卷，页486。

⑮　见文，载《昆虫学会会报》(丙145)，1867年2月4日，罗马数字页71。

⑯　关于这句话和涉及两性体型大小的其他的一些话，见上引克尔贝与斯宾士合著的书，第三卷，页300；关于昆虫的寿命，见同书、卷，页344。

⑰　见文，载《林纳学会会报》(丙147)，第二十六卷，1868年，页296。

⑱　见所著《马来群岛》，第二卷，1869年，页313。

⑲　见《昆虫的近代分类》，第二卷，1840年，页526。

⑳　见所著文，《达尔文学说的应用》，载《自然科学协会会刊》(丙152)，第二十九卷，页80。又见迈伊尔文，载《美国自然学人》(丙8)，1874年卷，页236。

㉑　参看娄恩先生的一本有趣的著作，《大苍蝇(blow-fly，即乙637)的解剖》，1870年版，页14。他在页33上说，“被捉住的苍蝇发出一种奇怪而凄婉之音，而这种声音会使其他的苍蝇远走高飞。”

㉒　见同上注⑲所引书、卷，页473。

㉓　这些零星事实都采自同上注⑲所引书、卷，页422。关于下文的白蜡虫科(乙425)，亦见克尔贝与斯宾士合著的《昆虫学引论》，第二卷，页401。

㉔　见文，载《动物科学时报》(丙155)，第十七卷，1867年，页152—158。

㉕　见文，载《新西兰学院院报》(丙148)，第五卷，1873年，页286。

㉖　我要向沃耳希先生表示谢意，因为他把哈特曼博士所写的《十七年蝉的动态日志》中的这一部分摘录寄送给了我。

㉗　见格伊耳丁(甲287)文，载《林纳学会会报》(丙147)，第十五卷，页154。

㉘　因为我虽经努力而一直未能找到克尤尔特的著作，下文这一段话是以克迁彭(甲371)《关于俄国南部的飞蝗》(德文，1866年版，页32)为依据的。

㉙　见怀伊特，《色尔朋的自然史》，第二卷，1825 年，页 262。（参看下文第十四章译注 4——译者）

㉚　海瑞斯，《新英伦的昆虫》，1842 年版，页 128。

㉛　见所著《自然学家在亚马孙河上》，第一卷，1863 年，页 252。贝茨先生在这部著作里对这一昆虫目中三个科的此种音乐器官由简入繁的各级不同的情况也作了一番很有趣的讨论。读者也可以参看威斯特沃德，《昆虫的近代分类》，第二卷，页 445、453。

㉜　见文，载《波士顿自然史刊》（丙 34），第十一卷，1868 年 4 月。

㉝　见《新编比较解剖学手册》法文译本，第一卷，1850 年，页 567。

㉞　同上注㉔所引书、卷，页 117。

㉟　见威斯特沃德，《昆虫的近代分类》，第一卷，页 440。

㊱　见所著《关于螽斯类的发音器官：对达尔文主义的一个贡献》，载《动物科学时报》（丙 155），第二十二卷，1872 年，页 100。

㊲　见威斯特沃德，《昆虫的近代分类》，第一卷，页 453。

㊳　同上注㉔引书、卷，页 121、122。

㊴　沃耳希先生也告诉我，他也曾注意到在称为"嘉娣迪德"的那个螽斯种（即乙 782），"当一只雌虫被捉住的时候，由于两只前翅的交相抖动，也会发出一种软弱的轧轹之声。"

㊵　兰杜沃，同上引书，页 113。

㊶　见《新英伦的昆虫》，1842 年版，页 113。

㊷　见威斯特沃德，《昆虫的近代分类》，第一卷，页 462。

㊸　兰杜沃最近发现某些直翅类昆虫的残留结构和同翅类昆虫的发声器官有密切相似之处；这是一个值得惊奇的事实。见文，载《动物科学时报》（丙 155）第二十二卷，第三分册，1871 年，页 348。

㊹　见文，载《昆虫学会会报》（丙 145），第三组，第二卷。（《研究刊》，页 117）

㊺　见威斯特沃德，《昆虫的近代分类》，第一卷，页 427；关于蟋蟀部分，见页 445。

㊻　见霍尔恩（甲 326）先生文，载《昆虫学会会刊》（丙 115），1869 年 5 月 3 日，罗马数字页 12。

㊼　即邯郸或树蟀的一个种，亦即译名表中的"乙 663"，见海瑞斯《新英伦的昆虫》，1842 年版，页 124。在欧洲产的另一个种的邯郸或树蟀，即"乙 664"，据我从凯茄斯（甲 139）那里听说，两性在颜色上的差别几乎和这个美国种一样。（查这两个种的译名未详，也许还未有译名；但我国有一个蟋蟀种，名邯郸，学名 Oecawthus longicanda，是和这两个蟋蟀种隶于同一个属的。——译者）

㊽　此蟋蟀属的分类名见译名表"乙 780"，详威斯特沃德，《昆虫的近代分类》，第一卷，页 447。

㊾　沃耳希文，《伊利诺伊州的拟脉翅类（乙 808）昆虫》，载费城《昆虫学会会刊》（丙 115），1862 年卷，页 361。

㊿　见《昆虫的近代分类》，第二卷，页 37。

⑤1　沃耳希，同前引书，页381。关于下文中的伎蜓、狸蜓和岩蜓等几个属的事实也是这位自然学家所惠予提供的，我在此表示谢意。

⑤2　见文，载《昆虫学会会报》(丙145)，第一卷，1836年，罗马数字页81。

⑤3　见关于他的文章的摘要，载《动物学纪录报》(丙156)，1867年卷，页450。

⑤4　见克尔贝与斯宾士合著的《昆虫学引论》，第二卷，1818年，页35。

⑤5　见乌珠，《动物的心理才能》(法文)，第一卷，页104。

⑤6　见一篇有趣的文章，《法勒尔的著述》，载《自然史评论》(丙100)，1862年4月，页122。

⑤7　见文，载《昆虫学会纪事刊》(丙83)，1863年9月7日，页169。

⑤8　见所著《关于蚁类的习性的研究》(法文)，1810年版，页150、165。

⑤9　见文，载美国费城《昆虫学会会刊》(丙115)，1866年卷，页238、239。

⑥0　《达尔文学说在蜜蜂类方面的应用》，载《自然科学协会会刊》，第二十九卷。

⑥1　贝瑞耶先生在他的文章《达尔文的性选择论》(载《科学评论》，丙129，1873年2月，页868)里，在看来像是对这个题目考虑得很不够的情况下，提出驳论，认为有社会性的几种蜜蜂的雄蜂既然是人所共知的从未受精的卵产生出来的，则他们便不可能把所取得的新性状传给他们的雄性的后一代。这真是一个异乎寻常的驳论。一只雌蜜蜂，受到一只表现着有助于两性结合或使其在两性关系中更受欢迎的某些性状的雄蜂所授的精以后，会产生一批孵出来全是雌蜂的卵；但这些新一代的雌蜂，到了明年，就会产生一些雄蜂；试问这新一代的雄蜂，对于他们祖父的一些性状，竟然会遗传不到么？试就普通动物中举一个尽量可以与此并行而相比的例子看看：如果任何一种有色的四足类动物或一种白色的鸟的雄性和黑色品种的一只雌性杂交，而如果它们所产生的子女又彼此进行配合，我们能不能设想，它们所生的后一辈，即孙儿孙女这一辈会不从它的祖父那里传到黑色的倾向么？在另一方面，不能生育的工蜂对于新性状的取得的问题比这个要困难得多，但我在《物种起源》一书里曾试图说明这些不能生育的小动物会如何受到自然选择的威力的摆布。

⑥2　见引于威斯特沃德，《昆虫的近代分类》，第二卷，页214。

⑥3　其中的一个种，多色的赤翅虫(乙814)是两性之间差别很显眼的一个种，贝茨先生曾加以叙述，见文，载《昆虫学会会报》(丙145)，1869年卷，页50。我在这里再具体地补充几个我听说到的两性之间在颜色上有所不同的甲虫的例子。克尔贝与斯宾士(《昆虫学引论》，第三卷，页301)提到过一个种的萤(属名见乙164)、一个种的地胆(属名见乙607)、一个种的空锥形甲虫(属名见乙827)和褐黄花蠰(乙550)，其中最后一个种的雄虫作褐黄色，而胸部却是黑的，至于雌虫，则通身是暗红色。四个种中的后两个种都是属于长角类(乙566)的。特瑞门和小沃特尔霍乌斯两位先生通知我有两个瓣角类甲虫(乙535)种，一是旋毛蚑属(乙740)的，一是毛蚑属(乙958)的，在后面的一个种，雄虫的颜色比雌虫为灰暗。在裂口虫(乙949)，雄虫是黑的，而雌虫则被认为总是深青色，而胸部是红的。莽汉虫(乙683)的雄虫，据我从沃耳希先生那里听说，也是黑的，而雌虫(曾被错认为是另一个种而定名为“红颈莽汉虫”，“Orsodacna ruficollis”)则有一个褐赤色的胸部。

㊹　见文，载美国费城《昆虫学会会刊》(丙115)，1864年卷，页228。

㊺　克尔贝与斯宾士合著《昆虫学引论》第三卷，页300。

㊻　克尔贝与斯宾士，《昆虫学引论》，第三卷，页329。

㊼　见《昆虫的近代分类》，第一卷，页172；关于扁螯，见页172。在不列颠博物馆，我看到过一只属于中间状态的扁螯的标本，因此，这里所说的一性两形状态毕竟还是不严格的。

㊽　见所著《乌来群岛》，第二卷，1869年，页276。参看腊伊雷(甲553)，美国《密苏里州昆虫类报告》(第六次)，1874年，页115。

㊾　见文，载《昆虫学杂志》(丙55)，第一卷，1833年，页82。关于这一个甲虫种的好斗，亦见克尔贝与斯宾士，同上引书，第三卷，页314；又，威斯特沃德，同上引书，第一卷，页187。

㊿　《自然史分类字典》(法文)，第十卷，页324，引菲歇尔(甲240)的话。

⑪　原出法国《昆虫学会纪事刊》(丙14)，1866年卷，见引于默尔瑞文，载《旅行杂志》(丙84)，1868年卷，页135。

⑫　威斯特沃德，同上引书，第一卷，页184。

⑬　见沃拉斯屯(甲713)文，《关于能作出音乐的几种象虫科(乙299)甲虫》，载《自然史纪事与杂志》(丙10)，第六卷，1860年，页14。

⑭　见兰杜沃文，载《动物科学时报》(丙155)，第十七卷，1867年，页127。

⑮　我要向克饶契先生的盛意表示很大的感激，因为他送给我许多属于这三个以及其他甲虫科的各种制好了的标本，和若干有价值的情报。他相信金花虫的磨剉作声的能力以前是没有人观察到过的。我也很感谢詹森先生，他也给了我一些情报和标本。我还不妨补充提到我的儿子弗·达尔文，他发现有一个种的鲞蠹(乙343)也能作唧唧之声，但没有能找出发声器官的所在。恰普曼(甲145)博士最近叙述到杜松蟲这一属(乙864)也是磨剉作声的表演者，见文，载《昆虫学人月刊》(丙56)，第六卷，页130。

⑯　出休厄特(甲580)文，译载《自然史纪事与杂志》(丙10)，第二十卷，1867年卷，页37。

⑰　威斯特仑(文载克饶耶尔氏，甲376，《自然学家. Tidskrift》第二卷，1848—1849年，页334)叙述过这两科以及其他甲虫科用磨刮来发声的器官。其在蚑科(乙171)，我自己曾检查过克饶契先生所寄送给我的两个种，一是拟斑蝥(乙369)，一是繁星虫(乙121)。在后面的一个种，在腹环节的有槽道的边缘上的那些横脊梁，据我所能作出的判断，在磨刮翅鞘上的剉板时，并不起什么作用。

⑱　美国伊利诺伊州的沃尔希先生把勒孔特所著《昆虫学导论》的一些资料摘抄寄给我，我要向他表示谢意。这里所说的一点见勒孔特书，页101、143。

⑲　出勃吕雷里(甲109)，见引于默尔瑞文，载《旅行杂志》(丙84)，第一卷，1868年，页135。

⑳　据他说，“嘀嗒之声是这样发出的，虱子用它所有的腿把自己的身体尽量地抬高，然后用胸部向所在的物体的平面啪嗒啪嗒地快速不断的叩击五六次”。关于这一

题目的参考，又见兰杜沃文，载《动物科学时报》(丙155)，第二十七卷，页131。奥利费耶(甲507)说(见引于克尔贝与斯宾士，《昆虫学引论》，第二卷，页395)，嘀嗒虫(乙768)的雌虫会用她的腹部来叩击任何坚实的物体而产生一种相当响的声音，“而雄虫则闻声应命而至，不久就随侍左右，而终于成其配偶。”

译 注

1. lime-tree，查此字有二义，一为菩提树，一即芸香树，究为何一义，未详。

2. “Katy-did-she-did”，按这是对鸣声的模拟，然而故意写成有些意义的两句话，Katy是英美女子小名Catharine的简写简称，意为“嘉娣干的，是她干的”。这也犹我国称蝉为“知了”，或鸤鸠为“郭公”“布谷”之类。

3. 畜蟋蟀用竹笼，而不言用特制的瓦盆，说明达尔文和他所援引的作家对这方面的情况尚多未达之处。

4. 此处原文有“jun”字样，系“junior”一字的省文，英美姓名下往往有此用法，指同一姓名之人的子或弟。兹译作“小”字。

5. 丹麦昆虫学家，全名为John Christian Fabricius，1745—1808；曾受学于林纳；所业很庞杂，然独以昆虫分类著称，其分类主要以嘴的形态结构为准，而不靠翅的结构。

第十一章　昆虫类的第二性征——续：鳞翅目

（蝶类与蛾类）

蝶类的求爱——战斗——嘀嗒作声——颜色，有两性相同的，也有雄蝶比雌蝶为艳丽的——一些例子——这与生活条件的直接影响无关——适应于自卫的一些颜色——蛾类的颜色——色相的显示——鳞翅类的感觉能力——变异性——两性在颜色上所以有差别的一些原因——拟态，雌蝶比雄蝶更为艳丽的一些例子——颜色艳丽的幼虫——关于昆虫类的第二性征的总述与结束语——鸟类与昆虫类的比较。

在这一个昆虫类之中的巨大的目（乙 546）里面，我们兴趣的重点所在是同一物种之中两性之间在颜色上的种种差别。本章将把几乎全部的篇幅用在这个题目上，但在入题之前，我要先就其他一两点说几句话。我们时常可以看到好几只鳞翅类的雄虫追逐或围绕着同一只雌虫。它们的调情求爱看来是很费工夫的一回事，因为我不止一次地注视过一只或一只以上的雄虫围着一只雌虫作回风之舞，我自己已经看得不耐烦了，而它们的求爱还不收场，我就只好作罢不看了。勃特勒尔先生告诉我，他也好几次注视过一只雄虫向雌虫调情，一来就是整整的一刻钟，而雌虫总是执拗不肯，最后，还是降落到地面上，收起翅膀，好躲开他的殷勤的纠缠不清。

蛱蝶尽管是些脆弱的活东西，却很好斗，有人捉到过一只“皇蝶”①，(即乙 75)发现他由于和另一只雄蝶打架，翅膀都折断了。考林沃德(甲 157)先生在谈到婆罗洲蝶类经常打架的情况时说，“他们彼此绕来绕去地飞舞，快得像旋风一般，看来像是被极其凶狠的心情所驱策着。”

南美洲的一个蛱蝶种(乙 13)会作出一种声音，像一只有齿的轮子在一只带弹簧的抓手下面刮过所发出的那样，远到好几码以外还可以听得到。我在巴西首都里约热内卢的时候曾经注意到，只是两只这种蛱蝶在彼此追逐而飞经的线路时而左时而右的情况之下才作出这种声音，因此，可以推想，这是两性求爱之际的一种表示。②

有些蛾类也会发出声音，例如窝茧蛾种(乙 941)的雄蛾。弗·怀伊特先生③有两次听到草绿蛾(乙 500)的雄虫所作出的又尖又快的声音，他相信这声音是从一条肌肉所控制的一片有弹性的薄膜所发出的，和蝉的发声情况大致相同。他又援引古威尼的话说，魔神蛾属(乙 874)所发的声音像一只表的嘀嗒之声，看来显然是由“坐落在胸部的两只相当大的鼓膜状的气囊”的协助之下作出的，而这种气囊“在雄虫身上的要比雌虫的发达得多。”由此可知，鳞翅类的发声器官看来是和性的功能有些关系的。我在这里没有提到人面蛾(death's head sphinx)所发出的大家所熟悉的那种声音，因为这声音一般在蛾从茧子里钻出来以后不久就可以听得到。

奚阿德一直在说，两个种的人面蛾所发放出来的一种麝香似的臭味只限于雄蛾才有，是雄蛾的一个特点。④我们将在下文看到，在更高级的几个纲的动物中间，在许多例子里，也只是雄性会发放出臭味来。

每一个人一定都曾经赞赏过蝶类中的许多种和蛾类中的若干种的极度的冶丽。因此，我们不妨问一下，它们这些颜色和各种各式的花样是不是它们所处的生活环境中一些物质条件的影响所产生的直接结果，而这种结果对它们来说难道真的什么好处都没有？也不妨问，是不是一些连续了若干世代的变异得到积累下来而终于被确定为一种自我保卫的手段，或者其他我们还说不上来的某种目的，或者，为的是教两性之一得以具有对另一性的更多的吸引力？再可以问，在同一个属中间，在某些种，雌雄虫的颜色大不相同，而在另一些种，则雌雄虫的颜色彼此相似，这又是什么意思？在试图答复这些问题之前，有必要先列举一批事实。

在我们英格兰的一些好看的蛱蝶类中，凤蝶（英语俗称“海军司令”）、“孔雀”蝶以及许多别的种，两性都是同样花色的。富丽堂皇的神山蝶科（乙 466）的整个科和热带的斑蝶科（亦称阿檀蝶科，乙 337）中多数蝶种的情况也是如此。但在热带的某些其他蝶的科属，以及在我们英格兰的有些科属，如紫色的“皇蝶”（即闪紫蝶，乙 75）、“橙尖”蝶（即黄袨蝶的一个种，乙 50）等等，就不是如此，两性之间在颜色上大不相同，至少也有些微小的差别。就有些热带的蝶种来说，要用文字来描绘雄蝶的美丽绝伦，逼真毕肖，是做不到的。即便在同一个蝶属之内，我们往往发现有些种的雌雄蝶在颜色与颜色的布局上，可以截然不同或大相殊异，而另一些种则两性十分相似。例如在南美洲的一个属，宏伟蝶属（乙 384），贝茨先生告诉我，就中雌雄蝶都在同一些地点或场合来来往往的蝶种（而就蝶类而言这一点并不是普遍的，即，在有些蝶种，两性各自有其生活环境），他所知道的一共有十二个，那就是说，就这几个种而言，两性所接受的外界条件的影响不可能不是一样的。⑤我在此应当说明恩茨先生不是别人，正是下文大部分的事实所从来、而又曾把我这一部分的书稿全部看过一遍的一位自然学家，我要向他表示谢意。在这十二个种中，有九个种的颜色之美在全部蝶类中都要列在第一流，而在这九个种里，雄蝶奇丽，而雌蝶则比较朴素，相形之下，大不相同，以致以前曾经有人把它们分进了不同的蝶属。九个种之中，雌蝶与雄蝶虽各自不同，而九个种的雌蝶在颜色的一般布局上却又彼此相像，不仅如此，并且和若干关系相近的其他蝶属中的一些种的雌雄两性也都相像，尽管这些蝶属分布得很广，全世界各地都有，也不碍这种相像的情况。因此，我们可以作出推论，认为这九个种，乃至同一个属中的其他所有的种大概都是从颜色差不多一样朴素的一个祖先形态传下来的。在十二个种中的第十个种，雌蝶也是比较朴素而保持着这种颜色的一般布局，但雄蝶和她没有多大分别，彼此相像，换言之，他在颜色上远不如前九个种的雄蝶那么华丽、那么深浅分明，对照强烈。在第十一与十二两个种，雌蝶的颜色便不同了，她们离开了这个寻常的格局或类型，也很鲜美，几乎与雄蝶一样，只是在程度上似乎稍差而已。因此，可以说，在这两个种里，雄蝶似乎曾经把鲜美的颜色分移给雌蝶；而在第十个种，雄蝶是把雌蝶的、也就是这一个蝶属的祖先形态的朴素的颜色，一直保持了下来，或丢失之后又重新恢复了的，二者必居其一。这样，这三个种，第十到第十二的两性，都变得彼此几

乎一样，而所由变的方式却是相反的。在与此关系相近的另一个属（乙 394），有些种的两性的颜色都几乎是一样的朴素；而在其中更多的种，则雄蝶打扮得美丽得多，能发出各式各样的金属般的光彩，因而和雌蝶很不相同。在整个的属里面，所有的雌蝶，不管是哪一个种的，在颜色上都保持了同一个一般的风格，因此，她们彼此之间相像的程度要比她们和各自本种的雄蝶的相像程度高出许多。

在凤蝶这一个属（乙 710），在其中普遍被总称为"伊尼亚斯"[1]（Aeneas）的那几个种，全都在内，是以显眼而浓淡分明的颜色而惹人注意的，而对于时常发生的两性差别在分量上的浅深多寡可以形成一个有层次的系列的那种倾向提供了一个说明性的实例。在其中少数的几个种，例如小英雄蝶（乙 711），两性的颜色是一样的；在其他几个种，或则雄蝶比雌蝶略微美丽一些，或则美丽得远过于雌蝶。和我们的各种蛱蝶或各种胥种（乙 993）关系相近的一个属，即赭胥、青胥所隶的那一个属（属名 Junonia，乙 523），所提供的情况和上面所说的大致相同，几乎可以并驾齐驱，因为尽管其中多数的种的雌雄都很相似，都不浓艳，而在某几种，例如酒胥（学名 Junonia oenone，乙 525），雄蝶见得多少要比雌蝶美丽一些，而在另外少数几个种（例如乙 524），则雄蝶和雌蝶迥然不同，以至有可能被人错认而分列为两个不同的种。

勃特勒尔先生在不列颠博物馆里指给我看另一个突出的例子，就是美洲热带地区的蚬蝶属（乙 939）的一个种，就中雌雄蝶几乎是同样的奇丽；在另一个种，雄蝶也是彩色夺目，和刚才说的那一个种不相上下，而雌蝶的阳面却全部是一种呆板的棕色。小灰

蝶属(乙 577)的一个种,我们英格兰所产的一种普通的体型很小的青蝶,也能说明两性之间在颜色上的各式各样不同的差别,几乎可以说明得一样清楚,但究竟够不上上面所引的英国境外的那些蝶属的那样触目分明。在有一个种的小灰蝶(乙 579),雌雄蝶的翅膀都作一种棕色,沿边加上一圈眼斑似的小橙黄点子,两性是一般模样的。在另一个种的小灰蝶(乙 580),雄蝶的翅膀作一种悦目的青色,镶有黑边,雌蝶的翅膀则作棕色,里边相同,倒和前一个种的小灰蝶的翅膀相像。最后,在第三个种的小灰蝶(乙 578),则雌雄蝶都作一种青色,彼此很相像,只是雌蝶翅膀的边缘见得略微暗些,所有的小黑点也见得清楚些;印度有一个种的小灰蝶与这个种差不多,只是青得更鲜美些,雌雄蝶更为接近于一色相同。

我在上文列举了一些具体细节,为的是要说明,首先,在蝶类中,如果雌雄蝶在颜色上有所不同,作为一个通例来说,一般总是雄蝶要比雌蝶为美,而和他的种所属的种属的寻常的颜色布局或类型相违离的差距也比雌蝶为大。因此,在多数科属里,各个种的雌蝶之间的相像程度要比雄蝶之间的高出许多。但我将在下文提到,在有些例子里,雌蝶的颜色要比雄蝶更为华美。其次,这些细节之所以提出,是要使我们看清楚,在同一个蝶属之内,两性之间在颜色上的差别可以有一切不同的程度,就是,从没有差别到差别大得足以使昆虫学家,在很长一个时期以内,把它们划分在两个不同的蝶属之内,直到后来,才发现错误而改归同种同属。第三,我们已经看到,如果两性在颜色上彼此近似,其所以近似,看来不外由于这样的几种情况或原因,一是雄蝶把颜色分移给了雌蝶,二是雄蝶或则一直保持着这一个蝶群的原始颜色,或则于一度丢失之后,又把它重新恢复了。又值得注意的是,凡在两性颜色不同的蝶科或蝶属之中,雌蝶之于雄蝶也总多少有些相像之处,所以如果雄蝶真是奇丽的话,雌蝶总是没有例外地会表现某种程度的美观。根据许多例子所提供的两性之间的差别在分量上可以分为若干层次的那种情况,又根据在同一蝶群之内所普遍存在的那种同样而一般的颜色布局,我们不妨作出结论,认为只雄蝶美而雌蝶不美的那些蝶种上罢,或两性都有美色的那些蝶种也罢,其所由决定的一些原因,一般地说,是相同的。

许多颜色华丽的蝶种既然是热带地区的土著,就时常有人以为这些地带的特高的气温和温度是所以形成它们的颜色的一些原因;但贝茨先生⑥在把从温带地区和热带地区收集而来的亲缘关系彼此很相近密的各个昆虫群体作了比较之后,曾经指出这种看法是站不住的;而一经看到,属于同一个种的颜色美丽的雄性和颜色朴素的雌性明明生活在同一个地段,吃的是同一类的食物,所遵循的是同样的一些生活习惯,这种看法的经不起盘驳,即颜色的华美和环境条件并无直接的因果关系,就见得确凿无疑了。即便就两性彼此相似的一些例子而言,如果说,它们的颜色之美,和颜色的布局之美,只不过是它们的细胞组织的性质和环境条件的作用里应外合所凑成的结果,其间无任何意义或目的可言,我们也难于相信。

无论在哪一种类的动物,只要在颜色上起些有特殊目的的变化时,这种目的,据我们所能作出的判断,大概不外两个,一是为了直接或间接地保护自己,二是作为两性之间的一种吸引的手段。就许多蝶种而言,翅膀的阳面是晦暗而不鲜明的;此其意义所在大

概是为了可以避免受到发觉，因而遭遇危险，此外很难有别的解释。但蝶类当其休止的时候特别容易受到敌人的袭击；而就大多数的蝶种而言，当它们休止时，翅膀又垂直地敛在背上，反而只把阴面，即鲜美的一面，暴露了出来。因此也就是这一面往往要有些模拟的颜色，模拟着它们经常休止所在的一些事物或背景的颜色。据我了解所及，略斯勒尔（甲 561）博士，是注意到某几种蛱蝶与其他蝶类的收敛了的翅膀和一些树的树皮有相似之处的第一个人。在这方面我们可以列举许多可以类比而动人的事实。其中最有趣的要推沃勒斯先生所记录下来的那一个了：⑦ 印度和苏门答腊所产的一种普通的蝴蝶（木叶蝶属，乙 526），在飞到一个灌木丛而休止下来的时候，可以像变戏法似的突然消失不见；原来它一面把头和触发都隐蔽在收敛了的翅膀中间，而一面这些翅膀，在形状、颜色和脉纹上，竟和有叶柄的枯叶一模一样，无法分辨出来。在另一些例子，翅膀的阴面有很华丽的颜色，却也同样地有它的保护的作用；例如在翠蚬蝶的一个种（乙 940），收敛了的翅膀作绿柱石或绿宝石一般的翠绿色，和一到春天这种蝴蝶经常被看到所惯于在上面休止的黑莓的嫩绿叶深浅相似。还有值得注意的一点是，在很多的蝶种，两性翅膀的颜色，尽管在阳面是大不相同，而在阴面却十分相像或完全一样，而这也自有其保护的作用。⑧

许多蝶种背腹两面的颜色的晦暗或呆板果然无疑地是旨在隐蔽自己，借以避祸，但这一看法也不能推得太广，而把阳面颜色美丽而显眼的一些蝶种，有如我们的“海军司令”、“孔雀”两种蛱蝶、我们的白色的“莲花白”蝶（cabbage-butterfly，入粉蝶的一个属，乙767）或在开阔的沼泽地带盘桓的体型较大的燕尾蝶之类，也包括了进去——因为看到它们的颜色,一切活东西就都可以看到它们,它们躲不了。在这些蝶种里,两性有着同样的颜色,但在普通的硫黄蝶(brimstone-butterfly,即蚶蝶,乙 453),雄蝶作一种深黄色,而雌蝶的黄色要黯淡得多;而在“橙尖”蝶,即黄袨蝶(乙 50),只雄蝶的翅尖作鲜明的橙黄色,雌蝶没有。在这些例子里,雌雄蝶虽略有不同,却都很显眼,我们很难想象这种不同的显眼之处会和寻常的保护作用有任何关系。伐伊斯曼(甲 695)教授说,⑨有一种小灰蝶的雌蝶,当她在地面上休止的时候,会把棕色的翅膀张开而铺平下来,这样就几乎可以瞧不出来;而在同种的雄蝶则不然,他像是知道阳面是鲜明的青色的翅膀会替他招来横祸,因此,在休息的时候,他要把翅膀收敛起来;这正好说明那种青或蓝的颜色是不可能有任何保护的意义的。尽管如此,显眼的颜色,对许多蝶种而言,也还可能有些间接的好处,即作为一种对敌人的警告,说它们是不中吃的。因为,在某些其他例子里,美丽的颜色不是独立地取得的,而是通过对其他美丽的蝶种的尽情模拟。这些被模拟的蝶种是和模拟者生活在同一个地段的,并且,由于某种为敌人所厌恶、所规避的道理,对敌人的袭击享有一种“避疫力”或“避难权”,因此,模拟了有好处;但这样一来,被模拟的一些蝶种的美色又是怎样来的,还须有所解释才行。

沃耳希先生对我说过,上面所曾一再提到的我们这里的黄袨蝶(乙 50)的雌蝶,以及美洲的另一个种的黄袨蝶(乙 51)的雌蝶向我们提示了这一个蝶属的祖先形态的原始颜色;因为这一属中的散布得很广泛的四五个种,不分雄蝶雌蝶,总起来说,在颜色与颜色的安排上是几乎相同的。像上文所已说过的若干例子一样,我

们在这里不妨加以推论，倒是上面所提的两种黄衽蝶的雄蝶没有太保持本属的寻常的格局或类型而背离得远了一些。在出自加利福尼亚的另一个黄衽蝶种（乙 52），雄蝶翅膀上的橙黄尖端居然在雌蝶翅膀上也有了部分的发展，只是比雄蝶的要暗淡一些，而在其他方面也略微有些不同。和黄衽蝶关系相近的一个印度蝶种（乙 519），这橙黄色的翅尖更是不分雌雄的同样发达，而勃特勒尔先生曾就标本指给我看，这个蝶种的翅膀的阴面看去活像一张颜色黯淡的叶子，真像得出奇；而在我们这里的黄衽蝶，则翅膀阴面像野芹花的花头，而野芹花正好是黄衽蝶夜间所时常栖止的所在。[10]同样的一个理由，一面迫使我们不得不相信翅膀阴面之所以变得有颜色是为了保护的目的，另一面却使我们不得不否认，翅尖之所以变成鲜美的橙黄色是为了同样的一个目的，尤其是如果这一性状只见于雄蝶而不见于雌蝶的翅上的话。

大多数的蛾类总是整天地或一大半天地伏着，一动也不动，翅膀也总是抑而不扬，而翅膀阳面的颜色往往是灰暗阴沉的，像沃勒斯先生所说的那样，适合于韬光养晦，而不受敌人的发觉。蚕蛾科（乙 123）和夜蛾科（乙 658）的一对前翅[11]，在休息的时候，一般是掩叠着而把后翅盖住了的；因此后翅可以有很鲜明的颜色而不冒太大的风险，而实际上它们的颜色往往是很美的。当其飞行的时候，蛾类虽也往往能躲开敌人的危害，而由于后翅的势不能不全部暴露出来，它们在这部分的一些鲜美的颜色的取得，一般说来，当初一定是冒过一些小风险的。但下面要说的一件事实会向我们说明，我们要在这方面取得一些结论的时候应该如何的小心谨慎，才不至于出毛病。普通的“后翅黄”，或黄色后翅蛾属（乙 964，俗称

yellow under-wing)往往在白昼或傍晚飞来飞去，而在这时候由于它的后翅的颜色而见得显眼。我们便因此而自然而然会想到这是对这种蛾不利的，是个祸患的根源。然而介·威尔先生认为这想法正好错了，殊不知这实际上正是它们借以脱祸的一个手段，因为禽鸟袭击它们时只着眼在这些鲜艳而脆弱的平面之上，而放过了它们的身体。介·威尔先生作了个实验，他把一只壮健的黄色后翅蛾(具体种名是乙 965)放进他的养鸟室，一下子它就被一只知更鸟追上；但知更鸟所全神贯注的是它的有颜色的翅膀，所以一直要到尝试了大约五十次之后，才把它啄住，而于此期间，翅膀的零星碎片不断地被啄落下来。介·威尔先生又用另一个种的黄色后翅蛾(乙 964)和一只燕子作了一个同样的试验，但这次不在养鸟室，而在露天；这次蛾子终于逃脱，没有被抓住，但这种蛾子体型大，也许有助于逃脱。[12]这就教我们联想到沃勒斯先生所讲的一段话，[13]他说，在巴西的丛林里和马来亚的诸岛上，许多普通而打扮得很美的蝶种并不善于飞行，而翅膀却很宽阔，张开时成一大片，而人们把它们捉到手的时候，翅膀往往已经残缺不全，有穿了洞的，也有折了边的，像是曾经被禽鸟抓住过而终于挣脱了似的。如果它们的翅膀，和身体相对地比起来，不是那么特别的大，而是小些的话，它们身体上的某些要害之处看来就不免更容易受到袭击或戳穿；因此，翅膀幅度的加大也许是间接地有利于它们的生存的。

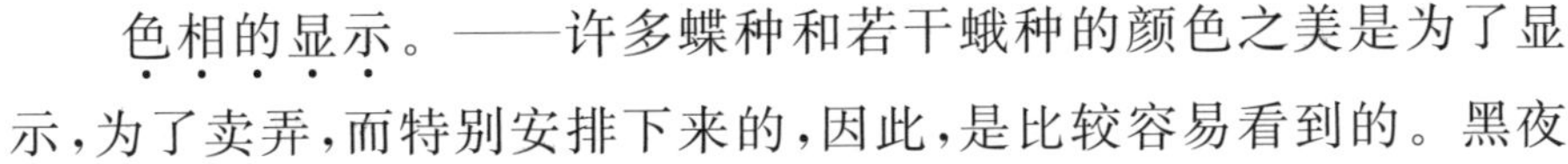

色相的显示。——许多蝶种和若干蛾种的颜色之美是为了显示，为了卖弄，而特别安排下来的，因此，是比较容易看到的。黑夜

无光，颜色是瞧不见的，因此，习惯于夜间生活的蛾类，总起来说，无疑地远不如蝶类打扮得那么花枝招展，蝶类是全部习惯于在白昼活动的。但有几个科的蛾类，如斑蛾科（乙 1004）的全部、天蛾科（乙 890）和燕蛾科（乙 987）的好几个属与种、灯蛾科（乙 83）和天蚕蛾科（乙 854）的一些属与种也在白天或薄暮飞动，其中就有许多种是极其美丽的，比严格的只在夜间活动的各种要美丽得不止一点。但也还有少数几个颜色虽鲜美而却在夜晚活动的例子见于记录。⑭

关于色相的显示还有另一类的证据。上面一度说过，蝶类在休息的时候，要把翅膀抬得高些（抬高二字，殊费解，上文说过的是，蝶类在休息时要把翅膀耸直地收敛起来，耸直的翅膀自是高于张开的翅膀，意或指此——译者），但当其在阳光中沐晒的时候，它并不完全休止，而是把翅膀时张时翕，张则向下抑，翕则向上敛，这样就更迭地把阴阳面都暴露了出来，而为了自卫的关系，阴面的颜色尽管往往有几分晦暗，在许多蝶种里，却装扮得和阳面一样的鲜明，而有时候花色又很不相同，各成其美。在有些热带地区的蝶种，阴面甚至比阳面更见得华丽。⑮ 在英格兰的贝母斑蝶（fritillary，即乙 95，亦称豹蝶），只翅膀的阴面用银色作为装饰，闪闪发光。但作为一个通例来说，翅膀的阳面，即可能是暴露得更为充分的一面，比起其他的一面来，总是尤为色彩斑斓，花样也更为繁变。因此，一般的说，作为一个性状，阴面对昆虫学家所能提供的用处要比阳面为大，他们可以据以发现不同蝶种之间的亲疏关系。弗·缪勒尔告诉我，在巴西南部他的寓所附近有同隶于一个蝶属（乙 177）的三个蝶种：在休息的时候，总是由前翅掩蔽而不

露；但第三个种的后翅是黑色之上有许多红与白的斑点，很美，而这些后翅，一到休息的时候，就全部张开而充分显示出来。其他诸如此类的例子还有，毋庸多举。如果我们再转向庞大的蛾类，而据我从斯泰因屯先生那里听说，蛾类是不习惯于把翅膀的阴面全部暴露出来的，我们也确实发现这一面的颜色总是十分平淡，很难得有比阳面更为鲜美的情况，甚至和阳面同等鲜美的例子也极少。但我们也必须注意到某些少数的例外，不管它们是真正的例外，或仅仅像是例外；合欢蠿（乙 506）就是这样的一个。⑯ 特瑞门先生告诉我，在古威尼的宏大的著作里，列有三个蛾种的插图，这些蛾种的翅膀的阴面都比阳面美得多。例如，在其中之一，澳大利亚的一个蛾属（乙 442），前翅的阳面作灰溜溜的淡赭色，而阴面却装点得非常华丽，最中心是一个钴蓝色的眼斑，外面紧接着一个小黑圈，再外面是一圈橙黄，而最外围是一环淡蓝，淡得白多于蓝。但由于我们不知道这三个蛾种的生活习性，无法对这种不寻常的花色的意义作出什么说明。特瑞门先生又告诉我，枪刺蠘（乙 445，尺蠖的一个属）⑰ 和前后翅四平分的地蚕（乙 657）中某几个其他的种也有这类情况，即翅膀阴面比起阳面来，不是更为美丽，便是花色更为斑丽；但这些蛾种之中有几个是习惯于“把翅膀在背上竖得笔直，并且要竖很久的”，因此就有机会把阴面暴露出来，可供观瞻。其他的几个种，则当它们在地面或丛草上休止时，会不时地把翅膀突然而角度不大地向上敛起，从而或多或少地把阴面显示出来。因此，在某些蛾种里，翅阴的美丽可观超过了翅阳这一事实，初看有些费解，一经说明，就不足为怪了。天蚕蛾科（乙 854），在全部蛾类中，拥有若干个最为美丽的蛾种，它们的翅膀都装扮得很好，

例如在我们这里的不列颠皇蛾(British emperor moth),翅面上有若干个眼斑纹;而据沃德先生的观察,[18]它们在某些动作方面和蝶类很相像;“例如,把翅膀轻轻扬起,又缓缓放下,忽上忽下,像是存心卖弄似的,而这在鳞翅类中原是习惯于白昼活动的一些虫种的特征,在习惯于夜生活的虫种里是少见的。”

在不列颠产的颜色美丽的蛾类之中,两性之间在这方面的差别都不大,而据我访查所及,在不列颠境外的蛾类里,这方面差别大些的例子也几乎一个都没有:这和蝶类相比起来,实在是个独特的事实,因为在许多美丽的蝶种,两性之间的差别是大的。但美洲有一种天蚕蛾(乙 853)多少是一个例外,在这种蛾的雄性,据描写,前翅作深黄色,上面洒金一般的有许多古怪的红里带紫的斑点,而雌性的翅膀则一般紫棕色之上有若干灰色线纹。[19]不列颠境内的蛾类,凡是两性在颜色上有些差别的,全都作不同程度的棕色,或各种不同的呆板的黄色,或近乎白色。在有些蛾种,雄蛾的颜色,比雌蛾要深得多,[20]而这些蛾种是属于一般以午后为活动时间的蛾类之列的。在另一方面,在许多蛾属,据斯泰因屯先生告诉我,雄蛾的后翅比雌蛾的更见得白皙——糖蛾的一个种(乙 17)就是一个良好的例子。在蝙蝠蛾(ghost moth,即乙 474),两性的差别比此更要显著一些:雄蛾白色,雌蛾则黄色,而斑纹之类也深些。[21]在这些例子里,雄蛾因此就变得更为显眼,而在黑暗中飞行的时候,更容易为雌蛾所看到,这大概是一个解释了。

根据上文所列叙的种种事实,我们再也不能承认:大多数蝶类和少数蛾类的颜色之所以美丽,或其美色之所以取得,通常是为了自卫的目的了。我们已经看到,华丽的颜色和美妙的花样像是端

的为了炫耀，为了卖弄，才安排而展示出来的。正因为这些，我才终于相信，雌蝶与雌蛾是懂得挑选更为美丽的那些雄性的，或者说，更美丽的那些雄性才更能激发她们的春情；因为，如果不这样想，而换任何另一个想法，则想来想去，总觉得雄蝶或雄蛾的装饰之美是没有目的的，是枉费了心机的。我们从前章的讨论里已经认识到蚁类和某几种瓣角类甲虫在同类的彼此之间能有一种依恋不舍的感觉，而在蚁类，在别离了好几个月之后，还能彼此相认。取鳞翅类同蚁类或甲虫类相比，既然同是昆虫，在进化阶梯上的级位也相去不远，甚至几乎是不相上下，蚁类和甲虫类可以有到哪些本领，而说鳞翅类就没有足够的心理能力来赏识美丽的颜色，单单抽象地从理论方面来说，也是讲不通的。它们肯定地是通过了颜色来发现各种花朵的。常有人看到，一种天蛾，蜂鸟天蛾（humming-bird sphinx），会突然从远处疾飞而降，而止息在绿叶丛中的一撮花朵之上。而两次有人确凿地向我谈到，这种蛾曾几次三番地探访一间房屋里的壁上所画的花朵，并且徒劳无益地试图用它们的吻刺进花心中去。弗·缪勒尔告诉我，巴西南部有好几种蝴蝶肯定地、并且毫不含糊地，表示它们喜爱某几种颜色。他自己看到过它们在寻芳猎艳的时候，在同一个花园之内，很经常地只找五六个属的植物的鲜红色的花朵，而于这几个属以及一些其他的属中开白花或黄花的花种，则从不过问；而我还收到过一些其他的书面材料，说明着同样的一些情况。我从德布耳代先生那里听说，普通的白蝴蝶往往会降落在地面的一小片白纸上，无疑地是把它错认为一只同类。考林沃德先生[22]讲到在马来群岛收集某些蝶种的困难时说，“把一只死蝴蝶钉在容易看到的枝头上往往会把冲飞而

掠过的一只同类突然留住而把它引向捕虫网一下子就够得到的地方，这只飞蝶如果是一只异性的话，异于枝头上的标本，那就更有效了。”

上文说过，蝶类的调情求爱是一件费工夫的事。雄蝶为了争胜，有时候要互相厮打；也可以看到好多只雄蝶追逐或紧紧地围住同一只雌蝶。因此，除非雌蝶对雄蝶懂得挑取，要这一只，而不要那一只，则成双配对势不得不成为一种瞎碰的事，而这看来是不会的。因为，与此相反，如果雌蝶习惯于，或者只是偶一为之地把更美丽的雄蝶挑取下来，则假以时日，雄蝶的颜色花样就会逐步地变得更为美丽，而会把所取得的美丽程度传递给下一代，至于传给所有的子女，或只传子，或只传女，就要看所遵循的是哪一条遗传法则了。如果上文第九章[2]附论中根据种种证据所达成的结论——即，鳞翅类中许多虫种的雄虫的数量，至少在成虫的阶段中，要比雌虫多出许多——可以站得住的话，那么，性选择的过程就会大大地加速进行。

但有些事实是和这一信念相抵触的，即雌蝶不一定挑取更为美好的雄蝶；例如，好几个收集标本的人确凿地对我说，新变为成虫的雌蝶时常可以看到和伤残、萎缩或颜色已经褪了的雄蝶搭配；但应知由于雄蝶出茧要比雌蝶为早，这一情况往往是势所难免的。在蚕蛾这一科(乙 123)，由于嘴的退化而成为一种残留，成虫不能饮食，所以一出茧就立刻进行交配。据好几位昆虫学家说，雌蛾一出茧就伏着不大动弹，呈一种几乎是麻木不仁的状态，究竟和哪些雄蛾配对，看来几乎全无取舍的表示。有几个大陆上和英格兰的饲蚕家对我说过，普通的蚕蛾(乙 126)就是这样。沃勒斯博士对樗蚕(乙 125)的饲养有丰富的经验，肯定地认为雌蛾是不作任何取舍的表示的。他曾经养过三百多只这种蛾子，放在一起。他往往发现最壮健的雌蛾和发育不良的雄蛾配对。但倒过来的情况似乎是少见的，因为，他认为比较精壮的雄蛾懂得绕过瘦弱的雌蛾，而会受到天赋活力最为优厚的雌蛾的吸引。尽管有上面所说的一部分的情况，整个的蚕蛾科，颜色虽然素淡，而浅深相间之中，又有斑纹杂缀，在我们人的眼光里，也正复有它们的美丽可爱之处。

到目前为止，我只谈到了鳞翅类中的一部分的蝶种和蛾种，即，雄性在颜色上要比雌性为美丽的那些，而我把这一情况归结到一个原因，就是，雌性世世代代以来挑选了更为美好的雄性作为配偶。但与此相反的情况也有，只是稀罕得多，就是雌性要比雄性更见得冶丽；而在这里，据我看来，是雄性对雌性进行了挑选，从而逐渐地提高了雌性的美好的程度。我们不了解，在不同的各个动物的纲里，会各有少数的物种进行这一种的挑选，即，雄性挑选最为美好的雌性，而不按照看来是动物界的通例那样，欣然地接纳任何雌性，作为配偶；但可以设想，在鳞翅类，如果雌性在数量上大大超过雄性，而不是现在的实际情况那样的雄多雌少的活，则挑选的行为就有可能一转而为雄性成为主选，而雌性成为被选，雌性中更为美丽之辈就更容易中选。勃特勒尔先生在不列颠博物馆里指给我看，在仙女蝶属(乙 154)中的好几个蝶种里面，有几个的雌蝶之美和雄蝶不相上下，而在另几个，则雌蝶之美远胜雄蝶；因为，在后面这几种，只雌蝶的翅膀边缘作绯红和橙黄相混而不合的一种颜色，而其间又洒满了一些黑斑点。这几个种的雄蝶则比较素淡，而彼

此之间十分相似，说明，在这里，经受了一番变化的是雌性，而在雄性之美胜过了雌性的那些物种里，则情况正好相反，即经受过一番变化的是他们，而不是雌性，因此，种与种之间的雌性一直是彼此十分相似的。

在英格兰，我们也有些例子可以和上面所说的一些比类而观，但是不那么明显。有两个种的蚬蝶（乙 939）的雌蝶在前翅上有一小片鲜明的紫色或橙黄色，而雄的没有。在马王蝶这一个属（乙 480），两性的差别不大，只是其中有一个种（乙 481）的雌蝶翅上有一小片显眼的淡棕色，而其他几个种的雌蝶要比雄蝶见得鲜美一些。再如，在粉蝶类（乙 766）中有两个种，（乙 267 与乙 268），“雌蝶翅上黑色边缘上面的橙黄点或黄点，一到雄蝶翅上，就只成为几条细线纹”；而在普通的粉蝶（乙 767），雌蝶才在“前翅上装扮得有些黑点，而雄蝶翅上则只有寥寥可数的几处。”如今我们知道在蝶类中的许多的种，当蜜月飞行的时候，雄蝶要把雌蝶携带着飞，而在刚才所说的一些蝶种里，情形正好相反，是雌蝶携带雄蝶；换言之，两性所扮演的角色调了个儿，像相对的美丽的程度调了个儿一样。在整个动物界里，在调情求偶的过程之中，一般总是雄性更为主动，更多出几分力量，因此，通过雌性对更为美好的雄性个体的挑取，雄性之美似乎是有所增加；而在这些蝶种，情况又似乎适得其反，雌蝶对于整个婚姻过程的最后一个仪式即蜜月飞行，既然负有主动的责任，则我们可以设想，在这过程的前一个阶段，即调情求爱阶段，扮演主动角色的大概也未尝不是她们了，而这一来，我们就不难理解为什么变得美丽的是她们而不是雄蝶了。上面的一些话是采自梅耳多拉（甲 455）先生的，而他在结论中又说，“在昆

虫的种种颜色的所由产生的过程之中，性选择究竟起过什么作用，多少作用，对此我虽还未能说服自己，而这一类的事实对于达尔文先生的一些见解确有突出的实证的力量，却是无法否认的。"㉓

性选择的活动既然首先要凭变异性的存在，在这题目上我们有必要说少数几句补充的话。这在颜色方面是没有困难的，因为在鳞翅类（乙 546）变异性特别大的例子尽有，要列举多少，就可以有多少。贝茨先生给我看过整整的一系列的两个种的凤蝶（乙 713 与乙 712）；在后一个种，雄蝶在前翅上美得发出珐琅光彩的那一小片绿色，和白色斑记的大小，以及后翅上那根漂亮的绯红条纹等方面，变异的幅度都很大；大到使最华丽与最不华丽的雄蝶可以成为两个极端，形成鲜明的对照。前一个种的雄蝶在美丽的程度上要比这后一个种的雄蝶差得多，但在前翅上的那片绿色和后翅上的那条红纹方面，也还有些变异，绿色片是或大或小，红条纹则时有时无，并不一致；看来这红条纹是从雌蝶那里借来的，即分移而来的：因为在这一个种里，以及在普通被称为"伊尼亚斯"的一群蝶种中的其他好多个种里，雌蝶都有这根绯红的条纹。由此可知，在前一个凤蝶种的最为冶丽的个体标本与后一个种的最为呆板或晦暗的个体标本之间只有一个小小的间歇；也不言而喻，单单就变异性这一点而论，而不问其他因素，这两个种的任何一个不难通过选择而没有止境地提高它的美丽的程度。在这里，变异性的存在是几乎只限于雄性一方面的。但沃勒斯先生和贝茨先生都曾经指出㉔，在有些蝶种里，雌蝶的变异倾向极大，而雄蝶则几乎是一成不变的。在下文的有一章里，我将有机会指出，在许多鳞翅类虫种

的翅膀上所发现的眼状斑点或眼斑纹是有幅度特大的变异性的。我在这里不妨预先补充地指出，这些眼斑纹对性选择的理论提出了一个难题，因为它们虽表现得如此富有装饰的意义，却总是两性身上都有，只一性有而另一性没有的情况是从来没有的，而两性的眼斑纹又是大致相同，很少差别。㉕到目前为止，这一件事实还得不到解释，但我们将在下文看到，一个眼斑纹的形成，如果真是由于在发育的很早的一个阶段里，翅膀上的细胞组织起了某种改变的话，那么，根据我们所知的一些遗传的法则，我们可以指望，它的兴起与发展完成虽始于两性中的一性，却终于通过分移而不分性别地传递了下来。

尽管我们可以提出许多郑重的不同的意见，总的看来，鳞翅类中大多数的美丽的蝶种之所以成其美丽看来还是要归因于性选择。例外是有些的，下面就要提到，就是，通过模拟，为了自卫的作用，而取得了鲜明的颜色的那些例子。在整个动物界里，在两性关系之中，总是雄性的热情要比雌性为高，正因为这一点，他一般会乐意于接受任何雌性，不加挑剔，而施展一些取舍的手段的通常总是雌性一方。因此，如果性选择在鳞翅类中发生过有效的作用，则凡在两性都美丽而雌雄蝶彼此相似的蝶种，则大抵是由雄蝶把自己首先所取得的一些性状后来不分性别地传给了后一代的。我们所以作此结论，是由于我们看到即便在同一个蝶属之中，从两性之间在颜色的分量上大相悬殊的蝶种，到两性之间在分量上完全相等的蝶种，各种分量不同的等级或层次都有。

但也许有人要问，除了性选择而外，难道就没有其他的方法来说明两性之间在颜色上的一些差别了么？例如说，我们知道有这样的情况，而且例子还不止一两个，㉖就是，明明是同一个蝶种的雌雄蝶，而经常生活的地点却不同，雄蝶爱在太阳光里来来往往，背上沐浴着阳光，而雌蝶则惯于在阴暗的丛林里飞飞躲躲。因此不同的生活条件就有可能在两性身上直接产生一些不同的作用；但这在事实上是不会的，㉗因为它们到了成年的时候才各自和不同的生活条件打交道，而这在时间上是很短的，至于在幼虫的阶段，则两性的生活条件原是相同的。沃勒斯先生的看法是，两性在颜色上所以会发生差别，与其说是由于雄蝶经受了变化，毋宁说是由于雌蝶，在所有的例子里，或几乎是所有的例子里，为了保卫自己，取得了呆板或灰暗的颜色，至少可以说，两个原因之中，后面的这一个在分量上要大于前面的一个。据我的看法，情况正好与此相反，远为更接近于事实的是，雄蝶通过性选择而经历了变化，而这是主要的，至于雌蝶，则比较地没有受到太多的改变。有此看法，我们才能理解，为什么关系相近的各个蝶种的雌蝶彼此之间的相像程度要如此超出雄蝶彼此之间的相像程度之上。有此看法，我们也才能从雌蝶身上窥测到她们所属的那一群蝶种的祖先形态所具备的原始的颜色，虽不中，但亦不至于太远。但我们也承认，她们的颜色，通过从雄蝶方面分移而来的一部分的连续变异，也不免或多或少地起了一些变化，至于雄蝶自己，则正复由于此种变异的世代积累，而变得更为美丽。话虽如此，我也无意于否认，在有些蝶种里，只有雌蝶由于自卫的需要而经受了一些特殊的变化。再回看一下生活条件的影响，就多数的例子而言，不同蝶种的雌雄蝶，在它们拉得很长的幼虫的发育阶段里，所处的生活环境是各不相同的，因此，不同的蝶种也可能经受了些不同的生活条件的影

响，但就雄蝶一方面而论，这种由于环境影响而在颜色上产生的任何细微的改变一般不免受到来自性选择的一些浓艳的颜色所笼罩，而无从辨别出来。在下文处理鸟类的时候，关于两性之间在颜色上之所以不同究竟有多少是由于雄性方面为了装饰的关系而经受了来自性选择的一些变化，而又有多少是由于雌性方面为了自卫的关系而经受了来自自然选择的一些变化——的这样一个整个的问题，我将有必要进行从长的讨论，因此在这里就无须说得太多了。

在两性均等遗传那种更为普通的遗传方式一向通行的所有的例子里，对雄性一方的颜色之美的选择也倾向于使雌性变得美些，而对雌性一方的颜色呆板的选择也倾向于使雄性变得呆板些。如果这两个选择的过程同时进行，它们就倾向于彼此互相引起作用，而又互相抵消；而最后的结果如何，要看是不是因为得到了呆板的颜色的良好的保护而有更大一个数量的雌性存活了下来，或者，要看是不是因为颜色美丽而有更大一个数量的雄性被保留了下来，并分别地从而找到配偶，和胜利地留下大量的后辈来。

为了解释为什么性状的传递往往只交给两性中的一性，而不及另一性，沃勒斯先生所表示的看法是，更为普通的两性均等遗传的方式可以通过自然选择而改变为只限于一性的遗传方式，但我没有能找到什么证据来支持这个看法。根据家养的形势之下所发生的情况，我们知道新的性状，一经出现，就往往一下子就传给下一代的两性之一；而通过对造成这些新性状的一些变异的人工选择，我们可以毫无困难地把美丽的颜色只付与或留给雄性，而同时或者在较晚的时候把呆板的颜色只留给雌性一边。看来，在自然状态下的有一些蝶种或蛾种的雌性就是这样地为了自卫的关系而变得颜色呆板，而大大地有别于她们自己的雄性的。

但在没有明显的证据的情况之下，我不倾向于承认，在大量的物种之中，两套复杂的选择过程，每一套都要求着把新性状只传递给两性中的一性，一直在自然界进行不断——也就是说，承认雄性通过打败了他们的对手而变得更为美丽，而雌性通过躲开了敌人的毒手而变得更为呆板。例如，普通的硫黄蝶或蚰蝶（乙 452）的雄蝶所着的黄色要比雌蝶的浓得多，而雌蝶虽淡，却是同样地显眼；就雄蝶一方而言，我们尽管可以说浓艳的黄色之所以取得，大概是由于在两性关系之中它可以增加几分吸引之力，而就雌蝶一方而言，我们却很难说浅淡的黄色之所以取得，而成为一个特殊的性状，大概是由于它起过保护的作用。又如，黄袷蝶的一个种（乙 50）的雌蝶的翅尖并不具有雄蝶所具有的那一点漂亮的橙黄色，因此她就很像普通在我们园子里飞来飞去的白蝴蝶或粉蝶（乙 767），但我们拿不出证据来说明这种相像对她有什么好处。而从另一方面来看，黄袷蝶属所包括的蝶种很多，其中有好几个是雌雄蝶的颜色都相当平淡，并且在全世界分布得很是广泛，而这一个种的黄袷蝶的雌蝶在颜色浅淡一点上和它们都有几分相像，那我们岂不是就可以说，她只不过是在相当大的程度上保持了她的原始的颜色而已，与保护作用并不相干。

最后，我们在上文已经看到，种种不同的考虑所导致的结论是，就多半的鳞翅类中颜色美丽的物种而言，通过性选择而经历了一番变化的主要是雄性一方，至于经此变化之后两性之间所呈现的差别的分量大小多半要看所通行的是哪一种的遗传方式了。遗

传这件事情是由如此之多而我们还不了解的法则所控制着的，因此它的活动总像是难于捉摸，[28]但也因此，我们也就在一定程度上得以理解为什么在关系十分近密的物种之间，有的物种的两性在颜色上的差别可以大得惊人，而有的则雌雄相同，如出一辙。而变异过程中的一切连续的步骤既然不得不通过雌性的身体而传递给下一代，这些步骤就会或多或少而很容易地在她自己身上发展出来，因此我们也就可以理解为什么在关系近密的一些物种里，在两性差别极大的那些和两性全无差别的那些之间，又有这么多的差别程度互不相同的层次了。我们不妨更补充地指出，这一类不同程度的层次或中间状态实在是太普通了，普通到一个地步，使我们难以设想，认为，在这里，雌性正一步一步地处在一个过渡的进程之中，而为了自卫的关系正一步一步地丢失她们的美丽的颜色；这是无法设想的，因为所有的理由都使我们认定，在任何一定的时间之内，多半的物种都是处于一个固定的状态之中。

论拟态。——这一原理的最初得到阐明是在贝茨先生[29]的一篇值得称赞的文章里，经此一番阐明，许多一直是暗昧不明的问题获得大量的照明而见得清楚了。以前早就有人观察到过，南美洲的分属于很不相同而界限截然分明的几个蝶科的某些蝶种，都十分近似于神山蝶科（乙 466）的蝶类，连每一根条纹，每一种颜色的深浅的程度之类的细节都相似，以致只有经验充足的昆虫学家才能加以分辨。神山蝶的颜色既然是自己所具有的通常的一些颜色，并无标新立异之处，而这些南美洲的蝶种则和它们所联系的各个蝶科的通常的色调都有所违异，我们一望而知神山蝶是本色，是被模拟的一方，而这些蝶种是假借的一方，是模拟者。贝茨先生更进一步地观察到，模拟者一方的蝶种为数比较稀少，而被模拟者一方的蝶种则比较多，多得大为充斥，而两方在生活上是混在一起的。神山蝶是在颜色上既显眼又美丽的一类昆虫，而种别又特别多，个体的数量又特别大，贝茨先生因而又曾进而推断，它们身上一定能放出某种分泌或臭气，来保护自己，抵御敌人；而历年以来，这一推断已经取得足够的证明，[30]而贝耳特先生所提供的证明尤为肯定。因此，贝茨先生推论说，那些模拟着保护得很好的一些蝶种的蝶种，终于通过了变异和自然选择，取得了它们现有的欺骗性高得出奇的外貌，足以使敌人错认其为那些保护得很好的蝶种，从而自免于横遭吞噬。这里所提出的只是试图解释模拟者的美色究竟从何而来，与被模拟者的颜色并不相干。对于被模拟者的美色从何而来，我们只能提出一些一般性的说明，有如本章上文讨论中对另一些例子所已提出的那一类的说明。自从贝茨先生的文章发表以来，沃勒斯先生在马来亚地区、特瑞门先生在南非洲和腊伊雷先生在美国[31]先后都观察到过类似而同样突出的一些事实。

有些作家既然对模拟过程的最初若干步骤究竟如何通过自然选择而达成的这一问题感觉到难以理解，我想我不妨在这里说明一下，这过程大概开始得很早，而发生在颜色上并不大相悬殊的一些形态之间。在当时那种情况之下，如果一个变异可以使一个形态，或一个种更近似于另一个形态，或另一个种，这种变异，即便极为细小，也是有好处的；而在此以后，被模拟的那一个种有可能通过性选择或其他途径而经历到高度以至极度的变异，而如果这种改变又是逐步进行的话，则模拟的一方便会很容易被引领上同一

条道路，直到被模拟与模仿的两方都和它们原先的状态违异到远无可远的同等的地步；而最后终于在外貌上，或在颜色上，都变得和原先和它们属于同一物群的其他成员全不相似的程度。我们也应该记住，鳞翅类中的许多虫种是倾向于在颜色上发生相当多而突然的变异的。我们在本章中已经举出过一些这方面的例子，而在贝茨先生和沃勒斯先生的一些文章里，还可以找到更多的例子。

在好几个鳞翅类的虫种，两性彼此之间不但相似，并且都模拟着另一个虫种的雌雄两性。但在上文已经援引过的那篇文章里，特瑞门先生举出了三个例子，就中被模拟的那个形态的两性在颜色上是有差别的，而模拟它的那个形态的两性也同样地有此差别。见于记录的还有若干例子，就中只雌性一方对颜色冶丽而又取得了自卫之利的一个虫种有所模拟，至于雄性，则一直保持着“他们一些直接的近亲所同具的正常的色相。”在这里，显而易见的是，使雌性起了变化的那些连续的变异是仅仅传给了她这一性的。但许多连续的变异之中，有些也有可能传递给了雄性，而在他的身上发展出来，除非是这一类的雄性个体由于传到了一部分的这种变异而变得不大受雌性的欢迎，从而受到了淘汰；因此，只有从一开始就在遗传上严格地限于雌性一方面的那些变异才被保存了下来。关于上面的这一些话，我们从贝耳特先生[32]那里获得了部分的实际证明，他指出，在粉蝶的一个属（乙 548）中，有些种的雄性一面模拟着某些有保护色的种，而一面却还半隐半现地保持着某些他们所原有的性状。例如，在雄性，“后翅的前一半作纯白色，而其他的翅和后翅的后一半上都有黑、红、黄三色的带纹和斑点，像他们所模拟的种一样。雌性的翅上则没有这一片白色，而雄性虽有，通

常却用前翅掩盖起来,不露在外边,因此,我不由得不想到,这一片白色,除了——在求爱的时候作为一种吸引的手段,而在那时候向雌性展示一番,并从而满足他们对所从属的目,即鳞翅目,所具有的正常的颜色还保有根深蒂固的衷心的爱好——而外,还会有什么别的用处。”

幼虫的冶丽的颜色。——当我就许多蝶种之美作种种思考的时候,我联想到许多蝶种的幼虫也有很冶丽的颜色;而在幼虫这个阶段里,性选择显然是不可能发生什么作用的,因此,如果一定要把成虫之美归因于这一股力量,而同时对幼虫之美不能作出一些其他的说明,总像有几分轻率,使衷心有所未安。首先,不妨指出,幼虫的颜色和成虫的颜色之间并不存在任何密切的相关的联系。其次,幼虫的颜色也不提供什么保护的作用,至少不是我们通常所了解的那一种提供的方式。贝茨先生所向我谈到的他平生所目睹的最为刺眼的那个幼虫或蠋的例子(是一种天蛾的)在这一点上便能有所说明;这种蠋生活在南美洲空阔的草原上,专吃一种树的大绿叶子;约有四英寸长,通身有黑、黄两色相间的横带纹,而头、脚、尾则作一种大红色。因此,谁在那里走过,谁的眼睛也不会被它瞒过,即便相距好几码以外,谁也漏不了它,人如此,飞鸟过,无疑地也是如此。

沃耳希先生天才内蕴,善于解决一切疑难的问题,因此我就向他请教。经过一些思索之后,他回答说,“各种幼虫多半需要保护,有的长刺或惹厌的毛,有的一身绿色,和所赖以为食的叶子相似,有的奇形怪状,和它们所生活在上面的树枝模样相同:根据这些,

我们有理由作出这个推论。”威伊耳(甲 688)先生向我提供了另一个有保护性的例子,也不妨在此提出,就是,南非洲有专以一种含羞草为食的一个蛾种的幼虫会制造把自己装在里面的一只口袋,看去和周围的荆棘的刺很难分辨。根据这一类的考虑,沃勒斯先生认为,颜色显眼的幼虫大概另有自卫的方法,就是,味道变得恶劣而使敌人不爱吃。但这也有问题,幼虫的外皮是极薄极嫩的,如果有了伤口,内脏就很容易突出来,因此,鸟喙对它们轻轻地一啄,就足以致命,根本和被一口吞掉没有分别。因此,沃勒斯先生说,“只是不中口味这一点还不足以保护一条幼虫,它在外表上还须有一个信号向它的前途可能的敌人说明它这区区的一小片食物是难以下咽的。”一经考虑到这些情况,我们就不难想到,如果一条幼虫有办法让一切鸟类和其他动物立刻看到眼里,确凿地被认出来它是不中吃的,那对它来说,真是大大有利。这一来,最刺眼的一堆颜色就非常有用了,而唯其有用,才有可能通过变异、通过最容易被认清楚的那些个体的适者生存,而受到接纳下来,成为一个性状。

沃勒斯先生的这一个假设,乍然看去,像是十分突兀,勇敢有余,而事实或不足,但当它被提到昆虫学会的议席上的时候,[33]得到了很多人的发言的支持。而家园里备有养鸟室而平时饲养着许多种禽鸟的介·威尔先生告诉我,他已经试过许多次,而发现这样的一条通例是没有例外的,就是,在各种幼虫之中,凡属习惯于夜间生活或比较爱藏藏躲躲而外皮光滑的,凡属一身绿色的、凡属模拟树枝的形色的,他所养的鸟全都十分爱吃。而凡属带毛带刺的几种,以及四个种的颜色刺眼的幼虫,则一概受到拒绝,无一例外。

当禽鸟拒绝一条幼虫而不吃的时候,它们总要摇摇头,总要把嘴尖刷上几下,来明白地表示一下,它们讨厌这幼虫的味道。[34]勃特勒尔先生也曾取三个种类的颜色显眼的幼虫和蛾子来喂某些蜥蜴和蛙类,它们都受到了拒绝,而其他的种类则很受欢迎,都给吃了。因此,沃勒斯先生的看法得到了肯定,即,会是这样的事终于被证明为确有其事,也就是,某些种类的幼虫之所以变得颜色显眼,或甚至刺眼,是为了它们自己的好处,为了使敌人容易认识它们,和药房里把有毒性的药物装在有色的瓶子里,便于人们辨认而不至于误服,几乎是同一个道理。但就许多种类而言,我们对于它们颜色的多种多样,各成其美,现在还不能统统用这一点来解释,但任何一个种的幼虫,或则由于模拟周围的事物,或则由于气候等等的直接作用,在某一个前代里一旦取得了一个呆板的、斑驳的、或有条纹的色相,而随后身上的不止一种的颜色又变得更深、更浓、更鲜艳,几乎可以肯定地是再也不会变得浑然一色;因为只是为了显眼而易于辨认这样一个目的,就谈不到任何有一定方向性的选择作用了。

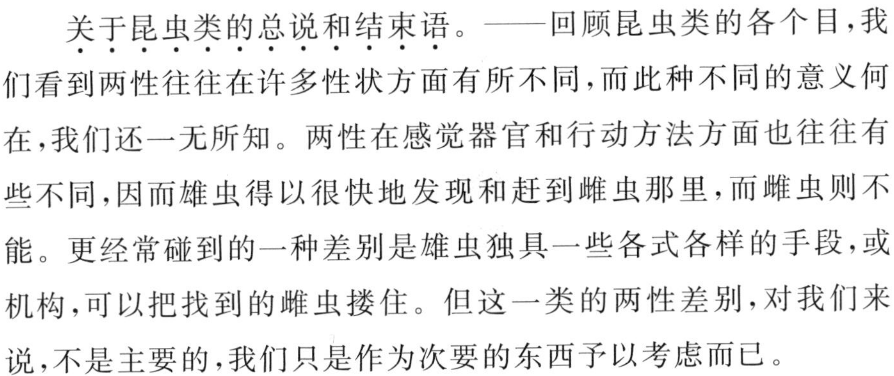

关于昆虫类的总说和结束语。——回顾昆虫类的各个目,我们看到两性往往在许多性状方面有所不同,而此种不同的意义何在,我们还一无所知。两性在感觉器官和行动方法方面也往往有些不同,因而雄虫得以很快地发现和赶到雌虫那里,而雌虫则不能。更经常碰到的一种差别是雄虫独具一些各式各样的手段,或机构,可以把找到的雌虫搂住。但这一类的两性差别,对我们来说,不是主要的,我们只是作为次要的东西予以考虑而已。

在几乎所有的各个目里，有些虫种的雄性，即便是一些很脆弱的种类也在内，据我们知识所及，都高度地好勇爱斗，而其中的少数几个种的雄性还备有和同类的对手们进行战斗的一些特殊的武器。但和各类高等动物相比，战斗的法则在昆虫类中间通行的广泛程度要略微差一些。在昆虫类中间，雄性的体型变得大于雌性而体力变得强于雌性的例子只有少数的几个，原因大概就在这里了。而更普通的情况正好相反，雄性通常要比雌性长得小些，因此，他们发育的时期得以短些，从而在雌性的成虫蜕变而出世之前，他们已经大量成熟，作好了繁殖的准备。

在同翅类的两个科和直翅类的三个科里，只雄性备有有效率的发声器官。在繁育的季节里，他们不断地使用这些器官，既用来召唤他们各自的雌虫，也似乎用来和同类中的其他雄虫互相竞赛，从而对雌虫进行蛊惑，而激发她们的春情。大抵凡是承认了选择的力量的人，初不论哪一个种类的选择，在阅读了上文的讨论之后，对这些乐器是通过了性选择才终于取得的这一事实，是不会再有什么异议的了。在其他的四个目里，有的成员只一性有，但更普通的是两性都有作出不同声音的器官，但这些看来只能作为召唤之用。如果两性都具备这种器官，则凡属发声最响亮、最连续不断的一些个体会比发声低弱的那些更优先地取得配偶，而由此看来，它们的这种器官之所以取得是有可能通过了性选择这个途径的。昆虫类之中，或只雄虫有这种造作声音的手段，或两性都有，而且花样奇多，不限一格，而有此手段的竟不下于六个目，只此一点，就已经值得我们的深长思考。而思考所得的一点是，我们认识到，在导致变化这一方面，而这些变化有时候又关涉到有机体组织的一些重要的部分，有如在同翅目中间的一些例子，性选择的作用是何等的卓有成效了。

根据前章里所归结的若干理由，我们说许多个种的瓣角类甲虫以及其他一些甲虫的雄性所具备的大角大概是为了装饰之用才取得的。由于昆虫的体型小，我们容易低估它们的形貌。如果我们用一点点想象力，把一只铜甲虫（乙 224）（图 16，第十章中）的雄虫带上他的全副磨得发亮的青铜色甲胄，和粗壮复杂的大角，放大得像马一般的尺寸，或仅仅狗一般的尺寸，他将是世界上最为神采奕奕、威武赫赫的动物之一了。

昆虫的颜色是一个复杂而不容易弄清楚的题目。如果雄性的颜色稍稍地有别于雌性，而双方都并不这么华丽，这大概可以说明双方曾朝着不同的方向略微有过一些变异，而又曾各自把这些变异传递给和自己属于同一性别的后代，说不上什么好处，或什么坏处。如果雄虫的颜色很美丽，而显然地有别于雌虫，有如若干种的蜻蜓和许多种的蝴蝶，这大概说明他的彩色是得力于性选择而形成的；而雌虫则一直保持着原始的或很古老的色调，只是通过上文所已解释过的一些途径而略微起过一些变化而已。但在有些例子里，雌虫之所以颜色灰暗，看来是由单单传给她这一性的一些变异所造成的，也是在生存竞争之中直接地有些保护作用的；而在另一些例子里，雌虫颜色之所以不但不灰暗，反而见得很是冶丽，我们几乎可以肯定地说明那是由于模拟了生活在同一地区之内的其他取得了保护色的效用的一些虫种。又如果两性彼此相像而是同样地颜色晦暗不明，就大量的例子而言，就其颜色的由来而论可以无疑地说是为了自卫。而在两性都很冶丽的某些例子，这一结论是

同样地适用，因为它们的颜色大都来自模拟，有的是模拟了其他收了自卫之效的虫种，有的是模拟了周围的物体有如花朵之类；也有借此直接向它们的敌人提出告诫，说它们是不中吃的东西。也还有其他一些两性彼此相似而颜色都很华丽的例子，尤其是颜色的布局旨在炫耀的那些，对于这些，我们不妨作出结论，认为雄虫首先取得了这一套颜色，作为一种诱引雌虫的手段，而又通过遗传，把它分移到了雌虫的身上。我们之所以得此结论，特别是因为我们看到了这样一种情况，就是，在凡属颜色上通行着同一种一般格调或类型的昆虫群，科也好，属也好，我们总会发现，在有些虫种，雄虫的颜色与雌虫的大不相同，而在另一些，则所差不多，乃至完全一样，而在这些极端的虫种之间，又可以找到各个中间状态的层次。

鲜美的颜色既往往可以部分地从雄虫身上分移到雌虫身上，许多瓣角类甲虫和其他一些甲虫的奇形怪状的大角也未尝不是这样。再如，同翅类与直翅类的发声器官，虽正常地是个雄虫的性状，一般也分移给了雌虫，作为一种残留性的结构，其中甚至还有些发展得相当完好的，只是完好的程度毕竟不够，不能派什么用处而已。还有一个有趣的事实值得在这里再提一下，因为它和性选择有关系，就是，某些直翅类雄虫的发为磨刮之声的器官要到最后一次换壳之后才发展完成；而有些蜻蜓种的雄虫应有的颜色也要在从蛹的状态蜕变出来以后又过了一些时间、而在对繁殖的任务已作好准备的情况之下才十足地表现出来。

性选择的含义是，更为美好的一些个体会得到异性的垂青而中选；其在昆虫，如果两性色相不同，其中打扮得更俏的一般总是雄虫，例外是很少的，因而违离了这个种所属的那个类型比较更远的也是雄虫；既然如此，而两性之间，主动而热情地进行追求的又正是雄虫一方，我们就不由得不想到，雌虫大概是习惯于，或至少是偶一为之地进行抉择的一方，而所选取的总是一些更为美丽的雄虫了；而从此再进一步，也就想到，雄虫之所以美丽，来源也就在这里了。在多半的昆虫类各目里，乃至所有的各目里，雌虫不但能取，而也确乎能舍，即拒绝某一只特定的雄虫，这一点看来也不会不是事实，因为雄虫所具备而用来搂住雌虫的种种独特的手段或机构如大颚、有黏力的垫子、芒刺、拉长了的附肢，等等说明要把雌虫按住不动也并不太容易，其间也有必要取得她的同意一个方面，而不是一件一相情愿的事。根据我们对各种昆虫的感觉能力和爱憎心理方面所已有的了解而加以判断，性选择是有条件来进行大量活动的，是有其用武之地的，说昆虫中间不会发生性选择怕是不符合于实际的；但到目前为止，我们在这方面还没有什么直接的证据，而且也还有些事实是和这一信念相抵触的。尽管如此，当我们看到好多只雄虫追赶着同一只雌虫时，我们很难相信最后的成双配对会是一件瞎碰的事——那就是说，雌虫会全无取舍，和全不理会雄虫用来打扮自己的种种华丽的颜色和其他装饰手段。

如果我们承认同翅类和直翅类的雌虫懂得欣赏她们的雄性伴侣所发出的音调，而雄虫身上的各种乐器便通过这一途径，通过性选择，而趋于完善，那么，触类旁通而言之，其他各目的虫种的雌虫对体态与颜色之美大概也会有所欣赏，而因此，她们的雄虫之所以取得那些美好的性状，看来也不会不经由这条同一的途径，即性选择了。但一面由于颜色是如此容易发生变异的一个性状，而它又

往往因为自卫的关系而经历过一些变化，我们要判定，在许许多多的例子之中，究竟多大的比数是因缘于性选择的活动，则是困难的。就有几个目如直翅类、膜翅类与鞘翅类而言，两性在颜色上既难得有显著的差别，这种困难就特别的大；因为除了类推而外，我们并没有多少实际的依据。但鞘翅类则又略有不同，在称为瓣角类而被某些作家列为这一目的前茅的那一大群甲虫中间，我们在上文已经说过，有若干个种的两性懂得表示一些相互依恋之情，而在有几个种里，我们又看到有的备有武器，雄虫方面懂得彼此争雄，有的备有奇特的大角，而更多的甲虫种又或则备有发为磨刮之声的器官，或则装饰华美，能发出金属的光彩。如果说所有这一类的性状，追溯由来，也未尝不得力于同一种手段，即性选择，看来也不会是扑空的。就蝶类而言，则我们所有的证据自是最好、最差强人意的；因为有若干个种的雄蝶懂得费些心机，把美丽的颜色展示出来；而除非这种展示是属于卖弄的性质，在求爱的过程中对他们有些用处，我们就很难相信他们会这样做。

前途处理到鸟类的时候，我们将要看到，鸟类在第二性征方面所表现的种种最能和昆虫类的相提并论，比类而观。例如说，许多鸟种的雄性高度地爱斗，而其中有些还备有特殊的武器，好和对手们周旋。他们备有一些器官，一到繁育的季节，可以用来发出声乐或器乐。他们往往饰有冠、角、垂肉、长羽之类，千花万样，难以枚举，而在颜色上又打扮得花花绿绿，艳丽非凡，一切的一切无非是为了显示，为了炫耀。我们也将要发现，像昆虫一样，在某些鸟的科属，两性是同样的美丽，同样地备有种种装饰的手段，而在其他的鸟类里，则这些性状也同样地通常只限于雄性才有。又在另一些科属里,则两性是同样的素净,同样地不讲究打扮。最后,在少数几个不合于常规的例子里,雌鸟的美丽胜过了雄鸟。我们还将再三再四地看到,在同一个科、属之内,雌雄鸟之间的差别,从大到小,从有到无,两极之间,每一种程度都有。我们也将看到,雌鸟像雌虫一样,也往往会具有正常属于雄性而只对雄性有用的一些性状的痕迹或残留,有的很明显,有的不大明显。鸟类和昆虫类在所有这些方面的可以一一类比真是逼近得有些出人意料之外。因此,适用于这个纲的任何解释,看来大概也会适用于那一个纲,而这同样适用的一个解释,我们将在下文更加仔细地指出,不是别的,而正是性选择。

原　注

① 即闪紫蝶的一个种,见《昆虫学人周报》(丙 57)1859 年卷,页 139。关于下文婆罗洲的蝶类,见考林沃德,《一个自然学家的漫游杂志》,1868 年版,页 183。

② 见我所著《研究日志》,1845 年版,页 33。德布耳代先生(《昆虫学会纪事刊》,丙 114,1845 年 3 月 3 日,页 123)曾经在这种蝴蝶的前翅底部发现一只奇特的由薄膜构成的小囊,这可能就是声音所由发出的来源了。关于下文的窝茧蛾属,见文,载《动物学纪录报》(丙 156),1869 年卷,页 401。关于弗·怀特先生的一些观察,见文,载《苏格兰自然学人》(丙 132),1872 年 7 月,页 214。

③ 见文,载《苏格兰自然学人》,1872 年 7 月,页 213。

④ 见文,载《动物学纪录报》(丙 156),1869 年卷,页 347。

⑤ 亦见贝茨先生自己的文章,载美国费城《昆虫学会会刊》(丙 115),1865 年卷,页 206。又参看沃勒斯先生在这同一方面就冕蝶属(乙 344)所作的讨论,见文,载伦敦《昆虫学会纪事刊》(丙 114),1869 年卷,页 278。

⑥ 《自然学家在亚马孙河》,第一卷,1863 年版,页 19。

⑦ 见所著有趣的一篇文章,载《威斯特明斯特尔评论》(丙 153),1867 年 7 月,页 10。沃勒斯先生又曾提供过关于木叶蝶的一幅木刻,载《哈尔德威克(甲 297)氏的科学闲话》(丙 64),1867 年 7 月号,页 196。

⑧ 见弗瑞塞尔(甲 252)先生文,载《自然界》(丙 102)1871 年 4 月,页 489。

⑨ 《隔离的影响与物种的形成》(德文),1872 年版,页 58。

⑩ 见沃德先生所作的一些有趣的观察,载《学者》(丙 140),1868 年 9 月,页 81。

⑪ 见沃勒斯先生文，载《哈氏科学闲话》(丙 64)，1867 年 9 月，页 193。

⑫ 在这方面也可以一看威尔先生的文章，载《昆虫学会会报》(丙 145)，1969 年，页 23。

⑬ 见文，载《威斯特明斯特尔评论》(丙 153)1867 年 7 月，页 16。

⑭ 例如灯蛾科下面的虎蛄蜥属(乙 561)；不过威斯特沃德教授似乎对这一个例子有几分惊怪，见《昆虫的近代分类》，第二卷，页 390。关于白天活动与夜间活动的两部分鳞翅类的颜色的相比，这位教授也有所讨论，见同书、卷，页 333 与 392；亦见海瑞斯，《新莫仑的昆虫》，1842 年版，页 315。

⑮ 在好几个凤蝶种的翅膀阴阳面上所表现的这一类的颜色上的差别，见沃勒斯先生文《马来亚地区凤蝶科的报告》中所附的若干美丽的图片，文教《林纳学会会报》(丙 147)，第二十五卷，第一篇，1865 年。

⑯ 见沃尔茅耳德(甲 718)关于这蛾种的文章，载《昆虫学会纪事刊》(丙 114)，1868 年 3 月 2 日。

⑰ 在此可以参看的还有关于南美洲的一个蛾属(乙 387，亦枹刺蛾之类)的一篇记述，载《昆虫学会会报》(丙 145)，新编卷，第五卷，图片第十五、十六。

⑱ 见文，载伦敦《昆虫学会纪事刊》(丙 114)，1868 年 7 月 6 日，罗马数字页 27。

⑲ 见弗林特(甲 244)编海瑞斯，《新英伦的昆虫》，1862 年版，页 395。

⑳ 例如，在我儿子所藏标本的橱里，看到雄蛾的颜色深于雌蛾的便有一个种的枯叶蛾(乙 541)、一个种的竹蛄蜥，薯蛄蜥(乙 662)、半裸蛾(乙 505)、奈毒蛾(乙 339)、和战神子蛾(乙 304)。在最后这一个种，两性的色别是很显著的；而沃勒斯先生对我说，他认为这是只以一性为限的有保护性质的模拟的一个例子，对此下文将有更详细的说明。在最后这一个种，白色的雌蛾看去很像普通的樱蕺蛾(乙 891，Spilosoma menthrasti——商务印书馆杜亚泉等辑《动物学大辞典》，此学名的后一字拼作 menthastri，疑原书有误——译者)，在樱蕺蛾却两性都是白的；而斯泰因屯先生观察到，一整窝的吐绶鸡的雏鸡都拒绝吃这种蛾，去之唯恐不速，但对别种的蛾则甘之若饴；因此，如果战神子蛾通常被不列颠的鸟类错认为樱蕺蛾，她就可以免祸，而伪装的白色对她是大有好处的。

㉑ 值得注意的是，在谢特兰群岛(Shetland Islands——苏格兰迤北——译者)，这种蛾的雄蛾之于雌蛾，不但没有很大的差别，并且往往在颜色上很相雷同〔见麦克拉克兰先生文，载《昆虫学会会报》(丙 145)，第二卷，1866 年，页 459〕。弗瑞塞尔提出一个有关的看法(《自然界》，丙 102，1871 年 4 月，页 489)，认为当蝙蝠蛾在这些北方岛屿上出现的季节，北极之夜的昏晓的曙光足以使雌蛾看到雄峨，雄蛾的白色就成为不必要的了。

㉒ 《一个自然学家在中国海上的漫游丛录》，1868 年版，页 182。

㉓ 见文，载《自然界》，1871 年 4 月 27 日。梅耳多拉先生在谈到蝶类在交尾期间的蜜月飞行时，又曾引当泽耳(甲 198)文中的活，文载《法兰西昆虫学会》会刊(丙 135)1837 年，页 77。又关于若干不列颠的蝶种两性在这方面的一些差别，参看弗瑞塞尔先生文，载《自然界》1871 年 4 月 20 日，页 489。

㉔　见沃勒斯先生所论马来亚地区的凤蝶科，载《林纳学会会报》(丙 147)，第二十五卷，1865 年，页 8、36。沃勒斯先生在文中举出了一个罕见的凤蝶的变种的例子，它的突出之点是，它所处的正好是另外两个色征分明的变种的雌蝶之间的一个不偏不倚的中间状态。又见贝茨先生文，载《昆虫学会纪事刊》(丙 114)，1866 年 11 月 19 日，罗马数字页 40。

㉕　贝茨先生对我惠爱备至，曾为我把这个题目在昆虫学会的集会上提出，征求大家的观察所得，接着我就从好几位昆虫学家那里收到了一些答复，内容即有如上述。

㉖　见贝茨先生，《自然学家在亚马孙河上》，第二卷，1863 年，页 228。又沃勒斯先生文，载《林纳学会会报》(丙 147)，第十五卷，1865 年，页 10。

㉗　关于这整个的题目，参看我的《家养动植物的变异》，第二卷，第二十三章。

㉘　参看《家养动植物的变异》，第二卷，第十二章，页 17。

㉙　载《林纳学会会报》，第二十三卷，1862 年，页 495。

㉚　见文，载《昆虫学会纪事刊》(丙 114)，1866 年 12 月 3 日，罗马数字页 14。

㉛　沃勒斯文，载《林纳学会会报》，第二十五卷，1865 年，页 1；又文，载《昆虫学会会报》，第三组，第四卷，1867 年，页 301。特瑞门文，载《林纳学会会报》，第二十六卷，1869 年，页 497。腊伊雷文，载美国《密苏里州关于害虫的第三个年度报告》，1871 年，页 163—168。最后这一篇文章是颇有价值的，因为作者也曾就大家对贝茨先生的理论所提出的一切反对的意见，一一加以商榷。

㉜　见《自然学家在尼加拉瓜》，1874 年版，页 385。

㉝　见《昆虫学会纪事刊》(丙 114)，1866 年 12 月 3 日，罗马数字页 14；又 1867 年 3 月 4 日，罗马数字页 80。

㉞　见所著论昆虫和食虫的鸟类的一篇文章，载《昆虫学会会报》，1869 年卷，页 21；又见勃特勒尔先生文，同上刊物、卷，页 27。腊伊雷先生也提供了一些可以类比的事实，见美国《密苏里州关于害虫的第三个年度报告》，1871 年，页 148。但沃勒斯博士和道费尔(甲 200)先生也举出了一些反面的例子，见文，载《动物学纪录报》(丙 156)，1869 年卷，页 349。

译　注

1. Aeneas，出自希腊传说，是一个英雄的名字，西方对动物分类命名，往往借用埃及、希腊、罗马神话传说中的人或事物，此则非正式之一例。下文“小英雄”蝶，学名 Papilio ascanius，Ascanius 即希腊传说中伊尼亚斯的儿子，是分类命名正式袭用希腊传说之一例。

2. 应是上文第八章。

第十二章　鱼类、两栖类与爬行类的第二性征

鱼类：求爱与雄性之间的战斗——雌性体型较大——雄性鲜艳的颜色与装饰性的附器；其他奇异的特征——限于繁育季节的雄性所获得的一些颜色和附器——两性颜色都鲜艳的鱼类——保护色——雌性颜色不如雄性鲜明不能用保护的原则来解释——有些鱼种的雄鱼能营巢、能保护和照料鱼卵及幼鱼。两栖类：两性在结构和颜色上的差别——发声器官。爬行类：龟类——鳄鱼类——蛇类，有些例子的颜色有保护性——蜥蜴类的战斗——爬行类的装饰性的附器——两性在结构上的一些奇特的差别——颜色——两性差别之大几乎不亚于鸟类。

我们现在来到了动物门的巨大的亚门，脊椎动物亚门；我们准备从最低的那一个纲，即鱼类，开始。横口类（Plagiostomous fishes，如鲨鱼）和银鲛类（Chimaeroid fishes）的雄鱼都备有双钳，用来夹持雌鱼，这是和许多低于鱼类的动物所具备的相同的。双钳而外，许多种的魟鱼（ray）还有一丛丛的强劲有力的硬刺，在头上，而"沿着胸鳍的外上方也有好几排"。在其中的有些鱼种里，一面有这些刺，一面在身体的其他部分却是完全光滑的。只是到了繁育季节这种硬刺才发展出来，而过后也就消失了，而据格迂恩塞尔博士猜测，它们是被用来作为把握器官的，而用法是把身体的两侧

向里向下折叠起来，使刺尖发生钳制的作用。但说来也奇怪，在有几个这一类的鱼种里，如耙魟的一种（乙 821），背上长满着一些叉形大刺的是雌鱼，而不是雄鱼。①

在鲑科（乙 849）的一个种，香鱼（capelin，即乙 594），光是雄鱼备有一系列排得很密而形同刷子的鳞，看去像一条脊梁；当雌鱼用高速度驰到沙滩上下卵的时候，两尾雄鱼，左右各一尾，就凭借这条鳞的力量，夹持着她一起前进。② 和这种鱼分类关系很远的另一种鱼，鲀的一个种（乙 626）的身上有一部分结构多少可以与此相类比，不妨并论。据格迂恩塞尔先生告诉我，雄鱼在尾巴两边各有一丛又硬又直的刺，像梳齿，相当长，有一个标本，鱼身总共长六英寸，而这些刺要长到将近一英寸半；而雌鱼在身体的同一部位也有一丛细刺，像刚毛，或刷子上的毛。在和它同隶一属的另一个种，贝朗氏鲀（乙 627），雄鱼倒像刚才所说的雌鱼那样，尾巴上有刷子，而在雌鱼则尾巴的两边是光滑的。在鲀属的其他的某些鱼种里，雄鱼的尾巴见得略微粗糙一些，而雌鱼的则是完全光滑的；而最后，在同属的又一些鱼种里，则两性的尾边都是光滑而不带刺的。

为了争夺雌鱼，许多鱼种的雄鱼会彼此相斗。有人描写到丝鱼的一种（stickleback，即乙 440）的雄鱼，说，当雌鱼从躲藏的地方出来而观察他为她所搭成的窝的时候，他真是“欣喜欲狂”。“他在雌鱼的周围像箭似地穿来射去，一会儿到他作窝而堆积起来的一些材料那边，一会儿又突然转回来；雌鱼姗姗来迟，不相昵近，他又忙于用嘴推她挤她；然后又咬住她的尾巴和侧面的硬刺把她拖到窝里。”③ 据说雄鱼是一夫多妻的；④ 非常好勇狠斗，而“雌鱼则很是和平”。雄鱼的战斗有时候是拼死拼活的；“战士们身材虽小，却彼此紧紧地纠缠在一起，好几秒钟不得开交，直到他们的体力似乎是完全耗竭为止。在尾巴很是毛糙的另一种丝鱼(乙 441)，雄鱼在相斗的时候彼此围绕着游，转个不停，乘机把对方咬上一口和试图用竖起的侧面的刺在对方身上戳个窟窿。”提供这些资料的同一个作家又说，⑤“这些小鬼的嘴很厉害。他们也用侧面的刺，来制对方于死命，我曾经看到过有一尾丝鱼在战斗中把对方毫不含糊地开膛破肚，使他沉到水底而死。”一尾丝鱼被打败以后，“他原先的赳赳昂昂之气全没了，鲜美的色彩也消退了，躲进不参加战争的同类中来遮掩他的耻辱，但在一定时期之内，胜利的一方并不放松他，经常地把他当作迫害的对象。”

雄的鲑鱼(salmon)也好斗，和丝鱼一样；而据我从格迂恩塞尔博士那里听说，雄的斑鳟鱼(trout)也是这样。希奥(甲 604)先生看到过两尾雄的鲑鱼的一场恶斗，相持到一整天之久：而鱼池总监布威斯特(甲 119)先生告诉我，他时常在珀尔思[1](Perth)的桥上观鱼，一到雌鱼下子的时候，一部分的雄鱼要把其余的雄鱼轰走。雄鱼之间“不断地进行战斗，在雌鱼散子的底床之上相互撕咬，杀伤很大，死鱼累累；又可以看到许多鱼游向河边靠岸的地方，显然是疲惫不堪，去死不远。”⑥布威斯特先生又对我说，1868 年 6 月，斯托蒙特非尔德[2]各鱼池的负责人到泰因河[3]迤北地段视察，发现有三百条鲑鱼死了，其中除一条而外全是雄的，他肯定地认为他们都是斗死的。

关于雄的鲑鱼，最奇特的一点是，在繁育季节里，除了颜色略有改变之外，“下颌骨突然发展得很长；下颌骨的尖端上本有一个小小突出之点，不张嘴的时候，这一小点就嵌进上颚骨中间的一个骑缝处；如今这特别发达的部分就是从这一小点延伸出来的一段软骨，而延伸是向上向里的。”⑦（图 27 与 28。）在我们英国的鲑鱼或斑鳟鱼，这一个结构上的变化一过繁育季节就消失了；但在西北美洲的一个种（乙 846），劳尔德（甲 410）先生⑧相信，这个变化是经久的，并且在以前到过河流上游的老年雄鱼身上见得最为显著。在他们身上，下颚变得甚为发达，成为一个巨大的钩状突出，而牙齿也加长到半英寸以上，成为整齐的一排，简直不是一般的牙齿，而是毒蛇那样的长牙了。在欧洲的鲑鱼，据劳伊德先生说，⑨这个临时性的结构，在一尾雄鱼向另一尾冲锋的时候，由于用力奇猛的要求，是所以加强上下颚的力量而提供一些保护作用的；但在西北美洲的那个种的雄鱼，这一结构可以和许多哺乳类的雄兽的长牙相比，与其说它的作用在自卫，毋宁说是在进攻，更为恰当。

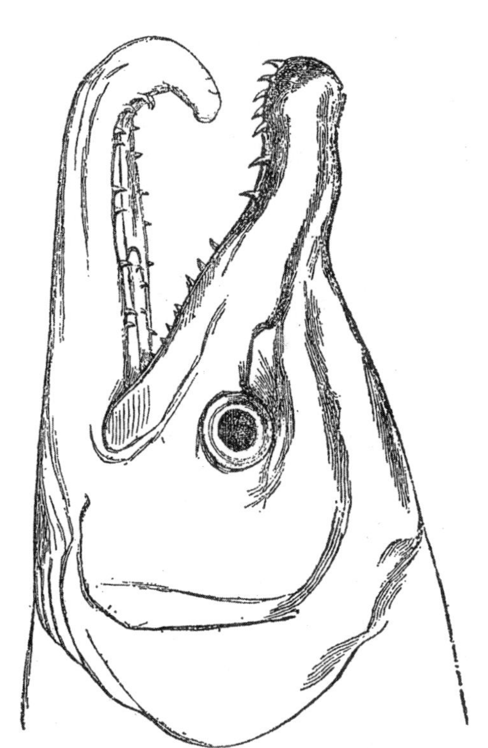

图 27　普通鲑鱼或斑鳟，在繁育季节里的雄鱼的头（乙 847）

附识：这图和本章下文中所有的各幅插图是根据不列颠博物馆所藏的标本，在格迂恩塞尔博士惠加指导之下，由大家所熟知的艺术家福尔德（甲 247）先生所绘制

鲑鱼在鱼类中并不是两性之间在齿牙上有差别的唯一的一些

鱼种，在许多魟鱼（乙 819）种，雌雄鱼在这方面也不相同。例如在耙魟的一种（thornback，即乙 821），成年雄鱼的牙齿是尖而锐利的，而雌鱼的则宽而扁平，像一条铺砌起来的东西，足见同一个种的雌雄两性之间在这方面的差别有时候竟会比寻常在同一个科的两属之间所能看到的差别还要大些。但只是到了成年，雄鱼的牙齿才变得尖利；在此以前，是同雌鱼同样地又宽又扁的。但像在第二性征方面时常发生的其他情况那样，在更多的魟鱼种，例如又一种耙魟（乙 820），同一个种的雌雄鱼，一到成年，牙齿都会变得尖利。在这里，我们就看到了这样一个情况，就是，一个特征，原先是属于雄性的，是雄性所应有的，雄性也是最先把它取到手的一方，后来似乎是不分性别地传了下来，成为两性所同具。在斑点魟鱼（乙 822），雌雄鱼的牙齿也是同样地尖利，但都要到很成熟的年龄才如此，只是雄鱼要比雌鱼发展得略早一些罢了。在下文论鸟类时，我们将看到一些可以类比的情况，就是，在某些鸟种，两性的成年羽毛虽相同，而在取得的年龄上，雄鸟似乎要比雌鸟更早一些。在又一些魟鱼种，即便老成的雄

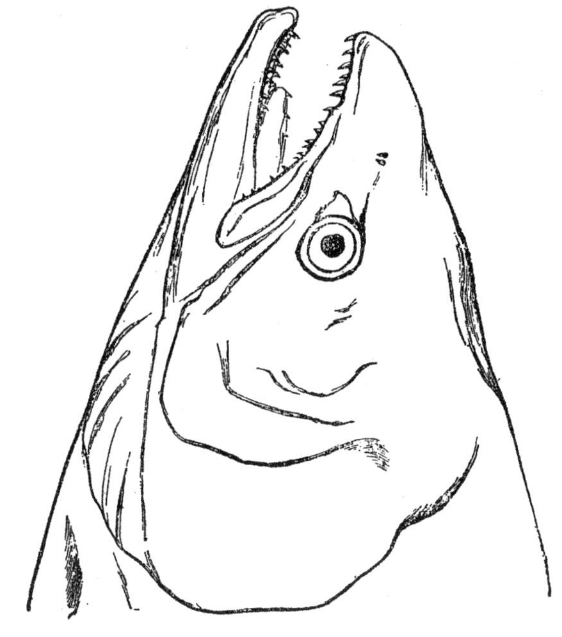

图 28　同上图 27 中鱼种的雌鱼的头

鱼也不具备尖利的牙齿，因此，成年的雌雄鱼的牙齿都是宽而扁的，同幼鱼一样，也同上面所说过的那种耙魟的成年雌鱼一样。⑩这一类的鱼既然很大胆、强悍，又很贪得无厌，我们猜想起来，雄鱼的利齿大概是用来和它的对手们进行斗争的；但同时在他的身体上又有不少的部分起了变化，成为把握雌性的工具，我们认为齿牙之利在这方面可能也有一些用处，并不限于战斗的一途。

关于身材大小，戛邦尼耶先生肯定地认为，几乎在一切鱼类里，雌鱼比雄鱼大；⑪而格迂恩塞尔博士也说，雄鱼真正比雌鱼大的例子，据他所知，是一例也没有的。在软鳍鱼科（乙 325）的几个鱼种，雄鱼还够不上雌鱼的一半大。在许多种类的鱼，雄鱼既然习惯于相互厮打，为什么他们一般地没有能通过性选择的影响而比雌鱼变得更大，更壮健有力，倒是一件奇怪的事。由于身材较小，雄鱼是吃亏的，因为，据戛邦尼耶先生说，如果本种是惯于食肉的话，他们就很容易被自己同种的雌鱼所吞噬，至于被别种鱼吃掉，更不消说了。看来，雌鱼身材的加大，在某种意义上，一定要比雄鱼的身材加大和体力加强尤为重要，雄鱼的加强加大应该有好处，但雌鱼加强加大的好处一定更多，鱼类的产卵量特别大，也许就是这种好处了，身材大，产卵就可以多。

在许多鱼种里，只是雄鱼饰有鲜艳的颜色，或，如果两性都有颜色，也总是雄鱼要鲜艳得多。在有些鱼种里，也只有雄鱼才备有一些附器，而就他们的日常生活来说，这些赘疣似乎像尾羽之于雄孔雀那样，全无用处。下面所要列叙的若干事例都是承格迂恩塞尔先生的雅意提供给我的。我们有理由可以猜想，在许多热带地区的鱼类，雌雄两性之间在颜色与结构上会有些差别；而即在我们不列颠的鱼类里，也还有若干差别很大的例子。“宝石龙子”即琴鰤(gemmeous dragonet，即乙 156)之所以有此美称就是“因为雄鱼的色泽艳丽，发宝石光的缘故。”当他从海里被捕捞而初出水的时候，全身作各种深浅成晕的黄色，而在此黄底之上，头部则有生动的蓝色条纹和斑点，背鳍则以浅棕色作底，以纵长的灰暗板纹作花色，至于腹鳍、尾鳍、臀鳍则全部作带蓝的黑色。而别称为“土灰龙子”(sordid dragonet)的这种鱼的雌鱼则全身作暗棕色，微带红，背鳍作棕色，余鳍全作白色；由于两性截然不同，当初林纳和许多后来的自然学家都把她看作另一个种的鱼，和“宝石龙子”不相关涉。这鱼的两性，在头和身体的大小比例上，在嘴和头的大小比例

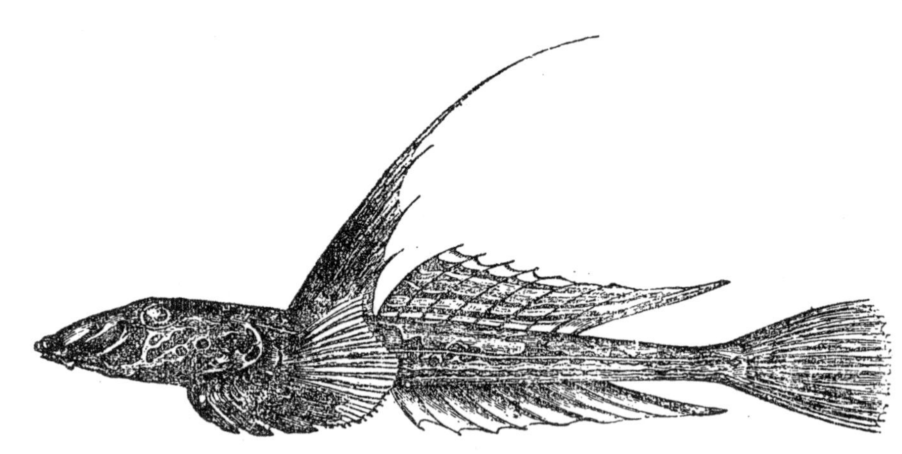

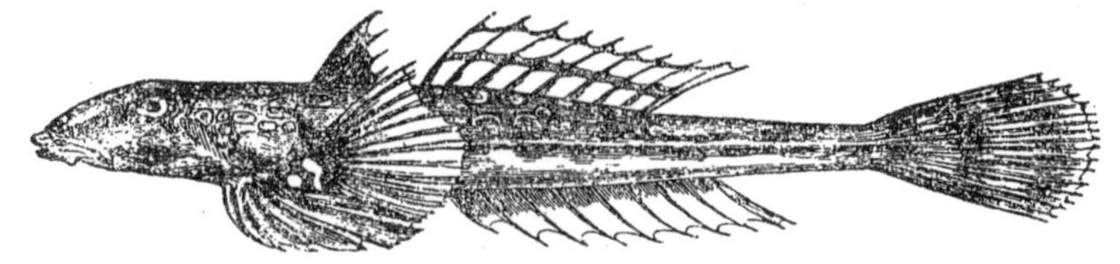

图 29　“宝石龙子”的雌雄鱼，上雄下雌。
附识：图中二鱼都比原物为小，但雌鱼的缩减更多，原物雌鱼比雄鱼略大

上和在眼睛的部位上，也有差别，[12]而最为突出的差别是雄鱼的背鳍长得异乎寻常（图29）。肯特（甲363）先生说，“根据我对在人工饲养下的这种鱼的观察，这个独特的赘疣是和鹑鸡类（乙428）的雄鸟的垂肉、顶冠以及其他不合常态的附丽结构服务于同样的一个目的的，就是诱引和魅惑准备交配的对象。”[13]未成年的雄鱼在颜色与结构上和成年的雌鱼相似。在整个的鼠䲗属（乙155）里，[14]雄鱼在斑点的颜色上一般要比雌鱼更为鲜艳，而在其中的若干个种里，雄鱼的背鳍乃至臀鳍，也比雌鱼的长得多。

海蝎（sea-scorpion，即乙288——按为杜父鱼或鮋的一个种——译者）的雄鱼要比雌鱼来得瘦小。两性之间在颜色上的差别也很大。劳伊德先生[15]说到过这样的一点：“这种鱼在别的方面的天赋很差，只有散卵季节是它在颜色上最为鲜艳的时期，凡是没有在这季节里看到过这种鱼的人，对他那样色彩的搭配与调和之美、对他在这时候的丰容盛饰，是无法意会的。”在隆头鱼的一个种（乙531），两性的颜色虽不相同，却各成其美；雄鱼通体作橙黄色，外加一些鲜蓝色的条纹，而雌鱼则全身鲜红，背上添加了一些黑点。

在和上面所说的截然分得开的一个鱼科，软鳍鱼科（乙325）——全都是英国以外各地的淡水鱼——雌雄鱼在各式各样的特征上有时候也有很大的差别。在这科里的有一个种（乙622）的雄鱼，[16]背鳍特别发达，并且上面还标志着一排又大又圆、作眼斑纹状的、颜色鲜艳的斑点；而雌鱼的背鳍则较小，形状也不相同，也有些斑点，但作棕色，并且曲曲弯弯地很不规则。这种鱼的雄鱼还有一点不同，就是臀鳍接近身体一面的边缘有些向外伸展并且颜色很深。在关系相近的另一个鱼种，尾剑鱼（乙 1001，图 30）的雄鱼，尾鳍的下沿发展成为一根缕状的东西，很长，而我从格迂恩塞尔博士那里听说，缕上还有些颜色鲜丽的细条纹。这条长缕中间并

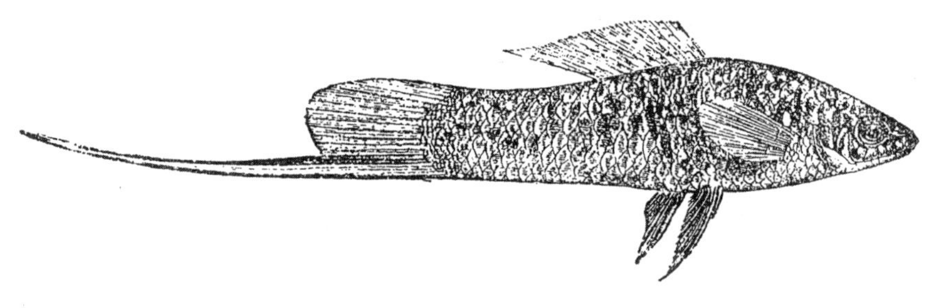

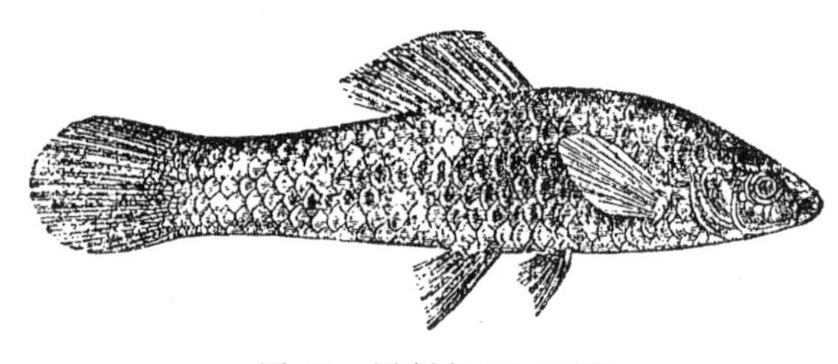

图 30　尾剑鱼（乙 1001）
上半幅示雄鱼，佩剑，下半幅示雌鱼

没有肌肉，显然对鱼没有任何直接的用处。和上文所说的"宝石龙子"的情况一样，这种鱼的未成年的雄鱼，在颜色和结构上，是和成年的雌鱼相似的，因此，当初在尾鳍上是没有这缕状的延伸的。诸如此类的两性差别，和我们在鹑鸡类鸟种身上所发现的那些，很是相像，几乎可以逐一相比。⑰

在南美洲属于鲇鱼或鲶鱼科（siluroid fish，即乙 876）的一个淡水鱼种，胡嘴鱼（乙 785，图 31）⑱，雄鱼的嘴边和中鳃盖骨的边缘上有一片由硬毛构成的胡须，而在雌鱼则几乎连胡须的痕迹都没有[4]。这些丝须一类的东西实际上是鳞的性质。在同一个属的另一个种，雄鱼头部的前面有些软而能弯曲的触角伸展出来，而

在雌鱼是没有的，这些触角是真皮的延长，因此，和上一个鱼种的

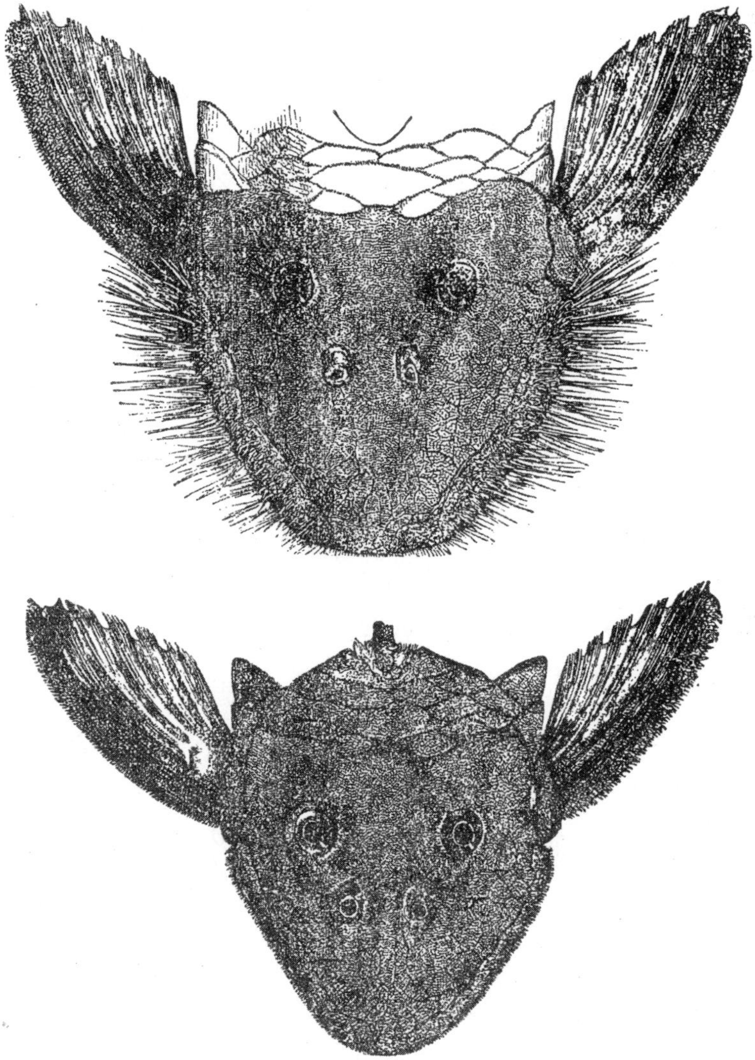

图 31　胡嘴鱼（乙 785）的头，上雄下雌

硬毛不属于同一性质，不是同原（homologous）的，但两者的作用相同则是无疑的。至于这作用是什么，是不容易猜测的，说它们有

装饰之用，在这里，看来不像，若说日常生活中有某种用处，则雌雄鱼都有其日常生活，很难说雄的需要，而雌的不需要。在那个即以怪物为名的怪物鱼（乙 243）——怪鳌，雄鱼在头顶上有一根钩形的骨质的东西，弯向前，尽头处是圆的，上面满是尖刺；“雌鱼则完全没有这样一顶王冠”，但这对雄鱼究有什么用处，我们也是惘然的。⑲

刚才所说的那些雄鱼头上的结构，一经在开始成熟时取得之后，是经久的；但在鲇鱼属的某些鱼种，和与这一属鱼的关系相近的另一个属的一些鱼种里，⑳雄鱼所长的顶冠只限于一年一度的繁育季节，而与此同时，身上的颜色也变得很鲜艳。在这里，由于雌鱼没有这顶冠，连痕迹都没有，我们几乎可以肯定地认为，它是临时性的、牵涉到性生活的一个装饰手段。在这一个属的另一些种里，两性却都具备这种山峰状的顶冠，而至少在有一个种，则两性都没有。在雀鲷科（乙 248）的许多属、种里，例如，食土鱼属（乙 446），尤其是南美洲产的一种淡水硬鳍鱼（乙 257），据我听阿该西兹教授说，㉑雄鱼额上都有一个显著的隆起，而雌鱼和未成年的雄鱼则完全没有。阿该西兹教授又补充说，“我时常对这些鱼进行观察，在下卵的时节，这隆起大到了顶点，而在其他时候，却又化为乌有，使雌雄鱼之间，在头部的轮廓上，从侧面看去，全不见半点差别。我始终没有能加以考订，这隆起究竟有什么特殊的用处，当地亚马孙河上的印第安人对此也全说不上来。”从一年一度而有季节性的出现这一点看来，这种隆起倒是和某些鸟种头上的肉质瘿瘤相像；但它们是不是也供装饰之用，现下只能是一个存疑的问题。

我从阿该西兹教授和格迂恩塞尔博士那里听说，凡在雌雄鱼的颜色一贯不相同的那些鱼种，一到繁育季节，雄鱼的颜色往往会变得更加鲜艳。在两性颜色经常一致的大量其他鱼类里，其实也有这种情况。欧洲淡水中的好几种鲤（tench，roach）和鲈鱼（perch），都可以举出来作为例子。鲑鱼的雄鱼，到此季节，“两颊会出现一些橙黄色的条纹，使他见得像一尾隆头鱼（乙 530）而全身也会带上一种橙黄色，并且有点金光闪闪。而雌鱼则颜色黯淡，以致普遍被称为黑鱼。”㉒ 另一种鲑鱼，即牛鳟（bull-trout，即乙 845），雄鱼在这时期里所起的变化与此可以类比，并且有过之而无不及；而另一种斑鳟（char，即乙 848）的雄鱼的颜色在这季节里也似乎要变得比雌的更为焕发一些。㉓ 美国的一种梭子鱼（pike，即乙 392），尤其是雄鱼，一到繁育季节，颜色变得特别浓而艳，并且发出虹彩。㉔ 许多突出的例子中的又一个例子是由丝鱼（stickleback，即乙 440）的雄鱼提供的，威仑屯（甲 684）先生㉕ 说他在这个季节里“简直是美得无法形容”。这种鱼的雌鱼的背部和眼睛是单纯的棕色的，而肚子是白的。但雄鱼的眼睛却作“最漂亮不过的绿色，焕发着金属光彩，如同有几种蜂鸟的碧绿的羽毛那样。喉部和腹部作一种鲜明的绯红色，背部则为一种灰绿色，而整个的鱼身望去像是透光的，并且从身体内部闪耀出萤光来。”一过繁育季节，所有这些颜色全变了，颈部和腹部变成一种灰白的红色，背部变得更绿，而一些发光的色泽消退了。

关于鱼类调情求爱的情况，自从本书第一版问世以来，除了已经举过的关于丝鱼的情况以外，观察家们又看到了一些其他的例子。肯特先生说，隆头鱼（乙 531）的雄鱼的颜色是和雌鱼的有所

不同的，这我们在上文已经看到，如今他“在池底的沙上挖出一个深深的坎，然后竭尽劝诱之能事试图把同种的一尾雌鱼引来和他分享新居之乐，他在雌鱼和沙坎之间来回地游个不停，清清楚楚地表示着一种极其殷切的愿望，要雌鱼跟着他走。”脚盃鱼(乙 165)的雄鱼，在繁育季节里，先变成铅一般的深灰色；然后退出浅滩，掘坎作窝。窝成，“每一尾雄鱼就各自在上面警备着，把进入警戒范围的同种的雄鱼打跑或轰走。但对于同类而异性的伴当们，他的行为却大不相同；在这些伴当之中，有许多如今已经因怀卵而肚子见得很大，对于她们，他就运用能力所及的一切方法一个一个地诱引到准备好的坎里，让她们把装在身子里的数以万计的卵倾倒在里面，然后他十分勤谨地执行他的保护与守卫的任务。”㉖

戛邦尼耶先生曾经仔细观察过在人工饲养下的中国所产的一种鱼(乙 591)，[5] 对雄鱼的求爱，乃至如何卖弄风情，提供过一些记录，而这就比上面所说的更为突出了。㉗雄鱼的颜色极为美丽，胜过雌鱼。在繁育季节里，他们要为占有雌鱼而斗；而在求爱的动作中，会把全身的鳍张开，把上面所饰的斑点和辐射形的颜色鲜艳的线纹充分地展示出来，那番光景，据戛邦尼耶先生说，和雄孔雀的开屏相仿佛。然后他们，像别的鱼种一样，也会在雌鱼周围穿来射去，活跃非凡，并且看来想通过“把他们的生动的颜色陈列出来的方法，试图吸引雌鱼的注意；雌鱼对这样马术般的一番表演，看来也不是无动于衷，于是就姗姗地、若有情致地向雄鱼方面游过来，并且像是能同雄鱼在一起而感觉到怡然自乐。”雄鱼在把新娘赢取到手之后，就用吹气和唾液做成一个泡沫的饼子。他把雌鱼所下而业已受精的卵收集在一起，吸进嘴里，而这一举动使戛邦尼耶先生大为吃惊，因为他误以为雄鱼把卵吞食了。但事实不是如此，他一下子又把卵吐出来，安放在泡沫饼子里，接着就守护着它们，饼子一有破损，又随时加以修补，到小鱼孵化出来之后，他还要照管它们。我在这里说到这些细节，因为，我们一会儿就要看到，鱼类之中，还有雄鱼让卵就在自己嘴里孵出小鱼来的一些例子。这在不相信渐进的演化原理的人有可能要质疑地问，这样一种习性又是怎样起源的；如今我们有机会知道有些鱼种会这样地把卵先行收集起来，然后再作安置，这个疑难的问题就比较容易解决了。因为，如果由于某种原因，有了耽搁，在作出适当的安置以前，卵就在嘴里孵化了出来；我认为，卵在雄鱼口中孵化出来的习性或许就是这样取得的。

说岔开了，现在回到更为直接的本题。鱼类生活中有这样一个比较总的情况：据我的认识所及，除非有雄鱼在场，雌鱼是从来不会自愿地下卵的；而与此相辅相成的一面是，除非雌鱼在场，雄鱼也不会放出使卵受精的精液的。雄鱼要为占有雌鱼而相斗。在许多鱼种里，未成年的雄鱼在颜色上像雌鱼；而一到成年则变，变得更为鲜美，而保持着此种颜色或颜色的配备直到老死。在其他鱼种里，则只有在求爱的季节里，雄鱼才比雌鱼更美艳和在其他方面装点得更为好看。雄鱼总是竭尽勾引的能力来向雌鱼求爱，而我们已经看到，至少在一个例子里，雄鱼还会在雌鱼面前把色相卖弄一番。若说求爱之际他们这一整套行为举措全是无的放矢，我们能相信么？除非雌鱼在这过程之中全不施展一些挑选的力量，而把最讨她喜欢和最能把她的情欲激发起来的雄鱼接纳下来，那才真正是无的放矢。事实却并不如此，既然不如此，则上文有关雄鱼装饰华美的一切事实，再结合上性选择的推波助澜的一股力量，就立刻见得易于理解了。

其次我们要探究一下，某些鱼种的雄鱼通过性选择而取得了美好的颜色这样一个看法，能不能，由于特征对两性的均等遗传这条法则，被引申而也适用于雌雄鱼同等和同样地美好，或几乎是同等和同样地美好的另外一些鱼种。就诸如隆头鱼（乙 530）一属的鱼类来说，其中既然包括世界上一些最漂亮的鱼种——例如孔雀鱼（乙 532），有人把他夸奖得天花乱坠，[28]说他全身以黄金的鳞作衬底，磨得精光发亮，满嵌着天然琉璃、红宝石、蓝宝石、碧玉和紫水晶，虽然说得过分，却因这鱼确实美艳，可以原谅——我们可以接受上面所说的看法，认为很有可能；因为我们曾经看到，至少在这个属的有一个种里，雌雄鱼在颜色上确实有很大的差别。在有些鱼类，则像更低于鱼的许多动物一样，美好的颜色也许是它们的体素组织以及它们的环境条件的性质所直接造成的，其间并没有任何选择的关系。即如金鱼（gold-fish，即乙 326）[6]，根据普通鲤鱼（carp）的金红的那个支族所提供的类比而加以判断，也许就是这样一个例子，它的华美的颜色的由来可能是，在长期人工饲养的种种条件之下，因缘凑合，突然发生了一个单一的变异。但更大的一个因素大概是，这种华美的颜色，通过人工选择，得到了变本加厉的发展，因为在中国，从一个古远的时代起，这一鱼种一直受到精心的培育。[29]在自然条件之下，有机组织的程度既高，而生活关系又很复杂的动物像鱼类，在这样一个巨大的变化之下，即，颜色从晦暗而突然变成明艳，而在生存上居然不遭受困难，或反之，得些好处，从而使自然选择不因此而得到更大的用武之地——那恐怕

是不大可能的，正面地说，在这种情况之下，自然选择势将出面加以干涉。

既然如此，我们对雌雄鱼颜色都华美的许多鱼类究竟能提出些什么结论呢？沃勒斯先生[30]相信，珊瑚岛，一面既盛产珊瑚及其他色彩绚丽的动植物，而另一面，生活和来往于其间的鱼类，为了避免为敌人所发觉，又总是长得很绚丽的；但根据我的记忆所及，它们这一来反而见得突出，容易被敌人看到。在热带地区的淡水里，根本不存在可以让鱼类在颜色上加以模拟的珊瑚或其他华美的动植物；然而许多鱼种却有很美丽的颜色，例如在亚马孙河流域，而印度肉食的鲤鱼科（乙 324）饰有“各种颜色鲜明的纵长线纹”，[31]也未始不是一个例子。麦克勒兰德（甲 420）先生，在叙述这一科鱼的时候，竟至有过这样的设想，认为“它们颜色的独特的鲜美”足以提供“一个更好的标志，以便各种翠鸟（king-fisher）、燕鸥（tern）以及其他鸟类得以行使造化为它们所注定的任务，就是，把这些鱼类限制在一定的数量之内”；但今日之下，怕已经不再有几个自然学家会认为，任何动物是为了有助于把自己毁灭，才在色相上变得彰明较著。与此相反，某些鱼类之所以变得显眼，为的是警告鸷禽猛兽不要来吞噬它们，它们的味道是不可口的，像上文处理昆虫的幼虫时所已解释过的那样——这一点倒是有可能的。但即就这一点来说，据我所知，以鱼为食的动物，我们见闻所及，从来没有因味道不好而拒绝过任何鱼种，至少没有拒绝过任何淡水鱼种。总起来说，对两性颜色都美的一些鱼类的最近乎实情的看法是，雄鱼首先取得这些颜色，来作为与性生活有关的一个装饰，然后分移给了后代的雄鱼，而在雌鱼呢，是不是也有她的特殊的变

化，而此种变化的目的是使得她不显眼而可以得到掩护，并且遗传起来也只传给后一代的雌鱼。就许多鱼种说，颜色之所以取得，是为了保护自己，这一点是无可怀疑的：例如比目鱼（flounder），朝天的上半身满是驳杂的芝麻点，任何看到过它的人都不会不想到这和它所居住的海底沙床很是相像。比此更进一步的是，某些鱼种，通过神经系统的活动，可以根据周围事物的颜色而随时改变它们自己的颜色，以求适应，并且改变得很快。[32]一种动物都得到一些它自己的颜色以及形状所提供的掩护，奇特的例子很多，但最奇特的莫过于梅迁恩塞尔博士[33]所提供的关于杨枝鱼（pipe-fish）的例子；这鱼身上长有一缕缕的带红色的东西，随波动荡，和它带有把握性能的尾巴所经常缠住的海藻几乎是无法分辨。但这一问题的没有弄清楚的一点是，是不是只有雌鱼才为了保护自己的目的而发生了这样的变化。我们可以看到，除非两性之中的一性在较长的一个时期以内随时要受到敌人的威胁，或者，在这种威胁面前，比起其他的一性来，更缺乏躲避的能力，除非如此，又除非两性都会发生变异，这一性，为了保护自己，就不会通过自然选择而在特征上取得比另一性更大的变化；就鱼类说，看来两性之间在这些方面似乎没有多大的差别。如果有些差别的话，那大概是由于雄鱼的身材一般要小些，来回游荡又要多些，不免要比雌鱼更容易碰上危险，或碰上更大的危险。而说也奇怪，如果雌雄鱼有所不同，颜色更为显眼的几乎总是雄鱼一方。鱼卵一离母体而放在一定的地方之后，总是立刻被授精，这一个排卵与授精的过程，例如在鲑鱼（salmon）要持续好几天，[34]在此全部期间之内，雄鱼总是同雌鱼在一起，不离左右。受精后的鱼卵，就大多数的例子说，是被搁下

不管的，父母两方都不再加以保护；由此可知，雌雄鱼两方，至少就排卵授精这一阶段而言，是同样地不安全的，对于完成卵的受精过程，两方也是同样地重要；因此，任何一性之中颜色鲜美程度不同的成员也同样地容易遭到毁灭或得到保全，而对下一代的颜色来说，双方也有着同样的影响。

分隶于若干不同鱼科的某些鱼种会做窝，而其中有些，在鱼卵孵化之后，还会照管小鱼。在颜色鲜艳的两种圆齿隆头鱼（乙290，乙 291），两性通力合作，用海藻、介壳等等来构造它们的窝。[35]但在某些鱼种，做窝的全部工程，以及后来照管小鱼的任务，全都是雄鱼一方的事。颜色呆板，而据所知的资料，两性在这方面并无差别的鰕虎鱼（goby）[36]就有这个情况，而在排卵季节里雄鱼变得很鲜艳的丝鱼（stickleback，即乙 440），雄鱼在很长一段时期以内，执行保姆的任务，小心细致，可称到家，而戒备得也极周密，时常忙于把出游而离群太远的小鱼很和气地领回窝边。在此期间，他也勇敢地轰走所有来犯的敌人，包括同种的雌鱼在内。如果雌鱼在排卵之后立刻遭到外来敌人的吞噬，这对雄鱼来说，倒可以松一口气，因为，如果她活着，雄鱼就得不断地忙于把她从窝边赶跑，她是要吞食自己的卵和小鱼的。[37]

在另一些鱼种，例如分属于两个不同的目而居住在南美洲和锡兰的某几个种，雄鱼有一个特别奇怪的习性，就是把雌鱼所下的卵纳入自己口中，或两鳃的空隙中，让它们在那里孵出小鱼来。[38]阿该西兹教授告诉我，分布在亚马孙河流域的有这种习性一个鱼种的雄鱼，“不但一般要比雌鱼的色泽美好些，并且在下卵的季节里，这差别要比平时更见加大。”隶于食土鱼属（乙 446）的各个种也有这种作为；而这属里的雄鱼，一到繁育季节，额上会发展出一个显著的包包来。阿该西兹教授也对我说过，在雀鲷科（乙 248）中的许多鱼种里，可以观察到两性在颜色上是有些差别的，“初不论下卵的习性如何，它们有的把卵直接下在水里，下在各种水生植物之间，有的下在洞坎里，下掉就算，不再过问，让它们自己孵化而出，有的在河泥中造个浅窝，止息在上面守着，像我们这里的雀鲷鱼属（乙 796）一样。还有一点也应该注意，就是，这些能守卵的鱼种，在它们各自的鱼科之内，是在最为鲜明美好之列的。举例言之，湿生鱼属的鱼（乙 492）一身鲜绿，带有很大的眼斑纹，斑是黑的，而外环是最艳的红色。”再就雀鲷鱼科说，是不是其中所有的鱼种都只是雄鱼守卵，我们还不清楚。但有一点是已经明白的，就是，无论雌雄鱼两方对它们的卵进行守护也罢，不守护也罢，这一两可的事实对两方在颜色上的差别，是没有多大影响或根本不发生影响的。再有一点也是清楚的，在所有这些雄鱼对鱼卵和小鱼负专责的例子里，颜色比较美好的雄鱼，如果遭到毁灭，其在种族的性格方面所产生的影响，比起颜色比较美好的雌鱼的毁灭来，要严重得多，因为雄鱼在这个时期内的死亡当然要影响孵育，引起小鱼的大量死亡，雄鱼的一些特点也就无从传下去了。尽管如此，恰恰就在这些例子中间，有许多鱼种的雄鱼却在颜色上要比雌鱼更为鲜明突出。

在总鳃类（乙 567）的大多数的鱼种，其中包括各种杨枝鱼及各种海马（乙 482）等等，雄鱼肚子上有只口袋或半圆球形的空坎，可以把雌鱼所下的卵放在里面孵化。雄鱼对他们的小鱼也表示十分关怀，依恋。[39] 雌雄鱼在颜色上的差别一般不大；但格迂恩塞尔博士认为，在各种海马，雄鱼多少要比雌鱼悦目一些。但剃刀鱼之属（乙 885）却提供了一个奇特的例外，[40] 因为，在这里，颜色愈为生动、斑点更多、肚子上有口袋，而任孵卵之责的不是雄鱼，而是雌鱼；由此可知，在有肚袋而能孵卵这一方面，剃刀鱼或漂潮鱼之属既和所有其他属于总鳃这一目的鱼类不同，而在雌鱼的颜色胜过雄鱼这一点上，则又有别于几乎全部的其他鱼类，不限于总鳃一目而已。在雌鱼方面这一番出奇的特征上的双重颠倒大概不是一个偶然的巧合。一方面，其他若干鱼种的负有孵育专职的雄鱼既然在颜色上比雌鱼更为鲜美，有如上述，而现在，在这方面，负有同样专职的雌鱼要比雄鱼更为鲜美，鲜美与专职之间颇若有所联系，那我们似乎不妨提出论点说，两性之中，对后一代的福利负有更重大的责任的那一性的鲜明的颜色绝不是徒然的，而在某种方式上一定有它的保护的作用。但在大量的鱼种里，雄鱼不是经久性的要比雌鱼鲜明，而是季节性地如此，而对种族前途的福利来说，他们的生命并不见得比雌鱼有任何更为重要之处，这样一看，上面的说法就很难成立了。我们在下文处理鸟类的时候，将碰上一些与此可以类比的例子，其中雌雄两性鸟的寻常的属性竟至完全倒了个儿，到那时候，我们准备把看上去最近情理的解释详细地提出来，也就是，现在先简单地点一下，在这一类的例子里，在两性偶合之际，是由雄性出头挑选更为美好的雌性，而不是按照动物界的常规，由雌性出头挑选更为美好的雄性。

综上所说，我们不妨这样地归结一下，就大多数两性在颜色上或在其他有装饰意味的特征上有所不同的鱼类而言，雄鱼是首先发生变异的一性，他们把这些变异传给了下代的和他们自己属于

同一性别的鱼，也就是雄鱼，而在传代之际通过吸引与激发雌鱼的活动中所产生的性选择的作用，这些变异又不断地得到了累积。但在许多例子里，这些特征也曾在遗传之际分移到雌鱼身上，有的只分移了一部分，有的则分移到了全部，而使两性见得无甚差别。又在另一些例子里，两性颜色之所以相同是为了保护的目的；但为了这个目的而仅仅雌鱼一方在颜色或其他特征上经受过一些特殊变化的例子则看来似乎一件都没有。

最后需要注意的一点是，有人留意到鱼类也会作出各种不同的声音，其中有些，据有人描写，还带有几分音乐性。德迁福塞（甲206）博士一直特别注意过这个题目，他说，这些声音是自动地发放出来的，不同的鱼类所用的方式方法也各不相同；有的通过食道口诸骨片的彼此摩擦——有的通过联系着鱼鳔的某些肌肉的颤动，而鱼鳔则衬托着起些共振和扩音的作用——而有的则通过鱼鳔本身的一些肌肉的震颤。通过最后这个方法，竹麦鱼（乙959）能发出清晰错落的声音，高低几乎够得上一整个音程。但对我们来说，最富有趣味的例子是响板鱼或蛇形鱼属（乙672）的两个鱼种所提供的，这两种鱼的雄鱼，也只限于雄鱼，备有发音装置，由若干能移动而附有适当肌肉的小骨构成，而和鱼鳔有着联系。㊶欧洲沿海的石首鱼属（乙984）鱼类的打鼓一般的声音，据说从深到二十哼的地方还可以听见，而据洛谢尔[7]的渔民很认真地说，“光是雄鱼在下卵的季节里才发出这种声音来；在这时期里，可以用模拟这种声音的方法来捕捞它们，不须鱼饵。”㊷根据这句话，特别是根据响板鱼的例子，我们几乎可以肯定，在这个脊椎动物的最低的纲里，像那么多的昆虫类和蜘蛛类一样，至少在有些例子里，发声的工具已

经通过性选择而发展出来，从而取得了更多的方法之一，好教两性得以彼此相就。

两　栖　类

有尾类（乙 989）。——我将以有尾巴的两栖类来开始。在蝾螈（salamander 或 newt），两性在颜色和结构上往往都有不少的差别。在有些蝾螈种里，到了繁育季节，雄性的前肢上发展出有把握能力的爪子来。也在这个季节里，蹼足螈（乙 967）的雄性的后腿上备有一片游泳膜，而这也是临时的，一到冬天，就被吸收而消失了，到此，他们的脚就和雌性的一般模样。[43]这一个结构，在雄性切心于寻觅和追逐雌性的过程之中，无疑是一个帮助。在向雌性求爱的时候，雄性快速地颤动他的尾巴末梢。在我们这里的普通的蝾螈，斑点螈和脊梁螈（乙 968 和乙 966，又称高脊螈），到了繁育季节，雄性的背脊上发展出一条高高的、上面作锯齿状的长梁，从项上直到尾尖，但一到冬季就消失了。米伐尔特先生告诉我，这条山梁状的结构里是不长肌肉的，因此，无助于这动物的行动。由于在求爱季节里，这条山梁的边缘变得颜色冶丽，可见它是雄性所独具的一种装饰手段无疑。在许多个蝾螈种里，整个身体平行所呈现的各种富有火辣味而也还浓淡分明的颜色，一到繁育季节，变得更为生动刺目。例如，我们这里普通的小蝾螈，即斑点螈（乙 968）的雄性平时背部作棕灰色，而转至腹部则渐渐地变成黄色，而到了春天，则黄色的部分变为浓厚而鲜明的橙黄，并且到处洒上黑色的圆点子。脊梁子的顶边上也添注了颜色，有鲜红的，有淡紫的。雌性一般作一种橙黄色，带些疏疏落落的深棕色的点子，腹部则一色

素谈，没有什么点缀。㊹小蝾螈的颜色很是晦暗。卵一下来就受精，过后父母两方都不再过问。我们在这里可以作出的结论也是，雄的蝾螈是通过性选择而首先取得强烈的颜色标记和装饰性的一

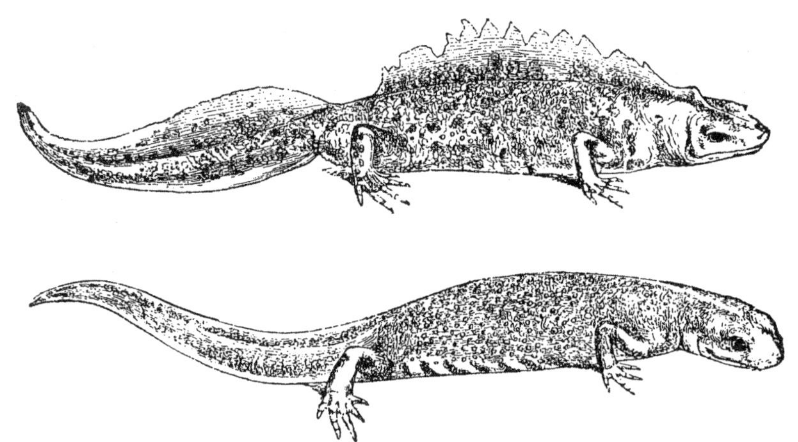

图32 脊梁螈（乙966）。（为原物大小的一半，采自贝耳，甲48，《不列颠的爬行类》。）上，在繁育季节中的雄性；下，雌性

些附器的一方；随后有的只传给雄性的后代，有的则在传递的时候不分性别。

无尾类，即蛙类（乙72，即乙110）。——在许多种的蛙和蟾蜍，颜色显然有保护的作用。几种树蛙（tree frog）的鲜明的绿色或普通称为青色以及许多陆居的蛙种的晦暗而深浅不一的麻栗色都是这方面的例子。我平生所见到过的颜色最为鲜明触目的蟾蜍要推一种黑蟾（乙761），㊺腹部以上黑得像墨汁，而脚底和腹部的一些部分的许多鲜明的红点则红得像银朱。它们在拉普拉塔河流域[8]的沙原或草地上爬来爬去，在当地焦灼的阳光的照射之下，是不会不引起行经其地的其他生物，无论是人或其他动物的注目的。

这些颜色，对蟾蜍来说，也许是有好处的，因为它们向一切肉食的鸷鸟提出警告，这是一块令人作恶的肉，吃不得的。

在尼加拉瓜，有一个蛙种，体格很小，“全身作鲜明的红蓝二色”，与其他蛙种不同，它不藏藏躲躲，白天到处蹦蹦跳跳，而贝耳特先生说，[46]当他看到它那种安闲自在的愉快神情的时候，他思想上闪过的第一个反应就是这种蛙是吃不得的。他试过几次想教一只小鸭子抓一只蛙尝尝，但到口就扔下唯恐不快，并且“一面走开，一面还要把头甩几下，像使劲把怪味甩掉似的”。

关于颜色方面的两性差别，格迂恩塞尔博士根据所知，认为雌雄蛙或雌雄蟾蜍之间差别特别显著的例子是没有的，但由于雄蛙或雄蟾蜍在颜色上总要略为浓一点，他还是可以把两性分别辨认出来的。在外表的结构方面，他所知道的情况也是一样，两性之间没有太大的差异，但有一点是例外，就是，在繁育季节里，雄性的前腿上要长出一个疙瘩来，有了这个，雄性就可以把雌性抱住，不致滑掉。[47]这一类的动物没有取得更为显著的两性差别是有些可怪的；因为尽管它们还是冷血动物，它们的情欲也是很旺盛的。格迂恩塞尔博士告诉我，他发现过好几次，一只不幸的雌的蟾蜍，由于连续被三四只雄的拥抱得太紧，以致窒息而死。霍弗曼教授，在基森(Giessen)[9] 观察到过，群蛙在繁育季节里斗上一整天，斗得很凶，其中有一只的体腔都被撕开了。

各种蛙与蟾蜍提供了一个有趣的两性差别的例子，就是，雄性有音乐能力，而雌性则无；但把牛蛙(bull-frog)和其他几种蛙类的雄性所发出的不和谐而喧闹得压倒一切的聒耳的鸣声说成是音

乐，那按照我们人的赏鉴标准来说，未免措辞失当得有些出奇。尽管如此，某几种蛙的鸣声也确乎有几分悦耳可听。我在里约热内卢附近小住的时候，每到夜晚，我惯于静坐倾听栖止在水边丛草之上大群雨蛙（乙 493）随风送出幽美而和谐的两部鼓吹声。各种鸣声主要是在繁育季节里由雄蛙发出的，我们这里普通蛙的咯咯声就是这样。[48]因此，雄蛙的发音器官比雌蛙的更为发达。在有几个蛙属里，光是雄蛙备有气囊，和喉头相通。[49]例如，在可供食用的青蛙或田鸡（乙 823），“光是雄蛙有这种气囊，当咯咯的鸣声大作之际，会装满空气而变成两只又大又圆的口袋，突出在嘴角旁近，左右各一。”在一鼓作气之下，咯咯之声特别洪亮，而雌蛙则只能作出一种轻微的呻吟之声。[50]在这一科的若干个属里，发音器官在结构上是各有相当大的差别的，而无论在哪一个属，它的所由发展都可以归结到性选择的作用。

爬　行　类

龟鳖类（乙 238）。——各种龟和鳖所提供的两性差别并不显著。在有几个种里，雄性的尾巴要比雌性的长些。在有一些种里，雄性的腹甲，为了适应雌性的背甲，略略有些凹。在美国所产的泥鳖（mud-turtle，即乙 249），雄鳖前足的爪子要比雌鳖的长一倍；这在交尾的时候有用处。[51]加拉帕哥斯（Galapagos，东太平洋中，在赤道上，属厄瓜多尔——译者）诸岛所产的大龟，象龟的一种（乙 928），据说雄龟比雌龟的体型要更巨大一些：而在交配季节中，雄龟会发出一种粗糙的牛哞般的鸣声，远在一百多码以外的地方都可以听到，在别的季节则不然，而雌龟则一贯地默不作声。[52]

在印度所产的又一种象龟（乙 927），据说“雄龟相斗之际，由于龟甲相互撞击所产生的声音很大，在相当距离之外都可以听得到而被认出来是怎么一回事。”[53]

鳄鱼类（乙 294）。——两性在颜色上显得没有什么差别；雄性之间进行不进行斗争，我不知道，但这是可能的，因为有几种鳄鱼的雄的要在雌的面前夸耀一番，为此就不免彼此厮打。巴尔特腊姆（甲 39）[54]叙述到过雄的短吻鳄（alligator）如何在一个沼泽里用泼水和吼叫的手法竭力争取雌鳄的垂青，全身脉张，充血到了快爆炸的地步，他带着高举了的头尾在水面上东西跳跃或左右扭转，活像一个印第安人的酋长把他的战绩重复表演一番似的。“在恋爱的季节里，长吻的鳄鱼（crocodile）要从颚下腺里放出一种麝香般的臭味来，弄得所居的水面上充塞着这种气味。”[55]

蛇类（乙 671）。——格迁恩塞尔博士告诉我，雄蛇总是比雌蛇小些，尾巴也一般细而长些；此外他不知道在外表结构方面有什么其他的差别。至于颜色，雄蛇总要比雌蛇浓厚而见得突出些，因此，他几乎总可以把它们分辨出来。例如在英国所产的蝮蛇（riper），雄蛇背上连续的之字形所构成的条纹要比雌蛇的更为界限分明；北美洲的响尾蛇（rattle-snake）在颜色方面的差别比此更要分明，动物园的管理人员曾经指给我看，由于雄蛇全身的黄色更有几分火辣味，雌雄的分别一看就可以知道。南非洲所产的一种骏马蛇（乙 142）与此可以相提并论，因为雌蛇“身体两侧的黄色穿插在其他颜色之间而造成的驳杂的程度总要比雄蛇的差。”[56]印度的一种蛇，犬牙蛇（乙 352）所表现的差别与此不同，雄蛇作棕黑色，而腹部则局部作黑色，至于雌蛇，则背上两侧作略带红色或黄色的绿褐色，而腹部则全黄或黄底上有一块块黑的，像大理石一般。在印度产的另一种蛇（乙 956），雄的是鲜明的碧绿色，而雌的是青铜色。[57]有些蛇种的颜色无疑地是有保护作用的，各种树蛇（tree-snake）的绿色，和居住在沙砾地带的其他一些蛇种的各式各样的麻栗花色就可以说明这一点。但在许多其他的蛇种，例如英国普通所见的蛇和蝮蛇的颜色能不能提供掩护的作用，是值得怀疑的，至于英国境外的许多颜色特别漂亮的蛇种，这一点就更成问题了。在某些蛇种，成年的蛇和幼年的蛇的颜色也很不相同。[58]

蛇类近肛门处有臭腺，一到繁育季节，就会活跃起来而发挥它们的功能。[59]蜥蜴类（乙 533）也有这种臭腺，部位与作用相同，而我们在上文已经看到，鳄鱼类的颚下腺也有这种功能。在大多数的动物里，雄性既然是出头寻找异性的一方，这一类发臭的腺体大概是用来激发雌性和使她着魔的作用的，而不像是用来把雌性诱致到雄性所在的地方的。各种蛇的雄性，看去虽像又笨又懒，求爱之际却是很活跃的，因为有人观察到过，许多条雄蛇围绕着同一条雌蛇，相互拥挤倾轧，扰攘不堪，甚至在一条死了的雌蛇周围也有这光景。由于争夺雌蛇而互相战斗的例子则还没有人见到过。它们的理智能力比我们可能设想到的要高些。在动物园的笼屋里，它们很快就懂得不拿它们的尾巴来抽打用来扫除笼屋的那根铁棍子；而美国费城的肯特博士告诉我，在他所豢养的各种蛇中间，有些在经历过四五次被套住之后，懂得躲开用来捉住它们的活圈套，从此就不容易捉它们了。一位出色的观察家，拉亚尔德先生，在锡兰，看到一条眼镜蛇(cobra)[60]把头伸出一个狭小的窟窿之外，而吞进了一只蟾蜍。但“嘴巴里有了这件鼓鼓囊囊的东西之后，它就无法从窟窿里退回去；它发觉了这一点，于是只好满心不愿意地把这块珍味吐了出来，眼看它爬走了；这从蛇的哲学观点来说，未免是太难以忍受了，于是它再一次把蟾蜍吞在嘴里，而在竭力撑拒一番想从窟窿里缩回去而不成之后，只好再一次地把捕获物吐出来。但到此，它已经取得了经验教训，它再次进攻的时候，就只衔住蟾蜍的一条缩回去了的腿，把它拖进窟窿，然后再吞全身，而终于取得胜利。”

动物园的管理人员肯定地认为，某些蛇种的蛇，例如响蛇(乙296)和蚺蛇(乙815)，认识他们，可以把他们和所有其他的人分辨开来。在同一所笼屋里豢养的若干条眼镜蛇似乎彼此之间表现得有几分依恋的心情。[61]

尽管蛇类有些理解能力，有些强烈的情欲，也有些相互的友爱，我们却不能因此而认为它们也有天赋的能力来欣赏它们对象身上的鲜明的颜色，从而通过性选择使自己的种族取得一整套的装饰。但如果不这样想，而要用别的方法来解释某些蛇种的极度的彩色之美，也是有困难的。南美洲的珊瑚蛇(coral-snake)，通体作浓艳的红色，加上一道道的黑色与黄色相间的横带纹，就是这样极美的一个例子。我记得很清楚，当我在巴西第一次看到一条这种蛇溜着越过一条小径的时候，我对它的美所感觉到的惊奇是多么的大。据沃勒斯先生说，[62]他从格迁恩塞尔博士那里得知，有这样奇异的色彩的蛇类只能在南美洲找到，别处是没有的，而在南美洲，这一类的蛇多到不下于四个属。四个属中的一个属，眼镜蛇属

（乙 370），是毒的；与此差别很大而截然分明的又一个属可能是毒的，但不肯定；其余两个属是说不上有什么害处的。这些属的各个蛇种居住在同一些地区之内，而外表上又很相似，“只有自然学家才能把无害的同有毒的分辨出来。”因此，据沃勒斯先生的看法，无毒的各个蛇种之所以取得艳丽的色彩是为了保护自己，它们的颜色是以模拟的原理为依据的一种保护色；因为，这样，敌人就会很自然地联想到它们是危险而碰不得的。但四个属中第一个有毒的属（乙 370）缘何而取得它们的艳丽的色彩还有待于说明，这大概也是性选择所造成的。

除了普通的嘘嘘声之外，蛇类还能发出些其他的声响。印度所产的螫人致死的龙骨蛇（乙 364）在身体两侧有斜斜的几排鳞片，结构奇特，边缘作锯齿状；当这种蛇神情紧张的时候，鳞片彼此摩擦，而发出很怪的拉长的另一种嘘嘘声。[63] 至于响尾蛇（rattlesnake）的戛戛声，我们终于得到了一些具体的资料：奥格伊教授在一篇论文中说，[64] 他在自己不被看到而却相距不太远的地点前后两次观看到一条响尾蛇盘成一团，头部竖得很直，时断时续地发出戛戛声，前后约半点钟之久；然后他看见另一条蛇来了，两蛇相遇，便尔交尾。因此，他如愿以偿地认为，戛戛声的用途之一是把雌雄蛇搞到一起。可惜的是他没有能弄清楚那条盘着不动而召唤另一条蛇前来的蛇究竟是雄的还是雌的。但根据上例，我们还无法断定戛戛声的用途只有这样一个，而没有其他，例如，它们为了警告其他动物不要向它们进攻，也会发出这种声响。历年来有若干篇文字说它们用这种声响使它们所要捕食的其他动物吓得不能动弹，形同瘫痪，对这些我也不能过于不加置信。其他一些蛇种会在周围的植物中间，用快速颤动尾巴来反复撞击植物叶茎的方法，来发出声响；就南美洲的蝮蛇属（乙 960）的一个种来说，我自己曾经亲耳听到过这种声响。

蜥蜴类（乙 533）。——有些、也可能很多蜥蜴类的雄性因彼此相竞而进行斗争。例如，南美洲所产的树居的一个种（乙 44）斗起来就极其凶狠："在春天和初夏，两只这种成年的雄性蜥蜴要么不相见，相见几乎总要斗一场。两雄初见，彼此点头三四下，同时各把项下的皮褶或皮囊鼓起或张开，双方的两眼都因暴怒而炯炯发光，彼此的尾巴左右摇摆，如是者约几秒钟，像是在集中精力，准备战斗，然后彼此猛冲，斗成一团，一面不断上下翻滚一面各用牙齿把对方紧紧咬住。一场战斗一般以两方之一丢下他的尾巴而结束，而胜利的一方往往把这尾巴吞了。"在这种蜥蜴里，雄性在身材上要比雌性大得相当多；㊺而据格迁恩塞尔博士所能确定的来说，雄性比雌性大，是一切种类的蜥蜴的通例。在所有的蜥蜴类里，只有一种安达曼（Andaman）诸岛[10]所产的弓趾蜥蜴（乙 330）备有所谓的肛前细孔，而这些细孔，推类而言，大概是用来发放一种臭气的。㊻

在各种外表的特征上，蜥蜴类的两性之间往往有很大的差别。在上面所说的有一种蜥蜴（乙 43——树蜥蜴），雄性背部长一条梁，沿着背脊直到尾梢，随时可以竖起；而雌性则完全没有这一结构，连痕迹都找不到。在印度所产的一种蜥蜴，称锡兰蜥蜴（乙 274），雌性是有这条背脊梁的，但远不如雄性的那样发达；而据格迁恩塞尔博士告诉我，鬣蜥类（乙 513），避役类（乙 225）以及其他蜥蜴类的许多种的雌雄性之间也有同样的这方面的差别。但在有些种里，例如鬣蜥的一个种(乙 514)两性的这种鬣状背脊梁是同样地发达，不分大小的。在有一个属的蜥蜴，大喉囊蜥蜴(乙 881)，只雄性在喉部备有一个大皮囊(图 33)，不用时可以折叠起来像把折扇；颜色是又蓝、又黑、又红，但这些色彩要到交尾季节才表现出来。而雌性则没有这样一个附器，连残存的痕迹都没有。在上面所说的那种南美洲树居的蜥蜴(乙 44)，据奥斯屯(甲 18)先生说，雌性也有喉囊，作鲜红色，红里又有一些黄斑，但不发达，是个残留的状态。又，在某几种别的蜥蜴里，两性的喉囊是同样地发达的。在这里，我们又看到了，像在上文所已看到的许多例子一样，属于同一个物群的许多物种之中，同样的一个特征，有的光是雄性才有，有的两性虽都有，而在雄性身上的要比雌性更为发达，而有的则两性的发展程度相等。属于飞龙一属(乙 354)的小型蜥蜴有许多特点，除能依靠由肋骨所支持一种降落伞似的结构在空中滑翔，而颜色又标致得难以形容之外，项下又备有由皮肤构成而“和鸟类中鹑鸡类的垂肉相像的”一种附器。当受到刺激而情欲发作之际，这个附属的赘疣会挺直起来。这赘疣是两性都具备的，并且都不止一条，但在雄性，一到成熟的年龄，会长得特别大，居中的一条有时候会发展到比整个头部还要长出一倍。这一个属中的大多数的种，在脖子的背面也都有一根不太高的鬣状脊梁，而

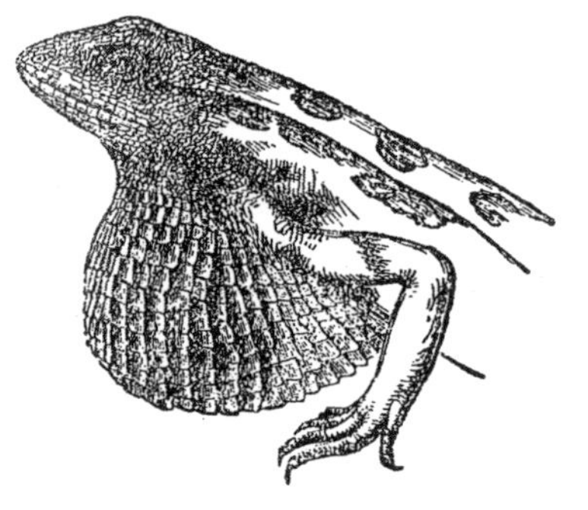
图 33 大喉囊蜥蜴的一个种(乙 881)，雄性，示张大了的喉囊(采自格迂恩塞尔，《印度的爬行类动物》)

在完全成长的雄性尤为发达，雌性和未成年的雄性则差得多。[67]

在中国所产的蜥蜴里，据说有一个种在春天是成双成对地生活在一起的，“而如果一对中的一只被捉住，另一只就会从树上落到地上，泰然自若地接受捕捉”[68]——据我看来，大概是由于灰心绝望所致。

在某些蜥蜴类里，两性之间还有其他比上文所说的更为奇特得多的一些差别。带角蜥蜴（乙 194）的雄性在吻尖的尽头有一个赘疣，很长，达整个头长的一半。这赘疣作圆筒形，满盖着鳞，有弹性，能弯曲，而看来也能硬挺起来，其在雌性吻上的则很短小，只是一种残留。在这一个属里的又一个种，顶尖上的一片鳞，在这个弯得转的赘疣之上，形成了一只小小的角；而在此属的第三个种（乙 195，图 34），整个的赘疣转变成为一支大角，通常作一种白色，而在这动物受到激发的时候，则带有一种紫色。在这后一个种的成年的雄性头上，这支角有半英寸长，而在雌性和年幼动物，则极为微小。这些赘疣，据格迂恩塞尔博士对我说，可以和鹑鸡类的各种鸟的冠相比，显然也是作为装饰之用的。

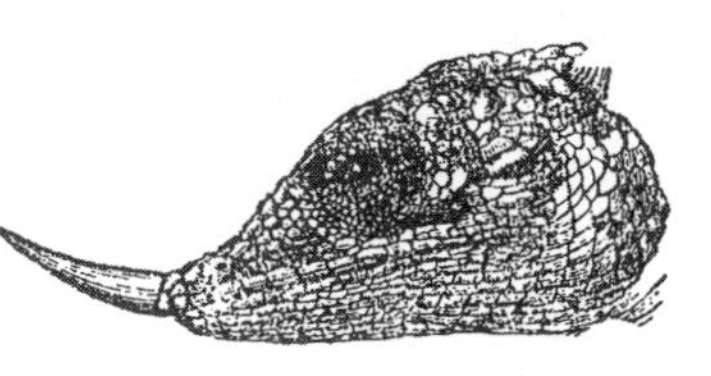

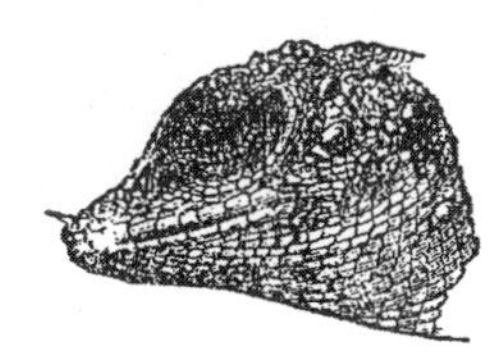

图 34　带角蜥蜴又一个种（乙 195）的头角：上雄；下雌

在避役（乙 225）这一个属里我们到达了两性差别之大的最高点。在马达加斯加所产的一种避役，叉头避役（乙 226，图 35），雄性的颅骨上部向前伸展而发展成为两根又大又坚实的骨质突出，上面有鳞盖着，像头部的其他表面一样；而这样一个结构上的奇特的变化在雌性的头上只不过是一个小小的疙瘩而已。

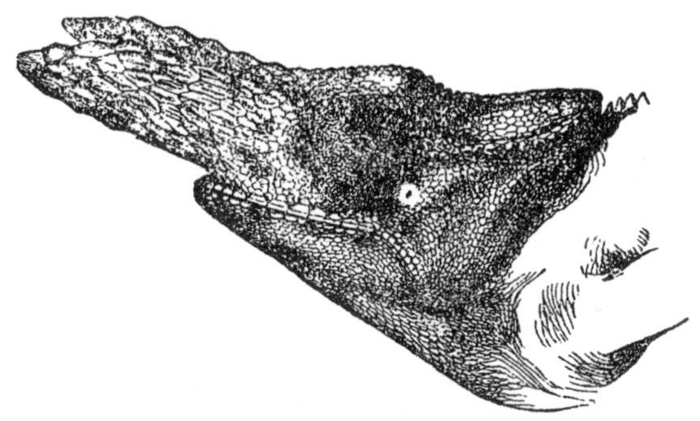

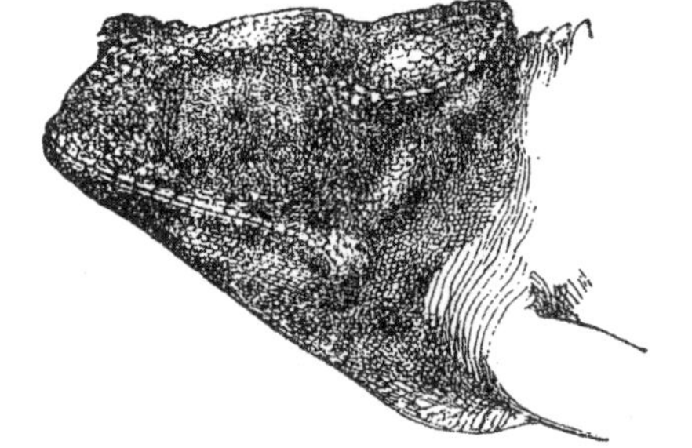

图 35　叉头避役(乙 226)。上雄;下雌

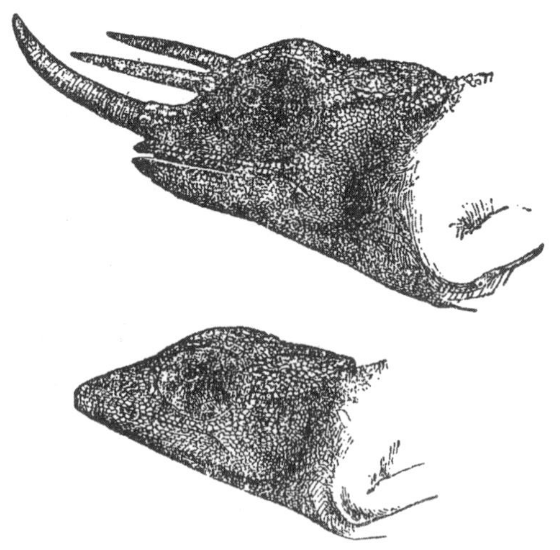

图 36　欧文氏避役(乙 227)。上雄;下雌

再如在又一个避役种,欧文氏避役(乙 227,图 36),非洲西部海岸所产,雄性的额角和上颚一起长出形状很奇怪的三只角,而雌性则完全没有迹象可寻。这几支角也是些骨质的赘疣,外面的鞘是皮质的,是全身外皮系统的一部分,因此,在结构上,是和牛、羊和其他有带鞘的角的反刍类动物的角没有什么不同的。尽管这三只角在形态上和上文所说的叉头避役的颅骨上的两根粗大的骨质突出很不相同,彼此在这两种动物的生活需要上却有着同样的一般的用途,大概是不容有多大怀疑的。至于这用途是什么,谁都会猜到的第一个

是，雄性用来相斗。这几种动物既然都爱打架，[69]这看法大概是正确的。沃德先生也告诉我，他有一次看到避役的一个种（乙 228）的两只雄性在一棵树的枝头彼此猛斗，各自把头摔来摔去，试图把对方咬上一口，然后他们休息了一会儿，接着再继续他们的战斗。

有许多蜥蜴种的两性差别，在颜色方面是有限的，只是雄性在深浅上和条纹上比雌性要见得更为鲜明些，更清楚而不模糊些。例如上文所已说到过的那种锡兰蜥蜴（乙 274），以及南非洲所产的一种棘趾蜥蜴（乙 4）就有这种情况。南非洲另有一个种的蜥蜴（属乙 280），雄性比雌性，不是红得浓些，便是绿得深些。在印度所产的另一种蜥蜴，黑吻蜥（乙 160），两性之间的差别比这还要大些：雄性的上下唇的颜色是黑的，而在雌性却是绿的。在我们这里普通所见的体型很小而胎生的那种蜥蜴（乙 1003）"雄性的腹部和尾巴的阴面作鲜明的橙黄色，加上一些黑点，而在雌性，则这些部分是暗淡的灰绿色的，并没有黑点。"[70]我们在上面已经看到的大喉囊蜥蜴（乙 881，图 33）光是雄性有大喉囊，而这喉囊又是蓝、黑、红三彩的。在智利产的一个蜥蜴种（乙 806），则光是雄性身上有蓝、绿、赤铜色的斑点。[71]在许多蜥蜴种，雄性的颜色是常年一样而不变的，但在另一些种，则一到繁育季节，要变得更为鲜艳；我不妨再举一个蜥蜴种（乙 159）为例，这种蜥蜴的雄的，到此季节，头部是鲜红的，而头以下的全身是绿的。[72]

许多蜥蜴种的雌雄性的颜色之美是完全一样，不分高下的，我们不能因此，或因其他理由，而认为这种颜色有什么保护的作用。对那些居住在草木葱茏的环境里的颜色碧绿的种类来说，这颜色无疑地有它的掩护之用。而在南美洲巴塔哥尼亚北部，我曾经看到一种蜥蜴（乙 805），一遇风吹草动，就会把全身压缩得又宽又扁，闭上眼睛，身上的麻栗色就和四周的沙砾打成一片，居然难于分辨。但其他许多蜥蜴类的鲜明的颜色以及各式各样的赘疣结构的用途当然不在此，而在装饰，它们大概是作为一些性生活中富于诱惑力的手段由雄性首先取得，随后又单单地传给了下一代的雄性，或传给了所有的子息，不分雌雄。说实在话，性选择在爬行类动物中所曾发挥的作用，和它在鸟类动物中所曾发挥的比较起来，似乎是差不多同样重要的。而雌性在颜色上之所以不如雄性的鲜明显露，其在爬行类动物，也不能像沃勒斯先生就鸟类动物所作出的解释那样，认为是由于雌性在鹇卵或繁育季节容易招致殃祸，因而在颜色上更有韬光养晦的必要。

原注

① 见亚瑞耳，《不列颠鱼类史》，第二卷，1836 年，页 417、425、436。又格迂恩塞尔博士也对我说，在这一种的耙魟(乙 821)，只有雌鱼才有这些刺。

② 见《美国自然学人》(丙 8)，1871 年 4 月的一期，页 119。

③ 见威仑屯(丙 684)先生的两篇论文，分载《自然史纪事与杂志》(丙 10)，1852 年 10 月和 1855 年 11 月。

④ 见亨姆弗瑞斯，《水乡园艺》，1857 年。

⑤ 文见《娄氏自然史杂志》(丙 89)，第三卷，1830 年，页 331。

⑥ 见《田野》报(丙 59)，1867 年 6 月 29 日的一期。至于晓先生的话，见《爱丁堡评论》(丙 53)，1843 年卷。另一位有经验的观察家斯克茹普(甲 593)说，这种雄鱼像牡鹿一样，如果能力所及的话，最好是把其他的雄鱼全部赶掉(见其所著《垂钓鲑鱼的一些日子》，页 60)。

⑦ 亚瑞耳，同上引书(见注①)、卷，页 10。

⑧ 《自然学家在温哥华岛(加拿大西南海岸——译者)》，第一卷，1866 年，页 54。

⑨ 《斯堪的纳维亚探险记》，第一卷，1854 年，页 100、104。

⑩ 见亚瑞耳关于魟鱼类的论述，同上引书(见注①)卷，页 416、422、432，页 416 上还有一幅出色的插图。

⑪ 见引于《农夫》(丙 58)，1868 年卷，页 369。

⑫ 这一段描绘的话是我以亚瑞耳的叙述为底本而写出的，亚瑞耳的话见《不列颠鱼类史》，第一卷，1836 年，页 261 与 266。

⑬ 见《自然界》(丙 102),1873 年 7 月的一期,页 264。

⑭ 参看格迂恩塞尔博士,《不列颠博物馆所收硬鳍鱼类(乙 5)标本目录》,1861 年,页 138—151。

⑮ 《瑞典可供弋猎的鸟类……》,1867 年,页 166。(此书全名未见,疑所涉不限于鸟类,至少尚有鱼类,故此章亦参考及之——译者。)

⑯ 关于此例与下文紧接着的两个鱼种的资料是格迂恩塞尔博士所见惠的;亦见他所著文,《中美洲的鱼类》,载《动物学会会报》(丙 151),第六卷,1868 年,页 485。

⑰ 格迂恩塞尔博士作此说法,见《不列颠博物馆所收鱼类标本目录》,第三卷,1861 年,页 141。

⑱ 关于这一属的鱼,见格迂恩塞尔博士文,载《动物学会会刊》(丙 122),1868 年卷,页 232。

⑲ 见勃克兰德(甲 115)文,载《陆与水》(丙 87),1868 年 7 月,页 377。雄鱼所独具而用途不明的其他结构的例子尚多不能一一列举。

⑳ 格迂恩塞尔博士,《……鱼类目录》,第三卷,页 221 与 240。

㉑ 亦见阿该西兹教授与夫人合著,《巴西行纪》,1868 年,页 220。

㉒ 见亚瑞耳,《不列颠鱼类史》,第二卷,1836 年,页 10、12、35。

㉓ 见汤姆森(甲 652)文,载《自然史纪事与杂志》(丙 10),第六卷,1841 年,页 440。

㉔ 《美国农艺学人》(丙 6),1868 年卷,页 100。

㉕ 《自然史纪事与杂志》(丙 10),1852 年 10 月。

㉖ 《自然界》(丙 102),1873 年 5 月,页 25。

㉗ 载《水土适应学会会报》(丙 40),巴黎版,1869 年 7 月与 1870 年 1 月。

㉘ 见博瑞圣文桑所写条,《自然史分类辞典》(法文),第九卷,1826 年,页 251。

㉙ 由于我在另一本作品《家养动植物的变异》里在这题目上说过几句话,迈伊尔斯(甲 450)先生(《中华纪实探疑报》,丙 44,1868 年 8 月,页 123)曾就中国古代的百科辞书进行查考。他发现饲养与繁育金鱼,创自以公元 960 年为始的宋代。至 1129 年,这种人工培养的鱼就很盛行了。他参考所及的另一种文献说,自从 1548 年以来,“在杭州培养出一个新品种,色红如火,因名火鱼。在中国,金鱼到处受人爱赏,家家都有所培养,各以颜色相尚,同时也把它出售牟利”。

㉚ 《威斯特明斯特尔评论》(丙 153),1867 年 7 月,页 7。

㉛ 麦克勒南德,《印度的鲤鱼科》,《亚洲研究》丛刊,第十九卷,第二篇,1839 年,页 230。

㉜ 见布谢文,载《学社》(丙 69),1871 年 11 月 1 日,页 134。

㉝ 《动物学会会刊》(丙 122),1865 年,页 327,附图第十四、十五。

㉞ 见亚瑞耳,《不列颠鱼类史》,第二卷,页 11。

㉟ 此据泽尔勃(甲 260)先生的观察,见格迂恩塞尔文,载《动物学文献汇刊》(丙 124),1865 年卷,页 194。

㊱ 见居维耶,《动物界》(‘Règne Animal.’),第二卷,1829 年,页 242。

㊲ 见威仑屯先生关于这种鱼的习性的一篇最富有趣味的描写，文载《自然史纪事与杂志》(丙 10)，1855 年 11 月。

㊳ 见瓦伊曼(甲 723)教授文，载《波士顿自然史学会纪事刊》(丙 113)，1857 年 9 月 15 日。亦见特尔奈尔教授文，载《解剖学与生理学刊》(丙 77)，1866 年 11 月 1 日，页 78。格迁恩塞尔博士也曾描绘到一些例子。

㊴ 见亚瑞耳，《不列颠鸟类史》，第二卷，1836 年，页 329、338。

㊵ 自普雷费尔(甲 528)上校在所著《桑吉巴尔的鱼类》(1866 年，页 137)中对这一鱼属(原注文中属字作种字，殊与正文不一致，疑误，兹改为属字——译者)作过叙述之后，格迁恩塞尔博士又把所藏的一些标本查看了一遍，再度予以肯定，文中资料就是他所提供给我的。

㊶ 《科学……汇报》(丙 47)，第四十六卷，1858 年，页 353。又第四十七卷，1858 年，页 916。又第五十四卷，1862 年，页 393。石首鱼属(乙 984)，或属中更具体的一个种，黄梅鱼(乙 857)所作出的声音，据有几个作家说，有些像鼓声，而更像的是笛声或风琴声：楚特菲恩博士在本书的荷兰文译本(第二卷，页 36)里又就鱼类发出声音的现象列举了更多的一些具体事实。

㊷ 见克音斯雷(甲 366)牧师文，载《自然界》(丙 102)，1870 年 5 月，页 40。

㊸ 见贝耳，《不列颠爬行类动物史》，第二版，1849 年，页 156—159。

㊹ 贝耳，同上注引书，页 146、151。

㊺ 《“比格尔号”航程中的动物学》，1843 年。又贝耳，同前引书，页 49。

㊻ 《自然学家在尼加拉瓜》，1874 年，页 321。

㊼ 只在锡金蟾(乙 149)，雄性在项下有夹在左右的两片老茧似的东西，而在前足的各个足趾上有许多皱纹，见安德尔森博士文，载《动物学会会刊》(丙 122)，1871 年，页 204；这些的用途也许是和正文中所说的疙瘩是一样的。

㊽ 贝耳，《不列颠爬行类动物史》，1849 年，页 93。

㊾ 见比肖普(甲 64)所写条，载托德所编《解剖学与生理学词典》，第四卷，页 1503。

㊿ 贝耳，同前引书，页 112—114。

51 见梅纳尔德(甲 452)文，载《美国自然学人》(丙 8)，1869 年 12 月，页 555。

52 见我所著《“比格尔号”航程中研究日志》，1845 年，页 384。

53 见格迁恩塞尔博士，《英属印度的爬行类动物》，1864 年，页 7。

54 见所著《卡罗莱那州……经行记》，1791 年，页 128。

55 见欧文，《脊椎动物解剖学》，第一卷，1866 年，页 615。

56 这种蛇的形态见斯米思爵士，《南非洲的动物学：爬行类之部》，1849 年，图片 10。

57 均见格迁恩塞尔博士，《英属印度的爬行类动物》，瑞社(Ray Society)出版，1864 年，页 304、308。

58 斯托利兹卡(甲 630)博士文，载《孟加拉亚洲学会会刊》(丙 74)，第三十九卷，1870 年，页 205、211。

⑲ 欧文，同前引书、卷、页。

⑳ 见其所作《锡兰浪迹录》，载《自然史纪事与杂志》(丙 10)，第二辑，第九卷，1852 年，页 333。

㉑ 格迂恩塞尔博士，《英属印度的爬行类动物》，1864 年，页 340。

㉒ 见《威斯特明斯特尔评论》(丙 153)，1867 年 7 月 1 日，页 32。

㉓ 见安德尔森博士文，载《动物学会会刊》(丙 122)，1871 年卷，页 196。

㉔ 载《美国自然学人》(丙 8)，1873 年卷，页 85。

㉕ 奥斯屯先生饲养过这种蜥蜴，养了很久才死；见所著文，载《陆与水》(丙 87)，1867 年 7 月，页 9。

㉖ 见斯托利兹卡文，载同上注⑱中所引刊物，第三十四卷，1870 年(卷数与年份，参阅上注⑱，疑必有一误——译者)，页 166。

㉗ 这一段中所有的叙录(包括锡兰蜥蜴、大喉囊蜥蜴、飞龙等属)以及下文中的一些事实(包括角蜥蜴、避役)全部来自格迂恩塞尔博士本人的告语、或所藏资料、或他所著的那本宏伟的著作，《英属印度的爬行类动物》，瑞社出版，1864 年，页 122、130、135。

㉘ 见斯温霍先生文，《动物学会会刊》(丙 122)，1870 年卷，页 240。(原文，注号系在全段文字之后，应是误系，兹斟酌改系于所引斯温霍的文句之后——译者。)

㉙ 见布霍耳兹(甲 114)博士文，载《普鲁士皇家学院月报》(丙 97)，1874 年 1 月，页 78。

㉚ 见贝耳，《不列颠爬行类动物史》，第二版，1849 年，页 40。

㉛ 关于这智利的一个种，见《"比格尔号"航程中的动物学》中贝耳先生所著的爬行类部分，页 8。关于南非洲的若干蜥蜴种，见斯米思爵士，《南非洲动物学：爬行类之部》，图片 25 与 39。关于印度所产的黑吻蜥蜴，见格迂恩塞尔博士，《英属印度的爬行类动物》，页 143。

㉜ 格迂恩塞尔文，载《动物学会会刊》(丙 122)，1870 年卷，页 778，附有彩色插图一幅。

译　注

1. Perth，苏格兰中部郡城。

2. Stormontfield，苏格兰珀尔思郡内地名。

3. Tyne，英格兰北部小河。

4. 查此说与图引所示不符，疑图或有误。

5. 这一鱼属，Macropus，遍查远无所得，各种较大和比较专门的辞书或不载，或虽列而只说明是一类袋鼠的属名，和鱼类根本不相干。但文中根据戛邦尼耶论文，说明是一种中国所产的鱼，且久经人工饲养，中文译本中尤不应挂漏。最后通过友人向上海水产学院鱼类学教研组请教，承见复说：鱼类中没有 Macropus 一名，只有写法近似的 Macropodus，即斗鱼属，俗称“火烧鳊”，是一种小型的观赏鱼类，目前较大的花鸟商店均有出售；这种鱼侧面有些彩色条纹，看去非常鲜艳。友人还附来了一幅这种鱼的素描。译者谨在此向他们表示深切的谢意。本书原文在写稿与刊刻时的贻误，经发现者已有多起，这大概也是一例了。

6. 如今定名为 Carassius auratus。

7. Rochelle，法国西部沿海一地名。

8. La Plata，在乌拉圭和阿根廷两国间。

9. Giessen，德国西部市镇与大学城。

10. Andaman，在印度洋孟加拉湾中。